20世纪儒学研究大系

主编：傅永聚　韩钟文

儒家伦理思想研究

本卷主编　曾振宇

中　华　书　局

20世纪儒学研究大系

编辑委员会

中国文化的基本精神（代序）

　　在现今时代，做一个中国人，最重要的是具有爱国意识。爱国意识有一定的思想基础，必须感到祖国的可爱，才能具有爱国意识。而要感到祖国的可爱，又必须对于中国文化的优秀传统有正确的理解。中国文化，从传说中的羲、农、黄帝以来，延续发展了四五千年，在15世纪以前一直居于世界文化的前列。15世纪，中国的四大发明传入欧洲，促进了西方近代文明的发展，于是西方文化突飞猛进，中国落后了。19世纪40年代之后，中国受到资本主义列强的侵略凌辱，中国各阶层的志士仁人，奋起抗争，努力寻求救国的道路，经过100多年的艰苦斗争，终于取得了胜利，于1949年建立了新中国，"中国人民站起来了！"中国文化虽然一度落后，但又能奋发图强，大步前进。这不是偶然的，必有其内在的思想基础。中国文化长期延续发展，虽曾经走过曲折的道路，但仍能自我更新，继续前进。这种发展更新的思想基础，就是中国文化的基本精神。

　　何谓精神？精神即是思维运动发展的精微的内在动力。中国文化中的基本精神，在中国历史上确实起到了推动社会发展的作用，成为历史发展的内在思想源泉。当然，社会发展的基本原因在于生产力的发展，但是思想意识在一定条件下也有一定的积极作用。文化的基本精神必须具有两个特点：一是具有广泛的影响，为大多数人民所接受领会,对于广大人民起了熏陶作用。二是具有激励进步、促进发展的积极作用。必须具有这两方面的表现,才可以称为文化的基本精神。

我认为,中国几千年来文化传统的基本精神的主要内涵有四项基本观念,即(1)天人合一;(2)以人为本;(3)刚健有为;(4)以和为贵。

一 天人合一

天人合一即肯定人与自然的统一,亦即认为人与自然界不是敌对的,而具有不可割裂的关系。所谓合一指对立的统一,即两方面相互依存的关系。天人合一思想在春秋时即已有之。《左传》昭公二十五年记载郑大夫子大叔述子产之言说:"夫礼,天之经也,地之义也,民之行也。天地之经,而民实则之。"又记子大叔之言说:"礼,上下之纪,天地之经纬也,民之所以生也,是以先王尚之。"这是认为礼是天经地义,即自然界的必然准则,"天经"与"民行"是统一的。应注意,这里天是对地而言,天地相连并称,显然是指自然之天。子产将天经地义与民则统一起来,但也重视天与人的区别,他曾断言:"天道远,人道迩,非所及也,何以知之?"(《左传》昭公十八年)当时占星术利用所谓天道传播迷信,讲天象与人事祸福的联系,子产是予以否定的。孟子将天道与人性联系起来,他说:"尽其心者,知其性也。知其性,则知天矣。"(《孟子·尽心上》)孟子认为人性是天赋的,所以知性便能知天。但孟子没有做出明确的论证。《周易大传》提出"裁成辅相"之说,《象传》云:"天地交,泰。后以裁成天地之道,辅相天地之宜,以左右民。"《系辞》云:"范围天地之化而不过,曲成万物而不遗。"《文言》提出"与天地合德"的思想："夫'大人'者，与天地合其德，与日月合其明，与四时合其序，与鬼神合其吉凶。先天而天弗违，后天而奉天时。"这里所谓先天指为天之前导，后天即从天而动。与天地合德即与自然界相互适应，相互调谐。

汉代董仲舒讲天人合一，宣扬"天副人数"，陷于牵强附会。宋代张载明确提出"天人合一"的四字成语，在所著《西铭》中以形象语言宣示天人合一的原则。《西铭》云："乾称父，坤称母，予兹藐焉，乃混然中处。故天地之塞，吾其体；天地之帅，吾其性。民吾同胞，物吾与也。"所谓天地之塞指气，所谓天地之帅指气之本性，就是说：天地犹如父母，人与万物都是天地所生，人与万物都是气构成的，气的本性也就是人与万物的本性，人民都是我的兄弟，万物都是我的朋友。这充分肯定了人与自然界的统一。但张载也承认天与人的区别，他在《易说》中讲："鼓万物而不与圣人同忧者，此直谓天也，天则无心，……圣人所以有忧者，圣人之仁也。不可以忧言者天也。"天是没有思虑的，圣人则不能无忧，这是天人之别。所谓天人合一是指人与自然界既有区别，而又有统一的关系，人是自然界所产生的，是自然界的一部分，人可以认识自然并加以改变调整，但不应破坏自然。这"天人合一"的观念与西方所谓"克服自然"、"战胜自然"有很大区别。在历史上，中西不同的观点各有短长，西方近代的科学技术取得了改造自然的辉煌成绩，但也破坏了自然界的生态平衡。时至今日，重新认识人与自然的统一，确实是必要的了。

二　以人为本

以人为本是相对于宗教家以神为本而言的，可以称为人本思想。孔子虽然承认天命，却又怀疑鬼神。他说："务民之义，敬鬼神而远之，可谓知矣。"（《论语·雍也》）认为人生最重要的是提高道德觉悟，而不必求助于鬼神。孔子更认为应重视生的问题，而不必考虑死后的问题。《论语》记载："季路问事鬼神，子曰：'未能事人，焉能事鬼？'曰：'敢问死！'曰：'未知生，焉知死？'"（《先进》）孔子更不赞成祈祷，《论语》载："子疾病，子路请祷。子曰：'有诸？'子路对曰：有之，诔曰：'祷尔于上下神祇。'子曰：'丘之祷久矣。'"（《述而》）孔子对于鬼神采取存疑的态度，既不否定，亦不肯定，但认为应该努力解决现实生活中的问题，而不必向鬼神祈祷。孔子这种思想观点可以说是非常深刻的。

这种以人为本的思想，后汉思想家仲长统讲得最为鲜明。仲长统说："所贵乎用天之道者，则指星辰以授民事，顺四时而兴功业，其大略也，吉凶之祥，又何取焉？……所取于天道者，谓四时之宜也；所壹于人事者，谓治乱之实也。……从此言之，人事为本，天道为末，不其然与？"（《全后汉文》卷八十九）这里提出"人事为本"，可以说是儒家"人本"思想最明确的表述。所谓以人为本，不是说人是宇宙之本，而是说人是社会生活之本。

佛教东来，宣传灵魂不灭、三世轮回的观念，一般群众颇受其影响，但是儒家学者起而予以反驳。南北朝时何承天著《达性论》，宣扬人本观念。何承天说："人非天地不生，天地非人不灵，……安得与夫飞沈蠕蠕，并为众生哉？……至于生必有死，形毙神散，犹春荣秋落，四时代换，奚有于更受形哉！"这完全否定了灵魂不灭、三世轮回的迷信。范缜著《神灭论》，提出形为质而神为用的学说，更彻底批驳了神不灭论。

宋明理学中，不论是气本论，或理本论，或心本论，都不承认灵魂不灭，不承认鬼神存在，而都高度肯定精神生活的价值。气本论以天地之间"气"的统一性来论证道德的根据,理本论断言道德原于宇宙本原之"理",心本论则认为道德伦理出于"本心"的要求。这些道德起源论未必正确,但是都摆脱了宗教信仰。受儒家影响的中国知识分子,宗教意识都比较淡薄,在中国文化中,有一个以道德教育代替宗教的传统。虽然道德也是有时代性的,但是这一道德传统仍有其积极的意义。

三　刚健自强

先秦儒家曾提出"刚健"、"自强"的人生准则。孔子重视"刚"的品德:他说:"刚毅木讷近仁。"(《论语·子路》)刚毅即是具有坚定性。孔子弟子曾子说:"可以托六尺之孤,可以寄百里之命,临大节而不可夺也。君子人与? 君子人也。"(同上《泰伯》)临大节而不可夺,即是刚毅的表现。《周易大传》提出"刚健"、"自强不息"的生活准则。《大有·象传》云:"大有,柔得尊位,大中而上下应之,曰大有,其德刚健而文明,应乎天而时行。"《乾·文言传》云:"大哉乾乎! 刚健中正,纯粹精也。"《乾·象传》云:"天行健,君子以自强不息。"乾指天而言,天行即日月星辰的运行。日月星辰运行不已,从不间断,称之曰健,亦曰刚健。人应效法天之运行不已,而自强不息。自强即是努力向上、积极进取。《系辞下传》又论健云:"夫乾,天下之至健也,德行恒易以知险。"这是说,天下之至健在于能知险而克服之以达到恒易(险指艰险,易指平易)。所谓自强,含有克服艰险而不断前进之意。儒家重视"不息",《中庸》云:"故至诚无息。不息则久,久则征;征则悠远,悠远则博厚,博厚则高明。……《诗》云:'维天之命,於穆不已。'盖曰天之所以为天也。'於乎不显,文王之德之纯!'盖曰文王之所以为文也,纯亦不已。"儒家强调不懈的努力,这是有积极意义的。

在古代哲学中,与刚健自强有密切联系的是关于独立意志、独立人格和为坚持原则可以牺牲个人生命的思想。孔子肯定人人都有独立的意志,他说:"三军可夺帅也,匹夫不可夺志也。"(《论语·子罕》)又赞扬伯夷叔齐"不降其志,不辱其身"(同上《微子》),即赞扬坚持独立的人格。孔子更认为,为了实行仁德可以牺牲个人的生命,他说:"志士仁人,无求生以害仁,有杀身以成仁。"(同上《卫灵公》)孟子进而提出:"生亦我所欲也,义亦我所欲也,二者不可得兼,舍生而取义者也。生亦我所欲,所欲有甚于生者,故不为苟得也;死亦我所恶,所恶有甚于死者,故患有所不辟也。"(《孟子·告子上》)这里所谓"所欲有甚于生者"即义,其中包括人格的尊严。他举例说:"一箪食、一豆羹,得之则生,弗得则死。呼尔而与之,行道之人弗受;蹴尔而与之,乞人不屑也。"不受嗟来之食,即为了保持人格的尊严。坚持自己的人格尊严,这是刚健自强的最基本要求。

先秦时代,儒道两家曾有关于刚柔的论争。与儒家重刚相反,老子"贵柔"。老子提出"柔弱胜刚强"(《老子》三十六章),认为"天下之至柔,驰骋天下之至坚"(四十三章)。他以水为喻来证明柔能胜强:"天下柔弱莫过于水,而攻坚,强莫之能先,其无以易之。故弱胜强,柔胜刚,天下莫能知,莫能行。"(七十八章)老子贵柔,意在以柔克刚,柔只是一种手段,胜刚才是目的,贵柔乃是求胜之道。孔子重刚,老子贵柔,其实是相反相成的。

在中国古代哲学中,儒家宣扬"刚健自强",道家则崇尚"以柔克刚",这构成中国文化思想的两个方面。儒家学说的影响还是大于道家影响的,在文化思想中长期占有主导的地位。刚健自强的思想可以说是中国文化思想的主旋律。《周易大传》"天行健,君子以自强不息"的名言,在历史上,对于知识分子和广大人民,确实起了激励鼓舞的积极作用。

四　以和为贵

中国古代以"和"为最高的价值。孔子弟子有若说:"礼之用,和为贵。先王之道斯为美,小大由之。"(《论语·学而》)孔子亦说:"君子和而不同,小人同而不和。"(同上《子路》)区别了"和"与"同"。按:和同之辨始见于西周末年周太史史伯的言论中。《国语》记述史伯之言说:"夫和实生物,同则不继。以他平他谓之和,故能丰长而物归之。若以同裨同,尽乃弃矣。"(《郑语》)这里解释和的意义最为明确。不同的事物相互为"他","以他平他"即聚集不同的事物而达到平衡,这叫做"和",这样才能产生新事物。如果以相同的事物相加,这是"同",是不能产生新事物的。春秋时齐晏子也强调"和"与"同"的区别,他以君臣关系为例说:"君所谓可而有否焉,臣献其否,以成其可。君所谓否而有可焉,臣献其可,以去其否。"这称为"和"。如果"君所谓可",臣亦曰可;"君所谓否",臣亦曰否,那就是"同",而不是"和"了。晏子说:"若以水济水,谁能食之? 若琴瑟之专一,谁能听之? 同之不可也如是。"(《左传》昭公二十年)这是说,必须能容纳不同的意见,兼容不同的观点,才能使原来的思想"成其可"、"去其否",达到正确的结论。孔子所谓"和而不同"也就是能保留自己的意见而不人云亦云。"和"的观念,肯定多样性的统一,主张容纳不同的意见,对于文化的发展确有积极的促进作用。

老子亦讲"和",《老子》四十二章:"万物负阴而抱阳,冲气以为和。"又五十五章:"知和曰常,知常曰明。"这都肯定了"和"的重要。

但是老子冲淡了"和"与"同"的区别,既重视"和",也肯定"同"。五十六章:"塞其兑,闭其门,挫其锐,解其忿,和其光,同其尘,是谓玄同。"这"和光同尘"之教把西周以来的和同之辨消除了。

墨子反对儒家,不承认和同之辨,而提出"尚同"之说。墨家有许多进步思想,但是尚同之说却是比和同之辨后退一步了。

儒家仍然宣扬和的观念,《周易大传》提出"太和"观念,《乾·象传》说:"乾道变化,各正性命,保合太和,乃利贞。"这里所谓大和指自然界万物并存共育的景况。儒家认为,包含人类在内的自然界基本上是和谐的。《中庸》云:"万物并育而不相害,道并行而不相悖。"这正是儒家所构想的"太和"景象。

孟子提出"人和",他说:"天时不如地利,地利不如人和。三里之城,七里之郭,环而攻之而不胜。夫环而攻之,必有得天时者矣;然而不胜者,是天时不如地利也。城非不高也,池非不深也,兵革非不坚利也,米粟非不多也,委而去之,是地利不如人和也。故曰:域民不以封疆之界,固国不以山溪之险,威天下不以兵革之利。得道者多助,失道者寡助。寡助之至,亲戚畔之;多助之至,天下顺之。"(《孟子·公孙丑下》)这里所谓人和是指人民的团结,人民的团结是胜利的决定性条件。"得道多助,失道寡助",这是今天仍然必须承认的真理。

儒家以和为贵的思想在历史上曾经起了促进民族团结、加强民族凝聚力、促进民族融合、加强民族文化同化力的积极作用。在历史上,得民心者得天下,失民心者失天下,已成为长期起作用的客观规律。在历史上,汉族本是由许多民族融合而成的;在近代,汉族又和五十几个少数民族融合而合成中华民族。中华民族内部密切团结而成为一个统一的整体。中华民族是多元的统一体,中国文化也是多元的统一体。多元的统一,正是中国古代哲学家所谓"和"的体现。所谓"和",不是不承认矛盾对立,而是认为应该解决矛盾而达到更高的统一。

以上所谓"天人合一"、"以人为本"、"刚健自强"、"以和为贵",都是用的旧有名词。如果采用新的术语,"天人合一"应云"人与自然的统一",或者如恩格斯所说"人与自然的一致"(《自然辩证法》1971 年版第 159 页)、"自然界与精神的统一"(同书第 200 页)。"以人为本",应云人本主义无神论。"刚健自强",应云发扬主体能动性。"以和为贵",即肯定多样性的统一。这些都是中国古代哲学中的精湛思想,亦即中国文化基本精神之所在。

以上,我们肯定"天人合一"、"以人为本"、"刚健自强"、"以和为贵"等思想观念在历史上曾经起了促进文化发展的积极作用。但是,历史的实际情况是非常复杂的,许多思想观念的含义也不是单纯的。正确的观念与荒谬的观念、进步的现象与反动的落后的现象,往往纠缠在一起。所谓天人合一,在历史上不同的思想家用来表示不同的含义。例如董仲舒所谓天人合一主要是指"人副天数"、"天人感应",那完全是穿凿附会之谈。程颐强调"天道人道只是一道",认为仁义礼智即是天道的基本内容,也是主观的偏见。在董仲舒以前,有一种天象人事相应的神学思想。认为天上星辰与人间官职是相互应合的,所以《史记》的天文卷称为"天官书",但这不是后来哲学家所谓的"天人合一"。如果将上古时代天象与人事相应的神学思想称为天人合一,那就把问题搞乱了。这是应该分别清楚的。儒家肯定"人事为本",表现了无神论的倾向,但是这并不意味着宗教迷信在中国社会并无较大的影响。事实上,中国旧社会中,多数人民是信仰佛教、道教以及原始的多神教的。但是这种情况也不降低儒家人本思想的价值。"以和为贵"是儒家所宣扬的,但是阶级斗争、集团之间的斗争、个人与个人的斗争也往往是很激烈的。我们肯定"和"观念的价值,并不是宣扬调和论。

中国文化具有优秀传统,同时也具有陈陋传统,简单说来,中国文化的缺陷主要表现于四点:(1)等级观念;(2)浑沦思维;(3)近效取向;(4)家族本位。从殷周以来,区分上下贵贱的等级,是传统文化的一个最严重的痼疾,辛亥革命推翻了君主专制,但等级观念至今仍有待于彻底消除。中国哲学长于辩证思维,却不善于分析思维。事实上,科学的发展是离不开分析思维的。如何在发扬辩证思维的同时学会西方实验科学的分析方法,是一个严肃的课题。中国学术向来注重人伦日用,注重切近的效益,没有"为真理而求真理"的态度,表现为一种实用主义倾向,这也是中国没有产生自己的近代实验科学之原因之一。中国近代以前的社会可以说是以家族为本位。西方近代社会可以说是"自我中心、个人本位",而中国近代以前则不重视个人的权益,这是一个严重的缺陷。五四运动以来,传统的家族本位已经打破了。在社会主义时代,应该是社会本位、兼顾个人权益。

我们现在的历史任务是创建社会主义的新文化,正确认识中国传统文化的长短得失,是完全必要的。

傅永聚、韩钟文同志主编的《20世纪儒学研究大系》,循百年思想学术发展的脉络,以现代学术分类的原则,择选有学术价值、文献价值的代表文章,以"大系"的形式编纂而成,共有20多卷,每卷附有专题研究的"导言"一篇。这部《20世纪儒学研究大系》是由曲阜师范大学、孔子研究院、山东大学、复旦大学等单位的中青年学者合力编纂而成,说明了儒学研究事业后继有人。《大系》被列入国家社会科学基金规划项目,又由中华书局出版,都在弘扬和培育中华民族精神方面做出了一件非常有意义的事情,我感到十分欣慰。编者征求我的意见，于是略陈关于中国文化的基本精神和儒家文化传统的一些感想，以之为序。

张岱年

前　言

傅永聚　韩钟文

　　儒学犹如一条源远流长的大河,导源于洙泗,经过二千五百多年生生不息的奔腾,从曲阜邹城一带流向中原,形成波澜壮阔的江河,涉及整个中国,辐射东亚,流向全球,泽惠万方。儒学曾经是中华文化的主流、东亚文明的精神内核。但是进入 20 世纪后的儒学,遭遇到空前严峻的挑战,也面临着再生与复兴的历史机遇。一百多年来,儒学几经曲折,备受挫折,又有贞下起元、一阳来复之象,至 20、21 世纪之交成为参与"文明对话"的重要角色。

　　牟宗三先生说:"察业识莫若佛,观事变莫若道,而知性尽性,开价值之源,树价值之主体,莫若儒。"(《生命的学问》)儒、道、释及西方的哲学、耶教等都指示人的生命意义的方向,但就中国人特别是中国古代知识分子而言,儒学是安身立命之道。孔子、儒家追求的"内圣外王之道",一直是中国人的人格修养与经世事业的价值理想。"士不可以不弘毅,任重而道远。仁以为己任,不亦重乎? 死而后已,不亦远乎?"(《论语·泰伯》)从孔子、曾子、子思、孟子至康有为、梁启超、梁漱溟、熊十力、牟宗三,中国的儒学代表人物就是怀抱志仁弘道的精神去实践自己的生命价值,开拓教化天下的事业与创建文化中国的理想的。中华文化历尽艰难,几经跌宕,却如黄河、长江一样流淌不息,且代有高潮,蔚成奇观,与孔子及其所创建的儒家学派所做的贡献是分不开的。

儒学一直对中华文化各个层面产生着巨大而又深远的影响。儒学统摄哲学、伦理、政治、教育、宗教、艺术等人文社会科学的学术品格及关怀现世人生的精神,使它成为一套全面安排人间秩序的思想体系,从一个人的生存方式,到家、国、天下的构成,都在儒学关怀与实践的范围之内。经过二千多年的传播、积淀,儒学一直影响着中华民族的民族性格、心理结构的形成。然而,进入 20 世纪,又出现类似唐宋之际"儒门淡泊,收拾不住"的危机,陷入困境之中。唐君毅以"花果飘零"、余英时以"游魂"形容儒学危机之严峻,张灏则称这是现代中国之"意义危机"、"思想危机"。

从 19 世纪中后期开始,中国社会、文化进入从传统农业社会向现代工业社会、从传统文化向现代文化转型的时代。1905 年废除科举制度,1911 年辛亥革命推翻了帝制,"五四"新文化运动的兴起,西方各种思潮、主义潮水般地涌入,风起云涌的政治革命、文化革命、社会转型、文化转型,导致了传统士阶层的解体与分化,新型知识分子的诞生与在文化思想领域倡导"新思潮"、"新学说",激进的反传统思潮的勃兴,现代化进程的启动和在动荡不安中急遽推进,使 20 世纪中国处于"三千年未有的大变局"的境遇之中,儒学的危机也由此而生。

一个世纪以来,儒学的命运与中国现代化的历史进程相消长,也与学术界、思想界及政治界对儒学与现代化的关系、儒学与西方文化的关系、儒学与全球的"文明对话"的关系所形成的认识有关。从 19 世纪末至 21 世纪初,一百多年来,中国的学术界、思想界与政治界围绕着孔子、儒家及儒学的命运、前景问题展开了广泛的持久的争鸣,而这类争鸣又直接或间接地同传统文化与现代化、中学与西学、新学与旧学、科学主义与人文主义、全球化与中国化、文明冲突与文明对话、西方智慧与东方智慧等等论题交织在一起,使有关儒学的思想争鸣远远超出中国儒学史的范围,而成为 20 世纪中国思想史、学术史的有机组成部分。

百年儒学的历史大致沿着两个方向演进:一、儒学精神的新开展,使儒学于危机中、困境中得以延续、再生或创造性转化;二、儒家学术思想的研究,包括批判性研究、诠释性研究、创造性研究在内。由于 20 世纪中国是以"革命"为主潮的世纪,学术研究与政治革命的关系特别密切,故批判性研究常常烙上激进的政治革命的烙印,超出学术研究的范围,并形成批判儒学、否定儒学的思潮,酿成批判论者、诠释论者与复兴论者的百年大论争,并一直延续到 21 世纪。

回顾百年儒学精神新开展与儒学研究的历程,有一奇特现象值得重视。活跃于 20 世纪中国思想界、学术界、政治界、教育界的精英或代表人物,都不同程度地介入或参与了有关孔子、儒家思想的争鸣。如:早期马克思主义者陈独秀、李大钊、瞿秋白、李达、郭沫若、范文澜、侯外庐等,三民主义者蔡元培、陶希圣、戴季陶等,自由主义的代表人物严复、胡适、殷海光、林毓生等,无政府主义者吴稚晖、朱谦之等,现代新儒学的代表人物梁漱溟、熊十力、唐君毅、牟宗三、徐复观等,学衡派的代表人物梅光迪、吴宓、陈寅恪、汤用彤等,东方文化派的杜亚泉、钱智修等,新士林学派的罗光等,以及张申府、张岱年等,都参与了有关儒学的争鸣,并在争鸣中形成思想的分野,蔚成中国近代思想文化史上最壮观的一幕。

20 世纪中国思想史的复杂性、丰富性远远超出了唐宋之际和明清之际,其思想争鸣具有现代性或现代精神的特色。美国学者列文森在《儒教在中国及其现代命运》中以"博物馆化"象征儒学生命的终结，有些中国学者也说儒学已到"寿终正寝的时节"。但从百年儒学的精神开展与儒学研究的种种迹象看，儒学的生命仍然如古老的大树一样延续着，儒学曾经创造性地回应了印度佛教文化的挑战，儒学也正在忧患之中奋然挺立，回应西方文化的挑战，这是儒学传统现代创造性转换的契机。人们在展望"儒学第三期"或"儒学第四期"的来临。百年儒学的经历虽曲折艰难，时兴时衰，但仍是薪火相传，慧命接续，间有高潮，巨星璀璨，跨出本土，落根东亚，走向世界，成为一种国际性的思潮，在全球性的"文明对话"中扮演着重要角色，为人类重建文明秩序提供了可资汲取的智慧。儒学并没有"博物馆化"，儒学的新生命正在开始。因此，对百年儒学作系统的全面的反思与总结，是一项具有历史意义与现实意义的学术课题。

纵观百年儒学的历程，大致经历了五个阶段，在这五个阶段中，儒学的命运、所遭遇的景况不尽相同，分述如下：

19 世纪末至 1911 年辛亥革命为第一阶段 洋务运动、戊戌变法导致儒家经世思想的重新崛起，晚清今文经学的复兴，特别是康有为《新学伪经考》、《孔子改制考》的出版，托古改制，以复古为解放，既开导儒学的新方向，又开启"西潮"的闸门，如思想"飓风"，如"火山火喷"。章太炎标举古文经学的旗帜，与以康有为为代表的今文经学派展开经学论争，而这场思想学术争鸣又与政治上的革命或改良、反清或保皇、君主立宪与民主共和等论争交错在一起，显得格外严峻与深沉。诸子学的复兴，西学输入高潮的到来，政治革命的风暴席卷神州，社会解体与重建进程加速发展，传统士阶层的分化与新型知识分子的诞生，预示后经学时代的降临。思想界、学术界先觉之士以"诸子学"、"西学"为参照系，批判儒学或重新诠释儒学,传统儒学向现代儒学转型已初见端倪。

以辛亥革命至 1928 年南京政府成立为第二阶段　康有为、陈焕章等仿效董仲舒的"崇儒更化"运动创建孔教会,"五四"新文化运动兴起,吴虞、胡适等提倡"打孔家店",《新青年》派陈独秀、胡适与文化保守主义者梁启超、梁漱溟、杜亚泉等,学衡派梅光迪、吴宓等展开思想文化争鸣,以张君劢、梁启超等为代表的人文主义与以丁文江、胡适、王星拱等为代表的科学主义的论辩,马克思主义者李大钊、瞿秋白等也积极参与思想争鸣,各大思潮的冲突与互动,不论是批判儒学,或者是重释儒学及复兴儒学,有一个共同的特点,都是将儒学的研究纳入现代思想学术的领域之中,使思想争鸣具有现代性,从而导致儒学向现代思想学术转型。20 世纪中国人文社会科学的学科建制、研究方法深受"西学"的影响,有关孔子、儒学的论争已不同于经学时代,且与国际上各种思潮的论争息息相通。以现代西方哲学、科学、政治等学科的范畴、概念、方法去解读、分析、批判或重新诠释儒学,成为一时的学术风气,还出现"援西学入儒学"的现象。有些思想家、哲学家试图摄纳西学、诸子学及佛学中有价值的东西重建儒学,如梁启超的《儒学哲学及其政治思想》、《儒学哲学》等文及《欧游心影录》,梁漱溟的《东西文化及其哲学》,冯友兰的《人生哲学》,已透露出现代新儒学即将崛起的消息。

1928 年至 1949 年中华人民共和国建立为第三阶段　30 年代后,中国思想界、学术界出现"后五四建设心态"。吸取西学的思想、方法,以反哺儒学传统,创造性地重建传统儒学,如张君劢、冯友兰、贺麟等;或者回归儒学传统,谋求儒学的重建,如熊十力、钱穆、马一浮等;即使是"五四"时期及传统的学者,在胡适提倡"研究问题,输入学理,整理国故,再造文明"之后,也将儒学作为

"国故"的重要组成部分,作为学术史、思想史、文化史的思想资料加以系统的研究。胡适的《说儒》就是一篇以科学方法研究孔子、儒学的示范之作。"后五四建设心态"的形成,对中国现代学术的建构起了积极的作用。一大批专家、学者参照西方人文社会科学学科建制的原则与方法,分哲学、宗教学、政治学、经济学、伦理学、社会学、法学、史学、美学、文学艺术、教育学、心理学等等,对儒学进行系统的研究,还对不同学科的发展史作深入的探讨,如中国哲学史、中国教育思想史、中国政治思想史、中国学术史、中国伦理学史、中国文化史、中国通史等等,儒学研究也纳入分门别类的学科及学科发展史的研究之中。钱穆在《现代中国学术论衡》中说:"民国以来,中国学术界分门别类,务为专家,与中国传统通人通儒之学大相违异。"将数千年经学、儒学作为学术思想的资源或资料,分门别类地纳入学科专题研究之中,虽然使儒家"内圣外王之道"的"道"变为"学术",由"专门之学"代替"通儒之学",但恰恰是这种转变,才促使了儒学由传统形态向现代形态转型。这一阶段是中国社会动荡不安的年代,令人惊异的是,在动荡的岁月中出现了一个学术繁荣期,学术研究的深度与广度并不亚于乾嘉时代,儒学研究也是如此。"专门之学"代替"通儒之学"乃大势所趋,是现代学术的进步。

抗日战争的爆发、救亡运动的高涨,把民族文化复兴运动推向高潮,为儒学精神的新开展或创造性重建提供了历史机缘。儒学在民族文化复兴的大潮中获得再生并走向现代。1937年沈有鼎在《中国哲学今后的开展》,1941年贺麟在《儒家思想之开展》,1948年牟宗三在《鹅湖书院缘起》中,都强调中国进入一个"民族复兴的时代"。民族复兴应该由民族文化复兴为先导,儒家文化是中华文化的主流,儒家文化的命运与民族文化的命运血脉相连、息息相关。他们认为,如果中华民族不能以儒家思想或民族精神为主体去儒化或汉化西洋文化,则中国将失掉文化上的自主权,而陷于文化上的殖民地。他们期望"儒学第三期"的出现,上接宋明儒学的血脉,对儒学作创造性的诠释,或者会通儒学与西学,使古典儒学向现代思想学术形态转换。以熊十力、贺麟、牟宗三等为代表的新心学,以冯友兰、金岳霖等为代表的新理学,是儒学获得现代性并走向成熟的重要标志。此外,王新命、何炳松等十教授发表《中国本位的文化建设宣言》(1935 年 1 月 10 日),新启蒙运动倡导者张申府、张岱年等提出"打倒孔家店,救出孔夫子"的口号及综合创造论,都体现了"后五四建设心态",都有利于儒学的学术研究之开展。

1949 年至 1976 年"文革"结束为第四阶段　余英时在《现代儒学论》序言中指出:20 世纪中国以 1949 年为分水岭,在前半个世纪与后半个世纪,中国的文化传统特别是儒家命运截然不同。1949 年以前,无论是反对或同情儒家的知识分子大部分曾是儒家文化的参与者,他们的生活经验中渗透了儒家价值。即使是激进的反传统者,他们并没有权力可以禁止不同的或相反的观点,故批判儒学或复兴儒学之争可以并存甚至互相影响。1949 年以后,儒家的中心价值在中国人的生活方式中已退居边缘,知识分子无论对儒学抱着肯定或否定的态度,已失去作为参与者的机会了,儒学和制度之间的联系中断,成为陷于困境的"游魂"。

就实际状况而言,这一阶段的儒学研究或者儒家思想之开展,比余英时分析的还要复杂,值得注意的是分化现象:大陆出现批判儒学的新趋向,50 年代至 60 年代中期,以批判性研究为主,除梁漱溟、熊十力、陈寅恪等少数学人外,像冯友兰、贺麟、金岳霖等新理学与新心学的代表人物,都经过思想改造、脱胎换骨之后批判自己的学说，即使写研究孔子、儒学的文章，也离不开批判的框框。当时思想界、学术界的儒学研究，多以"苏联哲学"为范式，进行"唯心"或"唯物"二分式排列，批判与解构儒学成为当时的风潮。70年代中期出现群众性的批孔批儒运动，真正的学术研究根本无法进行。儒学已经边缘化了。在港台地区和海外华人社群中，儒学却得到不同程度的认同，移居港台、海外的学者，如张君劢、钱穆、陈荣捷、唐君毅、牟宗三、徐复观、方东美等，继续以弘扬儒家人文精神为己任，立足于学术界、教育界，开拓儒学精神的新方向，成就了不少持之有据、言之成理的"一家之言"。

70年代后期至21世纪初为第五阶段　中国大陆的改革开放，思想解放运动，传统文化与现代化的论争，"文化热"的出现，以及日本、韩国、新加坡等国与香港、台湾地区经济腾飞所产生的影响，东亚现代化模式的兴起，全球化进程中形成的文化多元格局，文明对话、全球伦理、生态平衡，以及"文化中国"等等课题的讨论，使人们对孔子、儒学研究逐渐复苏，重评孔子、儒学的论文、论著陆续出版，有关孔子、儒学、中国文化的学术会议频繁举行，中国孔子基金会、国际儒学联合会、中华孔子学会、中国文化书院、孔子研究院等学术团体和研究机构的建立，历代儒家著作及其注解、白话文翻译、解读本的大量出版，有关儒家的人物评传、思想研究、专题研究以及儒学与道、释、西方哲学及宗教的比较研究，成为学术界关注的课题。还有分门别类的人文社会科学及自然科学，也将儒学纳入其中作专门研究，如儒家哲学思想、儒家伦理思想、儒家美学思想、儒家史学思想、儒家政治思想、儒家教育思想、儒家宗教思想、儒家科学思想、儒家管理思想等等。专门史的研究也涉及儒学，如中国哲学史、中国经济思想史、中国教育思想史、中国伦理思想史等等，一旦抽掉孔子、儒家与儒学，就会显得十分单薄。此外,原来处于边缘化的港台、海外新儒家,乘改革开放的机遇,或者进入大陆进行学术交流,或者将其思想、学说传入大陆,至 90 年代,出现当代新儒家、自由主义与马克思主义重新论辩、对话与互动的格局,有关"儒学第三期"、"儒学第四期"的展望,儒学在国际思想界再度引起重视,说明儒学的确在展示着其"一阳来复"的态势。

纵观百年儒学的历程,不论在哪一个阶段,不论是儒家思想之新开展,或者是有关儒学的学术研究,都积有丰富的思想资源或文献资料,已经到了对百年儒学进行系统研究、全面总结的时候了。站在世纪之交的高度,我们组织编纂《20 世纪儒学研究大系》,就是为了完成这一学术使命。

《20 世纪中国儒学研究大系》是孔子研究院成立后确定的一项浩大的学术工程,现已列入 2002 年国家社会科学基金项目。《大系》的编纂与出版,实为孔子、儒学研究的一大盛事,必将对 21 世纪的儒学研究产生积极而又深远的影响。

20 世纪儒学研究大系

编选原则及体例

《20世纪儒学研究大系》是一部大型的相对成套的专题分卷的儒学研究丛书，力求通过选编20世纪学术界研究儒学的代表性论文、论著，全面反映一百年来专家、学者研究儒学的学术成果及水平，为进一步研究儒学提供一部比较系统的学术文献。

一、将20世纪海内外专家、学者研究儒学的代表性论文、论著按研究专题汇集成册，共分21卷。所选以名家、名篇及具有代表性的观点为原则，不在多而在精，力求反映20世纪儒学研究的全貌。

二、所选以学术性讨论材料、思想流派性材料为主，兼收一些具有代表性并产生过重大影响的批判性文章。

三、每一卷包括导言、正文、论著目录索引三个主干部分。

四、每卷之始，撰写导言，综论20世纪该专题研究的大势及得失，阐发本专题研究的学术价值和意义，为阅读利用本卷提示门径。

五、一般作者原则上只入选一篇具有代表性的成果，重要代表人物可选2—3篇。

六、所收文章均加简要按语，介绍作者学术生平及本文内容。合作创作的论著，只介绍第一作者。

七、每卷所收文章，原则按公开发表或正式出版的时间先后为序。

八、所收文章,尽量使用最初发表的版本,并详细注释文章出处、发表或写作时间。

九、入选文章、论著篇幅过长者,适当予以删节,并予以注明。

十、为统一体例,入选文章一律改用标准简化字,一律使用新式标点。

十一、所选文章的注释一律改为文中注和页下注,以保持丛书的整体风格。材料出处为文中注(楷体),解释性文字为页下注。

十二、每卷后均列论著目录索引,将未能入选但又有学术价值与参考价值的论著列出。论文和著作分门别类,并按公开发表和正式出版的时间先后为序。

目　录

导　言 ························· 曾振宇　刘绍云（ 1 ）

伦理的觉悟 ······························· 陈独秀（ 1 ）

自然的伦理观与孔子 ················ 李大钊（ 3 ）

说　孝 ·································· 吴　虞（ 6 ）

中国之社会伦理 ························· 冯友兰（12）

五伦观念的新检讨 ···················· 贺　麟（21）

中国是伦理本位的社会 ··············· 梁漱溟（34）

以道德代宗教 ··························· 梁漱溟（51）

儒家精神的基本性格及其限定与新生（节选）····· 徐复观（77）

儒家伦理学之复兴 ···················· 张君劢（109）

儒家伦理哲学的现代意义 ·············· 刘述先（134）

儒家伦理与东亚企业精神 ·········· 〔美〕杜维明（142）

儒学和新教的伦理观之比较 ········· 〔德〕乔　伟（169）

儒家伦理的新发展 ················· 〔美〕余英时（180）

传统·儒家·伦理异化 ················ 萧萐父（228）

儒家伦理与经济发展：韦伯学说的重探 ···· 金耀基（241）

儒家文明与华人社会的现代化 ·········· 王沪宁（262）

道德的阶级性与继承性 ··············· 张岱年（278）

20世纪儒学研究大系

如何分析人性学说 …………………………… 张岱年(294)

儒家义利、理欲之辨及其现代意义 ………… 钱　逊(322)

个人主义和儒家的道德理论 ………… 迈克尔·R·马丁(333)

儒家道德的辩证与人的形上学 ………… 〔美〕成中英(350)

论儒家孝的伦理及其现代化:责任、

　权利与德行 ………………………… 〔美〕成中英(367)

道德理性主义:转变中的儒家人文精神

　　——从孔子、宋儒到梁漱溟 ………… 施炎平(400)

儒家伦理学之困境与出路 ………………… 罗秉祥(417)

儒学与 21 世纪家庭伦理 …………… 〔韩〕金吉洛(435)

对中国传统伦理的现代理解 ………… 〔韩〕赵骏河(444)

儒家伦理:道德理性还是血亲情理? ………… 刘清平(462)

弘扬儒家伦理思想的精蕴

　　——迈向 21 世纪的道德观念 ………… 胡楚生(476)

家庭、国家与世界:全球伦理的现代

　儒学探索 ………………………… 〔美〕杜维明(495)

寻求全球伦理的构想 ……………………… 汤一介(513)

论著目录索引 …………………………………… (519)

20世纪儒学研究大系

导　言

曾振宇　刘绍云

　　与西方文化重思辩、重逻辑相比较,中国文化最大的一个标识性特点是伦理思想的发达。黑格尔说,"我们在这里尚找不到哲学知识",中国文化只不过是一种"道德学说"。如果剔除其中对中国哲学与文化的偏见成分,应该说黑格尔对中国文化性质的定位是有一定道理的。中国伦理思想的发生源远而流长,从"人猿相揖别"开始,道德就诞生了。但是,作为理论形态的道德,萌发于阶级社会出现之后。商朝已经有了礼乐制度,有册有典。周革殷命后,将政治、道德和宗教思想糅合于一体,建构成了一种有系统的"以德配天"的"宗教政治伦理观"。儒家伦理、道家伦理、佛家伦理次第出现,各有自己发展演变的历史,共同构成了中国伦理思想的主要内容。虽然自汉以降就形成了"霸王道杂之"的政治特点,但儒家伦理在中国伦理思想中无疑居于主导地位,始终是一种"显文化"。蔡元培在其所著《中国伦理学史》一书中说:"而儒家则一切精神界科学,悉以伦理为范围。……我国伦理学之范围,其广如此,则伦理学宜若为我国唯一发达之学术矣。"征诸史实,确乎不谬! 在一定意义上,伦理思想又是民族精神的一种表征,是民族文化特质的集中反映。正因为如此,在整个20世纪里儒家伦理学的研究受到了格外的重视。

对于中国人来说，"20世纪"蕴涵着许许多多的政治与文化诉求。"革命"是整个20世纪的中心话语。1900年八国联军的侵略炮火拉开了中国20世纪历史的序幕，在百年历史中，中国历经内外战争、革命、改革，可谓风云宕荡，命运多舛！20世纪是中国人危机与苦恼的一个世纪，也是中国人进行深刻反思、奋力挣扎的一个世纪。不唯政治上如此，同时中国文化也遭遇了最严峻的挑战。20世纪所有的"革命"，都是围绕着如何实现中国的现代化这一根本目的而展开的。中国实现现代化，意味着与传统的"决裂"。而中国传统文化的核心又是儒家伦理文化，正因为如此，人们就不难理解何以在每一次历史转折关头，儒家伦理思想的"亡灵"一再被人请出，或诋毁、或讴歌、或谵语、或谠论！在新世纪之始，对20世纪儒家伦理思想研究的历程进行回顾、反思与评价，不仅具有"求真"层面的学术意义，实际上也具有"求用"层面的现实意义。

伴随着政治命运与文化运动，儒家伦理思想的研究也呈现出较为明显的阶段性特征：1900年至1949年为第一阶段，在这一时期，儒家伦理先是经历了"五四"新文化运动的冲击，遭到了史无前例的猛烈批判。继之在20、30年代兴起的文化本位主义中产生了儒家学说的重建运动，学界称之为新儒家。1950年至1976年为第二阶段，这是极左思潮一再泛滥的时期，儒家伦理思想受到了又一次更为猛烈的批判，乃至被歪曲利用。1977年至1989年为第三阶段，随着"文化大革命"的结束，极左思潮得到纠正，在思想界"拨乱反正"的大形势下，人们开始较为理智与科学地分析与研究儒家伦理。1990年至2000年为儒家伦理研究的第四阶段，在改革开放的大背景下，儒家伦理思想的研究进入了一个空前繁荣时期，人们开始从多种角度来客观地评介儒家伦理，力求在现代化的语境下给儒家伦理以准确的定位,探讨在中国乃至于世界的未来历史发展中,儒家伦理所可能具有的现实意义。

一、第一阶段:1900—1949 年

20 世纪初是"西学"舍筏登陆的时代。在马克思主义、自由主义、实验主义和无政府主义等思潮纷纷扬扬传入中国古老大地之时,在"中体西用"、"全盘西化"和"充分的世界化"的争辩过程中,中国学者以西方伦理学为范式,开始建构中国的伦理学架构,在相对理智的态度下开始了对儒家伦理研究的崭新历程。1910年,蔡元培留学德国期间写了《中国伦理学史》一书,这是 20 世纪初第一本中国伦理学专著。此书体例上是西方式的,实际内容仍然是儒家伦理。1912 年他又编著了《中学修身教科书》一书,全书分为修身、家族、社会、国家、职业五章,由商务印书馆初版,至1921 年出了 16 版。此书以传统的道德体系、道德观念为本,并"旁及东西伦理学大家之说",建构了一个由个人及家庭、社会和国家的伦理体系,叙述了各种具体德目的内涵与要求。随着新文化运动的到来,对儒家伦理的研究进入了一个激进时期。

(一)新文化运动时期对儒家伦理的批判

在"五四"时期,儒家伦理遭受到了空前猛烈的批判。当时的守旧保皇派鼓吹尊孔读经、建立孔教、复辟帝制,这直接导致了"五四"时期新文化的反儒运动;但其深刻原因则是为了提倡民主与科学的新思想、新道德,反对专制主义的旧思想、旧道德。李大钊从进化论的角度重新审视了儒家伦理,他在《自然的伦理观与孔子》一文中认为,"道德者,宇宙观念之一也。故其发生进化亦

必应其自然进化之社会"。李大钊在文中提出了两个论断:其一,
"孔子为数千年前之残骸枯骨",孔子的学说已失去其现实价值。
其二,"孔子为历代帝王专制之护符"。历代君王尊孔的目的在于
树立一个保护专制制度的偶像,人们应该顺应时势,抛弃旧伦理,
拥抱新生活。

　　吴虞是"五四"时期"只手打倒孔家店"的英雄人物。他对封
建伦理的核心观念"孝"进行了揭露批判,"他们教孝,所以教忠,
也就是教一般人恭恭顺顺的听他们一干在上的人愚弄,不要犯上
作乱,把中国弄成一个'制造顺民的大工厂'。孝字的大作用,便
是如此!"(《说孝》)历代统治者对忠孝推崇倍至,目的是奴役人
民。为了达到维护统治之目的,统治者又使孝与礼、与刑相为表
里,补其不足,"君主以此为教令,圣人以此为学说,家长以此为护
符"。在封建礼教的毒害下,某些"孝子"做出了诸如活埋其子、割
身以奉养父母之类"大悖人道"的事,而提倡片面的孝,也有碍文
化的发展和社会的进步。吴虞认为"父子母子不必有尊卑的观
念,却当有互相扶助的责任"(《说孝》),这才是孝的本然,真正的
孝应是在人格平等基础上的相互爱助。吴虞是批评儒家最激进的
人物,他把孝和家族制度、君主政体连在一起,作了全面进攻,"盖
孝之范围无所不包,家族制度与专制政治,遂胶固而不可分拆",
"儒家以孝悌二字为二千年来专制政治联结之根干,而不可动
摇","其流毒诚不减于洪水猛兽"(《家族制度为专制主义之根据
论》,载《吴虞文录》,上海亚东图书馆1921年版)。鲁迅也是批判
封建道德的一员主力,他在《狂人日记》中写道:"我翻开历史一
查,这历史每页上都写着'仁义道德'几个字。我仔细看了半夜,
才从字缝里看出字来,满本都写着两个字是'吃人'!"当时有一些
学者认为,把现今的种种流弊都算在孔丘的帐上是不公道的。胡

适对这一观点进行了批驳,他认为旧礼教正是以孔教为根据的,"这个道理最明显,何以那种种吃人的礼教都不挂别的招牌,偏要挂孔先生的招牌呢? 正因为两千年的礼教法制都挂着孔丘的招牌,故这块孔丘的招牌——无论是老店,是冒牌——不能不拿下来,槌碎,烧去!"(胡适《〈吴虞文录〉序》)胡适甚至提出了无后和遗产不传子孙的激进改革主张。

(二)30、40 年代对儒家伦理的重新评定

"五四"新文化运动的发生是西方近代化与中国传统文化之间冲突的必然结果,以孔孟为代表的儒家文化,是我国二千多年封建社会的主流思想,对人们影响至深,因此人们要冲破封建思想的束缚,使我国走向现代工业社会,首当其冲就是要开展对儒家传统文化思想的批判。但是,这一新文化运动又彰显出片面性与极端化的弊端。"五四运动本身也是有缺点的。那时的许多领导人物……他们对于现状,对于历史,对于外国事物,没有历史唯物主义的批判精神,所谓坏就是绝对的坏,一切皆坏;所谓好就是绝对的好,一切皆好。这种形式主义地看问题的方法,就影响了后来这个运动的发展。"(毛泽东《反对党八股》,人民出版社 1975 年版)在简单的二分法则下,西洋文化代表着新与好,中国的传统文化则代表着旧与坏,造成了对中国传统文化的全盘否定与抹杀。在"五四"新文化运动矫正过枉的批判之后,人们开始冷静地思考中国固有的传统文化,对"五四"激情式的批儒运动作了反思,进而提出了"本位文化"的思想,提出了儒家复兴的主张。这种思想的转变也与当时的时局有关。20、30 年代,日本帝国主义加紧侵略中国,于 1931 年爆发了"九·一八"事变,吞并了我国东三省,威胁着整个中华民族的生存,在这生死存亡的关键时期,复兴儒学、促

进民族团结、振奋民族精神,成为时代的要求。以此不少学者开始做重建儒学的工作,其主要代表人物有梁漱溟、熊十力、冯友兰等人,即我们现在所说的"现代新儒家"的一些早期代表人物。他们的努力也就是后来贺麟所说的:"现在的问题是如何从旧礼教的破瓦颓垣里去寻找出不可毁灭的永久的基石。在这基石上,重新建立起新人生新社会的行为的规范和准则。"(《五伦观念的新检讨》)

如何从儒家伦理的"破瓦颓垣"中去"寻找出不可毁灭的永久的基石"成了这一时期新儒家的中心问题。冯友兰 1927 年在《中国之社会伦理》一文中分析说,中国向来以人际关系的不同将人类分为几类,即君、臣、父、子、夫、妇、兄、弟、朋友,每一类都有一个类名,代表一个"所应该",目的是使"属于某一类之个体,皆需依其类名所代表之所应该而行",果能如此,则"国家社会即可平治"。三纲尤为重要,由于君、父、夫权被置于不可动摇的地位,从而形成了中国几千年尊君抑臣、重男轻女的局面。文章进一步分析说:"中国之忠臣孝子及节妇所忠事者,实是一名,一概念。向来每朝亡国,皆有殉君之臣,不管事实上的亡国之君,是否有使人殉之价值。其所以即是那些忠臣所殉者是'君'之概念,君之名,并不是事实上的崇祯或其他亡国之君。"所以,中国历来多数忠臣孝子节妇,其意识的出发点都只是忠于君、父、夫的名和概念而已。

贺麟认为五常之德是要维护理想上的恒久关系,五伦观念则包含四层要义:(一)西方文化注重神与物理的自然而产生宗教和科学,中国儒家则注重人伦,形成了偏重道德生活的礼教。"依我们看来,我们仍不妨循着注重人伦和道德价值的方向迈进,但不要忽略了宗教价值,科学价值,而偏重狭义的道德价值,不要忽略了天(神)与物(自然),而偏重狭义的人。"(二)五伦说反对脱离家庭、社会、国家的生活而出世。但这种思想经教条化、制度化后会发生强制的作用，从而损害个人的自由与独立，所以"不从减少五常伦说的权威性、偏狭性，而力求开明自由方面着手，而想根本推翻五常观念，不惟理论上有困难，而且事实上也会劳而无功。"（三）五伦观念中包含有等差之爱的意义在内。爱有等差乃是普遍的事实，履行等差之爱无非是说我们爱他人要爱得近人情，让自己的情绪顺着自然发泄。儒家对人的态度大都很合理、很平正。（四）三纲说为五伦观念最高、最后的发展。三纲说为了补救社会关系的相对不稳定而要求关系者一方绝对遵守其位分，实行片面的爱，履行片面的义务。"现在已不是消极的破坏攻击三纲说的死躯壳的时候，而是积极地把握三纲说的真义，加以新的解释与发挥，以建设新的行为规范和准则的时期了。""我在这中国特有的最陈腐最为世所诟病的旧礼教核心三纲说中，发现了与西洋向前进展向外扩充的近代精神相符合的地方。就三纲说注重尽忠于永恒的理念或常德，而不是奴役于无常的个人言，包含有柏拉图的思想。就三纲说注重时间个人的片面的纯道德义务，不顾经验中的偶然情景言，包含有康德的道德思想。"（《五伦观念的新检讨》）

梁漱溟在《中国是伦理本位的社会》一文中对伦理（主要是儒家伦理）在中国社会中的作用和地位作了新的分析。伦理始于家庭而不止于家庭。中国人将家庭关系推广发挥到社会，以伦理组织社会。经济上，一个人的财产"不独非个人有，非社会有，抑亦且非一家庭所有。而是看作凡在其伦理关系中者，都可有份的了"，不像西洋社会财产个人私有，也不像苏联归社会所有。"旧中国之政治构造，比国君为大宗子，称地方官为父母，视一国为大家庭"，"不但整个政治构造纳于伦理关系中，抑且其政治上之理想与途术，亦无不出于伦理归于伦理者"；另外，"伦理有宗教之用"，中国缺乏宗教，便以家庭伦理生活填补之。"中国之家庭伦理所以成宗教代替品，亦即为它融合人我泯忘躯壳，虽不离现实而拓远一步，使人从较深较大处寻取人生意义"。伦理的社会是重情谊的社会，其结果是中国社会缺乏个人权利与自由观念，一个中国人似不为其自己而存在，这点与西洋文化正好相反。"团体权利和个人自由，在西洋为自古迄今之一大问题，难于解决。平心而论，各有各理，固执一偏，皆有所失"，只有中国伦理思想不把重点放在任何一方，互以对方为重，这样就产生了平衡。梁漱溟在《中国文化要义》一书中提出孝是中国最先进的文化，他说："中国文化在某种意义上，可谓是'孝'的文化。孝在中国文化上作用至大，地位至高；谈中国文化而忽视孝，即非于中国真有所知。"新儒家在从儒家学说中"寻找出不可毁灭的永久的基石"方面其功至伟，但是，新儒家主要是在崇拜与信仰的意义上来看待儒家学说，而不是在研究的意义上来对待它，因而缺乏"五四"式的批判精神。

中国共产党在自己的文化建设中十分注重对儒学的批判与继承。毛泽东主张尊重中国的数千年文化传统，反对割断历史的做法，他在1940年发表的《新民主主义论》中提出要以"批判与继承"的态度对待中国的历史文化遗产。他经常吸收、改造儒家的思想、概念、词汇，例如他在《反对党八股》中说："孔夫子提倡'再思'，韩愈也说'行成于思'，那是古代的事情。现在的事情，问题很复杂，有些事情甚至想三四回还不够。"刘少奇很注意吸收应用儒家伦理思想的精华，1939年7月他在延安马列学院作了《论共产党员的修养》演讲，引用了许多儒家的道德学说来论证道德修养的重要性、可能性以及修养方法。如："孟子也说过，在历史上担当'大任'起过作用的人物，都经过一个艰苦的锻炼过程，这就是：'故天将降大任于斯人也，必先苦其心志，劳其筋骨，饿其体肤，空乏其身，行拂乱其所为，所以动心忍性，增益其所不能。'共产党员是要担负历史上空前未有的改造世界的'大任'的，所以更须注意在革命斗争中的锻炼与修养"；"《孟子》上有这样一句话：'人人皆可以成尧舜'，我看这句话说得不错"，等等。

二、第二阶段：1950—1976 年

在这一时期（尤其是"文化大革命"时代），大陆的儒家伦理研究与政治纠缠于一起，成为意识形态斗争的一部分。在表面上红红火火、盛极一时的背后，体现出来的却是学术人格的扭曲和学术水平的停滞与倒退；与此同时形成一个强烈反差的是，由于现代新儒家的矻矻以求，海外的儒学研究呈现出一片繁荣昌盛的景象。

（一）中国大陆对儒家伦理的研究状况

这一时期大陆的儒家伦理研究大致上可划分为 1949—1965 年和 1966—1976 年两个阶段。

随着共和国的建立，马克思主义的地位得到确立，成为指导一切学术研究的理论原则。文化思想界的学者们开始学习马克思主义，并用以指导自己的学术活动，强调用阶级分析的方法分析社会历史现象，当时的学术空气尚较自由，对儒家伦理的评价，有取基本肯定的，也有取基本否定的，在肯定中也有否定，在否定中也有肯定，评价也较冷静和客观，也有对研究的方法本身进行讨论的。

1961 年始，冯友兰提出了封建道德具有"普遍形式"的观点，由此引发了一场争论。"孔子所说的'爱人'，'己所不欲、勿施于人'，'己欲立而立人、己欲达而达人'，这些话是不可以专照字面

了解的。必须注意这些话的具体内容。从这些话的字面意义看，它的这些话是超阶级的；就其内容来看，这些话的阶级性是很明显的。可是，也必须承认，孔子所说的这些话，是以普遍性的形式提出来的。这种形式是不是也有它的一定的历史意义呢？我认为是有的。"(《论孔子关于"仁"的思想》，《哲学研究》1961 年第 5 期) 关锋认为冯友兰这是采用了超阶级的分析方法，"在他的分析中，实际上肯定了超阶级的形式具有真实性，即认为哲学具有为各阶级共同服务的成分"，"等于肯定孔子的'仁'除了代表一定阶级的部分或意义还有代表各个阶级的、没有阶级性的超阶级的部分和意义"(《关于哲学史研究中阶级分析的几个问题》，《哲学研究》1963 年第 6 期)。石梁人也批驳了冯友兰提出的"抽象继承法"，认为道德是具有阶级性、时代性的，不能脱离阶级社会的经济关系及人们的阶级地位去说明各个阶级道德的来源，不存在什么"永恒的道德原则"。过去各种剥削阶级的道德在本质上是一脉相传的，尽管在表现形式上有所不同，而无产阶级道德的产生和发展的源泉则主要是生产斗争和阶级斗争中的实践经验。(《试论道德的阶级性和继承性》，《哲学研究》1963 年第 6 期)

　　这一时期出现的另外一个比较有影响的争论是封建道德的继承性问题。早在 1956 年，杨永志就提出了道德的继承性问题。"社会主义文化是社会主义经济在意识形态上的反映，它与以前的一切文化有着原则的不同。但是，它不是从'空地'上建设起来的，它与历代的文化遗产有着密切的联系，它们本身就包含着人类许多世纪所创造出来的一切有价值的东西。如果不爱惜历史上积累起来的有价值的东西，不尊重祖国的文化遗产，我们就不能够建设社会主义文化。"(《为了建设社会主义文化必须批判地接受祖国文化遗产》，《哲学研究》1956 年第 1 期)因此，继承祖国的优秀的文化遗产,并吸收世界各民族的文化遗产,是社会主义文化建设工作中主要组成部分之一。这一观点后来引起学术界的热烈争论,争论的焦点在于:对于过去统治阶级的道德是否可以批判继承?并由此引出另外的一些问题:是不是在一般情况下,阶级的道德就是统治阶级的道德?统治阶级的道德同被统治阶级的道德,是否可以相互影响、相互作用,以及如何相互影响、相互作用?

　　吴晗、江峰等人认为过去统治阶级的某些道德是可以批判地继承的。其理由在于:第一,道德不是永恒的、万古一致的,社会经济状况改变了,道德的内容也就不能不相应地改变,但诸如民主、自由等等概念我们还是继承了、使用了,只是内涵变了。其二,历史上某些民族英雄、革命领袖和其他杰出人物不可避免地要受到民族传统的教育,他们在历史上作出了一些对人民有利的事情,对于他们所表现的某一方面的道德面貌来说,还不宜一笔抹杀,还是可批判地继承的。其三,"被统治阶级的某些美德,不但曾经表现在统治阶级某些个别人物的活动中,而且概括地说,在理论上也迫使统治阶级不能不接受,作为自己阶级的美德,尽管这种接受是别有用心的,他们要祭起这套法宝,来加强奴役广大人民。"(吴晗:《三说道德》)其四,当统治阶级尚处于上升时期时与人民群众在反对旧统治阶级这一点上他们还有共同利益,这时新兴统治阶级的某些思想家的道德论中,有些个别道德原则,在当时曾经起过进步作用,这其中有些东西对我们现在还有一定的积极意义。(江峰:《也谈道德的继承问题(上、下)》,1963 年 10 月 6、7 日《光明日报》)

　　持反对的观点则认为,道德是有确定的阶级内容的,绝不是超阶级的。对于吴晗所说诸如民主、自由的概念是对统治阶级道德的批判继承的说法,高仲田认为用抽象的道德概念是不可能说明问题的。劳动人民的忠、义、节俭、勤劳、勇敢等是属于劳动人民的优良传统,而统治阶级的忠、义是为了维护和服务统治阶级的道德,历史上某些民族英雄和革命领袖的一些美德应肯定,但实际上这些美德正是劳动人民所固有的,不存在批判继承问题,"所以剥削阶级的道德只有剥削阶级能够因袭和继承"(《关于道德的批判继承问题》,1963 年 10 月 7 日《光明日报》)。冯其庸也认为对于历史上一切剥削阶级的道德都必须坚决地批判,坚决地抛弃,而不能继承。因为道德是阶级斗争的工具,是阶级利益的集中反映,总是有自己的阶级内容的,没有超阶级的抽象的道德,剥削阶级道德与被剥削阶级道德之间不存在超阶级的"共同利益",无论是统治阶级上升时期的"个别道德原则"(《封建道德不能批判继承》),还是诸如岳飞、范仲淹之类在民族矛盾尖锐或封建地主阶级内部矛盾尖锐时期出现的个别民族英雄、地主阶级改良主义者,他们的"个别道德思想"也都不能继承。阎长贵从分析忠孝范畴入手,进而认为封建的忠孝观念是封建社会经济状况的产物,是为地主阶级的统治和利益辩护的,丝毫不代表被压迫、被统治阶级的利益;封建忠孝观念的实际意义是要求在"君君、臣臣、父父、子子"的封建社会中,每个人都必须安分守己,尽伦尽职;官是民之父母,民奉官府像孝敬父母那样。这样天下就"治"了,太平了。这就是封建忠孝的妙用。封建的道德观念对农民阶级有严重影响,但农民阶级也有自己的道德观念。所以,吴晗"所谓阶级道德,在一般情况下,也就是统治阶级的道德"是不对的。文章批驳了封建的忠孝既有封建性,又有人民性的说法,认为这是一种超阶级的观点。"对封建的忠孝观念只能坚决摈弃、彻底埋葬,绝对不能继承。"(《必须坚决摒弃封建道德——从忠孝谈起》)

  这种相对而言比较自由的学术氛围很快就成为了过去,大陆对儒家伦理的研究进入建国后的第二阶段。20世纪初以来,中国人学的是从苏联"转手"过来的、带有教条主义色彩的马克思主义,而且这种教条主义在中国学术界并没有得到理性的反思与纠偏,反而有愈演愈烈的趋势。在对儒家伦理思想的研究上,体现为过分强调阶级斗争与阶级分析方法,"马克思主义的阶级分析方法,是一切社会科学的根本方法"(关锋:《关于哲学史研究中阶级分析的几个问题》,《哲学研究》1963年第六期)。"左"倾思想成为那个时代的权力话语,人们甚至认为,在学术上较多地肯定孔子儒家思想意味着政治立场的保守与反动,在学术上持彻底批判立场代表着政治立场的革命性。"念念不忘阶级斗争",阶级批判一再升级,到60年代中期终于爆发了史无前例的所谓"文化大革命",作为传统文化化身的儒家思想(儒家伦理当然包含于其中),一律被斥之为"四旧"而要彻底地扫除干净。这种极左思潮发展到了20世纪70年代,又出现了历史上空前大规模的一次有计划、有组织的批判孔子及其儒家思想的政治运动,这就是当时妇孺皆知的"批林批孔"运动。孔子被定位为反革命复辟派的总代表,把孔子和儒家批倒批臭是这场政治运动的目的之一。

在这种时代氛围下,儒法斗争的论调一度左右着学术研究的主方向。"在整个封建社会中,始终存在着尊儒反法和尊法反儒的斗争,这种斗争一直影响到现在。无产阶级专政的敌人,都把孔孟之道作为在中国复辟资本主义的工具……要坚持马克思主义,反对修正主义,就必须彻底批判这种反动观点,彻底批判孔孟之道。"(梁效:《研究儒法斗争的历史经验》,《红旗》杂志1974年第10期)原本是孔子道德修养思想的"克己复礼"学说,被斥之为反革命复辟的政治纲领。在这一时期,"批林批孔"运动取代了大陆的儒学研究,"(林彪)狂热地鼓吹孔孟之道,并且题在壁上,记在日记上,当作座右铭。为什么他拼命鼓吹孔孟之道呢？就是因为孔孟之道是复辟之道。它和孔孟的反动思想体系是一致的,都是要复辟旧制度,妄图把历史拉向倒退"。"孔孟宣扬'德'、'仁义'、'忠恕',林彪叫嚣'恃德者昌,恃力者亡',用儒家的语言恶毒地攻击革命暴力,攻击无产阶级专政。"(1974 年 2 月 2 日《人民日报》社论)

(二)港台及海外对儒家伦理的研究状况

实际上,正常意义上的学术研究在这一时期的中国大陆是不存在的,存在的只不过是"御用史学"和"影射史学"。批判孔子、儒家与儒家伦理在一定意义上成为了一种符号、一种象征,其本质是为现实政治服务的。值得注意的是,与大陆极左思潮泛滥的状况形成鲜明对比的是,在香港、台湾及海外地区,一批学者继续举着 30 年代现代新儒家的"火烛"进行着儒学研究,他们大都认为儒家伦理具有强大的生命活力,对儒家伦理的现实价值和未来命运充满信心。

方东美认为,"(儒家认为)道德是生命的本质,也是生命价值的具体表现……我们不仅仅是为了生活而生活——那是任何野兽动物都能做到的,我们是要不断地提高生命的意义,增进生命的价值,再接再厉,以至于至善,我们是为了实现最高的价值而生活。问题是,我们如何可能达到这种理想,关于这一层,孔子、老子与墨子已经为我们指出了道德生活的共同标准,像孔子说的'忠恕',老子说的'慈惠',墨子说的'爱利'。名称虽不同,但实质却相同,都是中国人在道德上的一贯精神,孔子、老子、墨子可以说永远是我们民族精神的导师,他们对道德生活体验最深刻,观察最透彻,所以说出来的哲理,正是我们全体民族的座右铭,他们真是我们民族的道德发言人,他们一直不停地在道德上指导我们,现在轮到我们接下这火烛,来照耀中国的未来,乃至于世界的未来了"(《中国人的道德观念》)。他认为儒家、道家、墨家相互会通所形成的智慧,是中国思想的最高成就,且由其会通之处可看出中国道德生活的共同基础。三家所表现的集体智慧,正是一种"三位一体"的中国民族道德精神。

张君劢认为,虽然社会历史不断地变迁,但道德观念是不可以否定的,是"天所赋予而人所同具的",道德意识"不可须臾离也"。人的形体、生命与性灵是以全宇宙为来源背景的,善恶是非的道义是与生俱来的。儒家伦理的出发点是善、己、性和心,明善求真是儒家的归宿;在伦理的变与不变两方面性质上,认为德性的表现方式是因时因地而异的,如忠、自由、竞赛等等,但善恶良知的道德判断却是古今一贯的。在历史转变、文化交流的关头,不但要在理论上探讨伦理问题,更要"返于善恶是非之准绳之力行",即付诸践行,儒家伦理是"吾国个人修养与国家政策固有之传统也。岂到今日而销声匿迹,或澌灭以尽乎?"(《儒家伦理学之复兴》)所以,应该继承发扬儒家的伦理思想。

刘述先认为,儒家伦理在内容上虽有许多已经"死去"或过时,但在精神上却有一些"万古常新"的成分,可以在哲学上研究其特质,并指明其在未来改造的方向。儒家的伦理观是一种重视具体情境的伦理观,是在伦理的绝对主义与相对主义之间别求蹊径。"儒家的终极道德理想显然是仁心之充斥、生生不已的不断扩充与不断实现。乃是在仁心的基础上儒家才进一步谈礼乐教化与政治措施。儒家伦理虽有一定方向可循,但非泥古不化可言","表面上儒家的伦理已经过时,但过时的只是儒家的具体设施,而不是仁心的超越原则"。(《儒家伦理哲学的现代意义》)

三、第三阶段:1977—1989 年

1976 年打倒了"四人帮",1978 年开始改革开放,中国政治上开始进入一个崭新的"春天",学术上似乎也能感觉到丝丝春风拂面。人们从极左思潮束缚下解放出来,以实事求是的精神重新开展学术研究。随着真理标准问题讨论的深入,学界也力求在真正学术研究的意义上认识与评价孔子和儒家伦理。"文革"之后的这次对儒学的重估应当说有别于 20、30 年代的复兴儒学运动。大多数学者都能以科学的、冷静的态度来分析孔子,分析儒家伦理,不再采用简单的一概否定或一概肯定的二分法,既肯定孔子和儒家伦理在我国历史上的积极作用,并揭示其思想的现代意义,同时又揭明它在历史上的负面作用和那些不适用于当代的陈腐的因素,这就是我们常说的批判继承的原则。正如张岱年所说:"总之,尊孔的时代已经过去了,盲目反孔的时代也已经过去了,时代在前进,过去的错误不应该重复。我们现在的任务是对孔子和儒学进行科学的考察,进行历史的辩证的分析,发扬孔学中的民主性的精华,反对其中的封建性的糟粕。"(《孔子思想研究论集·序言》,齐鲁书社 1987 年版)在这一治学思想的引导下,80 年代以来,大陆已召开不下数十次的地域性的、全国性的乃至国际性的孔子和儒家伦理学术研讨会,尤其常与海峡两岸的学者共同切磋,以期中华民族传统文化重铸辉煌。

(一)关于道德继承问题的研究

关于如何继承民族优秀道德遗产问题的讨论,在粉碎"四人帮"后,这一"悬而未决"的问题又被重新提了出来。人们从儒家

道德中所包含的民主性、民族性、科学性、合理性因素方面,从道德的社会性、社会认同、社会性外观方面,从道德的普世价值方面,从新旧社会的某些共同历史条件和共同背景方面,肯定了道德历史遗产是可以批判继承的,提出阶级性不应成为道德继承性的不可逾越的鸿沟。但在 80 年代文化热中,又出现了否定民族传统文化和传统道德的倾向,认为传统道德是农业文明的产物,在工业文明时代已失去价值,成为现代化的包袱、阻力等等。但更多的学者肯定民族传统道德在现代社会生活中仍有其价值,它是我们现代化进程中不可或缺的思想资源和精神动力,在治理现代社会生活中重物质轻精神、重工具理性轻价值理性以及社会秩序、道德失范和心理失衡等问题上将发挥积极作用。蔡尚思认为,对于孔子的文化遗产要具体分析并批判继承,既不能一概排斥,全盘否定,也不能盲目搬用,抽象继承,而应"借用它的语言,注入新的内容"。对于"四人帮"淆乱视听、歪曲历史、别有用心的"批孔"论调要彻底摒除。(蔡尚思、李华兴:《学习毛泽东有关孔子论述的一些体会》,《文史哲》1978 年第 6 期)张岱年从先秦儒、墨、杨三家关于道德的论战出发,阐述道德原则的普遍性与继承性问题。"从古以来,道德原则都是具有普遍形式的,这正是道德所以为道德的特点。如果舍弃了普遍形式,那也就失去了道德原则的严肃意义了。"(《道德的阶级性和继承性》)道德具有继承性特点,后一时代的道德是从前一时代的道德演变而来的。劳动人民的道德是应该继承的,对封建时代的伦理学也要区别对待,中国古代思想家的道德学说对于中华民族的进步与发展确实起到过非常巨大的影响,是应该实事求是进行分析与评价,并从而进行批判继承的。传统儒家伦理道德中所彰显的公共利益的道德原则,维护民族利益的道德原则,都是应该肯定与继承的。总之,道德的阶级性并不排除道德的继承性。

（二）儒家伦理与现代化关系的研究

80年代以后,中国的改革开放逐步走向深入,经济发展突飞猛进。在这一社会背景下,"儒家伦理与现代化"的关系问题便凸显出来。当然,这一问题的产生也是由于一个经验的事实所导致:在有着深厚的儒家文化背景的东亚地区,经济发展取得了巨大的成功。对于这一成功的文化层面的理解就产生了"儒家伦理与现代化"的关系问题。最早从文化层面上来理解近代资本主义兴起原因的是马克思·韦伯。韦伯理论旨在说明资本主义精神为什么没有在别的地方而只在欧美兴起的文化背景。由于东亚经济的崛起,人们开始沿袭韦伯的思路思考"儒家伦理是否有助于资本主义发展"这一韦伯式的问题,人们对这一问题的回答存在重大的分歧,大致可以归结为四种观点:一种认为儒家伦理在东亚经济发展中扮演了与西方新教伦理同等的角色,东亚模式的成功是儒学实现现代转型的标志;一种认为儒家伦理对东亚经济发展只起旁助作用,既不可夸大,也不可抹煞;一种认为儒家伦理对于东亚经济发展无足轻重,两者之间并不存在因果关系;另一种认为,正是因为东亚地区儒学影响较为薄弱,才导致东亚的现代化进程比较顺利。

韦伯认为新教徒排除了在上帝与它自身之间的一切中介物,从隐秘的内心深处,在他们内在的孤独感之中,与上帝直接联系。这种关系促进了个人尊严的意识,也导致一种与理性的劳动组织相一致的个人主义。因此,遵循新教(或清教)伦理发展而成的人格的一体化,以及与之相关联的个人主义,导致了一种肯定的、转化性的思维方式。而儒家伦理强调适应、调整世界,不提倡个人主义的发展,不具转化性,不能够把人民动员起来、使他们重新振作,从而导致人们对世界的主宰,导致巨大的资本的积累的转化,所以儒学没有对资本主义的产生做出贡献,儒家伦理抑制了这种实业精神的发展。杜维明并不同意韦伯的这一论断,"可是今天,在东亚的许多不同的地方,我们却看到了资本主义和实业精神的蓬勃发展"(《儒家伦理与东亚企业精神》)。东亚地区长期受着儒家文化的影响,以前经济不发达,大概是受到儒家文化的影响,那么现在东亚地区经济高度发达,也是受到儒家文化的影响。这是因为,儒家文化特别重视政府的领导作用,注重家庭的和谐,注重社会的团队精神,注重集体性,注重伦理道德,注重义务等等。但是,如果这一切被政治化了,就会变成歧视商人,难于发挥企业的契约精神,乃至政府进行各种不同的政治控制而不让经济发展朝着经济规律的方向前进,"那么儒家的文化就会对经济的发展起非常消极的作用,这一点在清代以至在后来相当长的一段时间里受儒家文化影响的社会如中国、日本甚至新加坡,都有这种情况"。可是从另外一个角度看,假如一个国家政治力量强大,政府有贤明的领导来促进经济的发展,家庭成为后期工业社会或经济迅速发展的一个稳定因素,那么,用儒家团队精神来促进经济的发展而不是个人主义挂帅,再加上各种其他因素,儒家文化又是经济发展的促进因素。"儒家伦理确实是起了——过去是起了消极的作用、现在是起了积极的作用,这一点是必须承认的"(羊凡:《儒家伦理与"文化中国"——杜维明教授答问录》,《学习与思考》1995年第1期)。"我们提出的主张大体是这样的:首先,我假定资本主义的形成很可能不止一种途径",而东亚模式即是其中的一种,"这种以儒家伦理为背景的东亚经营气质和资本主义形成模式的特点是强调自我是各种关系的中心,义务感、自我约束、修身、取得一致意见和合作。它高度重视教育和礼仪。它注重信用社区和政府的领导"（《儒家伦理与东亚企业精神》）。新教伦理对于西方资本主义的产生做出了贡献，但也导致了诸如极端个人主义和极端权力意识之类的各种各样的问题，应该把东西方伦理的价值结合起来，而不应该扬此而抑彼。

儒家伦理之重"礼"、重和谐绝非停留于表面，儒家伦理充分提供了个人动机的核心，韦伯的儒家伦理观正日益受到批评与挑战：一是理论上的新解释，一是越来越丰富的东亚经验现象的存在。50年代以来，东亚经济取得了惊人的奇迹，儒家伦理已被视为东亚经济腾飞的内在文化动力。勃格认为现实世界已经出现了两个形态的"现代化"：西方式的现代化与东亚社会的新的、具有特殊性格的现代化。他甚至认为韦伯所讲的传统士大夫和儒吏的儒家思想有害于现代化，今日东亚现代化的动源在于另一种儒家思想，即老百姓日常生活中的工作伦理——"庸俗化的儒家伦理"。经过深入分析，金耀基认为文化因素与制度因素在经济的发展中都十分重要，"制度论"与"文化论"都有失偏颇，唯有重视二者之间的互补互动关系才能真正为东亚现代化提供全面的解释。（《儒家伦理与经济发展：韦伯学说的重探》）

德国学者乔伟通过对朱熹的儒家伦理思想和新教道德伦理思想的比较研究得出了否定的结论。无论是新教还是新儒学，都是一种变革，大大丰富了道德伦理思想方面的内容，而且两者之间有不少的相似之处。然而，尽管这两种道德伦理思想存在不少相似之处，他们在历史上又都对普遍的生活方式和以后经济形式的发展产生过巨大影响，但其结果却完全不同。新教徒从苦行生活中积累了资本，而且对现代资本主义发展必不可少的"合理化过程"也是从苦行生活方式中产生的。概而言之，西方从新教中产生了以组织化劳动为形式的现代资本主义；新儒学不仅没有推动现代资本主义在中国发生、发展，却对巩固封建主义起着不可低估的作用。这说明新儒学和新教尽管在道德伦理思想方面有不少形似之处，但他们在体系上仍有本质的不同。现代资本主义之所以能在西方蓬勃发展，而中国长期停滞于封建主义，原因是多方面的，占统治地位的道德伦理思想无疑是其中的一个方面。(《儒学和新教的伦理观之比较》)

　　有些学者变换视角，从另外一个侧面来探讨儒家文明与现代社会的关系。儒家文明在过去的存在和作用有一个工具理性的基础，它起到了维持传统华人社会秩序的社会功能。在现代社会中，儒家文明受到了挑战，主要原因在于社会秩序本身变革了。今天我们探讨现代化与儒家文明的关系，其实也就是在问：儒家文明是否能迎接现代化提出的挑战？它还有没有能力维持华人社会的秩序？王沪宁分析认为儒家伦理仍有存在的价值，因为"儒家文明的发源是原始的血缘、地缘和人缘社会的质量。在这种社会质量下，社会秩序的正常开展离不开儒家文明。儒家文明维持古代华人社会秩序的社会功能之所以千年不衰，关键点在于社会质量未发生根本性变革"。另外，华人社会的现代化对作为儒家学说体系和作为社会规范总和的儒家文明的挑战是巨大的，而对作为民众心理潜层沉淀的儒家文明的冲击则是缓慢和微小的。此外，现代经验的事实表明，某些华人社会在儒家文明大体存在的条件下实现了繁荣，因而摒弃儒家文明并非现代化的先决条件。反观西方发达工业社会，他们虽然总体上实现了物质繁荣，但作为人的生活的各项超物质的要求并没有全部达到，后物质主义的理想生活的基础不仅没有扩大，反而缩小了，故而"儒家文明所体现的人们在心理上和伦理上的秩序对任何社会都是必不可少的，问题是怎样用现代价值来渗透儒家文明,使新的社会秩序化为心理和伦理的秩序"。总之,"在走向现代化的过程中,儒家文明恐怕不会全部失去存在的价值,也不会依然如故",正确的态度应当是"对之去粗取精,去伪存真"。(《儒家文明与华人社会的现代化》)

(三)关于儒家伦理特征的研究

人性论是中西哲学普遍存在的哲学基本问题。西方哲学注重于从实践理性的意义上探究"人性是什么",儒家伦理哲学则注重于从价值理性的意义上研究"人性应该是什么",前者是事实判断,后者是价值判断。在中国古典哲学史上,许多思想家都讲"人性",但几乎每一位思想家所谈论的"性"或"人性"的逻辑规定都是相异的。张岱年认为,中国哲学史上的"人性"范畴主要有四项不同的含义。1."生之谓性",以生而具有、不学而能的为性,这是告子、荀子哲学界定;2. 以"人之异于禽兽者为性",虽也讲"不学而能",但主要侧重于人与禽兽不同的特点,这是孟子、戴震的所谓性;3. 以作为世界本原的"礼"为性,即所谓"极本穷源之性",这是程朱学派的所谓性;4. 王夫之提出"性者生之理",以人类生活必须遵循的规律为性,这规律既含道德的准则,也包含物质生活的规律。以往的哲学家大多把人性看作一个抽象的共相,其实人性应该是一个具体的共相,它是许多规定的综合,包含人类共性与不同民族的民族性、不同时代和不同阶级的阶级性等各种类型的特殊性。他还对古代各类人性善恶观点进行了分析,指出其理论上的优劣,以及各种学说的历史价值和历史影响。"中国古代的人性学说是古代思想家力求达到人的自觉的理论尝试,也就是力求达到关于人的自我认识的理论尝试,虽然没有得出科学的结论,这些尝试在人类认识发展史上还是有重要意义的"。(《如何分析人

性学说》)

迈克尔·R·马丁从比较个人主义、整体主义与儒家伦理思想之间差异性的角度来探讨儒家伦理思想的内蕴与特征。他认为儒家伦理既不同于个人主义,也不同于集体主义,儒家是居于两者之间的一种学说,是一种理想化的、和谐的观念。儒家认为社会是天然和谐的,人应通过"礼"来修身养性以达到与既定文化保持和谐,成为社会活动的一部分,人在参与"礼"的活动中变成了完全意义上的人,"礼"能够使人实现他们作为本质上社会的人的天然的潜在能力,"本身具有差不多是一种目的的作用",而并非是一种功利主义的规范。(《个人主义和儒家的道德伦理》)

萧萐父认为儒家在其原生阶段具有理论朴实的特质,旨在重视人伦和人的实践智慧,将理想的社会和谐秩序视为最善,儒家思想的根源是宗法伦理关系及其所产生的宗法伦理意识。但儒家伦理有其产生、衍化、变异、衰落诸阶段,秦汉新儒家吸取了阴阳家、法家等的思想,实现了儒法政治的合流,由强调相互道德情感的宗法伦理转变为绝对的伦常义务,由自觉的道德要求变为强制的行为规范,日益成为丧失了主体自觉道德的异化的伦理教条,变为人性的桎梏。萧萐父称这一历史事实为类似于宗教异化的伦理异化现象。

儒家伦理学说存在着一个发生、发展与变易的过程。余英时认为,从朱熹到王阳明,中国社会发生了变化,儒家伦理也有了新的发展,新儒家是继承了新禅宗的入世的精神而发展出来的。佛教的入世转向和新儒家的兴起之间是息息相通的,"新儒家在终极归趋的方面是和新禅宗处于截然相反的位置,但就整个历史进程而论,则又是因为受到新禅宗的'入世转向'的冲击而激发了内在的动力"。新儒家因新禅宗的挑战而全面发展了自己的"天理"

世界,但不同于佛教的"彼岸"之背离"此世",新儒家的"彼世"与"此世"既相反又相成,从而发展出一种更积极的入世作事的精神"静贯动敬",新儒家的心性修养不是要个人解脱,而是为了"先天下之忧而忧,后天下之乐而乐",表现了一种入世苦行精神。新儒家各派的"经世"思想是一致的,但在"觉后觉"上各有所见,朱子注重"读书穷理",专在士阶层求发展,陆象山诉诸情感而不诉诸理智,同时针对"士"和一般民众而立教,到了王阳明时新儒家伦理已深入民间,走向大众,完成了其社会化的历程。(《儒家伦理的新发展》)成中英对儒家伦理发展的历程也提出了自己的创见,认为可将古典儒家哲学的发展划分为三个阶段:背景假设阶段、道德的自我理解阶段与道德的思辨的证明阶段。这三个阶段也可视为儒家道德理论架构的三个次元:思辨的基础、思辨的内容和思辨的证明,它可普遍化为道德的三个层面:既有的"自我"、自我实现普遍性之"人性"的潜能、实现的"自由的自我"。"儒家道德哲学的逻辑与结构为我们对于人类基本道德意识与道德生命的逻辑与结构的理解提供了一个普遍的模型。儒家道德具有对于终极实在的关怀,从而也是一种宗教意识的表露"。(《儒家道德的辨证与人的形上学》)

　　总体上来说,儒家伦理的研究在这一阶段受到了极大的重视。这一方面是因为"儒家伦理和现代化"的问题的凸现;另一方面的原因则是,经济与社会的改革带来了物质生活水平的普遍提高,但人们同时也忧虑社会改革是否会导致全民道德的堕落和人际关系的恶化。"经济——伦理"、"历史——道德"的困惑是当代人最为敏感、最为现实的问题。随着西方资本主义发展和中国社会主义市场经济的演进,出现了诸如人际关系冷漠、环境恶化等等严重社会问题,在全世界普遍面临道德危机的情况下,以儒家伦理为代表的中国传统道德越来越引起全世界人民的普遍关注。80 年代末，一批诺贝尔奖学金获得者聚会巴黎，在会后的宣言中，针对当今世界道德危机问题指出："人类要在 21 世纪生存下去，就必须到 2500 年前的中国孔子那里去寻找机会。"他们认为，人与人之间的和谐相处，正是儒家思想的精华。探讨以孔子为代表的儒家伦理在 21 世纪人类社会中的未来价值不仅仅是中国人的责任，而且也是全世界人民共同关注的问题。

四、第四阶段：20 世纪 90 年代

世纪之末是总结过去、展望未来的时期，这一阶段也是儒家伦理思想研究的繁荣阶段。经济的大发展，政治环境的相对宽松，以及全球联系的紧密化，既对儒家伦理思想的研究提出了新的问题，也为儒家伦理思想的研究提供了良好的条件。20 世纪的最后十年是儒家伦理研究的黄金时期，这主要表现在三个方面：其一，研究的领域在拓宽。在公共生活伦理、职业伦理、婚姻家庭伦理以及管理伦理、经济伦理、企业伦理、科技伦理、医学伦理、生态伦理、军事伦理、制度伦理、教育伦理等等方面都有深入细致的研究；其二，研究的深度有所加大。随着全球经济的一体化，全球伦理一体化是否可能？在全球伦理一体化进程中儒家伦理将扮演何种角色？普世伦理问题是这十年中意义最深远、涉及面最广泛的核心问题。其实质也就是在全球伦理中儒家伦理的命运的问题，也即儒家伦理如何面向世界、面向未来的问题；其三，学术界交流频繁。大陆学术界不仅与港、澳、台的交流空前频繁，与国际上的交流也大大增多了。这种全方位、多维度、多层面的探讨，对于研究儒家伦理在 21 世纪的命运与走向，将起到积极作用。

（一）对儒家伦理自身特质的研究

樊浩认为,在对中国传统儒家伦理进行发掘和整理的过程中,学术界往往用现代的(其实即是西方的)概念与话语系统来对中国儒家伦理进行梳理和诠释,这实际上很难给中国儒家伦理定性和定位,容易产生价值认同上的混乱,甚至导致民族虚无主义。中国伦理的重建一定要把握住"中国特色",最重要的一方面就是传统儒家伦理的概念系统及其文化原理。家国一体、伦理政治与人情主义正是儒家伦理的逻辑原理与概念系统的三个基本内涵。家国一体的社会结构与社会发展的特殊样式是中国儒家伦理的逻辑起点和历史起点,它使得中国文化具有浓烈的伦理性,并赋予中国伦理以血缘根基、情理机制、入世取向的特质。伦理政治与西方民主政治存在着深刻的分歧,前者侧重文化意义、人格平等、匹夫有责,后者强调政治组织、政治平等、政治参与。中国文化是一种血缘文化,重视情感,人情主义是中国儒家伦理精神的形态,人伦本位、人情法则、伦理政治的本质构成人情主义三要素。(《中国伦理的概念系统及其文化原理》)

施炎平从"道德理性主义"的观察角度入手,剖析了儒家传统人文精神的演进轨迹及其价值。儒家是有道德理性观念的。在主体性原则基础上确立的儒家道德理性思想观念,发轫于孔子,初成于《中庸》和荀子,主要是围绕着对"孔颜乐处"、"所乐何事"问题的探讨而发生、发展起来的,形成了儒家道德理性主义的早期形态。宋明时期,正统儒学家在复兴儒学的过程中,继承魏晋名士关于"名教中自有乐地"的思想,重新探讨"孔颜乐处"、"所乐何事"的问题,并引进《周易》"推天道以明人事"的思维模式和宇宙人生观念,大大发展了先秦儒家的道德理性主义。朱熹从本体与功夫结合、修心与穷理结合的角度来阐发孔颜乐处的理性内涵,包含着求真、致善、审美三者的统一,把儒家的道德理性主义发展成哲学、伦理学、美学的联结点和共同探讨的课题。梁漱溟以西方的价值体系为参照系,致力于儒家人生理想的重建,推动了儒家传统的道德理性主义向近代的转型。梁漱溟肯定了人类理性的共性,借以论证中西文化精神的相通。同时也指出中西理性的差异,并以理性与理智来区分二者,强调要以中国固有精神为本位,选择西方理性注重认知、包容科学的长处,对传统道德理性主义进行突破。梁还十分重视"理性重建"在政治实践方面的转化,主张"从理性求组织",以"乡村建设"为入手点,重建现代"新礼俗"。梁的设计并没有把握五四以来中国现代化进程的历史必然,带有主观性和理想化色彩,幻想着有一种既拒绝欧美、又不同于苏俄的所谓第三条道路。"当然我们不能因此忽略它在学术、历史文化上的价值,及其现代启示的意义。"(《道德理性主义:转变中的儒家人文精神——从孔子、宋儒到梁漱溟》)

　　针对学术界大多学者把儒家伦理界定为"道德理性"的观点,刘清平表达了不同的看法,他认为儒家伦理在本质上是一种血亲情理观念。儒家伦理观念特别重视宗法家族关系的伦理道德意义,以血缘亲情作为确立宗法伦理规范的内在依据,认为宗法伦理规范是一切道德行为的本根基础,并赋予血亲情理原则以天经地义的至上意蕴。"理性"这一西方哲学概念,主要意指在思维中凭借逻辑推理认知事物本质、获得真理的能力和活动,并因而与意指感知、情感和欲望的"感性"概念相别甚至对立。儒家哲学几乎没有对真理认识是否可能、怎样进行理性思考和逻辑推理等问题展开深入研究,欠缺认知理性,强调的是合情即是合理,并极大地突显了各种道德规范的情感意蕴。在本质上儒家伦理是特殊主义的血亲情理精神，并非是普遍性的道德理性精神，特殊性的血亲情理是整个道德规范体系的至上本根基础，由于强调亲情，比如五伦，无法包容人与人之间的一切伦理关系。虽然儒家伦理也提出了"泛爱众"、"仁者爱人"等普遍性伦理原则，但却是从特殊性血亲道德原则中推导出来的，最终还是落入"爱有差等"的境地。由于这些区别，儒家伦理与道德理性在一些方面处于对立之中，它往往把特殊性血亲关系凌驾于普遍性人际关系至上。儒家伦理的血亲情理观念在现代社会的道德生活中会造成某些负面影响，如导致忽视普遍性社会公德的现象，可能诱发奉行多重性道德标准现象。当然，它也有正面的功能，如矫正血缘亲情淡漠、家庭观念薄弱、人伦松弛、社区结构解体等弊病。(《儒家伦理：道德理性还是血亲情理?》)

有的学者将儒家伦理称之为内倾型的道德规范，将基督教伦理称之为外倾型的道德规范，并进而揭明儒家伦理的非宗教性及其缺陷与它在近代发生改革是有内在联系的。非宗教的儒家伦理更多的是强调主体的内在修养，而不是客体的外在制衡。其内在缺陷是："与外在的宗教道德相比，内倾的儒家道德自然更合乎人情，但这种行为规范的确立还需要有一个必不可少的前提——即相信人们(起码是精英)有自觉行善的能力，……然而，人们的天性究竟是善还是恶，这在今天也还是哲学家们聚讼不已的问题。'性善论'即使可以概括一小部分具有强烈道德感的精英，但对大多数人来说，则失之偏颇。"一方面大量"伪君子"的产生宣告了作为内倾型道德的儒家伦理的破产，另一方面西方国家的强盛又暗示着作为外倾型道德的基督教的成功。正是在这种大背景下，以康有为为代表的一批刚刚走出中世纪的士大夫起而组织起孔教会，仿效西方社会中基督教的模式，将儒家伦理由世俗或内倾型的道德规范拔高为宗教性或外倾型的道德规范,从而引发了儒家伦理在近代的变革。(黄岭峻、王前进《论儒家伦理的非宗教性及其后果》)

有的学者则认为,中国传统儒家伦理学说在近代发生变革与转型是由传统儒家伦理三个方面的缺陷所致。其一,传统儒家道德哲学思想的发展之所以始终在迷宫中徘徊,根本上是因其没有突破以天为本的道德思维模式,认为人的存在本于天,德性是人之自然,纲常名教本于天,道德原则是宇宙本体伦理精神的展现。近代道德提出以人为本的道德思维模式,中国人终于走出了道德迷宫;其次,摒弃形而上的道德本体。近代道德否定了超越于人类社会生活之外的道德本体,认为天只不过是宇宙间一种客观存在的对象,根本不具有超越性,道德及其价值从天道本体还原为人的利益与需要;最后,传统道德的价值标准是整体(群体)利益而非个体的利益,这种整体或"公义"带有虚幻性和欺骗性。近代伦理道德转型在价值取向上的突出表现就是解构这种整体价值,提倡个体自由、宣扬独立自主,把价值的本体由整体置换为个体。中国传统伦理道德在近代的转型,实质是中国伦理道德发展的质的飞跃和理论形态上的历史性转变"。(张怀承:《略论中国传统道德近代转型的实质》)

(二)儒家伦理与现代社会经济发展的关系问题

企业家精神是市场经济条件下最重要的精神现象。马克思·韦伯认为新教伦理的禁欲主义是资本主义形成的重要源泉,这一论述从实质上揭示了企业家精神的文化底蕴,但韦伯夸大了新教伦理在资本主义精神以及企业家精神成长中的作用,除宗教信仰方面的文化因素以及经济机制的因素外,其他文化因素以及科技进步对企业家精神的形成也有关系。王成荣认为,企业家精神与儒家伦理既有冲突也能在高层面上实现融合。比如重视自我修养、自我完善、追求理想人格;仁恕思想能够加强社会责任感;以义取利,义利两全;诚实不欺,达己立人;重视家庭利益、团体利益、强调团体利益重于个人利益,注重以伦理关系为基础的和谐与稳定,还有厚德载物、勇于奉献、勤俭节约、自强不息、舍生取义等精神品格,这些美德对克服拜金主义、利己主义、享乐主义等等弊病都有很大的积极作用。"儒家伦理为企业家精神的形成提供了文化动力,它完全可以孕育和培养出具有中国道德特质的企业家和企业家精神"。(《企业家精神与儒家伦理》)

杜维明、成中英、余英时、傅伟勋四位旅美新儒家都对以富强为内容的现代化高度重视,并在儒家伦理与现代化之间寻求因果关系,这与他们的新儒家前辈只把儒家伦理与安身立命相联系,且宁要自由不要富强的观念构成了鲜明的对比,反映了他们的思想的变通性、时代性和功利性的特点。他们认为,对于儒家伦理在东亚经济发展中到底起到了什么样的作用,要作具体的分析,切不可把韦伯的思维模式教条化,生搬硬套,犯以偏概全的错误;他们主张对儒家伦理本身的价值作一分为二的分析,也就是要对传统儒家伦理采取"批判的继承"与"创造的发展"相结合的态度,使之走向现代化。为了建立现代化的儒家伦理,他们主张以开放的胸怀将其他伦理思想中积极的因素吸收到儒家伦理体系中。但是,程潮反对他们在建立"现代化的儒家伦理"的设想中仍然希望以儒家伦理为本位和前提的做法,认为这有些不切实际。中国的现代化建设需要一种伦理道德为其提供精神动力,但这种伦理道德不应该是以儒家伦理为本位和核心,而应该是以马克思主义为指导,批判地吸收中国传统和西方的优良传统美德,以建立一种适合中

国国情的社会主义伦理道德。(程潮:《四位旅美新儒家论"儒家
伦理与现代化"》,《嘉应大学学报》1996 年第 5 期)

关于义利之辩的现代意义。钱逊指出,义利之辩是儒家的一
个基本命题,儒家的基本态度是重义轻利,公利为上,这是贯穿始
终的;但是,不同时代的思想家们对这一问题的具体回答,又是随
着社会的发展和认识的深化而不断发展的。先秦儒家主张以义节
利,义以节欲;宋明理学把义利、理欲对立起来,主张去欲存理,这
实际上是对先秦儒家以义节利、义以节欲说的否定;清代戴震又立
新说,否定了宋明理学把利欲对立起来的观点。从社会根源来说,
儒学产生于存在着阶级对抗的私有制社会。儒家要求以义节利,
个人私利服从社会公利,从社会稳定发展的角度分析,这是必要
的、合理的。但在中国古代社会的具体条件下,这又必然表现为公
利与私利的对立,这是儒家思想内在的不可克服的矛盾。这也是
随着社会矛盾的激化而使儒家思想由重义轻利、以义节利演变而
为理欲对立、去欲存理的深刻的社会根源。从认识发展的角度看,
义利、理欲相对立的思想,又是随着认识上的抽象而发展的。从就
人伦日用提出义利关系到把仁义礼智归于人性,再到把人性归于
天理,这是认识上抽象的过程,理论思维发展的过程。儒家义利、
理欲思想的发展又是与其对其他各种文化思想的吸取分不开的。
宋儒天理范畴的提出,是吸取释道思想的结果。传统儒家在处理
义利、公私关系时提出的基本原则,即重义轻利,个人私利应服从
社会公利,是合理的,符合现代社会发展要求。(《儒家义利、理欲
之辩及其现代意义》)

有些学者认为,西方社会过于重视和依赖理性,使得他们发展
出了功利、利己和个人主义等伦理价值观念,这种功利思想和个人
主义精神的存在与发展,一方面推动了资本主义经济的发展,另一

方面又造成西方社会家庭结构松散、金钱第一、唯利是图,人们目标混乱,互相不信任。与此相反,儒家伦理价值观所带来的结果则完全不同,它可以为西方社会的弊病提供一些治疗妙方。儒家仁爱思想劝诫人们在追求自己利益的同时要注意他人利益,顾及到社会整体的利益。儒家"和"的思想渗透在人与自然、人与人、人与社会关系的各个方面。儒家重视人伦,通过推广人伦思想来追求家庭和谐、社会协调和亲密性,与西方理性的社会组织关系有着根本的不同。儒家人性论思想倡导每一个人在经济发展中拥有高级独立的人生和社会目标,这有助于提高企业伦理,有助于促使人性化社会的实现。总之,"把和谐相处而不是把法律裁判视为社会最高准则,东西方伦理文化有着相互补充的特点"。(郭广银、王亦清:《儒家伦理与现代经济发展》)

(三)贯通中西学术,进行中西伦理思想比较研究

以孔子为代表的儒家思想和以耶稣为代表的基督教思想对于形成中西民族的民族意识、民族心理、民族精神、民族文化等方面起着十分重要的作用。对两者的伦理思想进行比较研究可以认识中西文化的深刻差异。杨静认为,以人心的共同感受性为前提而推己及人是两者的相似之处。占中西伦理思想中心位置的孔子的"仁"与基督教的"博爱",其相似之处在于两者把人的愉悦亲善感情表达为认同人心的共同满足。两者之间也存在着巨大的差异:其一,宗法伦理与宗教伦理的差别导致人格平等的差异。孔子伦理以宗法制为基础,把人世的不平等建立在朴素的伦理情感即对生命感恩的基础之上,在人伦关系的温情面纱之下"爱有差等"也就顺理成章了,排斥了人格的平等和竞争。基督教伦理的主德是爱、信、从,世上一切的男女老少在上帝面前人们是平等的,这蕴含

着人格平等的观念。其二,政治伦理与神学伦理之别导致人际关系的和合与分化,二者对于现实世界人际关系的设计有着截然不同的思路。儒家伦理强调君臣父子在伦理政治系统中各安其分,通过伦理的亲和力量形成上下于德的凝聚力,将个体纳入整体族类,导致人际的和合。在耶稣的伦理世界中只是个体的人,决非家庭的群体的人,这样能够使个体的人直接与上帝沟通。为了人们专心爱上帝,并能具有爱无差等的博爱精神,甚至不惜疏离亲情父子之爱;其三,实践伦理与信仰伦理之别导致灵与肉、情与理的交融和分裂。儒家伦理注重个体道德修养,主张情感与理智和谐统一,用理智、意志来制约人的情感、欲望,既承认人的情欲合理性又不至于走向纵欲主义;既肯定限制情欲的必要性又不至于走向宗教式的禁欲主义,这些心理和谐能在世俗生活中实现,不必求助于神秘力量,不会导致情感与理智分裂的痛苦。基督教伦理则把支点放在个体的禁欲态度上,泯灭人现实的情感欲望以谋求来世灵魂的解放,认为世俗情感是人性中卑劣的成分,只有对上帝的信仰才是崇高的。人们必须通过内心格斗、精神折磨、反谴自身才能达于与上帝的和解。(杨静:《孔子与基督教伦理思想之比较》)

　　章海山将中国传统伦理思想与欧洲近代资本主义形态的伦理思想进行比较:1.经济形态:中国封建社会封闭式的自然经济体制决定了中国传统伦理思想总体上属于封闭型或保守型,主静、内求以及中和为其基本特征,集中表现在执中及追求静止的和谐上;西方近代资本主义社会属于开放式的商品经济,伦理思想总体上呈现出开放性或发展性,以主动、外向、竞争为其基本特征。2.国家起源方式:中国国家起源于亚细亚方式,家族是国家的根基,因此伦理思想极为重视调节家族内部的关系。西方国家起源于雅典式,它打破血缘家族关系进入国家,因而伦理思想十分重视调节个人和群体的关系。3. 人性论:中国传统伦理思想以德性主义人性论为主流,道德成为人的目的。人性是天赋的,人性善——道德修养——人性复归,成为一个封闭式的伦理思想体系。西方伦理思想则以感性主义或理性主义人性论为理论前提,道德是人们达到目的的手段而不是目的本身,人的感性欲望、利己心是合理的,无所谓善恶,人的感性欲望就是道德的标准,道德是实现人性的一种手段或工具。4. 道德和哲学的关系:中国把伦理思想同本体论、认识论紧密联系在一起,哲学本体论上的"天"、"理"同时也就是伦理学上道德的本原,因而提出了"天人合一"等命题,天道和人道一致起来,道德修养的过程也就是认识的过程。西方伦理思想和哲学相对分开,伦理学的目的是认识人本身,哲学是认识世界,二者分属于善和真两个领域。5. 伦理和政治的关系:中国的特点是伦理政治化,这使得封建统治者能够把对被统治者的外在强制性变为内在的自觉遵守的规范。西方伦理和政治双轨化,两者相对分开,伦理学的目的是求得个人完善,政治学的目的是求得群体完善。6. 道德价值导向:中国的道德导向是整体主义,这是封建经济结构与集权主义政治的必然结果,忠、孝是这种道德的集中代表。近代西方伦理思想植根于资本主义商品经济,其道德价值导向是个体主义(后发展为个人主义),以个人为衡量社会和他人的尺度,自己为目的,他人是手段。7. 义利观:中国传统伦理思想主张重义轻利,这会导致禁欲主义,把个人利益从道德中摒弃。近代西方伦理思想宣扬利即义,个人在追求个人利益的过程中也就增进了社会公利,个人利益的满足和提高是合乎道德的。"我们应将中西伦理思想的精华融汇到一起,以利于社会主义精神文明的发展"。(《中西伦理思想比较研究初探》)

（四）儒家伦理在未来社会中的地位、影响与作用

韩国金吉洛对儒家伦理在21世纪家庭伦理中的未来意义进行了分析。他认为，孔孟儒学的首要任务是正确实践家庭伦理，其最高目标是确立家庭秩序。五伦是先秦儒学的基本纲领，其中"父子有亲"、"夫妇有别"是家庭伦理的框架。父母与子女的关系是以血缘关系结成的最亲密的关系，也是双向的互惠伦理关系，不仅适用于农本社会大家族制度，而且也适用于现代产业社会核心家庭制度。夫妇之间的关系是以夫妇之间的爱情为基础的，是以"二而一"的妙合原理形成家庭的和谐，完全可以说是以男女平等和个人人格为基本原则的夫妇和谐伦理。儒学的家庭伦理，以仁为根本，尊重人与人、人与世界的和谐、平衡、统一，其中包含着丰富的智慧，这比适用于现代技术文明社会的西方伦理文化更为优越。21世纪是由现代产业社会发展而来的信息化社会，随之而来新的非人性化现象和人类疏远问题将更为突出，为此应创建与此相适应的家庭伦理，"应在以仁为本质的儒学伦理精神基础之上，吸收个人自由与平等基本原则，建立21世纪的家庭伦理"。(《儒学与21世纪家庭伦理》)

有些学者认为，中国传统儒家伦理本质上是政治伦理，它以为封建制度的稳定和发展提供一套完整的社会伦理规范为价值追求和最终目的。传统儒家伦理以家庭为本位，以"重孝贵和"为处理家庭关系的原则，后又将这个原则引申到社会生活领域，成为社会关系准则，此即传统伦理协调社会关系注重由"家"而"国"的二元构架。传统儒家伦理思想以"仁"和"礼"为核心，为了实现"仁"和"礼"的目标追求，它强调从家族亲情出发，将这一伦理规范具体化为伦理行为，即"爱人"、"亲亲"、"为仁"与"复礼"。由此可

见,传统儒家伦理思想体系不仅重视其现实规范性与理想趋向性的二元构架,而且善于将二者紧密联系起来,使之成为人们的自觉行为。传统伦理的二元构架方式是符合社会发展规律的。(陈兴锐:《中国传统伦理思想的构架与社会主义伦理体系的建立》)

胡楚生认为,在传统儒家伦理中,"忠"、"恕"、"孝"、"悌"、"礼"、"让"都是最重要的伦理观念与道德德目,是儒家伦理思想中所蕴含的精华成分,"这些伦理观念既有其原始性的基本意义,也可以与时俱进,有与时代相辅而行的现代化的内涵,不受时间因素的影响,不但可以实践于古代,也可以推行于当代"。现代西方流行文化普遍侵袭于社会各个层面,人们多陷溺于物欲之中,社会道德日益颓败,比如自我本位、贪图享受、自私自利、人性暴戾等,儒家伦理思想对此有从根本上加以救治功能。儒家伦理的精蕴"具有超越时空的价值存在",仍将是21世纪伦理道德思想中的主导力量。(《弘扬儒家伦理思想的精蕴——迈向21世纪的道德观念》)

普世伦理(全球伦理)自90年代初以来已成为全球性日益突显的伦理学主题。随着中国加入"WTO",全球经济一体化已经成为一客观事实。随之而来人们不禁要问:全球伦理一体化是否可能?何以可能?"全球伦理"作为口号首先是由德国神学家孔汉思于1990年在《全球责任》一书里提出来的,之后关于儒家伦理与全球伦理的关系问题就成了学界研究的热点。

虽然儒家传统存在诸多缺陷,譬如,缺少一种个人主义强有力的承诺,缺少一种对专制制度的制约平衡机制,缺乏自由、人权、隐私和正当法律程序等概念,但是大多学者对于儒家伦理在全球伦理建构中的价值还是持肯定态度。儒家关于仁政、精英责任意识以及人民具有要求变革权利的思想,同文明、公正、公共透明性等民主化要求是完全吻合的。儒家信奉家庭为社会基本单位、家庭伦理为社会安定之基础的观念,信奉道德教育的内在价值、信奉自力更生、相互帮助,信奉无止境扩张的关系网络结为有机整体的观念,这些信念为东亚民主体制发展自己的特色提供了丰富的文化资源。而且儒家广义的人文主义可以为发展一种赞同文化多样性、尊重差异和鼓励精神取向多元性的新伦理提供丰富的资源。儒家伦理注重群体取向,不过分强调主体主义、自我利益,尊重全人类的生存和繁荣,以天人合一为境界,具有超越性,所有这些品质,使得儒家伦理"可能很适合作为一种新的全球伦理学说的起点"。杜维明说:"必须找到一种可取的注重人类繁荣的伦理和精神尺度的可持续发展模式。——东亚国家的知识分子在修身、齐家、社会团结、仁政、普遍和平等儒家精神的激励下,能否像移居世界其他地区的华人、日本人、韩国人和越南人中的知识分子一样表现出一种责任道德,这对实现全球化管理具有深刻的意义。"(《家庭、国家与世界:全球伦理的现代儒学探索》)

　　对此持否定看法的认为,儒家伦理为人设定了成人成圣的目标,但在现实性上人只能是特定的社会角色,儒家伦理不求对等,它是理想的,却难以成为现实,市场伦理蕴含着平等和契约的观念,是与儒家伦理完全不同的。章建刚认为,"儒家伦理无法成为支持现代市场制度的基本伦理"。"在政治化的儒学和道德化的儒学之外,还有没有第三条道路,即伦理化或经济伦理学化的儒学? 道德化的儒学走的是古代伦理学的道路,伦理化的儒学大概要走现代伦理学的道路。假如这种儒学最终也能找到甚至重建适当的人的理念,找到正面肯定人的平等权利的基本原则,那么它就可能建立一种将所谓"内圣"与"外王"两个方面结合起来的新理论,即能使个人道德修养与社会法则建设结合在一起的儒学。普遍伦理与市场伦理的吻合度较高,它有对人性和所有人平等权利的承认,也有对其他游戏规则的承诺。同时,它也保持了与市场经济的适度张力,维护了一种较高的社会道德理想。相比较而言,市场与儒家伦理的吻合度要低的多。这主要是因为儒家伦理中还没有阐发出具有普遍性的人的观念和权利观念。因此,"所谓全球伦理,在一定意义上说,也是西方传统的基督教伦理的一种发展"。(《儒家伦理、市场伦理和普遍伦理》)

学术界对于如何建构全球伦理的方法和途径也提出了一些看法。汤一介等人认为,首先需要不同文化传统之间的相互理解和对话,文化宽容和同情理解是必不可少的;要克服文化上的霸权主义和相对主义,把在伦理观念中已经为不同文化传统的民族所共同接受的伦理观念作为"全球伦理"的最低需求,作为一定程度上的价值认同和道德共识。其次,不要排斥或否认不同民族文化传统的伦理价值,要深入发掘和利用不同民族文化传统中的伦理思想的内在资源。三、必须关注当今人类社会存在的重大问题,建立合乎国家与国家平等、维护和平共处的政治伦理原则;建立能使世界经济"共同发展"的"兼相爱,交相利"的经济伦理原则;建立"崇尚自然"的环境伦理原则。四、在处理不同民族文化之间关系时,要在两种不同传统文化中寻找交汇点,并在此基础上推动双方文化的发展,克服"西方中心论"、"东方中心论"等消极影响,即建立"和而不同"的全球文化伦理原则。五、"全球伦理"的构建过程将是一个永远开放的探究过程。(汤一介:《寻求全球伦理的构想》;万俊人:《自上而下　求同存异》)

20世纪是一个充满了血与泪的世纪,也是一个光荣与梦想交织的世纪。儒家伦理在20世纪所遭受的命运,可谓大起大落、大喜大悲。既有被政治利用,扮演某种傀儡与工具,被打翻在地踏上一万只脚的落魄时光;也有被供奉于神坛之上,在香火缭绕中接受芸芸众生顶礼膜拜的荣耀时刻。凡此种种,既和中国社会的政治与文化结构有关,也与 20 世纪中国历史发展的曲线保持惊人的一致。在人类迈进 21 世纪之时,关于儒家伦理的未来走向与命运,有三点是值得注意的:

首先,20 世纪的儒家伦理在很大程度上不是作为一个独立的、正常的研究客体来进行讨论的。儒家伦理总是被人为地添加诸多政治与文化的诉求,儒家伦理因而成为一种象征、一种符号、一种被人利用的工具。于此基础上产生的众多研究“成果”,其实不少都是伪命题。但是,现在面临的一个问题在于:如何从这些伪命题中小心翼翼地剥离出具有真正学术价值的学术成果,将是当今学者面临的一大课题。

其次,在中西伦理文化的对话中,还原儒家伦理文明的真面目,既要承认儒家伦理中存在着与现代化不相适应的成分,同时也应看到儒家伦理中也蕴涵着诸如和谐协调思想、群体意识、献身精神等等,这些价值观念经过“抽象继承”,在何种意义上将对中国的现代化与“充分的世界化”起到借鉴与推动作用?

最后,人类的“共同生活”形成了人类相互依存的“共同利益”,人类的“共同利益”势必建构解决人类共同问题的普世伦理。这不仅是必要的,而且是可行的。到目前为止,国际社会形成许多宣言、法规与协定(比如《世界人权宣言》),它们所涉及的“价值基础”(如正义原则、人道原则)为不同民族的文化所认同的事实也表明:多样的民族文化不但不排斥建立普遍伦理的现实可能性,而且它们的伦理精华和伦理一致性还为建立普遍伦理提供了文化资源和历史性文化前提。(高扬先:《关于建立普遍伦理的思考》,《求索》1998 年第 5 期)那么,在建构这种跨文化系统、跨宗教派别和跨地域文明的具有永恒与普遍意义的"普世伦理"中,传统儒家伦理究竟将扮演何种角色? 起到何种作用? 这将是关系到传统儒家伦理文化是否真正能实现"凤凰涅槃"的关键所在。

伦 理 的 觉 悟

陈 独 秀

伦理思想，影响于政治，各国皆然，吾华尤甚。儒者三纲之说，为吾伦理政治之大原，共贯同条，莫可偏废。三纲之根本义，阶级制度是也。所谓名教，所谓礼教，皆以拥护此别尊卑明贵贱制度者也。近世西洋之道德政治，乃以自由平等独立之说为大原，与阶级制度极端相反。此东西文明之一大分水岭也。

吾人果欲于政治上采用共和立宪制，复欲于伦理上保守纲常阶级制，以收新旧调和之效，自家冲撞，此绝对不可能之事。盖共和立宪制，以独立平等自由为原则，与纲常阶级制为绝对不可相容之物，存其一必废其一。倘于政治否认专制，于家族社会仍保守旧有之特权，则法律上权利平等经济上独立生产之原则，破坏无馀，焉有并行之馀地？

自西洋文明输入吾国，最初促吾人之觉悟者为学术，相形见绌，举国所知矣；其次为政治，年来政象所证明已有不克守缺抱残之势。继今以往，国人所怀疑莫决者，当为伦理问题。此而不能觉悟，则前之所谓觉悟者，非彻底之觉悟，盖犹在惝恍迷离之境。吾敢断言曰：伦理的觉悟，为吾人最后觉悟之最后觉悟。

（节选自《吾人最后之觉悟》1916 年 2

月 15 日《青年杂志》第一卷第六号）

陈独秀（1879—1942），原名乾生，字仲甫，号实庵，安徽怀宁人。文学革命先驱、文艺理论家，北京大学教授，1915 年创办《青年杂志》（《新青年》），1921 年当选中共总书记，出版《独秀文存》、《陈独秀先生讲演录》、《字义类例》等著作。

本文认为儒家伦理是保守的纲常阶级制度，与主张独立平等自由的共和立宪制互不相容，因而在伦理上觉悟起来是最重要的事。

自然的伦理观与孔子

李 大 钊

余既绝对排斥以孔道规定于宪法之主张,乃更进而略述自然的伦理观,以判孔子于中国今日之社会,其价值果何若者。

吾人生于今日之知识世界,唯一自然之真理外,举不足劳吾人之信念,故吾人之伦理观,即基源于此唯一自然之真理也。历稽中国、印度,乃至欧洲之自古传来之种种教宗哲派,要皆以宇宙有一具绝对理性、绝对意思之不可思议的、神秘的大主宰。曰天,曰神,曰上帝,曰绝对,曰实在,曰宇宙本源,曰宇宙本体,曰太极,曰真如,名称虽殊,要皆指此大主宰而言也。由吾人观之,其中虽不无一二叶于学理的解释,而其或本宗教之权威,或立理想之人格,信为伦理之渊源而超乎自然之上,厥说盖非生于今日世界之吾人所足取也。

吾人以为宇宙乃无始无终自然的存在。由宇宙自然之真实本体所生之一切现象,乃循此自然法而自然的、因果的、机械的以渐次发生渐次进化。道德者,宇宙现象之一也。故其发生进化亦必应其自然进化之社会。而其自然变迁,断非神秘主宰之惠与物,亦非古昔圣哲之遗留品也。

余谓孔子为数千年前之残骸枯骨,闻者骇然,虽然无骇也。孔子于其生存时代之社会,确足为其社会之中枢,确足为其时代之圣哲,其说亦确足以代表其社会其时代之道德。使孔子而生于今日,或更创一新学说以适应今之社会,亦未可知。而自然的势力之演进,断非吾人推崇孔子之诚心所能抗,使今日返而为孔子之时代之社会也。而孔子又一死而不可使之复生于今日,以应乎今日之社会而变易其说也。则孔子之于今日之吾人,非残骸枯骨而何也?

余谓孔子为历代帝王专制之护符,闻者骇然,虽然无骇也。孔子生于专制之社会,专制之时代,自不能不就当时之政治制度而立说,故其说确足以代表专制社会之道德,亦确足为专制君主所利用资以为护符也。历代君主,莫不尊之祀之,奉为先师,崇为至圣。而孔子云者,遂非复个人之名称,而为保护君主政治之偶像矣。使孔子而生于今日,或且倡民权自由之大义,亦未可知。而无如其人已为残骸枯骨,其学说之精神,已不适于今日之时代精神何也!故余之掊击孔子,非掊击孔子之本身,乃掊击孔子为历代君主所雕塑之偶像的权威也;非掊击孔子,乃掊击专制政治之灵魂也。

盖尝论之,道德者利便于一社会生存之习惯风俗也。古今之社会不同,古今之道德自异。而道德之进化发展,亦泰半由于自然淘汰,几分由于人为淘汰。孔子之道,施于今日之社会为不适于生存,任诸自然之淘汰,其势力迟早必归于消灭。吾人为谋新生活之便利,新道德之进展,企于自然进化之程,少加以人为之力,冀其迅速蜕演,虽冒毁圣非法之名,亦所不恤矣。

(1917 年 2 月 4 日《甲寅》日刊)

李大钊,字守常,1889 年出生于河北乐亭。1907 年考入北洋政法专门学校,1913 年留学日本,1918 年任北京大学政治经济学教授兼图书馆主任。他积极组织、指导"五四"前后的革命文化运动;宣传马克思主义,是中国共产党创始人之一,1927 年 4 月在北京被军阀张作霖杀害。

在此文中,李大钊由进化发展的观念出发,论证认为道德是随着社会的自然进化而自然变迁的,孔子学说已不适于"今日之时代精神",应打破孔子偶像权威,抛却这"数千年前之残骸枯骨"。

说　孝

吴　虞

　　我读《汉书·惠帝纪》，颜师古在"孝惠皇帝"下注道："孝子善述父之志，故汉家之谥，自惠帝以下皆称孝。"汉朝的礼仪制度，都是叔孙通所定的。他因为起朝仪，使诸侯王以下至吏六百石都无敢讙哗失礼，把那位大流氓刘邦弄来也晓得皇帝的尊贵，所以把这和礼相表里的"孝"字，拿来做皇帝的谥法，以为天下倡。后来唐明皇就深晓得他这种妙用，你看明皇《孝经》的序内说道：朕闻上古其风朴略，虽因心之孝已萌，而资敬之礼犹简。圣人知孝之可以教人也，故因严以教敬，因亲以教爱，于是以顺移忠之道昭矣，立身扬名之义彰矣。由此就忠孝并用，君父并尊，教立于家，效著于国了。所以有子说：其为人也孝弟，而好犯上者鲜矣；不好犯上而好作乱者，未之有也。孝弟也者，其为仁之本欤？《集解》说：上，是凡在己上的。孝弟的人，必然恭顺，犯上必少。程子说：孝弟是顺德，所以不好犯上，自然不会有逆乱的事。就这样看来，他们教孝，所以教忠，也就是教一般人恭恭顺顺的听他们一干在上的人愚弄，不要犯上作乱，把中国弄成一个"制造顺民的大工厂"。孝字的大作用，便是如此！

　　何以说礼与孝是相表里的呢？《大戴礼·礼三本》篇说道：礼有三本：天地者，生之本；先祖者，类之本；君师者，治之本。无天地焉生？无先祖焉出？无君师焉治？故礼，上事天，下事地，宗事先祖而隆君师，是礼之三本也。把宗祀先祖和隆君师同认为是礼的三本，是孝与忠与礼，都算是一气相连的。又《大戴礼·曾子大孝》篇说：居处不庄，非孝也；事君不忠，非孝也；莅官不敬，非孝也；朋友不信，非孝也；战阵无勇，非孝也。把《大孝》篇载在《大戴礼》内，也就可见孝与礼是相表里的。并说事君不忠，就是不孝；战阵是与君主争城争地，若果不奋勇尽力，也算是不孝。这个孝字的范围越发推广，不但是以孝行而言，简直是人生百行的动机了。《礼记·曲礼》又说：道德仁义，非礼不成；教训正俗，非礼不备；分争辨讼，非礼不决；君臣上下，父子兄弟，非礼不定；宦学事师，非礼不亲；班朝治军，莅官行法，非礼威严不行；供给鬼神，非礼不诚不庄。他讲礼的作用处，和《大孝》篇都有互相补助的地方。所以《孝经》说：孝为天之经，地之义，德之本，教之所由生。看得非常重大。其实他们就是利用忠孝并用、君父并尊的笼统说法，以遂他们专制的私心。君主以此为教令，圣人以此为学说，家长以此为护符。却怕有人看破他们的手段，揭开他们的黑幕，于是又把严厉圆图的话来威吓压制一般在下的人，说是：五刑之属三千，罪莫大于不孝。要君者无上，非圣人者无法，非孝者无亲；此大乱之道。这因为以礼教孝，有时而穷，又拿刑来补助礼的不足，孝与礼相表里，礼又与刑相表里了。

　　我不明白三千的刑，何以不孝的罪便独自这样的大？《正义》说：君命宜奉而行之；敢要之，是无心于遵上。圣人垂范，当须法则；今乃非之，是无心于法圣人。孝者百行之本，事亲为先；今乃非之，是无心爱其亲。卉木无识，尚感君政；禽兽无礼，尚知恋亲；况在人灵，而敢要君不孝？这种解释，纯是片面的说法，模糊笼统，太不分析，徒养成君主圣人家长的威势。以家族的基础为国家的基础,人民无独立之自由,终不能脱离宗法社会,进而出于家族圈以外。麻木不仁的礼教,数千年来不知冤枉害死了多少无辜的人,真正可为痛哭呀!

孝字最初的意义,是属于感恩。《论语》:宰我问:"三年之丧,期已久矣!"孔子说:"子生三年,然后免于父母之怀;三年之丧,通丧也。予也有三年之爱于其父母乎?"从这个意思说来,是因为当儿子的非三年不得免于父母的怀抱,所以父母的丧也必以三年去报他,如买卖之有交易一样。所以孔子又说:"三年无改于父之道,可谓孝矣。"《集解》说:必能三年无改于父之道,乃见其孝;不然,则所行虽善,不得为孝。因为要报恩,所以要行三年的丧;因为行三年的丧,于是三年也必不能改父之道;章淳、高拱就利用这种邪说起来了。父母的丧,是孝之最重者。要行孝道,于是子而若为官吏,往往因有三年丧服的原故,必须抛弃一切;而孝心深重的人,在这三年中,又有设庐于墓侧,全废其职业,止为悲哀以送日的;其结果如何,却多置而不问。这类孝行,既为人所尊重,于是虚伪的也就因此发生,以沽一时的称誉。如《后汉书·陈蕃传》载:赵宣葬亲而不闭埏隧,因居其中,行服二十余年,乡邑称孝。陈蕃与相见,问及妻子,而宣五子皆服中所生。据此看来,宰我、墨翟,都主短丧。近日胡适之君主张用《易传》"丧期无数"的古礼。他主张的理由,真是透辟极了。

孝之意义,既出于报恩,于是由"养儿防老,积谷防饥"的理由,必自孝而推及于养。所以孟子说,不孝者五:"不顾父母之养,一不孝也;博弈好饮酒,不顾父母之养,二不孝也;好货财,私妻子,不顾父母之养,三不孝也;从耳目之欲,以为父母戮,四不孝也;好勇斗狠,以危父母,五不孝也。"五项之中,说养的就有三项。孔子也说:"今之孝者,是谓能养。"可见孔子、孟子时候,讲孝道的人都是以养为主了。所以郭巨的妻产男,怕养男有妨供养,乃命妻抱儿,欲掘地埋之;刘向把他列入《孝子传》内。郭世道事后母,勤身供养。妇生男,夫妇共议,养此儿所费者大,乃瘗之;萧广济把他列入《孝子传》内。殷恮得瓜果可啖之物,怀持进母,未尝先食。陆绩怀桔堕地,袁术曰:"陆郎作宾,而怀桔乎?"绩答曰:"吾母性之所爱,欲归以遗母。"都在孝子之列。可见以养为孝,不但孔子、孟子时候已成为习惯,就由古至今也都是如此。所以礼说:"孝者畜也,畜者养也。"都以孝字作养字解了。

　　由孝养之意义,推到极点,于是不但做出活埋其子、大悖人道的事,又有自割其身,以奉父母为孝的。赵士麟的《汪氏孝友传》说:汪灏父患血病,灏刲股和药进,血止而霍然加健。父足患疮,其弟晨为父割左股,炼末敷之,愈。其后父疾大作,灏再割右臂以进,弗瘳,欲割肝,母夺刀泣守之,父遂卒。这类事实,历史及现在社会尚不为少,政府且从而褒扬,文士亦为之歌诵。孝养的方法,也算得淋漓尽致,——却由今日看来,真是糊涂荒谬极了。

　　《孝经》既说:"无念尔祖,聿修厥德。"又说:"为之宗庙,以鬼享之。"因为要承先祖、共祭祀,必须子孙绵延,是为人生最大之义务,所以孟子说:"不孝有三,无后为大。"孝非有后不可,所以生子不待成年,已有家有室。因有后之必要,妻苟无子,即犯"七出"之条,而纳妾的制度,又因之而起。生男则寝床弄璋,生女便寝地弄瓦。男女的贵贱轻重,都由于能为后不能为后的关系,而溺女之风气又因之而起。男女的人格,初生便有不同,于是又置为妻的女子于最劣弱的地位。所以《礼记》说:"子宜于妻,父母不悦,则出之。子不宜于妻,父母苟曰:'是善事我。'则子当礼之终身。"因为男子娶妻,乃是求有后,有后所以免不孝的罪名;然而一方面妻如不宜于父母,男若容纳他,这不孝的罪名,还是不能免。这样看来,男子娶妻是一方面为父母娶的，一方面为子孙娶的，自己全不能作主，那自由恋爱的婚姻，更说不上了。这种主张，便生出以下的几种大病来了：（一）以有后为孝，凡无子的人，无论他有养育子女的智识能力与否，都必不可不养子。（二）以有后为孝，凡无有养妻子的财力，早已娶妻，使数千万男女常陷于贫困，辛辛苦苦，苟全性命，以度无聊的生活。（三）以有后为孝，即必行一夫多妻和蓄妾的制度。（四）因崇拜祖先而以有后为孝，遂流于保守，使四万万人作亿兆死人之奴隶，不能自拔。

就这样看来，孝的弊病是很多很大的了。讲片面的孝，"父母在，不远游"，美洲就没人发现了。"身体发肤，受之父母，不敢毁伤"，朝鲜就没人闹独立了。"不登高，不临深"，南北极就没人探险，潜艇飞机也就没人去试行了。

讲到父子的关系，我也不敢像孔融说"父之于子，当有何亲？论其本意，实为情欲发耳。子之于母，亦复奚为？譬如寄物瓶中，出则离矣"的话，却也不认儒家所主张种种的孝道。我的意思，以为父子母子不必有尊卑的观念，却当有互相扶助的责任。同为人类，同做人事，没有什么恩，也没有什么德。要承认子女自有人格，大家都向"人"的路上走。从前讲孝的说法，应该改正。新刑律410条，不见一个"孝"字。我今天却说了一大篇，是与不是，且请大家下一个批评罢了。

（1920 年 1 月 4 日《星期日》社会问题号）

吴虞（1872—1949），字又陵，亦署幼陵，四川新繁人。1905 年留学日本政法大学，曾任教于北京大学、四川大学。"五四"运动前后在《新青年》等杂志发表《吃人与礼教》、《家

族制度为专制主义之根据论》等文章,大胆冲击旧礼教封建
文化,主要著作有《吴虞文录》等。

　　吴虞在《说孝》一文中论证了封建统治者和儒家所提倡
的"孝"的弊病及其不合理性,指出封建统治者"教孝"、"教
忠"的目的在于把中国弄成一个"制造顺民的大工厂"。

中国之社会伦理

冯友兰

中国之社会伦理乃是一个大题目,断非几千字所能讲清楚。本文为字数所限,只可讲中国社会伦理中之一点,即中国之传统的伦常问题。

中国向来依人之职业之不同,而将其分为四类,即所谓士,农,工,商。这一层不论。此外另有一种分类法,即是依人对于人之关系不同,而将其分类。依此标准,普通将人分为九类,即是君,臣,父,子,夫,妇,兄,弟,朋友。在这九类中,君与臣,父与子,夫与妇,兄与弟,是相对待底。普通将这些相对待的,连合言之,于是即有五伦。《中庸》说:"君臣也,父子也,夫妇也,兄弟也,朋友之交也;五者天下之达道也。"

这就是普通所谓五伦。

如是将人分为这些类,每类与它一个类名,代表一个"所应该"。属于某类之个体,皆需依照其类名所代表之所应该而行。《论语》说:"齐景公问政于孔子,孔子对曰:'君君,臣臣,父父,子子。'公曰:"善哉!信如君不君,臣不臣,父不父,子不子,虽有粟,吾得而食诸?'"(《颜渊》)个体者皆能依照其类各所代表之所应该而行,则国家社会,即可治平;否则扰乱。中国的传统政治社会哲学多主张这个原理,而维持这个原理最有势力的工具,就是古今两部史书:《春秋》及朱子之《资治通鉴纲目》。

现在我们先说这些类名所代表的应该是什么。《左传》文公八年太史克说"……舜臣尧……举八元使布五教于四方:父义,母慈,兄友,弟恭,子孝。……"《大学》说:"为人君止于仁,为人臣止于敬,为人子止于孝,为人父止于慈,与国人交止于信。"《礼运》说:"父慈,子孝,兄良,弟悌,夫义,妇听,长惠,幼顺,君仁,臣忠;十者谓之人义。"孟子说:"父子有亲,君臣有义,夫妇有别,长幼有序,朋友有信。"每一伦都有他的德 Virture。这德就是这个类名所代表之所应该。

后来又有于这五伦之中,特别注重三伦,即是三纲之说。《白虎通·三纲六纪》云:"三纲者,何谓也? 谓君臣,父子,夫妇也。六纪者,谓诸父,兄弟,族人,诸舅,师长,朋友也。故《含文嘉》曰:'君为臣纲,父为子纲,夫为妻纲。'又曰:'敬诸父兄,六纪道行,诸舅有义,族人有序,昆弟有亲,师长有尊,朋友有旧。'何谓纲纪?纲者,张也;纪者,理也。大者为纲,小者为纪;所以张理上下,整齐人道也。人怀五常之性,有亲爱之心,是以纲纪为化,若罗网之有纪纲而万目张也。……君臣、父子、夫妇,六人也;所以称三纲何?一阴一阳谓之道,阳得阴而成;阴得阳而序;刚柔相配,故六人为三纲。……六纪者,为三纲之纪者也。师长,君臣之纪也,以其皆成己也。诸父兄弟,父子之纪也,以其有亲恩连也。诸舅朋友,夫妇之纪也,以其皆有同志为己助也。"这是于诸伦之中,特别提出三伦为纲,而使其余分属之。而"君为臣纲,父为子纲,夫为妇纲"之说,在中国社会伦理上尤有势力。依向来之传统底见解,批论人物,多注意于其"忠孝大节"。若大节有亏,则其余皆不足观。至于批妇人,则只当注意于贞节问题,即其对于夫妇一伦之行为。"饿死事小,失节事大",苟一失节,则一切皆不足论矣。

"君为臣纲,父为子纲,夫为妻纲。"于是臣、子、妻,即成为君、父、夫之附属品。关于这一点,中国传统底伦理学家,又在中国哲学中之形上学里找到根据。《白虎通》以"一阴一阳谓之道"说三纲,已如上述。《易·坤·文言》云:"阴虽有美,含之以从王事,弗敢成也;地道也,妻道也,臣道也。地道无成,而代有终也。"董仲舒说:"阳始出,物亦始出;阳方盛,物亦方盛;阳初衰,物亦始衰。物随阳而出入,数在阳而终始。三王之正,随阳而更起,以此见之,贵阳而贱阴也。故数日者据昼而不据夜;数岁者据阳而不据阴,不得达之意。是故《春秋》之于昏礼也,达宋公而不达纪侯之母。纪侯之母,宜称而不达,宋公不宜称而达。达阳而不达阴,以天道制之也。丈夫虽贱皆为阳,妇人虽贵皆为阴。……是故《春秋》君不名恶,臣不名善,善皆归于君,恶皆归于臣;臣之义比于地。故为人臣者视地之事天也。为人子者视土之事火也……傅于火而调和养长,然而弗名者,皆并功于火。……孝之至也。是故孝子之行,忠臣之义,皆生于地也。"(《春秋繁露·阳尊阴卑》)《白虎通》又云:"子顺父,妻顺夫,臣顺君,何法?法地顺天也。"(《论人事取法五行》)以上所说,当然于为君者最有利,因为照定义,他就是不能受人反对底。《礼运》说:"故天生时而地生财,人其父生而师教之;四者,君以正用之,故君者,立于无过之地也。"为子者虽吃亏,而尚有为父之时。惟妇永不能为夫,故她亦永无翻身之日。这就是中国几千年尊君抑臣,重男轻女之局。

这个局面也并非是秦汉以后才有。《左传》宣公三年,赵穿把晋灵公害了。"太史书曰:'赵盾弑其君,'以示于朝。宣子曰:'不然。'曰:'子为正卿,亡不越竟,反不讨贼,非子而谁?'"又襄公二十五年,崔杼把齐庄公害了。"太史书曰:'崔杼弑其君。'崔子杀之,其弟嗣书而死者二人。其弟又书,乃舍之。"可见当时,"弑君"

二字,照定义就是弥天大罪,人人所共得而诛。《春秋》隐公四年:"九月卫人杀州吁于濮。"《公羊传》:"其称人何?讨贼之辞也。"何休注:"讨者,除也。明国中人人得讨之,所以广忠孝之路。"故陈恒弑其君,孔子沐浴而朝,请讨之(《论语·宪问》)。至于卫灵公、齐庄公等之果为何见害,则是事实问题,乃另外一回事。董狐孔子等,只认臣不能弑君这个形式问题。

　　他们所注意者,不是某个体杀某个体,而乃是"臣弑君"。《春秋》及朱子《纲目》式的史书遇见这些事,只大书特书一个某某"弑其君",便轻轻地把那个人的罪确定了。孟子有时主张把名及代表名之个体分开(详下),但他又说:"孔子作《春秋》而乱臣贼子惧。"特意提出乱臣贼子,可见他仍为传统的见解所束缚。

　　至于中国传统底伦理学家所以特别注重君臣、父子、夫妇三伦者,因为依他们的意见,这三伦对于人生特别有关系。《易·序卦》云:"有天地然后有万物;有万物然后有男女;有男女然后有夫妇;有夫妇然后有父子;有父子然后有君臣;有君臣然后有上下;有上下然后礼义有所错。"荀子说:"礼有三本:天地者,生之本也;先祖者,类之本也;君师者,臣之本也。无天地何生?无先祖何出?无君师何治?三者偏亡焉无安人。"(《礼论篇》)欧阳修说:"无父恶生?无君乌以生?"(《五代史》唐明宗《家人传》从璟论)人若无君,则人即在墨子所谓"古者民之始生,未有刑政之时。""在其时天下之百姓皆以水火毒药相亏,至有余力不能以相劳,腐朽余财不以相分,隐匿良道,不以相教;天下之乱,如禽兽然。"(《墨子·尚同上》)换言之,臣若无君则即在霍布士 Hobbes 所谓天然状态之内。中国传统底伦理学家之重视君,正与霍布士之重视国家同一理由。无君则我们不能维持我们的生活;无父则我们不能得我们的生命。中国传统底伦理学家素注重报恩之义。孔子说:"慎终追远,民德归厚矣。"(《论语》)中国传统底伦理学家重视君父其理由如此。

至于夫妇一伦,所以亦为重视者,因一方面无夫妇则无父子,如《序卦》所说,一方面则夫妇之关系,为我们继续我们的将来生命所须要。《礼记·郊特牲》云:"天地合而后万物兴焉。夫昏礼,万世之始也。"孔子云:"天地不合,万物不生;大昏,万世之嗣也;君何谓己重焉?"(《礼记·哀公问》)《白虎通·嫁娶》云:"人道所以有嫁娶何?以为情性之大,莫若男女。男女之交,人伦之始,莫若夫妇。《易》曰:'天地氤氲,万物化醇;男妇构精,万物化生。'人承天地,施阴阳,故设嫁娶之礼者,重人伦广继嗣也。"中国传统底伦理学家之重夫妇一伦,其理由是生物学的。此外还有一层,即是中国传统底伦理学家向来以为正式的治国平天下必自齐家作起。《易·家人·彖》云:"家人,女正位乎内,男正位乎外,男女正,天地之大义也。家人有严含焉,父母之谓也。父父,子子,兄兄,弟弟,夫夫,妇妇,而家道正,正家而天下定矣。"《诗》云:"刑于寡妻,至于兄弟,以御于家邦。"《诗序》云:"关雎:后妃之德也,风之始也,所以风天下而正夫妇也;故用之乡人也,用之邦国焉。""正家而天下定。"所以特别注重夫妇一伦。

至于中国传统底伦理学家所以特别注重君、父、夫之权,而以为臣、子、妻之"纲"者,其尊君之理由,亦与霍布士所以主张国家权力须为绝对之理同。荀子云:"人之生不能无群,群而无分则争;争则乱,乱则穷矣。故无分者,人之大害也;有分者,天下之本利也;而人君者,所以管分之枢要也。故美之者,是美天下之本也;安之者,是安天下之本也;贵之者,是贵天下之本也。"(《富国篇》)司马光曰:"天子之职,莫大于礼,礼莫大于分,分莫大于名。何谓礼?纪纲是也。何谓名?公侯卿大夫是也。……故天子统三公,三公率诸侯,诸侯制卿大夫,卿大夫制士庶人。贵以临贱,贱以承贵,而君臣之分,犹天地之不可以易。然后上下相保而国家治安。……呜呼!君臣之礼既坏,则天下以智力相雄长。遂使圣贤之后,无不泯绝,生民之类,糜灭既尽,岂不哀哉?"(《资治通鉴》周威烈王二十三年初命晋大夫魏斯,赵籍,韩虔,为诸侯论。)这种维护名教的态度,正是《春秋》的态度,至朱子就《资治通鉴》作《纲目》,而这种态度更为明白。我们所须注意者,即他们所以维护名教之理由,完全是实用底。"君臣之分",必须"犹天地之不可易"者,以必如此"然后上下相保而国家治"也。若"君不君,臣不臣",则"虽有粟吾得而食诸?"

荀子曰:"君者,国之隆也;父者,家之隆也;隆一而治,二而乱。自古及今,未有二隆争重而能长久者。"(《致仕篇》)"欲国治,则必为国定一尊,欲家齐,则必为家定一尊。""家人有严含焉,父母之谓也。"

父之于家,犹君之于国。所以以父为子纲,因以父为生子者,然亦为避免"二隆争重"之弊也。

《礼记·郊特牲》云:"妇人,从人者也。幼从父兄,嫁从夫,夫死从子。夫也者夫也。夫也者,以智帅人者也。"又云:"壹与之齐,终身不改,故夫死不嫁。男子亲迎,男先于女,刚柔之义也。天先乎地,君先乎臣,其义一也。"以及前文所引,乃以夫为妻纲形式的理由,至于其实用的理由为何,中国传统底伦理学家,未闻道及。然家必"隆一而治",亦至少必为其理由之一。盖父虽为子之纲,然夫若不同时亦为妻之纲,则仍有"二隆争重"之弊。所以有"牝鸡司晨,惟家之索"之言也。

"壹与之齐,终身不改。"此言为主张妇女守节者之所本。此亦不无实用底理由,特行之太趋极端耳。中国传统底伦理学家极注重"有夫妇然后有父子"之言。盖在绝对无限制底时代,人自然只知有母而不知有父;故妇女必至少于几个月之中,守"从一"之义,然后父子之伦,乃始可立。

《郊特牲》云:"男女有别,然后父子亲;父子亲,然后义生;义生,然后礼作;礼作,然后万物安。""男女有别"何以能使"父子亲",其故可想。特必须妇女"从一而终",则太过矣。

中国哲学中之社会伦理,以儒家所论为最详而亦最有势力。故本文所讲,皆系儒家之社会伦理,即所谓传统底社会伦理。前所引证,亦多属于秦汉以前之书;因中国后来哲学,如宋明理学家,虽对于个人修养之方法,有大贡献,而对于儒家之传统底社会伦理,则并未有所改变。清儒中颇有反对传统底社会伦理者,如黄黎州之《原君》、《原臣》(《明夷待访录》),欲改变传统君臣之关系。俞正燮之《节妇说》(《癸巳类稿》卷十三)反对专命妇女守节,谓:"男子理义无涯涘,而深文以罔妇人,是无耻之论也。"然此等学说,于实际的社会上尚无大影响,故此文故不论。

以上大都是叙述中国之社会伦理。至其价值如何,本文篇幅有限,不能多论。惟有一点须注意者。即近来一般人之意,多谓中国道德家只教人忠事个人,此言实谬。请略论之。

中国之忠臣孝子及节妇所忠事者,实是一名,一概念。向来每朝亡国,皆有殉君之臣,不管事实上的亡国之君,是否有使人殉之价值。其所以即是那些忠臣所殉者是"君"之概念,君之名,并不是事实上底崇祯或其它亡国之君。韩愈说:"臣罪当诛兮,天王圣明。"宋儒说:"天下无不是的父母。"按照父的要素,父的名,父当然是慈的。按照君的要素,君的名,君当然是明的。但普通底、抽象底君父,非附在特殊底、具体底个体上,不能存在于这个具体底、实际底、实践底世界上。而这些实际底、具体底、个人之为君父者,往往不能皆如君父之名、之要素、之所应该。然无论事实上具体底为君父者果是如何，臣子总要尽忠孝，因为他们是代表君父之名、之概念者。妻之必须为夫守节或殉节，不管事实上具体底为夫者果是如何，其理由也是如此。依传统底伦理学家，夫即待妻无恩，或曾虐待妻，妻也要尽"妇道"为守节。她是为她的"夫"守节，并不是为事实上具体底某人守节。她是屈服于名，概念，并不是屈服于事实上具体底某人。

中国也曾有人以为名及代表名之个体须分开者。孟子说："闻诛一夫纣矣，未闻弑君也。"他把纣与"君"分开。晏平仲说："君民者，岂以凌民？社稷是主；君臣者，岂为其口实？社稷是养。故君为社稷死，则死之；为社稷亡，则亡之。若为己死而为己亡，非其私昵，谁敢任之？"（《左传》襄公二十五年）君为社稷死，则是以君之资格死，臣可从死。若为己死，则是以个人资格死，臣不可从死。此分别本极有理，但未为传统底伦理学家所采用耳。

要之，中国历来多数之忠臣，孝子，节妇，之忠于名、概念之精神，极事贵纯洁，其所处盖已不在具体底世界而在柏拉图所谓概念之世界。此则吾人所宜注意者也。

（注）本文中所说《春秋》，乃指传统底伦理学家心目中之《春秋》。至于《春秋》原来之性质如何，乃另一问题。

（原载《社会学界》第一卷，1927年6月）

冯友兰，字芝生，河南唐河人，1918年北京大学毕业留学美国哥伦比亚大学，曾先后任教于河南中州大学、广东大学、燕京大学、清华大学、北京大学。在哲学、哲学史领域取得许多重要成果，1990年逝世，著作有《中国哲学史》、《新事论》、

《新世训》、《新原道》、《新原人》、《中国哲学史论文集》、《中国哲学史新编》等等。

本文通过对传统伦理的分析指出,三纲说将君、父、夫权置于不可动摇的地位,从而形成了尊君抑臣、重男轻女的局面;历来中国多数忠臣、孝子、节妇都只是忠于君、父、夫的名和概念而已,而不论其事实上是怎样的人。

五伦观念的新检讨

贺　麟

　　无形中支配我们生活的重大力量有二：一为过去的传统的观念，一为现在的流行的或时髦的观念。一个人要想保持行为的独立与自主，不作传统观念的奴隶，不作流行观念的牺牲品，他必须具有批评的，反省的宗主力，能够对这些传统观念及流行观念，加以新检讨，新估价。同时如要把握住传统观念中的精华，而作民族文化的负荷者，理解流行观念的真义，而作时代精神的代表，也须能够对传统观念及流行观念加以重新检讨，重新估价。有许多人表面上好像很新，满口的新名词新口号，时而要推翻这样，打倒那样，试细考其实际行为有时反作传统观念的奴隶而不自觉。这就是因为他们对于传统的旧观念与流行的新观念皆未曾加以批评的考察，反省的检讨，重新的估价。结果，只看见他们在那里浮躁叫嚣，打不倒坏的旧观念，亦不能建设起来好的新的观念，既不能保持旧有文化的精华，又不能认识新时代的真精神。

　　五伦的观念是几千年来支配了我们中国人的道德生活的最有力量的传统观念之一。它是我们礼教的核心，它是维系中华民族的群体的纲纪。我们要从检讨这旧的传统观念里，去发现最新的近代精神。从旧的里面去发现新的，这就叫做推陈出新。必定要旧中之新，有历史有渊源的新，才是真正的新。那种表面上五花八门,欺世骇俗,竞奇斗异的新,只是一时的时髦,并不是真正的新。

　　我们要分析五伦观念的本质,寻出其本身具有的意义,而指出其本质上的优点与缺点。我们不采取历史考证的方法,恐怕失之琐而不得其要,我们也不用主观武断的办法,故意将五伦观念从纵的方面去解释,以便不费力气,便可加以推翻抹煞。

　　我们批评五伦观念时,第一乃是只根据其本质,加以批评,而不从表面或枝节处立论。我们不说五伦观念是吃人的礼教。因为吃人的东西多着呢! 自由平等等观念何尝不吃人? 许多宗教上的信仰,政治上的主义或学说,何尝不吃人? 第二,我们不从实用的观点去批评五伦之说,不把中国之衰亡不进步归罪于五伦观念,因而反对之;亦不把民族之兴盛之发展,归功于五伦观念,因而赞成之。因为有用无用,为功为罪,在两千多年的历史上,乃是一笔糊涂帐,算也算不清楚,纵然算得清楚,也无甚意义。第三,不能谓实现五伦观念的方法不好,而谓五伦观念本身不好,不能谓实行五伦观念的许多礼节仪文须改变,而谓五伦观念本身须改变。这就是不能因噎废食,因末流之弊而废弃本源的意思。第四,不能以经济状况生产方式的变迁,作为推翻五伦说的根据。因为即在产业革命,近代工业化的社会里,臣更忠,子更孝,妻更贞,理论上事实上都是很可能的。换言之,我并不是说,五伦观念不应该批评,我乃是说,要批评须从本质着手。表面的枝节的批评,实在搔不着痒处。既不能推翻五伦观念,又无补于五伦观念的修正与发挥。

　　从本质上加以考察,五伦观念实包含有下列四层要义。综贯这四层意义来看,便可对于五伦观念有个明晰的根本的了解,缺少其中任何一义,对于五伦的了解都不能算得完全。

　　(一)五伦是五个人伦或五种人与人间的关系的意思,这就是说,中国的五伦观念特别注重人,和人与人的关系。若用天人物三界来说,五伦说特别注重人,而不注重天(神)与物(自然),特别注重人与人的关系,而不十分注重人与神及人与自然的关系。注重神,产生宗教。注重物理的自然,产生科学。注重审美的自然,产生艺术。注重人和人与人的关系,便产生道德。换言之,在种种价值中,五伦说特别注重道德价值,而不甚注重宗教,艺术,科学的价值。希腊精神注重自然,物理的与审美的自然皆注重,故希腊是科学艺术的发祥地。希伯来精神注重神,亦即注重宗教价值。中国的儒家注重人伦,形成偏重道德生活的礼教,故与希腊精神和希伯来精神皆有不同之处。这样看来,如果我们要介绍西洋文化,要提倡科学精神和希伯来精神,就须得反对这注重人伦道德的五伦观念了。其实也不尽然。因为西洋自文艺复兴以后,才有人或新人的发现。17世纪和18世纪内,人本主义盛行。足见他们也还是注重人和人与人的关系,我们又何必放弃自己传统的重人伦的观念呢。不过西洋近代"人"的观念,乃是从大自然里去打个滚的"人"(人不过是自然的一部分),乃是经过几百年严格的宗教陶冶的"人"。而中国的人伦的观念,亦何尝未受过老庄思想的自然化,佛家思想的宗教化。所以依我们看来,我们仍不妨循着注重人伦和道德价值的方向迈进,但不要忽略了宗教价值,科学价值,而偏重狭义的道德价值,不要忽略了天(神)与物(自然),而偏重狭义的人。认真依照着"欲知人不可以不知天"(《中庸》)和"欲修身不可以不格物"(《大学》)的教训,便可以充实发挥五伦说中注重人伦的一层意思了。

(二)五伦又是五常的意思。五伦观念认为人伦乃是常道,人与人间这五种关系,乃是人生正常永久的关系。(按五常有两个意义,一指仁义理智信的五常德,一指君臣父子夫妇兄弟朋友的五常伦,此处系取第二种意义。)换言之,以五伦观念为中心的礼教,认为这种人与人的关系,是人所不能逃避,不应逃避的关系,而且规定出种种道德信条教人积极去履践、去调整这种关系,使人"彝伦攸叙",而不许人消极的无故规避。这就是说人不应规避政治的责任,放弃君臣一伦;不应脱离社会,不尽对朋友的义务;不应抛弃家庭,不尽父子兄弟夫妇应尽之道。(自然,儒家也有其理论基础,如人性皆善,故与人发生关系,或保持正常永久的关系有益无害,人生的目的在于修齐治平,脱离人与人的关系,即不能达到修齐治平的目的等说法。)总而言之,五伦说反对人脱离家庭,社会,国家的生活,反对人出世。"杨氏为我,是无君也",因为有离开社会国家而作孤立的隐遁的个人的趋势,故孟子反对之。"墨氏兼爱,是无父也",因为墨子有离开家庭的组织,而另外去用一种主义以组织下流社会的趋势,故孟子之反对墨子是站在维护家庭内的父子之伦的立场。此后儒家反对佛教,程子主张"当就迹上论",也就是反对佛教之脱离家庭社会国家的出世生活或行径。本来人是社会的动物,斯宾诺莎也说过:"唯有人对于人最有益。"这种注重社会团体生活,反对枯寂遁世的生活,注重家庭朋友君臣间的正常关系,反对伦常之外去别奉主义,别尊"钜子"的秘密团体组织的主张,亦是发展人性,稳定社会的健康思想,有其道德上政治上的必需,不可厚非。不过这种偏重五常伦的思想一经信条化,制度化,发生强制的作用,便损害个人的自由与独立。而且把这五常的关系看得太狭隘了,太僵死了,太机械了,不惟不能发挥道德政治方面的社会功能,而且大有损害于非人伦的超社会的种种文化价值。德哲李凯尔特(H·Rickert)认科学艺术泛神教为非个人的(Impersonal)反社会的(Asocial)文化价值。所以,我看不从减少五常伦说的权威性,偏狭性,而力求开明自由方面着手,而想根本推翻五常观念,不惟理论上有困难,而且事实上也会劳而无功。

（三）就实践五伦观念言，须以等差之爱为准。故五伦观念中实包含有等差之爱的意义在内。"泛爱众而亲仁"，"亲亲，仁民，爱物"，就是等差之爱的典型的解释。在德行方面，因为爱有等差，所以在礼仪方面就服有隆杀。从现在看来，爱有等差，乃是普通的心理事实，也就是很自然的正常的情绪。其实，用不着用道德的理论，礼教的权威，加以提倡。说人应履行等差之爱，无非是说我们爱他人，要爱得近人情，让自己的爱的情绪顺着自然发泄罢了。所以儒家，特别孟子，那样严重的提出等差之爱的教训以维系人伦间的关系，好像是小题大做，多余的事的样子。不过，我们须知，等差之爱的意义，不在正面的提倡，而在反面的消极的反对的排斥那非等差之爱。非等差之爱，足以危害五伦之正常发展者，大约不外三途：一、兼爱，不分亲疏贵贱，一律平等相爱。二、专爱，专爱自己谓之自私，专爱女子谓之沉溺，专爱外物谓之玩物丧志。三、躐等之爱，如不爱家人，而爱邻居，不爱邻居，而爱路人。又如以德报怨，也可算在躐等之爱范围内。这三种非等差之爱，一有不近人情，二有浪漫无节制爱到发狂（Fanatic）的危险。所以儒家对人的态度大都很合理，很近人情，很平正，而不流于狂诞（Fanaticism）。此种狂诞的行径，凡持兼爱说者，特别基督教中人，往往多有之。而等差之爱不单是有心理的基础，而且似乎也有恕道或挈矩之道作根据。持等差之爱说的人，也并不是不普爱众人，不过他注重在一个"推"字，要推己及人。所谓"老吾老以及人之老，幼吾幼以及人之幼"。依此说，我们虽可以取"老安少怀"的普爱态度，但是须依次推去，不可躐等，也不可舍己耘人。所以就五伦观念所包含的各种意义中，似乎以等差之爱的说法，最少弊病，就是新文化运动时期以打倒孔家店相号召的新思想家，似乎也没有人攻击等差之爱的说法。而且美国培黎（R·B·Perry）教授曾说了一句很有风趣的话来批评"四海之内皆兄弟也"的说法，似乎也很可以为等差之爱说张目。他说："当你说一般人都是你的兄弟时，你大概不是先把一般人当作亲弟兄看待，而是先把你自己的亲弟兄当作一般人看待。"这话把空口谈兼爱的不近人情和自欺处，说得最明白没有了。

话虽如此说，我仍愿对等差之爱的观念，提出两条重要的补充。第一就等差之爱作为自然的心理情绪言，实有三种不同的决定爱之等差的标准：一是以亲属关系为准之等差爱，此即儒家所提出以维系五伦的说法。一是以物为准之等差爱。外物之引诱力有大小，外物本身价值亦有高下，而吾人爱物的情绪亦随之有等差。一是以知识或以精神的契合为准之等差爱。大凡一个人对于有深切了解的对象其爱深，对于仅有浮泛了解的对象其爱浅。又大凡人与人间相知愈深，精神上愈相契合，则其相爱必愈深，反是，则愈浅。故后二种等差之爱亦是须得注重，不可忽略的事实，且亦有可以补充并校正单重视亲属关系的等差之爱的地方。若忽略了以物的本身价值及以精神之契合为准的等差爱，而偏重以亲属关系的等差爱，则未免失之狭隘，为宗法的观念所束缚，而不能领会真正的精神的爱。第二条须得补充的地方，就是普爱说，或爱仇敌之说，若加以善意理解，确含深意，且有与合理的等差爱之说不相违背的地方。所谓善爱者，即视此仁爱之心如温煦之阳光，以仁心善爱一切，犹如日光之普照，春风之普被，春雨之普润，打破基于世间地位的小己的人我之别，亲疏之分。此种普爱，一方面可以扶助善人，鼓舞善人，一方面可以感化恶人于无形。普爱观念之最极端的表现，见于耶稣"无敌恶""爱仇敌"的教训。盖如果你既然抱感化恶人的襟怀，你又何必处于与恶相敌对的地位呢？你既与恶人站在你死我活的敌对地位,你如何能感化恶人呢? 必定要超然处于小己的利害、世俗善恶计较之外,方可感化恶人。能感化恶人方能转化恶人。盖有时有过恶之人,一经转化忏悔,反而成为甚善之善人。至于爱仇敌之教,完全不是从政治军事或狭义的道德立场说法。从军事政治道德立场言,须忠爱国家,须报国难家仇,须与敌人作殊死战,自不待言。凡被持爱仇敌之教的人,大都是站在宗教的精神修养的观点来说。因为最伟大的征服是精神的征服,而真正的最后胜利(《易经》上叫做"贞胜")必是精神的胜利,唯有具有爱仇敌的襟怀的人,方能取得精神的征服或贞胜。斯宾诺莎说:"心灵非武力所能征服,唯有仁爱与德量可以征服之。"盖必须襟怀广大,度量宽宏之人,方能爱仇敌,方能赢得精神的征服。所以普爱似乎不是可望一般人实行的道德命令,而是集义集德所达到的一种精神境界,大概先平实地从等差之爱着手,推广扩充,有了老安少怀,已饥已溺,泯除小己恩怨的胸襟,就是普爱或至少距普爱的理想不远了。此处所谓普爱,比墨子所讲的兼爱深刻多了。墨子完全从外表的、理智计较的、实用主义的观点以讲兼爱,当然经不起孟子的排斥了。而此处所讲的普爱,与孟子的学说,并不冲突,乃是善推其等差之爱的结果。孟子也说过,"无敌国外患者,国恒亡"。一方面要与敌人搏斗,征服敌国,消弭外患,一方面,敌人亦为自己生存之一要素,有其值得爱的地方,因为若无仇敌的攻错刺激,自己容易陷于偷懒,趋于灭亡。这种微妙的辩证的敌我的关系,实要睿智才可理会。而且人每每有爱他所恨的,恨他所爱的矛盾心理事实。大英雄每每能对他生平的大对头的死亡,洒同情之泪。真正的豪杰之士,他固然需要有价值的知己以共鸣,他同样地欢迎有价值的敌人以对垒。没有有价值的敌人以做战胜攻取之资,有时较之没有知己的同情了解尤为痛苦。而且在近代之民意社会中,若不养成爱敌人、尊重敌对方面的宽容之怀,则政党间的公开斗争,商业上的公平竞争、学术上的公开辩难,均会为褊狭的卑劣的情绪和手段所支配,不能得互相攻错,相得益彰,相反相成之益。此点,穆勒约翰在其《群己权界论》中,有透彻的发挥。我因为许多人有意无意的执著狭义的等差之爱,既有失《孟子》善推之旨,更不能了解宗教精神上爱仇敌的意义,复不能了解近代社会中宽容的态度,故于此点发挥特详。

　(四)五伦观念的最基本意义为三纲说,五伦观念的最高最后的发展,也是三纲说。而且五伦观念在中国礼教中权威之大,影响之大,支配道德生活之普遍与深刻,亦以三纲说为最。三纲说实为五伦观念的核心,离开三纲而言五伦,则五伦说只是将人与人的关系,方便分为五种,比较注重人生、社会和等差之爱的伦理学说,并无传统或正统礼教的权威性与束缚性。儒家本来是与诸子争鸣的一个学派,其进而被崇奉为独尊的中国人的传统礼教,我揣想,应起源于三纲说正式成立的时候。三纲的明文,初见于汉人的《春秋繁露》及《白虎通义》等书,足见三纲说在西汉的时候才成立。儒教之正式成为中国的礼教也起源于西汉。而中国之正式成为真正大一统的国家,也自西汉开始。西汉既是有组织的伟大帝国,所以需要一个伟大的有组织的礼教,一个伟大的有组织的伦理系统以奠定基础,于是将五伦观念发挥为更严密更有力量的三纲说,和以三纲说为核心的礼教,儒教,便应运而生。[1] 三纲说在历史上的地位既然如此重要,无怪乎在新文化运动时期,那些想推翻儒教,打倒旧礼教的新思想家,都以三纲为攻击的主要对象。

---

　① 儒家之成为中国的礼教,实有其本身的理论上的优胜条件,汉武之尊儒术罢黜百家,只是儒教成为礼教的偶然机缘,而非根本原因。

据我们现在看来,站在自由解放的思想运动的立场去攻击三纲,说三纲如何束缚个性,阻碍进步,如何不合理,不合时代需要等等,都是很自然的事。但是要用哲学的观点,站在客观的文化史思想史的立场,去说明三纲说发生之必然性及其真意义所在,就比较因难了。兹试先分两层来说明五伦说进展为三纲说的逻辑的必然性。第一,由五伦的相对关系,进展为三纲的绝对的关系。由五伦的互相之爱,等差之爱,进展为三纲的绝对之爱,片面之爱。五伦的关系是自然的,社会的,相对的。君君,臣臣,父父,子子,夫夫,妇妇。假如君不君,则臣不臣,父不父,则子不子,夫不夫,则妇不妇。臣不臣,子不子之"不"字,包含"应不"与"是不"两层意思。假如,君不尽君道,则臣自然就会(是)不尽臣道,也应该不尽臣道(闻诛一夫纣矣,未闻弑君也)。父子夫妇关系准此。这样一来,只要社会上常有不君之君,不父之父,不夫之夫,则臣弑君,子不孝父,妇不尽妇道之事,事实上理论上皆应可以发生。因为这些人伦关系,都是相对的,无常的,如此则人伦的关系,社会的基础,仍不稳定,变乱随时可以发生。故三纲说要补救相对关系的不安定,进而要求关系者一方绝对遵守其位分,实行片面的爱,履行片面的义务。所以三纲说的本质在于要求君不君,臣不可以不臣,父不父,子不可以不子,夫不夫,妇不可以不妇。换言之,三纲说要求臣、子、妇,尽片面的忠、孝、贞的绝对义务,以免陷于相对的,循环报复,给价还价的不稳定的关系之中。韩愈"臣罪当诛兮天王圣明"一句诗,虽然目的在表彰周文王,"三分天下有其二,仍臣服殷朝"的忠,能得到程朱嘉赞推崇,就因为能道出这种片面的忠道。

第二,由五伦进展为三纲包含有由五常之伦进展为五常之德的过程。五常伦之说,要想维持人与人间的常久的关系。但是人是有生灭有离合的,人的品汇是很不齐的,事实上的常久关系是不易且不能维持的。故人与人间只能维持理想上的常久关系。而五常之德就是维持理想上的常久关系的规范。不论对方的生死离合，不管对方的智愚贤不肖，我总是应绝对守我自己的位分，履行我自己的常德，尽其我自己片面应尽的义务。不随环境而变节，不随对方为转移，以奠定维系人伦的基础，稳定社会的纲常。这就是三纲说所提出来的绝对要求。可以说历史上许多忠臣孝子，苦心孤诣，悲壮义烈的行径，都是以三纲说为指导信念而产生出来的。故自从三纲说兴起后，五常作为五常伦解之意义渐被取消，作为五常德解之一意义渐次通行。所谓常德就是行为所止的极限，就是柏拉图式的理念或范型。也就是康德所谓人应不顾一切经验中的偶然情形，而加以绝对遵守奉行的道德律或无上命令。是种绝对的纯义务的片面的常德观，也到了汉儒董仲舒而达到极峰，所谓"正其谊不谋其利，明其道不计其功"。"谊"和"道"就是纯道德规范，柏拉图式的纯道德理念。换言之，先秦的五伦说注重人对人的关系，而西汉的三纲说则将人对人的关系，转变为人对理，人对位分，人对常德的片面的绝对的关系。故三纲说当然比五伦说来得深刻而有力量。举实例来说，三纲说认君为臣纲，是说君这个共相，君之理是为臣这个职位的纲纪。说君不仁臣不可以不忠，就是说为臣者或居于臣的职分的人，须尊重君之理，君之名，亦即是忠于事，忠于其自己的职分的意思。完全是对名分，对理念尽忠，不是作暴君个人的奴隶。唯有人人都能在他位分内，片面的尽他自己绝对的义务，才可以维持社会人群的纲常。试再以学校师生关系为例。假如为教师都能绝对的片面的忠于学术，认真教学，不以学生之勤惰，效用之大小，而改变其态度。又假如为学生者能绝对的片面的尽其求学的职责，不以教师之好坏分数之多寡而改变其求学的态度，则学术的进步自然可以维持。反之，假如师生各不遵守其常道,教师因学生懒惰愚拙而不认真教学,学生因教师之不良,而亦不用功求学,如是则学术的纲常就堕地了。这就是三纲说的真义所在。因为三纲说具有如此深刻的意义,所以才能发挥如此大的效果和力量。所以就效果讲来,我们可以说由五伦到三纲,即是由自然的人世间的道德进展为神圣不可以侵犯的有宗教意味的礼教。由一学派的学说,进展为规范全国家全民族的共同信条。三纲的精蕴的真义的纯理论基础,可以说只有极少数的儒家的思想政治家才有所发挥表现,而三纲说在礼教方面的权威,三纲说的躯壳,曾桎梏人心,束缚个性,妨碍进步,有数千年之久。但这也怪不得三纲说的本身,因为三纲说是五伦观念的必然的发展,曾尽了它历史的使命。现在已不是消极的破坏攻击三纲说的死躯壳的时候,而是积极的把握住三纲说的真义,加以新的解释与发挥,以建设新的行为规范和准则的时期了。

最奇怪的,而且使我自己都感觉惊异的,就是我在这中国特有的最陈腐最为世所诟病的旧礼教核心三纲说中,发现了与西洋正宗的高深的伦理思想和与西洋向前进展向外扩充的近代精神相符合的地方。就三纲说注重尽忠于永恒的理念或常德,而不是奴役于无常的个人言,包含有柏拉图的思想。就三纲说注重实践个人的片面的纯道德义务,不顾经验中的偶然情境言,包含有康德的道德思想,我已约略提到过。康德的意思是说,事实上也许大多数人都很坏,不值得爱,但我们应爱人以德,待人为目的,以尽我们自己的道德责任。譬如,阿斗就是庸劣不值得爱的君,而诸葛武侯仍鞠躬尽瘁、死而后已,以尽他片面的纯义务的忠道,以履践三纲中之"君不仁臣不可以不忠"的训条。而康德的学说,却正好为诸葛式的德行写照。而耶稣伦理思想的特色,也是认爱为本身目的,尽片面的纯义务,而超出世俗一般相互报酬的交易式的道德,实与三纲说超出相对的自然往复的伦常关系,而要求一方尽绝对的片面的义务,颇有相同的地方。三纲就是把"道德本身就是目的,不是手段","道德即是道德自身的报酬"等伦理识度,加以权威化制度化,而成为礼教的信条。至于三纲说的本质有与西洋近代精神相符合的地方,可任意拈取例证。譬如,如西洋近代浪漫主义者之爱女子,即是竭尽其片面的爱,纵为女子所弃,而爱亦不稍衰。① 又如西洋近代革命家之忠于主义,对于人民竭尽其片面的宣传启导之责,虽遭政府压迫,群众反对,而不失其素守。又如西洋耶教徒近代的传教事业,所以能普及寰宇,亦复因为许多传教士能忠于其信仰,竭尽其片面的义务,以播扬教义,虽一再遭异教异族之人的杀害,而不渝其志,不改其度。总之,我认为要人尽片面之爱,尽片面的纯义务,是三纲说的本质。而西洋人之注意纯道德纯爱情的趋势,以及尽职守忠位分的坚毅的精神,举莫不包含有竭尽片面之爱和片面的义务的忠忱在内。所不同者,三纲的真精神,为礼教的桎梏,权威的强制所掩蔽,未曾受过启蒙运动的净化,非纯基于意志的自由,出于真情之不得已罢了。以启蒙的学术,真情的流露,意志的自主为准,自己竭尽其片面之爱和片面的义务,贞坚屹立,不随他人外物而转移,以促进民族文化,使愈益发扬,社会秩序,使愈益合理,恐怕就是此后儒家的人所须取的途径了。

以上所批评阐明的四点:(一)注重人和人与人的关系,(二)维系人与人间的正常永久关系,(三)以等差之爱为本而善推之,(四)以常德为准而竭尽片面之爱或片面的义务,就是我用披沙拣金的方法所考察出来的构成五伦观念的基本质素。要想根本上推

---

　　① 不过在西洋是男子对女子尽片面之爱,而三纲之教,则要求女子对男子尽片面之爱。

翻或校正五伦观念,须从推翻或校正此四要素着手,要想根本上发挥补充五伦观念,也须从发挥补充此四要素着手。此外都是些浮泛不相干的议论。为方便起见,综括起来,我们可试与五伦观念下一界说如下:五伦观念是儒家所倡导的以等差之爱,片面之爱去维系人与人间的常久关系的伦理思想,这个思想自汉以后,加以权威化制度化而成为中国的传统的礼教核心。这个传统礼教在权威制度方面的僵化性、束缚性,自海通以来,已因时代的大变革,新思想新文化的介绍,一切事业近代化的推行,而逐渐减削其势力。现在的问题是如何从旧礼教的破瓦颓垣里,去寻找出不可毁坏的永恒的基石。在这基石上,重新建立起新人生新社会的行为的规范和准则。

(原载《战国策》1940 年第 3 期)

　　贺麟,字自昭,1902 年出生于四川金堂县,1919 年考入清华学堂,师梁启超、梁漱溟,1926 年留学美国奥柏林大学哲学系,回国后曾任教于北平大学、清华大学、北京大学。建构了自己的哲学体系"新心学",作品有《近代唯心论简释》、《文化与人生》、《当代中国哲学》等。

　　本文认为五伦观念是几千年来支配中国人道德生活的最有力量的传统观念之一,是维系中华民族群体的纲纪;近代以来因时代变革,五伦观念已失去以往的影响力,但应当对之加以检讨,从中发现最新的近代精神,在其基础上建起新的规范与准则。

中国是伦理本位的社会

梁 漱 溟

一 何谓伦理本位

即此缺乏集团生活，是中国人敬重家庭家族之由来，此外并不须其他解释（如冯卢诸君所说者）。盖缺乏集团生活与敬重家族生活，正是一事之两面，而非两事。这是既经上面种种指证中西社会生活之不同以后，十分明白的事。

是人类都有夫妇父子，即都有家庭；何为而中国人的家庭特见重要？家庭诚非中国人所独有，而以缺乏集团生活，团体与个人的关系轻松若无物，家庭关系就自然特别显著出了。——抑且亦不得不着重而紧密起来。西洋人未始无家庭，然而他们集团生活太严重太紧张，家庭关系遂为其所掩。松于此者，紧于彼；此处显，则彼处隐。所以是一事而非两事。在紧张的集团中，团体要直接统制干涉到个人；在个人有自觉时候，要争求其自由和在团体中的地位。团体与个人这两面是相待而立的，犹乎左之与右。左以右见，右以左见。在西洋既富于集团生活，所以个人人格即由此而苗露。在中国因缺乏集团生活，亦就无从映现个人问题。团体与个人，在西洋俨然两个实体，而家庭几若为虚位。中国人却从中间就家庭关系推广发挥，而以伦理组织社会消融了个人与团体这两端（这两端好像俱非他所有）。

　　我从前曾为表示中国西洋两方社会生活之不同，作了两个图（见旧著《乡村建设理论》第54页），其第一图如下：

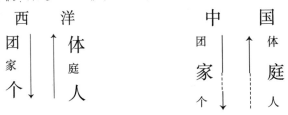

中国西洋对照图之一

图例：

　　一、以字体大小表示其位置之轻重

　　二、以箭形线一往一复表示其直接互相关系

　　三、虚线则表示其关系不甚明确

　　这种不同实是中西文化路径不同。论者徒有见于近代产业兴起，家庭生活失其重要，不复巩固如前，同时个人之独立自由，亦特著于近代思潮以后，其间互有因果关系，从而蔚成西洋近代国家；便设想个人隐没于家庭，家庭生活呆重如中国者，当必为文化未进之征，而类同于西洋之中古。于是就臆断其为社会演进前后阶段之不同。他不从双方历史背景仔细比较以理解现在，而遽凭所见于后者以推论其前，焉得正确！

　　然则中国社会是否就一贯地是家庭本位呢？否，不然。我们如其说，西洋近代社会是个人本位的社会——英美其显例；而以西洋最近趋向为社会本位的社会——苏联其显例。那我们应当说中国是一"伦理本位的社会"。"家族本位"这话不恰当，且亦不足以说明之。只有宗法社会可说是家族本位，此见甄克斯《社会通诠》。中国却早蜕出宗法社会，章太炎先生作《社会通诠商兑》尝辨明之。① 要知:在社会与个人相互关系上,把重点放在个人者,是谓个人本位;同在此关系上而把重点放在社会者,是谓社会本位;皆从对待立言,显示了其间存在的关系。此时必须用"伦理本位"这话,乃显示出中国社会间的关系而解答了重点问题。若说家族本位既嫌狭隘,且嫌偏在一边。

人一生下来,便有与他相关系之人(父母、兄弟等),人生且将始终在与人相关系中而生活(不能离社会),如此则知,人生实存于各种关系之上。此种种关系,即是种种伦理。伦者,伦偶;正指人们彼此之相与。相与之间,关系遂生。家人父子,是其天然基本关系;故伦理首重家庭。父母总是最先有的,再则有兄弟姊妹。既长,则有夫妇,有子女;而宗族戚党亦即由此而生。出来到社会上,于教学则有师徒;于经济则有东伙;于政治则有君臣官民;平素多往返,遇事相扶持,则有乡邻朋友。随一个人年龄和生活之开展,而渐有其四面八方若近若远数不尽的关系。是关系,皆是伦理;伦理始于家庭,而不止于家庭。

吾人亲切相关之情,几乎天伦骨肉,以至于一切相与之人,随其相与之深浅久暂,而莫不自然有其情分。因情而有义。父义当慈,子义当孝,兄之义友,弟之义恭。夫妇、朋友乃至一切相与之人,莫不自然互有应尽之义。伦理关系,即是情谊关系,亦即是其相互间的一种义务关系。伦理之"理",盖即于此情与义上见之。更为表示彼此亲切,加重其情与义,则于师恒曰"师父",而有"徒子徒孙"之说;于官恒曰"父母官",而有"子民"之说;于乡邻朋友,则互以叔伯兄弟相呼。举整个社会各种关系而一概家庭化之,务

---

　　① 严先生据《社会通诠》以排满为宗法思想。章先生则据历史指证春秋战国许多不排外之事,以明中国早与宗法社会条件不合,参看本书第八章。

使其情益亲,其义益重。由是乃使居此社会中者,每一个人对于其四面八方的伦理关系,各负有其相当义务;同时,其四面八方与他有伦理关系之人,亦各对他负有义务。全社会之人,不期而辗转互相联锁起来,无形中成为一种组织。——前说"中国人就家庭关系推广发挥,以伦理组织社会"者指此。此种组织与团体组织是不合的。它没有边界,不形成对抗。恰相反,它由近以及远,更引远而入近;泯忘彼此,尚何有于界划? 自古相传的是"天下一家","四海兄弟"。试问何处宗法社会有此超旷意识? ——宗法社会排他性最强。如只是家族本位、宗法制度,怎配把中国民族在空间上恢拓这样大,在时间上绵延这样久? 要知家族宗法之依稀犹存,正为其有远超过这些者,而非就是这些。

那么,其组织之重点又放在那里呢? 此且看后文。

二　伦理之于经济

大抵社会组织,首在其经济上表著出来。西洋近代社会之所以为个人本位者,即因其财产为个人私有。恩如父子而异财;亲如夫妇而异财;偶尔通融,仍出以借贷方式。儿子对父母,初无奉养责任;——社会无此观念,法律无此规定。① 父母年老而寓居其子之家,应付房租饭费。其子或予免费,或减收若干者,非恒例。如同各人有其身体自由一样,"财产自由"是受国家法律社会观念所严格保障的。反之,在社会本位的社会如苏联者,便是以土地和各种生产手段统归社会所有。伦理本位的社会于此,两无所似。

_____

① 但对于无谋生能力不能维持生活之父母,则民法上大都规定其子女有扶养之义务。

伦理社会中,夫妇、父子情如一体,财产是不分的。而且父母在堂,则兄弟等亦不分;祖父在堂,则祖孙三代都不分的,分则视为背理(古时且有禁)。——是曰共财之义。不过伦理感情是自然有亲疏等差的,而日常生活实以分居为方便;故财不能终共。于是弟兄之间,或近支亲族间,便有分财之义。初次是在分居时分财,分居后富者或再度分财与贫者。亲戚朋友邻里之间,彼此有无相通,是曰通财之义。通财,在原则上是要偿还的;盖其分际又自不同。然而作为周济不责偿,亦正是极普通情形。还有遇到某种机会,施财亦是一种义务;则大概是伦理上关系最宽泛的了。要之,在经济上皆彼此顾恤,互相负责;有不然者,群指目以为不义。此外,如许多祭田、义庄、义学等,为宗族间共有财产;如许多社仓、义仓、学田等,为乡党间共有财产;大都是作为救济孤寡贫乏,和补助教育之用。这本是从伦理负责观念上,产生出来的一种措置和设备,却与团体生活颇相近似了。

从某一点上来看,这种伦理的经济生活,隐然亦有似一种共产。不过它不是以一个团体行共产。其相与为共的,视其伦理关系之亲疏厚薄为准,愈亲厚,愈要共,依次递减。同时亦要看这财产之大小,财产愈大,将愈为多数人之所共。盖无力负担,人亦相谅;既有力量,则所负义务随之而宽。此所以有"蛇大窟窿大"之谚语。又说"有三家穷亲戚,不算富;有三家阔亲戚,不算贫"。然则其财产不独非个人有,非社会有,抑且亦非一家庭所有。而是看作凡在其伦理关系中者,都可有份的了,谓之"伦理本位的社会",谁曰不宜。

中国法律早发达到极其精详地步。远如唐律,其所规定且多有与现代各国法典相吻合者。但各国法典所致详之物权债权问题,中国几千年却一直是忽略的。盖正为社会组织从伦理情谊出发,人情为重,财物斯轻,此其一。伦理因情而有义,中国法律一切基于义务观念而立,不基于权利观念,此其二。明乎此,则对于物权债权之轻忽从略,自是当然的。此一特征,恰足以证明我们上面所说财产殆属伦理所共有那句话。

再与西洋对照来看,像英美等国常有几百万失业工人,整年从国家领取救济金维持生活,实为过去中国所未闻。在他们非独失业问题如此,什么问题来了,都是课问政府。因为西洋原是团体负责制。中国则各人有问题时,各寻自己的关系,想办法。而由于其伦理组织,亦自有为之负责者。因此,有待救恤之人恒能消纳于无形。此次抗战,在经济上支撑八年,除以农村生活偏于自给自足,具有甚大伸缩力外,其大量知识分子和一部分中上阶级之迁徙流离,卒得存活者,实大有赖于此伦理组织。中外人士固多有能察识及此,而道之者。

随此社会经济伦理化之结果,便是不趋向所谓"生产本位"的资本主义之路。后面第十章当论之。

三　伦理之于政治

就伦理组织说,既由近以及远,更引远而入近,故尔无边界无对抗。无边界无对抗,故无中枢,亦即非团体。非团体,即无政治。政治非他,不外团体公共之事而已。但一家族却可自成范围而有其中枢,有其公共事务即政治。不过这按之前说集团生活三条件(见第四章),不算真团体。中国过去之乡治与国政,大抵都是本于这种方式。

旧日中国之政治构造,比国君为大宗子,称地方官为父母,视一国如一大家庭。所以说"孝者所以事君,弟者所以事长,慈者所以使众";而为政则在乎"如保赤子"。自古相传,二三千年一直是这样。这样,就但知有君臣官民彼此间之伦理的义务,而不认识国民与国家之团体关系。因而在中国,就没有公法私法的分别,刑法民法亦不分了。一般国家罔非阶级统治;阶级统治是立体的。而伦理关系则是平面的。虽事实逼迫到中国要形成一个国家,然条件既不合(后详),观念亦异。于是一般国家之阶级统治,在这里不免隐晦或消融了。

不但整个政治构造,纳于伦理关系中;抑且其政治上之理想与途术,亦无不出于伦理归于伦理者。福利与进步,为西洋政治上要求所在;中国无此观念。中国的理想是"天下太平"。天下太平之内容,就是人人在伦理关系上都各自作到好处(所谓父父子子),大家相安相保,养生送死而无憾。至于途术呢,则中国自古有"以孝治天下"之说。近代西洋人不是相信从人人之开明的利己心可使社会福利自然增进不已吗?这正好相比。这是说:从人人之孝弟于其家庭,就使天下自然得其治理;故为君上者莫若率天下以孝。两方目标虽不同,然其都取放任而不主干涉又却相近。孟德斯鸠《法意》上有两三段话,大致不差:

(前略)是故支那孝之为义,不自事亲而止也,盖资于事亲而百行作始。惟彼孝敬其所生,而一切有于所亲表其年德者,皆将为孝敬之所存。则长年也,主人也,官长也,君上也,且从此而有报施之义焉。以其子之孝也,故其亲不可以不慈。而长年之于稚幼,主人之于奴婢,君上之于臣民,皆对待而起义。凡此谓之伦理;凡此谓之礼经。伦理、礼经,而支那所以立国者胥在此。(严译本 19 卷 19 章)

支那之圣贤人,其立一王之法度也,所最重之祈向,曰惟吾国安且治而已。夫如此,故欲其民之相敬。知其身之倚于社会而交于国人者,有不容已之义务也,则礼仪三百威仪三千从而起矣。是以其民虽在草泽州里之间,其所服习之仪容殆与居上位者无攸异也。因之其民为气柔而为志逊,常有以保其治安,存其秩序。惩忿窒欲,期戾气之常屏而莫由生。(19卷16章)

(前略)而支那政家所为尚不止此。彼方合宗教法典仪文习俗四者,于一炉而冶之。凡此皆民之行谊也,皆民之道德也,总是四者之科条,而一言以括之曰礼。使上下由礼而无违,斯政府之治定,斯政家之功成矣。此其大道也,幼而学之,学于是也。壮而行之,行于是也。教之以一国之师儒,督之以一国之官宰。举民生所日用常行,一切不外于是道。使为上能得此于其民,斯支那之治为极盛。(19卷17章)

四　伦理有宗教之用

中国人似从伦理生活中,深深尝得人生趣味。像孟子所说:

> 仁之实,事亲是也。义之实,从兄是也。智之实,知斯二者弗去是也。礼之实,节文斯二者是也。乐之实,乐斯二者。乐则生矣;生则恶可已也! 恶可已,则不知足之蹈之,手之舞之!

> 朱注:"乐则生矣",谓事亲从兄之意油然自生,如草木之有生意。既有生意,则其畅茂条达自有不可遏者;所谓"恶可已"也。其又盛,则至于"手舞足蹈"而不自知矣!

固然其中或有教化设施的理想,个人修养的境界,不是人人现所尝得的。然其可能有此深醇乐趣,则信而不诬。普通人所尝得者不过如俗语"居家自有天伦乐",而因其有更深意味之可求,几千年中国人生就向此走去而不回头了。

反之、鳏、寡、孤、独，自古看作人生之最苦，谓曰"无告"。此无告二字，颇可玩味。"无告"，是无所告诉。何以无所告诉，便为最苦？固然有得不到援助之意，而要紧尚不在援助之有无，要在有与我情亲如一体的人，形骸上日夕相依，神魂间尤相依以为安慰。一啼一笑，彼此相和答；一痛一痒，彼此相体念。——此即所谓"亲人"，人互喜以所亲者之喜，其喜弥扬；人互悲以所亲者之悲，悲而不伤。盖得心理共鸣，衷情发舒合于生命交融活泼之理。所以疾苦一经诉说，不待解救，其苦已杀也。西洋亲子异居，几为定例；夫妇离合，视同寻常。直是不孤而孤之，不独而独之；不务于相守，而恒相离；我以为变，彼以为常。藉此不同的习俗，而中国人情之所尚，更可见。

同时又因为中国是职业社会而不是阶级社会（详后）之故，每一家人在社会中地位可能有很大升降，这给予家庭伦理以极大鼓励作用。一家人（包含成年的儿子和兄弟），总是为了他一家的前途而共同努力。就从这里，人生的意义好像被他们寻得了。何以能如此？其中有几点道理：（一）他们是在共同努力中。如所谓"三兄四弟一条心，门前土地变黄金"、"家和万事兴"一类谚语，皆由此而流行。熙熙融融，协力合作，最能使人心境开豁，忘了自己此时纵然处境艰难，大家吃些苦，正亦乐而忘苦了。（二）所努力者，不是一己的事，而是为了老少全家，乃至为了先人为了后代。或者是光大门庭，显扬父母；或者是继志述事，无坠家声；或者积德积财，以遗子孙。这其中可能意味严肃、隆重、崇高、正大，随各人学养而认识深浅不同。但至少，在他们都有一种神圣般的义务感。在尽了他们义务的时候，睡觉亦是魂梦安稳的。（三）同时，在他们面前都有一远景，常常在鼓励他们工作。当其厌倦于人生之时，总是在这里面(义务感和远景)重新取得活力,而又奋勉下去。每每在家贫业薄寡母孤儿的境遇,愈自觉他们对于祖宗责任之重,而要努力兴复他们的家。历史上伟大人物,由此产生者不少。

中国人生,便由此得了努力的目标,以送其毕生精力,而精神上若有所寄托。如我夙昔所说,宗教都以人生之慰安勖勉为事;那么,这便恰好形成一宗教的替代品了。①

盖人生意味最忌浅薄,浅薄了,便牢拢不住人类生命,而使其甘心送他的一生。饮食男女,名位权利,固为人所贪求;然而太浅近了。事事为自己打算,固亦人之恒情;然而太狭小了。在浅近狭小中混来混去,有时要感到乏味的。特别是生命力强的人,要求亦高;他很容易看不上这些,而偏对于相反一面——如贞洁禁欲,慷慨牺牲——感觉有味。权利欲所以不如义务感之意味深厚,可能引发更强生命力出来,表见更大成就者,亦正为此。这种情形,是原于人的生命本具有相反之两面:一面是从躯壳起念之倾向;又一面是倾向于超躯壳或反躯壳。两面中间,则更有复杂无尽之变化。宗教正是代表后一倾向。其所以具有稳定人生之伟大作用者,就为它超越现实,超越躯壳,不使人生局于浅近狭小而止。生命力强的人,得其陶养而稳定,庸众亦随之而各安其生。中国之家庭伦理,所以成一宗教替代品者,亦即为它融合人我,泯忘躯壳,虽不离现实而拓远一步,使人从较深较大处寻取人生意义。它实在是那两面中间变化之一种。

---

① 亡友王鸿一先生尝谓:鸟兽但知有现在,人类乃更有过去未来观念,故人生不能以现在为止。宗教即为解决此三世问题者,是以有天堂净土,地狱轮回一类说法。中国人则以一家之三世——祖先、本身、儿孙——为三世。过去信仰寄于祖先父母,现在安慰寄于家室和合,将来希望寄于儿孙后代。此较之宗教的解决为明通切实云云,附此以备参考。

以上皆说明伦理有宗教之用,意谓中国缺乏宗教,以家庭伦理生活来填补它。但我们假如说中国亦有宗教的话,那就是祭祖祀天之类。从前在北京有太庙、社稷坛、天坛、地坛、先农坛等,为皇帝行其典礼之处。在老百姓家里则供有"天地君亲师"牌位。《礼记》上曾说明"万物本乎天,人体乎祖",祭天祭祖的意义是一贯地在于"报本反始"。从这种报本反始以至崇德报恩等意思,他可有许多崇拜(例如四川有"川主庙",祀开创灌县水利工程的李冰父子之类)。不以拜天而止,不能称之曰拜天教;不以拜祖先而止,亦不是宗法社会的祖先教。它没有名称,更没有其教徒们的教会组织。不得已,只可说为"伦理教"。因其教义,恰不外乎这伦理观念;而其教徒亦就是这些中国人民。正未知是由此信仰而有此社会,抑或由此社会而有此信仰?总之,二者正相合相称。

五　此其重点果何在

中国人的神情,总是从容不迫。这自然是农业社会与工商业社会不同处。然而一个人在家里较之在团体组织中,亦是不同的。就在这宽松自然不甚经意的家人父子生活中,让人的情感发露流行。同时又以其为职业社会之故,在实际生活上使得这一家人相依为命(后详),于是其情感更深相缠结。扩演之结果,伦理的社会就是重情谊的社会。反之,在中国社会处处见彼此相与之情者,在西洋社会却处处见出人与人相对之势。非唯人民与其政府相对,劳工与其业主相对,甚至夫妇两性亦且相对,然此自是两方文化成熟后之情形;溯其来源,皆甚远。西方且另谈,中国之所以走上此路,盖不免有古圣人之一种安排在内,非是由宗法社会自然演成。

这即是说：中国之以伦理组织社会，最初是有眼光的人看出人类真切美善的感情，发端在家庭，培养在家庭。他一面特为提掇出来，时时点醒给人——此即"孝弟"、"慈爱"、"友恭"等。一面则取义于家庭之结构，以制作社会之结构——此即所谓伦理。于此，我们必须指出：人在情感中，恒只见对方而忘了自己；反之，人在欲望中，却只知为我而顾不到对方。前者如：慈母每为儿女而忘身；孝子亦每为其亲而忘身。夫妇间、兄弟间、朋友间，凡感情厚的必处处为对方设想，念念以对方为重，而把自己放得很轻。所谓"因情而有义"之义，正从对方关系演来，不从自己立场出发。后者之例，则如人为口腹之欲，不免置鱼肉于刀俎；狎妓者不复顾及妇女人格，皆是。人间一切问题，莫不起自后者——为我而不顾人；而前者——因情而有义——实为人类社会凝聚和合之所托。古人看到此点，知道孝弟等纯厚的情感要提倡。更要者，就是把社会中的人各就其关系，排定其彼此之名分地位，而指明相互间应有之情与义，要他们时时顾名思义。主持风教者，则提挈其情，即所以督责其义。如古书所云："为人君止于仁；为人臣止为敬；为人子止于孝；为人父止于慈；与国人交止于信。"如是，社会自然巩固，一切事可循轨而行。此种安排提倡，似不出一人之手，亦非一时之功。举其代表人物，自是周公孔子。

伦理社会所贵者，一言以蔽之曰：尊重对方。何谓好父亲？常以儿子为重的，就是好父亲。何谓好儿子？常以父亲为重的，就是好儿子。何谓好哥哥？常以弟弟为重的，就是好哥哥。何谓好弟弟？常以哥哥为重的，就是好弟弟。客人来了，能以客人为重的，就是好主人。客人又能顾念到主人，不为自己打算而为主人打算，就是好客人。一切都是这样。所谓伦理者无他义，就是要人认清楚人生相关系之理，而于彼此相关系中，互以对方为重而已。

　　我旧著于此,曾说"伦理关系即表示一种义务关系;一个人似不为其自己而存在,乃仿佛互为他人而存在者。"(见《中国民族自救运动之最后觉悟》第86页,中华书局出版)今见张东荪先生《理性与民主》一书第三章,论人性与人格,恰有同样的话:

> 在中国思想上,所有传统的态度总是不承认个体的独立性,总是把个人认作"依存者"(depending being),不是指其生存必须依靠于他人而言,乃是说其生活在世必须尽一种责任,无异为了这个责任而生。

张先生还有一段话,足以印证上面我说的话:

> 我尝说,中国的社会组织是一个大家庭而套着多层的无数小家庭。可以说是一个"家庭的层系"(a hierarchical system of families)。所谓君就是一国之父,臣就是国君之子。在这样层系组织之社会中,没有"个人"观念。所有的人,不是父,即是子。不是君,就是臣。不是夫,就是妇。不是兄,就是弟。中国的五伦就是中国社会组织;离了五伦别无组织,把个人编入这样层系组织中,使其居于一定之地位,而课以那个地位所应尽的责任。如为父则有父职,为子则有子职。为臣则应尽臣职,为君亦然。(中略)在一个家庭中,不仅男女有别是出于生理,即长幼之分亦成于天然。用这种天然的区别来反映在社会的组织上,则社会便变由各种不同的人们配合而成的了。(见张著《理性与民主》第8页)

此外则费孝通教授最近在伦敦经济学院,一篇《现代中国社会变迁之文化症结》讲演,向英国人以他们的 sportsmanship 比喻中国的社会结构,其意见亦足相印证。此不具引。

　　在中国没有个人观念;一个中国人似不为其自己而存在。然在西洋,则正好相反了。张先生书中,把西洋个人观念之渊源,从希腊文化、希伯来文化、罗马文化等等说起,极有学术价值。但我们先不说那样远。我只指出它是近代产物,打从中古西洋人生之反动而来。谁都知道,西洋近代潮流主要在"个人之觉醒"。促使"个人之觉醒"者,有二:第一,是西洋中古基督教禁止欲望逼着它起反动,就爆发出来近代之欲望本位的人生;肯定了欲望,就肯定个人。第二,是西洋中古过强的集团生活逼着它起反动,反动起来的当然就是个人了。一面有欲望之抬头,一面个人又受不了那过分干涉;两面合起来,不是就产生人权自由之说了吗? 近代以来,所谓"个人本位的社会",即由这样对中古革命而出现于世。在社会组织上是个人本位;到法律上,就形著为权利本位的法律。于是在中国弥天漫地是义务观念者,在西洋世界上却活跃着权利观念了。在中国几乎看不见有自己,在西洋恰是自己本位,或自我中心。——这真是很好的一种对映。

此其相异,于中西日常礼仪上即可看出。如西洋人宴客,自己坐在正中,客人反在他的两旁。尊贵的客人,近在左右手;其他客人便愈去愈远。宴后如或拍影,数十百人皆为自己作陪衬,亦复如是。中国则客来必请上座,自己在下面相陪,宴席之间,贵客高居上座离主人最远;其近在左右手者,不过是末座陪宾了。寻其意味,我则尊敬对方,谦卑自处;西洋则自我中心,示其亲昵。——这完全是两种精神。

权利一词,是近数十年之舶来品,译自英文 rights。论其字之本义,为"正当合理",与吾人之所尚初无不合。但有根本相异者,即它不出于对方之认许,或第三方面之一般公认,而是由自己说出。例如子女享受父母之教养供给,谁说不是应当的? 但如子女对父母说"这是我的权利","你应该养活我;你要给我相当教育费"——便大大不合中国味道。假如父母对子女说"我应当养活

你们到长大";"我应给你们相当教育";——这便合味道了。就是
父母对子女而主张自己权利,亦一样不合。不过沿着自幼小教导
子女而来的习惯,父母责子女以教养,听着好像不如是之不顺耳而
已。其他各种关系,一切准此可知。要之,各人尽自己义务为先;
权利则待对方赋予,莫自己主张。这是中国伦理社会所准据之理
念。而就在彼此各尽其义务时,彼此权利自在其中;并没有漏掉,
亦没有迟延。事实不改,而精神却变了。自第一次大战后,世界风
气亦有许多转变,却总没有转变到如此。他们一种转变是:个人对
于国家,当初只希望它不干涉者,此时转而希望它能积极负责。于
是许多国家的新宪法(1919 年德宪为其代表),于人民消极性权利
之外,多规定些积极性权利,类如什么生存权、要工作权、受教育权
等等。又一种转变是:社会本位思想抬头了,国家要采取干涉主
义,加重人民的义务。于是新宪法又添上:如何运用财产亦是人民
的义务,如何受教育亦是人民的义务,如何工作亦是人民的义务,
乃至选举投票亦是人民的义务,国家得从而强制之。这两种转变,
显然都是出于一个趋势,就是国家这一团体愈来愈见重要。虽是
一个趋势,而因为说话立场不同,有时站在这面,有时站在那面,却
不免矛盾起来。其所以起矛盾者,即为两面各自主张其权利,而互
以义务课于对方。若以我们伦理眼光来看,在国家一面,要把选举
认为是国民的权利而尊重之,而以实行公开选举为国家必践之义
务。在国民一面,则承认国家有权召集我们投票,承认投票是我们
的义务而履行之。其他准此推之,无不迎刃而解。试问还有什么
分歧,还有什么矛盾呢?但习惯于自我中心的西方人,则不会这样
想这样说。他或者就为个人设想,为个人说话——他若是个人本
位主义者,便如此。他或者就为国家设想,为国家说话——他若是
团体本位主义者,便如此。

前曾说,在社会与个人相互关系上,把重点放在个人者,是谓个人本位;同在此关系上,把重点放在社会者,是谓社会本位。诚然,中国之伦理只看见此一人与彼一人之相互关系,而忽视社会与个人相互间的关系。——这是由于他缺乏集团生活,势不可免之缺点。但他所发挥互以对方为重之理,却是一大贡献。这就是,不把重点固定放在任何一方,而从乎其关系,彼此相交换;其重点实在放在关系上了。伦理本位者,关系本位也。非唯巩固了关系,而且轻重得其均衡不落一偏。若以此理应用于社会与个人之间,岂不甚妙!

团体权力与个人自由,在西洋为自古迄今之一大问题,难于解决。平心而论,各有各理,固执一偏,皆有所失。最合理想的解决,是这样:

一、平常时候,维持均衡,不落一偏;

二、于必要时,随有轩轾,伸缩自如。

但有何方法能达成这理想呢? 如果说:"两边都不要偏,我们要一个均衡!"则只是一句空话,不着边际,说了等于不说。如要有所指示,使人得所循守,而又不偏到一边去,那只有根据伦理,指示站在团体一面必尊重个人,而站在个人一面,则应以团体为重。此外更无他道。其实从现在看来,当初要确定"个人本位",或要确定"团体本位",都是错的。根本不应当定一客观标准令人循从。话应当看是谁说的,离开说话的人,不能有一句话。标准是随人的,没有一个绝对标准,此即所谓相对论。相对论是真理,是天下最通达的道理。中国伦理思想,就是一个相对论。两方互以对方为重,才能产生均衡。而由于不呆板地以团体为重,亦不呆板地以个人为重,而是一活道理,于必要时自能随其所需而伸缩。——一个难题,圆满解决。

（选自梁漱溟《中国文化要义》第
五章,成都路明书局 1949 年版)

梁漱溟(1893—1988),原名焕鼎,字寿铭,又字漱冥,中
国现代史上的著名学者、思想家、教育家和社会活动家,晚年
任中国文化书院院务委员会主席。一生著述甚多,主要有
《东西文化及其哲学》、《人心与人生》、《中国文化要义》等。
1989—1993 年山东人民出版社出版《梁漱溟全集》1—8 卷。
　　本文认为中国是伦理本位的社会。伦理关系决定着财产
分配,也决定着政治构造与政治理想;人们从伦理生活中寻取
人生意义使得伦理具有宗教功能;互以对方为重的伦理要求
使得团体与个人之间产生均衡而不落一偏。

以道德代宗教

梁 漱 溟

一、宗教是什么

宗族生活、集团生活同为最早人群所固有;但后来中国人家族生活偏胜,西方人集团生活偏胜,各走一路。西方之路,基督教实开之,中国之路则打从周孔教化来的,宗教问题实为中西文化的分水岭。凡此理致,于上已露其端。现在要继续阐明的,是周孔教化及其影响于中国者,同时,对看基督教所予西洋之影响。于此,必须一谈宗教。

人类文化都是以宗教开端;且每依宗教为中心。人群秩序及政治,导源于宗教,人的思想知识以至各种学术,亦无不导源于宗教。并且至今尚有以宗教包办一切的文化——西藏其一例。不仅文化不甚高的时候如此,便是高等文化亦多托庇在一伟大宗教下,而孕育发展出来——近代欧美即其例。我们知道,非有较高文化不能形成一大民族;而此一大民族之统一,却每都有赖一个大宗教。宗教之渐失其重要,乃只晚近之事耳。

盖人类文化占最大部分的,诚不外那些为人生而有的工具手段、方法技术、组织制度等。但这些虽极占分量,却只居从属地位。居中心而为之主的,是其一种人生态度,是其所有之价值判断。——此即是说,主要还在其人生何所取舍,何所好恶,何是何非,何去何从。这里定了,其他一切莫不随之,不同的文化,要在这里辨其不同。文化之改造,亦重在此,而不在其从属部分。否则,此处不改,其他尽多变换,无关宏旨。此人生态度或价值判断寓于一切文化间,或隐或显,无所不在,而尤以宗教、道德、礼俗、法律,这几样东西特为其寄寓之所。道德、礼俗、法律皆属后起,初时都蕴孕于宗教之中而不分,是即所以人类文化不能不以宗教开端,并依宗教作中心了。

人类文化之必造端于宗教尚自有故。盖最早之人群,社会关系甚疏,彼此相需相待不可或离之结构未著;然若分离零散则不成社会,亦将无文化,宗教于此,恰好有其统摄凝聚的功用。此其一。又社会生活之进行,不能不赖有一种秩序,但群众间互相了解,彼此同意,从理性而建立秩序,自不能期望于那时的人。而且因冲动太强,暋不畏死,峻法严刑亦每每无用,建立秩序之道几穷。宗教恰好在此处,有其统摄驯服的功用。此其二。此两种功用皆从一个要点来,即趁其在惶怖疑惑及种种不安之幻想中,而建立一共同信仰目标。一共同信仰目标既立,涣散的人群自能收拢凝聚,而同时宰制众人调驯蛮性的种种方法,亦从而得到了。

宗教是什么? 此非一言可答。但我们却可指出,所有大大小小高下不等的种种宗教,有其共同之点,就是:一切宗教都从超绝于人类知识处立他的根据,而以人类情感之安慰意志之勖勉为事。(《东西文化及其哲学》第 90 页)分析之,可得两点:

一、宗教必以对于人的情志方面之安慰勖勉为其事务;

二、宗教必以对于人的知识方面之超外背反立其根据。

世间不拘何物,总是应于需要而有。宗教之出现,即是为了人类情志不安而来。人类情志方面,安或不安,强或弱,因时代变化而异。所以自古迄今,宗教亦时盛时衰。——这是从前一面看。从后一面看:尽管宗教要在超绝于知识处立足,而如何立足法(如何形成其宗教),却必视乎其人之知识文化而定。人类知识文化各时各地既大为不等,所以其宗教亦就高下不等。

据此而谈,人类文化初期之需要宗教,是当然的。因那时人类对于自然环境,一切不明白;由于不明白,亦就不能控制;由于不能控制,亦就受其威胁祸害。而情志遂日在惶怖不安之中,同时,其只能有极幼稚之迷信,极低等之宗教,亦是当然的,因那时人的知识文化,原只能产生这个。在此后,一般说来,人类对付自然之知能是进步了。而天灾虽减,人祸代兴,情志不安的情形还是严重。且其法律和道德虽渐渐有了,还不足以当文化中心之任,为了维持社会,发展文化,尤其少不了宗教。所以上古中古之世,宗教称盛,必待有如欧洲近代文明者出现,局势乃为之一变:

第一,科学发达,知识取迷信玄想而代之。

第二,征服自然之威力猛进,人类意态转强。

第三,富于理智批评的精神,于信仰之不合理者渐难容认。

第四,人与人相需相待不可或离之结构,已从经济上建筑起来,而社会秩序则受成于政治。此时作为文化之中心者,已渐在道德、礼俗暨法律。

第五,生活竞争激烈,物质文明之诱惑亦多,人生疲于对外,一切模糊混过。

人们对于宗教之需要既远不如前,而知见明利,又使宗教之安立倍难于前;于是从近代到今天,宗教之失势,遂不可挽。

有的人,轻率推断宗教后此将不复在人类文化中有其位置。此证之以最近欧美有识之士,警觉于现代文明之危机者,又转其眼光及兴趣于宗教,而有以知其不然。我们说到此,亦不能不更向深处说一说。

宗教是什么？如我在《东西文化及其哲学》所说：

> 宗教者,出世之谓也。方人类文化之萌,而宗教萌焉;方宗教之萌,而出世之倾向萌焉。人类之求生活倾向为正,为主,同时此出世倾向为反,为宾。一正一反,一主一宾。常相辅以维系生活而促进文化。(《东西文化及其哲学》第113页)

本书前章亦曾提及：

> 人类的生命,具有相反之两面:一面是从躯壳起念之倾向;又一面是倾向于超躯壳或反躯壳。(中略)宗教正是代表后一倾向。

宗教的真根据,是在出世。出世间者,世间之所托。世间有限也,而托于无限;世间相对也,而托于绝对;世间生灭也,而托于不生灭。超躯壳或反躯壳,无非出世倾向之异名。这倾向,则为人类打开一般生物之锢闭性而有：

> (上略)盖生物进化到人类,实开一异境;一切生物均限于"有对"之中,唯人类则以"有对"超进于"无对"——他一面还是站脚在"有对",一面实又超"有对"而进于"无对"了。(《中国民族自救运动之最后觉悟》第342页)

世间,出世间,非一非异,隔而不隔。从乎有对则隔;从其无对则不隔——这些话只是说在这里,不及讲明,讲明待另成专书。

人总是若明若昧地,或直接或间接地,倾向于出世,若不容己,此亦不必皆形成宗教,而宗教之本,则在此。费尔巴哈(L·Feuerbach)著《宗教之本质》一书,其第一章总括地说"依赖感乃是宗教的根源",我们说到信教,亦恒云"皈依",其情恰亦可见。然依赖却有多种不同,宗教最初可说是一种对于外力之假借;此外力却实在就是自己。其所依赖者,原出于自己一种构想。但这样转一弯过来,便有无比奇效。因为自己力量原自无边,而自己不能发现。宗教中所有对象之伟大、崇高、永恒、真实、美善、纯洁,原是人自己本具之德,而自己却相信不及。经这样一转弯,自己随即伟大,随即纯洁,于不自觉,其自我否定,每每就是另一方式并进一步之自我肯定。宗教最后则不经假借,彻达出世,依赖所依赖混合无间,由解放自己而完成自己。所以同一礼拜祈祷,同一忏悔清修,恒视其人而异其内容。宗教之恒视其时代文化而异其品第,亦正为此。

"弱者而后需要宗教,愚者而后接受宗教",过去或不免有此情形,非所论于一切。胡石青先生有云"理智尽处生信仰",此谓理智有尽,理智与信仰非必不相容。基督徒有云"宗教之可贵,在它使人得到最大的好处",此好处谓"永生"。"永生"虽为基督教名词,而其旨引申可通于一切。这两则说话都不及深,而宗教之可能,宗教之必要,端可识已。

二、宗教在中国

宗教在中国,有其同于他方之一般的情形,亦有其独具之特殊的情形。文化都是以宗教开端,中国亦无例外,有如王治心《中国宗教思想史大纲》所述,最早之图腾崇拜、庶物崇拜、群神崇拜等,即其一般的情形。其自古相传未断之祭天祀祖,则须分别观之,在周孔教化未兴时,当亦为一种宗教,在周孔教化既兴之后,表面似无大改,而留心辨察实进入一特殊情形了。质言之,此后之中国文化,其中心便移到非宗教的周孔教化上,而祭天祀祖只构成周孔教化之一条件而已。

往者胡石青先生论中国宗教(胡著《人类主义初草》,第34页,此书胡氏自印,坊间无售),似未曾留心此分别,兹先引述其说,再申明我的意见。

胡先生列世界宗教为三大系:希伯来一系,印度一系,而外中国亦为一系。他说:"大教无名,唯中国系之宗教足以当之。"其内容"合天人,包万有";约举要义则有三:

一、尊天。"天之大德曰生","万物本乎天",人之存在,不能自外于天地。

二、敬祖。"人为万物之灵",而"人本乎祖",究本身之由来,不能自外于祖先。

三、崇德报功。渔牧工业,宫室舟车,文物制度,凡吾人生活日用皆食古人创造之赐,要莫能外。——按祭孔应属于此一则中。此三原则,皆有充量诚信之价值,决不利用人民因理智不到而生畏惧之弱点,以别生作用。亦不规定入教之形式,不作教会之组织,以示拘束。与此不悖之各地习俗或外来宗教,亦不加干涉,不事排斥,亘古不见宗教战争,故实为人类信仰中之惟一最正大最自由者。(胡著《人类主义初草》第一篇第三章)

胡先生一面不把中国划出于宗教范围外,一面亦不曾歪曲了中国的特殊事实,贬损了中国的特殊精神。这是一种很通的说法,我们未尝不可以接受之。却是我愿点出:凡此所说,都是早经周孔转过一道手而来的,恐怕不是古初原物。如我推断,三千年前的中国不出一般之例,近三千年的中国,则当别论。胡先生似不免以近三千年的中国为准,而浑括三千年前的中国在内。以下接续申明我的意见。

前于第一章列举"几乎没有宗教的人生"为中国文化一大特征,说中国文化内缺乏宗教,即是指近三千年而言。何以说中国文化,断自周孔以后,而以前不计?则以中国文化之发展开朗,原是近三千年的事,即周孔以后的事;此其一。中国文化之流传到现在,且一直为中国民族所实际受用者是周孔以来的文化。三千年以上者,于后世生活无大关系,仅在文化史上占分量而已;此其二。周孔以来的中国文化,其中有一些成分显然属于宗教范畴,何以说它缺乏宗教,说它是"几乎没有宗教的人生"?则以此三千年的文化,其发展统一不依宗教做中心。前说,非较高文化不能形成一大民族,而此一大民族文化之统一,每有赖一大宗教。中国以偌大民族,偌大地域,各方风土人情之异,语音之多隔,交通之不便,所以树立其文化之统一者,自必有为此一民族社会所共信共喻共涵养生息之一精神中心在,唯以此中心,而后文化推广得出,民族生命扩延得久,异族迁入而先后同化不为碍。此中心在别处每为一大宗教者,在这里却谁都知道是周孔教化而非任何一宗教。

两千余年来中国之风教文化,孔子实为其中心。不可否认地,此时有种种宗教并存。首先有沿袭自古的祭天祀祖之类。然而却已变质,而构成孔子教化内涵之一部分。再则有不少外来宗教,如佛教、伊斯兰教、基督教等等。然试问,这些宗教进来,谁曾影响到孔子的位置?非独夺取中心地位谈不到,而且差不多都要表示对孔子之尊重,表示彼此并无冲突,或且精神一致。结果,彼此大家相安,而他们都成了"帮腔"。这样,在确认周孔教化非宗教之时,我们当然就可以说中国缺乏宗教这句话了。

三、周孔教化非宗教

中国数千年风教文化之所由形成,周孔之力最大。举周公来代表他以前那些人物;举孔子来代表他以后那些人物;故说"周孔教化"。周公及其所代表者,多半贡献在具体创造上,如礼乐制度之制作等。孔子则似是于昔贤制作,大有所悟,从而推阐其理以教人。道理之创发,自是更根本之贡献,启迪后人于无穷。所以在后两千多年的影响上说,孔子又远大过周公。为判定周孔教化是否宗教,首先要认清孔子为人及孔门学风。

孔子及其门徒之非宗教论者已多。例如美国桑戴克(LynnTharndike)《世界文化史》一书所说就很好,他说:

> 孔子绝不自称为神所使,或得神启示,而且"子不语怪、力、乱、神"。
>
> 孔子没后,弟子亦未奉之为神。
>
> 孔子不似佛之忽然大觉,但"学而不厌","过则勿惮改"。
>
> 孔子绝无避世之意,而周游列国,求有所遇,以行其改革思想(这对于宗教出世而说,孔子是世俗的)。
>
> 孔子尝答其弟子曰:"未能事人,焉能事鬼","未知生,焉知死","务民之义,敬鬼神而远之,可谓知矣",其自表甚明。

在费尔巴哈《宗教本质讲演录》中,曾说"唯有人的坟墓才是神的发祥地",又说"若世上没有死这回事,那亦就没宗教了"。这是绝妙而又精确的话。世间最使人情志动摇不安之事,莫过于所亲爱者之死和自己的死。而同时生死之故,最渺茫难知。所以它恰合于产生宗教的两条件:情志方面正需要宗教,知识方面则方便于宗教之建立。然在宗教总脱不开生死鬼神这一套的,孔子偏不谈它。这就充分证明孔子不是宗教。

随着生死鬼神这一套而来的,是宗教上之罪福观念,和祈祷禳祓之一切宗教行为。但孔子对人之请祷,先反问他:"有诸?"继之则曰:"丘之祷也久矣!"对人媚奥媚灶之问,则曰:"不然,获罪于天,无所祷也!"

宗教所必具之要素,在孔子不具备,在孔子有他一种精神,又为宗教所不能有。这就是他相信人都有理性,而完全信赖人类自己所谓"是非之心,人皆有之",什么事该作,什么事不该作,从理性上原自明白。一时若不明白,试想一想看,终可明白。因此孔子没有独断的标准给人,而要人自己反省。例如宰我嫌三年丧太久,似乎一周年亦可以了。孔子绝不直斥其非,和婉地问他:"食夫稻,衣夫锦,于汝安乎?"他回答曰:"安。"便说:"汝安则为之。夫君子之居丧,食旨不甘,闻乐不乐,居处不安,故不为也。今汝安,则为之!"说明理由,仍让他自己判断。又如子贡欲去告朔之饩羊,孔子亦只婉叹地说:"赐也! 尔爱其羊,我爱其礼!"指出彼此之观点,而不作断案。谁不知儒家极重礼,但你看他却可如此随意拿来讨论改作;这就是宗教里所万不能有的事。各大宗教亦莫不各有其礼,而往往因末节一点出入,引起凶争惨祸。试举一例,以资对照:

> 英王亨利第八曾亲身审判信奉 Zwingli 主张之新教徒,并引据圣经以证明基督之血与肉,果然存在于仪节之中,乃定以死刑,用火焚而杀之,1539 年国会又通过法案曰"六条"(six Articles),宣言基督之血与肉公然存在于行圣餐礼时所用之面包与酒中,凡胆敢公然怀疑者,则以火焚之。(下略)(何炳松《中古欧洲史》第 278 页)

这是何等迷信固执不通! 在我们觉得可骇亦复可笑,其实在他们是不足怪的。宗教上原是奉行神的教诫,不出于人的制作。其标准为外在的,呆定的,绝对的。若孔子教人所行之礼,则是人行其自己应行之事,斟酌于人情之所宜,有如礼记之所说:"非从天降,非从地出,人情而已矣。"其标准不在外而在内,不是呆定的而是活动的。

照王治心先生《中国宗教思想史大纲》所述,中国古来崇信"天"之宗教观念,沿至东周而有变化,至春秋战国百家争鸣之时而分两路。儒家和道家,皆怀疑一路之代表;唯墨家则代表信仰一路。道家老子庄子,显然具有无神论及唯物论机械论之论调,儒家孔子虽没有否定神之存在,而言语间模棱含糊,其神好像存于主观而止。所以墨子《非儒篇》讥评他们"无鬼而学祭礼",是很切当的。下传至孟子荀子,孟子还从民意验取天意,荀子就根本否认天的意志,而说君子"敬其在己而不慕其在天",其反对"错人而思天",与《左传》上"国将兴,听于民;国将亡,听于神"意思相同。后来汉朝王充作《论衡》,极力破除迷信,似渊源于荀派。墨子学派后来不传,其所根源古代的天神崇拜,则影响于中国下层社会甚大云。——这所说,大体都很对,只末一句,待商。

四、中国以道德代宗教

孔子并没有排斥或批评宗教(这是在当时不免为愚笨之举的),但他实是宗教最有力的敌人,因他专从启发人类的理性作功夫。中国经书在世界一切所有各古代经典中,具有谁莫与比的开明气息,最少不近理的神话与迷信。这或者它原来就不多,或者由于孔子的删订。这样,就使得中国人头脑少了许多障蔽。从《论语》一书,我们更可见孔门的教法,一面极力避免宗教之迷信与独断(dogma),而一面务为理性之启发。除上举宰我、子贡二事例外,其他处处亦无非指点人用心回省。例如——

己所不欲,勿施于人。

曾子曰,吾日三省吾身:为人谋而不忠乎? 与朋友交而不信乎? 传不习乎?

三人行必有我师焉;择其善者而从之,其不善者而改之。

见贤思齐焉,见不贤而内自省也!

子曰，已矣乎！吾未见能见其过，而内自讼者也！

司马牛问君子，子曰，君子不忧不惧。曰，不忧不惧斯谓之君子已乎？子曰，内省不疚，夫何忧何惧。

子曰，吾与回言终日，不违如愚，退而省其私，亦足以发，回也不愚。

君子有九思：视思明，听思聪，色思温，貌思恭，言思忠，事思敬，疑思问，忿思难，见得思义。

蘧伯玉使人于孔子，孔子与之坐而问焉。曰，夫子何为？对曰，夫子欲寡其过而未能也！

子贡方人，子曰，赐也，贤乎哉！夫我则不暇。

子曰，不愤不启，不悱不发；举一隅不以三隅反，则不复也。

《论语》中如此之例，还多得很，从此可想见距今二千五百年前孔门的教法与学风。他总是教人自己省察，自己用心去想，养成你自己的辨别力。尤其要当心你自己容易错误，而勿甘心于错误。儒家没有什么教条给人；有之，便是教人反省自求一条而已。除了信赖人自己的理性，不再信赖其他。这是何等精神！人类便再进步一万年，怕亦不得超过罢！

请问：这是什么？这是道德，不是宗教。道德为理性之事，存于个人之自觉自律。宗教为信仰之事，寄于教徒之恪守教诫，中国自有孔子以来，便受其影响，走上以道德代宗教之路。这恰恰与宗教之教人舍其自信而信他，弃其自力而靠他力者相反。

宗教道德二者，对个人，都是要人向上迁善。然而宗教之生效快，而且力大，并且不易失坠。对社会，亦是这样。二者都能为人群形成好的风纪秩序，而其收效之难易，却简直不可以相比。这就为宗教本是一个方法，而道德则否。宗教如前所分析，是一种对于

20世纪儒学研究大系

外力之假借,而此外力实在就是自己。它比道德多一个弯,而神妙奇效即在此。在人类文化历史上,道德比之宗教,远为后出。盖人类虽为理性的动物,而理性之在人,却必渐次以开发。在个体生命上,要随着年龄及身体发育成长而后显。在社会生命上,则须待社会经济文化之进步为其基础,乃得透达而开展。不料古代中国竟要提早一步,而实现此至难之事。我说中国文化是人类文化的早熟,正指此。

孔子而后,假使继起无人,则其事如何,仍未可知。却恰有孟子出来,继承孔子精神。他是最能切实指点出理性,给人看的。兹略举其言,以见一斑:

(上略)所以谓人皆有不忍人之心者,今人乍见孺子将入于井,皆有怵惕恻隐之心;非所以内交于孺子之父母也,非所以要誉于乡党朋友也,非恶其声而然也。由是观之,无恻隐之心非人也。

恻隐之心,人皆有之;羞恶之心,人皆有之;恭敬之心,人皆有之;是非之心,人皆有之。恻隐之心,仁也;羞恶之心,义也;恭敬之心,礼也;是非之心,智也。仁、义、礼、智,非由外铄我也;我固有之也。弗思耳矣!

(上略)故曰,口之于味也,有同嗜焉;耳之于声也,有同听焉;目之于色也,有同美焉;至于心,独无所同然乎?心之所同然者何也,谓理也,义也。圣人先得我心之所同然耳。故理义之悦我心,犹刍豢之悦我口。

可欲之谓善。(下略)

无为其所不为,无欲其所不欲,如此而已矣!

生,亦我所欲也,义,亦我所欲也。二者不可得兼,舍生而取义者也。生亦我所欲;所欲有甚于生者,故不为苟得也。死亦我所恶；所恶有甚于死者，故患有所不辟也。

　　人能充无欲害人之心，而仁不可胜用也。人能充无欲穿窬之心，而义不可胜用也。

　　后来最能继承孟子精神的，为王阳明。他就说："只好恶，便尽了是非。"他们径直以人生行为准则，交托给人们的感情要求，真大胆之极！我说它"完全信赖人类自己"，就在此。这在古代，除了中国，除了儒家，没有谁敢公然这样主张。

　　径直以人生行为的准则，交托于人们的感情要求，是不免危险的。他且不言，举一个与宗教对照之例于此：在中国的西北如甘肃等地方，回民与汉民杂处，其风纪秩序显然两样。回民都没有吸鸦片的，生活上且有许多良好习惯。汉民或吸或不吸，而以吸者居多。吸鸦片，就懒惰，就穷困，许多缺点因之而来。其故，就为回民是有宗教的，其行为准于教规，受教会之监督，不得自便。汉民虽号称尊奉孔圣，却没有宗教规条及教会组织，就在任听自便之中，而许多人堕落了。

　　这种失败，孔孟当然没有看见。看见了，他仍未定放弃他的主张。他们似乎彻底不承认有外在准则可循。所以孟子总要争辩义在内而不在外。在他看，勉循外面标准，只是义的袭取，只是"行仁义"而非"由仁义行"——其论调之高如此；然这是儒家真精神。这才真是道德，而分毫不杂不假，不可不知。

　　但宗教对于社会所担负之任务，是否就这样以每个人之自觉自律可替代得了呢？当然不行。古代宗教往往临乎政治之上，而涵容礼俗法制在内，可以说整个社会靠它而组成，整个文化靠它作中心，岂是轻轻以人们各自之道德所可替代！纵然敬重在道德上，道德之养成似亦要有个依傍，这个依傍，便是"礼"。事实上，宗教在中国卒于被替代下来之故，大约由于二者：

一、安排伦理名分以组织社会；

二、设为礼乐揖让以涵养理性。

二者合起来,遂无事乎宗教。[①] 此二者,在古时原可摄之于一"礼"字之内。在中国代替宗教者,实是周孔之"礼"。不过其归趣,则在使人走上道德之路,恰有别于宗教,因此我们说:中国以道德代宗教。

五、周孔之礼

道德、宗教皆今世才有之名词,古人无此分别,孔子更未必有以道德代宗教的打算。不过我们从事后看去,中国历史上有此情形,而其关键则在孔子而已。孔子深爱理性,深信理性。他要启发众人的理性,他要实现一个"生活完全理性化的社会",而其道则在礼乐制度。盖理性在人类,虽始于思想或语言,但要启发它实现它,却非仅从语言思想上所能为功。抽象的道理,远不如具体的礼乐。具体的礼乐,直接作用于身体,作用于血气;人的心理情致随之顿然变化于不觉,而理性乃油然现前,其效最大最神。这些礼乐,后世久已不得而见,其流传至今者不过儒书(如《礼记》、《仪礼》等)上一些记载而已。在把它通盘领会以后,我们知道礼乐设施之眼目,盖在清明安和四字,试看它所说的:

> 清明在躬,志气如神。
>
> 是故君子反情以和其志,广乐以成其教。乐行而民乡方,可以观德矣。德者,性之端也;乐者,德之华也;金石丝竹,乐

---

① 旧著《东西文化及其哲学》曾说孝弟的提倡,礼乐的实施,二者合起来,就是孔子的宗教。见原书第140—141页,可参看。

之器也。诗,言其志也;歌,咏其声也;舞,动其容也。三者本
于心,然后乐器从之。是故情深而文明,气盛而化神,和顺积
中,而英华发外,唯乐不可以为伪。

　　礼乐不可斯须去身。致乐以治心,则易直子谅之心,油然
生矣。易直子谅之心生,则乐,乐则安,安则久,久则天,天则
神。天则不言而信,神则不怒而威,致乐以治心者也。致礼以
治躬,则庄敬;庄敬则严威。心中斯须不和不乐,而鄙诈之心
入之矣。外貌斯须不庄不敬,而易慢之心入之矣。故乐也者,
动于内者也。礼也者,动于外者也。乐极和,礼极顺。内和而
外顺,则民瞻其颜色而弗与争也;望其容貌而民不生易慢焉。
故曰,致礼乐之道,举而错之天下无难矣!

　　(上略)故乐行而伦清,耳目聪明,血气和平,移风易俗,
天下皆宁。

　　理性是什么,下章随有分析说明。这里且以清明安和四字点
出之,形容之。而显然与理性相违者,则有二:一是愚蔽偏执之情;
一是强暴冲动之气。二者恒相因而至;而有一于此,理性即受到妨
碍。质言之,人即违失于理性。这是孔子所最怕的。孔子本无所
憎恶于宗教,然而他却容受不了这二者。这二者在古代宗教每不
能免;他既避之若不及,于是亦就脱出宗教之路。

　　人类的最大祸患,即从人类而来。天灾人祸二者相较,人祸远
凶过天灾。在没有文化时,还差些;愈有文化,愈不得了。今日世
界战争,是其显例。"移风易俗,天下皆宁",是儒者所抱志愿;照
我替他解说,就是要使人间无人祸而已。人祸如何得免?此应察
看人祸究由何起。很多说是由自私起的,并以为自私是人的本性。
这完全是一误解,此暂不加剖辨且提出一问题来:一个明白人是否
亦要自私?或许有人承认,明白人不自私罢。然则病在不明白而

已。再试问：一个自私的人若极其明白，是否还必得损人以求利己？似乎许多事理所昭示吾人者，不如此罢（所昭示者，都是：两利为利，损人亦将损己，为了利己不必损人）。然则问题还是怕不明白而已。再设想：人虽自私，却绝不残暴，是否祸害可以减轻呢？谅来必亦承认是可减轻的。然则自私还不可怕，可怕是强暴凶残了。总起来说，人祸之所由起及其所以烈，实为愚蔽偏执之情与强暴冲动之气两大问题。若得免于二者，自私未足为祸。更实在讲，若免于二者，则亦无自私；不过此理深细，人多不识罢了。总之，愚蔽、强暴、自私是一边；清明安和的理性，又是一边；出于此则入于彼。人而为祸于人，总由前者；从乎理性，必无人祸。古时儒家彻见及此，乃苦心孤诣努力一伟大的礼乐运动，以求消弭人祸于无形。它要把人生一切安排妥当而优美化之，深醇化之，亦即彻头彻尾理性化之。古时人的公私生活，从政治、法律、军事、外交，到养生送死之一切，既多半离不开宗教，所以它首先把古宗教转化为礼，更把宗教所未及者，亦无不礼乐化之。所谓"礼乐不可斯须去身"，盖要人常不失于清明安和，日远于愚蔽与强暴而不自知。

儒家之把古宗教转化为礼，冯友兰先生见之最明，言之甚早。他先以一篇论文发表，后又著见于他的《中国哲学史》417—432页。他引证儒家自己理论，来指点其所有祭祀丧葬各礼文仪式，只是诗，只是艺术，而不复是宗教。这些礼文，一面既妙能慰安情感，极其曲尽深到；一面复见其所为开明通达，不悖理性。他说：

> 近人桑戴延纳（George Santayana）主张宗教亦宜放弃其迷信与独断，而自比于诗。但依儒家对于其所拥护之丧祭各礼之解释，则儒家早已将古时之宗教，修正为诗。古时之丧祭各礼，或为宗教仪式，其中包含不少之迷信与独断，但儒家以述为作，加以澄清，与之以新意义，使之由宗教变而为诗，斯乃

儒家之大贡献也。

本来在儒家自己的话中,亦实在说得太分明了。例如:

> 祭者,志意思慕之情也,忠信爱敬之至矣;礼节文貌之盛
> 矣!苟非圣人,莫之能知也。圣人明知之,士君子安行之;官
> 人以为守,百姓以成俗。其在君子,以为人道也;其在百姓,以
> 为鬼事也。(荀子《礼论篇》)

> 雩而雨,何也?曰,无何也,犹不雩而雨也。日月食而救
> 之,天旱而雩,卜筮然后决大事,非以为求得也,以文之也。故
> 君子以为文,而百姓以为神。(荀子《天论篇》)

大约从祀天祭祖以至祀百神这些礼文,在消极一面可说是不欲骤
改骤废,以惊骇世俗人的耳目;在积极一面,则一一本皆有其应有
之情文,宜为适当之抒表。冯先生所谓"与之以新意义"者,其实
不过使之合理化而已(凡不能使之合理化的,则不在祀典,如《礼
记·祭法》之所说)。这些礼文,或则引发崇高之情,或则绵永笃
旧之情。使人自尽其心而涵厚其德,务郑重其事而妥安其志。人
生如此,乃安稳牢韧而有味,却并非要向外求得什么。——此为其
根本不同于宗教之处。

表面上看,其不同于宗教者在其不迷信。然须知一般人为何
要迷信?孔子又如何便能教人不迷信?一般地说,迷信实根于人
们要向外有所求得之心理而来。我在旧著中曾说:

> 宗教这样东西,饥不可为食,渴不可为饮,而人们偏喜欢
> 接受它,果何所为呢?这就因为人们的生活多是靠希望来维
> 持,而它是能维持希望的。人常是有所希望要求;就藉着希望
> 之满足而慰安;对着前面希望之接近而鼓舞;因希望之不断而
> 忍耐勉励。失望与绝望,于他是难堪。然而怎能没有失望与
> 绝望呢!恐怕人们所希求者,不得满足是常,得满足或是例外

哩！这样一览而尽,狭小迫促的世界,谁能受得? 于是人们自然就要超越知识界限,打破理智冷酷,辟出一超绝神秘的世界来,使他的希望要求范围更拓广,内容更丰富,意味更深长,尤其是结果更渺茫不定。一般的宗教,就从这里产生;而祈祷禳祓为一般宗教所不可少,亦就为此。虽然这不过是世俗人所得于宗教的受用,了无深义;然宗教即从而稳定其人生,使得各人能以生活下去,而不致溃裂横决。(《中国民族自救运动之最后觉悟》第 67 页)

孔子正亦要稳定人生,但其所以稳定之者,又别有其道。我在旧著中曾说:

（上略）他给人以整个的人生。他使你无所得而畅快,不是使你有所得而满足。他使你忘物忘我忘一切,不使你分别物我而逐求。怎能有这大本领? 这就在他的礼乐。(同上第 68 页)

礼乐使人处于诗与艺术之中,无所谓迷信不迷信,而迷信自不生。孔子只不教人迷信而已,似未尝破除迷信。他的礼乐有宗教之用,而无宗教之弊,亦正唯其极邻近宗教,乃排斥了宗教。

六、以伦理组织社会

设为礼乐揖让以涵养理性,是礼的一面;还有"安排伦理名分以组织社会"之一面,略说如次:

前章讲中国是伦理本位的社会,此伦理无疑地是脱胎于古宗法社会而来,犹之礼乐是因袭自古宗教而来一样。孔子自己所说"述而不作",大约即指此等处。而其实呢,恰是寓作于述,以述为作。古宗教之蜕化为礼乐,古宗法之蜕化为伦理,显然都经过一道手来的。礼乐之制作,犹或许以前人之贡献为多;至于伦理名分,则多出于孔子之教。孔子在这方面所作功夫,即《论语》上所谓"正名"。其教盖著于"春秋","春秋以道名分"(《庄子·天下篇》)正谓此。

我起初甚不喜"名分"之说,觉得这诚然是封建了。对于孔子之强调"正名",颇不感兴趣;所以《东西文化及其哲学》讲孔子处,各样都讲到,独不及此。心知其与名学、伦理不甚相干,但因不了然其真正意义所在,亦姑妄听之。我之恍然有悟,实在经过几多步骤来的。领悟到社会结构是文化的骨干,而中国文化之特殊,正须从其社会是伦理本位的社会来认识,这是开初一步。这是早先讲东西文化及其哲学时,全未曾懂得的。到讲乡村建理论时,固已点出此伦理本位的社会如何不同于西洋之个人本位的社会或社会本位的社会;然只模糊意识到它是家族本位的宗法社会之一种蜕变,还未十分留意其所从来。最后方晓得孔子特别着眼到此,而下了一番功夫在。这就是我以前所不了然的"名分"与"正名"。假如不经过这一手,历史亦许轻轻滑过,而伦理本位的社会未必能形成。

封建社会例有等级身份等区别;此所谓"名分"似又其加详者。等级身份之所以立,本有其政治的意义和经济的意义;但其建立与巩固,则靠宗教。盖一切宗法的秩序,封建的秩序要莫不仰托神权,而于宗教植其根,此验之各地社会而皆然者。阶级身份之几若不可逾越不可侵犯者;正为此。中国之伦理名分,原出于古宗法古封建,谁亦不否认;却是孔子以后,就非宗法封建原物,愈到后来愈不是。此其变化,与礼乐、宗教之一兴一替,完全相联为一事,同属理性抬头之结果。

我们试举几个浅明事例——

　　印度和中国,同为具有古老传统的社会,在其社会史上皆少变化进步。但他们却有极端不同处:印度是世界上阶级身份区别最多最严的社会,而中国却最少且不严格(这种较量当然不包含近代欧美社会)。像印度之有几千种区别,举其著者犹有八十几种,在中国人是不得其解的,且不能想像的。像印度有那种"不可摸触的人",中国人听说只觉好笑,没有人会承认这事。此一极端不同,与另一极端不同相联。另一极端不同是:印度宗教最盛,而中国恰缺乏宗教,前者正是由于宗教,而使得社会上固执不通的习俗观念特别多;后者之开豁通达,则理性抬头之明证也。

　　再一个例,是日本。日本渡边秀方著《中国国民性论》一书(北新书局译本),曾指出中国人计君恩之轻重而报之以忠义,不同乎日本武士为忠义的忠义(见原书23页)。如诸葛亮总念念于三顾之恩,其忠义实由感激先帝知遇;在日本的忠臣更无此计较之念存。难道若非三顾,而是二顾或一顾,就不必如此忠义吗?他不晓得这原是伦理社会的忠义和封建社会的忠义不同处,而却被他无意中点出了。封建社会的关系是呆定的;伦理社会,则其间关系准乎情理而定。孟子不是说过:君之视臣如手足,则臣视君如腹心;君之视臣如犬马,则臣视君如国人;君之视臣如土芥,则臣视君如寇仇。儒家的理论原如是,受儒家影响的中国社会亦大致如是。唯日本过去虽承袭中国文化,而社会实质不同于中国,亦犹其后来之袭取西洋文化而社会实质不同于西洋一样。关于此层(日本社会是封建的而非伦理的),本书以后还论到,可参看。

　　三则,中国社会向来强调长幼之序,此固伦理秩序之一原则,封建秩序所鲜有。然即在重视长幼之序中,仍有谚语云"人长理不长,哪怕须拖尺把长",可见其迈往于理性之精神。

　　从上三例,恰见有一种反阶级身份的精神,行乎其间。其所以得如是结果，正由当初孔子所下的功夫（所谓"正名"，所谓"春秋以道名分"），初非强调旧秩序，而是以旧秩序为蓝本，却根据理性作了新估定，随处有新意义加进去。举其显明之例：世卿（卿相世袭），在宗法上说，在封建上说，岂非当然的？而春秋却讥世卿非礼。又如弑君弑父于宗法封建之世自应绝对不容，然而依春秋义例，其中尽多曲折。有些是正弑君的罪名，使乱臣贼子惧；有些是正被杀者的罪名，使暴君凶父惧。后来孟子说的"闻诛一夫纣，未闻弑君"，正本于此。司马迁说"春秋文成数万，其指数千"，如此之类的"微言大义"、"非常异义可怪之论"，是很多的。旧秩序至此，慢慢变质，一新秩序不知不觉诞生出来。

新秩序，指伦理社会的秩序，略如我前章所说者。其诞生尚远在以后——须在封建解体之后，约当西汉世。不过寻根溯源，不能不归功孔子。孔子的春秋大义，对当时封建秩序作修正功夫，要使它理想化，结果是白费的。但虽没有其直接的成就，却有其间接的功效：第一便是启发出人的理性，使一切旧习俗旧观念都失其不容怀疑不容商量的独断性，而凭着情理作权衡。固然那些细微曲折的春秋义例，不能喻俗；而情理自在人心，一经启发，便蔚成势力，浸浸乎要来衡量一切，而莫之能御。此即新秩序诞生之根本。第二便是谆谆于孝弟，敦笃家人父子间的恩情，并由近以及远，善推其所为，俾社会关系建筑于情谊之上。这又是因人心所固有而为之导达，自亦有沛然莫御之势。中国社会上温润之气，余于等威之分，而伦理卒代封建为新秩序者，原本在此。

伦理之代封建为新秩序，于此可举一端为证明。例如亲兄弟两个，在父母家庭间，从乎感情之自然，夫岂有什么差别两样？然而在封建社会一到长大，父死子继，则此兄弟两个就截然不同等待遇了——兄袭爵禄财产，而弟不与。此种长子继承制由何而来？

梅因(Henry S·Maine)在其《古代法》名著中,曾指出一个原则:
"凡继承制度之与政治有关系者,必为长子继承制。"大抵封建秩
序宗法秩序,都是为其时政治上经济上有其必要而建立;而超家庭
的大集团生活则具有无比强大力量,抑制了家庭感情。及至时过
境迁,无复必要,而习俗相沿,忘所自来,此一制度每每还是机械地
存在着。战前(1936年)我到日本参观其乡村,见有所谓"长子学
校"者,讶而问之。乃知农家土地例由长子继承,余子无分。余子
多转入都市谋生,长子多留乡村;因而其教育遂间有不同。此足见
其去封建未久,遗俗犹存。其实,就在欧洲国家亦大多保留此种风
俗至于最近,唯中国独否。中国实行遗产均分诸子办法,据梁任公
先生《中国文化史》说,几近二千年了。(《饮冰室合集》之专集第
18期)这不是一件小事,这亦不是偶然。这就是以人心情理之自
然,化除那封建秩序之不自然。所谓以伦理代封建者,此其显著之
一端。在一般之例,都是以家庭以外大集团的势力支配了家庭关
系。可说由外而内,其社会上许多不近情不近理不平等的事,非至
近代未易纠正。而此则把家庭父子兄弟的感情关系推到大社会上
去。可说由内而外,就使得大社会亦从而富于平等气息和亲切意
味,为任何其他古老社会所未有。这种变化行乎不知不觉;伦理秩
序初非一朝而诞生。它是一种礼俗,它是一种脱离宗教与封建,而
自然形成于社会的礼俗。——礼俗,照一般之例恒随附于宗教,宗
教例必掩护封建,而礼俗则得封建之支持。但此则受启发于一学
派,非附丽于宗教,而且宗教卒自此衰歇。它受到社会广泛支持,
不倚靠封建或任何一种势力,而且封建正为它所代替。

　　即此礼俗,便是后二千年中国文化的骨干,它规定了中国社会
的组织结构,大体上一直没有变。举世诧异不解的中国社会史问
题,正出在它身上。所谓历久鲜变的社会,长期停滞的文化,皆不

外此。何以它能这样长久不变？18世纪欧洲自然法思潮中魁斯奈（Francois Quesnay,1694—1774）尝解答说：中国所唤作天理天则的，正是自然法其物；中国文物制度正是根本于自然法，故亦与自然同其悠久。这话不为无见。礼俗本来随时在变的，其能行之如此久远者，盖自有其根据于人心，非任何一种势力所能维持。正如孟子所说"圣人先得我心之所同然"，孔子原初一番启发功夫之恰得其当，实最关紧要。

以我推想，孔子最初着眼的，与其说在社会秩序或社会组织，毋宁说是在个人——个人如何完成他自己；即中国老话"如何作人"。不过，人实是许多关系交织着之一个点，作人问题正发生在此，则社会组织社会秩序自亦同在着眼之中，譬如古希腊一个完满的人格与最好的市民，两个观念是不易分别的。这就是从团体（城市国家）之一分子来看个人，团体关系遂为其着眼所及。中国情形大约最早就不同，因而孔子亦就不是这看法，而着眼在其为家庭之一员。而在家庭呢，又很容易看到他是父之子，子之父……一类的伦偶相对关系，而置全体（全家）之组织关系于其次。一个完满的人格，自然就是孝子、慈父……一类之综合。却不会说，一个完满的人格，就是最好的"家庭之一员"那样抽象不易捉摸的话。——这是开初一步。两条路就从此分了：一则重在团体与个人之间的关系；一则重在此一人与彼一人之间的关系，且近从家庭数起。一个人既在为子能孝，为父能慈……而孝也，慈也，却无非本乎仁厚肫挚之情；那么，如何敦厚此情感，自应为其着眼所在。——这是第二步。而孔子一学派所以与其他学派（中国的乃至世界的）比较不同之点，亦遂著于此；这就是人所共知的，孔子学派以敦勉孝弟和一切仁厚肫挚之情为其最大特色。孝子、慈父……在个人为完成他自己；在社会，则某种组织与秩序亦即由此而得完成。这是一回事,不是两回事。犹之希腊人于完成其个人人格时,恰同时完成其城市国家之组织,是一样的。不过,市民在其城市国家中之地位关系与权利义务,要著之于法律;而此则只可演为礼俗,却不能把它作成法律。——这是第三步。而儒家伦理名分之所由兴,即在此了。

礼俗与法律有何不同?孟德斯鸠《法意》上说:

> 盖法律者,有其立之,而民守之者也;礼俗者,无其立之,而民成之者也。礼俗起于同风;法律本于定制。(孟德斯鸠《法意》,严译本第 19 卷 12 章)

这是指出二者所由来之方式不同。其实这一不同,亦还为其本质有着分别:礼俗示人以理想所尚,人因而知所自勉,以企及于那样;法律示人以事实确定那样,国家从而督行之,不得有所出入。虽二者之间有时不免相滥,然大较如是。最显明的,一些缺乏客观标准的要求,即难以订入法律;而凡有待于人之自勉者,都只能以风教礼俗出之。法律不责人以道德;以道德责人,乃属法律以外之事,然礼俗却正是期望人以道德;道德而通俗化,亦即成了礼俗。——明乎此,则基于情义的组织关系,如中国伦理者,其所以只可演为礼俗而不能成法律,便亦明白。

张东荪先生在其所著《理性与民主》一书上说,自古希腊罗马以来,彼邦组织与秩序即著见于其法律。唯中国不然。中国自古所谓法律,不过是刑律,凡所规定都必与刑罚有关。它却没有规定社会组织之功用,而只有防止人破坏已成秩序之功用。社会组织与秩序大部分存在于"礼"中,以习惯法行之,而不见于成文法(见原书 62—67 页,原文甚长,大意如此)。他正亦是见到此处,足资印证。不过为什么,一则走向法律,一则走向礼俗,张先生却没有论到。现在我们推原其故,就是:上面所言之第三步,早决定于那开初一步。西洋自始(希腊城邦)即重在团体与个人间的关系,而必然留意乎权力(团体的)与权益(个人的),其分际关系似为硬性的,愈明确愈好,所以走向法律,只求事实确定,而理想生活自在其中。中国自始就不同,周孔而后则更清楚地重在家人父子间的关系,而映于心目者无非彼此之情与义,其分际关系似为软性的,愈敦厚愈好,所以走向礼俗,明示其理想所尚,而组织秩序即从以奠定。

儒家之伦理名分,自是意在一些习俗观念之养成。在这些观念上,明示其人格理想;而同时一种组织秩序,亦即安排出来。因为不同的名分,正不外乎不同的职位,配合拢来,便构成一社会。《春秋》以道名分,实无异乎外国一部法典之厘订。为文化中心的是非取舍,价值判断,于此昭示;给文化作骨干的社会结构,于此备具;真是重要极了。难怪孔子说:"知我者,其唯《春秋》乎;罪我者,其唯《春秋》乎!"然而却不是法典,而是礼。它只从彼此相对关系上说话,只从应有之情与义上说话,而期望各人之自觉自勉(自己顾名思义)。这好像铺出路轨,引向道德;同时,使前所说之礼乐揖让乃得有所施。于是道德在人,可能成了很自然的事情。除了舆论制裁(社会上循名责实)而外,不像法典有待一高高在上的强大权力为之督行。所谓以道德代宗教者,至此乃完成;否则,是代不了的。

不过像《春秋》所设想的那套秩序,却从未曾实现。此即前面所说的:"孔子对当时封建秩序,作修正功夫,要使它理想化,结果是白费。"其所贻于后世者,只有那伦理秩序的大轮廓。

(选自梁漱溟《中国文化要义》第六章,成都路明书局 1949 年初版)

　　本文认为宗族生活、集团生活同为最早人群所固有,但后来中国人家族生活偏胜,而西方人集团生活偏胜,宗教问题实为中西文化的分水岭。这是因为中国两千年来的文化是以周孔为中心,而周孔教化并非宗教。它推荐道德理性而非信仰,它安排伦理名份以组织社会,设礼乐揖让以涵养理性,于是中国自有孔子以来,便走向了以道德代宗教之路。

儒家精神的基本性格及其

限定与新生(节选)

徐 复 观

一、儒家精神的基本性格

今日要论定中国文化在世界文化中之地位,与其从和西方文化有相同的地方去看,不如从其不相同的地方去看。我认为中国文化与西方文化,在发轫之初,其动机已不相同,其发展遂分为人性的两个方面,而各形成一完全不同性格。当然,在很长的历史中,文化总不会完全作单线的发展,但在人类未自觉其本身缺憾以前,其活动总会无形的受此一基本性格之局限。于是西方中的带有东方精神者,总得不到好好的发育,如泛神论及斯多噶学派。而中国历史上之带有西方精神者,也常归于夭折,如战国时的名家。文化的基本精神性格不同,即在字句名词乃至某一部份的看法上纵有相同,亦系不相干之事。昔谢显道历举佛说与儒同处问伊川先生。先生曰:"恁地同处虽多,只是本领不是,一齐差却。"正是此意。以下试略加申述。

近代西方文化,虽有希腊和希伯来两大来源,但形成其学 Sci-entia 的性格,因而也是形成其近代文化的主要性格的,却是希腊的产物。此一学的性格,自始即受其初期的"自然哲学"的限定,乃系人的知性,向自然的追求剖析。这种向自然追求剖析的目的,并不一定是在自然,而只是希腊人在闲暇中对于知性活动的喜爱,所以学校一词之语源即为闲暇。在闲暇中作冥想的知性的活动,以求认识真理,希腊人认这是最高的幸福。知性活动,一定要在外面有对象,于是希腊人的精神首先便落到自然,而愿意为"自然之子"。及由宇宙论转入人性论时代,虽然仅仅"为知识而知识"的好奇心,不能不随内忧外患的纷至沓来而有了曲折,但依然是以"智识者"为最有能最有用最成功的人物。所以哲学(Philosophieren)是对于知的喜爱,是希腊人教养的根源,则系始终一致的。索福克利斯(Sophokles)说"思考是万事幸福最初之本"。亚里士多德在形而上学的开头便说:"一切的人,是生而希望能知的。人对于感官知觉的喜爱,即其证据。盖感觉是与实用无关,纯以其自身而被喜爱的。"在希腊人,知即是美,即是善。希腊人谈人生,也是把知识对外界的构画,反射到人生身上来;正如文德邦(Windelband)在其"一般哲学史"上所说:"18世纪之哲学,和往时希腊人一样,就事物之关系,以启发人生。并且由此等知见,以规正个人与社会之生活,认定这是他的权利与义务。"(见日译本卷一,14页)。

　　总之,希腊学问的主要对象是自然,是在人之外的事物;而其基本用力处则为知识。此为近代欧洲文化的传承所自。但希腊人是把这种学问当作教养,而近代则是将其用作权力的追求。培根(Francis Bacon)说"知识即权力"。这一句话,道破了西方近代文化精神的中核。教养是一种向上,而追求权力则是一种向前。西班牙正活跃于海洋探险时候,其货币上刻着"还在对方"(Plus ultra)之文,此即近代精神的标志。于是希腊文化一至近代,更不是对人的本身负责,而是对人的获取权力负责。人与自然的关系,也由"自然之子"而要一天一天的变为其征服者。人与人的关系,恰是通过征服自然过程中所建立的机具而互相连结起来，并不是作为共同的人性而互相连结起来的。近代西方文化，并不是完全不谈道德，但大体上是把道德的基础放在知识上面。巴斯噶（Blaise Pascal）说："人类的尊严，仅在于其有思考力的这一点上面。所以应该努力于严正的思考。严正的思考，才是道德之根本的原理。"美国历史学会会长伯卡（L. Becker）在其《自由与责任》中认为"知"是近代的冲动。作为知识的知性，是近代生活之原理。除了知识以外，当然还须要"廉直与善意"，但是也要依存于知性。真正说起来，近代西方道德的根源，是要在宗教中去求。在其所谓"学"中，对道德所负的责任很轻，乃至可以不负责任。而一般人的存在价值，大体不在于其生活之本身，而在其向物追求的坚执之情，与其在物的研究上所得的成就。人的价值，是通过物的价值而表达出来的。西方文化的成就在此，其问题亦即在此。

中国文化的精神，亦即儒家的精神，和上所述的恰成一相反的对照。

希腊求知的动机为闲暇中对自然界之惊异而追问究竟，这样便成为其哲学中之宇宙论。由宇宙法则之发现而落实下来便成为科学。中国之学术思想，起源于人生之忧患，此点言之已多，殆成定论。《易传》说"作《易》者其有忧患乎"，此非仅作《易》者是如此。忧患是追求学问的动机与推动力。至于学的内容，则西方主要是对于自然的知解，而儒家主要为自己行为的规范。《论语》："哀公问弟子孰为好学？孔子对曰，有颜回者好学。不迁怒，不贰过。""子曰，君子食无求饱，居无求安，敏于事，而慎于言，就有道而正焉，可谓好学也已。""子曰，弟子入则孝，出则弟，谨而信，泛爱众，而亲仁。行有余力则以学文。""子夏曰，贤贤易色，事父母能竭其力，事君能致其身。与朋友交，言而有信。虽曰未学，吾必谓之学矣。"上面所引的简单几条,这是洙泗的学风,形成战国儒学的主要内容与性格,二千年来未有大变。朱子白鹿洞书院学规,及王阳明教条示龙场诸生,一守此种成规而不失。此与柏拉图之学园,以及近代之大学,其精神与对象之各不相同,最为明白。

盖儒家之基本用心,可概略之以二。一为由性善的道德内在说,以把人和一般动物分开,把人建立为圆满无缺的圣人或仁人,对世界负责(《论语》,若圣与仁,则吾岂敢)。一为将内在的道德,客观化于人伦日用之间,由践伦而敦"锡类之爱",使人与人的关系,人与物的关系,皆成为一个"仁"的关系。性善的道德内在,即人心之仁。而践伦乃仁之发用。所以二者是内外合一(合内外之道),本末一致而不可分的。

性善说虽明出自孟子,但这是中国"人性论"的正统,并非孟子所始创。性善,性恶,性无善恶,有善有恶,在孟子时代为一大争论。孟子就"人皆有不忍人之心"的这一点上,就人皆有恻隐,羞恶,辞让,是非之心以见仁义礼智之"非由外铄我也,我固有之也"的这一点上,以断定人之性善,因而认为"人皆可以为尧舜",人皆可不凭"他力"而都能堂堂正正的站得起来。我们只要稍稍了解世界各大宗教之欲以他力,欲以神与上帝之力,使人从外铄中站起来之艰辛,即可知儒家此一"自本自根"之教义的伟大。但在孟子并未尝否定人的动物性的一面。他说"人之所以异于禽兽者几希",可见有许多地方人是与禽兽无异的。但欲稳定人之所以为人的地位,则非首先从几希的地方去肯定人性不可。推孟子之意,人有与动物相同之性,有与动物不同之性。与动物相同者,因其系与动物相同,故不能指此一部份为人之特质,为人之性。而须从与动物不同的地方,从为人所独有的地方,才表现其为人之特质。此特质是善的,并且是人心所同然的,因而肯定其为性善。故曰:

"乃若其情,则可以为善矣,乃所谓善也。"可是要人由几希之善,扩而充之,使不致为与动物相同的部份所障蔽吞没,以另一语句说,不使人心危及道心,则须作一番"克己复礼"的工夫。而"克己复礼"的工夫后面,究竟须有一"作主"者。此作主者儒家认为是心。每一人之心,便会为每一个人作主。于是儒家在这一方面的工夫便是要"正心""养心""求放心""操存此心"(操之则存),使此心"常在腔子里",使心常为一身之主,以"先立乎其大者",使与动物相同的五官百体之欲,都听命于心;于是不仅心为义理之心,而五官百体亦为具义理之五官百体,此之谓"践形"(孟子:惟圣人惟能践形)。但对于心之操存涵养,在不与物相接的时候容易。可是心必与物相接。与物相接,即不能不有喜怒哀乐好恶欲之情,人的行为是从情转出来的。情受气质的影响(即生理的作用,如内分泌等作用),容易有过不及之偏,则心将随情转,而心之体亦不可见。所以求放心之功,要见之于变化气质上面。孔子说:"志于道,据于德,依于仁,游于艺。"又说:"兴于诗,立于礼,成于乐。"游于艺,成于乐,都是所以调和性情以变化气质的。孔子对门人言志,独赞叹曾点,只是由曾点所说,表现得一副好性情。儒家不主张断情禁欲,不使生理之人,与义理之人分而为二,以免与现实生活起隔离之感;而是要以学问来变化气质,率情以顺性,使生理之人,完全成为义理之人,现实之生活,亦即理性的生活,成为名符其实的理性动物。所以程明道说"学至气质变方是有功",正系此意。这种向内在的道德性之沉潜陶铸的工夫,下开宋明的理学心学,以形成中国"道德性的人文主义"的基点。至于西方的人文主义,则虽一方面由神的中心降落而以人为中心;一方面也是要把人从一般动物中区别出来,以站稳人之所以为人的地位;但他们主要是以智能为基点的人文主义。所以文艺复兴的人文大师的典型,多半要从他个人多方面的才能表现出来。而在中国方面,虽然并不轻视才能,但其基本精神,决非通过才能以表达的。故《论语》"太宰问于子贡曰,夫子圣者与? 何其多能也。子贡曰,固天纵之将圣,又多能也。子闻之曰,太宰知我乎,吾少也贱,故多能鄙事,君子多乎哉? 不多也。"这种地方,更可以看出一种显明的对照。

内在的道德性,若不客观化到外面来,即没有真正的实践。所以儒家从始即不采取"观照"的态度,而一切要归之于"笃行"的。《中庸》上说"博学之,审问之,慎思之,明辨之,笃行之。"五种治学方法,并不是平列的项目,而是一种前进的程序。笃行是前四项目的归结。要笃行,即须将内在的道德性客观化出来。于是儒家特注重"人伦""日用"。人伦是人与人的正常关系;日用是日常的生活行为。每一个人,在其自然或不得不然的所加入的人与人之关系中,及其日常生活中,都有其应尽的一番道理;而这些道理,都是人性所固有。只有尽伦,敬事,(《论语》,敬事而信。又云,执事敬。)才是内在的道德之实践,才可称之为"尽性"。而尽伦即可以摄敬事,故人伦尤为重要。父子兄弟的关系,是人伦的基点,是人性的自然的见端。于是孝弟又为人伦之本。《论语》:"有子曰,君子务本,本立而道生。孝弟也者,其为仁之本与。""子曰,弟子入则孝,出则弟,谨而信,泛爱众,而亲仁。"孟子则正式标明"人伦"二字。如:"学则三代共之,皆所以明人伦也。""圣人,人伦之至也。""舜明于庶物,察于人伦"等皆是。孟子所说的人伦,亦以孝弟为本。其曰:"孩提之童,无不知爱其亲也。及其长也,无不知敬其兄也。"即系从孝弟上指点人性之善。又曰:"仁之实,事亲是也。义之实,从兄是也。智之实,知斯二者弗去是也。礼之实,节文斯二者是也。乐之实,乐斯二者是也。"又曰:"作为庠序学校以教之,申之孝弟之义。"由此可知孝弟乃儒家学说之总持。盖以仁为中核之人性,内蕴而不可见,可见者乃不期然而然的爱亲敬兄之情。在此等处看得紧,把得牢,于是人性之仁乃有其着落,有其根据,而可以向人类扩充得去。"于其所厚者薄,于其所薄者厚,鲜矣",这是一种铁的事实。《诗经》说"孝子不匮,永锡尔类",可知;"老吾老,以及人之老;幼吾幼,以及人之幼",亦是人性中仁德自然之推。所以孝弟是人类爱的起点,也是人类爱的源泉。"人人亲其亲,长其长",此乃各就其现成而当下的人与人的关系,皆成为以仁相与的关系。这种社会都是由仁德和温情所构成的,这自然会"天下平"了。伊川为明道作"行状"有云"尽性至命,必本于孝弟"。后来有人问他:"不识孝弟何以能尽性至命也?"曰:"后人便将性命别作一般事说了。性命孝弟,只是一统的事。就孝弟中便可尽性至命。如洒扫应对,与尽性至命,亦是一统的事,无有本末,无有精粗。却被后人言性命者别作一般高远说。故举孝弟,是于人切近者言之。然今时非无孝弟之人,而不能尽性至命者,由之而不知也。"按所谓"于人切近者言之"的另一意思,即是言孝弟而实不仅于孝弟。乃五四运动,两派人士,在"非孝"的这一点上,仅有程度之分,并无本质之别,这才是打到中国文化的最后长城,亦是攻到人之所以为人的最后防线。……(略)

由上可知儒家内在的道德实践,总是归结于人伦。而落到现实上的成就,大体是从三个方面发展,一为家庭,二为政治(国家),三为"教化"(社会)。

儒家所提出的五伦,有三伦是家庭的范围,所以"尽伦"是要首先把家庭变为一个道德实践的自然团体。儒家思想,因其系以仁为中核,而仁的性格,多趋于凝重安笃而少变。孔子说,"仁者乐山","仁者静",大体是这种意思。因此,儒家精神,不重在"改作",却注重在已有的东西间去发掘其有意义的内涵,从而附与新的价值,使其渐变而不自觉。这种努力的方式,有其成功,也有其失败,在此暂置不论。在这里所应注意的,家庭本是人类自然的结合;儒家就在这种自然结合中,贯注以道德实践的新生命,即上文所说的"孝弟之义"。在家庭中的孝弟之义,以另一语句说,即《大学》所说的"一家仁,一国兴仁,一家让,一国兴让"之"仁"与"让"。每人各在其家庭中尽其人生之义务,得其人生之价值,即是每人因其有家庭,而生命占一价值之时间与空间。由现实之家庭纵而推之,则"本支百世",人的生命由此而得到时间上无限的安顿。同时,因现实之家庭横而广之,则"睦宗收族",以至"四海之内皆兄弟也",人的生命由此而得到空间上之无限的安顿。儒家精神所贯注的家庭,其本身即是一圆满无缺之宗教;故不须另有宗教。而落实下来,只是孝弟二字,出自人心之自然流露,行之皆人情之所安。故自西汉起,儒家精神通过家庭以浸透于社会,其功效最为广大,最为深厚。民间有一幅流行对联说,"西京明训,孝弟力田"。这八个字,很符合西汉 200 年的政治大方针,也正是儒家基本精神之所在。经过西汉的一番倡导,儒家精神生根于家庭之中,于是家庭成为中国社会的生产与文化合一的坚强据点。中华民族,至此乃有其深厚的凝聚力与延续力,而完成其特有之厚重坚韧的民族性格。所以现在以汉之代名为华族永久之名,决非无故。自后两千年中,历史上遇着四次的外族大侵陵,遇着无数次内部的大屠杀,但一经短时期的休养生息,即可恢复旧观。而不像西方民族之一经大的灾祸,常即归于绝灭。盖因中国社会,遇有重大灾害威胁的时候,大家可以退保于家庭,再环绕着一宗族,以形成灾害的最后防御线。等到灾害减轻,即可由家庭宗族中伸出来,恢复其生产与文化的社会完整性。并且当世衰道微,士大夫成为文化罪人的时候,中国文化的真正的精神,反常常透出于愚夫愚妇之中,赖其"守死善道"的一念之诚,以维族命于不绝,此种情形迄晚近而未改。这也可见儒家精神通过家庭向下浸透之深且厚。五四运动以来,只看到家庭的流弊,而不了解中国家庭之基本精神与其在民族保持延续中所尽的责任,觉得只要破坏家庭,则国家观念与夫社会精神即可以立致。今日的情形正值得重新加以彻底反省的。美国哈佛大学社会学系主任索罗肯(P. A. Sorokin)氏在其1948年出版之《人性之再造》一书中,主张西方文化与社会须加以改造。而社会改造,首先要有一个合理的家庭,以为新社会之起点。他深以西方缺少道德性的安定家庭为一大危机之所在。又有人认为英国之所以能在安定中进步,因为英国人系以家庭为生活之堡垒,故不至如其他国家之因缺少合理之家庭生活,以至社会浮动无根,动辄发生革命。这都可提供我们反省之资料。

儒家既对人伦负责,当然要对政治负责。但因历史条件的限制,儒家的政治思想,尽管有其精纯的理论;可是,这种理论,总是站在统治者的立场去求实施,而缺少站在被统治者的立场去争取实现,因之,政治的主体性始终没有建立起来,未能由民本而走向民主,所以只有减轻统治者毒素的作用,而没有根本解决统治者毒素的作用,反常易为僭主所假借,此已见《儒家政治思想之构造及其转进》一文中(《民主评论》三卷一期),此处不再详论。惟此处应补充者,则旧儒家一面须对政治负责,而一面未能把握政治的主动,于是儒家思想,常在政治中受其委曲,受其摧残,因而常常影响到儒家思想的正常发展,不断的产生许多出卖灵魂的盗窃之徒,这真可以说是文化历史中的大不幸。最显著的如东汉末年,唐代末年,明代末年,少数宦竖,觉得一般对政治主持风节清议的书生(即今日之所谓舆论),与他们"口含天宪"者脾胃不合,杀戮之酷,只有今日极权主义者才可比拟。因有党锢之祸,遂使聪明才智之士,逃于玄,逃于佛,而中原沦为夷狄。有浊流之祸,遂产生冯道这一类的典型,而五代生人之道绝,而造成满清入关,二百余年之统治,使中国文化精神,进入睡眠状态。所以今日真正的儒家,一定要在政治民主化的这一点上致力。至于有人怀疑儒家思想是否与民主政治相容,这全系不了解儒家,且不了解民主之论。凡在思想上立足于价值内在论者的,即决不承认外在的权威。今日欧洲的民主主义,系奠基于18世纪之启蒙运动。而启蒙运动之思想骨干系自然法。自然法思想导源于罗马,罗马之此一思想渊源则来自希腊末期之斯多噶派。继自然法思想而起之功利主义,乃资本主义与民主主义在英国结合之特殊产物;但并非非有此一结合不可。美国杰佛逊们的民主运动,即仅受自然法之影响而未受功利主义之影响。故美国之民主主义,更富于理想性。在18世纪以前,由马丁路德之宗教改革而来的良心之自由,其对近代民主之影响,无人可加以否认。而路德实受有德国神秘主义之启示。(亦称泛神论)德国之神秘主义,固系价值内在论者。儒家之为道德的价值内在论,已如前述。儒家"自本自根"之精神,既可不需要外在之上帝,则在政治上岂能承认由外在权威而来的强制作用。我特于此引《传习录》上王阳明的一段话,以相印证。

> "爱问,'在亲民',朱子谓当作'新民',后章作新民之文,似亦有据。先生以为宜从旧本作亲民,亦有所据否? 先生曰,作新民之新,是自然之民,与在新民之新不同。此岂足为据。作字却与亲字相对,然非亲字义。下面治国平天下处,皆于亲字无发明。如云君子贤其贤而亲其亲,小人乐其乐而利其利,如保赤子,民之所好好之,民之所恶恶之,此之谓民之父母之类,皆是亲字意。……"

按阳明把"作新民"解为"是自然之民",所谓自新,是老百姓每人都自己站起来。"在新民"之"在"字,则有由政治力量去代老百姓去新的意思;用现在的话说,即是训政与改造运动的意思。这都与儒家的内在论不合,亦即为儒家的政治思想所不许。儒家之所以贵王而贱霸,贵德而贱力,皆系由此而来。儒家的政治思想必归结于民主政治,而民主政治之应以儒家思想为其精神之根据,凡态度客观的好学深思之士,必不会以此为附会之谈。

其实,儒家对人类负责的精神,除了上述二端外,还有其为人所忽视,而实系最伟大的一面,即其"教化精神"的一面。许多人说孔子是中国最早的教育家,"教育家"三字,说得未尝不对,但亦说得未尝尽对,孔子之精神,实系伟大宗教家之教化精神。毫无凭藉,一本其悲悯之念,对人类承担一切责任,而思有以教之化之。此系立于社会之平面,以精诚理性相感召,这与政治之设施全异其趣。世界伟大宗教之得以建立,其教义必须通过此一教化精神以具像化之,乃能唤起人类之心灵而与其融铸在一起。否则任何教义,只作一番话说,与人究无多干涉。儒家之所以能代替宗教,不仅在其自本自根之道德内在论,可以使人不须要宗教;亦因孔子之教化精神,实与伟大宗教之创立者同样的将其学说具像化于中国民族之中,故非普通一家之言可比。孔子当然希望用世。"如有用我者,吾其为东周乎。"政治是实现理想的捷路。但政治须有所待而后行,而教化则系一心之发,当下即可尽力。故孔子对于现实政治,皆采取一种可进可退之随缘态度,如曰"用之则行,舍之则藏"。"邦有道则现,邦无道则隐"。但一谈到教人的这一方面,则"教不倦"常与"学不厌'并称,与"学不厌"同其分量。"有教无类"的对于人类的信心,对于人类的宏愿,真可含融一切有生而与其同登圣域。《论语》说:"自行束修以上,吾未尝无诲焉。""互乡难与言。童子见,门人惑。子曰,与其进也,不与其退也,唯何甚。

人洁己以进,与其洁也,不保其往也。"从这种站在社会上来对人类负责的精神,才真显出"人伦"观念之基本用心与其含弘光大。

宋明性理之学,不仅是儒家精神的复兴,而且也是儒家教化精神的复活。宋明儒之"讲学"即是一种教化精神,用现代的话说,即是一种社会的思想运动。因为此一精神而可以浮出一社会的对象,形成一社会的势力,在朝廷以外,另树立一人类的标准与归趋。而专制之夫,与夫宦竖嬖佞之臣,也无不以讲学为大禁。这都是古今在事实上所能按验的。伊川曾说:

"贤者在下,岂可自进以求于君? 苟自求之,必无能用之理。古人之所以必待人君致敬尽礼而后往者,非欲自为尊大,盖其尊德乐道之心不如是,不足与有为也。"

又:

"伊川先生在讲筵,不为妻求封。范纯甫问其故,先生曰,某当时起身草莱,三辞然后受命,岂有今日乃为妻求封之理。问今人陈乞恩例,又当然否? 人皆以为本分,不为害。先生曰,只为而今士大夫道得个'乞'字惯,却动不动是乞也。"

此乃讲理学者对政府的一共同态度。此一态度之另一面,即是以讲学向社会负责。邹守益《阳明先生文录序》有一段说:

"当时有称先师者曰,古之名世,或以文章,或以政事,或以气节,或以勋烈,而公克兼之。独除讲学一节,即全人矣。先师笑曰,某愿从事讲学一节,尽除四者,亦无愧全人。"

阳明这种以讲学重于政治勋业之精神,亦宋明讲学者之共同精神。此一精神之影响,为在政治之外,在朝廷之外,使社会另有一理性的趋向,而形成一理性的力量,这便使专制之主与宦竖嬖佞之徒所视为芒刺在背,非假借各种名义以禁锢绝灭之不可。如元祐党禁,南宋伪学之禁,明末东林之禁,当时主持其事者,当然也有他的一套说法。但由历史观之,这群人的卑贱丑恶,实连猪狗之不如,此种事实,我希望其能成为历史上永久的大戒。同时,中国今后如要能在世界上求生活,必须除了政府以外,有站得起来的社会势力,以与政治立于对等之关连,因而亦与政治划有一定之限界。如此,则国家始有其内容,始能发生力量。而在产业落后的情况下,只有先有社会的自由讲学,以激发人心,树立风气,形成社会之文化力量,以推动社会的其他各方面,乃社会能够站起来的先决条件。今后中国文化之出路在此,中国知识分子之出路在此,中国政府之是否系"大桀小桀"的试金石亦在此。所以我不觉对这一点言之蔓衍了。

儒家人伦的思想,即从内在的道德性客观化出来,以对人类负责的,始于孝弟,而极于民胞物与,极于以"天地万物为一体"。从孝弟到民胞物与,到天地万物为一体,只是仁心之发用,一气贯通下来的。此中毫无间隔。吾于此,谨引王阳明《大学问》的一段话以作印证。

"大人者,以天地万物为一体者也。其视天下犹一家,中国犹一人焉。若夫间形骸而分尔我者,小人矣。大人之能以天地万物为一体也,非意之也,其心之仁本若是,其与天地万物为一也。岂惟大人,虽小人之心亦莫不然。彼愿自小之耳。是故见孺子之入井,而必有怵惕恻隐之心焉,是其仁之与孺子而为一体也。孺子犹同类者也。见鸟兽哀鸣觳觫,而必有不忍之心焉,是其仁之与鸟兽而为一体也。鸟兽犹有知觉者也。见草木之摧折而必有悯惜之心焉,是其仁之与草木而为一体也。草木犹有生意者也。见瓦石之毁坏而必有顾惜之心焉,是其仁之与瓦石而为一体也。是其一体之仁也,虽小人之心亦必有之。是乃根于天命之性,而自然灵昭不昧者也。"

还有,五伦思想,为儒家精神落实下来的一种局格。凡精神一落入局格之中,一方面因可以由此而现实化,但一方面亦将因此而渐成僵化,不能适时顺变。五伦思想形成于二千年之前,其不能完全适应于今日,且发生若干流弊,而须加以批判,这是当然的。并且人伦思想,虽至汉而落实,而其精神亦至汉而渐离。忠孝之在孔孟,乃系人之一种德性。至于人与人的关系,则常相对以为言,如"君君,臣臣,父父,子子"之类,此其中,并无从外在的关系上分高低主从之意。汉儒为应大一统之政治要求,《白虎通》中创为"三纲之说",将人性中德性之事,无形中一变而为外在关系中权利义务之事。于是渐失人伦之本意而有时成为人性抑压之具,这是首先值得提出来研究的。但这也要原始于五伦思想之基本精神,了解其真正用心之所在,则在批判之中,即收新生扩充之效。这一点是应该有人用力的。

二、成就中的限定

如上所述,儒家系从仁性、道德性方面去阐发人性的,此乃人性之一面。在这一面中,不能成就科学。科学是要靠"为智识而智识"的人性中另一面"知性"的发展。投入于为知识的知性之中的对象,知性对之除了只问把握的真不真以外,可以说是采取无善无恶的态度。因之知性的发展,是顺着对象自身的法则性而推演下去,知性即在对象的法则性之把握中而得到满足。所以知性所看见的自然,是与知性的主体无关的,即是纯客观的自然;而知性的任务,是只向对象追根到底的思索。对于思索所得的成果,并不发生思索的主体负责去实践的问题;因此,思索便能解除了实践意志所无形加在他身上的限制,而可以一步一步的推解下去,这是西方文化的骨干,也是成就科学的基底。什米格勒(Schwegler)的《西洋哲学史》,一开头所下的哲学定义是"所谓哲学者,乃追考之事,乃由思维以考察事物之事"。仅以此作为哲学的定义,当然还须加以补充。可是若以此作西方的所谓"学"的说明,则是一种简单明了的概括性说明。儒家并没有轻视知性;孔孟常是仁智并称,而《中庸》称智仁勇为三达德。然儒家所称的智,都是站在道德方面,站在道德实践方面而立言,因之,儒家的智,是心的灵明向内在的道德主体的烛照。推而广之,亦止于人伦上之用心。其主要任务,不是向外去把握与实践无关的对象,分解与实践无关的对象。所以儒家的智,与西方之所谓智,有其基本性格上之区别。孔子说:"仁者安仁,智者利仁。"孟子曰:"智之实,知斯二者(按系事亲从兄)弗去是也。"智仁勇之三达德,皆以仁为中心,并非三者平列。《论语》:"子曰吾尝终日不食,终夜不寝,以思,无益,不如学也。"这里之所谓无益,只就道德观点而言。在西方则不问其有益无益的思下去。所以儒家之智,只成就道德,成就道德实现的事功,并非直接成就科学。程子解释格物为"格物而至于物"。又谓"凡一物上有一理,须是穷致其理"。朱子取得此意以补《大学》格物致知之义曰:

> "所谓致知在格物者,言欲致吾之知,在即物而穷其理也。盖人心之灵,莫不有知。而天下之物,莫不有理。惟于理有未穷,故其知有不尽也。是以《大学》始教,在使学者,即凡天下之物,莫不因其已知之理而益穷之,以求至乎其极。至于用力之久,而一旦豁然贯通焉,则众物之表里精粗无不到,而吾心之全体大用,无不明矣。"

照程朱格物致知,须分"主宾"之意,则理已成客观而在外的东西,由此路下去,有构成西方知识论之可能,亦即由此转出科学之可能,且他们也作过这种尝试。故熊师十力之《读经示要》,独於致知格物,采程朱之说,意欲由此以转出科学,其用心甚苦。但於此有不容含混者,即程朱之所谓物,主要上仍系指人伦而非指自然。而格物穷理之目的,仍是为了道德上之实践。所以朱子《答林谦之书》有云:"因践履之实,以致其知。"可见程朱虽有与西方智识论接近之处,但知性毕竟未从道德中解放出来。所以朱子之所谓穷理,终逃不出读书范围。其《上孝宗疏》有云"为学之道,莫先于理。穷理之要,必在于读书",此与牛顿见苹果落地而发明万有引力,瓦特见水沸上冲壶盖而发明蒸汽机,以至培根为试验寒气到底能否防止腐烂,因而自己买火鸡,亲手杀死后填雪于其体内,因此受寒而死,其研究的动机与对象,完全不同,是很容易明白的。因而王阳明所谓朱子"于事事物物上求至善,却是义外也。"这站在儒家的基本精神上说,我觉得王阳明倒是对的。《论语》:"子夏曰,虽小道,必有可观者焉。致远恐泥,是以君子不为也。"朱注:"小道,如农圃医卜之属。"西方学术的骨干,在中国看来是小道。而中国圣人之用心,在西方看来不啻离常识。文化开端所走的方向不同,遂终相远而不能相喻,此正为今日有心文化者所应用心的。

今人常谓中国之不能成就科学,系由于缺乏方法论,如逻辑。此种说法,亦近含混。儒家的基本精神既已如上述,则中国之无逻辑,并非谓中国思想尚在幼稚阶段,不能产生逻辑;而系儒家精神所需要之方法,乃另有所在而不在逻辑。儒家论为学之初步方法,如博学审问等,此乃一般性的。由儒家精神逼进之特殊方法,我认为"体认"两字可以作代表。主静,主敬,存养,省察;都是归于体认。程子曰,"吾学虽有所受,而天理二字,却是自家体认得来"。体认是向内沉潜反照的认识。他不是以主体去把握客体,更不是从分解中去把握客体的法则性;而是以主体去把握主体,把道德的主体性,从人欲的"拟主体性"中显露出来,而加以肯定,加以推扩。另一方面,是把与物与事相接的情念,内照于心之明觉,以证验其在道德主体性前之安与不安,以求外与内合。因此,体认的过程,即是道德实践的过程。所以宋明儒不称这为方法,而常称之为"工夫";工夫是有一番真实的气力在作用着的。朱子临死时特拈出"艰苦"二字。而王阳明亦说:"某于良知之说,从百死千难中得来,非是容易见得到此。此本是学者究竟话头(按即天路历程之最后一程之意)。可惜此理,沦埋已久,学者苦于闻见障蔽,无入头处,不得已,与人一口说尽。但恐学者得之容易,只把作一种光景玩弄,孤负此知耳。"在道德的沉潜实践中,我想敷设不了逻辑。

儒家对于自然是很亲切的。但既不同于西方浪漫主义者之对自然寄托其向无限所发生之憧憬;更不同于科学者,对于自然之作冷静客观的剖析。儒家心目中的自然,只是自己的感情、德性的客观化。《诗》三百的草木鸟兽之名,只是诗人的感情德性,而决不能构成动植物学。民间最流行的松竹梅的分类,梅兰竹菊的分类,这只是人的感情德性所反映出来的分类,谁也不能说这是植物学的分类,并且谁也不能说因其非植物学之分类而即无意义。因其意义乃另有所在。下面的故事,最可说明中国文化对自然之态度。"明道先生曰,周茂叔窗前草不除去,问之,云与自家意思一般。问,周子取其生生自得之意耶? 抑于生物中欲观天理流行处耶? 朱子曰,此不要解。得那田地,自理会得。须看自家意思,与那草的意思,如何是一般。"所以"至中和,天地位焉,万物育焉",只是感情德性之至境。自然之价值,不在自然之本身,而在提出自然者所反映出来的价值。西方科学,把人也演化于自然之中;而儒家精神,则把自然演化于人之中。可以说因文化之根底不同而自然之性格亦因之不同了。

由上所述,我们应该干脆承认在儒家精神中缺乏科学,也同于在希伯来精神中之没有科学一样。但儒家精神中,绝没有存在着反科学的成分在内。大家都知道近世的科学,是经过文艺复兴与宗教改革而转出来的。宗教改革所及于近世科学的影响,约有三点:一为尊重现世,给尊重现世的思想以宗教上的根据。二为促进合理的思索。三为以职业为神授的课业,给学者技术家以专门之业的思想的根据。这三点,尤以第一点为重要,而第一点乃来自德国神秘主义之"在现世已可看见彼岸"的思想;这对于基督教是一大转折。但儒家自开始即系尊重现世,尊重合理思索,尊重日用职业的。儒家精神中之所以没有科学,只是由道德实践性限制了思索的自由发展;由道德的主体之重视不知不觉地减轻了事与物的客观性之重视。但是这种限制与减轻。并非出于道德本身之必然性,而只是由开端时精神所向之重点不同,遂由人性一面发展之偏而来的,不自觉科学的成就,是人性另一方面的成就。则中国尽可由现代科学的刺激而益可见人性之全,不仅科学的迎头赶上为必要,且由尽物之性,由成物之功,使人性中之道德性,益可客观化到物的上面来,落实到物的上面来,而更能收道德性在人伦日用中的功效,与道德性以不断的充实。儒家的精神,其所以不同于宗教,因为他本是要道德不离开物与事,落在物与事上面,从物与事上面来完成人格的。此自孔孟以至程朱陆王,皆无二致,随处皆可加以覆按。但儒家为道德实践而落在事与物上,无形中即以事与物之价值,不在事与物之本身,而在其与道德生活之关系,这样便不能"格物而至于物"以尽物之性。而中国的问题,正因为物与事不足以支持道德上的要求。孔子对于博施济众,而叹其"何止于仁,必也圣乎?尧舜其犹病诸"。由知性的发展以成就科学,因此而可以满足博施济众之要求,亦即所谓道德上的要求。且由科学技术之进步而大大提高对物的创造能力,不仅不致像王阳明那样格庭前之竹,格了三天格不通,会因此而致病;并且连宇宙的奥秘,如原子量子等,皆可呈现于吾人之理解之前,以引发道德上新的问题,构造新的努力,新的成就,这将是孔孟程朱陆王所欢欣鼓舞去学不厌海不倦的。其所不同于西方者,将只是勉励大家以仁心来提撕科学,使无善无恶的科学,只在完成人的道德上发生作用,而不致利用为反道德的工具。于是科学在儒家精神中亦可看出其新的生命与价值,而益增加其应当自由发展之信念。仁性与知性,只是人性之两面。只须有此一觉,即可相得益彰。在向两个方向的努力上,其共同的起点,将为孔子的"毋意毋必,毋固毋我"。其共同的终点,将为孟子云"万物皆备于我矣"。一个人在实验室中,在各种专精的工作中,其完全将自我没入于对象之中的精神状态,正与在道德实践中,人欲去尽的无我的精神状态,同其伟大。即退一层说,朱子《答孙仁甫书》有云:"古人设教,自洒扫应对进退之节,礼乐射御书数之文,必皆使之抑心下首以从事于其间,而不敢忽,然后可以消磨其飞扬倔强之气,而为入德之阶。今既皆无此矣,则唯有读书一事,尚可以为摄伏身心之助。"果尔,则研究科学与技术之可以摄伏身心,不更好过洒扫应对吗? 所以对科学的研究,同时亦可为道德的实践。西方大多数科学家都有对宗教的虔诚。则中国的科学家,当然也可以有道德的陶铸。所以我的结论是儒家精神中没有科学;但决不是反科学。今后的儒家之需要科学,不仅系补其人性在中国文化发展过程中所缺的一面,并且也可辅助我们文化已经发展了的一面,即仁性的一面。仁性与知性,道德与科学,不仅看不出不能相携并进的理由,而且是合之双美,离之两伤的人性的整体。

　　其次,有许多人爱将儒家思想,说成西方的形而上学的东西,因而常常拿去与西方的哲学相比附,如唯心唯物,事素之类。依我的看法,这种比附多系曲说,有没却儒家真正精神的危险。

　　人生而是形而上的动物,因为他总要追问到根源上去。儒家当然要追问一个根源,但儒家道德之教所指示的根源,只是要人自己验之于人人皆有恻隐,是非,辞让,羞耻之心;只是要人各从其自心上去找根源。这是从人的本身来解答人的道德根源,亦即人之所以为人的根源的办法。至于从心推而上之,心的根源是什么,宇宙的根源是什么,儒家当然承认有此一问题,孔孟程朱陆王,当然也曾去思索这一问题,如提出的天,天命,等等。但总是采"引而不发"的态度。因为站在儒家的立场,道德即是实践。道德的层次,道德的境界,是要各人在实践中去领会。而圣贤教人,只是从实践上去指点。若仅凭言语文字,将道德根源的本体构画出来,这对于道德而言,纵使所构画者,系出于实践之真实无妄;但人之接受此种说法,亦只是知解上的东西。从知解上去领会道德的本体,即有所见,用朱子的话说,亦"只是从外面见得个影子"。且易使道德的根基走样。《论语》上孔子对门人问仁,从不曾把仁描写成如何如何的东西。而只是按着大家所能开始实践的层次与方面,加以指点。颜渊的层次最高,所以答的层次也最高(克己复礼)。宋代周程张诸儒,要把中国文化从佛教中拯救起来,为了对治佛的宗教上的说法,于是把形而上这一方面的东西,比较多说了一些。但由道德发展上去的形而上学,与西方由知性推演上去的形而上学,虽有相同的语言,而决不是相同的性格。冯友兰之流,从这种地方与西方相比附,以为此即中国的理学道学,此乃隔靴搔痒,其毛病即出在这里。所以朱子《语类》:

　　"圣人言语甚实。且即吾身日用常行之间可见……不必求之太高也。今如所论,却只于渺渺茫茫处,想见一物悬空在,更无捉摸处。……何缘得有诸己。……只为汉儒一向寻求训诂,更不看圣贤意思;所以二程先生不得不发明道理,开示学者,使激昂向上,求圣贤用心处,放得稍高。不期今日学者舍近求远,处下窥高,一向悬空说了,扛得两脚都不着地。"

又《答廖子晦》云:

"详来谕,正为日用之间,别有一物,光辉闪烁,动荡流转,是即所谓无极之真,所谓谷神不死。……学者合下便要识得此物,而后将心想像照管,要得常在目前,乃为根本工夫。……然若果是如此,则圣人设教,首先便合痛下言语,直指此物。……而却都无此说,但只教人格物致知,克己复礼。……《论》《孟》之言,平易明白,固无此等玄妙之谈。虽以子思周子,吃紧为人,特著《中庸》《太极》之书,以明道体之极致;而其所以用工夫处,只说择善固执,学问思辩而笃行之。只说定之以中正仁义而主静,君子修之吉而已,未尝使人日用之间,必求见此天命之性,无极之真,而固守之也。盖原此理之所自来,虽极微妙,然其实,只是人心之中,许多合当做的道理而已。……"

陆王重在先立乎其大者,与程朱稍有异同。然所谓"大者",决非西方形而上学的悬空的东西。如王阳明说:"……我此间讲学,却只说个必有事焉。"又曰:"……然欲致其良知,亦岂影响恍惚而悬空无事之谓乎,是必实有其事矣。"儒家之学,当然以究体为归。但儒家之所谓体,多系道德之心。道德之心乃存在于人的躯体之内而显现于体认实践之中;由体认实践之浅深而始能把握此心之层次。体认实践之过程,即克己复礼之过程,实乃一辩证法的迫进,而心实非一僵化之死局。故黄梨洲谓:"心无本体。工夫所至,即其本体。"此非否定体之存在,乃说明"觌体承当",非由知解上层层上推之事,而系实践中层层迫进之事。此与西方由知识外推而成之形而上学,自大异其趣。西方形而上学之体,多在心之外。而儒家决不外心以言体,儒家之所谓心,与唯心论之心,实渺不相涉,不容比附。

至唯心唯物之论,其内容有二。一为宇宙论的,一为知识论的。儒家之基本用心,不在宇宙之来源问题。儒家对于宇宙,只从道德的观点加以肯定。儒家言心,只是主张道德的主动性和感通性。王阳明谓无心外之理,此理亦是克就道德上而言,故不能称为宇宙论之唯心论。儒家为知识而知识之知性并未发达。"心之官则思","知是心之本体",大体只说到此种程度,很难因此附会为认识的唯心论或唯物论。王阳明游南镇答花树之问,只一时兴到之谈,禅机气息甚重。儒家最重体用合一,然不可因此而附会为形而上学的"心物一元"等架空之谈。李延平答其友罗博文书云:"初进学时(按系指朱子),颇为道理所缚。今渐能融释于日用处,一意下工夫。若如此渐熟,而体用合矣。"凡宋明儒谈体用合一,皆应作实践去理会,作工夫去理会。近儒马浮先生在其《尔雅台答问》中,答人书有云:

"示所论著,征引甚详。然意在辨章先儒之说,以近人治哲学之方法及批评态度出之。中土先哲,本其体验以为说,初无宇宙论与心论之名目也。尽心知性,穷神知化,皆实有事在,非徒欲说其义而止也。……好以义理之言,比附西洋哲学,似未免贤智之过。"

马先生之言,正与今日喜欢摭拾语言,不求甚解,以比附为事者,以当头一棒。

总之,儒家也可以有其形而上学。但儒家的形而上学,须由儒家的基本性格上做工夫去建立的。以马浮先生的另一话说,应从"实理"上做工夫,而不能仅在"玄谈"上做工夫。更不好如冯友兰之徒,硬拿着一种西方形而上学的架子,套在儒家身上,如《新理学》等说法,这便把儒家道德实践的命脉断送了。

三、时代的新生

如上所述,从人类整个的文化看,儒家的成就,是受有历史的限定,而绝非无所不包,无所不备的。不过,试盱衡今日西方文化所面临的危机,及中国目前艰危的形势,则儒家精神,正在为渡过灾难而反省,而奋斗的人们心灵之深处跃动,仿佛呼之欲出。真正说起来,这将是儒家精神新生的时代。

西方文化的危机,言之者已非一人一日。其危机所在,正和中国者相反。中国文化所遗留的问题,是在物的方面。因物问题未得到解决,反撞将来,致令人的问题也没有得到解决。西方文化今日面前所摆的问题是在人的方面。因人的方面未得到解决,反映转来,致令本是为人所成就的物,结果,反常成为人的桎梏,人的威胁;所以才有欧洲的衰微,才面临过去希腊罗马所同样经过的存亡绝续的大试炼。前面曾经提过的索罗肯的《人性之再建》,主要系指出欧洲近代"官能的文化","感性的文化",对人的本身所制造出来的"伪似科学",把人仅认作"欲动"的,"权力"的,乃至纯生理,纯物理的东西,因而把人导向濒于死灭之边缘,不得不呼吁人性的再建。此已另有介绍,今再将得过 1912 年诺贝尔科学奖金的卡勒尔(Alexin Carrel)博士在其《人,此一未知者》中的结论,摘引一二段,以相印证。

卡勒尔博士在详细叙述了近代各种科学对于人的研究与成

就,而感到失望之后,他说:

"我们今日因以苦恼的谬误,在于曲解了伽利略的天才的思想。伽利略把事物能够测度的广度,重量,形状,颜色,臭味等,称为物之第一次的性质;和不能够测量的第二次性质,加以区别。毕竟是把量的东西从质的东西分开,所以由数学的用语所表示之量的东西编出科学,而把质的东西忽略了。抽出事物的一次的性质,这是正当的。但因此而忘记了二次的性质,则系严重的错误。我们因此而受到严重的后果。何以故?对于人来说,不能测度的东西,较之能测度的东西,更为重要。……然而这种质的东西之与量的东西之分离,到笛卡儿建立身体与心灵的二元论而更甚。即从那时以来,精神上的现象,不能加以说明;而物质决然与精神分开了。并且认为肉体之有机的构造,与生理的机能,较之精神之苦乐美丑,远为重大。由此种错误,我们的文明,遂被诱入于把科学导向胜利,把人却导向颓废的路上。"(1951年樱泽如一译决定版356、357页)

"……我们应将给与热力学之同等重要性,给与于人之情意的研究之上。我们的思想,不能不拥抱一切实在之方面。"(同上358页)

"但是要拔弃三百年以上支配着文明人之头脑的学说,当然很困难,学者之大部分,都以普遍名词为实在,相信量的东西之专擅存在权利,相信物质的优越,精神与身体之分立,和精神的从属的位置。他们决不容易放弃这些信念。因为放弃这些东西后所发生的变化,会成为教育学、医学、卫生学、心理学、社会学等的根底之动摇。现时由各个学者所愉快耕种的小块田地,将变为未开垦之大森林。若是科学文明,离开文艺复兴以来所走的路线,而回到具体东西的幼稚观察,则各种奇异的事态会产生出来。物质失去其优越。心之活动与生理之活动,成为同位的东西。对于精神之机能,美意识及宗教意识等活动的研究,会和数学物理学化学之研究,视为同样不可缺的东西。现在的教育方法,将视为不合理。各科学校与大学,不能不变更教授科目。"(同上358—359页)

卡勒尔博士的成就,是从分析和显微镜中得来的。但他发现分析和显微镜的效用,皆有其限度;而由分析与显微镜所得的成果,也不是人类生存所需要的全部的成果。卡勒尔博士还说,"若是牛顿或拉发西挨(Lavoisier)把那样的努力,如我们加之于精神的方面,或者人和人的研究的方面,我们或者成为无比的幸福。……"我们的先圣先贤,岂非正是在牛顿们所走的另一条路上作这一番努力吗?

西方的社会科学,也有其辉煌的成就。但因为对于人的本身的根源,没有建立起来,所以也一样的面临着空前的试验。经济学中的自由主义,解决不了贫富的对立。而计划经济,统制经济,又大有陷入极权统治的可能。经济学家们在二者之间所作的技术性的努力,并未能与此问题以解决。至就政治而论,则可引前面曾经提到的伯卡教授的看法作代表。伯卡教授在其1940年出版的《现代民主主义论》中,再三指出民主主义的危机,是来自经济方面的矛盾。但经济之所以成为问题,并不是物的关系。现在的技术,可以解决人对物的要求。民主主义之能否不被极权主义者推翻,端在处于经济利害对立的人们,在利害切身的关头,能否以民主的方式解决其矛盾。若不能发挥理性作用,在民主方式之内解决问题,结果,只有促成暴力革命。说来说去,民主政治的危机,经济的矛盾,其解决之键,还不是在人的本身吗? 所以欧洲文化的死活,要看是否能回转头来在建立"人之所以异于禽兽者"的这一点上的努力。

　我从另一角度看出欧洲文化的难题,是在个体与全体的冲突上面。而儒家在这一点上,却提供出了一条可走之路。当然,这不是已经完成之路。

　欧洲中世纪,大家生活在基督的统一教义之中。基督教义,是以人的原罪,面对着上帝而展开的,这可以驯柔骄妄的罗马人和横暴的蛮族,提撕其精神而使之向上。然基督教的理念,完全为一超越而外在的精神。个人对之,除信仰外,完全没有自主的主动力量。这便容易埋没人的个性,在现实上促成权威的统治。所以近代的开始,乃开始于个性的自觉,个体的自觉。这即一般人所说的个人主义。不过,任何人,在事实上,都要生存于一有秩序之统一体中,没有真正单独的个人可以存在。因此,在文化上,个人主义,未曾打倒宗教;而合理主义更演进为近代的理性主义,以把人连结于理性之统一体中。但欧洲的理性主义,在超越而外在的这一点上,大概与宗教同具性格。例如黑格尔历史哲学的三个契机,系神——国家——个人。神是目的,国家是材料,而个人则无形的成为神之手段,亦即历史目的之手段。所以黑格尔之历史哲学,被其反对者称为傀儡说。因为个人虽可以国家为材料而上通于神,因而个体也是神之一类;但无形的,人是被认作次级的存在。既是次级的存在,便不能不成为高一级的手段。这落在现实上,便不能说没有成为极权的全体主义之可能。于是另一派人士,即所谓经验主义的人士,为了保存个人自由,遂不肯承认理性主义;以为一谈到理性主义,便会助长全体主义,这站在西方的立场看,并不是完全没有理由。但问题是在于彻底的经验主义,彻底的个人主义,在观念中可以存在,在现实的人生生活中并不能存在。在现实生活中坚持这种观念上的东西,结果,只是由怀疑而虚无,而一无所肯定,无所成就,其反面总是助成了极权的全体主义之得势。其实,与全体主义的关连,只是纯外在的理性主义之过,而非理性主义之过。因为理性主义并非必然是纯外在的。儒家精神,是超越而内在的理性主义。在其内在的方面肯定了个体;在其超越的方面肯定了全体。全体表现于个体之中,无另一悬空的全体。每一个体涵融全体而圆满俱足,无所亏欠,所以个体之本身即是目的,而非以另一东西为目的。落在现实上,儒家的人伦观念,每一个虽都为对方尽义务,但这只是完成自己,而并非作对方之手段。所以义务之尺度是在自己,而不在对方。"以道事君,不可则止"。臣岂是君之手段,如今日世界大小极权主义者之所想像。"一花一世界,一叶一如来",佛家这两句话差可作儒家精神的比拟。但佛家只是悬空的说,他依然是要离开此岸以求彼岸,离开现世以求来世,这仍是将一与多,个与全,隔而为二。儒家则从人伦日用中之道德实践上立论,以圆满之个人成就全体,以合理之现在开辟未来。个体之对于全体,现在之对于未来,乃"当下即是",绝无阻隔。此种个体与全体之统一,可以打开西方个体与全体对立而互相翻压之局。有人疑儒家精神,亦系东方之一种全体主义者,试引下面一段话以供大家玩味。

　　赵师夏跋延平答问:"文公先生(按即朱子)尝谓师夏曰,余之始学,亦务佗侗宏阔之论,好同而恶异,喜大而耻于小,于延平之言,则以为何为多事若是。心疑而不服。同安官余,反复思之,始知其不我欺矣。盖延平之言曰,吾儒之学,思以异于异端者,理一分殊也。理不患其不一,所难者分殊耳。"

　　儒家思想,17 世纪在德国颇有理解。尤以来布尼兹(Leibniz)、佛尔夫(wolff)对孔子推崇备至。佛尔夫且以此而丧失其哈兹勒大学副总长之职。来布尼兹认西欧在理论的哲学知识方面占优势;而中国在实践哲学方面占优势。其言颇中肯綮。19世纪后,西方对中国之研究日多,而对中国精神之了解反日退,盖西方既日益为自然主义唯物主义所压倒,故愈不易了解儒家(按此与西方殖民主义于19世纪向中国疯狂的进攻有直接关系),而中国能与西方相接触之名士,一面凭中国资料以换饭吃,一面以打倒儒家为名高。于是儒家精神,不能在贡献于西方文化正欲寻一转机之时,此固中国之耻,亦世界文化之不幸。

若就中国本身而论,则应分作三方面来说。一是自由中国方面,一是共产党统治方面,此二者主要牵连到当前的政治问题。最后是中国整个文化出路问题,这是我们提出此一问题的最后目的。

就自由中国而论,……(略)国民党在大陆上被共产党击败,我想,这不能以西方现代化的程度来作衡断的尺度。中共是从穷乡僻壤中转出来的;国民党干部的洋气,与共产党干部的土气,恰可作一鲜明的对照。国民党当年所凭藉的现代物质之力,更非共产党所能比拟。同时,共产党讲组识,讲主义,讲谋略,国民党并不是不讲组识,不讲主义,不讲谋略。然而国民党以绝对优势而一败涂地,这当然不是国民党较共产党更为现代化之过,而是国民党现代化的后面没有灵魂。因而在人的基本上和共产党比失败了。在大陆时,国民党可以有不少的好东西在口头文字上转。但每一个人实际所承担的都与口头文字上的相反。所以国民党员,在私的方面,在暗的方面,都有其聪明,都有其能力;而在公的方面,在明的方面,大家都是愚蠢无能。共产党员,虽所知有限,……(略)但就他们能彻底担当其有限之知,冒险犯难以求实现这一点而论,在人的基本条件上战胜国民党了。这一点,当然不能仅责之国民党……(略)今日自由中国处境之艰,从国民党以至一般社会,应该首先从做人的方面自力站了起来，这才是真正的自觉，真正的转机。其他一切虚伪的铺排，依我看，都是心劳日拙。儒家千言万语，归结于要人堂堂正正的做个人。同一任务，由堂堂正正的一群人做，和由鬼鬼祟祟的一群人做，其结果会完全两样，这可说是自明之理。"言忠信，行笃敬。""士不可以不弘毅。""刚毅木讷近仁。""巧言令色，鲜矣仁。""乡愿，德之贼也。""人之所以异于禽兽者几希。""无恻隐之心，非人也。无是非之心，非人也。无辞让之心，非人也。无羞恶之心，非人也。"像这一类的话，自由中国每一负有责任的人士，在黎明欲起之时，在掩灯上床之际，随意拿到自己身上体验一番，则将发现自己在标语口号中，做了多少"非人"之事，动了多少"非人"之念，将必有怃然自失，奋然兴起，……（略）则由儒家精神在自由中国之新生，"岂曰小补之哉"。

于是有的人说，做人的道理，中外都是一样，何必一定要拿儒家精神出来呢？其实，真正用心做人的人，必不会有此一问。做人的道理既是一样，则中国的道理，中国人较为熟悉，中国人谈中国的做人道理，这还有什么疑问可以提出？但目前的知识分子中之怀此一问者颇不乏人，故仍不厌稍作解释。大凡从一种知解变成行动，一定要由知解转为感情，以与其人之生活相结合，才能发动得出来的。人类最大的感情，是来自其本身历史的蓄积。我纵然不说儒家所提示的做人的道理，比西方的更深切笃至（实在是更深切笃至），但这是中国几千年来自己历史之蓄积，不知不觉的早浸透于每一个的生命之中。只要有一念之觉，便万分现成，万分亲切。由此起信励行，是最容易之路，也是最有普遍性之路。日本最近为了加强青年的教养，恢复汉文为必修科。日人何爱于汉文？汉文所代表的"布帛之言，菽粟之味"，日本何尝不可以"假名"仿造一番，像仿造西方机器一样？他们当然是能够的。但他们不能仿造出汉文在日人千余年的历史中所培养出的亲切感情。我们不妨留心看,凡对西方所说的做人道理而发生感情者,他决不会反对提出儒家精神。除非他完全不了解。而一口抹煞中国文化精神的,决不会接受西方正大的做人道理。一个人,对于其祖宗所引发的思慕虔敬之情,其本身即系一种道德之自然流露。人的自私狂妄(自私者未有不狂妄,狂妄必来自自私)而至于必以骂自己的祖宗为快意,则其内心实对人类所共有之一切,都存着敌意;特假借容易与其生活接触者,以作其敌意发泄之目标。所以这种人如谈西方文化,若非天生的奴性,即系假此以隐蔽其刻毒之私。与西方文化之本身,全系两事。

其次,……有许多外国人,尤其是美国人,喜欢说"中国文化是个人主义,由这种个人主义,可以引生共党的变化。"假定所谓个人主义指的是理性的个人主义,我当可无异辞。若指的是西方功利的个人主义,则既与以仁为中核的中国文化全不相干,更不会对共产党发生作用。共产党之发生,就其与西方文化之关连而论,是资本主义的反动,是个人主义的反动。当西方文化,尚未能解决资本主义的矛盾,个人主义的矛盾之时,共产党不会跳进矛盾的旧圈子中去求解脱。……(略)

以上二端,太贴近政治的需要以立论,这是迫于当前形势之万不得已。其实,文化应对政治负责,但不仅对政治负责。因为政治仅人类生活之一部。把文化完全贴在政治上去讲,这是极权主义者之所为,凡有心人类前途者所当引以为深戒。而把中国的政治问题,简化为国民党共产党的两党的问题,这尤其是中国人民的深悲巨痛。所以除了上述二端外,还要为我们整个文化的前途作一展望。

我们的基本困难,不仅在于我们文化中缺少了知性的一面,而更在于连儒家所成就的仁性之一面,也并未能保持。所以我才提出儒家精神的新生来,为现代的人"先立其大本"。但仅立其大本并不算完事,这里须要我们作一面新生,一面转进的双重努力,即仁智双成的努力。西方文化,因其成就了知性,并且保持了知性,所以西方文化今日的转进,是要"摄智归仁",以仁来衡断智的成就,运用智的成就。中国今后的文化,是在一面恢复仁性,同时即"转仁成智",使知性在道德主体涵煦之中,但不受道德局格的束缚。在人之大本之下,以成就人文科学,自然科学。这种在人性之全的大觉悟下,作新生即转进的双重努力,不仅有此必要,而且是绝对可能的。仁性的文化,是"个个人心有仲尼"的文化,是"有一言而可以终身行之"的文化。只须有此一觉,只要有此一提撕,则仁性恰如春风之鼓舞万物,但并不占万物生育之位置。所以仁性在人性之全的自觉下,是会鼓舞知性之发展的。不然,便是麻木不仁。并且照儒家"必有事焉","并无精粗,并无本末"的基本观念,则今日应翻转过来,认定尽物之性,亦即尽己之性,知性的成就,亦即仁的成就;在科学中一技之专精,亦即个人之尽性至命。今日许多人之所以有一技之长,而不能尽性至命者,只是少此一觉,少此一提撕罢了。(参照前引伊川答尽性至命,必本于孝弟一段)理学家发展到以"功过簿来勘验"自己意念的善恶,这或许可谓极尽体认之能事,但事实已完全闭锁于人性之一层,变为知性发展的障碍。少数人这样的工夫,固无所用其反对;但儒家精神之体现,并不须走这一条路。总之,在人类历史文化两大纲维提撕之下,自觉于人性之全,使仁性知性,互转互忘而互相成,这是儒家精神新生转进的大方向。于是中国的新生,不仅是儒家精神,而系人类文化之全体,以向"无限的多样性"之人性之全迈进,举"万物并育而不相害"之实,为中国,为人类,开一新运会。而"贞下起元",端在今日之智识分子,从其卑劣之诣附中,从其狭隘的闭锁中,能有一念之转。其所凭籍以作此一念之转者,仍当为儒家精神之启示。区区之意,所不能自已者,正在于此。昔王阳明尝谓:"吾始居龙场,乡民言语不通。所可与言者,乃中土亡命之流耳。与之言知行之说,莫不忻忻有入。久之,并夷人亦翕然相向。及出与士大夫言,反多扞格不入。何也? 意见先入也。"今日所与谈文化者,固亦皆中土之亡人。其亦可稍纾先入之见,步坦荡之途,以共无负此一段艰难岁月吗?

(1952 年 4 月《民主评论》三卷十期
副刊,节选自原文二、三、四部分)

徐复观,1903 年出生于湖北,1980 年病逝于台北,原名佛欢,又名秉常。26 岁留学日本,后投身政界、军界,50 年代初弃政从学,师熊十力,主要著作有《学术与政治之间》、《中国思想史论集》、《徐复观文录》等十几种。

本文通过用西方文化的基本精神作比较来阐明儒家精神的基本性格,西方倾向对自然的知解,而儒家倾向对自己行为的规范,一方面由性善的道德内在说把人与动物分开,把人建立为圣人或仁人,另一方面将内在的道德客观化于人伦日用之间,二者内外合一、本末一致,发展于家庭、政治和教化三个方面。

儒家伦理学之复兴

张 君劢

一、绪 论

吾国思想界之大变动,自中外交通以还言之,莫有过于道德意识之摇撼。昔年闭关自守,抱孔孟学说与纲常名教以为维持秩序之计者,自门户大开以降,思想方面与事实方面所以激荡吾人之闻见与心灵者,则东西政治社会制度之悬殊是也。

吾国数千年之政体为君主专制,而近代西方则为民主为宪政。社会上吾国为男尊女卑与一夫兼有妻妾,而近代西方则为男女平等为一夫一妻为妇女参政,近年更有苏俄之无产阶级专政,并西方平日所信守之制而推翻之。国人因此心中起种种疑讶而有戊戌、辛亥、"五四"等等改造运动。此形成吾方道德意识之动摇者一也。西方所以明告吾人者,又宁止此百数十年之所耳闻目击,更有其根据进化论中数千年之人类发展史,曰生番时代,曰渔牧部落,曰农业部落,而此农业生活一期中,分酋长、封建、君主、民主各阶段,其关于男女之际者,有杂交、群婚与一夫多妻或一妻多夫各不相同之制;其属于阶级高下者,有封建时代之贵族与奴隶,商工业革命后之第三阶级,与今日之工人阶级。其所穷溯之年代尤长,则制度之奇突亦尤甚。而吾国先圣先贤所昭示之名教,若不足视为典章以系人心志。此形成吾方道德意识之动摇者二也。至于思想学说方面,近代西方哲学家,重视知识,驾道德而上之,予人以知重德轻之印象。伦理学中英美功利主义盛昌,将道德之善恶是非,解释为去苦就乐之效果。换词言之,善恶是非之准则去,而以苦乐之效果代之。其他各派趋于极端者,有唯物辨证法之否定道德论,有逻辑实证派之视道德论断同于感情叹赏之辞。此形成吾方道德意识之动摇者三也。此三点,就吾一国言之,酿成史所罕见之惨局。在欧美言之,亦何尝不为历史上之大旋转点。然倘谓从此道德观念可以否定,或曰道德观念之不存在,则大误矣。

就人类进化史与政治制度变迁言之,远在戊戌之际,谭嗣同早有冲决网罗之说。及五四以后,胡适之陈独秀倡打倒孔家店,郭沫若举商代以前杂交与群婚,以反证所谓纲常之不足凭。其时青年为文,斥父母生男育女出于一时之情欲。甚有改昔日联语曰万恶孝为首,百善淫为先者。此种种形于文字之间者,无非告人以数千年来纲常名教之不足信守,应起而推翻之而已。然吾人试细读西方主持进化论者之言,以为政治制度之由部落而封建而专制而民主,男女关系由杂交群婚而进于一夫多妻或一夫一妻,乃至社会中由贵族奴隶之分而进于第三第四阶级与夫人人平等。其间自有向上向善征象,曰人格尊严,曰理智发展,曰善之实现。岂若吾国耳食者流,肆无忌惮,视道德若无物者哉。

人类因千万年之进化,乃有智能,乃知所以分彼此、辨善恶,乃有所谓恻隐辞让羞恶是非之心。人处人群中,彼此相接相触,有对人对物对事之关系,有言语以达意,有文字书之书册,有典章法令以为范围约束。其始成也,视为新奇,勉于共守。及乎垂日既久,认为一成不易,于是心灵之体验停顿,仅视为具文而守之。更有食古不化者,死守古人之一字一句,称为"天不变道亦不变"之真理,将心思之与时消息之功能一齐放下,但以为墨守成规蹈习故常为可以解决人生问题,清代中叶之变宋明理学为"五种遗规",即吾国思想史停滞之明证,而吃人礼教之反抗运动所由以起也。

吾以为此项礼教反抗运动,视之等于欧洲宗教革命或排斥亚历斯多德哲学之起于昔日信仰或学说成旧不足应变,自可持之有故。倘以为道德准则或道德意识可以视同无物,则不独大背乎西方进化论之主张,并将人类或国家陷入于不拔之深渊,而无可挽救矣。

人与人之相处,或为父子,或为兄弟,或为夫妇,或为朋友;或为社会中四民之分工合作与互市交易。试问能不相亲相爱而成为家乎,能不言而有信以成为朋友乎,能不辨是非善恶而知所当为与不当为乎,能不奉公守法以成政府成国家乎?此即仁义礼智与忠诚之性,天所赋予而人所同具者也。其在欧美,政体由君主易而为民主,而敬上奉公之忠自若焉。夫妇限于一夫一妻,而彼此爱敬之情自若焉。其为个人者各有自由发展之途,特重于诚实不欺。其为公民者,己受法律之保障,然亦尤能爱护公物爱护国家与地方团体。此即一己之所以修,一家之所以齐,一国之所以治,而道德意识之不可须臾离也。

吾国先圣先贤有见于此,特注重道德以为立国大本,其所以挥光大者,或同于西欧,而可以互相辉映。或异于欧洲,而有其独到之处,此在……今日,应加以反省体会者也。尼采氏尝云准值重行估定,殆爱护吾国文化者所同然者乎?

二、宇宙中之人

人处于宇宙间,其为个人之形体、生命与性灵,渺小已极,如一粟之于太仓。然此一个之形体,生命与性灵,实以全宇宙为来源为背景。犹之粒米之稻,可以选种,可以植根,因土地肥瘠,雨露阳光照耀润泽,乃构成年岁之丰歉,而决定此粒米之形态。依此类推,人生云云,何能限之于一人身心之形体知觉,而不求之于宇宙之大环境哉。

《易经》乾卦之象曰:"大哉乾元,万物资始,乃统天,云行雨施,品物流形……乾道变化,各正性命,保合太和乃利贞,首出庶物,万国咸宁。"《系辞》曰:"天尊地卑,乾坤定矣,卑高以陈,贵贱位矣,动静有常,刚柔断矣,方以类聚,物以群分,吉凶生矣,在天成象,在地成形,变化见矣,是故刚柔相摩,八卦相荡,鼓之以雷霆,润之以风雨,日月运行,一寒一暑,乾道成男,坤道成女,乾知大始,坤作成物。"古人追溯于宇宙创造之始,因刚柔动静之迭代,日月寒暑之运行,风云雷雨之鼓荡,而求物类人类之所以生所以长。此物类比人类,各具其性,各有其宜,以构成种种之善。《系辞·下篇》曰:"天地之大德曰生,圣人之大宝曰位。何以守位,曰仁。何以聚人,曰财。理财正辞,禁民为非,曰义。"此言乎既有土有人以后,需财物以资生养,而是非善恶之道义随之俱至。物各有类,各有其宜,人各有其地位;或为父或为子,或为男或为女,或为夫或为妻,或为君或为臣,或居高或居卑,由此种种之位与宜中,自有其善恶是非之分辨在矣。乾卦文言解释元亨利贞曰善曰嘉曰利曰干,而下文继之以利物干事云云,尤足以见古代论道德之不离乎人生,不离乎物质环境。宇宙之中有物质有禽兽有人,乃有渔牧农矿之富,有耕织贸迁之业,乃有法律政治等治人之具。所谓生所谓财所谓实所谓位,即指此数者言之,而元亨利贞与仁义之德性随之俱来。盖自有生之始,人自为物种之一,其爱类与怀生畏死之情,为物类之所同。其分别彼此同异善恶之知,则为人之所独。此则法哲柏格森氏所以有道德二源之说,其一曰本能,其二曰理智,殆与

《易经》溯之于生生之始与生俱来之仁义,有相似处,而可以参照者矣。

三、儒家伦理之出发点

言乎道德意识之来源,可溯之于有生之初而求之于本能,以云善恶是非之准绳,出于人义理之心,或称为良知良能,或名之曰穷理致知,其间得失,容俟后论。而伦理学之所以为学之基本概念,曰善曰己曰性曰心者,不可不先明其义之所在。

我在解释此数者之先,略言东西伦理学异同之故。吾国孔孟之教,与古代希腊柏拉图与亚里士多德二氏所云德性在致知之中者,初不相远。柏氏对话论克制,友谊,勇气,公道各篇,《共和国》之斥强权倡公道与夫治国者之应为哲人,尤合于吾国内圣外王之古训。此时希腊哲学,虽以定义,概念辩证为出发点,然于德性,初不忽视。惟耶稣教兴,而有中世纪之教会,专就人与上帝之调和立论,视哲学伦理为神学之侍婢而已。逮于近代,科学新知层见叠出,知识效力为哲学家所重视,乃有认识论成为专科之学,且为哲学重心所在。更因知识之性质,就其在逻辑心理上构成之过程分解宰割之,有谓官觉为知之唯一来源者,有谓心为一张白纸说者。人之所以为己为心为性者,经支解之后,认为仅有其名而实无其物。不啻将人之所以为人之壁垒粉碎之摧毁之,从何而有道德意识可言者哉?哲学伦理方面尚有所谓功利主义派,解释道德同于去苦就乐之计算,或政治上社会上之福利工作。质实言之,近代欧洲之重知轻德,名为沿袭希腊哲人理性之旧贯,实与希腊人之崇尚意典并由思辨以返于德性者相去远矣。

吾人既明东西哲学在古代与近代发展所以异同之故,乃可进而论道德哲学之基本概念,一曰善,二曰己,三曰性,四曰心。

一曰善 人之为人,不离血肉,不离物质,然善恶是非之所以分,视其意识中之动机如何。孟子于孺子入井章中,先举怵惕恻隐,其于纳交父母,要誉乡党,视为动机之不正者而以非字斥之。此由于道德之善,以心意之大公至正为主,与世间之金银,财宝,器物,利禄名位与利便法门,迥乎各别者也。世之乐善好施者未尝不收济人之效,制物成器者未尝不能利用厚生,爵人于朝者非不能奔走聪明才智之士,然与道德之善之出于人对人之善意者不可相提并论。道德之所谓仁,出于爱类与立人达人之念,而不参以为己之私。所谓义,出于理之当然,不顾艰难危险勇往以赴之。其所谓礼,出于合群生活中应有之先后或取予,而不杂以虚伪矫饰。其所谓智,在于求事物之真,明辨之慎思之。可以见所谓仁义礼智虽不离人生,不超乎物质,然人之能遵守此者,必超脱物质之功而后达乎善,必舍一己之私而后达于公。此四者之所以为善,由于心意之动向定之而已。《大学》明明德一章,所以特注重正心诚意者为此也。德哲康德氏于其《道德之形上学基础》中之言曰:"世间除善意之外,无一事物可以不加限制之辞而称之为善。人之理知,聪明,剖断,与夫其他才性如勇如决如坚如忍,固无一不可称之为善,然所以运用此才性者在乎意。意之不善,此等才性适足以为恶而有害于人。其他如权如富如名如一人之健康一家之幸福等等,无一不引起人之骄傲自大。惟其抱有善意者,乃能矫正此数者之病,使之共趋于善。"康氏所谓善意,与我所谓正心诚意,可谓异地同符者矣。《大学》最后一章中论善之为善,尤为深切。其言曰:"康诰曰,惟命不于常,道善则得之,不善则失之矣。楚书曰,楚国无以为宝。惟善以为宝。舅犯曰,亡人无以为宝,仁亲以为宝。泰誓曰,若有一介臣,断断兮无他技,其心休休焉,其如有容焉。人之有技,若己有之,人之彦圣,其心好之,不啻若自其口出,实能容之,以能保我子孙黎民,尚亦有利哉。人之有技,娼疾以恶之,人之彦圣而违之,俾不通,实不能容,以不能保我子孙黎民,亦曰殆哉。"所谓"惟善以为宝"者,决之于内心之有容与不娼疾,亦正心诚意之原意而已。

　　二曰己　一人之生,分青年中年老年各阶段,然其间有前后相系之一线,以成其为己。如曰为仁由己而由人乎哉,此言择善固执之者,有己在焉。又曰吾日三省吾身,此言每日省察所为之是非善恶者己焉。倘非有己,则省之者为谁,执守之者将又为谁。曰颜渊三月不违仁,惟其有己,以继续不断之精神出之,然后择善固执,因习惯而成自然。谢上蔡与伊川相别一年,复见,问其所进。上蔡曰但去得一矜字耳。此惟有己之中,乃知所以改过,今日克之治之,明日又克之治之,以收此去矜之效。吾国先哲之教,从未有否定所谓己者。然近代西方哲学家,陆克氏有心为白纸说,既已无心,则记忆、比较与改过迁善之功,安从而施?休谟氏倡为所谓己者,初非有此实体,不过前后观念之相续,乃《易经》所谓憧憧往来者而已。休氏之言如下:"若干哲学家以为吾人每时每刻自觉有所谓己者,自觉其己之存在与继续,且无待于求证,而灼然知己之为完全单一易简之体。……然我尝求所谓己者,仅知有甲种或乙种之感,如或冷或热,或光或暗,或爱或恨,或苦或乐之先后继起之觉。我从未在任何时把握所谓己而不带有感觉者,观察所得,惟有感觉而已。倘我酣睡而感觉停止之际,则我不知有己,谓己不存在可焉。……所谓心,所谓己者非他,乃一群前后继起之感觉而已。"休氏原著,名曰《人性论》,附以副标题,曰《以实验方法讨论道德主体之尝试》。其意在于将己加以分析,犹近代物理学家之分析原子也。德哲康德氏起,乃从认识论与道德论两方驳休氏之说。

康氏谓人之所以知外界,由于心中之范畴,倘仅有一堆观念,则知识之条理何自而来。至于道德方面,所以敬天,所以视人如己,自有为之主宰者。倘己不存,则知识道德二者荡然无存矣。数十年后,美国詹姆斯氏自称经验主义者与休谟氏同。然其名著《心理学》取休谟氏所否定之己而恢复之,列各种之己,曰物理的己,曰社会的己,曰精神的己。此可以见常识所共认之己,因效科学方法之发生,乃取而粉碎之。然西方学者中尚有不肯附和其说者,则吾国人可不明辨而知所以取舍乎。

三曰人性 同为人类,生有父母,群居有社会。因父母子女而有爱类之情(仁),因社会而识人之各有所事,各有其所当为(义),因男女而知彼此之相悦有别,因外物而辨其为彼此黑白先后与其他种种名称(礼)。如此言之,不谓仁义礼智之性不与生俱生得乎?反而言之,孩提之童,因玩物而争夺,因声色而求先睹,因争父母之爱而相妒。此争夺残贼之性,自亦与生以俱来,无可疑者也。盖人与万物同生于天地之间,木石花草各有其性,禽兽各有其性,岂有人而不具与生俱来之性者乎?人不独有其固有之性,更有其喜怒之情,辨物之知,与立定决心之意。其所以待物接人,知有彼此,远近,亲疏,与难易,久暂与宜不宜之分。更就其为长久远大之规划言之,则有是非之准则与道德之规范,此尤为人类崇高洁净精微之美德。孟子虽主性善,然非不知富岁子弟之多赖,凶岁子弟之多暴。荀子主人之性恶,然非不知人性之可以矫正,可以化导。如此就性之与生俱来者言之,自有善恶两方。若就其高洁者言之,由克治约束以趋于中正。此视乎平日之存养,扩充,非可期之于人人者矣。

四曰心 心之为物,果有方所乎,果有形状乎,为体乎,为用采以思为主乎,以情为主乎,以意为主乎?此等等问题,无一不属于心之范围，然不易有确切不移之答复。就吾国习用之语以明之。"心之官则思"句中所谓心，以思为主，近于所谓性。"心血来潮"之所谓心，以一时之冲动为主，所谓情。如曰"决心如何"之心则以意为主。心之为用之广，与不易于捉摸如是。故《书》曰人心惟危道心惟微，危微二字所以形容心之活动之微妙与其瞬息变化。又曰"出入无时，莫知其向"，言乎心之或在或不在，自己不易觉察。然不论如何，人之知痛知痒知寒知暖知饥知饱，乃至辨彼此同异是非邪正，皆以一心为主宰。荀子曰："心者形之君也，而神明主也，出令而无受令。自禁也，自使也。自夺也，自取也。自行也，自止也。"朱子观心说中之言曰："心者，人之所以主乎身者，一而不二者也，为主而不为客者也，命物而不命于物者也。"荀子朱子两家所以形容心之自为主宰，至矣尽矣。然与孟子所谓操存舍亡，与牛山之木一章中所谓养，各认有自主之心，同出一辙者矣。

以上四项基本出发点，有之则有伦理学，无之则无伦理学。近代西方哲学家或科学家如陆克氏休谟氏华生氏（行为主义者）与包夫罗夫氏虽有驳斥其说者，然我未见其如科学发明之成为自然定例。至于善之所以为善，惟实主义者英国摩尔氏，且言其为不可分析无可界说。其义显非语言文字所能说明与辨析，则其为精神上崇高境界，有待于人心之体验而力行而实现，亦可因之以明。以上四点，虽若千年来先圣之言，然吾人岂可视为陈言而废弃之乎？

四、儒家伦理学之特点

孔孟以来，所以提撕警觉人心者，有一大原则，曰以善恶义利是非之辨，直接诉诸各人之良心，使其知所以身体而力行之是矣。此一大原则，可以分析言之。（第一）《孟子·公孙丑》卷上之言曰:"无恻隐之心,非人也。无羞恶之心,非人也。无辞让之心,非人也。无是非之心,非人也。"又曰:"人之有是四端也,犹其有四体也。"《告子章》中,又稍变其词句曰:"恻隐之心人皆有之,羞恶之心人皆有之,恭敬之心人皆有之,是非之心人皆有之。恻隐之心,仁也;羞恶之心,义也;恭敬之心,礼也;是非之心,智也。仁义礼智,非由外铄我也,我固有之也。"前后两章中,一以否定方式谓不具此四者则不成为人。一以肯定方式,言此四者为人所固有。孔子于《论语》中有志于道,据于德,依于仁。或曰尊德性,道问学。孔子视德性为人所固有,一也。(第二)惟人之有此四端,乃能以善恶义利是非之辨,直接诉诸各人之良心。如孔子曰行"己"有耻,曰毋友不如"己"者,曰克"己"复礼,曰古者言之不出,耻"躬"之不逮。如曰德不修,学不讲,闻义不能徙,不善不能改,是"吾"忧也。孟子曰:"由君子观之,则人之所以求富贵利达者,其妻妾不羞也而不相泣者几希矣。"曰欲贵者,人之同心也,人人有贵于己者弗思耳。曰苟为不熟,不如荑稗。夫仁,亦在乎熟之而已矣。曰求则得之,舍则失之,是求有益于得也,求在我者也。求之有道,得之有命,是求无益于得也,求在外者也。以上孔孟就"己"之所当为者,直接耳提面命,闻其言或读其言者,一若暮鼓晨钟之发人深省。其与西方康德氏以人为目的之训,与边沁氏最大多数之最大幸福之言,意在求得一项自然公例以适用于多数人群者,其目的迥乎各别。(第三)儒家之所以告人者,非一项公例,而在乎各人之所当为。如曰父慈子孝兄爱弟敬。如曰君使臣以礼,臣事君以忠。如曰:"吾日三省吾身,为人谋而不忠乎?与朋友交而不信乎?传不习乎?"其离父子君臣兄弟朋友师生之关系,而就一般人言之,则为忠恕之道。其答子贡一言而可以终身行之之问,曰其恕乎,己所不欲,勿施于人。《中庸》曰:"忠恕,违道不远,施诸己而不顾,亦勿施于人。君子之道四,丘未能一焉。所求乎子,以事父,未能也。所求乎臣,以事君,未能也。所求乎弟,以事兄,未能也。所求乎朋友,先施之,未能也。"此段言父慈子孝兄爱弟敬君礼臣忠云云,虽似乎一方面之单独义务,然试求其本,则出于父子君臣兄弟之人与人对待关系,故与忠恕之道,异流而归于同源。至于离开一般人相互之关系,而就一人言之者一如孟子曰:"居天下之广居,立天下之正位,行天下之大道,得志与民由之,不得志,独行其道。富贵不能淫,贫贱不能移,威武不能屈,此之谓大丈夫。"孔子曰三军可夺帅也,匹夫不可夺志也。所以勉人之昂首直立,各全其人之所以为人而已。(第四)理之所当为,为道德之准绳,出于情与理之自然。日本学者称之曰本务。西方伦理学所谓道德的义务,亦同此意。然西方虽有一伦理概念,名之曰善。此善字,有依严格之义解之者,如康德氏所谓善意;有依宽泛之义解之者,若有用有益有利或为人所乐者,其义中涵有善巧方便之意。因此西方学者严于是非善恶之分辨者,以为善之属于有同有益者,只可视为工具之善。于如人贵诚实,人贵自立之善之出于绝对义务者,不可与之相混,乃另以"应为"或"当为"(ought)之语代之。所以明严格之善应纯以是非为标准,不可参以利之动机。孟子曰:"一箪食,一豆羹,得之则生,弗得则死,呼尔而与之,行道之人弗受,蹴尔而与之,乞人不屑。"孔子曰:"富与贵,是人之所欲也,不以其道得之,不处也。贫与贱,是人所恶也,不以其道得之,不去也。"如是生也死也富也贫也贵也贱也,一切先问合乎道义与否,而后辞之受之。则理之所当为,自有明显原则悬乎心目之间矣。(第五)善恶义利是非之辨,为人心所能觉察。孟子称之曰不学不虑而能之良知。究竟此良知,纯为本能乎? 抑有学而知之成份乎? 此时暂勿深论。然心能直接辨别是非善恶,为古今儒家所一致同意。譬云人贵诚实,人应忠于职守,人应与人分工合作。此皆各人闻之知之而可以立下肯定之答案者。此即良心之直接洞见之所致也。凡此五项指人心而昭示之者,自孔孟确定大本,至今未或稍变,即推之近世宋明以来儒家言之:周程张邵为对抗佛家计,廓大人伦以至宇宙、理气、性心关系,乃至于所谓未发之中,其精微奥妙,有过人之处,然关于性善,道德本源,与心之存养,初不逾越孔孟规矩。其在理论方面,如性有义理之性,与气质之性之分,如理气二者之先后,如论性不论气为不备,论气不论性为不明之言,此皆理论演进之所致,不得以其为孔子之不道性天而弃之也。自宋迄明,更有象山先立乎其大者,阳明心即理与知行合一之主张,此亦由于鞭辟入里,而有此一针见血之言。陆王之立场,与朱子分心与理为二之观点,自然各别。然吾人不可以陆王直指本心之言为禅,更不可以为朱子但知求外之知而忘却本心。良以本心之知善恶是非,返省克治以求去非存是,为两派之所共,无彼此出入之可言也。吾国儒家之言,与康德《实践理性批导》中善意与断言命令最为相近,然康氏云"汝之行为应求其所根据之定则,经汝之意力而成为自然界之公例"。其意在乎求一项自然公例,至为显著,孟子尝云心之同然云云,亦似乎一种同归之原则。然一则求诸一心而自收同然之效,一则一人之所行期于成为自然公例。一为直接性,一为间接性。一为主观责任心,一为客观公例性。易词言之,一则责诸一己,求诸一心,一则求诸人人,求其成为自然界之公例,虽立言各异,然自有其殊途同归者在矣。

简单言之,吾国伦理学之特色:(一)善恶是非之辨存于一心。(二)所以辨之者为良心之觉察。(三)辨别是非,在乎行其所当为,而免其所不当为,乃有人心道心之分。(四)存养省察,就自己之意、情、知三方面,去其不善以存其善,而尤贵乎就动机之微处克治之。(五)视自己为负责之人,本良心以审判之,且斥责之,乃能收不迁怒不贰过之效果。(六)不独知之,又贵乎力行,故曰君子有诸己而后求诸人,无诸己而后非诸人。阳明曰知而不行,只是未知。凡此皆吾国行己立身之要道,亦即民族风气之所赖以维系也。

五、德性之合一与种类

德性之名目,除仁义礼智四者外,就《论语》一书言之,曰温良恭俭让。曰恭宽信敏惠。曰慈孝爱敬。曰直谅多闻。曰义礼逊信。曰刚毅木讷。《论语》一书中举各种德性之名,同时又论各种德性相互间之关系。如曰孝悌也者,其为仁之本欤,此言孝悌与仁之出于一源也。如曰惟仁者能好人,能恶人。仁者既能好人,又能恶人,好人出于爱,出于好善,恶人出于辨别善恶之义。此言仁与义之出于一源也。如曰仁者己欲立而立人,己欲达而达人。立己之道曰正心修身,立人之道曰齐家治国平天下。其中包涵之广如此。慈孝敬爱恭宽信敏惠与其他德性,无一不在其中可矣。因此,德性之为一乎,为多乎? 即各种德性可以统而为一乎,抑各自独立而不相涉者乎? 吾以为德性为人类之所共,所以实现之者,出于一人,发于一心。即其德性之表现,或重于泛爱之仁,或重于分别之义,或出于效力之忠,或出于践言之信。要其所向之目的,为人类之公善。则分殊之中,自有其统一之理。然人群之中,有父子夫妇君臣上下之辨,则各人在其本位上所负之义务各不相同,此德性之所以出于一而归于殊矣。

程伊川尝就德性之分合,而论仁与四者之关系曰:四德之元,犹五常之仁。偏言则一事,专言则包四者。张伯行于《近思录集解》中解伊川之言,尤为明显。其言曰:

"人得天地之理以生,故在天为元亨利贞之四德,在人即为仁义礼智信之五常。而元者天地之生理也,犹仁者人心之生理也。生理不息,循环无端。是以偏而言之,则元者四德之一,仁者五常之一。若专而言之,则亨只是生理之通,利只是生理之遂,贞只是生理之藏,一元可以包之。礼者仁之节文,义者仁之裁制,智者仁之明辨,信者仁之真实,一仁可以包之。《易》曰大哉乾元,万物资始,乃统天。谓统乎天,则终始周流,都是一元。孟子四端之说,亦以恻隐一端,贯通乎辞让羞恶是非之端,而为之统焉。"

程子将人之仁义礼智信,比之于乾之元亨利贞,二者既出于同一,宇宙自可统而为一,此乃自伦理之理伦上求其统一之法而已。

德性之或一或多,其在西方哲学之希腊时代,亦有同一之讨论,兹举柏拉图《对话·伯罗泰哥拉司》一篇之语,以资参证。

"伯氏曰:我忆昔时我尝提出问题,请君为之解释。倘我记忆不错,此问题如下:智,节制,勇,公道,神圣(此五者为希腊哲人所常论之基本道德)五者,其为同一事之五名欤,抑每一名各自为一特殊之物,各有其本身之职,则甲之与乙丙丁等不可相混。君尝答曰(君指苏格拉底氏)此五名非指同一物,一名各为一物,此五者同为德性之各部分。然其所以相同,非如金之分为或大或小之各块,乃如同一面貌上之各部分。而彼此各不相同。

"苏氏答曰:五种属性为德性之各部分,其中之智,节制,公道,神圣四者,彼此之间自属相同,惟第五项之勇,则与四者各别。此所谓以勇著名之人,往往其中有极不义,极不神圣,极不节制,极无智识之人也。"

《伯罗泰哥拉司》一篇之论,归结于一切德性,可由智识教之,使之为善而去恶。简言之,为善由知,为不善由不知。世间无有既知之,而为恶者。此即西方道德教育应从智识入手之根本理论也。此种立场,不可谓为全非,《论语》六言六蔽一章,历举仁智信直勇刚诸德,而力言以学问矫正此德性之偏。可以证德性与知识之不可离,孔子曰:

> "好仁不好学,其蔽也愚。好知不好学,其蔽也荡。好信不好学,其蔽也贼。好直不好学,其蔽也绞。好勇不好学,其蔽也乱。好刚不好学,其蔽也狂。"

读者试推广其义及于妇人之仁,微生之信,与夫暴虎冯河之勇,可以知德性表现于生活,自须本于经验、智识、考虑与夫权衡,而后行之而各得其当。如是言之,朱子穷理致知之说是欤,阳明良知之说非欤? 应之曰皆是也。善恶是非中毫厘分寸之辨,是出于穷理致知之知,抑出于不学而知之良知,乃一极复杂问题,然两派之不能离一"知"字,一也。

六、穷理与良知

吾国理学之所以分为理学派之程朱,心学派之陆王者,非曰其正心诚意方法之各殊也,亦非曰进学涵养方法之各殊也,亦非曰一重闻见之知,一重德性之知故也。两派同趋于存心养性,同归于去人欲,存天理。其所以画然分而为二者,始于陆子之立大与知本,然其关键无过于心物二者之不相通。王阳明龙场一悟之后,发为"意之所在,便是物"之见解,于是心物为二之病去,且并身心意知,一齐打通。而"良知"之说,成其学说之最后根据。阳明哲学理论独到之处,不可因此后祖朱祖王之故,并其学说之精微而忽之也。

程伊川曰：

"凡一物上有一理，须是穷致其理，穷理亦多端，或读书讲明义理，或论古今人物，别其是非，或应接事物而处其当，皆穷理也。"

朱子亦曰，有一物即有一理，如舟只可行之于水，车只可行之于陆。一物各有一理，乃须即物而穷其理。朱子大学章句补传之言曰：

"所谓致知在格物者，言欲致吾之知，在即物而穷其理也。盖人心之灵，莫不有知。而天下之物，莫不有理。唯于理有未穷，故其知有不尽也。是以大学始教，必使学者即凡天下之物，莫不因其已知之理而益穷之，以求至乎其极。至于用力之久，而一旦豁然焉，则众物之表里精粗无不到，吾心之全体大用，无不明矣。"

程朱派就事物上求理，阳明名之曰"析心于理而为二矣"。阳明所以评朱子之失，始于其格竹而无所得之经验，经龙场一夜大悟心物二者之相通，于是有天下无心外之物，亦无心外之理之言。物、理、心，三者，皆贯串于知意之中。自四十三岁以后，专以致良知三字为其教学之纲领。良以一念之发，良知未有不知之者。其善也，良知自知之。其不善也，良知亦自知之。则循良知之准则，去其私欲障蔽，自然归于至正之理矣。

然我以为天下之理，有关于外物者，有关于内心者。其关于内心者，自然如阳明所谓"即理也。此心无私欲蔽，即是天理。不须外面添一分。以此纯乎天理之心，发之事父便是孝，发之事君便是忠，发之交友治民便是信与仁，只在此心去人欲，存天理上用功便是"。反是者如徐爱所问，温清定省之类，则冬之应温，夏之应凉，与夫父母饮食之应为滋补之鸡肉为清淡之蔬菜，此皆属于物理属于智识,即程朱所谓即物穷理之工,不可少也。阳明亦云:"诚孝的心便是根,许多条件便是枝叶。须先有根而后有枝叶,不是先寻了枝叶,而后种根。"根本与枝叶二者虽有别,然世界上既无无根之树,亦无无枝叶之树。则穷理与致良知,自相需为用,而不必相排。伸言之,今之人将朱子学说补充阳明心理一元之论,正所以使两派益臻于尽善尽美而已。

七、明善与求真

《大学》之总纲曰,明德,亲民,止于至善。而其下手之法曰格物、致知。明德亲民者,所以登斯民于衽席,使其读书明理,使其饱食暖衣,使其家给人足,使其敦睦和好。是所谓善也。然善不离乎知,不离乎真。如物之有彼此远近,事之有轻重大小,乃至天文地理人事,无一不应辨别其性质与种类,而后知所以利用厚生。是所谓真也。《大学》首章立明德亲民之纲,又条举其目曰修身齐家治国平天下,斯为善之实现。然原善之由来,不外乎将思将知,应用于天文地理、物理人事,更进而至于正心诚意,即辨别善恶是非,以为德性之存养。此则求真之义,由物理界而推及于一人之身与心也。如明善与求真,其义虽二,而其目的则一。《中庸》论明善诚身之道曰:"诚者天之道也,诚之者人之道也。诚者不勉而中,不思而得。"此诚字言乎天理之自然、自在、自足。至于人类在天地之间者,在乎择善固执,在乎学问思辨,即《大学》所谓格物致知之工夫也。柏拉图氏言至高之善如日光,一面其热力能生万物,他一面予人以光,使目能视。柏氏此言,乃善之最好譬喻。即诚与明,或曰善与真,二者互相关联不可离二是矣。

柏拉图氏《对话》中,有《菲律勃司》一篇。篇首举双方之主

张。菲氏曰,凡关系于人生之快乐者为善。苏格拉底氏反对之曰:
凡属于思想、知识、记忆与正论者,较快乐为胜。继而苏氏又伸言
之,所谓乐与苦,不离乎心之知。乐多少苦多少,必先有心而后能
觉知。但以快乐为善,而忘心之知,其不得为确论,不待言矣。反
之,求其但有知而无感觉者,除上帝外,殆无人能之者。则理知一
端不能独自为善,亦可以见。况所谓乐者有种种,有为饮食之乐,
有为狗马之乐,有男女之乐,不转瞬间可以成为痛苦。是则乐之种
类,有待于知之识别。于是苏氏之结论,为乐与知相需为用,不可
缺一。然二者之调和,非可率尔为之,其中有多少之比例,有口味
之合否。譬之以蜜糖与水调和,水可比于知,糖可比之于乐。此二
者比例适合,乃能成为可口之饮料。此苏氏于《菲律勃司》一篇之
主张,即乐利与理知之不容偏废也。

　　吾人读《菲律勃司》一篇者,可以窥见希腊思想中之注重快
乐,其与吾国伦理学重仁义礼智之德性者殊科。然吾人放眼观之,
孟子为主仁义最力之人,其书中何尝不知园囿鸟兽之乐,何尝不知
有五亩之宅之乐,何尝不知有斑白不负载之乐?虽孟子所谓乐,乃
与民同乐之乐,与希腊人之言个人快乐者不同。然儒家以乐为善
中之一部分,亦即《易经》利者义之和之义。至云以个人之乐为
善,除列子有"当身之娱"之言外,儒家鲜有道之者。如是以明善
为纲,以格物致知为求真之方法,乃收身修家齐国治天下平之乐,
此则儒家明善求真之归宿也。

八、习行与求知

　　知与行,本为一种理念所以实现之两面,行而不知,是为冥行
踯躅,知而不行,是为空言无实。尽人所共知共晓矣。吾国儒家,

在孔子生时,已受长沮桀溺四体不勤五谷不分之讥,意者士与农工与军人分业过度之所致欤?朱明末造,颜习斋目睹家国危亡之日,书生束手无策,乃推其所以致此之故,曰不习不行。习斋评朱子之言曰:

> "文家把许多精神费在文墨上,诚可惜矣。先生辈舍生尽死,在'思、读、讲、著'四字上做工夫,全忘却尧舜三事六府,周孔六德六行六艺,不肯去学,不肯去习,又算什么?千余年来,率天下入故纸堆中,耗尽身心气力作弱人病人无用人者,皆晦庵为之也。"

朱晦庵一人是否负此吾国文弱之大病,暂不深论。然吾国人犯此文弱与不务实不好动之病,无可疑也。习斋之言,发之于明末清初,除其门人李怒谷辈之发挥外,少有转移当时风气之效。迄于清末,曾文正出入戎马之中,乃发见操作之有益于身心,而有"习劳则神钦"之箴言。谓曾氏受习斋学说之影响,可也。自吾国与西方交通,见其军人之操练,工人之技术,大学学生之游戏,与夫科学家在试验室实事求是之工夫,然后知所谓读书人之所事,不独咕哗伊唔,而别有乎足勤动与实物接触之实用工作在矣。习斋又曰:

> "天地间岂有不流动之水,不着地不见泥沙不见风石之水,一动一着,仍是一物不照矣。今玩镜里花水中月,信足以娱人心目,若去镜水,则花月无有矣。即对镜水一生,徒自欺一生而已矣。若指水月以照临,取镜花以折佩,必不可得之数也。故空静之理,愈谈愈惑,空静之功,愈妙愈妄。"

习斋之恶空恶静,指二氏言之,同时兼及于宋明儒者。然我以为所谓实所谓空之有用与否,视其所修所养者如何,宗教家默坐澄心,哲学家冥心孤往,以求其思想体系,乃至科学家如爱因斯坦氏执一纸一笔静坐斗室之中,岂能以此辈之空之虚,而谓为无用?良以学术有关于高深之理论,每出于一人静中之思索,如哲学,如宇宙论,如逻辑数理等属之。有关于分科之学可以试验者,如心理生物物理化学等属之。更有在农场上种植工厂中制造之者,其为实为虚,视其所研究者之性质。然实用之有赖于默索,有赖于空虚,为学者所同认。质言之,实与虚乃不可相离者也。

唯全国读书人倘尽趋文字书本之学,而忘手足之勤动,实物之接触,则其为学术界之大害,可以近百年来东西文化交通后证之。孔子曰:吾少也贱,故多能于鄙事。以孔子之大圣而习于料量之平六畜之蕃息,可以见手足之勤劳,无碍于身心性命之学。清初之张杨园,亦以躬耕为备。其言曰:"学者舍稼穑外,别无治生之道。能稼穑,则无求于人,而廉耻立。知稼穑之难,则不敢妄取于人,而礼让兴。"窃以为习斋与杨园处亡国之后,大悔读书人纸笔之学之无用,而告以勤劳操作,岂有在今日大陆上天翻地覆之余,而尚不思所以矫正"四体不勤五谷不分"之病者欤?

九、伦理之变与不变

吾人处二十世纪之今日,而论道德问题,其第一事应答复者,曰伦理之变与不变。自人类有史以来,赖乎宗教,社会风俗,与夫政治制度,乃成为安定之社会。其间似有一种伦理关系,行之千百年而不变者。近代学者对于社会组织,开始研究后,觉所谓伦理者,随社会之变而变。举其显者言之,如昔日君主政体下,有天无二日民无二王之忠。近代民主政体既成,人民主权,各人有各人基本权利之信条,随之而起。古代大家庭制度之下,有所谓百行孝为先,或以百忍为五代同堂之美德。昔日以妇人从一而终为美德,至近代则离婚为习见之事。因此社会制度之变,乃觉昔日视伦理具

有天不变道亦不变之性质者，为不可信。因而对于伦理抱怀疑或
否定论者，大有人在矣。

　　吾人试平心静气以观之，所谓社会组织，如政制由部落而封建
而君主而民主，家庭由祖父孙之同堂而成为一夫一妻之小家庭，乃
至男女婚姻男女离合之自由，其日在变迁之中，诚无可疑矣。然人
类之良知，人类善恶是非之准绳，乃至个人良心上所以为然或所以
为不然之判断，是否并此而丧失。此则吾人唯有以一否字答之
而已。

　　同此人类，同此心理，同此善恶是非之准绳，因其生活环境之
改造，所以表现其德性之方式，因时因地而不同。然其合乎人之所
以为人之道，自古至今，终始一贯者矣。何以言之，昔日封建时代
或君主时代以忠于其主为务，民主时代，人人有选择政府之权，人
人有批评政府之权，同时人人有守法奉公之义务，以维持其国家之
生存。此由于对一人之忠，扩大而为各人之自由。吾未见其悖乎
善恶是非之准绳，而不合乎人之所以为人之道也。昔时夫唱妇随
或以妇人从一而终为美德，然自人类平等以观，各有所爱各有所
知，则男女之离合，自以各随自己判断之为合理，吾亦未见其悖乎
善恶是非之准绳，而不合乎人之所以为人之道也。至于家庭之聚
族而居，古人早已知其致妇女勃谿，而创为分爨之制。使子弟各自
食其力，知所以自立，此亦无悖乎善恶是非之准绳，而不合于人之
所以为人之道。由以上社会制度之变，而各人表现其德性者各
异，吾但知其为良心良知之充类至尽而已。社会制度之所以变，自
有物质因素参于其间。然其合于人性人道之行为，则不论人种之
为白为黄为黑，宗教之为印为回为耶，无有一人有提出异议者矣。
因此可以见东海圣人西海圣人，心同理同之言，信而有证矣。其中
有一应得之结论曰：变中有不变者在，人心是矣，善恶是非之准绳

是矣,伦理是矣。古往今来政治社会制度之所以变,或因战乱,或因暴政,或因束缚太甚,或因分配不均,然所以谋人之各得其所者,不外乎平等、自由与胞与之三义。此三义之背后之主动,则人而已,心则已,理而已矣。人心理三者所以表现之道德,虽有时为一人或少数人计,然其趋势之归于人人之平等自由,是乃所以充其人之所以为人之量也。此充其人之所以为人之量之大理想,诚未能一蹴而几。此由于强之凌弱,富之欺贫,或民主与独裁政体之各异。然此全人类中之各人应成其所以为人,古今中外殆无一人不同以为然,而衷心向往之者也。此非我一人于社会剧变之今日,故作此袒护人同理同之言也,古人早已先我言之矣。阳明子曰:

大人者以天地万物为一体者也,其视天下犹一家,中国犹一人焉。若夫间形骸而分尔我者,小人矣。大人之能以天地万物为一体也,非意之也。其心本若是,其与天地万物为一也。岂惟大人,虽小人之心,亦莫不然,彼顾自小之耳。是故见孺子之入井,而必有怵惕恻隐之心焉,是其仁之与孺子而为一体。孺子犹同类者也。见鸟兽之哀鸣觳觫,而必有不忍之心焉,是其仁之与鸟兽而为一体也。鸟兽犹有知觉也,见木石之摧折而必有悯惜之心焉,于其仁之与草木为一体也。草木独有生意者也,见瓦石之毁坏,而必有顾惜之心焉,是其仁之与瓦石而为一体也。是其一体之仁也,虽小人之心亦必有之,是乃根于天命之性而自然昭灵不昧者也。是故谓之明德。

吾所谓变中之不变,亦即阳明所谓昭灵不昧之心,所以明善恶是非之辨之良知也。此其一体之仁或稍变,且无时而不在。然其所以表现之者,君主时代谓之为忠,民主时代谓之为自由,为公平竞赛。君主时代谓之为守王法,民主时代谓之为人人守其所自立之法。君主时代曰劳心者治人,劳力者治于人,民主时代曰人各有工作机会曰人人平等。君主时代曰天秩天序，民主时代曰自由竞争。昔日贵守成，今日贵进步。昔日贵知足尚俭，今日贵供足给求。昔日视劳动为贱役，今日称劳动为神圣。凡因社会结构与政体之变，其生活方式随之而各异，而德性之节目亦因之而繁多。然德性之节目虽多，而不害其伦理之为一。伸言之，德性为多种性，而伦理为一元性也。此德性条目之多种，何一不出于天地一体之仁之良心乎？我所以力持变中之不变，或不变中之变，或曰一中之多或多中之一者，其义在此也。

变中之不变或多中之一之说，非我一人之私言也。孟子既先我言之矣。孟子曰："伯夷圣之清者也，伊尹圣之任者，柳下惠圣之和者也。"谓之为清者，由于其目不视恶色，耳不听恶声，非其君不事，非其民不使。谓之为任者，由于思天下之民匹夫匹妇有不与被尧舜之泽者，若己推而纳诸沟中。谓之为和者，由于其进不隐贤，必以其道，遗佚而不怨，厄穷而不悯。如是清任和之所以为德之名不同，而其同归于道，同归于善则一。此则惟集大成之孔子能之。意者此三种之德，惟孔子能合而一之。此三德既可以合而为一，则道德条教之多者之可以汇归于伦理之一，又何疑乎？

吾人因以见世界上人类发展之经过虽不同，然其所以建立其伦理者，同出于一本，曰人曰心曰理而已。吾人信此心此理之不灭，则人类暂时之黑暗，终有光明之一日也。

十、结　　论

抑吾尚有重言以声明之者，即西方之伦理学，与孔孟以来正心修身之教，大不相类。西方之伦理学，在讨论人之行为之规范。其主题与吾国孔孟之言，非不相同。然其反复讨论者，曰何谓善。善为快乐，或为应为之义务，此善之察知，由于经验抑由直觉。凡此议论，乃学术性之辨难，与吾国直指出各人之所当为，曰为人父止于慈，为人子止于孝，为人君止于仁，为人臣止于敬者迥乎各别。一则由讨论以求其成为一门科学，一则求各人所当为者责之勉之。此则吾国学者之所以重省察克治，与夫正心修身。惟其责之也严，故其有志于道者，必以改过迁善变化气质，为第一件大事。方今世界大通，各国间有宗教之殊，社会构造之异，乃至伦理观念之别。由此种种殊相之比较，即不免乎讨论研究，即不免乎知识成份之参杂。换词言之，道德之直接指示，将成为伦理学之理论的探讨，无可幸免者矣。吾国学者，倘能自识其道德教育之特点，而求所以保持其所固有，或不至降道德而沦为伦理的理论。其所以补救之法，即由理论探讨之中，以求返于善恶是非之准绳之力行。此则我所祷祀求之者也。吾国尊德性轻功利之原则，不独施之于己，且时时见之于国家政策。历代中，有以观兵耀武开疆拓土为大戒者。或者吾族之所以长存，不至若其他古国如埃及、波斯、罗马之灭亡者，殆亦由于此修德教，怀远人之所致。兹举《盐铁论·本议第一》之言以为吾文之结束。

惟始元六年，有诏书使丞相御史与所举贤良文学语问民间所疾苦。

文学对曰：窃闻治人之道，防淫佚之原，广道德之端，抑末利而开仁义，毋示以利，然后教化可兴而风俗可移也。今郡国有盐铁酒榷均输，与民争利，散敦厚之朴，成贪鄙之化，是以百姓就本者寡，趋末者众。夫文繁则质衰，末盛则本亏。末修则民淫，本修则民悫。民悫则财用足，民侈则饥寒生。愿罢盐铁酒榷均输，所以进本退末，广利农业便也。

大夫曰：匈奴背叛不臣，数为寇暴于边鄙，备之则劳中国之士，

不备则侵盗不止。先帝哀边人之久患苦为虏所系获也,故修障塞,
饬烽燧,屯戍以备之边。用度不足,故兴盐铁,设酒榷,置均输,蓄
货长财,以佐助边费。今议者欲罢之,内空府库之藏,外乏执备之
用,使备塞乘城之士,饥寒于边,将何以赡之,罢之不便也。

文学再驳之曰:

天子不言多少,诸侯不言利害,大夫不言得丧,畜仁义以风之,
广德行以怀之。是以近者亲附,而远者悦服。故善克者不战,善战
者不师,善师者不阵,修之于庙堂而折冲还师,王者行仁政,无敌于
天下,安用费哉?

儒家之言仁义,自孟子迄于汉之文学,迄未衰歇。此种议论,
在当代闻之者,视为迂阔,然此固吾国个人修养与国家政策固有之
传统也。岂到今日而销声匿迹,或澌灭以尽乎?

(选自台湾《民主中国》1961 年第 4 卷第 3 期)

　　张君劢,名嘉森,字君劢,1887 年出生于上海嘉定县,先
后留学日本、德国,极力提倡柏格森主义与宋明心学,一生出
入政治与学术之间,以复兴中华文化为治学宗旨,著作有《科
学与人生观》、《民族复兴之学术基础》、《新儒家哲学思想史》
等等。

　　本文认为儒家伦理的出发点是善、己、性和心,其特点是
明善恶义利是非之辨,诉诸良心,存养省察,贵知也贵践行。
儒家的仁义道德是我国个人修养与国家政策固有的传统,不
应简单地视之为迂阔而使之灭亡。

儒家伦理哲学的现代意义

刘 述 先

一、引　言

　　研究儒家的伦理可以有许多不同的方式。有的从历史的观点研究儒家伦理在过去呈现的观念型态以及施行的方式,有的从社会学的观点研究在现代这一转型期间传统的儒家伦理扮演一个怎样的角色。这两种研究的方式都隐隐然假定传统的儒家伦理是一种已经过去的陈迹,或者是行将死去的残余。这篇文章的出发点则主张,儒家伦理在内容上虽有许多已经死去或过时,在精神上却有一些万古常新的成分,可以在哲学上研究其特质,并指明其在未来改造的方向。在方法论上本文所取是一种比论的方式,以现代西方所热衷讨论的几个题目做枢纽,反显出儒家伦理哲学的特殊立场,而后指示其未来改造的方向。本文所拟讨论的题目大体限于下列三个项目:(一)善是否可以定义? (二)善是否可以通过认知以把握? (三)伦理的标准系绝对抑相对?

二、善是否可以定义?

　　现代西方伦理学自摩尔(G. E. Moore)以来即热烈辩论"善"是否可以定义之问题。摩尔指出所谓"自然主义的谬误"(the naturaiistic iallacy）充斥于西方伦理学说之内。人们往往急于要把"善"约简为某一种自然的性质。例如享乐派把"善"约简而为快乐，用快乐的感觉来界定"善"。但摩尔指出，"善"实在自成一个领域，可通过直觉来把握，而不能将之化归其他因素或通过这些因素来界定。

检查传统儒家伦理哲学的规模，任何化约主义根本毫无地位。"善能否定义"这一理论问题根本就未受到重视。由这可以反显出，传统儒家根本就未曾企图界定"善"。孔子的态度可以代表典型儒家的态度，我们试就《论语》一书中的资料略加分析，以阐明儒家伦理哲学对于这一问题所持的基本态度。

一个西方学子展读《论语》，立刻就会遭逢到一些不易克服的困难。而这样的困难与读一部西方哲学典籍的困难是全然异质的。读西方哲学的困难在其概念的抽象性与复杂性。受过西方哲学训练的人读中国的典籍所感受的困难却在其缺乏概念的确定性与系统性。《论语》全书充斥了孔门师弟对于德性体会的相机指点，所着重的是具体的情景，而非抽象的概念性思考。抱着西方哲学的先入之见去读《论语》，就会觉得一无所得，好像孔子的思想根本还未进到抽象概念思考的层次。但《论语》中思想的统一性，乃是另一种不同的统一性。《论语》并不只是给我们一些关于德目的零碎乃至互相矛盾的讨论，证诸孔子本人所谓"吾道一以贯之"可知。而有趣的是，孔子并未明言他的一贯之道究竟是什么，曾子的代答"忠""恕"显然只是就仁的两个重要表征立论，并非对于问题的直接正面答复，否则一贯之道成为二事岂非笑话。细玩《论语》篇章，显然此一贯之道为仁。孔子明言："君子无终食之间违仁。"又说："志士仁人，无求生以害仁，有杀身以成仁。"礼乐为孔子政治教化的主要凭借，而孔子却说："人而不仁，如礼何！人而不仁，如乐何！"可见仁实为

（竖排）20世纪儒学研究大系

礼乐的根本。但《论语》谈仁虽多,却从来未提供仁的定义。有时仁被当作德目之一,狭义的仁爱显属此义,但这一义下的仁不能与总摄众德的仁混为一谈。表面上孔子似未自觉到提供仁的定义的问题,骨子里孔子未提供一仁之定义实在表现一极高智慧。孔子非抽象的理论家,而是具体的实行家。仁者的理想是:"己欲立而立人,己欲达而达人。"但要立人达人必须要顾及各个人的气质禀赋以及具体环境的因素。比而同之,实为不仁,故孔子因材施教,务期每一个学子把自己内在德性暨才情的可能性充量地实现。人人的生命都能够就己分上发皇,这才是圣者的理想。正由于仁的理想必须通贯到不同的个人以及特殊的情景,故此惟一把握它的方式乃是相机指点,学者苟能举一反三,自然能够把握此一中心原理。如强以纲差界定仁之概念,则新鲜活泼的仁的体证立刻被肢解,求仁而陷于不仁,岂是善求之道。

后儒以"生生"训仁,颇得原始儒家之旨。告子"生之谓性"是顺趋之路,只能看到人的自然本能的生命。但"生生"却是逆反之路。要生命的充量发展,虽非绝情灭性,但必须变化气质,乃可超越自然本能的强度的生命,而提撕转化发扬一德性体证的深度的生命。"生生"始可以处逆境,化戾气为祥和。此所以君子可以固穷,而小人穷,斯滥矣!人的外在固受环境限制,但人的内在却可以在不同的环境得到实现,不因外在的挫折而慧命斩断,如此始可以体验生生之旨。

事实上以为终极观念之不能界定实不限于儒家,而是共于东方之传统。老氏"道可道,非常道",佛氏"离四句,绝百非",都是自觉地拒绝名言界定的进路。儒释道三教自有其本质上的差异。但与西方哲学比观,则有其血脉贯通之处。西方宗教哲学虽有"否定神学"的思路,但不是西方哲学的主流。此处我们可以看到东西思想发展的分际。

三、善是否可以通过认知以把握？

摩尔攻自然主义的伦理观,本意在排弃伦理的化约主义,不意却引起了逻辑实证论伦理的情意主义(emotivism)的逆流。这一派的主张是对传统主知主义的反动。他们认为可以通过经验实证的才能建立知识。伦理上的善恶是主观情意的事情,不能够推概,所以也不能够对之建立经验的知识。这一派学说只承认有习俗,而不承认有普遍放之万世的道德标准。逻辑实证论者情意主义的主张在现代西方的伦理学界引起了许多激烈的论争。

考西方主知主义与情意主义的对蹠,实由于在西方传统之中知情二者的分离。儒家的伦理观则缺少这样的分离。以孟子为例,即可以看出儒家的哲学着重知情二者的和谐。孟子分别小体大体,其言曰:"耳目之官不思而蔽于物,物交物则引之而已矣!心之官则思,思则得之,不思则不得也。"好像孟子也在感与思之间划下一道鸿沟,但孟子论心首重"不忍人之心",其四端之说略谓恻隐之心,仁之端也,羞恶之心,义之端也,辞让之心,礼之端也,是非之心,智之端也。心之思与恻隐之情不可分割。所谓思决非无色彩之抽象思考,所谓情也非任意泛滥之情。故孟子之英译竟找不到"心"之适当译名。如译为"mind"则丧失其情之含义,如译为"heart"则又丧失其知之含义。由此可见中国哲学之思考采取了一个不同的方向。

由于中国无主知主义与情意主义之对立,故儒家对于善是否可以通过认知以把握也有其特殊的答案。善决不能够通过抽象的理智以把握,此处道德的范围超越狭义的知性的领域。但另一面善决非泛滥之情意的表征。孟子以降的儒家传统相信人有良知良能。人可以掌握本心,此所以人之异于禽兽。而人也有辨识具体环境的智慧与力行道德原则的勇气。故儒家的立场又非"非认知主义"(non-cognitivism)的立场。但良知与经验推概之知并不在同一层次。而良知之实现恰正是本心或仁心之实现,决非绝情灭性可言。此处儒家的伦理观在主知与主情之外找到了第三条道路。

四、伦理的标准系绝对抑相对?

由于现代人知道各不同文明有不同的道德标准,由于现代工业文明所造成的急遽变革而导致伦理观念相应的急遽变革,又由于现代人对情意的重视,乃造成一强烈的相对主义的潮流,认为道德无放之四海而皆准的普遍有效的原则。儒家传统着重纲常之观念,是否于此完全不合时宜,成为腐朽的陈迹?

但是考信于儒家的典籍,乃会发现,认为儒家持伦理标准的绝对主义观,实在是一种错误的见解。孔子被誉为圣之时者,他的伦理观是一重视具体情境的伦理观(situational ethics)。此所以孔子着重相机指点,而不重视德目的形式定义。孟子更明白指出"执中无权犹执一也"。到了宋儒乃明白提出"理一分殊"的观念。显然传统儒家是要在伦理的绝对主义与相对主义之间别求蹊径。把儒家的伦理标准看作一成不变,或者暧昧模糊,是同样地错误。西方汉学家每谓中国为"儒教之国",这易导致误解,好像儒家的理想已在朝廷政制中实现。比较理想与事实便知道这种想法之无据。汉朝的统治者便已明白供认其实际为"王霸杂用",儒法兼采。儒家与统治之间是一种微妙的辩证关系,既互相依附,又互相制衡。"家天下"不必是儒者的最高理想。此处我们当明了理想

与事实的分际。谈儒家的终极道德理想不可与现实历史的解析混
为一谈。哲学者所关心的是儒者的规约道德理想究竟是什么性
质,这是一种在理想层面上之厘清,不是一种在现实层面上的描
述,或者通过经验归纳的推概。这样的重要理论分际不能不清楚
地掌握到。

儒家的终极道德理想显然是仁心之充斥、生生不已的不断扩
充与不断实现。乃是在仁心的基础上,儒家才进一步谈礼乐教化
与政治措施。儒家伦理虽有一定的方向可循,但非泥古不化可言,
宋儒程颢对这一问题已有深刻的反省。其言曰:"无古今,无治
乱,如生民之理有穷,则圣王之法可改。后世能尽其道则大治,或
用其偏则小治,此历代彰灼著明之效也。苟或徒知泥古,而不能施
之于今,姑欲徇名而遂废其实,此则陋儒之见,何足以论治道哉!
然傥谓今人之情,皆已异于古,先王之迹,不可复于今,趣便目前,
不务高远,则亦恐非大有为之论,而未足以济当今之极弊也。"(录
自《近思录》卷九)

明道之言显然主张古今之间既有连续性,也有差异性。绝对
主义泥古,相对主义趋时,两边都有弊病。质言之,仁道政治的超
越原则是不可动摇的,但仁道之实现却不能不照顾到现实的差异
环境。抹煞一切差异而但削足就履,恰正是麻木不仁的表现。儒
墨之间的争论症结也正在这里。张载的《西铭》民胞物与的精神
被疑为墨者之说,伊川为之辩护,其言曰:"横渠立言诚有过者,乃
在正蒙。《西铭》之书,推理以存义,扩前圣所未发,与孟子性善养
气之论同功,岂墨氏之比哉!《西铭》明理一而分殊,墨氏则二本
而无分。分殊之蔽,私胜而失仁;无分之罪,兼爱而无义。分立而
推理一,以止私胜之流,仁之方也。无别而迷兼爱,以至于无父之
极,义之贼也。子比而同之,过矣!且彼欲使人推而行之,本为用

也。反谓不及,不亦异乎?"(录自《近思录》卷二)儒家既重"理一",也重"分殊",由此可见。被所求者是在绝对主义与相对主义之外另觅一第三条道路。

五、儒家伦理哲学观在现代的意义

既了解儒家的仁心是一超越原则,不因时代地域之差别而改变,仁道的实现则牵涉到现实环境的了解,因时因地而转移,则我们乃可以谈儒家伦理观在现代的意义。

表面上儒家的伦理已经过时,但过时的只是儒家的具体设施,而不是仁心的超越原则。今日在美国,外在条件可谓与传统中国完全不同。然而当代富理想主义的知识分子在其国内则反贫穷,反种族歧视,反暴行,在国外则反侵略,反政治经济之垄断,反剥削,反强权政治,何一不是仁心的表现。内在吾人要克服内心所感受的无意义,外在吾人要克服作不义行为的倾向,传统"内圣外王"的理想的实际内容或实行的方术自不能不有极大的变动,但其规约原则的意义则与两千年前并无大变化。"义""利"之别的问题在今日还是一重要问题,不论在细节上吾人如何了解此二概念。故此由具体的内容说,传统的纲常观念,社会习俗,无一不可改,也无法令其不改。西化、工业化、现代化以后的中国不可能不与过去的中国有很大的差别,这是一件不争的事实。但反社会的不平,反不仁之暴政,则今日与昔日并无差别,于此而儒家对于"理一"之体会决不可弃。现代人之竞趋"多元""相对"思想而迷失中心,可谓为现代的疾病。

但对于现代有所批评非谓现代就无正面价值,而传统之有价值非谓传统之完全不能改易。我们得细心选取传统中活着以及死去的成分。抱残守缺者流每趋于过分卫护传统。然如不能适应时代之要求，则不但不符仁心生生的理想，未能与时推移以扩展生命的潜能，抑且使得生命僵固，甚至在现实上无法生存下去。故此我们不能凡看到现代的一切不顺眼的就作"人心不古、世风日下"的感慨。世间有变易与不易的成分，我们要在紊乱中维持自己宁静的眼光，理出一条头绪来。这样才能不失自己内心的主宰，一方面维持仁心的超越原则，一方面反省仁道在现代实现的方式。如能了解理与势之间不即不离之关系，始可以站在知识分子的立场对社会、现实作批评，而在有适当的机会时也可以对社会作积极正面的贡献。孟子曰："君子所过者化，所存者神，上下与天地同流。"如能对时代与永恒两方面都有深刻的感受，则身处乱世，也自有一种自强不息的感受，乐天安命，为一些理想的目标而奋斗。

（选自刘述先《生命情调的抉择》，
台北志文出版社 1974 年版）

· **刘述先**，字静窗，1934 年出生于上海，1966 年在美国南伊利诺斯大学取得博士学位并任教该校，1981 年移居香港，任中文大学哲学系教授、主任，曾任国际中国哲学系主席，擅长宋明理学与佛学研究，出版中英文著作约 20 种。

本文认为儒家伦理在内容上虽有许多已经死去或过时，但在精神上却有一些万古长青的成份，应细心选取传统中活着的及死去的成份，维持仁心的超越原则，反省仁道在现代实现的方式，以保持自强不息的精神，乐天安命，为理想而奋斗。此即儒家伦理哲学的现代意义所在。

20 世纪儒学研究大系

儒家伦理与东亚企业精神

〔美〕杜 维 明

　　我非常荣幸,能在这里和大家分享我对于儒家伦理和东亚企业精神的一些想法。我承认,这些想法都是不很成熟的。我知道你们当中大多数人都是直接和商业管理打交道的。我的这些观点对于你们的专业是不是有什么意义,我实在不敢说。在我对于中国思想的整体,尤其是对于儒家伦理进行思考的年月里,我曾经应邀对于各行各业的人作过讲话,和社会学、哲学、宗教、政治学甚至商业等各种训练的人交谈过。实际上,大约有六年的时间,我曾经参加由科罗拉多州的阿斯本人文科学研究院(the Aspen for humanistic studies)资助的一个项目。这个研究院的主要目的是促进商业界、学术界、政界、新闻界和其他领域的人士之间的对话。我跟一些对于商业管理和伦理道德之间的关系很有兴趣的人交谈过。因此,尽管我要跟大家商讨的题目基本上是学术性的,可是我希望这个题目多少能从伦理、宗教的角度有助于大家对商业管理的探讨。

　　我要探讨的是儒家伦理和企业精神之间的关系。你们当中有许多人可能已经接触到这个问题了。目前,这个课题颇为风行。我不想沿袭近来对于儒家伦理的研究,比如对日本管理风格其中的动力结构的分析,我想从比较文明的角度来探讨这个问题。我将用马克斯·韦伯(Max Weber)①对于新教伦理和资本主义的产生的著名的研究作为出发点。所谓的韦伯理论对于这一类问题所产生的主导影响由来已久。

首先,我想先介绍一下韦伯理论本身——就是韦伯对清教伦理和西方资本主义产生之间关系的观点。我们可以看得出来,韦伯是在广泛的文化的范围内阐明他的观点的。然后,我将就他的看法提出一些相关的课题,并且提出我自己的一些想法。我必须重申,我的这些想法是不成熟的,不过是探索性的实践而已。所以大家共同商讨是非常重要的。我在这里谈的东西还需要得到提炼、检验。请大家记住这一点,我下面就开始谈。

韦伯的论点提出了资本主义的兴起——特别是资本主义精神的兴起——和新教伦理之间的一种关系。这个论点本身是根据一种更为广泛的观念性结构推导而来的。作为一位针对马克思主义的批评家,韦伯要想批驳的很多马克思的观点之中,有一条就是马克思有关宗教和意识形态的发展仅仅是经济基础或生产力变化的结果那一个观点。与马克思相反,韦伯企图一方面探索道德和宗教价值之间的关系,另一方面探索促进各种各样经济发展的结构。例如,在他对新教伦理的研究中,他特别注重对于资本主义兴起作出贡献的社会当中理性化与资源的合理调动的形式。

请注意,韦伯并没有提出作为一种宗教伦理的新教伦理和作为一种高度世俗化的过程的资本主义形成之间有什么因果关系。他所指出的只是两者之间可能有某种联系。这个论点在历史上是否是事实,在理论上是不是站得住脚,还有待证明。它的具体内容就是:如果我们具体地看一个人,我们将发现:在他的宗教信仰和

---

① 马克斯·韦伯(Max Weber),1864—1920。德国社会学家和经济学家。

他在经济范围行为方式之间有一种联系。

这并不是说：一个人会有意识地让他的宗教信仰和价值对他的经济行为起作用。当然，他可能会无意识地将他的宗教信仰体系中的价值转化为指导他的经济行为的因素。它并不意味着：心灵分成许多格子，其中宗教和经济的观念和动机是整整齐齐分门别类各得其所。但是，当一个人自然地形成他坚信的价值时，它们可能渗透到他生活中的其他方面去。不过很重要的一点是要认识到，这种渗透本身并不一定就是信仰体系自然形成的一个部分；它往往是不期而至的。吸引韦伯的就是这样的意外的结果，尤其是当它们作为新的经济伦理或新的理性形式出现的时候。

德国哲学家和社会学家约尔根·哈柏马斯①对于韦伯论点的再思考作出了巨大贡献。1980年他在柏克莱的一个小规模的教师讨论班上提出他的一些思想。这些观点代表了对于这些论点的最新的思考。哈柏马斯根据他对韦伯论点的内涵的假设解释，列出了三个表格。我先谈谈这些表格。它们为我的讲话提供了一个广泛的基础。随后，我再进一步集中探讨韦伯论点的某些方面。最后，我想就我们对儒家伦理和东亚企业精神之间的关系的探讨中，如何利用韦伯的论点，提出我的想法。

哈柏马斯认为，韦伯注意到了世界上有各种各样的宗教趋向。他所谓的趋向，是对待世界的一种基本方式。在表一中，我们看到评价现世的不同方式，可以大致上分为观念上的两极。首先是对世界的否定或对世界的排斥。这种观点基本上否定了此时此地的终极价值。第二是对世界的肯定，这种观点不注重超越此时此地

---

① 哈柏马斯（Jürgen Habermas），1929年生。当代德国社会学家和哲学家。

的世界之外的某些东西,而强调在对终极价值的理解中的生命世界的中心地位。

表1:宗教世界的内容

对世界的评价 \ 观念或概念的策略	以神为中心的	以宇宙为中心的
对世界的否定	犹太教 基督教	印度教 佛　教
对世界的肯定	一	儒　学 希腊哲学

表2:对世界的态度

对世界的评价 \ 追求至善的方式	积极的: 苦行主义/ 动态的生命	消极的: 神秘主义/ 冥思的生命
对世界的肯定	主宰世界	从世界遁隐
对世界的肯定	适应世界	从理论上把握世界

表3:理性化的潜力

理性化的范围 \ 理性化的程度	较高的	较低的	
伦　理　的	主宰世界如: 基督教	遁离世界如: 印度教	赎罪(救世) 的宗教
认　知　的	理论上把握 世界如:希腊 哲学	适应世界如: 儒学	宇宙论的/形 而上学的世 界观
	西方	东方	

哈柏马斯提出两种概念策略,对于我们认为在世界上具有中心权力和价值的事物的描述方式。第一种是以神为中心的。它强调上帝以及人与上帝的统一。另一种是以宇宙为中心的,与上帝无关,而注重人与宇宙万物的统一。从韦伯的观点看来,大多数宗教传统本身含有对世界的摈弃。在这些传统中,其中有一些,比如犹太、基督教传统,是以神为中心的。(从某种程度上讲,伊斯兰教也是如此,尽管韦伯从来没有全面地研究过这个传统。)其他一些宗教比方佛教和印度教传统,则是以宇宙为中心的。韦伯没有研究任何肯定世界的以神为中心的传统。他倒是曾经推导出第四种可能性:肯定世界的宇宙中心主义。他提出的例子就是儒家传统。根据韦伯的分类,儒学肯定了此时此地的世界,肯定人与宇宙的统一,其着重点不在于超越世界之外的领域。

一个主要的宗教传统内部的象征性的资源,使我们能够借以评价世界并且发展出一种观念的策略,从而领悟与世界有关或无关的终极价值。此外,这些资源也使我们能够去设想实现至善的方法——不管它是上帝也好,是宇宙也好。这涉及到我们应当采取什么途径,我们应当如何行动,我们又应该做些什么的问题。

现在,我们再来看看表二。哈柏马斯又提出了观念的两极,以描述韦伯的设想中达到至善的方法的范畴。应该指出的是,韦伯对这些术语中的每一个,都有他自己的理解。所谓“积极”或“消极”的意义在以下的讨论中会得到阐明。

让我们先看看韦伯把否定世界的宗教描叙为积极或消极的,究竟是什么意思。请记住,否定世界,并不一定意味着从形体上脱离日常生活——尽管这种可能性在许多情况下是可以实现的。实际上正如我先前所指出的那样,否定世界意味着对超越此时此地的一些东西的终极价值的肯定。但在世界上如何行动,这仍然是一个问题。

　　一个人可以一边在世界上扮演一个积极的角色，一边又反对那种认为这个世界中包含有终极价值的观念。这就是韦伯所描绘的基督教的概念（见表2）。他也用了"苦行主义"（asceticism）这个词来描述基督教的一派——加尔文教徒所采取的积极的途径。苦行主义是个意义晦涩的字眼。我们往往把它看作控制肉体欲望的清规戒律。这种苦行主义，在基督教的范畴之内，是为了上帝的荣耀和天国的奖赏而付诸实行的。我们通常把它和修道士的传统联系起来。但苦行主义（asceticism）这个词的词根 askětikes 也有"戒律"的意思。韦伯把苦行主义与另一个新教基督教中的概念——天职或感召业——联系起来。这个概念实际上来自《圣经》。它指的是对于一种"今生"的天职的追求，它与上帝的荣耀起着共鸣。这样一种追求需要戒律。这种戒律渐渐变得规则化、日常化，或者像韦伯所说的，理性化。

　　证明我们灵魂的纯洁的一种方法——通过戒律而得以实现——是去主宰这个世界。这实际上是自相矛盾的。我们克服自己对世间万物的依附，不是靠了离开它们，而是靠了居住其间并且掌握它们。这个行动证明了我们的精神的纯洁，以及我们对上帝的专一的忠诚。掌握我们的环境的这种实践，作为我们超脱愿望和诱惑的结果，就是我们所谓一个信仰体系的意外后果的一个例证。在这里，尤其重要的是韦伯对于这种途径所下的"转化性的"定义。我们接下来可以看到，他认为这种"转化性的思想"的性质对于某种经济发展的兴起具有核心作用。他真正关心的正是这种联系。不过我们现在暂且不谈。

　　在这张精神蓝图上，我们该把采取消极途径的否定世界的宗教放在什么位置上呢？这些传统尽其所能要与此时此地割断联系。这往往被说成是从世界的逃遁。我们在佛教中发现了这一点,在中国,个人实行"出家",离开家庭,那意味着切断与家庭、朋友和生活中其他使人难以克服自身的感觉和欲望的种种方面的联系。我们还发现,它也糅合于印度教的个人的生命阶段之中;在依次实现了学生、成家、家人的责任之后,人们便离开家里,隐居林中。以后的时间就是用来根除他们与此时此地的联系上,从而尽量削弱人对物质世界的影响。我们可以看到,这种行为与积极的主宰是大不相同的。然而二者都是否定世界终极价值的方式。

正如我们追求至善的方式可以是苦行的那样,它也可以采取神秘主义的方式。正像对苦行主义可以以各种方式去理解那样,神秘主义也涉及许多命题的。大体上说来,它涉及到对于神与我交——或者说与我们视作终极价值的事物(上帝也好,宇宙也好)的联系——的追求。神秘主义代表了人类对于和从精神上被定义为权力中心和终极价值建立和谐关系的寻求。

我们简要地看一下这种寻求是怎样转入实践的。以基督教而言,我们通常把神秘主义与在沉思冥想中祈祷上帝联系起来。有时,我们也认为它与苦行主义的第一种类型有联系,这种类型就是以清规戒律控制肉体和情感的欲望。以佛教而言,神秘主义就是要逐渐理解所有我们认为是真实的和持久的事物事实上是无常的。我们想要把握住这些事物,这种企图给我们造成了巨大的痛苦和灾难。我们依靠对一切感情、思想、事物甚至我们自身的无常的沉思来超脱这种苦难。我们逐渐认识到:一切事物都不具有持久的真实性。这使我们得以逐步从现世中解脱出来,而且如果继续追求到一定地步,便可以导致自我现实的完全寂灭。印度教通过对各种神性(divinties)的沉思,再加上割断一切世俗的联系,把人带进一个神秘的世界,与宇宙相统一。

　　下一步,我们再来看看肯定世界的传统。我们先简要地谈谈哈柏马斯所谓的追求至善的消极途径。哈柏马斯认为这种消极的途径可以被看作是对于从理论上掌握世界的意义的寻求。他所用的例子是古希腊(一个在韦伯的认识体系中不十分突出的课题)。例如,许多古典哲学家认为在从表面上看来是多元的现实底下还有一个现实,这个更大的现实是可知的,是可以通过推理被掌握的。他们重视知识,把它看作沉思、看作对终极现实的反思。比方说,柏拉图力图懂得什么是善,即是一例。

　　顺便说一下,把这种途径,说成是消极的并不意味着说这些人没有参与到世界之中。这只不过是描述希腊人在其精神趋向上如何集中其能力,描述他们所认定的达到至善的最最有效的方法的一种方式而已。他们所依赖的不是日常的经验,而主要是他们的推理的能力。对这种与抽象认识的价值有关的经验价值的估价,是具有特别的重要性的,从我们下边第四个例子中便可以见到这一点。

　　我们现在就谈到了最后一个例子——一种通过与世界的积极的关系来追求对至善的理解的肯定世界的传统。世界本身就成为一个人借以达到至善的媒介。哈柏马斯遵循韦伯的构想,把儒学归入这一范畴。韦伯把这种途径描述为对世界的适应。究竟这种描述是不是妥当,我们等一下再谈。不过,韦伯之所以用这种方式来概括儒家,是因为他试图把儒家与基督教两相比较。正因为儒家并没有试图以主宰世界作为否定世界的一种方式,韦伯就把儒家的途径描述为对世界的适应。

　　我先前指出过,韦伯之所以提出这些观念模式,是想用以分析为什么某种经济发展发生在某些地方,而没有在别的地方发生。他最最关切的课题是资本主义的产生和现代化。他所谓的现代化,并不仅仅意味着工业化、都市化或大众传播。他的意思是理性化,或者"自由劳动的理性的工业的组织"。其他的那些现象都可以被纳入理性化的表现的范畴。韦伯所探讨的是,在理性化的发展与一种信仰体系的价值结构和趋向之间,是不是有某种联系?说得更确切一些,某一些传统的思想是不是更容易地适应理性化过程所涉及的那种思想?理性化的潜力是什么?而且,不同的宗教传统和趋向在人类经验的不同方面,从不同的程度上显示了这种潜力。

哈柏马斯(参看表三)认为,首先,可以假定理性化有一个伦理范畴。那就是,它可以通过赋予道德推理以价值,从而充实我们的实践。也可以假定它有一个认识范畴。在这个范畴里,一个人的理解,与其说是指的一个道德推理过程,还不如说是指的对知识的积累、理性化的组织和诠释。其次,并不是所有的传统都在同等程度上遵循一个理性化的程序——世界的理性重建。所以,我们必须探讨的是:在任何一个已有的传统之中,这种程序有多剧烈。我们甚至可以用简化的方法衡量,用比较性的尺度排列出主要传统这种强度的由高到低的水平。

让我们再举几个例子来说明这些方面——伦理和认识范畴及理性化的潜力——是怎样相互结合。韦伯考察了基督教,并且注意到它对于赎罪或者灵魂的拯救的关切。作为一种赎罪的宗教,它否定世界,并且试图主宰它。这种救世的关切就得需要确定哪一些行为能够得到赎救。从它对道德推理的强调之中,它得到了体现。通过对世界的掌握,从而掌握人对于这个世界的依附,这一种欲望是通过高度的理性化而实现的。(再说一下,我们必须记住,韦伯的分析局限于清教基督教的一支,在其他情况下侧重点的结构一定很不一样。)印度教也关切赎罪——他们所谓的赎罪是对来自轮回再生的约束的赎救。所以,它对于道德理性也给予了高度的评价。可是,由于它否定世界的消极的方式,它的理性化的程度很低。从清教的意识看来,它没有什么必要去主宰世界。

理性化的认识范畴是通过宇宙论和形而上学的诠释的发展而得以体现的。例如希腊哲学把注意力主要集中在阐明世界的理论结构上。这代表了高层次的认识范畴。相反,儒家的传统把它的认识范畴——它的重点是宇宙学的世界观——与低层次的理性化融合到一起。韦伯把这一点看作东方式的途径的特点。

在这里我必须按住话头,强调以下几点。运用任何诸如此类的分类法,其危险在于我们会假设所列出的这些门类是不相关的,相互排斥的。正因为我们为了提出假设,用抽象的一般化的语言来表达,所以我们不能够随时提醒我们自己:每一种传统都很有可能在不同的范畴和程度上包含我们所观察到的每一个方面。我们也没有强调传统间的相互影响。而且,我还想要指出:这一种分类法——正如整个儿韦伯论点本身——不是总结性的。不过,它确实给我们提出了一个初步的模式,一种启发我们对儒家伦理进行讨论的方式。我们现在记住这一点,再来谈谈韦伯对中国宗教所作的研究。

根据希伯莱大学的Ｓ·Ｎ·艾森施塔特①的看法,韦伯对中国的研究,是更大范围内的双重分析的一部分。我刚才所概括谈到的是第一部分,涉及对于世界主要宗教的理性化的进程的探索。其次,韦伯又探讨了不同宗教传统发展过程的特性。随后,他又把这些特性与他发现的清教发展的显著因素相互比较。根据韦伯的

————————————

① 艾森施塔特(Samuel Nosh Eisenstadt),1923 年生。以色列耶路撒冷希伯莱大学社会学教授。

看法,清教的这些因素和现代资本主义的发展息息相关,他还暗示这些因素和官僚制度和科学文明也有关系。韦伯想要确定为什么这种特殊的经济发展没有在其他文化范围中发生,他认为:只要能明确地指出使清教发展有别于其他传统的特征,我们对于这个问题就能得到某种解答。

这一种双重的分析表明:韦伯对儒家伦理的讨论是在一个广泛的范畴中进行的。韦伯在 1920 年出版的题为《宗教社会学》(The Sociology of Religion)的论文集,包括了以下的题目:"概论"、"清教伦理"、"政治派别和资本主义精神"、"世界宗教的经济伦理"、"儒学"以及一篇题作《临时的考虑》的重要文章。这篇文章现在一般被称为"否定世界的宗教及其方向"。换言之,他考察了整个世界。他研究了印度教和佛教,他也研究了古犹太教。他甚至试图研究中东的宗教,包括伊斯兰教和早期基督教。他之所以要这样做,是为了寻求在每一个其他传统中可以被称之为清教伦理的"功能相等体"。照他的观点,清教伦理,是一种独一无二的伦理。从历史角度而言,它对西方社会中能与力的理性调动的产生作出了贡献。

韦伯从中建立起在宗教价值——尤其在其能动性的意义方面——和经济性格之间的联系的,便是这样一个整体的观念模式,很重要的一点,就是应当认识到,在这一番努力之中,韦伯并不是一个简化主义者或简化论者。他并不想要把复杂的问题简化成一个单独的宗教合成体。他仅仅是想要强调一个人的最初的能动结构的重要性。这种能动结构的重要性在于,它能够有助于理解社会是在何种动力之下去完成某一种,而不是任何其他种的任务。

在这种情况下,韦伯是怎样看待中国的呢? 他提出的论点是,中国之所以不能发展理性的、资产阶级的资本主义,是由于缺乏一种可以与新教伦理相比的伦理。他认为：新教伦理培养了一种特殊类型的人品的一体化和人格——新教徒。新教徒排除了在上帝与他自身之间的一切中介物。他从隐秘的内心深处，在他内在的孤独感之中，与上帝直接联系。这种关系促进了个人尊严的意识。它也导致一种与理性的劳动组织相一致的个人主义。因此，遵循新教（或清教）伦理发展而成的人格的一体化，以及与之相关联的个人主义，导致了一种肯定的、转化性的思维方式。韦伯认为中国的宗教，尤其是儒家的伦理，缺乏这样一种思维方式。

在得出此结论之前，他首先探讨和确定了中国社会存在的理性化的形式。他以为：对中国的宗教或者中国的儒家伦理的诠释，必然能导致对传统中国社会的一种提纲挈领的、包罗万象的观点。所以，他研究了中国的金融体系、城市结构和行会组织、官僚政治、税收、家族关系模式、法律、科举考试等等。他也在不同类型的意识形态控制里发现了一种高水平的理性化。

然而，中国的文化范畴里缺乏一种批判的成分——一种能够把人民动员起来，使他们重新振作，从而导致人们对世界的主宰，导致巨大的资本积累的、转化性的伦理。这里，韦伯特别注重他描述为适应和调整世界的儒家伦理。不像清教伦理那样，这种伦理不倡导个人主义的发展，它也不具有转化性。所以，韦伯认为儒学在这种特殊的联系之中，没有对资本主义的产生作出贡献原因就在于此。

说资本主义从未在中国这样一个被儒家伦理统治的国度里得到发展，表面上，这不过是历史的观察。然而，这几乎已经是老生常谈。要更好地理解这个说法与企业精神有什么联系，我们就需要勾勒出韦伯的课题的另一种体系。这一个想法我得益于弗吉尼亚大学的大卫·利特尔教授①。我认为:这个新体系可以帮助我们深入地考察韦伯的主张。首先,我想用三个命题的形式来概括这个体系。然后,我们可以用这些命题,重新解释在儒家伦理与所谓的东亚企业精神之间的已经受到广泛讨论的、复杂的关系。

第一个命题就是:现代的人面临着许多相互竞争的利益范围。现代世界是建立在一种能动的起作用的理性之上,是全盘受这种理性制约的。社会的理性组织需要制度化和官僚政治化。其较恶劣的后果之一便是在许多不同层次上的分崩离析。在其中一个层次上,就是把经济、政治、审美和知识的关切视作互不相关的利益范围的倾向。一旦划分了这些利益范围,我们就趋向于把它们看成相互脱节、相互竞争的因素。韦伯有时把这种情形称之为"铁笼"(the Iron Cage)。——现代的思考的人被禁锢其中,无法逃遁。他所谓铁笼,就是特殊化、专业化和官僚政治化的罗网。从某种意义上说来,任何现代社会,必然面临这些从手段上被理性化了的利益范围。

第二个命题涉及我先前提到过的一个观念:即天职或感召的概念。在一个理性化的社会中,每一个利益范围都表现为与我们完全的使命感和道德献身相称。这好像是一种宗教天职。科学是一种天职,政治是一种天职。在商业社会里成功发达是一种天职。反过来,现代的个人具有这样一种天职所要求的规范的信仰。在社会高度专业化的条件下,这些利益范围中的每一个都需要完全的献身。我们必须努力成为最佳者。业余活动或者仅仅是好奇心的满足没有市场。我们把这些规范的信仰作为衡量和判断我们的成就的标准。没有这种全心全意的参与,现代社会中就没有一个

① 利特乐(David Little):美国弗吉尼亚大学社会学教授。

利益范围可以存活,更不用说争取优胜了。

所以,第一个命题给了我们一个不同的利益范围相互竞争的世界;在第二个命题里,每一个这样的范围要求排斥其他范围,完全献身。第三个命题是:宗教的价值是前两个命题的中间环节。韦伯特别运用了新教伦理去解释这一点。他那很有说服力的主张是:我们必须懂得清教伦理,从而理解西欧各式各样的有产者是怎么样、是为了什么被促动成为成功的生意人。他也引证早期美国的工业家作为例证。他是这样来解释初具雏型的新教伦理的影响的:"一个真正的预言创造了行为,并且系统地使得行为转向一种内在的尺度或者价值。在它面前,世界被看作是依据着规范而从伦理上被塑造起来的一种物质。"①他所谓的预言指的是个人受到感召,要想要做某一件事的那种感觉,其前提便是新教对于一切信徒的教士和教士身份的设想。

韦伯在他对儒家伦理的研究中,心里已经认定了新教伦理的这种特点。他在儒家伦理中所寻找、所发现的都受到这种先入之见的影响。韦伯把新教伦理所促动的转化性的思想来作比较,由此——就像我们刚才所谈到过的——认定了儒家伦理是对于一个人的环境,对世界的现状的能动的调节适应。一个君子儒是非常协调与和谐的。他的行为是理性化的(但仅仅是在低水平上):他并没有全力把自己发展成为系统的专业化的单位。相反,作为一个人,他展示了一种有用的、特殊的复杂性格。他同时是一个业余的画家、诗人、官僚和学者,但是这些身份并不互相排斥。他不是一个成功的有产者。这就是资本主义之所以在中国没有得到相当

---

① 原注:马克斯·韦伯,《中国的宗教》,纽约自由出版社 1968 年汉斯·H·格思英译本,第 235 页。

的发展的诸多社会、政治的原因之一。全力专注于某一种技能或工作而排斥其他行当,不在于这种伦理范围之内。它的精神背景属于一个不同的能动结构。

促动人们以某种方式行动的价值也影响了他们的成功意识。对于加尔文①宗的新教(the Calvinist Protestant)说来,成功就意味着:靠了上帝的恩惠的前生注定、不期而至的介入,我们得到了报偿。这种前生注定的性质包含着一种困境。若是我们不能做任何事情以保证我们得救,那么我们是不是会同样轻而易举地失去上帝的恩惠? 我们怎么才能知道自己是不是还能得救? 或者是不是已经堕落? 第二代和第三代的加尔文教徒对于这一类问题,体验了极大的焦虑。在缺乏可以量度的精神依据时,确定上帝的慈容仍旧照耀着我们的方式之一,就是通过物质的证据和成就。在许多场合下,这种途径代表了基督教精神的一种平凡化、庸俗化。可是,它倒确实有助于说明促进西方资本主义发展的动力的伦理和宗教的本源。

儒家呢,却是被一套要求人在所有水平上使人际关系达到和谐的标准所促动的。这就是韦伯所理解的与世界相调节。与之相一致的,如果我们要想看看庸俗化了的儒家的成功观的话,它首先要通过考试制度以及官府中的升迁来衡量一个人的成就。(我强调庸俗化的表现,是为了要指出不管是新教还是儒家,我们所看到的,并不是双方各自设计的内在自我修身过程的方式。)

----

①　加尔文(Jean Calvin),1509—1564 年。16 世纪欧洲宗教改革家,基督教加尔文宗的创始者。法国人。其主张和信条适合当时资产阶级激进派要求。他宣称做官执政、蓄有私产、经商赢利、放债取息等,如同担任教士职务一样,均可视为受命于上帝的感召。

　　我想提出的是,在一般情况下,韦伯关于信仰体系的动力组成的论点是正确的。但这带给我们一个新问题:他对中国的思考有什么价值? 请记住,他认为儒家伦理抑制了一种实业精神的发展,从而也抑制了资本主义在中国,由此类推,在东亚的发展。可是今天,在东亚的许多不同的地方,我们却看到了资本主义和实业精神的蓬勃发展。是不是韦伯错了? 我们是不是能够用他的任何观点帮助我们澄清我们自己的理解? 近来,有许多人,包括社会学家、政治学家、经济学家,甚至比较宗教学家,已经在寻找重新解释儒家伦理和东亚企业精神之间关系的方式。

　　这个讨论实际上有两个阶段。60 年代初期,美国的一群学者(历史学家、社会学家和政治学家)开始研究儒家伦理和现代化之间的关系。除了两三个显著的例外以外,他们当中大多数人都深信儒家伦理从基本上说来与现代化,特别是与被理解为理性化的现代化是格格不入的。

　　这种见解说明了韦伯对于美国学者看待中国和儒学的方式的广泛的影响。他们提出了儒家传统中他们认为与现代化不相容的一些关键价值。首先一条是没有强调个人主义。在新教伦理中十分突出的一种重建社会的巨大动力在儒学中不存在。没有了这种具有高度竞争性的个人主义,他们所熟悉的那种资本形成就不会出现。这种看法的另一面是,儒家学者或者儒学的研究者过于受群体的节制。他们不够独立、过分依赖引导,尤其是政治力量的引导。而且,由于常见的经济政治文化和政府干预的消极影响,经济领域没有能得到全面的发展。自由资本主义是不可能的。结果,市场结构便不能很好地发挥其职能。

　　进而言之,儒家过于强调对完美的人格的培养,而忽视了一种有能力并且有决心征服自然主宰世界的进取性的人格。正如韦伯指出的,那样一个举止中节的人无疑是讨人喜欢的,可是却很不适合当一个成功的生意人。最后,儒家过于注重传统定义下的智慧。这样一来,智慧的传递是通过经验的理解代代相传,而不是知识和信息的积累。这是一种质量意义上的智慧,而不是一种数量意义上的实验性的知识。

整个讨论最吸引人的方面是15年之后的发展。70年代末期,同一群人,再加上几位年轻的学者,使用差不多完全相同的一系列价值,来解释为什么一种特殊的经营气质和企业精神在东方(特别是在日本)竟然如此成功,已经到了向西方挑战的地步。事实上,1980年2月,著名的政治学家罗德里克·麦克法夸尔在《经济学家》上发表了一篇文章,题作《儒家之后的挑战》(The Post - Confucian Challenge),指的想来是对西方的挑战。他认为,在本世纪90年代和21世纪初,对西方的真正挑战,不会来自苏联或中东。苏联的挑战基本上是军事上的,中东的挑战主要是经济上的。与之相比,来自东亚的挑战将是全面的,从经济发展的风格一直到基本的价值观。

我对这个问题的看法如何? 我前面提到过,我的观察仍然是试验性的。我目前还在一种探索的状态之中。作为一个中国思想史和儒家哲学的研究者,我一想到儒学和现代化的精神可能很有联系就感到很兴奋。可是,我很希望对这个问题有更加成熟的探讨。由于在儒学研究之外,又受了西方社会科学的训练,我极希望见到对于这个课题的扎扎实实的实验性的研究。我既不想全盘接受这样一种联系的想法,也不想把这个问题束之高阁。我仍旧处在这一番探讨的初级阶段。所以,我很希望得到大家的帮助。

我所提出的主张大体上是这样的:首先,我先假定资本的形成很可能有不止一种途径。从这一点上说,这不同于比方说吧,科学。我们把某一类操作运转和见解看作是科学的范畴。我们不能说有什么中国科学,或者日本科学,或者美国科学。科学是绝对普遍化的。这既是科学的优点,在某种程度上又是其局限。可是,如果把资本的形成,放在涉及一种动力结构的复杂网络的关系中来理解的话,它就可能演化出不同的方式。

韦伯所认定的资本主义精神,强调个人主义,主宰世界,市场结构,竞争,放任主义和对于知识的一种浮士德式的探索。这是一种模式。这种模式在资本主义的形成中无疑取得了很大的成功;就我们所知,它是人类历史上唯一具有成功纪录的模式,首先在欧洲,然后在美国。所以,不足为怪,今天仍然有相当数量的领导人(包括美国的领导人)信奉这种意识形态。他们认定了要发展一种生动活泼的经济体系,唯一的方式,就是依据我刚才描述的这种资本形成的模式。

对于我们中的一些人来说,现在的问题是:是不是还有另外一种途径的确凿的可能。尽管这种可能性牵涉到一系列的矛盾,我们却不可以漠然置之。在美国,这种需求可能不很紧迫,但是在东亚,这却是一个严肃的问题。它不仅仅被日本经济学家们和被丸山真男①之类的思想史学家们所提出来,也被许多欧美学者提出来了。哈柏马斯只不过是其中之一。其他还包括彼得·伯杰(他最近访问过新加坡)、爱德华·席尔思②、罗伯特·贝拉③、埃兹

---

① 丸山真男(Maruyama Masao),1914 年生。日本思想史学家。

② 席尔思(Edward B. Shils),1915 年生。美国教育家、社会学家和管理学家,著有《公立学校系统的财政管理》、《自动化与工业关系》等书。

③ 贝拉(Robert Neelly Bellah),1927 年生。美国社会学家和教育家,现任伯克莱加利福尼亚大学福特讲座社会学与比较研究教授。

拉·沃格尔和吴元黎①。希伯莱大学的艾森施塔特和海德堡大学的施勒赫特②则从事于一种全面的尝试,要在全球范围内重新考查韦伯的论点。

根据这些新的观点,东亚的经营气质和资本形成的模式有些什么样的特点?我想用比较的角度来看这个问题,讨论一下这些不同的趋向是怎样互相联系的。一方面,个人被看作孤立的实体和重建社会的力量。另一方面则是把自我理解为关系中心的新型的经营气质或企业精神。自我的尊严在人类关系网络的范畴中才具有了意义。这迥然不同于前一种观念:即把个人视作一个孤立的实体,他只有斩草除根,割断一些基本联系,才能取得独立。自我,作为各种关系的中心,只有通过人类相互交往和相互关系的形式,最大限度地发挥它四周的能量和思想,才能实现其尊严。我想再加上一点,这两种看法不一定是相互抵牾的。

他们的不同,也在于他们对权利和义务的看法。第一种观点的特点是一种强烈的权利意识:"我的权利是什么?在合法的范围之内,我可以做些什么?"这一种人对于其自我利益是一清二楚的。一个不能够认明其自我利益的人,简直就算不得是一个理性的生物。另外一种观点则选择了一种强烈的、有时是有意识地社会化的责任意识。鼓励人们去问的,不是"我的权利是什么?"人们所受到期待的,是恪守自己的责任和义务。与此相应的,还有一种对于相互合作的注重。我们必须是一个公司里的成员,或者一

①　吴元黎,历任旧金山大学、马克特大学亚洲研究所研究员。斯坦福大学胡佛战争、革命和和平研究所研究员。

②　施勒赫特(Wolfgang Schluchter),1938年生。德国海德堡大学社会学教授。

个大学里的一分子。作为一个社会集团的整体的一部分,我们必须很少表现利己的动机和欲望。那样做会受到团体里长辈的批评。

对个人对权利的强调扩充到一种普遍的超越一个人的现状的要求,像尤利西斯(Ulysses)一样,去探索的新的疆域。对知识的渴望和追求推动一个人向前,比如浮士德情愿为了新的经验和知识而出卖他的灵魂。当然,浮士德代表的是这种精神走向毁灭性的极端。然而,我们也必须认识到,就人类历史而言,同样这一种精神对于科学的发展和人类知识新地平线的开拓作了重大的贡献。相反,当自我被看作关系的中心时,人就有了一种纪律和约束的意识。这种意识表现为人格的修养、同等严格的身体和精神的自律,并且有时甚至表现为同等的精神的自我实现。

我应该再一次指出:我为了突出讨论的重点,把问题分化成两个极端。让我们不要忘记,在现实中,这两边既不是完全不相容的,也不是全然可以分开的。可是,为了说明问题的需要,从它们更为极端的形式中去看这两种观点是有裨益的。请记住这一点,我下面想谈谈这两种意识的某些社会表现。

表现之一是社交礼节。这是被一个社会中的成员公认为适当而有意义的社交模式。其中不少是人们以为理所当然的习惯性行为。每个社会都有不同程度的仪式化行为。有些社会学家已经注意到,在东西方文化的比较中,一个代表了一种低级的仪式环境,一个代表了高级的仪式环境:例如,美国一般说来是低级的环境,日本则是高级的环境。在一个低级环境的社会里,几乎没有什么现成的或者规范化的礼仪行为。究竟是哪些东西构成正确的社会行为往往是说不清楚的。和这一种模糊性并行的是一种几乎是很有必要的高度的忍让。从某种程度上讲,这可能是社会中文化多样性的结果,比如美国的情形就是如此。

这种标准化行为的缺乏导致了一种困境,即我们从来不能完全确定如何举止。每一次新的交往都要求某种程度的新的礼仪、某一种新的行为模式。每遇到一个陌生人,我们就必须想法通过新的礼仪行为,从而理解这个人。这可能要花费相当的时间。大家知道,我在伯克莱加州大学教了十年书。就美国社会中的人际交往而言,加利福尼亚的礼节环境排在最低的行列。从某种方面上来说,这是很舒服、很放松的。忍让的意识十分强烈,但是在这种低礼仪的环境里——再加上多变的社会的流动性——很难培养持久的、有成果的人际关系。

另一方面,在高礼仪的环境中,人际交往大多遵循得到社会认可的模式。这种社会的成员从小就吸收了这种模式,并不一定意识到他们的行为遵循一种规范的程度。可是,当一个外国人在场的话,这种模式就显而易见了。这个外国人会发现他很不容易和这样一个社会打成一片。他一进房间,他走路的样子、他的衣着和他的举止,样样都表明他不熟悉这种礼仪。他要花好多时间才能学会怎样大方得体地和人打招呼,如何交谈,如何让他的举止与他人协调。不过他一旦懂得了这些礼仪,他就成了这个社会的一员,如鱼得水。高级的或低级的礼仪环境,究竟哪一种更好,我们说不上来。同时,我们必须意识到我们所阐明的性格类型,它们所进行活动的社会环境,在行动上是培养和支持这两种伦理的。

这种社会表现的又一个方面涉及群体的特性。一方面是相抗衡的体系,我称之为(the adversary system);另一方面则是“信用社区的群体”(fiduciary community)。美国是一个抗衡体系的例子;儒家的社会则是信用社区的例子。抗衡体系的宗旨在于保证和保护个人的权利。它确认和支持个人的自我利益和竞争。它也是高度法治的。实际上,依据法律的统治被认为具有高度的道德价值。以这些方针为前提,人的相互作用往往是以互相冲突的利益的仲裁和谈判的模式为准绳的。从这个角度去看,美国社会中律师的重要性就变得更可理解了。当然,所谓“信用”,也是一个以基本信赖作前提的法律字眼。在一个信用社区里,这种信赖表现为一种对于社会中可以分享的价值的承担。通常,信用社区是有一段很长历史的社会化的结果。它常常涉及一个单独的种族集团。这个集团有很长的历史与文化背景,有分享特殊的礼仪形式的长期经验。否则,信用社区不会轻易产生。

我们对于这个比较再进一步看,就可以看到经济体制也表明了某些这一类的差异、对立。一方面,我们看到的是竞争,放任主义和假定为能够自我调节的市场的重要性。另一方面,我们发现政府的干预和领导也是重要的。这种差别也体现在对知识的获得上。在现代的西方,知识被理解为新的技术和组织事物的新的方式,是受到重视的。这样的知识,即使就其最成熟和最先进的形式而言,也没有必要依靠个人的努力或是教师的参与才能得到传递。我们要想理解当代最先进的物理学,用不着把学习牛顿物理或是爱因斯坦物理当作循序渐进的阶梯。事实上,我们可以由研究作为一个领域的物理学的最新发展入手,学习这一课题上所积累的知识。这个学习过程并不要求学习者经验的转化。通过学习,他对于这门学科知道得更多了。不过,他若是不学习,也可以是依然故我。

在东方的环境中,受到重视和强调的知识是相当不同的。用智慧这个词来形容它最为合适。智慧的传递牵涉到学习者对于一个经验的理解进程中的全部投入。我们从涂鸦乱画开始,逐步学习。直到他能够用思想、言辞和行动表达某种事物时,他才可以声称他知道了这件事物。打一个比方,某人想成为第一流的小提琴家,就去跟艾萨克·斯特恩(Isaac Stern)①学习。这个人压根儿就不能这么说:"我现在想要根据你所积累的技艺深造。等我跟你学到一定的时间,我就能够跟你拉得一样好,增强我自己的技巧。"大师不能把智慧像包裹一样传给学生好像一件与生活经验没有丝毫关系的东西一样。每一代人必须进行奋斗,才能获得那种传统。

我刚才概括的东西,现在大家应该很熟悉了。历史学家、社会学家、政治学家和比较宗教学家已经认识到了某些群体价值。这些价值我已经作为儒家伦理讨论过了。他们认为这些价值对于一种新型的资本主义的兴起作出了贡献。我记得彼得·伯杰甚至造了一个新词,叫作"现代资本主义(a modern capitalism)"或者"第二次现代浪潮(second - wave of modernity)"。现在有很多种现代资本主义,这是其中之一。这种特殊类型的资本主义强调自我是各种关系的中心,义务感,自我约束,修身,取得一致意见和合作。它高度重视教育和礼仪。它注重信用社区和政府的领导。其经营的风格涉及既学习一整套实际技能又学习如何工作的一种程序和仪式。

根据惯例,我把这些关切总称为儒家伦理。在考察了这种伦理在东亚的表现方式之后,我们不能说它是普遍存在的。我们业已认明了儒家伦理有突出表现的五个地区,它们是日本、南朝鲜、台湾、香港和新加坡。把这些国家(和地区)全部说成是后儒学国家(和地区),这是我不能接受的一种轻率的判断。让我简要地评

---

① 斯特恩(Isaac Stern):1920 年出生于苏联的美国小提琴家,曾来华访问演出。

论一下每个地区,并且把它们与新加坡的情形作出比较,这样可以说清楚我的意思。

有许多人把日本的经济发展——其成熟和过于简单化的程度各不相同——归因于儒家伦理。至少从某种程度上来说,对日本成功的分析现在的目标是,要在其他环境中借鉴这种成功。然而日本的成功,从很大程度上来说,没有重大的变更就无法借鉴。比方说吧,假定新加坡要发展它自己独特的企业精神。它可以利用其文化中在有意识和无意识的不同层次上已经存在的、大量的儒家伦理。假定儒家伦理在日本也同样存在的话,是什么东西使得日本的经验有所不同呢? 理由之一,是日本的民族的个性非常古老,并且相当排外。新加坡是个多民族的社会。它可能深深扎根于其成员的固有的文化之中。这些成员,多少年来,经历了各种转变。然而,这些文化不同于构成日本传统的基础部分的根。新加坡是多文化的,并且有一种在表现集体和个人之间不流动关系的移民心理。日本是有高度礼仪环境、根据等级组成的结构。权威的模式,比如尊敬老人、雇主和任何当权者,是大家习以为常的。这几乎成了第二天性。我和日本客人交往的体会是,他们一般总要利用谈话开头的一段时间,来决定是不是应该使用更客气的称呼,还是使用平辈之间的形式。对于习惯于等级观念的心灵,决定对方是应该被视作低幼、尊长还是平辈,是非常重要的。

这一部分地是由于日本有长期的封建制度的经历,这是日本有别于其他亚洲国家的特点。在日本文化背景中,封建主义是根深蒂固的。所以,等级制度是被不加批评地全盘接受的。在中国恰恰相反,类似的封建制度从未发生。在南朝鲜的存在也很有限,但无论是香港或是新加坡(当然这里有一段殖民主义的历史,但没有封建制)根本就没有封建主义的历史。实际上,香港的稳定和动力依靠的是英国的行政管理,这是日本、朝鲜或者台湾所完全没有的经验。香港这个例子,从这个特殊的方面来说,是与新加坡的情形相类似的。台湾的情形,以及在某种程度上的南朝鲜(二者同在儒家伦理的影响之下),也是非常不同的。台湾基本上是儒家价值根深蒂固的中国政权,不过,台湾在日本的统治之下有五十年之久,由此成为日本影响下的一个重要地区。在过去的三十年当中,台湾受到了美国文化的深刻影响。就政治文化而言,台湾从某些方面可以和南朝鲜相比,但决不能和日本相提并论。因此,我们可以看得出来,假定儒家伦理或者它所导致的企业精神的类型在这五个地区中都是相同的,这一种看法是不可取的。轻率地支持说一个既定的风格可以顺顺当当地移植到一个陌生的土壤里去,这也是不可取的。

每一个国家必须反思它自身的情形和需要,从而发展出它自己的企业伦理。如果新加坡要想做到这一点,那么最理想的方法便是以开放的心灵学习日本、美国和欧洲的经验。无论如何,要形成这一种伦理,实在有必要参照新加坡的特殊条件。我以为,当然也很希望,儒家伦理的学习能够在中学列为课程,并且对于在今后的岁月里培养和提高这里的劳工力量作出贡献。但是光靠这一点是不能够为新加坡提供它自己的企业伦理的。

我们所谈到的这一种企业精神,一定要把东方和西方的价值结合起来,从而对独特的新加坡的情形作出适当的反应。我们不想排除个人、竞争、法制的观念,甚至也不想排除把自我利益、动力和权利意识结合到一起的观念。这些观念是新加坡社会的遗产;它们是新加坡的财富。新加坡之所以成功,并不是因为一般的新加坡企业家是韦伯所谓的儒者。实际上,从韦伯的观点看来,一个高度理性化的、举止中节的儒者,最最不想做的,莫过于受到一种强烈的欲望推动,为了聚敛财富而聚敛财富。这样的一种人几乎不可能有资格成为传统资本主义的意义上的第一流的企业家。所以,那些其他的价值的存在是很重要的。

不过,在一个高度竞争的社会里,展望 80 和 90 年代的未来,不关心社会效益,而是头脑简单地只注意短期内获得最大利润是不够的。那种清教徒精神或新教伦理对于西方资本主义的产生作出了贡献,但也已导致了诸如极端个人主义和极端权利意识之类的各种各样的问题。正如一位日本社会学家所指出的那样,日本的生产率之所以现在如此令人注目,其原因是它的工程师和律师的比率是七比一,而美国却是一个工程师比七个律师。极端的个人利益导致个人的分裂、代沟和其他同样严重的问题。这些是西方所面临的问题。但是如果新加坡面临到同样的问题,我是不会感到惊讶的。

国家建设,舆论一致的形成和对广泛意义上的教育的强调在当前是非常有必要的。在新加坡,真正的资源是人才资源,也就是脑力,这种脑力怎样被提高、培养和恰当地调动?它怎样才能变得成熟起来,甚至就纯粹的竞争而言、就其本身而言,个人主义的教条不适合应付这些挑战。然而,我们怎样才能既强调个人精神的动力的重要性,而且与此同时,又从那种对于比方说日本的成功作出了贡献的伦理中受益?这是我反躬自问的一个问题。这也是要请大家考虑的一个基本问题。以上是我对这个题目的一些总的想法。

（1982 年 8 月 31 日讲演于新加坡国立大学商业管理系。高专诚译,原载《今日儒家伦理:新加坡的挑战》,新加坡课程发展总署,1984 年）

　　杜维明,1940 年生于昆明,1976 年入美国籍,美国哈佛大学中国史学和哲学教授,哈佛燕京学社主任。自 1978 年以来,他经常来华从事儒学思想的研究和教学。1990—1991 年任夏威夷东西方中心文化和传播研究所主任。他的研究兴趣在于儒家人道主义、中国思想史、东亚哲学与比较宗教研究。

　　本文以韦伯论为出发点,讨论了儒家伦理与东亚企业精神的内在关系。认为资本的形成可能不止一种途径,以儒家伦理为背景的东亚经营气质和资本形成模式有其独特的特点与优点,应该把东西方的价值观结合起来。

儒学和新教的伦理观之比较

——浅论朱熹和马克斯·韦伯的
道德伦理思想

〔德〕乔 伟

　　任何文化现象、政治现象和经济现象,都受许多因素的影响和左右,是一种错综复杂、长期发展的产物。因此,只有全面考察历史和各种思潮,才能得到解释。例如,资本主义社会如何在西方得以发展(它在亚洲文化中找不到可以与之进行比较的对等物),就是属于这样一种现象。

　　形成这一现象可能有许多因素,我想仅就其中一种因素——道德伦理思想作些探讨,试图从儒家和新教的道德伦理思想的角度,来说明一种特定的经济制度是如何得以发展的。

　　为此,我想在本文中把朱熹的儒家道德伦理思想和马克斯·韦伯①的新教道德伦理思想作一比较。我之所以选择朱熹对儒家道德伦理思想的阐释,是因为:

　　一、孔孟的道德伦理思想虽然是儒学的原始观念,然而这些观

---

　　① 马克斯·韦伯(Max Weber,1864—1920),德国著名社会学家,宗教社会学奠基人,主要代表作有《新教伦理与资本主义精神》(*Die protestantische Ethik und der Geist des Kapitalismus*,1920)等。

念随着时间而有所演变。再则,在儒学的早期著述中对道德伦理并未有详细的论说。只是到了宋朝才注重这方面的研究,而在宋朝的哲学家中,对儒学的道德伦理阐述最广、著述最丰的,当首推朱熹。

二、朱熹对中国整个知识界以及对中国邻邦——朝鲜、日本、越南知识界的影响,至少一直延续到20世纪初甚至今日。这不仅是由于他的《四书集注》作为科举时代的教科书,而且是由于儒学自宋朝以后得到新的阐释。几乎可以这样说,朱熹思想是儒学在中国的一个转折点。因此人们把宋明两朝的儒学称为新(后)儒学。这种新儒学不仅对中国的思想发展产生重大影响,而且涉及到中国的现代化问题。人们今天经常提出这样一个问题:为什么18世纪以前的中国,在科学技术方面,虽然不能说处于世界领先地位,但至少不比西方国家落后(而今天却处于相当落后的状态)。当然,原因是多方面的,不过,其中一个决定性的因素无疑是精神状态,是儒学统治着中国,而儒学的核心则是它的道德伦理思想。另一方面,西方资本主义的推动力则在于新教的道德伦理思想。它的代表人物是马克斯·韦伯。因此,比较一下朱熹和韦伯在道德伦理思想方面的异同,是令人颇感兴趣的。

现在,先简单回顾一下朱熹的道德伦理思想。按照朱熹的观念,他对"道德"的表述如下:"道",是人人所共同必由的道路,即共同遵守的原则;"德",便是"明得此理,得之于身,斯谓据于德"(《朱子语类》卷三四),即明白共同遵守的原则,而去践行。这就是他对"道德"(伦理)概念的规定。他还进一步说明道德的内容。"道",即父之慈,子之孝,君仁臣忠,等等,它们是一个公共的道理。"德",便是得此道于身,为君必仁,为臣必忠,等等。

朱熹道德伦理思想的目的,在于"存天理,去人欲"。朱熹所谓的"天理"指的是什么？他认为，"天理"便是君臣、父子、兄弟、夫妇、朋友之间的基本关系。"仁"、"义"、"礼"、"智"四德也属于"天理"。"天理"是"心之本然"，是指"心"未有思虑之萌和遇物而感时的未发状态，此时，心中浑然"天理"，而无一丝"人欲"之杂。"天理"是"善"，朱熹说"理"便是"天理"。"天理"皆善。总而言之，天理是指人与人之间的基本关系，"心之本然"和"善"。

何谓"人欲"？他说："人欲者，此心之疾疢"。"心之疾疢"，就是"心有毛病"。遵此而去，其心就"私"、就"邪"，是国家"乱"和"危"的根源。"人欲"是"恶底心"。何谓"恶"的"心"？朱熹认为，它是"天理"、"恻隐"、"羞恶"的反面。"人欲"是被欲望所惑而产生的恶念。"人欲"是"心"的毛病，是为"嗜欲所迷"的心。不过，这里必须说明，"人欲"又不尽同于"欲"。"人欲"是物欲。而"欲"是指正当的需求。朱熹举例说，饥而欲食，渴而欲饮，都是自然的需要。朱熹把自然的需求和嗜欲加以区别。他认为："饮食者，天理也；要求美味，人欲也。"朱熹不仅对"天理"和"人欲"作了细微的解释，而且还进一步指出，人为什么有"人欲"，依照他的看法，有如下几方面原因：

一、"气禀"，人生来就有人欲之私，也就是说，"人欲"是天生的，人对此无可奈何。

二、人欲是耳、目、鼻、口之欲。譬如，鼻子被芬芳的气味所引诱，眼睛被鲜艳的颜色所迷惑；如果一个人为眼鼻所驱，那么也就产生了人欲。

"天理"与"人欲"之间的关系怎样？朱熹认为，"天理"与"人欲"是相互对立、相互依存的。"有个天理，便有个人欲。"他又说，两者不容并立，因为"天理"必须去克服"人欲"。"人之一心，天理存则人欲亡，人欲胜则天理灭。"不过，他指出，天理不会全灭，而是一个相互消长过程,"天理"多则"人欲"少,反之,"人欲"多则"天理"少。因此,人就必须不断地克服"人欲",以便恢复"天理"。怎样克服"人欲"而恢复"天理"呢?按照朱熹的思想,便是克己复礼。也就是说,人必须克己,然后才能复礼。当然,这不可能一下子达到,故而朱熹认为,克人欲须逐步进行。

何谓礼?朱熹认为,礼即天理也。因此"克己"也就是复归于礼,复归于"天理"。

关于"义"和"利"的问题。

这个问题对儒家来说,极为重要。众所周知,儒家重"义"轻"利"。"重农轻商"的经济政策,便是以这种思想为基础的。朱熹继承了这一传统,而且把"义"和"利"的问题视为道德伦理的原则。朱熹所说的"义"是什么?按照他的观念,"义"无非是"天理之所宜"。具体地说,一个人行事,必须符合天理。此外,"义"是"心之制"。哪些事合当做,哪些事不合当做,均由心来裁制。这就是"义"。它是"根于人心之固有",是先验的,天生的。一旦按"义"行事,则合乎天理。

何谓"利"?朱熹认为,"利"是"人情之所欲",也就是说,只计较对自己有利无利行事,而不顾"义理"。朱熹还进一步指出,"欲是所欲得者,……如货财、名位、爵禄等",人一旦计较自己的利害得失,便是"利"。

"利"是"人欲之私",也就是说,谋私利,便是违背"义"的原则行事。即便仅有这种想法,就已经是"利",已经违背天理而行事。"义",是"正义",它合乎"天理";"利",是"私利",属于"人欲"。简而言之,"义"是为人,"利"是为己。无论何时,都必须注意义利之别,乃是为人为己之分。朱熹特别强调把"重义轻利"作为一种道德规范,不仅要求知识分子身体力行,而且要求贯串于日常生活的各个领域。其影响在中国近代史上尤其明显。人们不注重经商活动,且畏怯于贸利。总的说来,商人的社会地位不高。这种轻商和畏怯于贸利的心态,虽然被社会舆论视之为高尚,但实际上则是大大妨碍了商品经济在中国的发展。近代中国之所以数百年来长期停滞于"以农为本"的封建主义,而西方式的资本主义却始终得不到发展,反思历史,这种现象显然和封建统治者提倡的"崇本抑末"、"重农轻商"的经济政策有关;而这种经济政策的思想理论基础之一,则是以朱熹为代表的儒家"义利"之辨的道德伦理观。

现在我们且来看西方新教的道德伦理思想中是怎样一种"义、利"观?为此,我想简单介绍一下马克斯·韦伯的新教道德伦理思想。

在马克斯·韦伯的道德伦理思想中,Beruf——职业(使命)和Askese——苦行(禁欲)可以说是两个重要的概念①。按照马克斯·韦伯的看法,这两者是资本主义发展的决定性因素,尤其是对"有组织的自由劳动"这种前所未有的形式来说,起着决定性的作用。职业(使命)的概念是什么?对它的解释,最好从马克斯·韦伯自己的著述中去找。我在此引用他的原话:

> 很明显,德语中 Beruf 职业(使命)一词,如同英语中的 Calling 一样——英语的 Calling 也许表述得更清楚——,已经成为一种宗教性的概念,它至少和"上帝授予的使命"含有同样的意思;如果我们在具体的事例中对这个词接触愈多,那么

---

① 德语中的 Beruf,既可译成职业,亦可译成使命,而在马克斯·韦伯的宗教社会学中,这两种涵义,兼而有之;同样,Askese 一词,既可译成苦行,亦可译成禁欲,在马克斯·韦伯的概念中,这两种涵义,兼而有之。

感受也就会愈深。让我们从历史上寻溯一下这个词在文化语言中的含义，那么首先看到的是，那些以信奉天主教为主的各族人民对我们称之为职业的这一概念（指人的社会身份、特定的劳动范畴）不知道用怎样一个类似色彩的词来表达，就像他们不知道在自己的语言中，譬如"日耳曼民族精神"这个词，含有某种道德伦理特点一样。他们只知道，今天意义上的职业（使命）这个词是出自于圣经的译文，况且是出自译者的思想，而不是出自圣经原文的思想。Beruf 一词，完全用于我们今天"职业"（使命）这个意义，大约最早出现在马丁·路德的圣经译文《耶稣先知传》中，不久，所有信奉新教的各族人民在世俗语言中也都使用这个意义。而在此之前的世俗和宗教文献中却没有发现有表达这种词义的任何迹象。只要看一看德国的宗教神秘主义者陶勒（Tauler）的著述，就会明白这一点，而陶勒对马丁·路德的影响是大家知道的。因此可以说，不仅"职业"这个词的词义是新的，而且这个词所含的思想也是宗教改革的产物。无论如何，下面这一观念首先是新的：在世俗的职业范畴内把"尽职"作为道德自我完成的最高内涵。正是这一观念必然会给世俗的日常劳动赋予宗教意义，并且是在这种意义上首次产生"职业"（使命）的概念。不过，这种概念也是随着时间演变。例如，世俗中的从事劳动，虽然合乎上帝的意志，但它并不完全和"饮"与"食"一样；在以往的道德伦理中几乎不占重要地位。只是在批判修道生活时，职业的意义才愈来愈显得重要。僧侣们规避职责，隐居于寺院，他们是利己和自私的。与修道生活相反的，是世俗中的正常劳动，这是一种博爱的表现。正常劳动要比修道生活有价值得多。

他接着又说：

> 在任何情况下，完成世俗的职责，都是为了顺应上帝；尽职是，而且仅仅是上帝的意志，因此，任何一种允许的职业，在上帝面前都完全一样。（《韦伯文集》第68页）

把"职业"（使命）彻底转向世俗的意义，是加尔文教。他们（加尔文教徒）把世俗生活作为自己的职责。这种观念肯定远离天主教的教义：把"拯救灵魂"作为人的最高使命。

马克斯·韦伯把"自由劳动的组织"（《韦伯文集》第16页）以及把"家务和生产经营分开"，看作是资本主义经济制度的特征现象。这种制度是受各种技术发展的巨大影响，但首先是西方科学的影响，即以数学和实验为基础的精密而合理的自然科学的影响（《韦伯文集》第18页）。

有关"职业"（使命）的道德伦理思想就介绍到此。现在我们再来看苦行（禁欲）。毫无疑问，新教徒的苦行生活方式也是宗教改革以后的产物。当然，在此之前，天主教徒中也曾有一些人过着一种非常严格的生活。但是，像加尔文教徒和卫理公会教徒那样，把苦行生活作为整个教派的信条，却是新的发展。加尔文教徒在奉行这种生活方式中无疑居于首位。他们实际上是把大墙后面的僧侣生活推行到社会人群中来。也就是说，每一个教徒都应当过一种严格的生活，而放弃许多生活内容。加尔文教徒信仰"神恩选择"之说，觉得自己已是一个被上帝选择有福进入天堂的信徒，因而为了对上帝表示特别的尊敬，就须更加努力。如马克斯·韦伯所描述："世界的目的，唯一的目的，是为上帝的自我颂扬效劳；受上帝恩择的基督教徒的目的，唯一的目的，是在世界上通过实行自己分内的戒律为上帝增添荣光。"（《韦伯文集》第26页）从马克斯·韦伯的描述中，可以清楚看出这种观念是怎么一回事。它已成为一种经过系统培养的、过理智生活的方法,目的是克服人的自然状态,亦即使人摆脱不合理的欲望的驱使,摆脱与世俗和自然本能有关的欲望,树立周密的最高愿望,把自己的行为始终置于自我克制之下,顾忌到各种道德伦理的规范。也就是说,在客观上要把僧侣培养成为一个服务于上帝天国的工人,复而在主观上保证他的灵魂得救。这种积极的自制,就像圣·依纳爵的祈祷练习的目的一样,完全是理智的、僧侣美德的最高形式,也是"对新教起决定作用的实际生活方式"(《韦伯文集》第135页)。

这种苦行生活的宗旨,就是人应该过一种清醒的、自觉的生活;最重要的任务是,人要克服无节制的享受。为了达到这个目的,首要的任务是,应该秩序井然地生活。简单地说,苦行主义者过的生活,是立足于上帝的意志,把自己的生活进行合理安排。再则,这种苦行的生活方式不仅是一个信徒尽职的善举,而且也是每个信徒必须履行的生活,如果他想要清楚地知道,自己正在被拯救的话。教会要求它的教徒过一种与常人不同的生活,但是这种生活已不像从前那样在大墙后面的寺院里度过,而是在人群社会里度过。这就是从苦行主义的新教徒的"职业"(使命)概念中产生的结果。至此,我们已经简单地阐释了新教的职业(使命)和苦行(禁欲)这两个概念。这两个概念都是宗教改革以后产生的。按照马克斯·韦伯的看法,它们是现代资本主义发展的一种重要推动力。此外,还有同样是在宗教改革以后产生的加尔文教的"神恩选择"的信条。按照这种信条,加尔文教徒必须过一种苦行的生活,以便他们能够知道,自己已被上帝恩择。从这种苦行生活发展出"合理化思想"。"合理化"是现代资本主义发展必不可少的因素。概括地说,职业、苦行、加尔文教徒所过的生活,构成了现代资本主义的基础,又从这种基础产生出资本主义思想。

现在,让我们把朱熹的道德伦理思想和新教的道德伦理思想作一比较:

我们知道,朱熹虽然不像马丁·路德那样是一个改革者,但是他在宋朝对儒学所作的革新,或者说所作的新阐释,或许也可以看作是某种改革。简单地说,宋朝的哲学,即理学,是道家、佛教、儒学的综合。尽管还保留着原始儒学的名称和概念,但它们已具有新的内容,例如,理、气、心、性、义、利,等等,这些概念已含有上述三个学派的综合内涵。我们试把新教的职业和苦行这两个概念和朱熹道德伦理思想中的"天理"、"人欲"比较一下,看看它们之间有哪些相似之处,或者说,是否有相似之处。

首先,我们必须简单地再明确一下天理的定义。天理即三纲五常。三纲者,君为臣纲,父为子纲,夫为妻纲,以及与此相应的"忠"、"孝"、"节"。五常,即仁、义、礼、智、信。我认为在"三纲五常"中,核心思想是"忠"。朱熹所谓的"忠",含有诚实的意思。在上司和君主面前什么也不隐瞒。这也同样适用于对周围的人。例如,对别人说话,如果只说一半真情,这就是不"忠"。换言之,应该像中国谚语所说的那样,做到:知无不言,言无不尽。也就是说,知道什么,就应该说出来。既然想说出来,就应该全盘托出,绝不可隐瞒什么。为了达到这样的目的,一个人必然要除去个人的自私想法或私欲,然后才能做到对他人毫无保留的忠。我以为这种彻底的奉献可以和"职业"(使命)的观念相比。如果说,职业是一种天赋的使命,那么一个人就应该毫无保留地去尽这种天职。这也无非是说,对任何使命都要采取忠诚的态度。从另一方面说,既然三纲或者说"忠",是合乎天理的,那么,履行了三纲,也就像完成了使命。显然,在"去人欲"和"苦行生活"之间也存在许多相似之处。我们上面已经提到,按照朱熹的说法,适合人的正常需要的愿望是允许的,而不算作"人欲",不过,一旦越出范围,有过分之求,便是"人欲"。朱熹在这里把"食"与"饮"作为例子。当然,在其他的生活领域也是如此。譬如,和自己的妻子过有节制的夫妻生活。这在新教徒中也是如此,和自己的妻子过夫妻生活,仅仅是为了繁衍人类,如果越出这个范围,便是罪恶了。新教徒应当摆脱受世俗和自然本能制约的非分欲望,或者说,他们对自己的行为必须始终自我克制。例如,人应当勤奋。"时间即金钱",是他们的口号。嬉戏和过分的享乐是不能奢望的,也是完全不允许的。又如,人必须节俭。我们从朱熹的治家格言中也可清楚看到他所提倡的"勤奋"和"节俭"。

　　总而言之,无论是新教还是新(后)儒学,都是一种改革,大大丰富了道德伦理思想方面的内容,而且两者之间有不少相似之处。新教徒们从天主教的修道生活中接受了过苦行生活;新儒家们从道家和佛教中接受了"克人欲"。"合理化"——即指过秩序井然、克俭的生活——不仅产生于新教徒所过的生活,而且也存在于新儒学中。凡是新教徒身体力行的,几乎都可以在朱熹的著述中找到。然而,尽管这两种道德伦理思想有不少相似之处,它们在历史上又都对普遍的生活方式和以后经济形式的发展产生过巨大影响,但其结果却完全不同。不仅新教徒从苦行生活中积累了资本;而且,对现代资本主义的发展必不可少的"合理化过程"就是从苦行生活方式中产生的。概括地说,从新教中产生了以组织化的劳动为形式的现代资本主义;而新儒学不仅没有促使现代资本主义在中国产生、发展,却对巩固封建主义起着不可低估的作用。这说明新儒学和新教尽管在道德伦理思想方面有不少相似之处,但它们在体系上仍有本质的不同。当然,现代资本主义之所以能在西方蓬勃发展,而中国则长期停滞于封建主义,原因是多方面的;有内在的因素,也有外来的因素;有历史的因素,也有政治的因素。占统治地位的道德伦理思想仅是其中一个因素,只不过我们以往在研究这个问题时,一味强调"物质",而对人们的"精神状态",即对人们的道德伦理观念在历史、经济发展中所起的作用重视不够。

今天,全盘否定儒学的时代已经过去;但是,反封建主义的任务在中国远未结束;在贯彻执行改革开放政策中来研究儒学,又会有许多新的课题。我的这一简短发言,意在抛砖引玉,期望能破除一些妨碍商品经济发展的旧的道德观念。

(选自《儒学国际讨论会论文集》,齐鲁书社1987年版)

乔伟,德国人,德国特利尔大学汉学系教授。

此文比较了朱熹的新儒家伦理思想和马克斯·韦伯的新教伦理思想,认为它们都是一种改革,有不少相似之处,比如苦行生活与克人欲,都主张"合理化",都对生活方式和经济形式的发展产生过巨大影响,但结果却完全不同,"从新教中产生了以组织化的劳动为形式的现代资本主义;而新儒学不仅没有促使现代资本主义在中国产生、发展,却对巩固封建主义起着不可低估的作用"。这说明二者在体系上有本质的不同。

儒家伦理的新发展

〔美〕余英时

儒家从来便是入世之教,因此并不发生所谓"入世转向"的问题。但是从韩愈、李翱到宋明理学,儒家确然进入了一个新的历史阶段,即是今天中外学人所共同承认的"新儒家"(New Confucianism)。在上一篇论宗教的转向时,我们曾强调惠能以下新禅宗的历史意义。事实上,如果我们想要在中国史上寻找一个相当于韦伯所说的"新教伦理"的运动,则从新禅宗到新儒家的整个发展庶几近之。这一运动之所以从佛教发端,则是因为佛教在唐代是中国思想和信仰的主流,在一般人的日常生活中占据着中心的位置。现在我们要进一步讨论的是:韩愈、李翱所首倡的新儒学和佛教的转向之间究竟有没有关系? 如果有关系,其关系又属何种性质?

1. 新儒家的兴起与禅宗的影响

首先必须指出,儒家虽然是入世之教,但唐代的儒学则已与中国人的日常生活脱节了。从两《唐书》的《儒学传》来看,唐代的儒学只是南北朝以来繁琐的章句之学的延续。以儒家经典的研究而言,唐代治三礼的人尚多专家。这也是上延南北朝的风气而来,和门第礼法颇有关系(赵翼《廿二史札记》卷二十《唐初三礼汉书文选之学》;陈寅恪《隋唐制度渊源略论稿》,北京,中华书局,1963,第二章《礼仪》)。但安史之乱以后,门第渐趋衰落,因此与维持门第生活有关的礼学也不免失去其现实的意义。至于施之于郊庙、朝廷的礼乐,则诚如欧阳修所言:"由三代而下,治出于二,而礼乐为虚名。"(《新唐书》卷十一《礼乐一》)换句话说,便是和现实人生毫无关系了。韩愈在《原道》这篇划时代的大文字中便是要使儒学能重新全面地指导中国人的社会生活。所以他说:

> 夫所谓先王之教者,何也?博爱之谓仁,行而宜之谓义,由是而之焉之谓道,足乎己无待于外之谓德。其文诗、书、易、春秋;其法礼、乐、刑、政;其民士、农、工、贾;其位君臣、父子、师友、宾主、昆弟、夫妇;其服麻、丝;其居宫室;其食粟米、果蔬、鱼肉。其为道易明,其为教易行也。(见《朱文公校昌黎先生集》卷十一《原道》)

可见在韩愈的心目中,儒家之道是无孔不入、无所不包的。只有这样的"道",才能真正取佛教和道教而代之。因此他在一首斥道教的古诗中也说:

> 人生有常理,男女各有伦。寒衣及饥食,在纺织耕耘。下以保子孙,上以奉君亲。苟异于此道,皆为弃其身。(同上,卷一《谢自然诗》)

合起来看,可知韩愈所倡导的正是后来宋明新儒家所谓"人伦日用"的儒学,与南北朝以来章句和门第礼学截然异趣。从这一点上说,韩愈的努力也未尝不表现着儒家的"入世转向",也就是使儒学成为名符其实的"世教"。这一转向毫无疑问是受新禅宗的启示而来的。陈寅恪认为韩愈"直指人伦,扫除章句之繁琐"乃取法于新禅宗的"直指人心,见性成佛之旨"。这是一个很有根据的论断①。

但是从韩愈以至宋代的新儒家明明都是全力排斥佛教的。现在我们却强调新儒家是继承了新禅宗的入世精神而发展出来的。这两种说法是不是有基本的矛盾呢？其实其中并无矛盾。新禅宗虽已承认"担水及砍柴"都是"神通与妙用"，甚至也承认"种种营生，无非善法"，但是它并没有、也不可能改变其否定"此世"、舍离"此世"的基本态度。他们对于儒家所最重视的"事父事君"的人伦世界仍不能正面地予以肯定。他们所能达到的极限是不去破坏"世教"而已。神会门下的大照在《大乘开心显性顿悟真宗论》中说：

> 世间所有森罗万象，君臣父母，仁义礼信，此即世间法，不坏。是故经文："不坏世法，而入涅槃。"若坏世法，即是凡夫。

所以朱熹一再批评佛法的敷衍"世教"是"遁辞"。他说：

> 释氏论理，其初既偏，反复比喻，非不广矣。然毕竟离于正道，去人伦，把世事为幻妄，后来亦自行不得。到得穷处，便说走路，如云治生产业，皆与实相不相违背，岂非遁辞乎？

又说：

> 佛氏本无父母，却说父母经，皆是遁辞。（均见《朱子语类》卷五十二）

按："治生产业，皆与实相不相违背"是云门文偃（864—949）的话，见《五灯会元》卷十五。可见新儒家正是要在新禅宗止步之地，再

---

① 陈寅恪《论韩愈》，现收入《金明馆丛稿初编》（上海古籍出版社，1981年），页287。陈氏指出韩愈排斥佛教诸论点皆前人所已发（页289），也是正确的，见汤用彤《隋唐佛教史稿》（北京，中华书局，1982），第一章第五节《韩愈与唐代士大夫之反佛》，页31—40。

向前迈进一步,全幅地肯定"人伦"、"世事"是真实而非"幻妄"。从这一点来看,新儒家在终极归趋的方面是和新禅宗处于截然相反的位置,但就整个历史进程而论,则又是因为受到新禅宗"入世转向"的冲击而激发了内在的动力。韩愈《原道》划分儒释的疆界说:

> 古之所谓正心而诚意者,将以有为也。今也欲治其心,而外天下国家,灭其天常,子焉而不父其父,臣焉而不君其君,民焉而不事其事。

韩愈在新儒家中最早发现《大学》的新意义,因为此篇从正心、诚意直接通向修、齐、治、平,内外一以贯之。正心、诚意虽是佛教的根本重地,但佛教的"治心"却是为了舍离"此世"。《大学》的"治心"则恰恰相反,是为"入世"、"经世"作准备的。韩愈以"治心"为始点而重振儒学,正是入佛教之室而操其戈。关于这一点,我们下面将续有讨论,此处暂不多说。

但是韩愈的"入室操戈"尚远不止此。《原道》说:

> 斯道也,何道也?曰:斯吾所谓道也,非向所谓老与佛之道也。尧以是传之舜,舜以是传之禹,禹以是传之汤,汤以是传之文、武、周公,文、武、周公传之孔子,孔子传之孟轲,轲之死不得其传焉。

这是最著名的新儒学的道统论,但在韩愈之前并无人公开提倡过这种个人之间代代相传的"道统"。那么这一观念他是从何处得来的呢?陈寅恪对此有明确的解答。他说:

> 退之从其兄会谪居韶州,虽年颇幼小,又历时不甚久,然其所居之处为新禅宗之发祥地,复值此新学说宣传极盛之时,以退之之幼年颖悟,断不能于此新禅宗学说浓厚之环境气氛中无所接受感发。然则退之道统之说表面上虽由《孟子》卒

章之言所启发,实际上乃因禅宗教外别传之说所造成,禅学于

退之之影响亦大矣哉①!

所谓"教外别传"即五祖弘忍将衣和法传给惠能,"衣将为信禀,代

代相传;法以心传心,当令自悟"(敦煌本《坛经》第九节)。而惠能

以下则传法不传衣②。后来宋儒比韩愈更进一步,遂有"虞廷传

心"之说。

韩愈在另一篇著名的《师说》中说:

> 古之学者必有师。师者,所以传道、受业、解惑也。人非
> 生而知之者,孰能无惑?惑而不从师,其为惑也,终不解矣!
> 生乎吾前,其闻道也,固先乎吾,吾从而师之。生乎吾后,其闻
> 道也,亦先乎吾,吾从而师之。吾师道也,夫庸知其年之先后
> 生于吾乎?是故无贵无贱,无长无少,道之所存,师之所存也。
> 嗟呼!师道之不传也,久矣。欲人之无惑也,难矣!(《昌黎
> 先生集》卷十一)

我们必须稍知唐代儒家师道的衰微情况,才能懂得《师说》的背

景。我们可以引用两位与韩愈同时的作者的话来加以说明。柳宗

元(773—819)的《师友箴》序说:

> 今之世,为人师者众笑之。举世不师,故道益离。(《柳

---

① 《论韩愈》,页286。但韩愈借用禅宗的传心说反为后世佛教徒所
乘。例如契嵩即谓禹、汤以下年代都不相及,"乌得相见而亲相传禀耶?"见
《镡津文集》(日本大正新修《大藏经》本,第五十二卷史传部四)卷十四"非
韩上"第一。

② 见《景德传灯录》卷五"吉州青原山行思禅师"条。《传灯录》卷三
《菩提达摩传》云:"内传法印,以契证心;外付袈裟,以定宗旨。"以传衣传法
始于达摩之传慧可。但此恐是后世追造之说。

河东集》卷十九)①

吕温(771—811)《与族兄皋请学春秋书》所言更为沉痛：

> 魏晋之后，其风大坏，学者皆以不师为天纵，独学为生知。译疏翻音，执疑护失，率乃私意攻乎异端。以风诵章句为精，以穿凿文字为奥，至于圣贤之微旨，教化之大本，人伦之纪律，王道之根源，则荡然莫知所措矣。其先进者亦以教授为鄙，公卿大夫耻为人师，至使乡校之老人，呼以先生则勃然动色。痛乎风俗之移人也如是!（《吕和叔文集》卷三）

可见唐代儒家只有"章句之师"，而无"传道之师"；这种"师"是社会上一般人所鄙视的。至于唐代上层社会所重视的师生关系则是科举制度之下的"座主"与"门生"的关系。这是与政治利害有关的"师"，与儒家之"道"是风马牛不相及的（陈寅恪《唐代政治史述论稿》，上海商务印书馆，1947，页60—61）。

韩愈《师说》中所向往的"传道、受业、解惑"之"师"，其实也是以新禅宗中的师弟关系为范本的。首先，师与道合而为一，这与"章句"、"文字"之"师"是恰恰相反的。这种"传道之师"在韩愈、吕温的时代只能见之于"以心传心"的新禅宗，而不能求之于儒家。在上引《师说》之文中，韩愈反复强调"解惑"，这更显然是禅宗所常说的"迷惑"，其反面即是"悟解"。所以达摩偈语说："吾本来兹土，传法救迷情。"而后来禅宗和尚则说："菩提达摩东来，只要寻一个不受人惑的人。"韩愈所说的"传道解惑"即是"传法救迷"的另一说法。这又是他"入室操戈"的一大杰作。

不但《师说》的整体精神取法于新禅宗，其中还有两个具体的

---

① 　并可参看《柳河东集》卷三四《答韦中立论道书》、《答严厚舆秀才论师道书》，及《报袁君陈秀才避师名书》等篇。

观点也是受到新禅宗的启示而发展出来的。第一是"无贵无贱，无长无少，道之所存，师之所存"。"无贵无贱"是惠能以来的新禅宗的特色。惠能以一个不识字的岭南"猲獠"，在得"道"之后竟得到士庶的共同礼敬。而惠能一系的传道也和神秀的北宗不同，即"无贵无贱"，而不是专靠帝室和上层贵族的支持①。"无长无少"也是新禅宗的特色。例如印宗和尚（627—713）在广州法性寺讲《涅槃经》，"遇六祖能大师，始悟玄理，以能为传法师"（《景德传灯录》卷五《印宗传》）。但印宗和尚比惠能（638—713）年长十一岁。后世禅宗徒长于师之例也时有所见②。可证韩愈以"道之所存"即"师之所存"，不论地位和年龄，是渊源于禅宗的。

　　第二是《师说》后半段所说的"弟子不必不如师，师不必贤于弟子"的论点。韩愈虽引孔子"无常师"为表面的根据，但按之实际，又和禅宗的风气有关。与韩愈同时的沩山灵佑（771—853）曾说：

　　　　见与师齐，减师半德；见过于师，方堪传授。（《古尊宿语录》卷五《临济禅师语录之余》）

这是说弟子的见识必须超过老师才能有被传授的资格，如果仅仅和老师相等，则只能达到老师的一半成就。"见过于师"一语在后来的禅宗语录和一般用法中也有改作"智慧过师"的，意义仍然一样（见《景德传灯录》卷十六《全豁传》）。韩愈的"弟子不必不如师"和此语是有思想渊源的。（韩愈自然不必直接得之于沩山。而沩山也可能是引用了新禅宗的流行说法。）总之，韩愈和吕温等

---

　　①　参看长部和雄《唐代禅宗高僧の士庶教化に就いて》，刊于《羽田博士颂寿纪念东洋史论丛》（京都，1950），页293—319。

　　②　陈垣《释氏疑年录》（北京，中华书局，1964），页442。北宋也有僧人之父为"法孙"之例，见《河南程氏遗书》卷二十二上《伊川杂录》。

人都因受到新禅宗的刺激而欲为儒家重立师道的尊严①。他们的努力在当时虽没有发生显著的效果，但后来经过宋初儒家自胡瑗以下的继续努力而终于有成，其中尤以程明道、伊川兄弟之功为不可没。二程语录中有一条云：

> 善修身者，不患器质之不美，而患师学之不明。……师学不明，虽有受道之质，孰与成之？（《遗书》卷四《游定夫所录》）

这正是上承韩愈、吕温的对于儒门师道的关怀而来，也间接地受到了新禅宗的影响。明道并且对伊川说：

> 异日能尊师道，是二哥。若接引后学，随人才成就之，则不敢让。（《程氏外书》卷十二引《上蔡语录》）

新禅宗的后期发展对宋代新儒家的"传道"方式也有直接的影响。宋代的书院与唐代佛寺有很深的渊源，这一点已由严耕望的研究而获得充分的证实，其中不少寺院是新禅宗的丛林②。上一篇中，我们已指出新道教曾袭用了《百丈清规》。现在我们更进一步说明《百丈清规》对新儒家的示范作用。宋代书院的规制与百丈的丛林制度有关，近人也早已提及，但仅根据一般情况加以推测，而无确证（盛朗西《中国书院制度》，台北华世出版社重印本，1977，页21—24）。下面我要举出两条直接的证据来支持此说。据吕本中《吕氏童蒙训》言：

> 明道先生尝至禅寺，方饭，见趋进揖逊之盛，叹曰："三代威仪，尽在是矣。"（《程氏外书》卷十二引。吴曾《能改斋漫

录》"禅寺"作"天宁寺",见卷十二"三代威仪尽在是")

这是程明道公开表示他对禅林制度的倾服（南怀瑾《禅宗丛林制度与中国文化教育的精神》,收在《禅与道概论》,台北真善美出版社,1968,页120似误以程明道为程伊川）。他肯用"三代威仪,尽在是矣"的话来形容禅规,当然是表示有意仿效了。不过二程虽有私人讲学,尚未正式建立书院。南宋的朱熹和陆九渊弟兄才以书院为新儒学的根据地,所以下面这段朱子和陆子寿（九龄）的对话尤其重要:

> 陆子寿言:古者教小子弟,自能言能食,即有教,以至洒扫应对之类皆有所习。故长大则易语。今人自小即教作对,稍大即教作虚诞之文,皆坏其性质。某尝思欲做小学规,使人自小教之便有法。如此亦须有益。先生曰:只做《禅苑清规》样做亦好。（《朱子语类》卷七）

按:《禅苑清规》十卷乃北宋末长芦宗颐所撰,有崇宁二年(1103)序。这是因为《百丈清规》传至北宋已多散逸,宗颐不得不根据百丈的原意重新编次并有所损益。以对后世及日本禅林的影响而言,《禅范清规》实最为重要（今枝爱真《中世禅宗史の研究》,页56—64）。此书的流传正值南宋初年,朱子已详加研究,足见他对禅宗的发展随时都在密切注意之中。朱、陆代表南宋的两大宗派,现在他们建立的儒门学规竟以《禅苑清规》为范本。仅此一端,即可说明佛教的入世转向和新儒家的兴起之间是如何地息息相通了。

2."天理世界"的建立——新儒家的"彼世"

但是新儒家和南北朝隋唐以来旧儒家的最大不同之处则在于心性论的出现。韩愈虽首倡复兴儒道,但对于心性论方面并无贡献。从他的《原性》一文（《昌黎先生集》卷十一）关于性、情问题的讨论来看,他显然距离宋儒所谓"鞭辟近里"的境地尚远。朱子说得好：

> 及唐中宗时有六祖禅学，专就身上做工夫，直要求心见性。士大夫才有向里者，无不归他去。韩公当初若早有向里底工夫，亦早落在中去了。（《朱子语类》卷一三七）

在韩愈的时代，只有新禅宗有心性工夫，儒家在这一方面是完全空白的。新禅宗对俗世士大夫的吸引力便在这里，因为"求心见性"给他们提供了一个精神上的最后归宿之地，也就是所谓"安身立命"。朱子认为韩愈幸而未"向里"追索，否则也必然要被禅宗吸引过去了。朱子这样说也是有根据的，即韩愈在《与孟尚书书》中对大颠和尚所表现的倾服（《昌黎先生集》卷十八）。由此可见新儒家想要从佛教手上夺回久已失去的精神阵地，除了发展一套自己的心性论之外，实别无其他的途径可走。宋明理学便是这样形成的。与韩愈同时的李翱则是为新儒家的心性论开先河的人。李翱有《复性书》三篇（见《李文公集》卷二），首先企图以《中庸》、《易传》为根据，建立儒家的心性学说。他的观点虽然没有完全摆脱佛教的影响，其开创的功绩则是不容否认的①。事实上，与韩愈相较，李翱的"入室操戈"对新禅宗具有更大的威胁性。正因如此，后世禅宗之徒才造出他最后终为药山惟俨所折服的故事②。

---

　　① 朱子也承认李翱"有些本领"，并说《复性书》"有许多思量"，不过"道理是从佛中来"。《朱子语类》（台北正中书局，1973），卷一三七。

　　② 见赞宁《宋高僧传》卷十七《唐朗州药山惟俨传》及《景德传灯录》卷十四"沣州药山惟俨禅师"。但这类故事虽僧徒之有识者亦未尽信，如契嵩《镡津文集》卷一《劝书第一》便对《宋高僧传》此说表示怀疑。《四库全书总目提要》卷一五〇《集部三》及余嘉锡《四库提要辨证》（香港中华书局，1974，下册，页1286—1289）均详辨李翱问道惟俨之事，但未引《僧传》及《镡津集》。《僧传》成于端拱元年（988），较《灯录》为早，而不载李书，则此书来历可疑。

李翱的《复性书》既是由入新禅宗之室而操其戈而来,则其论点不能完全脱尽佛教的纠缠自然是无足为异的。新儒家心性论要等到宋代才发展至成熟之境。但我们由此可以看出一个重要的历史事实:新禅宗对新儒家的最大影响不在"此岸"而在"彼岸"。儒家自始即在"此岸",是所谓"世教",在这一方面自无待于佛教的启发。但是自南北朝以来,佛教徒以及一般士大夫几乎都认定儒家只有"此岸"而无"彼岸"。以宋儒习用的语言表示,即是有"用"而无"体",有"事"而无"理"。这当然是一个极其严重的问题。智圆(976—1022)《闲居编》卷十九《中庸子传》说:

> 儒者饰身之教,故谓之外典;释者修心之教,故谓之内典也。蚩蚩生民,岂越于身心哉!嘻!儒乎?释乎?岂共为表里乎?世有限于域内者,故厚诬吾教,谓弃之可也。世有滞于释氏者,往往以儒为戏。岂知夫非仲尼之教则国无以治,家无以宁,身无以安,释氏之道何由而行哉?

智圆年辈在周、张、二程之前,其时新儒家尚未建立其心性论系统。所以他以修身、齐家、治国归之于儒,而独以"修心"属之佛教。这是"佛教为体,儒学为用"的两分论。从"三界(欲界、色界、无色界)唯一心"的观点说,儒家的世界其实是"虚妄"的,是由"一心"而造的。而唯一真实的"心"却落在佛教的手中。这便是宋代新儒家不得不努力建立自己的"彼岸"的基本原因。《程氏粹言》中有一段话云:

> 昨日之会,谈空寂者纷纷,吾有所不能。噫!此风既成,其何能救也!古者释氏盛时,尚只崇像设教,其害小尔。今之言者,乃及乎性命道德,谓佛为不可不学,使明智之士先受其惑。(卷一《论学篇》。参看《遗书》卷二上"昨日之会,大率谈禅"条)

新儒家因新禅宗的挑战而发展自己的"心性论",这是最明白的证据。佛教内部对于"心"虽有种种不同的说法,但以究竟义言,它还是归于空寂的,因为佛教的最后目的是舍"此岸"而登"彼岸"。新禅宗也不可能是例外。新儒家的"彼岸"因此决不能同于佛教的"彼岸",它只能是实有而不是空寂,否则将无从肯定"此岸"。朱子说;

> 儒释言性异处只是释言空,儒言实;释言无,儒言有。吾儒言虽虚而理则实;若释氏则一向归空寂了。(《朱子语类》卷一二六)

所以新儒家最后所建立的"彼岸"必然是一个"理"的世界或"形而上"的世界。程伊川对判划儒释的疆界曾提出一个极具影响力的说法。他说:

> 天有是理,圣人循而行之,所谓道也。圣人本天,释氏本心。(《河南程氏遗书》卷二十一下)

此处在"理"上添出一个"天"字即为保证此世界为客观实有而设。儒家不能采取佛教的立场,把客观世界完全看作由"无明所生"。程明道说:"仁者以天地万物为一体。"(同上卷二上)这句话中的"天地万物"必须是实有的,不然此"仁者"将不必是"经世"的儒家,而可以是"出世"的禅师了。(禅宗和尚也说:"天地与我同根,万物与我一体。")所以宋明的新儒家无论其对"理"字持何种解释,都无法完全丢开"天"字。程朱一派认为"在天为气者,在人为心;在天为理者,在人为性"(黄宗羲《明儒学案》卷四十七《诸儒中之一》)。这是"性即理"的立场,其中"天"是价值之源,分量之重,可不待论。主张"心即理"的陆王一派,虽极力把价值之源收归于"心",但也不能真将"理"与"天"切断。象山、阳明都自觉上承孟子,但孟子的"四端"之"心"仍然是"天之所以与我者"。故阳明也常说"良知即天理"或"天理之良知"之类的话,不过此中"天"字的意义较空灵而已。

此处不能详论这两派在理论上的得失①。总之,这两派虽各有其内在的困难,但皆欲建立一超越的"理"的世界,以取代新禅宗之"道",则并无二致。契嵩(1007—1072)批评韩愈说:

> 韩子何其未知夫善有本而事有要也,规规滞迹,不究乎圣人之道奥耶? 韩氏其说数端,大率推乎人伦天常与儒治世之法,而必欲破佛乘道教。嗟夫! 韩子徒守人伦之近事,而不见乎人生之远理,岂暗内而循外欤?(《镡津文集》卷十四《非韩上》第一)

这是新禅宗一方面的说法(契嵩是云门四世孙,为北宋禅宗的代表人物)。照这一说法,儒家"守事"而"不见理","循外"而"暗内"。宋代新儒家的理论建构便以展示"人生之远理"为其中心任务,以破"佛教为体,儒学为用"之说,其具体结果之一则是上面所提到的"释氏本心,圣人本天"的判划。"天理"是超越而又实有的世界,它为儒家的"人伦近事"提供了一个形而上的保证。我们也可由此看出程、朱的"性即理"何以在宋代成为新儒家主流的一点消息。陆象山"心即理"的"心"虽也与禅宗的"心"有动静之别,实虚之分,但"宇宙便是吾心"之说(见《象山先生全集》卷三十六《年谱》绍兴二十一年条)毕竟和释氏将万有收归一心的立场太相近。不但如此,"心即理"的提法又直接出于禅宗。契嵩《治心》篇云:

---

① 详见 Ying‑shin Yu,"Morality and Knowledge in Chu Hsi's Philosophical System",in Wing‑tsit Chan ed.'Chu Hsi and New Confucianism(forthcoming University of Hawaii Press,1986)。

夫心即理也。物感乃纷；不治则汩理而役物。物胜理则
其人殆哉！(《镡津文集》卷七)

可见象山"心即理"的观点很容易滑入禅宗的境界。王阳明的"致
良知教"落到"心体"上也不免有此危险。其关键即在对客观世界
的存在无所保证。这不是仅持一种"入世"的主观精神便能解决
问题的。象山、阳明自然不是禅，但象山之后有杨慈湖，阳明之后
又有王龙溪，则显然都流入禅。这是决不能以偶然视之的。

　　新儒家因新禅宗的挑战而全面地发展了自己的"天理"世界；
这是新儒家的"彼世"，与"此世"既相反而又相成。他们用各种不
同的语言来表示这两个世界：以宇宙论而言，是"理"与"气"；以存
有论而言，是"形而上"与"形而下"；在人文界是"理"与"事"；在
价值论领域内则是"天理"与"人欲"。此外当然还有别的说法，不
必一一列举了。"此世"与"彼世"一对观念既相对而成立，则其中
便必然不能无紧张(tension)。不过由于中国文化是属于"内在超
越"的一型，因此这两个世界之间的关系是不即不离的，其紧张也
是内在的，在外面看不出剑拔弩张的样子。韦伯因为几乎完全没
有接触到新儒家，在这一方面便发生了严重的误解。他认为所有
宗教都持其必然而又应然之"理"(rational, ethical imperatives)以
对待"此世"，因而和"此世"的一切不合理之事形成一种紧张的状
态。这自然是不错的。但是他却断定儒家对"此世"的事物，抱着
一种"天真"的态度，与清教伦理，恰成一强烈的对照。后者将它
与"此世"的紧张关系看得极其巨大而严重。相反地，儒家伦理至
少在主观意向上是要将与"此世"的紧张减少到最低限度，因为儒
家一方面相信"此世"即是一切可能的世界中最好的一个世界，另
一方面又相信性善论。总之，他认为儒家对"此世"的一切秩序与
习俗都采取"适应"(adjustment)的态度(Weber, The Religion of

China，pp. 227—228，pp. 152—154）。

　　以我们今天的理解来说，韦伯所犯的并不是枝节的、事实的错误，而是有关全面判断的基本错误。但基本判断的错误仍然起于对历史事实缺乏充足的知识。儒家对"此世"决非仅是"适应"，而主要是采取一种积极的改造的态度；其改造的根据即是他们所持的"道"或"理"。所以他们要使"此世"从"无道"变成"有道"，从不合"理"变成合"理"。关于这一点，下面将有讨论，暂且不多说。不过儒家的"此世"确是以"人间世"为其主要内容，对自然界则比较倾向于"适应"的一边。因此之故，"天理"与"人欲"之间的紧张在新儒家的伦理中才特别显得严重，无论程朱派或陆王派都是如此。程朱一派之所以提出"天命之性"和"气质之性"的分别便是要通过对性善、性恶之争的消解以安顿"天理"与"人欲"的问题。其实"天命之性"即是孟子的"性善"，"气质之性"即是荀子的"性恶"。朱子说"孟子只论性，不论气"，"荀、杨虽是论性，其实只说得气"（《朱子语类》卷四），可为明证。这二者的关系完全和"天理"与"人欲"一样，是永远在高度紧张之中，但又是不即不离的。朱子说："人之为学都是要变化气禀，然极难变化。"（同上）陈淳说得更明白："虽下愚亦可变而为善，然工夫最难，非百倍其功者不能。"（《北溪字义》"性"字条）"天命之性"和"气质之性"永不能分离，然而前者却又必须不断地去征服后者，则其间的紧张情况可以想见。这便是"天理"克制"人欲"的具体下手之处。朱子虽说过"圣贤千言万语只是教人明天理，灭人欲"（《语类》卷十二）的话，我们却不能以词害意，认为他要消灭人的一切生命欲望。正当的生命欲望即是天理，这一点他交待得极其清楚：

　　　　问："饮食之间，孰为天理，孰为人欲？"曰："饮食者，天理也；要求美味，人欲也。"（《语类》卷十三）

可见此处他是以过分的欲望称作人欲,有时他也称之为"私欲"。所以他用"人欲"一词有两重涵义:一是正当的生命欲望,这是符合天理的,所以可以说"人欲中自有天理"(同上)。另一涵义则是不正常的或过分的生命欲望,这是和天理处于互相对立的地位的。"明天理,灭人欲"一语中的"人欲"便属于后一类。以第二涵义的"人欲"(即"私欲")而言,则它是和"天理"永远处于高度的紧张状态。朱子说:

> 人只有个天理人欲。此胜则彼退,彼胜则此退,无中立不进退之理。凡人不进便退也。譬如刘项相拒于荥阳、成皋间,彼进得一步,则此退一步;此进一步,则彼退一步。初学者则要牢扎定脚,与它捱得。捱得一豪去,则逐旋捱将去。此心莫退,终须有胜时。胜时甚气象!(《朱子语类》卷十三)

《语类》中此类描述甚多(参看卷五十九《孟子九·五谷种之美者章》)。但以上引一条形容得最为淋漓尽致。朱子把天理和人欲(私欲)的关系描写成一种长期的拉锯战争。试问新儒家的这种伦理会在"初学者"的心理上造成多么深刻的紧张状态?而且这种紧张也并不限于天理与人欲之间;它可以推广到理与气的一般关系上。《语类》卷十二:

> 又问:若气如此,理不如此,则是理与气相离矣。曰:气虽是理之所生,然既生出则理管他不得。如这理寓于气了,日用间运用都由这个气。只是气强理弱。……圣人所以立教,正是要救这些子。

这个"理弱气强"的观点最能显出新儒家伦理与"此世"之间的紧张是何等巨大、何等严重。复由于理世界与气世界是不即不离的,无从截然分开,新儒家伦理又不容许人效道家的"逃世",更不容许人为释氏的"出世"。这是一种"连体孪生"(Siamesetwins)式的

20世纪儒学研究大系

紧张，自生至死无一刻的松弛。"圣人立教"则正是要人助"理"以制"气"。人能"赞天地之化育"、"与天地参"，其根据即在此。但新儒家的"此世"毕竟偏重人间，因此朱子又说：

> 水之气如何似长江、大河，有许多洪流？金之气如何似一块铁怎地硬？形质也是重，被此生坏了后，理终是拗不转来。

（《语类》卷四）

朱子在这里便没有再说"圣人所以立教，正是要救这些子了"。如果儒家的"圣人"也要"拗转"自然界"理弱气强"的局面，那就变成西方人"征服自然"的态度了。中国没有发展出现代的科学和技术，和新儒家的"理"的偏向是不无关系的。但是整体地看，上引韦伯的看法则显然是处处适得其反。新儒家是以极其严肃的态度对待"此世"的负面力量的，时时有一种如临大敌的心情。通过对于"天命之性"和"气质之性"的发展，他们的新人性观事实上已综合了孟子的性善和荀子的性恶，而且其中恶的分量还远比善为重。他们决不像韦伯所说的那样，天真地相信人性自然是向善的。善出于"理"，恶来自"气"，但"理弱"而"气强"，这便需要修养工夫。从个人推到社会，其情形也是一样：政治和风俗都必须通过士的大集体而不断的努力才能得到改善。儒家（尤其是新儒家）对"此世"的基本态度从来不是消极的"适应"而是积极的"改变"。在内在超越的文化型态之下，新儒家更把他们和"此世"之间的紧张提高到最大的限度。韦伯又说儒家认为"此世"是一切可能的世界中最好的世界。以新儒家而言，这也是完全不符事实的。《朱子语类》卷一：

> 问："天地会坏否？"曰："不会坏，只是相将人无道极了，便一齐打合，混沌一番，人物都尽，又重新起。"

朱子在这里明明表示"此世"不必然是一个最好的世界。"此世"

是好是坏完全系乎人。如果"人无道极了",则这个世界也可以整个毁灭掉而重新出现一个新的世界。朱子这样说,正可见他对于"此世"是极为不满的。

韦伯的"可能的世界"说当然是来自莱布尼兹(Leibniz)的理论。莱氏立论的前提则是上帝创造世界之前曾精打细算,最后才在各种可能的世界之中选择了最好的一个,也就是现在我们所有的世界。莱氏即持此说以解释人的自由意志和恶的存在。这是外在超越的西方文化对于价值之源的一种玄想。新儒家则不能把价值之源归于外在化的"上帝"。朱子说:

> 而今说天有个人在那里批判罪恶,固不可说。道全无主之者又不可。这里要人见得。(《语类》卷一)

在这一段话中,朱子无法接受西方式的"上帝"的观念,显然可见。但从西方的观点看,朱子的玄想也同样难以使人"见得"。天上既无"上帝",如何又不能说"全无主之者"? 此处不能详论这个困难的问题。简单地说,朱子所谓"主之者"其实就是"理",但理又是"无情意,无计度,无造作"的(同上)。换言之,理生气之后便管不得气。此即所以必须说"理弱气强"。分析到最后,"天"(或"天地")作为"理"来说只有一个功能,即是"生"。因此他说:

> 天地别无勾当,只是以生物为心。(《语类》卷一)

天生万物之后,即"以此心普及万物,人得之遂为人之心,物得之遂为物之心"(同上)。这也就是所谓"理一分殊"、"物物一太极"。由于人的"心"最灵,也最能明"理",所以"此世"是否合"理"主要便是由人来负责了。戴震说宋儒以"理得于天而藏于心",这是一个十分正确的刻划(见《孟子字义疏证》卷上"理"字条)。这样一来,"理"虽有"天"的远源,但"天"已不再管事,一切价值问题都收归人的"心"中,由"分殊之理"来处理了。这是"内在超越"的一个特色。由此可见在新儒家伦理中,"此世"对每一个人都构成更大的负担,也造成更深刻的紧张。儒家没有"创世记",也没有"世界末日",但是随时都可以是"创世记"或"世界末日":

> 或问明道先生:"心如何是充扩得去的气象?"曰:"天地变化草木蕃。""充扩不去时如何?"曰:"天地闭,贤人隐。"(《河南程氏外书》卷十二)

荀子也早已说过:"天地始者,今日是也。"(《不苟》篇)这是《大学》引《汤盘》所谓"苟日新,日日新,又日新"的古老传统。朱子《集注》说:

> 汤以人之洗濯其心以去恶,如沐浴其身以去垢。故铭其盘,言诚能一日有以涤其旧染之污而自新,则当因其已新者,而日日新之,又日新之,不可略有间断也。

"此世"是一气所化,但气中有理。理本身又不造作,一切要靠人心中之"理"作主宰。所以此世界无所谓"最好",而是可好可坏;坏到极处便会毁灭。人心能明"理",这是"心"的自由,但又和基督教的"自由意志"不同。西方的上帝给人"自由意志",使人可以为善,也可以为恶。新儒家的"理"则只给人以为善的自由。根据理气论,恶源于气,因为气不循理而动便成恶。所以恶是被决定的,并无自由可言。陆象山的"本心"和王阳明的"良知"则更是为善的自由了。阳明也说:"循理便是善,动气便是恶。"(《传习录》卷上第一〇〇条)①这话是针对"心"而发的。尽管严格言之,他的"理"与"气"都和朱子有别,但恶是被决定的,善始可说为自由,

---

① 条目编号乃依陈荣捷《王阳明传习录详注集评》(台湾学生书局,1983)。

在这一点上他和朱子仍无不同。其实追溯上去,其源在孔子的"为仁由己",也是儒家的古老传统。人只有为善去恶的自由,这一自由即是"此世"能继续存在的唯一保证。朱子之所以断言"人无道极了",则此世界将毁灭而重新开始,并非一时激愤之语,而是以上述的全部理论为根据的①。

　　以上我们追溯了新儒家伦理中"彼世"与"此世"的观念的发展。不可否认的,新儒家的"彼世"虽有古代经典的根据,但它之所以发展成为宋明理学那种特殊的形态则是和佛教的转向——新禅宗——分不开的。在形式上新儒家借鉴于佛教(禅宗之外还有华严宗)而建立了自己的"理世界"和"事世界",但是在实质上,他们则从内部根本改造了佛教的两个世界。用最简单的话来表示,这种改造是把佛教的"空幻"化为儒家的"实有"。新儒家的"此世"是一个理气不相离的,但"理弱气强"的"存有",不像佛教的"此世"乃由"心"的负面(即"无明")所生。新儒家的"彼世"也不是最后归于"空寂"的"心体",而是"本于天"的"实理"。更重要的是新儒家的"彼世"是面对"此世"的,与"此世"不相隔绝的。这尤其与佛教的"彼世"之背离"此世",在方向上恰恰相反。新儒家的两个世界的关系如此,所以他们才能发展出一种更积极的"入世作事"的精神。

------

　　① 朱子此说必须从他的理气论求得解释。"天地以生物为心",此即是"理"。但"理"与"气"不相离,而气化又无一息之停,所以"天地"不会坏。"此世"则以"人"为主体,如果"人无道极了",一任"气"逆"理"而行,在"气强理弱"的情况下,"理"终"拗不转来",于是"此世"便因"气"的妄动而沦为一混沌之局,使"理"不能存于其中。"此世"既无"理"自然便归于毁灭。如果核子战争的威胁是真实的,那么朱子此语便将成为可怕的预言了。又本篇旨在说明新儒家伦理的哲学根据,至于其中理论上的困难则存而不论。

3."敬贯动静"——入世作事的精神修养

新儒家与新禅宗之间的关系具有微妙的多重性:一方面,新儒家乃闻新禅宗而起,但另一方面新儒家又批判并超越了新禅宗,而将入世精神推到了尽处。新儒家不但参照新禅宗的规模而重新调整了自己的思想结构,并且在修养方法以至俗世伦理各方面也都根据自己的需要而吸收了新禅宗的成分。以修养而论,程明道说:

> 孟子曰:"尽其心者,知其性也。"彼所谓"识心见性"是也。若"存心养性"一般事则无矣。(《程氏遗书》卷十三)

这是说禅宗只有"识心见性",而无"存心养性"。但《朱子语类》云:

> 近看石林《过庭录》载上蔡说,伊川参某僧后有得,遂反之。偷其说来做己使,是为洛学。……但当初佛学只是说,无存养底工夫。至唐六祖始教人存养工夫。当初学者亦只是说,不曾就身上做工夫,至伊川方教人就身上做工夫。所以谓伊川偷佛说为己使。(卷一二六)

上蔡(谢良佐)是程门高弟,居然坦承程伊川偷某僧之说为己使。朱子则更进一步说明伊川的"存养工夫"确是从惠能那里转手得来。这更是和上引程明道的话直接冲突。朱子不讳言新儒家的修养工夫出自禅宗,正是因为这是方法层面的事,无关双方在精神方向上的根本不同。

在世俗伦理方面,新儒家也颇多与新禅宗相通之处。二程语录中有一条云:

> 得此义理在此,甚事不尽?更有甚事出得?视世之功名事业,甚譬如闲。视世之仁义者,甚煦煦孑孑,如匹夫匹妇之为谅也。自视天来大事,处以此理,又曾何足论?(《程氏遗书》卷二上)

这里所说的是"理"与"事"的关系。其基本意义是：只要人能"顺理"以"应事"，则再大的事也不难应付。儒家是"世教"，自然重视"事"。但是若完全陷溺在此世的"事"中而无超越此世的"理"为依据，这便是隋唐时代的庸俗儒家了。宋代新儒家强调超越之"理"的重要即从佛教的超越的"心"移形换步而来。在上一篇中，我们曾引了《幻住清规》论"普请"的一段话。其中有云："但心存道念，身顺众缘，事毕归堂，静默如故。动静二相，当体超然，虽终日为而未尝为也。"然而此中又有重要的不同。佛教的"静"与"动"在方向上是相反的。"静"是"存心养性"，归于空寂；"动"是"身顺众缘"，而"心"不在焉。朱子说：

> 惟动时能顺理，则无事时能静；静时能存，则动时得力。……动静如船之在水，潮至则动，潮退则止；有事则动，无事则静。（《语类》卷十二《学六》"持守"）

表面上，"有事则动，无事则静"与新禅宗"动静二相，当体超然"甚为相似。但往深一层看，朱子以船与潮水为喻，即表明新儒家的"动"、"静"是同其方向。其"静时能存"的"理"是肯定"此世"并为"此世"的存在作最后保证的。新禅宗"心存道念"之"道"则是舍离"此世"的，其"动"、"静"显然分成两橛，背道而驰。所以新儒家必须更进一步把"理世界"与"事世界"之间的隔阂打通，这就落到了修养论层次的"敬"字头上，用朱子的话说，即所谓"敬贯动静"（见《语类》卷十二）。"涵养须用敬"本是程伊川立教的第一要目。但"敬"并不限于"存心养性"，以通向价值之源的超越境域，它也是成就此世之"事"的精神凭借。二程语录有一条说：

> 君子之遇事，无巨细，一于敬而已。简细故以自崇，非敬也；饰私智以为奇，非敬也。要之无敢慢而已。语曰："居处恭，执事敬，虽之夷狄，不可弃也。"然则"执事敬"者，固为仁

之端也。推是心而成之,则"笃恭而天下平"矣。(《程氏遗书》卷四)

由于"敬贯动静","敬"也必须成为入世做事的行动原则。朱子说:

> 二先生所论敬字,须该贯动静看方得。夫方其无事而存主不懈者,固敬也;及其应物而酬酢不乱者,亦敬也。故曰"毋不敬"、"俨若思",又曰"事思敬"、"执事敬"。岂必以摄心坐禅而谓之敬哉!(《朱文公文集》卷四十五《答廖子晦》第一书)

朱子又在别处解释"敬"的涵义说:

> 敬不是万事休置之谓,只是随事专一,谨畏不放逸耳。(《语类》卷十二)

依此解释,则"敬"在入世活动中实为一种全神贯注的心理状态。后世中国社会上所强调的"敬业"精神便由此而来。这是新儒家伦理中的"天职"观念,颇有可与加尔文教相比观之处,以下当随文附及。

如上篇所论,新禅宗和新道教的入世苦行都强调勤劳、不虚过时光、不作不食等美德。这些美德当然也随着"执事敬"的精神而出现于新儒家的伦理之中。克勤克俭、光阴可惜,这些都是儒家的古训,本无待外求。但是门第时代的儒家伦理对这一方面则重视不足。宋代以来的新儒家重弹古调,不但有新的社会涵义,而且也很可能受到了新禅宗入世运动的某些暗示。张载论"勤学"有云:

> 学须以三年为期。……至三年,事大纲惯熟。学者又须以自朝及昼至夜为三节,积累功夫。更有勤学,则于时又以为限。(《张子全书》卷十二"语录抄")

他这里不是泛论"勤学",而是具体指示学者要把一天分为三节,不间断地"积累功夫"。这似乎是取法于禅宗的"三时坐禅"（黄昏、早晨、晡时）或"三时讽经"（朝课、日中、晚课）。后来朱子屡说工夫须积累，不可间断。又说"早间"、"午间"、"晚间"都可分别"做工夫"（《语类》卷八）。这和张载在精神上是完全一致的。清代"理学名臣"曾国藩也把他的一天治事和读书的时间分为"上半日"、"下半日"和"夜间"三节①。新儒家对勤劳实具有更深刻的体认。与张载同时的苏颂（1020—1101）说：

> 人生在勤，勤则不匮。户枢不蠹，流水不腐，此其理也②。

苏氏则更扩大了"勤"的范围，使它成为整个人生的基础。从"勤则不匮"一语来看，他所指的已不限于"勤学"，而包括士、农、工、商各阶层的人了。与"勤"相随而来的还有爱惜时光的意识。石介（1005—1045）尝以爱日勉诸生曰：

> 白日如奔骥，少年不足恃。汲汲身未立，忽焉老将至。子诚念及此，则昼何暇乎食，夜何暇乎寐。（《宋元学案补遗》卷二《徂徕门人》附录）

这种忙迫感在朱子教训门人时更是反复言之。例如他说：

> 光阴易过，一日减一日，一岁无一岁。只见老大，忽然死者，思量来这是甚则？剧恁地悠悠过了。（《语类》卷一二一《训门人九》）

---

① 见 Lien - sheng Yang, "Sehedules of Work and Rest in Imperial China", 收在 Studies in Chinese Institutional History（Harvard - Yenching Institute, 1961），pp. 26—27。此文通论二千年来中国各阶层的勤劳工作习惯，极为重要。

② 见王梓材、冯云濠《宋元学案补遗》卷二《苏先生颂》附录所引《谈训》。朱子对于苏颂十分推重，见《朱文公文集》卷七七《苏丞相词记》及卷八六有关苏丞相词三文。

新儒家把浪费时间看成人生最大的罪过,和清教伦理毫无二致。在这一问题上,新儒家其实也受到了佛教的刺激。所以朱子又说:

> 佛者曰:"十二时中除了着衣吃饭,是别用心。"夫子亦曰:"造次必于是,颠沛必于是。"须是如此做工夫方得。公等每日只是闲用心,问闲事、说闲话底时节多。问紧要事、究竟自己事底时节少。若是真个做工夫底人,他是无闲工夫说闲话、问闲事。(同上)

朱子引佛家的话尚在引《论语》之前,则新儒家所受新禅宗的启发更无可疑。朱子不但反对"闲",而且尤其反对"懒"。他说:

> 某平生不会懒,虽甚病,然亦一心欲向前。做事自是懒不得。今人所以懒,未必是真个怯弱。自是先有畏事之心,才见一事,便料其难而不为。(同上卷一二〇《训门人八》)

朱子不但对门人如此说,对他的儿子也是一样。他在《与长子受之》(《朱文公文集·续集》卷八)的家书中再三叮咛其子"不得怠慢"、"不得荒思废业",必须"一味勤谨","夙兴夜寐,无忝尔所生"。新儒家这种伦理对后世有莫大的影响。明初吴与弼"居乡躬耕食力,弟子从游者甚众"。有一次:

> 陈白沙自广来学,晨光才辨,先生手自簸谷,白沙未起。先生大声曰:"秀才若为懒惰,即他日何从到伊川门下?又何从到孟子门下?"(《明儒学案》卷一《崇仁一》)

新儒家的伦理是针对一切人而发的。通过"乡约"、"小学"、"劝农"、"义庄"、"族规"多方面的努力,他们尽量想把这种伦理推广到全社会去。明末清初朱用纯(伯庐)的《治家格言》便是根据程朱伦理而写成的一篇通俗作品,在清代社会中流传极广。新儒家也有相当于"一日不作,一日不食"的伦理观念。范仲淹曾说:

> 吾遇夜就寝,即自计一日食饮奉养之费,及所为之事。果

自奉之费及所为之事相称,则鼾鼻熟寐;或不然,则终夕不能安眠,明日必求所以称之者。(《邵氏闻见后录》卷二二)

朱子也说:

在世间吃了饭后,全不做些子事,无道理。(《语类》卷一〇五)

范、朱的"做事"自然不是指生产劳动。但儒家自孟子以来便强调社会分工,所以只需所做的是对全社会有益之事,而且取予相称,则接受奉养自无可愧。这和清教徒的分工论和工作观依然是很近似的。清教徒认为人都必须工作,必须有"常业"("fixed calling"),然而不是所有的人都从事同一种行业。因此富人也可以提供其他更有用的服务以代替体力劳动,只要他为上帝而努力"做事"就行了①。我们只要把"上帝"换成"天理",便可发现新儒家的社会伦理有很多都和清教若合符节。例如上面所指出的不可浪费光阴,不可说闲话、问闲事,不可懒惰,要夙兴夜寐等等恰好也是韦伯所特别强调的清教伦理中的要项②。其最大不同之处仅在超越的根据上面。清教徒以入世苦行是上帝的绝对命令,上帝的选民必须以此世的成就来保证彼世的永生。新儒家则相信有"天理"(或"道")。但"理"既在"事"上,又在"事"中,所以人生在世必须各在自己的岗位上"做事"以完成理分,此之谓"尽本分"③。但"做事"并不是消极的、不得已的,应付或适应此世。相反地,做事必须"主敬",即认真地把事做好。这是一种积极的、动态的入世精神。天理不为尧存、不为桀亡,天地也不会坏,但"人若无道极了","此世"又未尝不能毁灭。因此

---

①　Weber, The Protestant Ethic, pp.159—163. 所论可资比观。又页265注28所引 Richard Baxter 的话更当一读。

②　同上书,页157—158。

③　二程都重视"守本分"和"尽分",见《河南程氏外书》卷十二引尹和靖语。

人只有努力成就"此世",或立德,或立功,或立言,才能保证"不朽"。"彼世"在内而不在外;心安理得,即登天堂;此心不安,即入地狱。新儒家重视此世的成就,但其正统理论则不以"事"的成败为判断"理"之有无的标准。清教徒的"选民前定论"则流于以事业的成功为"德的表征"("symptom of virtue")(Weber, The Religion of China, p. 245)。朱子和陈亮(同父)关于王霸的争论,其中心意义即在于此。陈傅良在《答陈同父》第一书中曾对双方的论点有一极扼要的说明。其言曰:

> 功到成处,便是有德;事到济处,便是有理。此老兄之说也。如此则三代圣贤枉作工夫。功有适成,何必有德;事有偶济,何必有理。此朱丈之说也。如此则汉祖、唐宗贤于盗贼不远。(《止斋先生文集》卷三十六)①

清教徒的观点便有些近于"功到成处,便是有德;事到济处,便是有理"。这是它与新儒家伦理的另一重要分歧之点。不过我们必须指出,陈亮的观点虽未能取得正统的地位,但在新儒家伦理中始终不失为一伏流,其影响力还是不容忽视的。

"选民前定论"使加尔文教派涵有一种精神贵族的意味。根据这一理论,社会上的人分为两大类:一类是少数上帝的选民,他在"此世"替上帝行道;另一类是芸芸众生,他们是永远沉沦的罪人。但在最后审判未到来之前,只有上帝才知道谁已入"选"。因此人人都必须努力争取在此世的成就以证实自己的"选民"身份。早期的加尔文教徒(和后来的清教徒)都对自己的人格有绝大的自负和自

---

　① 　关于陈亮和朱熹的争论,可看 Hoyt C. Tillman, Utilitarian Confucianism: Ch'en Liang's Challenge to Chu Hsi(Council on East Asia Studies, Harvard University, 1982)。

信,他们的目的是要在此世建立一个"神圣的社群"(Holy Community)。这一神圣的使命是上帝特别恩赐给他们的(Weber, The Protestant Ethic, pp. 121—122)。新儒家并没有"选民"的观念,更不承认世界上大多数人是命定要永远沉沦的①。但是从另一角度看,新儒家也未尝没有与加尔文教徒共同之处,这便是他们对社会的使命感。新儒家不是"替上帝行道",而是"替天行道";他们要建立的不是"神圣的社群",而是"天下有道"的社会;他们自己不是"选民",而是"天民之先觉";芸芸众生也不是永远沉沦的罪人,而是"后觉"或"未觉"②。正是在这种思想的支配之下,新儒家才自觉他们必须"自任以天下之重"(朱子语)。他们对自己的"先觉"角色诚然看得极重,但是他们却不以小我的"先觉"自以为满足,更重要的是"将以此道觉此民","足以治天下国家"(二程语)。这和加尔文教对"选民"个人的看法极为相近。"选民"的小我也是全心全意而永无息止地沉浸于塑造世界和社会的任务之中。不过在这一方面新儒家又与加尔文教徒有一大不同的地方,后者相信上帝的"恩宠"(grace)一得即不再失,因此不必战战兢兢地从事性情修养。新儒家则反而接近路德教派的立场,因为路德派强调性情必须不断修养才能长保"恩宠"不致得而复失(Ernst Troeltsch, The Social Teaching, pp. 588—589)。但是新儒家的心性修养不是为了个人解脱,而是为"自任以天下之重"做精神准备。

4. "以天下为己任"——新儒家的入世苦行

---

① 儒教的"种民"略与"选民"观念相反,但仍不同。孔子"天生德于予"的观念在后世甚为淡薄,所以王安石曾借此语开玩笑说:"天生黑于予,园荽其如予何!"见魏泰《东轩笔录》卷十二第一条。

② 关于"先觉"之说,详见《程氏遗书》卷二上"天民之先觉"条及《朱子语类》卷一三〇《本朝四》"东坡聪明,岂不晓"条论伊尹"天民之先觉"一段。

　　宋代新儒家中范仲淹是最先标举这种"先觉"精神的人。朱子评论本朝人物,独以范仲淹"振作士大夫之功为多",并说:

　　　　范文正公自做秀才时便以天下为己任,无一事不理会过。一旦仁宗大用之,便做出许多事业。(《语类》卷一二九《本朝三》)

欧阳修撰《范公神道碑》也说:

　　　　公少有大节……慨然有志于天下。常自诵曰:"士当先天下之忧而忧,后天下之乐而乐也。"(《欧阳文忠公文集》卷二十)

从宋代以来,大家一提起范仲淹几乎便会想到上引两条关于他的描述。"以天下为己任"是朱子对范仲淹的论断①。但这句话事实上也可以看作宋代新儒家对自己的社会功能所下的一种规范性的定义(normative definition)。朱子用此语来描述范仲淹则是因为后者恰好合乎这一规范。"士当先天下之忧而忧,后天下之乐而乐"则是范仲淹自己的话,出于他的《岳阳楼记》。其中"当"字更显然是规范性的语词了。这里我们不妨引用一段西方学人对于加尔文教徒的描述作为对照:

　　　　加尔文教徒充满着对于自己的人格价值的深刻自觉,对于此世界所负的神圣使命有一种崇高的意识,他自许为千万众生中独蒙上帝恩宠的人,并承担着无限的责任。(Troeltsch引前书 pp. 617)

两相对照,可见新儒家和加尔文教徒对于自己的期待之高是完全一

---

　　①　"以天下为己任"语并不见于欧阳修《范公神道碑》及《五朝名臣言行录》卷七。《宋史》卷三一四本传叙范仲淹生平曾用此语,或受朱子影响。俟再考。

致的。所不同者,前者把对社会的责任感发展为宗教精神,而后者则把宗教精神转化为对社会的责任感。新儒家以"先觉"自居,他们的社会身份则是"士"("士"如果作了官便是"士大夫"),所以他们才在主观方面发展出这样高度的自负。这种"士"的宗教精神是新儒家的一个极其显著的特色,这是在南北朝隋唐的儒家身上绝对看不到的。我这样说,其用意绝不是美化新儒家。我只是要指出这一精神的出现确是一个无可否认的历史事实。然而这又不等于说,宋代以来每一个自许为新儒家的人都在道德实践上合乎他们所立下的规范。同样地,我们也不能说每一个加尔文教徒(或清教徒)都在宗教实践上符合了上面所引的典型。更具体地说,范仲淹本人是否随时随地都做到了"以天下为己任"或"先忧后乐",在这里是一个次要的问题。这个问题只有在研究他本人的生命史时才会真正出现。但是他提出了这一新的"士"的规范之后,很快地便在宋代新儒家之间得到巨大的回响,以致朱子竟断定他"振作士大夫之功为多"。这一客观事实的本身便充分说明:一个崭新的精神面貌已浮现于宋代的儒家社群之中。后代所指的"宋代士风"不是研究了每一个"士"的个人生命史之后所获得的综合断案,而是"观其大略"的结果。在方法论上,这正是所谓"整体研究法"(holistic approach),也就是韦伯的"理想型"("ideal type")①。

① 宫崎市定《宋代の士风》一文(收入《アジア史研究》第四,京都东洋史研究会,1964,页130—169)专驳朱子《名臣言行录》中所美化的"士风",意在建立客观的史实,自无可厚非。但他根据有问题的《碧云騢》而致疑于范仲淹,(页133—344)则仍不免轻信。刘子健《梅尧臣〈碧云騢〉与庆历政争中的士风》一文已加驳正(收在《宋史研究集》第二辑,中华丛书编审委员会,1964,页141—155)。范仲淹的人格当然未必"完全无缺",但他所树立的风范在当时影响

新儒家的特殊精神面貌为什么会不迟不早地单单出现在宋代呢？本篇不能全面地解答这一历史问题。简单地说，此中有外在和内在的两方面因素。外在因素是社会变迁，而尤以中古门第的崩溃为最重要的关键（参看孙国栋《唐宋之际社会门第之消融》，收在《唐宋史论丛》，香港龙门书店，1980，页211—308）。内在的因素包括了古代儒家思想的再发现。曾子的"仁以为己任"，孟子的"乐以天下，忧以天下"，以及东汉士大夫以"天下风教是非为己任"的精神都对宋代的新儒家有新的启发（余英时《中国知识阶层史论》，页214，注7）。但是从本文的观点说，我们还要考虑到佛教的入世转向对新儒家这一特殊精神的可能影响。莱特（Arthur F. Writght）曾提出一个有趣的见解。他认为范仲淹的"先天下之忧而忧，后天下之乐而乐"来自大乘佛教的菩萨行。菩萨未度已，先度人，愿为众生承受一切苦难。"先忧后乐"的名言便是菩萨行的俗世翻版。（Arthur F. Wright, Buddhism in Chinese History, Stanford University Press, 1959, p. 93）上面已指出"忧以天下，乐以天下"原见于儒典。但"先后"之说确与菩萨行的精神相近，莱特的说法虽不免以偏概全，但仍值得作进一步的分析。范仲淹早年曾在僧舍读书三年（见《五朝名臣言行录》卷七之二引《东轩笔录》

甚大，似无可否认。黄庭坚（1045—1105）《跋范文正公诗》云："范文正公在当时诸公间第一品人也。故余每于人家见尺牍寸纸，未尝不爱赏，弥日想见其人。所谓先天下之忧而忧，后天下之乐而乐，此文正公饮食起居之间先行之而后载于言者也。"（《豫章黄先生文集》卷三十）黄山谷不是理学家，又与范年代相接，所言应有相当根据。宫崎氏想从"士大夫史观"中摆脱出来，但他所根据的材料（如《碧云騢》）仍出士大夫之手。不但其文为孤证，其人更可疑。此何能获得"客观史实"？这是实证方法（positivistic method）所无可避免的内在限制。

及江少虞《宋朝事实类苑》卷七引《湘山野录》)。守鄱阳时,以母忌,预请芝山寺僧诵《金刚经》(洪迈《夷坚志》,何卓点校,中华书局,1981,支癸卷十"古塔主"条,第三册,页1295—1296);守杭州时鼓励诸佛寺大兴土木(沈括《梦溪笔谈》,胡道静校注,中华书局,1957,卷十一第204条),平时且与高僧有往来①。以此推之,如果他受有佛教影响自是情理中事。不过,仅凭这一句话,我们还不能遽下断语。但是惠洪(觉范,1071—1128)《冷斋夜话》却保存了一则王安石的语录,对于我们所要讨论的问题大有帮助。据我所知,这则语录似乎没有受到史学家的重视,所以值得加以介绍。原文共说三件事,兹摘抄其中与佛教有关的两条如下:

> 朱世英言:"予昔从文公定林数夕,闻所未闻。"……曰:"成周三代之际,圣人多生吾儒中;两汉以下,圣人多生佛中。"此不易之论也。又曰:"吾止以雪峰一句作宰相。"世英曰:"愿闻雪峰之语。"公曰:"这老子尝为众生作什么?"②

惠洪为江西人,王安石死时(1086)已十六岁,是有名的诗僧,后来王安石次女(蔡卞妻)曾戏呼他为"浪子和尚"③。朱世英也是王安石的同乡④,大约年长于惠洪,故能在安石晚年从游于金陵定

---

①　《范文正公集》(万有文库本),《尺牍》卷下,"文鉴大师"。关于范仲淹与佛教的关系及其义庄经营所受佛教常住田的影响,可看 Denis Twitchett,The Fan Clan's Charitable Estate 1050—1760. in David S. Nivison and Arthur F. Wright,eds,Confucianism in Action(Stanford University Press,1959)esp. pp. 102—105。

②　惠洪《冷斋夜话》(学津讨原本)卷十"圣人多生儒佛中"条。按:末句有误字(殷礼在斯堂丛书本亦同),此参照丁传靖《宋人轶事汇编》卷十所引校改。

③　见吴曾《能改斋漫录》卷十一"浪子和尚"条。

④　《冷斋夜话》卷十一"欧阳修何如人"条。

林寺①。惠洪与朱世英关系甚密,《石门文字禅》卷十五有赠朱世英诗三首可证。所以这则记王安石之语是可信的②。上引语录第一条认为汉以后圣人多出于佛教,恐是安石平时持论如此。否则何以曾巩会疑心安石"所谓经者,佛经也"(见《临川先生文集》卷七十三《答曾子固书》)? 语录第二条尤其重要。王安石在此已明白承认他肯出任宰相是受了新禅宗的精神感召。"尝为众生作什么"正是菩萨行的精神。雪峰是雪峰义存(822—908),赐号"真觉大师",乃青原五世法孙(见《景德传灯录》卷十六及《宋高僧传》卷十二)。云门文偃(864—949)是他的法嗣,创云门宗,大盛于北宋。雪峰本人尤以爱众生著称,惠洪撰《送僧乞食序》,也特别说到"爱众如雪峰"③。王安石这一思想在他的诗词中可以获得印证。《题半山寺壁二首》之二的末两句云:

众生不异佛,佛即是众生。(《临川先生文集》卷三)

《望江南·归依三宝赞》第一首曰:

归依众,梵行四威仪。愿我遍游诸佛士,十万贤圣不相离。永灭世间痴。

第四首云:

---

① 王安石罢相(1076)后居定林寺,见胡仔《苕溪渔隐丛话》前集卷五七"赞元"条引《僧宝传》。定林寺有二,安石所居乃下定林寺,见沈钦韩《王荆公诗文沈氏注》卷二"定林院"条引《建康志》。

② 《苕溪渔隐丛话》前集卷三七"俞清老"条引《诗选》说"《冷斋夜话》中数事皆妄",但此条似无可疑,详下文。

③ 惠洪《石门文字禅》卷二四。同书卷二三"昭默禅师序"中明言"雪峰真觉禅师",则必指雪峰义存无疑。宋代云门宗强调爱众生,如该宗福昌知信(1030—1088)以入世苦行,开垦耕田著称。他曾说:"一切圣贤,出生入死,成就无边众生行。愿不满,不名满足。"(《豫章黄先生集》卷二四《福昌知信禅师塔铭》)知信与王安石是同时代人,可窥儒、释精神汇通之消息。

　　　三界里,有取德灾危。普愿众生同我愿,能以空有善思

　　惟。三宝共住持。(同上,卷三十七)

在这些诗词中,他不但表现了尊敬"众生",普度"众生"的愿望,而
且也明说佛、菩萨是"贤圣"。有了这些直接证据,我们可以毫不
迟疑地承认上引两条语录确出自王安石之口了①。王安石和范仲
淹一样,也是一个"以天下为己任"自许的人。他为了禅宗和尚一
句话而"作宰相",从此引起了一番惊天动地的改革事业,这岂不
正是"先天下之忧而忧"的精神的具体表现吗②?

　　范仲淹和王安石是北宋新儒家的典范人物,但他们都间接或
直接地受到佛教入世转向的激动。范仲淹的"先忧后乐"之说如
果与佛教有牵涉,其来源恐怕还不是大乘菩萨行的一般影响,而是
新禅宗对菩萨行的入世化,如雪峰所说:"这老子尝为众生作什
么!"宋代的新禅宗仍然有极大的影响力,而且比唐代更入世了。
北宋契嵩和南宋大慧宗杲(1089—1163)甚至已更进一步肯定了
"事父事君"③。总之,到了宋代新禅宗和新儒家已二流汇合,以入

----

　　①　蔡上翔《王荆公年谱考略》专为王安石辨诬,但也并不能否认王氏
晚年"喜看佛书"(卷首二)。蔡书亦未提及《冷斋夜话》此条。

　　②　王安石说:"由其道而言,谓之神;由其德而言,谓之圣;由其事业而
言,谓之大人。"又说:"故神之所为当在于盛德大业……世盖有……以为德
业之卑不足以为道,道之至者在于神耳。于是弃德业而不为。夫如君子者皆
弃德业而不为,则万物何以得其生乎?"(《临川先生文集》卷六六《大人
论》)。这番话极为重要,充分显示了他的入世精神。他的"道"虽"存乎虚无
寂寞不可见之间"(亦上引文中语),但已不是佛教的背离此世,而是儒家的
面对此世了。所以"道"必须转化为"事业"。

　　③　契嵩《镡津文集》卷八《西山移文》云:"彼长沮桀溺者,规规剪剪,独
善自养,非有忧天下之心,未足与也……与其道在于山林,曷若道在于天下?
与其乐与猿猱麋鹿,曷若乐与君臣父子?"此文撰于康定元年(1040)以后,其

世苦行的精神而言,已愈来愈不容易清楚地划分界线了。所以比较全面地看,中国近世的宗教转向,其最初发动之地是新禅宗。新儒家的运动已是第二波;新道教更迟,是第三波。新道教一方面继承了新禅宗的入世苦行,如"不作不食"、"打尘劳"("尘劳"也是禅宗用语),另一方面又吸收了新儒家的"教忠教孝"。这便是唐宋以来中国宗教伦理发展的整个趋势。这一长期发展最后汇归于明代的"三教合一",可以说是事有必至的①。从纯学术思想史的观点说,"三教合一"的运动也许意义并不十分重大。然而从社会伦理和通俗文化(popular culture)的观点说,则这一运动确实是不容忽视的②。

宋代的新儒家已不复出自门第贵族,他们的"天下"和"众生"是指社会上所有的人而言的,包括所谓士、农、工、商的"四民"。士自然仍是"四民之首",其社会地位高于其他三民,但至少像南

"忧天下"云云当是有闻于范仲淹的名言。契嵩此文劝一位道家不要避世,希望他"道在天下","乐与君臣父子",可见他的入世精神已比以前的禅宗更进了一步。后来大慧宗杲也说"世间法即佛法","父子天性一而已"及"予虽学佛者,然爱君爱国之心,与忠义士大夫等",更可见新儒家对新禅宗也发生了影响力。参看钱穆《再论禅宗与理学》,收在《中国学术思想史论丛》(四),页245—247。

①　"三教合一"的运动早已萌芽于宋元之际,见沈曾植《海日楼札丛》(中华书局,1962)卷六"三教"条,页258—259;Liu Ts'un - yan and Judith Berling,The "Three Theachings" in the Mongol - Yuan Period,in Hok - lam Chan and Wm. Theodore de Bary,eds. Yuan Thought,Chinese Thought and Religion Under the Mongols(Columbia University Press,1982),pp.479—512。

②　明代林兆恩(1517—1598)的三教运动影响最大,详见 Judith A. Berling,The Syncretic Religion of Lin Chao - en(Columbia University Press,1980)。

北朝以来"士庶区别，国之章也"(《南史》卷二三王球语)那种情况已不存在了。张载《西铭》中的"民吾同胞"四字便是新儒家这一思想的最扼要的陈述。从新儒家的理论说，四民只代表职业上的分化，而不足以表示道德品质的高下。以"天民之先觉"自居的新儒家对于四民中之未"觉"者是一视同仁的。范仲淹的《四民诗》(《范文正公集》卷一)可为明证；此诗不但对"士"中的"小人"有很严厉的斥责，而且对"吾商苦悲辛"也表示深厚的同情。总之，新儒家伦理中关于理欲、义利之辨是具有普遍性的，决不是为某一特殊社会阶层或集团的利益而特别设计的。至于它事实上曾如何为某些人群所利用，那应当是另外一个问题。新教伦理确曾有助于资本主义的发展，但加尔文和其后的英国清教徒在立教时所考虑的也还是普遍性的宗教道德问题。清教徒文献中谴责追求财货的说词是数之不尽的。他们可以说和新儒家同样地严于理欲、义利之辨。他们所提倡的勤俭、诚实、严肃等等美德也许适合了资本主义的需要，可是他们的伦理系统决不是为资产阶级而特别设计的①。事实上，任何宗教或道德系统，以至社会理论都可以被某些人群利用，以致完全违背了它原来的意向。澄清了这一点，我们便不必急于为新儒家寻找某一特定的社会根源，譬如把它笼统地看作是属于某一特殊社会阶层的意识形态。然而这又不是说个别的新儒家的社会属性完全不会影响到他对于新儒家伦理某些

---

　　①　参看 Kurt Samuelsson, Religion and Economic Action, 第二章。据此书的分析，清教伦理毋宁是反资本主义的。又据 R. H. Tawney Religion and the Rise of Capitalism(A Relican Book, 1938, pp. 311—313)的分析，韦伯对加尔文教和清教伦理的讨论都失之简化。如清教徒中有贵族、工匠、商人、地主、穷人等各种社会成分的人；清教也没有一个统一的社会理论可以把他们都包括进去。

方面的理解。在这个层面上，没有任何一般性的公式可以取代具体的个案研究。

新儒家立教必须以四民为对象也和佛教的挑战有关。佛教在中国社会上是无孔不入的。朱子说得最透彻：

> 佛氏乃为逋逃渊薮，今看何等人，不问大人、小儿、官员、村人、商贾、男人、妇人，皆得入其门。最无状是见妇人便与之对谈。如杲老与中贵、权要及士大夫皆好。汤思退与张魏公如水火，杲老与汤、张皆好。又云：杲老乃是禅家之侠。（《语类》卷一二六）

这一段话颇足说明佛教的社会基础之广大。新儒家起而与新禅宗相竞，自不能不争取社会上各阶层、各行业的人民，包括绝大多数不识字的人在内。所以早在宋代新儒学初兴时，张载已说：

> 凡经义不过取证明而已，故虽有不识字者，何害为善？

（《张子全书》卷六《义理》）

这种说法不但开陆象山一派的先河，而且明显地表示新儒家立教的对象是所有的人，不是某一特殊阶层。张载又说：

> 利之于民，则可谓利。利于身、利于国，皆非利也。利之言利，犹言美之为美。利诚难言，不可一概而论。（同书，卷十四《性理拾遗》）

这番话是答复学生的问题，可见他所关怀的对象不是"士"阶层而是所有的"民"。张载不但不许"士"本身谋"利"，也不许国家（即政府）与"民"争"利"。只有"利"于全"民"者才是正当的"利"。这是和他的"民吾同胞"的用意一贯的。新儒家内部虽有各种流派的分歧，但在"民吾同胞"这一个基调上却是完全一致的。

新儒家伦理的普遍性不但表现在对"众生"一视同仁的态度上，而且也表现在重建社会秩序的全面要求上（用他们的名词说，即所谓"经世")。程、朱以《大学》为"初学入德之门",其用意显然是首先确定革新世界的规模,因为《大学》从格致诚正一直推到修齐治平,对天下之事无一件放过。程、朱硬改"亲民"为"新民",尤足以显示其建立新秩序的意向。朱子《集注》曰:

> 新者,革其旧之谓也。

这是新儒家全面"革新"的正式宣言,决不可等闲视之。陆象山和王阳明对《大学》的解释与程、朱大异,但无不接受这一基本纲领①。陆象山常说"道外无事,事外无道"(《象山先生全集》卷三四),又说"宇宙内事是己分内事"(卷二二),用意都一贯。就这一点说,新儒家的"经世"也许更接近加尔文教派重建"神圣社群"(Holy Community)的积极精神。加尔文派要在此世建立一个全面基督化的社会,从教会、国家、家庭、社会、经济生活,到一切公和私的个人关系,无一不应根据上帝的意旨和《圣经》而重新塑造(Troeltsch, Social Teaching, pp. 590—592)。当然,由于客观条件的不同,更由于加尔文教有严密的组织,与新儒家根本不同型,双方改造世界的具体内容、过程和成绩都无从比较。但仅以主观向往而言,我们不能不承认两者之间确有肖似之处。新儒家的"经世"在北宋表现为政治改革,南宋以后则日益转向教化,尤以创建书院和社会讲学为其最显著的特色(余英时《清代学术思想史重要观念通释》《史学评论》第五期,1983年1月,《经世致用》篇,页32—45)。由于这一转变,新儒家伦理才逐渐深入中国人的日常生活之中而发挥其潜移默化的作用。在这一关键上,我们必须略略交

---

① 陆象山接受《大学》的纲领,并以"格物"为下手处,见《象山先生全集》卷二一《学说》及卷三五《语录》下。王阳明特别重视《大学》,以致引起以下无数的争论。这是尽人皆知的事实。

代一下程朱和陆王这两大宗派分化的意义。

5. 朱陆异同——新儒家分化的社会意义

朱陆思想的异趋不在本篇的讨论范围之内。上文已指出,新儒家各派的"经世"理想是一致的,他们都想在"此世"全面地建造一个儒家的文化秩序。同时,他们也同样都以"天民之先觉"自居,把"觉后觉"(包括士、农、工、商四民)看作是当仁不让的神圣使命。但是在怎样去进行"觉后觉"的具体程序上,各家之间却存在着严重的分歧。以所谓朱陆异同而言,朱子可以说是专以"士"为施教的直接对象。他认为只有先使"士"阶层普遍觉醒,然后才能通过他们去教化其他的三"民"。他的"理欲之辨"、"义利之辨"首先便是对"士"所施的当头棒喝。在有机会的时候,譬如上封事和经筵讲义,他当然也不放弃向皇帝讲"正心诚意"。不过这种机会毕竟不多。无论如何,我们可以断定,朱子的直接听众是从"士"到大臣、皇帝的上层社会。他的文集和语录都可以为这一论断作证。他在《行宫便殿奏札二》说:

> 盖为学之道莫先于穷理,穷理之要必在于读书。读书之法莫贵于循序而致精,而致精之本则又在于居敬而持志。此不易之理也。(《朱文公文集》卷十四)

这是他的"读书穷理"的基本教法。这种话只能是对"士"和"士"以上的人而说的,对于不识字或识字很少的人便毫无意义了。陆象山则显与朱子不同,他同时针对"士"和一般民众而立教。不可否认地,象山的注意力主要还是集中在"士"的身上,但是他也常常直接向社会大众传教。以他的两次著名的公开演讲为例:第一次是淳熙八年(1181)应朱子之请在白鹿洞书院讲"君子喻于义,小人喻于利"。这是专对"士"的训诫,其意在劝勉诸生"辨其志",

不要为科举利禄而读圣贤之书①。第二次是绍熙三年（1192）给吏民讲《洪范·五皇极》一章。这是群众大会上的讲话，除了官员、士人、吏卒之外，还有百姓五六百人。其主旨谓为善即是"自求多福"，不必祈求神佛。但值得注意的是：他的主要哲学理论也在这次通俗演讲中透露了出来，即要人"复其本心"。他在讲词中特别指出：

> 若其心正、其事善，虽不曾识字亦自有读书之功。其心不正、其事不善，虽多读书有何所用？用之不善，反增罪恶耳！
>（《象山先生全集》卷二三）

这是他信仰极坚的话；他从内心深处感到"士大夫儒者视农圃间人不能无愧"。（同上，卷三四）在这种地方，他非常像马丁·路德，后者也深信一个不识字的农民远比神学博士更能认识上帝②。所以他居乡讲学也是面对社会大众。《年谱》淳熙十三年条记载：

> 既归，学者辐辏。时乡曲长老亦俯首听诲。每诣城邑，环坐率二三百人，至不能容徙（按：疑是"膝"字之误）寺观。县官为设讲席于学官，听者贵贱老少溢塞途巷。从游之盛，未见有此。（同上，卷三六）

我们必须知道他的听众中有许多不识字的人，才能真正了解他为什么坚持要立一种"易简"之教。他的哲学理论也像禅宗和尚所说的，是"佛法无多子"。但是他的巨大的吸引力并不来自理性的

---

　　① 《象山先生全集》卷二三《白鹿洞书院讲义》。又据卷三四《语录》上"傅子渊自此归其家"条，象山也以"义利之辨"是他的教法上的重点。这是特别针对"士"的说教。其实这也就是"复其本心"或"先立其大"。

　　② Myron P. Gilmore，"Fides et eruditio，Erasmus and the Study of History"，in is Humanists and Jurists，Six Studies in the Renaissance（Harvard University Press，1963），p.11.

思辨,而来自真挚动人的情感。这是后世读他的文字的人所无法感受得到的。他在白鹿洞演讲时"说得来痛快,至有流涕者。元晦深感动,天气微冷而汗出挥扇"(见《年谱》淳熙八年条)。他在荆门讲《洪范》也使人"有感于中,或为之泣"。(同上绍熙三年条)。他的学生记他讲学的情形说:

> 听讲诸生皆俯首拱听,非徒讲经,每启发人之本心也。间举经语为证,音吐清响,听者无不感动兴起。(同上淳熙十五年条)

他自己也明白地承认:

> 吾之与人言,多就血脉上感动他。故人之听之者易。

(同上)

诉诸情感而不诉诸理智,这是他的社会讲学的特色,也是他的真本领之所在。以传教的方式而言,他太像一个基督教的牧师了。这和朱子的"读书穷理"形成了强烈的对比!他对自己的"易简之教"具有无比的信念,因为它的真实性已在群众的情感反应上获得了无数次的证验。这种信念决不是朱子"先博后约"的理智取向所能撼得动的。他说朱子"学不见道,枉费精神"(《全集》卷三四),也使我们自然联想到马丁•路德对伊拉斯玛斯(Erasmus)的态度①。总之,朱子的听众是"士",所以必以"致知穷理"为新儒学的入手处;陆象山的听众包括了不识字的大众,所以他强调只要人信得及"先立其大者"一句话便已优入圣域。多读书不但无用,甚至"反增罪恶"。朱陆的分歧并不反映任何阶级利益的差异,但却和他们两人的家庭背景与社会经验的不同有关。朱子出身于士

---

① E. Harris Harbison,The Christian Scholar in the Age of the Reformation(New York:Charles Scribner's Sons,1956),Chap4,Luther.

大夫的家庭，他的生活经验始终未出"士"的圈子之外。陆象山则"家素贫，无田业，自先世为药肆以养生"（同上，卷二八《宋故陆公墓志》）。不但如此，据他的回忆，"吾家合族而食，每轮差子弟掌库三年，某适当其职，所学大进"（同上，卷三四）。可见陆家是商人出身，象山也富于管家的经验，直接和不识字的下层人民打过交道。如果他的回忆可信，那么他的学问并不是完全从书本上得来的。朱子和他的学生曾讨论到陆象山的社会背景：

　　问：吾辈之贫者，令不学子弟经营，莫不妨否？曰：止经营衣食亦无甚害。陆家亦作铺买卖。（《语类》卷一一三《训门人一》）

宋代商业已相当发达，士商之间的界限有时已不能划分得太严格。因此新儒家也不得不有条件地承认"经营衣食"的合法性了。不过朱子在这条语录的后半段仍然多少流露了他对"以利存心"的戒惧心理。这本不足为异，清教徒的态度也是如此。从社会史的角度看，朱陆异同并不能在纯哲学的领域内求得完满的解答。早在南宋时代，新儒家的伦理已避不开商人问题的困扰了。

　　但南宋毕竟仍是士阶层居于领导位置的社会。陆象山一派在缺乏社会组织支持的情形下，是不容易在民间大行其道的。程朱一派专在士阶层中求发展，终于成为新儒家的正统。直到明代王阳明出现以后，陆王才真正能和程朱分庭抗礼，并且威胁到程朱的正统地位。但这一新形势的造成也同样不能孤立地从思想史上得到完整的说明。最重要的是明代中叶以后四民关系上已发生了实质上的改变。关于这一点，我们将留在下篇中讨论。以下略述王阳明儒家伦理的新倾向以结束本篇。

　　王阳明"致良知"教也是以"简易直接"为特色。但他的思想并不是直接从陆象山的系统中发展出来的。相反地，他的"良知"

二字是和朱子"格物致知"的理论长期奋斗而获得的。朱子的"格物致知"本以读书为重点,是对于士阶层所立的教法。但天下的书是读不尽的,外在的事物更是格不尽。若必待格物至一旦"豁然贯通"之境才能明理,才能作圣人,那么不但一般不识字的人将永远沉沦,绝大多数读书人恐怕也终生无望。所以王阳明二十一岁格竹子失败后便只好"叹圣贤是做不得的,无他大力量去格物"了(见《王文成公全书》卷三二《年谱》弘治五年条及《传习录》318 条)。但三十七岁时他在龙场顿悟还是起于"格物致知"四字。这时他"始知圣人之道,吾性自足,向之求理于事物者,误也"(《年谱》正德三年条)。"致良知"之说当然可以在哲学上有种种深邃繁复的论证。但是从本篇的观点说,它的起源还是很简单的。王阳明仍然要继续新儒家未竟的"经世"大业(见《传习录》第 142—143 条《拔本塞源论》)。他本人虽然和朱子一样,出身于士大夫的背景,但由于时代的影响,他必须同时以"四民"为立教的对象。因此他说:

> 你们拿一个圣人去与人讲学,人见圣人来,都怕走了,如何讲得行? 须做得个愚夫愚妇,方可与人讲学。(《传习录》131 条)

又说:

> 我这里言格物,自童子以至圣人皆是此等工夫。但圣人格物,便更熟得些子,不消费力。如此格物,虽卖柴人亦是做得。虽公卿大夫,以至天子,皆是如此做。(同上,319 条)

良知教之所以能风靡天下,正因为它一方面满足了士阶层谈"本体"、说"工夫"的学问上的要求,另一方面又适合了社会大众的精神需要。大体言之,王阳明死后,浙中和江右两派发展了前一方面,泰州学派则发展了后一方面。泰州学派的创始人王艮

（1483—1541）初为灶丁,后又从父经商于山东。以一个经商的人而能在儒学中别树一帜,这是前所未有的事（陆象山本人并未经商）。泰州门下有樵夫、陶匠、田夫,尤足说明王阳明以来新儒家伦理确已深入民间,不再为士阶层所专有了。最值得注意的是陶匠韩贞,《明儒学案》说他:

> 以化俗为任,随机指点农工商贾,从之游者千余。秋成农隙,则聚徒谈学,一村毕,又之一村。（卷三二）

这种以农工商贾为基本听众的大规模布道是陆象山时代所不能想象的事。王学之所以能产生这样广大的社会影响,实不能不归功于王阳明的教法。"良知说"的"简易直接"使它极易接受通俗化和社会化的处理,因而打破了朱子"读书明理"之教在新儒家伦理和农工商贾之间所造成的隔阂。所以王艮能"指百姓日用,以发明良知之学"。王阳明以来有"满街都是圣人"之说。此说解者纷纭,其实乃表示儒家入世承当的伦理非复士阶层所独有,而已普及于社会大众。法朗克（Sebastian Franck）对宗教革命的精神曾有以下的概括语:"你以为你已逃出了修道院,但现在世上每一个人都是终身苦修的僧侣了。"这是说中古寺院中的出世清修已转化为俗世众生的入世苦行了。新禅宗的"若欲修行,在家亦得,不由在寺",和王学的"满街圣人",都恰好是和此语东西互相交映①。清代焦循曾对"良知"学的社会涵义提出一个看法。他说:

---

① Franck 语见 Weber,General Economic History（tr. by Frank H. Knight,The Free Press,1927）,p. 366。按:Frank 是路德同时的人,他不立文字,不依教会,专讲"精神"（"Spirit"）为人人所共有。他提倡一种"无形教会"（"Invisible Church"）,与禅宗及陆、王颇相似,可以说是基督教中的"内在超越"型。他也许是其不能在"外在超越"的大传统中立足之故。参看 Troeiltsch,Social Teaching,pp. 760—762。

> 余谓紫阳之学所以教天下之君子;阳明之学所以教天下之小人……至若行其所当然,复穷其所以然,诵习乎经史之文,讲求乎性命之本,此惟一二读书之士能之,未可执颛愚顽梗者而强之也。良知者,良心之谓也。虽愚不肖、不能读书之人,有以感发之,无不动者。(《雕菰集》卷八《良知论》)

焦循文中的传统偏见可以不论,他所划分的朱子和阳明的界线也颇不恰当。但是他的确看出了一个问题:即朱子之学是专对"士"说教的,而阳明之学则提供了通俗化的一面,使新儒家伦理可以直接通向社会大众。这确是阳明学的历史意义之所在。新儒家之有阳明学,正如佛教之有新禅宗:佛教在中国的发展至新禅宗才真正找到了归宿;新儒家的伦理也因阳明学的出现才走完了它的社会化的历程。黄宗羲批评浙中的王畿"跻阳明而为禅"(同上,卷三四)。这些话都有充分的根据。但是从另一角度看,这也正是新儒家对新禅宗入室操戈的必然结果。新禅宗是佛教入世转向的最后一浪,因为它以简易的教理和苦行精神渗透至社会的底层。程朱理学虽然把士阶层从禅宗那边扳了过来,但并未能完全扭转儒家和社会下层脱节的情势。明代的王学则承担了这一未完成的任务,使民间信仰不再为佛道两家所完全操纵。只有在新儒家也深入民间之后,通俗文化中才会出现三教合一的运动。明乎此,则阳明后学之"近禅"便不值得不惊小怪了。

《传习录拾遗》第14条云:

> 直问:"许鲁斋言学者以治生为首务。先生以为误人,何也? 岂士之贫,可坐守不经营耶?"先生曰:"但言学者治生上,尽有工夫则可。若以治生为首务,使学者汲汲营利,断不可也。且天下首务,孰有急于讲学耶? 虽治生亦是讲学中事,但不可以之为首务,徒启营利之心。果能于此处调停得心体

> 无累,虽终日作买卖,不害其为圣为贤。何妨于学?学何贰于
> 治生?"

新儒家伦理在向社会下层渗透的过程中,首先碰到的便是商人阶层,因为 16 世纪已是商人非常活跃的时代了。"士"可不可以从事商业活动? 这个问题,如前文所示,早在朱子时便已出现,但尚不十分迫切。到了明代,"治生"在士阶层中已成一个严重问题。有一则明人告诫子孙的"家规"说:

> 男子要以治生为急,农工商贾之间,务执一业①。

明白了这一背景,我们才能理解为什么王阳明的学生竟一再向他提出这一点,并显然不满意他第一次所给的答案——"许鲁斋谓儒者以治生为先之说亦误人。"(《传习录》第 56 条)这是一个非常

---

① 张又渠《课子随笔》卷二所引,见柯建中《试论明代商业资本与资本主义萌芽的关系》,收入《中国资本主义萌芽问题讨论集》续编(北京,1960)页 101。歙县《疏塘黄氏宗谱》(嘉靖四十五年〔1566〕刊本)卷五"明奴金竺黄公崇德公行状"记黄崇德(1469—1537)从商的经过尤其值得注意。原文说:"公……初有意举业,(父)文燦公谓之曰:'象山之学以治生为先。'公喻父意,乃挟资商于齐东。……一岁中其息什一之,已而升倍之,为大贾矣。于是修猗顿业,治鹾淮海,治生之策,一如齐东,乃资累巨万矣。……公居商,惟任人趋时,正道白牧,居商无商商之心,不效贪商窥窬分毫,然资日饶而富甲里中。……乃浦浦行德施于州间,泽及乡党。……若公者,非但廉贾,其实商名儒行哉!"(引自张海鹏、王廷元主编《明清徽商资料选编》,黄山书社,1985年,合肥,第 231 条,页 74—75)这条资料的可贵尚不仅在于它提供了一个较早的"弃儒就贾"的典型,而更在于它明确地点出了陆象山之学与商人的关系。黄崇德和王阳明是同时代的人,他的父亲说"象山之学以治生为先"那句话时,王学还没有出现。可见陆象山出身商人家庭的事在明代中叶以前已引起士人的重视。这一事实颇可说明后来王学兴起的一部分社会背景,也使我们懂得为什么阳明的弟子一再提出"治生"的问题,以及阳明何以不得不修改他的观点。关于"治生"的问题,下节将有较详细的讨论。

值得注意的现象,下篇还要继续有所讨论。更可注意的是:阳明第二次的答案比第一次要肯定得多,尽管他仍不能同意"治生为首务"。现在他竟说:"果能于此处调停得心体无累,虽终日作买卖,不害其为圣为贤。"我们无法想象朱子当年会说这样的话,把作买卖和圣贤等同起来。"心体无累"即"良知"作主之意。阳明教人致吾心之良知于事事物物。"作买卖"既是百姓日用中之一事,它自然也是"良知"所当"致"的领域。阳明的说法是合乎他的"致良知"之教的。可见从朱子到阳明的三百年间,中国社会发生了变化,儒家伦理也有了新的发展。这些变化和发展便是下篇所要讨论的主题。

(选自余英时《中国近世宗教伦理与商人精神》,台北联经出版事业公司 1987 年版)

余英时,原籍安徽潜山,1930 年生于天津。香港新亚书院文史系第一届毕业生,美国哈佛大学博士。曾任哈佛大学与耶鲁大学教授、香港中文大学新亚书院院长、普林斯顿大学教授。长于思想史的比较研究,主张用西方的概念和分析方法对中国传统思想进行现代诠释。代表著作有《从价值系统看中国文化的现代意义》《中国近世宗教伦理与商人精神》、《中国传统思想的现代诠释》等十几部。

本篇认为新儒家是继承了新禅宗的入世精神发展出来的,"天理世界"是新儒家的"彼世",但不同于佛教的"彼世"之背离"此世",新儒家的"彼世"与"此世"既相反而又相成,从而发展出一种更积极的入世精神"敬贯动静"。新儒家的心性修养不是为了个人解脱,而是为了"先天下之忧而忧,后天下之乐而乐”，表现出一种对“众生”一现同仁并要求重建社会秩序的态度，新儒家各派的“经世”理想是一致的，但在“觉后觉”上各有所见，朱子注重“读书穷理”，专在士阶层求发展，陆象山诉诸感情而不诉诸理智，同时针对“士”和一般民众而立教。到了阳明之学，新儒家伦理已直接通向社会大众，走完了它的社会化的历程。

传统·儒家·伦理异化

萧萐父

一

传统,是一个沉重而模糊的概念。"古愁莽莽不可说"(龚自珍诗句),"青史凭谁定是非"(林则徐诗句)。传统在历史之流的滚滚风涛里形成;一个古老民族的历史传统,总给人以混茫幽窅的印象,似乎无比丰厚,而又无从把握。概念的模糊性并不妨碍它的认识功能。传统一词广泛流行,但人们对于传统的理解,往往流于把它过去化、凝固化。似乎传统仅仅属于过去,而与现代相距很远,只有离开现代的立足点,才能回头去理解或重现传统。所以,对传统,有恢复或抛弃之说。恢复论者视传统为民族旧文化中某种"一脉相承之统绪",即三代以来"原于中国文化之一本性"而形成的"道统之相传",并悲叹其在中国走向近代的文化历程中发生了"断裂";因而,大声疾呼,要以孔子作《春秋》之"存亡继绝"的精神来恢复中国文化中"一贯之传统"①。抛弃论者视传统为"沉重的枷锁",为"陈旧的过时物",强调必须挣脱传统之束缚,才能

---

① 唐君毅、牟宗三、徐复观、张君劢四人于1958年联名发表的《我们对中国学术研究及中国文化与世界文化前途之共同认识》,见唐君毅《中华人文与当今世界》(下)附录。

彻底重建新文化；因而，同样大声疾呼，为了实现现代化，中国的传统文化"最好后继无人"（刘晓波《与李泽厚对话——感性、个人、我的选择》）。

果真如此吗？不尽然。

传统，并非已经死去的历史陈迹，而是至今活着的文化生命。它渊源于过去，汇注于现在（经过现实一代人的参与），又奔流向未来。人，作为类存在的社会人，其类特性就在于自由自觉地参与创造历史的活动；人只能生活和思考在他自己不断创造的历史之中，而不可能"遗世而独立"，也就只能承先启后地处在某种传统之中。"全盘西化"论和"保存国粹"论之所以必然落空，就因为两者都把自己身处于其中的历史传统误解为凝固化了的异己的外在物，似乎可以随意抛弃或须加抢救；事实上，传统内在于现实的人们及其对传统的心态中，并不断地被人们评判、理解、复制和重构而成为动态的流程。老黑格尔说："传统并不是一尊不动的石像，而是生命洋溢的，有如一道洪流，离开它的源头愈远，它就膨胀得愈大。"（黑格尔《哲学史讲演录·导言》）

传统既然流动，必非铁板一块而是多元的。历史的长河宽容"殊途百虑之学"。所谓"罢黜百家"、"裁判异端"的嚎叫，正证明了"百家"和"异端"的顽强存在。纵观历史，正宗与异端、精英与大众、主流与支流、神奇与腐朽，从来是相待而有，并行不悖。故粗分为"两种文化"或"大、小传统"（列宁《关于民族问题的批评意见》，雷德斐〔Robert Redfield〕，《农民社会与文化》）者有之，旷观为"圣贤之血路，散殊于百家"（黄宗羲《清溪钱先生墓志铭》，《南雷文存》三集卷二）者有之。譬如水火，相反相生，龙血玄黄，杂以成文。因而，对传统文化整体泛观、单维进化的模式，势必为二分（或三分）剖判、多元衍变的模式所代替。

传统既然多元,总是新旧杂陈,或已死而未僵,或初生而尚丑,或托古以护新,或假新以复旧。正因为情态多样,所以主体参与的历史选择,文化上的整合、重组、镕铸、涵化、破旧立新或推陈出新,乃有可能。在主体自觉地参与下,历史沉积物中的"璞"与"鼠"、"砒"与"蜜"可能糅混,但不是不可分的,并非只能宿命地接受;传统既然与主体的参与意识相依存,就不可能"后继无人"。某些传统思想似乎感染了整个民族,化为民族性格,浸入了无意识深层,但也会因人而异、因事而异、因时而异地发生着分解和变异。

多元的传统在不同的历史条件下形成,也只能随历史条件的变化而产生变革和发展。因此,传统的继承,并非文物的保管,也不是古学的复兴,更不是对古今文化的浮浅认同;而是按"人事有代谢,往来成古今"(孟浩然诗句)这一历史的客观进程,基于主体的自觉对历史中形成的传统去进行筛选和评判,去发现自己视为先驱者的开拓的足迹,去探索新旧文化代谢发展的机制、条件和历史根据,从而找到传统文化与现代化之间的历史接合点。对传统文化的选择和继承,与对现今文化的创建和对未来文化的设计及追求,三者是密切结合在一起的。

二

试以上述传统观来观察儒家传统,则应看到多元的、流动的传统文化洋溢乎中国,源远而流长,儒家仅其中一环。儒家产生以前,中国文化已历史地形成若干文化区,各自创建又互相汇合,已蓬勃发展数千年。儒家产生以后,虽曾列为"显学",实与并世诸家(如阴阳、墨、法、名、道等)并行,且互为采获;汉唐以来,所谓儒之独尊,乃指官学而言,且代有变迁,而其间佛、道屡盛,纂著宏富,仅唐代流行于朝野的佛教经论，已达八千余卷，超出当时儒家经典若干倍。至墨侠、阴阳、神仙、方术一直在民间流行，绵延不绝。

儒家及儒家传统等词，论者习用之，其实名实颇多龃龉。因为历史上并不存在统一的儒家，也不存在一脉相承的儒家传统。儒门有所谓"道统"之说，假托孔子预言"董仲舒，乱我书"（见王充《论衡·实知》），算是最早的神学谶记；韩愈自觉编造的"道统"（见韩愈《原道》），尊孟贬荀，于史无据，与汉儒皆尊荀，传经多出荀门（参汪中《述学》补遗《荀卿子通论》）之史实全然相背。韩愈编造的"道统"名单，到宋初石介、孙复等，还在孟轲之后加上荀卿、董仲舒、扬雄、王通、韩愈，并不全然排斥汉唐诸儒（见石介《徂徕集》卷十二，《宋元学案》卷二《泰山学案》）。而到了南宋朱熹手里，则一方面上溯伏牺，又牵强附会把"道统"内容规定为所谓"十六字心传"；另一方面又全然撇开汉唐诸儒包括韩愈，而在孟子之后直继以二程，后又稍扩充为周敦颐、邵雍、张载、司马光等所谓"伊洛渊源"；而他自己当然以"道统"嫡传者自居（见朱熹《中庸章句·序》、《沧州精舍告先圣文》、《六先生画像赞》等）。从此，由朱熹所虚构，由元明清三代皇权所钦定的所谓儒家道统，成为一种强制推行的思想史范式，掩蔽了历史的真实。

其实，儒家夙以"杂"见称。《荀子·法行》记南敦惠子早称"夫子之门，何其杂也！"《韩非子·显学》谓孔子死后儒分为八："有子张之儒，有子思之儒，有颜氏之儒，有孟氏之儒，有漆雕氏之儒，有仲良氏之儒，有孙氏之儒，有乐正氏之儒"，再加上子夏在西河和曾子在我城也各立门庭，各有创建（或以为仲良氏乃仲梁子，传曾子之学，或以为乐正氏乃乐正子春，乃曾子弟子；或以为子夏为"传经"人物，或以为子夏乃"法家宗师"）（见《礼记·檀弓上》，《后汉书·徐昉传》，郭沫若《十批判书》），反正各自成家，取舍不同;荀况后起,直斥子张、子夏、子游为"贱儒",对子思、孟轲更猛烈抨击,把他们斥为"偷儒惮事,无廉耻而嗜饮食","术谬学杂,呼先王以欺愚者"(《荀子》:《非十二子》、《儒效》)。可见孔子之后的儒门各派,互相攻讦,势不两立。韩非所列八派中有"漆雕氏之儒",被称为"不色挠,不目逃,行曲则违于臧获,行直则怒于诸侯",以其"廉""暴"学风与孟、荀都敬重的宋钘的"宽""恕"学风相对立;章太炎尊"儒侠"一派,称其"刚毅特立"别树一帜(《韩非子·显学》,章太炎《訄书·儒侠》)。试问,如溯及先秦而论儒家传统,究何所指?是指孟轲氏之儒?抑指与孟轲持论相反的荀卿氏之儒?或是指与孟、荀都大不一样的漆雕氏之儒?如果概指各家,应绎其共性;如果仅指某一家,则举一废百,名不符实。

到汉代,初有儒、道互黜,稍后儒得独尊,且儒林与经师合一,似乎有儒经可据,易于趋同。事实上大不然,儒经一开始流传,就发生了文字训解、师说家法、思想原则等方面的种种分歧。突出的是经分今、古文,在一系列重大问题上互不相容。诸如对孔子的评价、对孔子与六经的关系、对六经的排列次序、对六经是孔子所作或是古代文献,都有截然不同的解释;而同是今文经学派内也有分歧,如"三家诗义"与"公羊春秋"在政治主张上就互相对立,学术争论动辄发展为政治诛杀。汉廷尊儒,所尊者乃投其所好之儒;凡固执儒学原旨者,如申培公、辕固生等反遭拒斥,而赵绾、王臧、眭弘、盖宽饶等竟以思想罪被迫害至死。至于被儒门斥为"曲学阿世"者如公孙弘等人,则得贵显(《史记·儒林列传》,《汉书》卷七十五《眭弘传》与卷七十七《盖宽饶传》)。与此交织,稳定汉王朝的大批"酷吏"和"循吏",倒堪称儒法合流的汉家法度的真正实践者(《史记》:《酷吏列传》、《循吏列传》);而大批标榜名教的"儒生"、"名士",反而成为儒学培养出的伪君子(如《后汉书·陈蕃传》附赵宣事等)。如论汉代儒家传统,究指申培公、辕固生之儒?或指公孙弘、董仲舒之儒?抑指眭弘、盖宽饶之儒?如依孙复等独尊董仲舒为使"圣道晦而复明"的汉儒代表(见孙复《睢阳子集·与张调书》,《宋元学案》卷二《泰山学案》),也难以排除传统中别有尊韩婴、尊刘歆、尊扬雄、尊王充而斥董仲舒为"淫巫瞽史"、"义和团之远祖"(参柳宗元《贞符》,章太炎《菿汉微言》)等等说法。

至于宋元明清时期,似乎三教分立,各成一系;儒家由经学发展为理学,不断得到皇权支持,作为科举考试定本,俨然成为思想正宗。明初编出三本"大全"——《五经大全》、《四书大全》、《性理大全》,诏颁天下,所谓"合众途于一轨,会万理于一原"(胡广等进书表),似乎达到空前的稳定与统一。其实大谬不然,仅就北宋儒学而言,就有王安石的新学,司马光的朔学,张载的关学,二程的洛学,三苏的蜀学……诸学派之间,各种观点形成复杂的多角对立;到南宋,既有朱熹、陆九渊、吕祖谦之间的激烈争论,别有陈亮、叶适等从根本上反对理学家们的心性空谈;郑樵、马端临等更以空前的博学,别创文化史研究新风,而独步当时。明朝王阳明以对朱陆的双向扬弃而另创新说,王学又以良知说的内在矛盾而导致王门各派的多向展开;通过泰州学派的分化而由何心隐、李贽引向"异端",再通过东林学派的实践工夫而由黄宗羲完成对王学的自我否定;明清之际的特殊历史条件下,更崛起一代早期启蒙学者,各有师承,各具特色,但大都超越出儒家的藩篱。仅就儒门一家而论,已是异说纷纭,单是朱、陆之争,就势同水火。如黄宗羲所云:"师门宗旨,或析之为数家","大类释氏之源流,五宗水火,遂使杏坛块土,为一哄之市"(《明儒学案·自序》)。所谓《圣学宗传》、《理学宗传》、《皇明道统录》之类,当然不足为据。事实上,人们无不是按各自的先入之见和历史意识去建构、去诠释自己的儒家传统。

三

　　诠释的多样性不排斥诠释的对象仍有其历史的统一性。因为诠释者总生活、思考在统一的历史的行程中,而被诠释的对象总有其历史的继承性;而历史又总是以自己固有的严峻方式,检验着、筛选着各式各样的诠释,增减其存在的历史合理性。

　　历史上所谓儒家思想,从晚周到清末,经过与中华固有的道、法、墨、名、阴阳家思想,蒙、满、藏、回等各族传统思想交相融合;又与外来的印度佛教各派思想、西方各家思想,先后汇合,屡经变异,分殊发展,但毕竟摄取各家,为我所用,而自有重心,蔚为中华文化中的主流学派之一,形成一个多向度而可供诠释者自我选择的丰富传统。

　　"历史,如果它有意义而并非空洞的回声,那它就都是当代的历史。"(克罗齐语)对历史上儒家传统的当代诠释,虽纷然杂陈,但某种诠释得以流行则并非偶然,往往由许多历史因素的结合而据有一定的客观根据。按流行的说法,由孔子奠基、以六艺为法的儒家学说,自汉至清,二千余年,确乎形成了传统。儒家传统的发展,自有其历史变化的原生、衍生、变异、衰落诸阶段。

　　儒学在其原生阶段,立论朴实,旨在重视人伦和人的实践智慧,追求理想的社会和谐秩序。孔子博学好古,总结三代文明的盛衰,提出"仁"、"礼"结合,"孝"、"悌"为本的伦理原则;孔门各派多元发挥,而颜(回)、曾(参)、孟(轲)、荀(况),颇能以人伦为中心,各有侧重而又互补地完成了"修己治人"的"仁义"之学体系的建构。所谓"以仁为恩,以义为理,以礼为行,以乐为和,薰然慈仁,然后君子"(《庄子·天下》);所谓"列君臣父子之礼,序夫妇长幼之别,虽百家弗能易也"(《史记·自序·司马谈论六家要旨》),可说是对原始儒家独特贡献的切实概括。这一概括实际表明,儒家思想的根基,乃是宗法伦理关系及其所产生的宗法伦理意识,由宗法家庭的道德行为规范推广到宗法等级制的礼法名教等社会政治规范,就是儒家所谓"成己成人"、"内圣外王"的思想体系的重心。宗法制的历史沉淀就是这一思想重心的扎根处。

儒家传统在其衍生、变异阶段,形成多层的结构,并随时代发展而不断变化其内容。如:

(一)儒经的传统。孔子在文化下移中搜辑、整理、编纂了《诗》《书》《易》《礼》《春秋》等古文献,功绩不朽;孔门子夏、荀卿及以后儒者多以传经著称,所谓"儒者以六艺为法,六艺经传以千万数"(《史记·太史公自序》)。儒家以丰富的古文献作思想载体,吸聚了历代知识精英,发挥了特有的文化优势,无论是"我注六经",还是"六经注我"(两者实不可分),都同样在参与儒经传统的历史延续。从秦博士浮丘伯、伏胜……直到皮锡瑞、廖平、章太炎,绵延二千余年,文分今、古,学别汉、宋,各种笺注疏解,更是汗牛充栋,成为中国传统文化中最丰腴、最庞杂的一份遗产。

(二)儒行的传统。儒重行,"知之匪艰,行之惟艰","行有余力,则以学文"(《古文尚书·说命中》,《论语·学而》)。"冠、婚、丧、祭"等基本宗法礼仪和"入则孝、出则悌"等基本行为规范,本依存于以小农为基础、以血缘为纽带的宗法制遗留,与群体生活实践和群体价值意识脉息相通,这是儒家传统特具再生力的深层社会基础。至于《荀子·儒效》、《小戴记·儒行》中所申论,乃战国末到秦汉之际的儒者对新人行为模式的理想设计,昂扬主体的自觉性,颇有"强哉矫"的生气。而往后儒者对"视、听、言、动"的强制规范,如程颐的《四箴》、朱熹的《家礼》等,则以"克己复礼"、"灭欲存理"为价值取向,使一切道德行为因主体沦丧而失去活力。

（三）儒学的传统。儒重文,"博学于文"、"好古敏求"被看作"修己治人"、"化民成俗"的首要一环;所谓"观乎天文,以察时变,观乎人文,以化成天下"（《周易·贲卦象辞》）,故儒者强调文治教化的作用,主张"尊德行而道问学,致广大而尽精微,极高明而道中庸"（《小戴记·中庸》）,注意对历史遗产的继承,对外来文化的汲取,对自身理论的加工,对异端思想的涵化,从而使儒学思想体系具有较大的包容性,得以长期居于统摄的正宗地位。

（四）儒治的传统。儒学的包容性体现在政治上,即可以儒法合流、儒道互补;而儒行的内容尤重"安上治民"、"以天下为己任"的从政意识,从"三纲八目"到经世致用,从维护"皇极"到赞美"循吏",构成儒家传统的政治内核。治统与学统、政统与道统,相互依存,相辅而行,遂使历代王权既可以缘饰儒术,宣扬德治,自称圣王;又可以用卫道名义,兴文字狱,诛心中贼,以理杀人。

上述几个层面,各成系统而又密相结合,故所谓儒家传统,并不仅是一种学术思想或精神资源,而是依附于一定的经济政治制度的伦理规范、社会风习、文化心态、价值理想等的综合体,涵盖面广,渗透力强,在历史上曾起过重大的支配作用,尽管经过近百余年的历史沧桑,它在民族文化的深层结构中仍具有不可忽视的再生活力。

四

传统并不仅是一种精神力。当传统与一定社会制度相融合就会产生特殊的社会功能。儒家传统，主要依存于又服务于以自然经济与血缘纽带为支柱的宗法封建制，这种宗法封建制是由宗法农业家庭以及这样的家庭、宗族细胞分层隶属而构成。所以儒家思想传统的主要内容是以维护宗法关系及其等级秩序，确定和限制封建特权、调节宗族内外矛盾为中心的"礼教"——"所以定亲疏、决嫌疑、别同异、明是非"（《礼记·曲礼》）的一套价值规范。

这一套礼教规范，其源，可以远溯到古代血缘氏族的父系家长制；其流，更长期绵致，与文明同步。作为历史沉淀物的宗法制度，在进入文明时代即与国家体制及政治、法权、宗教等深相结合，形成中国特有的宗族奴隶制。到晚周时期的礼崩乐坏、社会蜕变过程中，原始儒家适时地对"郁郁乎文哉"的周代礼教进行了一番理论加工。礼，不单指器物、礼仪、制度，而是一种人文价值，因而，实之以仁，充之以孝，扩之为仁政、德治，证之以"明分使群"。孟、荀互补，孟主性善，"仁义礼智根于心"，"非由外铄，我固有之"（《孟子》：《尽心上》、《告子上》），把礼教内化为修己之道；荀主性恶，强调"人道有辨"，"礼以定伦，国之命在礼"（《荀子》：《大略》、《王制》），把礼教外化为治人之经。原始儒家既论证宗法伦理根于人心，为人的类特征所固有；又强调宗法伦理规范为圣人所制定，是人类所必需。尽管孔、孟、荀还保留了某些天命神权或神道设教的传统思想，但从伦理实践的角度却肯定了人作为主体的道德自觉的意义，并没有把作为客体的社会必需的伦理规范绝对化。故有"邦无道则隐"、"闻诛一夫纣"、"从道不从君"（《论语·卫灵公》，《孟子·梁惠王下》，《荀子·大略》）之论。

秦汉新儒家摄取阴阳家言，融合道法刑名思想，服务于宗法封建制的统一法度，实现了儒法政治合流。韩非的"三纲"思想被纳入儒家的礼教体系，宗法伦理由相互的道德感情转变为绝对的伦常义务,由自觉的道德要求逐步变为强制的行为规范。于是,由董仲舒开始形成"王道之三纲,可求于天","屈民而伸君,屈君而伸天"(《春秋繁露·基义》、《举贤良对策》)的神学理论。往后,发展为"名教本之自然"的玄学正宗,再发展为"明体达用"、"理一分殊"的理学正宗,始终都在论证宗法伦理及其政治推广的纲常名教的神圣性和绝对性。绝对化的纲常名教,日益成为丧失了主体自觉道德的异化的伦理教条,其所维护的宗法等级隶属关系,日益变为人性的桎梏,变为道德自觉的反面,人的真正价值被全面否定。

这一历史事实,可以被理解为类似宗教异化的理伦异化现象。

人,为了实现人的本质,结为群体,组成家庭,创立社会,建构人际之间必要的伦理关系及其他社会政治关系,为调节这些关系而产生了自律和他律的行为规范。人的价值正是在这些关系中自觉实践一定的道德规范而得以实现的。但是,当这些规范被架空,脱离了现实的人际关系,脱离了人的自我道德意识,而异化为一种强制、奴役、愚弄人的"天生铁定底道理";这"道理"反过来钳制人心,革尽人欲,直到"身心收敛","坐如尸,立如斋,头容直,目容端⋯⋯"(《朱子语类》卷十二)使人成为非人,结果,人在实践道德规范中反而丧失了人的本质。

儒家传统的礼教思想、伦理至上主义,有其重视道德自觉、强调教化作用、追求人际关系和谐等可取因素。但因其植根于我国奴隶制社会和封建制社会长期顽固保存的宗法关系之中,一开始对理想人格的设计,就以客观化的等级名分制度和人际依附关系为基准,而使个体的主体性消融于其中;个体的存在和价值完全隶属于超个体的整体,只有事父事君,尽伦尽职,才可能获得个人存在的意义和价值。因此,一个人的道德自觉性愈高,愈是最大限度地尽到伦理义务,也就愈是自觉地否定自我,乃至扼杀个人的道德意识。同时,把人之所以为人的本质归结为道德活动,蔑视人的其他一切价值,人不必去追求成为独立的认识主体,审美主体,政治、经济、科技、生产活动的主体等等,而只需成为纲常名教的工具。这种伦理至上主义,绝非人文精神,相反地,乃是一种维护伦理异化、抹杀人文意识的伦文主义。它不仅取消了人的主体性,尤其抹杀了人的个体性,把个体消解于异化了的群体人伦关系之中。只有冲破伦文主义的网罗,才可能唤起人文主义的觉醒。

　　伦理异化,是中国封建社会特有的历史现象。为之辩护者历代多有,前期多采神学说教,后期多采哲学论证。董仲舒、朱熹,堪称典型。抗议者亦不少,前期多梦游远古,后期始瞩望未来,鲍敬言、黄宗羲,可作显例。至于李贽歌颂"童心",揭露"假人"(《焚书·童心说》),龚自珍呼唤"众人之宰,自名曰我"(《龚自珍文集·壬癸之际胎观第一》),王夫之反对"灭情而息其生"(《周易外传》卷三《损》),戴震怒斥"后儒以理杀人"(《孟子字义疏证》卷上《与某书》),谭嗣同声讨"无实之名"造成"三纲五常之惨祸烈毒"(《仁学》八),章太炎强调"依自不依他","一切虚伪,唯人是真"(章太炎《答铁铮》、《国家论》),全是一派反抗伦理异化的叱咤声。五四时期"哀其不幸,怒其不争"的反传统,并非什么传统文化的"断裂",而正是四百年来文化代谢中这一优秀传统的继承。

　　至于儒家传统中的积极因素,早已裂变为文化代谢中的新生面。"谢朝花于已披,启夕秀于未振"(陆机《文赋》),春兰秋菊,千古永存(屈原《九歌·礼魂》)。

(原载《江汉论坛》1988 年第 4 期,选文据作者

　　1990 年修改稿,载《吹沙集》,巴蜀书社 1991 年版)

　　萧萐父,1924 年出生于四川成都,1947 年毕业于武汉大学,武汉大学哲学系教授、博士生导师、中国传统文化研究中心顾问,湖北省哲学史学会会长、中国哲学史学会副会长,著作有《中国哲学史》(上、下)、《王夫之辩证法思想引论》、《中国哲学史史料源流举要》等。

　　本文认为儒家传统在原生阶段立论朴实,旨在重视人伦和人的实践智慧,追求理想的社会秩序,根于人性,体现着人的价值,但儒学独尊后,则日益变为人性的桎梏、道德的反面,这一历史事实可被理解为类似宗教异化的伦理异化。

儒家伦理与经济发展：韦伯学说的重探

金 耀 基

前言："中国文化与现代化"的核心问题

"中国文化与现代化"这一主题涵盖面极广，同时亦可由许多不同的面向与层次来加以讨论研究。本人拟对该主题之中的一个核心问题提出一些疑问与探索：即企图对"儒家伦理"与"经济发展"之间的关系作一论析。我之所以把这个问题看作是此次会议的核心问题之一，乃因"儒家伦理"是中国文化的基素，而"经济发展"亦是现代化的基素。诚然，我在选择此一问题时并非没有犹豫，因为这个问题也许已不幸地谈"烂"了，在许多人的心目中，不是以为这个问题已经解决，便以为讨论这样的题目只会引致更多的问题而难有答案。但我认为这个问题还未解决，事实上，几十年来对这个题目的学术论断，也许只有"错误的解决"，或者根本连问题都误导了。同时，我也承认，讨论这样的题目的确只会引致更多的问题而难有确然不移的答案的，但我不以为因此我们有权去躲避这个问题。不谈"中国文化与现代化"则已，否则必不能不正面地对待这个问题，毕竟，一切正确的问题背后必有答案；我们不怕找不到答案，而只怕缘于意理或情绪而过早地武断地排除了可能具有意义的问题。在这篇论文里，我主要是提出问题，而非答案。在进入本文的论析之前,我想说明,我选择这个题目是直接地受到德国社会学家麦斯·韦伯(Max Weber)所启示触引的。我相信,不必是社会学者,都曾接触过韦伯的《基督教伦理与资本主义精神》一书。这部享大名而又多争论的社会学名著的主题是我所沿袭的,但我这篇论文的中心旨意则正是对这位伟大社会学者的论断提出质疑与批评。我的质疑与批评的主要对象不是《基督教伦理与资本主义精神》,而是与此书一派相贯的韦伯另一为国人所熟悉的名著《中国的宗教》。韦伯的《中国的宗教》一书可以说是现代西方对中国社会及其主导的价值系统(儒家伦理)系统性研究的第一代表著作,它的巨大成就是不容怀疑的。事实上,韦伯对中国社会,特别是儒家的价值系统的分析成为数十年来西方学者的范典;如说数十年来西方有关中国社会的著作是韦伯此书的脚注与演释,亦不为过。在此书中,韦伯判定儒家伦理无法开出资本主义,无法开出现代工业化的格局。

韦伯这个对儒家的判定,长期以来已为学术界默然遵守的铁案,但是,韦伯的判定是不是没有可以怀疑而需要修正的地方呢?我们的看法是肯定的,事实上,韦伯的判定正在受到巨大经验现象的挑战。关于韦伯的理论或假设,我们下面就会讨论。

资本主义发生与不发生的原因

韦伯在社会学中的特殊与伟大的声誉是与他的比较宗教的庞大研究有关的。他的比较宗教的主要兴趣在于宗教教义之理性化的程度与过程;亦即它们如何剥落迷信成分而发展出一普遍性伦理。当然,韦伯的最终目标是要了解现代欧洲的文化,特别是现代的资本主义,尤其是后者背后的精神及其对人生的态度;简言之,他想探求的是现代西方的理性主义。实则他认为这正是现代世界的特性。韦伯所关注的是宗教的理性化（或其所缺）之不同模式，对其他领域特别是经济上的理性化的影响。他研究的焦点则在探讨有助于西方"理性的资本主义"之发生的各种条件——如稳定的货币制、理性的法律系统等。韦伯在广泛穷诘各种条件之后，发现这些不是充足的条件，它们在其他社会如中国、印度都非完全阙如，但都未发生资本主义。在这里，韦伯发现基督教，特别是加尔文教义，与资本主义之兴起有关。加尔文教义之基础在"神之预定论"。韦伯认为"神之预定论"与特殊的经济伦理之间有一关联。诚然，"神之预定论"的逻辑结论是宿命主义，此在表面上与人之主动性是矛盾的，但韦伯认为其结果则适为其反。教徒之命运为神定，牧师、教会皆无可援手，他孤独地、直接地与上帝相对，并只为上帝驯服之工具，惟有遵照上帝的"召唤"，建天国于地上，以荣耀上帝。惟因教徒受到上帝的召唤，即为上帝所"选择"，则正足以抗除命定主义，亦即割除了命定主义的逻辑结果。韦伯指出，基督新教教义中，强调勤劳、节约；强调在上帝之"召唤"下的工作是神圣的。犹有进者，财富在基督教伦理中也予以肯定，只要财富是由工作而得，人不应拒绝上帝的赐礼。但人虽可为上帝而努力以致富，却不可奢侈浪费，以此，产生了"禁欲式的节约之冲动"。

这种教义所造成的人之"动机结构"与资本主义之"精神"正相凑合。此种"凑合"所造成的"内在整合"，对于资本主义之发展十分重要。我们可以说，韦伯是研究基督新教的观念对经济体系的一种意索（ethos）的影响。在此，必须指出，韦伯并不以为这是资本主义发生的唯一原因。资本主义的发生是许多条件造成的特殊的综合结果，基督教伦理只是其中的一个条件。再者，韦伯这个解释是给"价值"（或观念）对人之行动的作用一个理论的定位；是对宗教价值在经济发展中赋予一个独立与自发性的位置。但应指出者，他并不在提供一个资本主义的"观念性解释"，以否定或取代马克思的"物质性解释"。他认为观念性与物质性的解释都是历史与文化的片面的结果解释。最后，尚须特别一言的，基督教伦理并不是直接促成资本主义，韦伯只认为基督教文化中一些内涵能与资本主义经济的"精神"互相凑拍，而资本主义出现的这个事实则毋宁是原初基督伦理"未曾预期的结果"。这期间诚有一种辨证的关系。由经验的发展来看，资本主义出现后，它反过头来且对基督新教本身产生世俗化的破坏。韦伯的遗孀，麦芯妮（Mari-amc）称此现象为"观念的悲剧"。她说："在世俗的过程中，观念常常最后都会反击它原初的意义，因而摧毁了它本身。"

新教伦理与资本主义

韦伯对基督新教伦理与资本主义发生的关系的论析，是相当复杂且不免暧昧之讥的。自他这个理论或假设在 20 年代提出后，即出现了激烈的争辩，几乎在以后半个多世纪中聚讼不息而影响不磨。尽管经济学者如沙苗逊（Samuelson）认为韦伯的基督教伦理的理论"不能证明任何东西，因为它没有任何东西可以被证明的"，但一般社会科学家则显然认为韦伯的基督教伦理的假设在社会科学中，特别是在了解现代化的问题上，有巨大的意义。

这篇论文的主要目的，不在评论韦伯的"基督教伦理"理论的本身，而在探讨"儒家伦理"与经济发展的关系。但在这里，韦伯的基督教理论是极有关系的，因为在韦伯的理论中，基督教伦理是现代资本主义的"发始机构"。而他的理论或假设之引人入胜，还不在说明资本主义因何而"发生"；这在他之前或同时代的学者皆有论析。他的原创性毋宁在于他研究资本主义因何"不发生"，而他的庞大的比较宗教的研究工作，包括中国的儒道，印度教与中东之伊斯兰教，则正在阐明这些社会因何"不发生"资本主义的根因。在这些研究中，不但显示了韦伯的渊博，亦显现了他的比较社会学的伟大贡献。也就在这方面，我们觉得韦伯的解释是值得加以深入检讨的。就我们所关心的来说，韦伯判定中国传统社会之所以"不发生"资本主义，乃根源于儒学伦理及道家价值系统，即不啻是说中国文化与现代化是不相合的，或中国文化是中国现代化的阻碍。事实上，韦伯这个论断不止为学术圈（特别是西方汉学圈或中国研究）奉为范典，也是自五四以来，文化知识界主流的一个普遍接受的信条。诚然，要认真检讨中国文化与现代化的关系，我们不能不从检讨韦伯的"儒家伦理不能发生资本主义"这个论点开始。

韦伯的儒家伦理观

韦伯《中国宗教》一书的中心主旨就在阐析中国因何"不发生"资本主义的问题。杨庆堃教授在该书 1964 年版本的详明深透的导论中指出，韦伯基本上是从"物质"与"精神"之两个概念范畴双管齐下地来处理上述这个复杂的问题的。

首先，韦伯从传统中国"物质"的因素上着力。他选择了中国社会系统中五个具体的因素：即货币制、城市与基尔特、家产制国家与科层政治、亲属组织以及法律，来逐一的分析。货币与城市在西方是资本主义发展的战略性因素，韦伯认为中国未能建立一个有效的货币制度，成为大规模资本主义发展的阻力。而中国城市之缺少政治与军事的自主性及基尔特虽有组织之自主性,但其权益却没有法律的保障,以致无法出现商业上自由与合作性的组织形态,亦成为不利于资本主义发展之因素。至于中华帝国的统一及文武行政集中的全国性的科层组织则对资本主义之发展有利亦有不利。皇帝与官僚集团负担之宗教功能排除了教会成为独立与强有力的团体之可能,从而不能对世俗权力构成制衡,也无由引发对社会经济的创新。科层政治基于才能固具有科层化的理性性格,但其集中形态则不能将政治力渗透到庞大帝国的边陲地区,即在地方上无法建立有力的政治与法律秩序,以助资本主义的发展。至于禁止或防阻官员与地方之结合亦引致官员之孤立,而对地方事务难有有效的管理;再则,儒家"君子不器"的观念亦不能使科层政治专业化,从而进一步削弱了它的效能。在韦伯眼中,中国的亲属组织更有害于理性的经济企业的成长。亲属组织为个人提供了广泛的经济及其他的需求,此足以阻碍个人主义的发生;而家属式的辅助性工业也妨害了大规模独立的资本主义工业的发展。在中国社会所有结构因素中,"实质性的礼法"是资本主义经济的发展上最清楚的一个负面影响力。现代资本主义必须有"形式性的法律",而在家产制国家的中国则付之阙如。韦伯认为中国的法规是"伦理性的,不是法律性的规范",部分的原因是由于中国亲属组织的势力过大及缺少职业的法律人士。中国伦理性的法律是妨害理性化经济发展的重要因素。

是否欠缺"发始机构"?

　　韦伯上面所分析的五个物质因素,亦是传统中国社会的"结构"因素,其洞识力是惊人的。半个世纪以来,学者的研究可说支持其论点者多,推翻其论点者少,而这些结构因素整个说来确是不利于资本主义之发展的。但韦伯也同时指出传统中国有许多有利于资本主义发展的结构因素,如无身分继承,自由迁移,自由择业,自由教育及无贸易之法律限制等等。因此,他以为"结构因素"对中国资本主义之"不发生"是没有决定性的。韦伯认为传统中国"从纯经济的观点看,一个真正的工业资本主义可能已经发生……"。因此,在传统中国,资本主义之"不发生"的原因必须在"物质"或社会"结构"因素以外去找。韦伯的研究则判定这是基本的由于中国缺少一"特殊的心态"。这种"特殊的心态"是资本主义之精神,此在西方则由基督教伦理提供了。在中国,则儒家伦理无法提供。在这里,韦伯就从"物质"原因转向"精神"原因的解释,他从儒家伦理的本身中求取答案。

就儒家心态来说,韦伯认为中国人重视财富,并"神化"财富。他说:"没有其他的文明国家像中国那样把物质福利推重到视为最高之善的境地。"他以为中国且出现了粗俗的"物质主义"。同时,他虽承认中国人之节制的德性,但他认为单单节制和贪得心以及重视财富并不能导出"资本主义的精神"。

韦伯把资本主义缺少"发始机构"的原因归结到中国社会的主导的价值系统——儒家伦理。韦伯把士大夫看作是儒家伦理在社会中的体现者。韦伯认为儒家的兴趣是入世的,它没有形而上学的基础,对人间之外无严肃的关怀,视宇宙与人间的根本结构是和谐的、平衡的。韦伯认为儒者对宇宙和人间社会秩序的看法有一"强烈的今世的乐观主义",人是善的,没有"原罪"的观念,通过人本身的努力,即可达到完美之境。韦伯以儒家是一"理性的伦理",惟由于它对外在世界的"天真的"乐观立场,把人与世界间的"紧张性"减低到绝对微末的地步,此与基督教伦理中人与世界间所存在之巨大"紧张性"完全异趣。他说:"在儒家伦理中,自然与神祇,伦理要求与人之缺失,原罪之意识与超生得救的需欲,今世的行为与来世的补偿,及宗教的责任与社会政治的现实间的任何紧张性都是完全不存在的。"依韦伯之见,儒者对"世界"的"紧张性"之所以从不产生,是由于儒家伦理中无一超现世之上帝的伦理先知,从而亦不会对现实世界提出伦理上的改革要求。由于没有紧张性,韦伯进而认为儒者个人缺乏任何"内向"的道德挣扎,不似基督新教教徒之戮力于"对自己被视为坏与有罪的本性之系统的控制";同时,也没有任何"自主的伦理",或任何"价值之内在矩准",或任何"与世界对立的自主的抗力"。韦伯说:

"诚然,儒家伦理没有得救的观念,儒者没有从灵魂之移离或来世之处罚中'得救'的欲望。这些观念儒家是不知道的。儒者既不希望从生命中解救,因为生命是被肯定的;也不希望从社会世界得救,因为社会世界是被视为当然而接受了的。通过自我的克制,儒者小心翼翼地掌握这个世界的机会,他既不期望从罪恶中得救,也不期望从人之堕落中得救,这是他所不知的。也许,他仅只期望能免于社会粗鲁的不够尊严的野蛮。"

韦伯学说渐受严峻批判

以此,韦伯认为儒者极端地重视"礼"。而由于没有对道德自由性之追求,则"对既存的世俗权力的秩序之虔诚地合模行为便至为重要"。在这里,韦伯对儒家伦理作了极为重要的判定。他说:"由于没有道德自由的自觉和缺乏'紧张性',在儒家伦理中没有摆脱传统与习俗的内在力量以作为影响行为的精神杠杆。"因为没有这种精神的杠杆,个人缺乏对本性、对政治权威、对社会传统习俗克制或抗衡的依据。他认为中国人不像基督新教教徒；后者有一种发自内在的力量，要控制自己，控制世界。他说："儒家伦理与基督教伦理都是'理性主义'。但这二种理性主义有完全不同的精神取向。儒家的理性主义是对世界的理性的适应。基督教的理性主义则是对世界的理性的主宰。"这是韦伯对儒家伦理的基本观点，也是他相信儒家伦理所以不能推动社会经济秩序之变革以开出资本主义的根本原因。

韦伯对中国社会结构及儒家伦理的解释，毫无疑问，有非常独到的见解，事实上，他的基本论点已成为西方社会科学界分析中国的津梁，在某种意义上，半个世纪以来西方学术界的主流思想甚至可说是属于韦伯学派的。我们这里不拟对此讨论，但我要简单地指出，韦伯对儒家伦理的分析相当片面，甚至是错误的。儒家伦理之重"礼"，重和谐，决不如韦伯所言只是外表或面子的事。儒家的伦理中充分提供了个人动机的核心。在西方，近今的学者如狄百瑞（deBary）和墨子刻（Metzger）都有力地指出儒家伦理的重个人及其道德的自主性，儒家诚有性善之说，但此绝不如韦伯所言：缺少个人与世界间的"紧张性"（"天理"与"人欲"之挣扎便是一例），儒家伦理中正有"理性之转化"和"道德的动力"。韦伯的儒家伦理观正逐渐受到严峻的批判，而儒家伦理本身之需要更深一层的研究自不待言。可以肯定地说，韦伯这个儒家伦理阻碍资本主义的论点是不易站得住脚的，而对韦伯这个论点最大的挑战不是来自理论的新解释，而是来自一个巨大的经验现象。

巨大的经验现象之挑战

韦伯的儒家伦理观现正受到巨大的经验现象的挑战。这个巨大的经验现象是东亚地区几个社会发生迅猛惊人的经济发展,这些社会包括了日本、台湾、南韩、香港与新加坡。东亚这些社会在过去三十年中出现了不折不扣的东亚经济奇迹。

在50年代,东亚社会像其他亚非拉丁美洲社会一样,是"未开发"的世界。南韩的每人收入是146元(以下皆指美元),与非洲的奈及利亚的150元,肯雅的129元相差无几。台湾是224元,比巴西的373元大有距离,较之墨西哥的562元,阿根廷的907元更远远落后。香港是470元,亦只是比上不足,比下有余而已。日本则仍在战后的残瓦中重建阶段,亦乏善可陈,比西欧固然大大不如,较之北美则更是高不可攀。

但三十年之后,光景不变,东亚这些社会的急速发展,使世界的经济地图有了完全的新貌。到了1980年,日本已成为经济的"超级大国";其国民收入是9,890元,紧追美国的11,360元;就其成长率二倍于美国言,其超过美国指日可待。哈佛的傅高义(E. Vogel)之《日本第一》一书所以风行亦正因其有事实之支持而具说服力。南韩每人收入是1,553元,已远远抛离出产石油的奈及利亚,肯雅则只有380元而已。台湾在1950年固远远落在拉丁美洲的大国之后,但到了1980年,其国民收入为2,720元,较之巴西的1,780元,墨西哥的1,640元,阿根廷的2,230元已超过许多。

至于香港、新加坡之表现,亦充满奇迹性。1981年,香港的每人收入是4,600元,不只超越拉丁美洲诸国,且已走在希腊、以色列、西班牙之前,而新加坡为4,850元,则高出了被世界银行列为"工业市场经济"的爱尔兰。

东亚社会在过去二十年中的成长率比世界任何地区都要高,其出口之成长率比之其他地区尤为惊人。香港与新加坡不过弹丸之地,但香港之贸易在世界占第十六位,而新加坡二百五十万人口,其出口比有六亿五千万人口的印度更多。欧洲货币杂志把世界八十五个国家和地区从 1973 年以来的经济表现作了一评分,其中居最高位的是台湾,依次是新加坡与香港。东亚的经济,谓之非奇迹得乎?

“东亚之优势”的崛起

因为东亚这些社会皆位于太平洋的边缘,故有“太平洋边缘”之称。美国前驻韩日大使何克松(Hodgson)说:

“目前发皇之太平洋区域……构成了人类历史中伟大发展之一。”

“一个新时代诚已来临,自今而后,‘太平洋’与‘未来’二词对所有北美人来说是同义的。”

麦格雷肯(McCraken),前美国总统经济咨询会主席有如下之预测:

“到了二千年,太平洋综集体,包括日本、台湾、南韩、香港、新加坡、马来西亚和菲律宾,其整个的经济力将超过西欧与美国。”

在今天,面对东亚这个史无前例的经济现象,是不能漠然不见的。诚然,这已成为社会科学者,特别是经济学者的重大兴趣。霍夫汉斯(Hofheinz)与凯特(Caloler)所著的《东亚之优势》是继《日本第一》之后最引起广泛注意的。典型的例子则可见之于沙泼生(Sampson)的看法:

“没有任何地方比东亚这些年轻国家的经济活动的速度更蔚为巨观了。……二十年前,这些国家被视为殖民地的前哨。现在,每个国家在西方都出了名,无论在纺织业、电子业或银行业上。……特别是四个国家,有时被称为“超级竞争对手”或“四人帮”,

成为贸易竞争中野心勃勃的新进,它们是台湾、南韩、香港与新加坡。……是什么东西使这四个国家(和地区)从亚洲的沉睡中突然唤醒?是什么给予它们普洛米休斯(Prometheus)之火?是什么给予它们浮士德的野心去控制它们的环境呢?"

很清楚的,对于关心经济发展的人来说,东亚经济的惊人成就这个巨大的经验现象是必须加以解释的。显然的,韦伯的基督教伦理的理论,特别是他对儒家伦理之有害经济发展的假设,是受到严厉的考验了。

东亚经济发展的解释:结构与文化

一、结构的解释

很自然不过的,东亚的经济奇迹之"谜"的解释已成为研究这个地区之经济学者的一个重大兴趣。海克斯(Hicks)与雷廷(Redding)曾对经济学者的种种解释,逐一加以检查,他们发现的结论是:"对这个了不得的现象,经济学者的解释实不外是:在政治安定的环境中,持续地执行良好的经济政策而已。"也许,到现在为止,对东亚经济奇迹之谜所提的答案比较最受到注意的是前面提到的霍夫汉斯与凯特的《东亚之优势》一书。他们虽然了解东亚属于"中国文化区",但他们以为把东亚人之成功根本上归因于一些"心灵或精神上的优势"是错误的。基本上,他们不以为文化的因素可以用来解释东亚经济的成长。反之,他们认为"这个区域之优势是结构性的"。东亚结构性之不同于或优越于西方的,主要在于它的政治安定所造成的可测性——领导层与工商政策,而结构性的根源则来自处于决策层的优异分子之"职业官僚"(包括计划人员、经济学者、银行家和行政人员)。他们说:"没有职业官僚,东亚的发展将会是散乱的,不太坚固的。"在他们心中,东亚之经济发展毋宁是政府的明智的行政工程之结果。

霍夫汉斯与凯特的解释是颇有些说服性的。不过,我们要指出,他们的解释是多因素的,他们并不真正排除文化的重要性,事实上,他们也承认"文化态度"型塑了东亚的经济体系,但是主张经济成长必需要一个有利的政治环境。在这里,我们要指出,他们所称的政治结构因素,实际上,在深层的意义上,也是与文化无法分开的。

事实上,与霍夫汉斯和凯特之"结构的解释"同样,或者更有潜在的说服力的是"文化的解释"。何克松就说:"在太平洋,北美的加尔文教的工作伦理已经和儒家原则相遇结合并且互相强化。"诚然,在有些学术性与非学术性的讨论中,儒家伦理已被视为东亚社会经济的根本动力。

二、文化的解释:儒家伦理

东亚社会经济发展之谜,除了"结构的解释"之外,还有"文化的解释"。由于东亚这些社会属于中国文化圈,于是用文化(价值与观念)来解释毋宁是很自然的。而中国文化的主导成素是儒家,因此儒家伦理乃成为解释东亚经济奇迹之谜的深层原因。

在本文上面的论析中,我们知道,从文化中来寻求经济发展之"发始机构"是韦伯《基督教伦理与资本主义之精神》一书的主线。韦伯这个方法一般称之"动机的研究途径"。二次大战之后,推动或研究现代化的学者或实务家,常着重于科技与经济的因素,而忽略了文化因素。由于一些第三世界社会在科技与技术上始终无法"起飞",引起了较深刻的反省,乃渐渐领悟到价值系统与观念思想现代化有基本的关联性。不少学者相信,"文化动机"是现代化的根源。从这一点上说,正承续了韦伯的学术传统,但所不同者,则是在寻求"基督教伦理"的"代替物"。而在东亚这个区域,学者所找到的"代替物"则不是别的,正是其本有的,特别是为韦伯所拒绝了的"儒家伦理"。

以儒家伦理解释东亚经济

第一个正面以儒家伦理来解释东亚经济奇迹之谜的是康恩(Kahn)。康恩认为东亚这些社会皆属于"儒家后期文化"的区域。他认为日本、南韩、台湾、香港和新加坡在组织上的成功,主要是由于大多数的组织成员皆受儒家传统之薰陶而具有一些共同的特质。康恩的这个提法已经引起广泛的注意,并且也已受到学者严肃的探讨。至少,儒家伦理有助于经济发展的提法可以视为一合理的假设。我们认为,今天从大量的现象看来,比较基督教伦理来说,儒家伦理与经济发展的关系似乎不一定更弱。艾勒塔斯(Alatas)在对马来亚中国人之研究中,从中国人在商业上成功的表现,就指出韦伯以儒家有害于经济发展的论断是站不住脚的。他说:

"对财富、荣誉、健康拥有强烈的动机,对家庭与祖先有能力表达虔敬,这些毫无疑问是决定性的文化因素,足以开出一种生猛的经济行动。"

艾勒塔斯虽然肯定儒家伦理对马来西亚的经济发展有积极正面的作用,但他并不采取"文化的解释"。他认为中国人在马来西亚经济的成功应该从政治与社会的因素中去寻答案。他问为何中国人在马来西亚有如此的经济表现,而在传统的中国却不能? 他的解释是这二个社会的历史与社会的条件不同。他认为英国在马来西亚所强调的自由贸易、法治、有秩序的行政系统为经济发展提供了必要的安定与安全的条件。霍士里兹(Hoselitz)和培拉(Bellah)都同意经济之发展与否和它的制度结构有不可分的关系。阿崛斯基(Andreshi)在批析韦伯的理论时，提出了一个颇可同意的看法，即儒家学说基本上是讲实际的、理性的，它不似韦伯所说，是资本主义"不发生"的原因。他说，儒家对资本主义诚构成严重的障碍，但却不是因为它的经济的伦理，而是由于它强化了官僚的政治结构。

勃格的"两型现代化论"

　　将儒家伦理作为东亚经济发展一个主要的文化因素来探索的，是著名社会学者勃格(Berger)。他在《世俗性——西方与东方》一篇论文中提出了许多极富思考与启发性的看法。勃格指出，今天世界中已实际出现了两个形态的"现代化"；即除了西方式的现代化外，东亚社会也发展了新的、具有特殊性格的现代化。在探索现代化的根源上，勃格追韦伯之后，也认为必须从文化因素上着手，必须从宗教或自宗教衍发出来的伦理中穷源究委。他相信韦伯的论点，即西方现代化的某些根源是在犹太基督教传统。那么，东亚现代化的根源呢？勃格显然是一个"文化论者"，他不含糊地指出了儒家思想，特别是"儒家伦理"，是东亚社会现代化主要的源头活水。他说："我很难相信，儒家思想对这些社会有如此巨大的影响，而可以对其经济意索没有影响的。"他也谨慎地提醒大家，也许我们把儒家思想对东亚经济的成就之功劳是过誉了，因为真正影响经济行为的是那些广泛存在的"规范"，而儒家思想则是这些"规范"的第二义的及理论上的前提，但无论如何，他认为"假如那里确有一特殊的东亚的世俗性现象，那么，儒家道德，不论是作为一因果的发动者，或理论上的合法化者，必须视之为一个重要的组成"。

　　值得注意的是,勃格在现代化的解释上,虽据守韦伯之"文化论"的阵营,但另一方面他在解释东亚的现代化上,却不同意韦伯对"儒家伦理开不出资本主义"的论断。或者,更确切地说,他在对为何传统中国开不出资本主义及为何今日之东亚又开出现代化新局这个问题上,作出了替韦伯辩护的解释。他说:

　　"韦伯论中国儒家及他们的意索的论著仍然是社会历史分析中的杰作。就我来说……这一类儒家思想,尽管具有强烈的入世精神(或者说是世俗性),但由于过分保守而不能促发一'理性'的发展。不过韦伯所讲的儒家思想是指中华帝国的意识形态。他所讲的不是(公平地说,他讲的不可能是)远于皇权所及到的普通老百姓的日常伦理的那种儒家思想……换言之,作为一种国家意理,韦伯把儒家思想看作是'反现代化'的角色很可能是不错的。但他本能预见到从帝国的保守力量解放出来后,儒家思想成为老百姓一种工作伦理的现代化的角色。从这个角度看,吊诡的是,在今天,一个新的官僚阶级阻碍了经济的动律,而另一个经济上反生产的意理则赋予了政治权力合法的地位。"

对韦伯的继承与修正

　　勃格的用力所在,主要是在辩解韦伯所讲的传统士大夫和儒吏的儒家思想还是有害于现代化的。至于今日东亚现代化之动源则在另一种儒家思想,即老百姓日常生活中的工作伦理,他称为"庸俗化的儒家思想"。这是一套引发人民努力工作的信仰和价值,最主要的是一种深化的阶层意识,一种对家庭几乎没有保留的许诺(为了家庭,个人必须努力工作和储蓄),以及一种纪律和节

俭的规范。勃格认为这种信仰和价值构成了东亚文化的共同遗
产。他指出,这种"庸俗化的儒家思想"衍化为高生产的工作伦
理,而儒家的重和谐的规范则已成功地从传统的制度(如家庭和
阶层化的帝国)转到现代的制度上(如公司或工厂)。

　　整个地讲,勃格是继承了韦伯的道路,在为现代化追根索源
中,肯定了"文化"因素的主要性。他替韦伯所作的辩解是否站得
住,诚非数言可决;"庸俗化的儒家思想"与士大夫和儒吏所拥有
的儒家思想之间的关系实千丝万缕,不易断为二橛,但他的提法却
是有启发性的。显然,他不以为东亚社会的现代化可以纯由"制
度结构"的因素解释。事实上,他是为东亚现代化提供了一个韦
伯式的文化解释,只是他一方面据守韦伯的传统(重视文化因
素),而另一方面又修正了韦伯的说法(提出了"庸俗的"儒家伦理
的观点)。

解释东亚经济的三派

　　本文讨论"儒家伦理与经济发展"的关系,我认为这是"现代
化与中国文化"大论题中的核心问题,必须认真对待。在中西学
术界,对儒家伦理与经济发展关系作系统性之研究者,要以德国社
会学家韦伯为巨,而其《中国宗教》一书尤称经典之作。韦伯非中
国专家,《中国宗教》一书只是他的比较宗教或比较文明的巨大研
究计划之一环。韦伯从文化(价值与观念)的角度来探讨现代经
济(资本主义)与文明的发展的动因,是马克思历史唯物的观点之
外,另创新路,扩大了学术的天地。诚然,韦伯以基督教伦理是资
本主义发生的重要原因之理论仍是聚讼不决的学术公案。而他以
儒家伦理是中国现代资本主义"不发生"的原因的论断,辩则辩

矣,但显然已受到理论上的挑战。韦伯对儒家的分析,尽管锐见迭出,但亦有基本性的误见,以致造成了他全面论断的偏差。而在今天东亚社会巨大经济发展的经验现象之前,韦伯对儒家思想的论断则更受到严厉的考验。

东亚社会迅猛的经济现代化决不能视之为一偶然的现象,必须从根源上加以探讨。假如韦伯生于今日,极难想象他不会对此作全面的审查。那么,韦伯会不会执着于他在《中国宗教》一书中的观点呢? 这是个有趣但无法有答案的问题。不过,值得指出的是,在学术思路上遵循韦伯的学者,如社会学者艾森思坦(Eisen-stadt),认为韦伯的"基督教伦理"之学说是需要从新的观点来研究了。韦伯把传统中国"不发生"资本主义的原因,无疑是过重地放到"动机变项"上去了。事实上,在文化动机之外,社会之制度结构的原因也占有相等的重要性。

诚然,从上文的分析中可以看到,学者对于今日东亚社会经济发展所以成功的探索,不外属于二个派别:一是从结构的观点来解释,特别强调经济与政治制度的安排,此可称之为"结构论者"或"制度论者";另一是从文化的观点来解释,着眼于观念与价值的性格,此可称之为"文化论者"。就目前学者的论述来看,持制度论观点者显然是多数,且比较有说服性。假如一定要在"制度论"与"文化论"二者之间作一选择,我个人也毋宁偏向制度论的观点,即我相信传统中国经济之不得有突破性的发展,主要在于制度结构性的窒缚。或者说,今日东亚社会经济现代化之获得巨大发展,主要在于其社会制度结构获得有利的解放。不过,我们在解释经济发展这样复杂的经验现象时,实毋须也不应该在"文化论"与"制度论"之间强作选择,也即制度论与文化论的观点都是不能偏废的,二者实际上是互为补充,而非互相排斥的。在这点上,韦伯无疑是比许多理论家更小心而高明,他就不是一个单因论者。事实上,韦伯的《中国宗教》一书,在方法上,对制度结构与文化价值是同样三致其意的,问题是他对中国文化,特别是对儒家伦理的判断是有偏差的。

文化因素与制度因素的互动

在这里,我们应特别指出,文化论者与制度论者都是对整个经济的经验现象所持的一种倚轻倚重的分析观点。而深一层说,文化因素与制度因素二者是不能截然划分开来的,试问制度论者所强调的一个社会之经济与政治制度的性格与特色又何能完全不受其文化观念与价值的影响?在这个意义上,文化因素确是根本的,也许这就是韦伯及勃格把现代化的根源追索到文化(宗教是其中极重要的组成)因素上去的原因。已故的哈佛社会学巨子柏森斯(Parsons)曾说,在解释社会变迁的现象时,任何单因论之学说皆属于社会科学发展中幼稚园阶段的理论。他认为任何因素都是与其他因素有互相倚赖的关系的。假如一定要归结于某一层次的原因的话,那么他愿意称自己是“文化决定论者”。柏森斯是把韦伯的学说带进英美学术界的先驱,他把文化系统放在人类行动之最后(或最高)的控御位置,可说是继承了韦伯的学术传统。今日研究东亚社会的现代化的学者,如傅高义、霍夫汉斯及凯特等,则大都偏重于制度结构,我们也完全同意制度结构之重要性,但这实不足以为东亚现代化提供全面之解释。依我们上面的分析,文化因素在最后义上是不能置于不理的。

20世纪儒学研究大系

东亚社会与儒家思想

诚然,文化因素是十分抽象而难捉摸的,因之,它常被滥用或误用。有些学者甚至以为把东亚经济发展的事象归之文化因素,是学术上的懒惰。不错,在经济现代化的解释上,文化确常被当作一"剩余的变项"来搪塞。一个社会之经济不能发展固然可归之于文化;反之,一个社会之经济产生奇迹也一样可归于文化。这就是为何有些学者虽承认文化因素之重要,但却视之为研究之畏途、绝路,而宁可弃而顾他。但我们知道,要为经济现代化这样复杂的经验现象寻因究源,实没有捷径可循,没有轻便路可走。"文化"是一艰难的一关,韦伯的伟大未尝不是他有攻关攻坚的学术勇气与智慧。我们以为,假如因为文化因素太难处理而置之不理,或故意贬低其重要性,则也未尝不是学术上的懒惰!虽然,我们上面分析已显示韦伯把传统中国"不发生"资本主义的原因归之儒家伦理是不易站得住的,但这不能构成我们放弃他艰辛地开辟出来的重视文化因素的道路。假如马克思所提出的"上层建筑"与"下层建筑"的概念还有意义的话,那么,我们可说,文化观念与价值也正发挥了"下层建筑"的作用。以此,我特别欣赏勃格在这方面所作的韦伯式"的探索。虽然,我不以勃格提出对儒家思想的辩解已经替韦伯的论断解围了;也不以为勃格提出的"庸俗化的儒家思想"已经解开了东亚社会现代化之谜。不过,勃格的辩解分析是有启发性与挑战性的,这至少指出了儒家思想在政治经济各层面可以有不同层次的表现。的确,儒家思想是极为丰富复杂的,它的内在结构有多元的组成,并且具有本身转化与更新的能力。东亚社会是一受儒家文化薰育的文化区,它在经济现代化上有力的经验现象,已不止使我们必须重新检讨韦伯的论断,同时,应该对儒家伦理与经济发展之间作更细微深入的探索。

(选自《台湾学者论中国文化》,
黑龙江教育出版社 1989 年版)

　　金耀基:台湾政治大学政治学硕士,美国匹兹堡大学哲学博士,香港科技大学荣誉文学博士。曾任香港中文大学新亚书院院长、香港中文大学副校长、中央研究院院士,现任香港中文大学校长、讲座教授。擅长社会学研究。

　　本文认为韦伯所分析的传统中国社会五个物质因素不利于资本主义发展的看法是正确的,但韦伯的儒家伦理阻碍资本主义的论点是错误的。传统士大夫和儒吏的儒家思想有害于现代化,东亚现代化之动源在于另一种"庸俗化的儒家思想"。文章对东亚经济发展成就的解释是:制度论与文化论互为补充,文化因素与制度因素是互动关系。

儒家文明与华人社会的现代化

王沪宁

一

随着现代社会日新月异的进展,随着现代科学技术以令人难料的力量和速度改变着人们的生活方式,随着现代化进程以实际的或想象的方式对传统的价值观念提出的重重挑战的增加,传统的价值观念在每个社会都受到质疑,这似乎构成20世纪人类社会发展的一个总的课题,似乎下一个世纪也将以这个课题为开启点,这就是:传统的价值观念(每个社会所特有的或各个社会所共有的)在多大程度上能与现代社会相吻合,相适应? 儒家文明作为华人社会的一种传统的价值观念,同样面临着这一挑战。本文将从上述大潮的背景下,分析华人社会的现代化与儒家文明的关系。

二

一般而论,儒家文明所包蕴的仁义礼智信的基本精神以不同的方式和不同的程度存在于不同的华人社会之中。近百年来,尤其是二次大战之后,不同华人社会的经济发展和政治发展都向儒家文明提出了挑战。华人社会是一个宽泛的概念,泛指有相当数目的华人居住的地区。这里我们可以比较一个几个与儒家文明的去留有密切关系的华人社会:(一)中国大陆的华人社会,这是华人社会最大最重要的实体,也可以说是儒家文明未来命运中最具决定性意义的实体。从社会政治文化上观之,它是这个世界中的超大社会(这种超大规模的意义我将在后面加以论述);从华人文化和习俗观之,它是超大华人社团,其中体制、礼仪、风俗、心态的错综复杂,斑斓多彩,绝非其他华人社会所能比拟。此为第一集体,也为华人社会之母体;(二)第二集体为中国台湾省的华人社会,这个社会为第二大华人社会,但与第一集体相比要相差很多,但它始终是一个典型的华人社会;(三)第三集体本文选择新加坡的华人社会,这也是一个以华人为主体的社会,尽管它曾有过相当长的客观与主观的离异华族及其文化的历史;(四)第四集体本文选择香港的华人社会,这也是由华人组成的一个相当规模的华人社会,这个集体在游离华人文化方面恐怕是最悠久也最努力的,直至今日。

　　虽然我们选择了四个华人社会作分析对象,但由于人口、地幅、体制、发展层次的差异,有些因素是不可比的。主要的不可比性表现为:中国大陆华人社会的超大规模,不仅代表着中华民族几千年历史延续的母体,而且也体现着这个民族所创造的绚烂的文化的母体。其他的华人社会只具备局部的意义。不过这些华人社会的相对较快的发展过程,仍具有启发和预示的意义。正是在这一点上,它们对透视儒家文明与华人社会的现代化更有意义。综观这四个华人社会,联结儒家文明与它们各自社会物质运动走向的相互作用,可以看出它们既有共同点,又有不同点。这个共同点是20世纪以来社会政治、科学技术、文化观念、伦理道德的日新月异的变化,向传统的社会结构以及以它为载体的传统文化(以儒家思想为主体)提出了挑战。然而,它们又有那样多的不同点:

1. 中国大陆的华人社会的历史变迁,可追溯到19世纪中期以降,尤其以五四运动之后为剧烈。儒家思想作为一种正统学说逐渐衰败,作为一种伦理道德受到针砭,作为一种学问受到冷遇。1949年的社会主义革命继续了这一过程,至少在上述三个层次上比以往更有效地批判了儒家思想,儒家思想退出了社会的基本领域,如政治、行政、经济、教育、道德等。近年来,儒家思想又重新在这个母体中躁动。

2. 台湾华人社会具有儒学复兴上的意义是很近的历史,儒家思想在上述几个层次上均受到强化,受到扩张,成为那个社会正式的一种价值观念,至少形式上如此。它的问题在于经济及文化的相对发展,配之以快速侵入的西方价值观念,使这种正式的价值观念受到动摇。儒家思想作为一种正式价值观念,已难以与快速变迁的社会结构和心理结构相切合。"儒学第三期复兴"的呼吁恰恰反映了这种历史趋势。

3. 新加坡的华人社会似乎呈现了与台湾相反的运动过程;台湾华人社会从现代科技进步走向扬弃儒家思想(不论是批判还是真正意义上的扬弃),而新加坡则从现代科技进步走向恢复儒家思想。新加坡华人社会长期脱离华人社会母体——大陆华人社会,60年代立国之后,人们曾努力使之趋向于西方价值系统。但近年来儒家思想却成为正式倡导的价值观念,希冀用它来校正以物质主义和个人主义为基体的西方文化,再筑秩序基础。

4. 香港华人社会也脱离母体华人社会近百年,长期以来处于殖民治理之下,体制、法规、文化、观念也渐次转型,距儒家文明最远,似乎也不存在在台湾和新加坡发生的那些运动,无论是正向的抑或逆向的。

但人们不难发现这里提出的共同命题:即在这些华人社会走

向现代化的过程中,儒家文明都成为一个不可除去的因素？选择无非是:夹带着它的现代化和不夹带着它的现代化。选择也可以是:拥抱现代化的儒家思想和不拥抱现代化的儒家思想。答案是什么,可以由人的理性和逻辑推理来回答,更重要的是,选择恐怕得有现实的社会物质关系的运动来做出。人们运用自身能力对这个问题的回答只是一种回答,唯有历史方能做出真正的选择。不过,这并不妨碍人们在今天探索这一课题。

三

在作进一步推论之前,我们有必要相对明确地界定"儒家思想"这一概念。严格地讲,这一概念在本文要做的分析范围内,是过于狭窄的。故以下我将使用"儒家文明"或"儒家文化"这一概念,而把儒家思想专门留存在较高层次的文化积留上,视之为经过人类理性和理智深度加工之后的产物。

在研讨儒家文明时,正如我们讨论任何一种文明一样,首先应当排列它的层次,或曰结构。关于儒家文明的结构,学者们已有过不少精到的论述。如李泽厚先生言:血缘、心理、人道、人格终于形成一个以实践(用)理性为特征的思想模式的有机整体。(李泽厚:《中国古代思想史论》,人民出版社 1986 年版,第 31 页)这里想从更广阔的层次上去确定儒家文明的结构。从这个角度观之,儒家文明主要的可以分为三个层次(这一方法不是对儒家文明的最终分析,只是为了方便与本文主题有关的分析):(一)作为民众心理潜层的沉淀,大致相当于"把观念、情感和仪式(活动)引导和满足在日常生活的伦理—心理系统之中"(同上,第 21 页);(二)作为社会生活规范的总和,这是整个儒家文明中较为广大的一个范畴,社会生活规范可以包括多种层次,如正式规范,即政治规范、法律规范等,非正式规范,如习俗、道德、习惯、传统、信仰等;(三)作为儒家学说的体系,即从孔子为儒家学说奠基之后的各派流变,这个范畴包括的内容也是庞杂繁复,五颜六色的。不少学者认为难以划定出这一块,如朱维铮先生强调:从历时性角度或者共时性角度,都不可能发现中国存在单一型的文化传统,更从未存在过一以贯之的或者同时涵盖全部民族的单一型的孔子与儒家传统(杨志刚:《儒家思想与未来社会相关度的探索》,复旦学报1990年1期)。我想这一观念同样适用于前两个范畴,揭示了儒家文明的一个重要的特点——弥散性。不过,恰恰是这种弥散性使人们既不能容易地把儒家文明当做一样边界分明的东西树立起来,又不容易让它挥之而去。这一特性在很大程度上可以资以解释有关儒家文明的理论和实践的困难。

对本文的主题而言,重要的是三者构成的有机整体发挥的社会功能。要论述儒家文明的社会功能,我们不能不适当超越对儒家文明引经据典式的探究,而用宏观社会学来透视它。从这个方法出发,需要确定的是在中华民族的千年更替中儒家文明起了什么作用。任何文明的真正作用都在于维持一个特定人类共同体的秩序。当一种人类共同体的秩序不再能继续,就意味着这个共同体要解体了,这种文明要衰败了。可以理解,人类精神文明的崇高性可能不允许人们这样评价作为精神创造总和的文明,不过历史往往是这样来评价的。当汤因比说文明的生长过程是一连串的挑战和应战,应战不仅要解决挑战所提出来的问题,而且还在它每一次胜利地解决了一个挑战问题之后,又提出新的挑战(汤因比:《历史研究》下册,上海人民出版社1986年版,第150页),指的也是这种历史意义。今天我们探讨现代化与儒家文明的关系,其实也就是在问:儒家文明是否还能迎接现代化提出的挑战？它还有没有能力维持华人社会的秩序？或者反过来问:除去儒家思想也许是儒家文明之后,华人社会能否达成一种新的社会秩序？这是问题的核心所在。

四

由此我们应该得出:儒家文明在过去的存在和作用有一个基础,这就是它起到了维持传统华人社会的秩序的社会功能。现代社会儒家文明受到挑战,主要原因在于社会秩序本身变革了。

在分析华人社会的秩序怎样地发生了变革,我们先来分析一下在以往的历史变迁中儒家文明是如何起到上述总体功能的。一般的观念相信:儒家文明的发源是原始的血缘、地缘和人缘社会的质量(关于社会质量的概念下面再析)。诚如马克思恩格斯所言:"意识在任何时候都只能是被意识到了的存在,而人们的存在就是他们的实际生活过程,如果在全部意识形态中人们和他们的关系就像在照像机中一样是倒现着的,那末这种现象也是从人们生活的历史过程中产生的,正如物象在视网膜上的倒影是直接从人们生活的物理过程中产生的一样。"(马克思、恩格斯:《德意志意识形态》,《马恩选集》第一卷,第30页)儒家文明包括的三个结构,多重地体现了古代华人社会的"物象"。

以中国大陆为母体的古代华人社会的基本特征之一,就是其以血缘为纽带的宗法制的存在,这构成中国古代社会人际关系的"天然"形式。由此推出的结论是:维持宗法关系,也就成了稳定人际关系、巩固社会等级秩序的重要途径。(朱贻庭主编:《中国传统伦理思想史》,华东师范大学出版社1989年版,第24页)这里呈现出一种漫长的相互作用:一方面,儒家文明发源于原始氏族制度的血缘组织形式以及在这个基础上萌发的观念。所谓周礼的基本特征是原始巫术礼仪基础上的晚期氏族统治体系的规范化和系统化,意便在于此。(李泽厚:《中国古代思想史论》,第8页)另一方面,儒家又将这种植根于现实社会关系的文化理论化、系统化、正统化,形成一套超社会的儒家学说。尽管其内在核心依然是古代华人社会中维持秩序的基本力量和观念,但它却采用了并且越来越具备某种独立的形式,从社会基层文化中异化出来,反过来制约着产生它的胚基。这种状况易于滋生一种错觉,似乎是儒家学说制造了儒家文明,只要摒弃了儒家学说(经典的部分),儒家文明就可以被超越了。其实,在不少区域和时间里,存在的始终是没有儒家学说的儒家文明。认识到儒家学说只不过是一种经典化了的现实生活,对预测儒家文明的前途是相当重要的。

儒家文明的起源有两个重要的因素:血缘和地缘。按照费孝通先生的理解:血缘是稳定的力量。在稳定的社会中,地缘不过是血缘的投影。地域上的靠近可以说是血缘亲疏的一种反映,区位是社会化了的空间。(费孝通:《乡土中国》,三联书店1982年版,第72页)这种认识也是基于儒家文明的社会功能的。明确了儒家文明的这种社会功能就不难想象,当社会秩序发生紊乱时,儒家文明就会被推出来承担稳定秩序的功能。孔子将原始遗风的经典化恰恰是在一个"礼崩乐坏"的时代,这使儒家学说一开始就自命有重建秩序的禀性。二千年过去,在现代华人社会受到现代科学技术猛烈冲击的时候,"儒学第三期复兴"的讨论,无论从何种意义观之,都具有必然性,也具有社会和历史意义。

五

在进一步分析儒家文明与现代社会的关系之前,我们先来分析一下社会质量这个概念。我在前面提出:儒家文明的发源是原始的血缘、地缘和人缘社会的质量。在这种社会质量下,社会秩序的正常展开离不开儒家文明。儒家文明维持古代华人社会秩序的社会功能之所以千年不衰,关键点在于社会质量未发生根本性变革。一旦社会质量开始更新,儒家文明的基础就会松动。现代华人社会,实际是遇到了这样的状况。

社会质量是特别规定的概念,在此专门用来分析一个社会为维持其秩序的机制提供的条件的质的规定性。用一般语言来讲,所谓社会质量可以这样来理解:分析一定社会非政治有序化程度的高低。非政治有序化程度指社会各个环节、各种运动和各种因素自我组织的程度,即在没有政府控制和协调下它们的自组织达到何种程度。从这个角度观之,古今社会大凡有四类:(一)政治的有序化低的社会;(二)政治的有序化高的社会;(三)非政治的有序化低的社会;(四)非政治的有序化高的社会。(王沪宁:《中国:社会质量与新政治秩序》,《社会科学》1989年第6期)华人社会在相当一段时期里属于第二种类型。现代化的开启潜在地意味着社会向第四种类型过渡。这里的非政治不是说无政治,而是指政治推进社会有序化的不同方式。如果看到华人社会在当代向现代方向主动或被动的总体发展,就不难把握儒家文明所遇到的挑战是什么。

这里人们面临着两种基本模式:第一、第二是一类;第三、第四是一类。第一类社会的基本特征在于社会的有序化在政治系统的全面协调和控制下达成,一旦失去了这个条件,社会便可能隐入无政府状态。第二类社会的基本特征在于它是一个自组织程度较高的社会结构,社会有序化通过两种途径达成:政治的协调和社会的自组织。古代华人社会属于第一种模式是无疑义的。整个社会的有序化在高度集中的权力协调之下。这种政治权力的精神又表现为儒家学说所体认的伦理精神和道德精神。正因为儒家观念具有维持社会秩序的功能(对古代华人社会而言),所以它自然而然地会与政治相结合。此即梁漱溟先生所言:不但整个政治构造,纳于伦理关系中;抑且其政治上之理想与途术,亦无不出于伦理归于伦理者。(梁漱溟:《中国文化要义》,学林出版社1987年版,第83页)儒家学说所概括的传统观念在儒家学说中演化为一套高深教义,在长期的超文化的推行上,它朝两个方向发展:一是形成民众的心理沉淀和道德准则,此为内化;二是衍生出一套政治文化和法规文化,此为外化。儒家文明渐渐熔政治、法律、文化、道德、伦理、习俗于一炉。形成一种协调范式,一种抽象化的协调范式,既是内在的又是外在的。

在社会生活中,协调范式与哲学中的认识范式具有同等的意义。当范式发生变化时,协调手段就会发生变化。观念性的东西介入社会协调范式是经常有的现象,如新教伦理对西欧一些社会协调方式的渗透,伊斯兰教义对阿拉伯社会协调方式的渗透。在古代华人社会,儒家学说有力地渗透或者说构成了其协调范式。当然,这种协调范式会随历史发展而演化。

六

至此我们提出了一个重要的命题:协调范式必须与一定的社

会质量相适应,当社会质量发生变化时,协调范式也当发生变化。解释这种变化的最合理的理论是历史唯物主义。马克思恩格斯指明:"从直接生活的物质生产出发来考察现实的生产过程,并把与该生产方式相联系的、它所产生的交往形式,即各个不同阶段上的市民社会,理解为整个历史的基础;然后必须在国家生活的范围内描述市民社会的活动,同时从市民社会出发阐明各种不同的理论产物和意识形式。"(马克思、恩格斯:《德意志意识形态》,《马恩全集》第3卷,第42—43页)我们应当从这个原理出发来考察儒家文明在物质生产活动的发展过程中遇到的挑战。

测量社会质量有多种指标,物质性指标包括历史道路、经济发展水平、人口、交通、教育、文化等。价值性指标包括整合、自主、自律、稳定、适应、开放等。物质生产发展的程度推进上述因素呈现出不同的格局,从而作用于社会质量,作用于协调范式。

用现代标准观之,协调范式要求高度发达的经济和经济关系,四通八达的通讯交通,普及的文化教育,规范的行为准则等一系列条件。这些物质性条件,在以自然经济为主的古代华人社会中是不具备的,由经济活动孕育的协调手段也不存在。人们依然延用从原始血缘宗法社会中延伸出来的协调手段,因为自然经济的格局没有发生变化。当这个基础开始蠕动时,其上层建筑自然就会受到冲击。19世纪下半叶起,中国社会面临着这样的总体性转变。吉尔伯特·罗兹曼在分析中国的现代化时谈到,当后起的现代化国家加入现代化之后,它面临的问题之一就是:当它需要以从前不需要或不可能维持的规模来实施协调和控制时,却正因为自身卷在现代化过程之中,主导的协调和控制形式就受到了掣肘。([美]吉尔伯特·罗兹曼主编:《中国的现代化》,江苏人民出版社1988年版,第626页)华人社会在近代以后面临的正是这样一个历史转变。

这个历史转变还可以这样来观察,在不同的社会中,维持社会秩序的功能是由不同的体制来完成的。在古代华人社会中是靠儒家文明来保证各种秩序的。主要是人际秩序,君臣父子长幼男女均为这种秩序的要义,因而这种秩序可以说是人情的、血缘的、伦理的关系。而在经济高度发达的社会中,社会秩序却有别的关系来体现,如买卖关系、合同关系、所有关系等等,这种社会秩序是物质的、生产的、交易的、法律的关系。由此不难发现,当华人社会摆脱传统状态走向现代化境界时,儒家文明会遇到什么。

自古以来,华人社会中后一类关系就相对萎缩,因而社会秩序只能依靠较为发达的前一类关系,儒家文明长期以来一直承担着这样重要的社会功能。近代以来,华人社会面临着这样一个总体性的转换:后一类关系受历史推动逐渐取代前一类关系。这一历史发展是儒家思想全面危机的根本原因。

七

二次大战后,这一趋势发展更快。二战后发展起来的新兴工业地区中的华人社会,较好地印证了这一点。自然,儒家文明并没有全然退出华人社会。无论从历史学还是社会学的意义上说,要一种乡土观念全然退出其母体社会是不可能的,它还或强或弱地介入并溶合在华人社会之中,它能承担的社会功能还没有全部被取而代之,也不可能被全部取而代之。

前面曾解析了儒家文明结构的三个方面:作为民众心理潜层的沉淀,作为社会生活规范的总和以及作为儒家学说的体系。应当说,现代化在改变华人社会的社会质量时,对这三者施加的压力是不均匀的。我们从第三结构谈起：

1. 作为儒家学说的体系受到最严峻的挑战，20 世纪之后它就成为理性批判的对象，同时也成为历史批判的对象。作为一种有统治地位的教义性的体系，这种地位在各个华人社会中都不存在了，有的是被批判地取消的，有的是自然失去的。作为一种思想体系，它对学术研究的价值始终是可观的。近年来在各华人社会中其研究价值有增无减。显然，当代各华人社会中不乏主张用儒家学说来调节社会关系的理论，但这些研究实质上已走出了第一结构，是在第二结构的意义或第一结构的意义上谈论问题的，不论本人意识到与否。这个部分也是儒家文明中最易被人为操作的部分。

2. 作为社会规范的总和也受到挑战，但它和第三结构一样，不容易被人为地减少或增加。它构成一种社会文化和生活方式，一种模式，一种范式，渗透在人们生活的各个方面，渗透在人们的行为偏好中。这些社会规范在慢慢地变化，渐渐受现代社会规范的熏染。现代化过程不断产生新的规范要求，这些要求又不断上升为主导规范，慢慢指导人们的生活和行为。这个过程是极为缓慢的，有些规范甚至是难以替代的，受华人社会本身所决定。比较不同的华人社会，不难发现这一点。现代化并不要求扬弃全部传统规范，只要求扬弃那些落后的、守旧的规范。大部分规范生长于华人社会的日常运转之中，与维持社会秩序密切相关，有的已没有儒家的外壳，只是一种社会规范。

3. 作为民众心理潜层的沉淀，这个部分最不易被改变，在华人社会中，随着种族的延续，它也延续着。从现代化过程来看，各华人社会的情况都表明，这个部分的改变是最小的。中国人的心理结构，无论在现代化已达到一定程度的新加坡、台湾和香港，还是在正在积极推进现代化的大陆,都是那样的相近。前面我们说过,儒家学说作为一种教义体系产生于社会本身,但后来它又具有一种异化的形式。现代化的过程似乎在促进儒家文明摆脱其异化形式,但并不必然要求抛弃其原本的精神和原则,至少不是全部。

从上面分析可以看出,华人社会的现代化首先向第一结构挑战,其次向第二结构挑战,第三结构受到的冲击是缓慢和微小的。本文选择的四个华人社会的发展也可以证明这一点。大陆、台湾和新加坡在第一、第二结构上几乎可以说差别不是很大,尤其是第一结构上。香港虽然长期受异域文化统治,第三结构十分脆弱,但第一、第二结构却相当坚强。因此,在谈到现代化过程中超越儒家思想时,定要作出区分。与其如是,第三结构中体认第一、第二结构的部分也不是那么容易被超越的。

八

由此我们发现,社会调节范式的不同与社会质量相关,社会质量又与物质生产发展的水平相关。在目前阶段,物质生产力的发展,尽管不同华人社会之间呈现出巨大的差异性,还不足以使华人社会的质量发生根本的变革,从而使儒家文明失去全部存在的基础。即便是到了社会质量革故鼎新之时,是否需要全部抛弃儒家文明,还应当有社会的、伦理的和审美的判断。两种不同调节范式,西方工业国家的法学范式和华人社会的伦理学方式,在历史的沧桑巨变中,达成截然不同的结果,物质的繁荣与物质的不繁荣。这种差异使人们抱怨甚或谴责伦理学方式,以为是它阻遏了华人社会的升腾。这种认识在情绪化之后会达成一种激烈的、偏激的形式,全盘否定儒家文明。这是不难体谅的。但真正严肃的判断需要摆脱情绪化。有两点证明这种思路是可以证伪的:(一)其他华人社会在儒家文明大体存在的条件下实现了物质繁荣(其存在方式我在§.7.中说明了),因而摒弃儒家文明并非现代化的先决条件。日本等地现代化的实例也有借鉴的意义。(二)发达工业社会虽然总体上达到了物质繁荣,但作为人的生活的各项超物质的要求并没有全部达到,后物质主义的理想生活的基础不仅没有扩大,反而缩小了。因此,在走向现代化的过程中,儒家文明恐怕不会全部失去存在的价值,也不会依然如故。从人的主观活动来说,应当对之去粗取精,去伪存真。从社会的客观活动来看,应当等候历史的选择。

　　理想的选择和现实的选择是两码事。理论上的扬弃不等于事实上的扬弃。在走向未来的时刻,应当观察社会秩序的维持功能在多大程度上可由其他体制来承担,在多大程度上不可能。儒家文明所体现的人们在心理上和伦理上的秩序对任何社会都是必不可少的,问题是怎样用现代价值来渗透儒家文明,使新的社会秩序化为心理和伦理的秩序。毋庸置疑,封建的因素是要被割走的。与西方社会物质生活的繁荣相对照,成堆的社会问题正在困扰着它们,构成社会秩序未来的潜在危险。这一状况是华人社会在走向现代化的过程中应当借鉴的。

　　现在需要回答的是:在现代化中或现代化后的华人社会中,哪些社会功能还能由儒家文明所包蕴的精神来支持,然后才是扬弃儒家文明。以伦理学为方式协调社会秩序是一种美的范式,问题不在于其内容,内容是可以扬弃的,而在于人这种生灵最适合内在的调节,外部的调节带有较多的强制。在社会发展到一定阶段之后,人们对伦理审美的要求将会成为社会秩序的基础。儒家文明的启示便在这里。现代化后的华人社会当然需要其他的调节手段。不过，正如 E. A. 罗斯所说："当法律、戒规、名言、情感有利于适合构成一种文明的经纬时，社会秩序就大大得到加强。"（〔美〕E. A. 罗斯，《社会控制》，华夏出版社 1989 年版第 145—146 页）

在前瞻华人社会的现代化过程时，历史唯物主义是最有教益的。恩格斯曾经说过："蒸汽机永远不能在人类的发展中引起如此巨大的飞跃，尽管在我们看来，蒸汽机确实是所有那些以它为凭借的巨大生产力的代表，唯有借助于这些生产力，才有可能去实现这样一种社会制度，在这种制度下不再有任何阶级差别，不再有任何对个人生活资料的忧虑，在这种制度下第一次能够谈到真正的人的自由，谈到那种同已被认识的自然规律相协调的生活。"（恩格斯：《反杜林论》，《马恩选集》第 3 卷第 154 页）因而物质主义并不能解决人类的一切问题。与自然规律相协调的生活，不仅包括协调与自然的关系，也包括人与人之间的真正关系。当人类征服了自然之后，人作为自然的组成部分的规律会突出出来。儒家文明的起源实际上是早期对人这种自然存在物的规律的认知。现代社会的发展预示着在这个问题上的一种否定之否定，历史的和社会的。

（选自复旦大学历史系、复旦大学国际交流中心合编《儒家思想与未来社会》，上海人民出版社，1991 年版）

王沪宁：1955 年生于上海，籍贯山东掖县。复旦大学国际政治系教授、博士生导师，中共中央政策研究室主任。

此文以中国大陆、台湾、新加坡和香港为例，分析了儒家文明与现代化的关系。儒家文明在过去起到了维持传统华人社会秩序的功能，而现代社会秩序变革了，儒家文明因而受到挑战。但儒家文明所体现的人们在心理上和伦理上的秩序对任何社会都是必不可少的，儒家文明不会全部失去存在的价值，也不会依然如故，问题是去粗取精、去伪存真，用现代价值来渗透儒家文明，使新的社会秩序化为心理和伦理的秩序。

道德的阶级性与继承性

张 岱 年

许多古代思想家和一些近代思想家认为道德的原则和规范是普遍性的、永恒性的。但是从实际情况看来,不同时代有不同的道德,不同社会有不同的道德,道德具有相对性、特殊性。就普遍与特殊的关系来说,普遍寓于特殊之中,特殊含有普遍。这普遍与特殊的关系是否也表现于道德呢? 这里包含道德的阶级性与继承性的问题。

一、中国古代思想家论道德的普遍性与相对性

中国古代多数思想家认为道德是普遍的,是人人必须遵守的。孔子说:"谁能出不由户,何莫由斯道也?"(《论语·雍也》)《中庸》说:"道也者,不可须臾离也,可离非道也。"都肯定道德原则具有普遍性。孟子说:"仁,人心也;义,人路也。"(《孟子·告子上》)肯定仁义是人类生活的普遍原则。但孟子也承认不同学派对于仁义有不同意见。他说:"杨子取为我,拔一毛而利天下,不为也。墨子兼爱,摩顶放踵利天下为之。"(《孟子·尽心上》)杨墨与儒家不同,各有自己的道德原则,孟子以"距杨墨"为己任,他说:"杨墨之道不息,孔子之道不著,是邪说诬民,充塞仁义

也。……能言距杨墨者,圣人之徒也。"(《孟子·滕文公下》)儒、杨、墨三家的论战,说明实际上没有人人公认的普遍原则。

《庄子·外篇》中着重指出了道德的相对性,《秋水》篇云:

> 以趣观之,因其所然而然之,则万物莫不然;因其所非而非之,则万物莫不非。知尧桀之自然而相非,则趣操睹矣。昔者尧舜让而帝,之哙让而绝;汤武争而王,白公争而灭。由此观之,争让之礼,尧舜之行,贵贱有时,未可以为常也。

这是认为是非的原则因时代而不同。《胠箧》篇云:

> 故盗跖之徒问于跖曰:盗亦有道乎? 跖曰:何适而无有道耶? 夫妄意室中之藏,圣也;入先,勇也;出后,义也;知可否,知也;分均,仁也。五者不备而能成大盗者,天下未之有也。由是观之,善人不得圣人之道不立,跖不得圣人之道不行。天下之善人少而不善人多,则圣人之利天下也少而害天下也多。

这里以圣人与大盗相提并论,宣称所谓圣人之道固然是"善人"所遵守,但也可以为"不善人"所利用,而盗跖是不善人中最突出的。盗跖是传说中的"大盗",他和劳动人民的关系,已不可考。战国时期许多站在劳动人民的立场的人物大多主张"自食其力",如"为神农之言者"许行就是,这些人并不赞扬盗窃。但是,盗跖属于被统治阶级则是可以确定的。《庄子》的这段议论也表明,不同的阶级虽然都标举相同的道德观念,其名词概念相同,而内容涵义则不同。《庄子·胠箧》又说:

> 为之仁义以矫之,则并与仁义而窃之。何以知其然耶?彼窃钩者诛,窃国者为诸侯,诸侯之门,而仁义存焉。则是非窃仁义圣知耶? ……此重利盗跖而使不可禁者,是乃圣人之过也。

仁义可以为有权有势者所利用以达到其自私自利的目的,仁义成为权势的点缀与伪装。

《庄子·外篇》揭示了仁义等道德的相对性,具有相当深刻的理论意义。儒家以仁义为主要道德,但是道家把仁义与道德对立起来。《庄子·马蹄》说:"道德不废,安取仁义?"从《老子》开始,认为道是天地万物的本原,德是万物的自然本性,而仁义则是对于自然本性的违离。这所谓道德是道家的用语。我们这里所谓道德的相对性,仍然采取普通的用语。

二、道德的阶级性

马克思主义关于道德的学说明确提出道德的阶级性。恩格斯论近代西方社会的道德时说:

> 善恶观念从一个民族到另一个民族、从一个时代到另一个时代变更得这样厉害,以致它们常常是互相直接矛盾的。……今天向我们宣扬的是什么样的道德呢?首先是由过去的宗教时代传下来的基督教的封建主义道德,……和这些道德并列的,有现代资产阶级的道德,和资产阶级道德并列的,又有无产阶级的未来的道德,所以仅仅在欧洲最先进国家中,过去、现在和将来就提供了三大类同时并存的各自起着作用的道德论。(《反杜林论》,《马克思恩格斯选集》第3卷,第132—133页)

在西方资本主义社会中存在三类不同的道德。恩格斯指出了这三类道德的阶级根源:

> 但是,如果我们看到,现代社会的三个阶级即封建贵族、资产阶级和无产阶级都各有自己的特殊的道德,那末我们由此只能得出这样的结论:人们自觉地或不自觉地,归根到底总

是从他们阶级地位所依据的实际关系中——从他们进行生产和交换的经济关系中,吸取自己的道德观念。……因此,我们驳斥一切想把任何道德教条当做永恒的、终极的、从此不变的道德规律强加给我们的企图,这种企图的借口是,道德的世界也有凌驾于历史和民族差别之上的不变的原则。相反地,我们断定,一切已往的道德论归根到底都是当时的社会经济状况的产物。而社会直到现在还是在阶级对立中运动的,所以道德始终是阶级的道德;它或者为统治阶级的统治和利益辩护,或者当被压迫阶级变得足够强大时,代表被压迫者对这个统治的反抗和他们的未来利益。(《反杜林论》,《马克思恩格斯选集》第 3 卷,第 133—134 页)

在阶级社会中,道德是阶级的道德。不同的阶级从自己的阶级地位中吸取自己的道德观念,不同阶级的道德反映不同阶级的阶级利益。

阶级社会中的道德是阶级的道德,这是符合实际的科学论断。但是,这里也还有一些比较复杂的问题值得讨论:在阶级社会中,道德具有阶级性,是否也有共同的道德? 人类道德渊源于阶级尚未出现的原始社会,原始社会的道德对于后来的阶级道德有无影响? 中国封建时代,道德与阶级斗争的关系如何? 以下略加分疏。

恩格斯也曾指出,近代西方资本主义社会的三种不同的道德论中有一些共同之处。他说:

但是在上述三种道德论中还是有一些对所有这三者来说都是共同的东西……这三种道德论代表同一历史发展的三个不同阶段,所以有共同的历史背景,正因为这样,就必然具有许多共同之处。(《反杜林论》,《马克思恩格斯选集》第 3 卷,第 133 页)

恩格斯举出,在存在着动产的私有制的社会,有一条共同的道德戒律:"切勿偷盗。"并且指出,在未来"偷盗动机已被消除的社会里",这一条将不成其为道德戒律。

在阶级社会里,不同的阶级有不同的道德,不同的阶级道德之间存在着相互对立、相互矛盾的关系。但是一切对立都有其相互统一的关系,一切矛盾都有其相互依存、相互渗透的关系,道德亦不能例外。不同阶级的道德之间相互统一的关系何在呢?

不同阶级的道德是不同的阶级利益的反映。在阶级社会中除了不同阶级利益之外是否也有社会的共同利益呢?应该承认,在阶级社会之中,除了各阶级的不同的阶级利益之外,也还有一定的共同利益。马克思、恩格斯在《德意志意识形态》中说:

> 随着分工的发展也产生了个人利益或单个家庭的利益与所有互相交往的人们的共同利益之间的矛盾;同时,这种共同的利益不是仅仅作为一种"普遍的东西"存在于观念之中,而且首先是作为彼此分工的个人之间的相互依存关系存在于现实之中。(《马克思恩格斯选集》第1卷,第37页)

又说:

> 正是由于私人利益和公共利益之间的这种矛盾,公共利益才以国家的姿态而采取一种和实际利益(不论是单个的还是共同的)脱离的独立形式,也就是说采取一种虚幻的共同体的形式。然而这始终是在每一个家庭或部落集团中现有的骨肉联系、语言联系,较大规模的分工联系以及其他利害关系的现实基础上,特别是在我们以后将要证明的各阶级利益的基础上发生的。(《马克思恩格斯选集》第1卷,第38页)

在个人利益、家庭利益和阶级利益之上,还有共同利益,这共同利益存在于现实之中,而国家正是为了调解私人利益与公共利益的

矛盾而产生的。恩格斯在《路德维希·费尔巴哈和德国古典哲学的终结》中也说:

> 社会创立一个机关来保护自己的共同利益,免遭内部和外部的侵犯。这种机关就是国家政权。它刚一产生,对社会来说就是独立的,而且它愈是成为某个阶级的机关,愈是直接地实现这一阶级的统治,它就愈加独立。(《马克思恩格斯选集》第4卷,第249页)

国家是社会所创立的保护共同利益的机关,同时又是统治阶级实行统治的机关。国家的创立是为了对付内部和外部对于共同利益的侵犯。外部的侵犯指外来的侵略;内部的侵犯指一些人违反共同利益的行为。国家作为统治阶级的统治机关必然也要压制被统治阶级对于统治阶级的反抗。这样,国家就具有双重性。

社会既然有共同利益,必然也有反映社会共同利益的道德观念,这种道德可以称为共同的道德,即不同阶级共同承认的道德。

列宁曾经提到"公共生活规则",他说:

> 只有在共产主义社会中,……人们既然摆脱了资本主义奴隶制,摆脱了资本主义剥削制所造成的无数残暴、野蛮、荒谬和卑鄙的现象,也就会逐渐习惯于遵守数百年来人们就知道的、数千年来在一切处世格言上反复谈到的、起码的公共生活规则,自动地遵守这些规则,而不需要暴力,不需要强制,不需要服从,不需要所谓国家这种实行强制的特殊机构(《国家与革命》。《列宁选集》第3卷,第247页)

这类"公共生活规则"是数千年来处世格言上反复谈到的,在这个意义上应该说是共同的道德;但这些"公共生活规则"又是数千年来人们不能自动遵守的,表明这些公共生活规则是阶级社会中难以贯彻实行的。列宁还说过:"产生违反公共生活规则的捣乱行为的社会根源是群众受剥削和群众贫困。"(《国家与革命》,《列宁选集》第3卷,第249页)公共生活规则所以不能贯彻实行,在于阶级压迫的存在。公共生活规则在阶级社会中是难以贯彻实行的,但是在人们的意识中存在着这些公共生活规则,却还是事实。

起码的公共生活规则是维持社会生活的正常进行所必需的,虽然不免遭受违反和破坏,但多数群众还是能够在一定程度上遵守的,否则社会秩序就无法维持,物质生产和精神生产也难以进行了。

公共生活规则是社会共同利益的反映。反映社会共同利益的道德还不限于公共生活规则,更重要的还有对待外来侵略的道德。每一民族,在受到外来侵略的时候,除了少数内奸之外,全民族各阶级各阶层的人们,同仇敌忾,奋起抗战,这是维护民族生存的最重要的道德。中国古代思想家宣扬的"精忠报国"、"民族气节",就是统治阶级和劳动人民共同遵守的道德。在世界大同尚未实现、民族差别尚未消灭之前,这种爱国主义的道德原则是必须肯定的。

在历史上,社会公共道德的产生早于阶级道德。人类道德起源于原始共产制社会,当时阶级尚未分化,已经有共同遵守的道德。恩格斯在叙述原始社会的情况时说:

> 而这种十分单纯质朴的氏族制度是一种多么美妙的制度呵!没有军队、宪兵和警察,没有贵族、国王、总督、地方官和法官,没有监狱,没有诉讼,而一切都是有条有理的。一切争端和纠纷,都由当事人的全体即氏族或部落来解决,或者由各个氏族相互解决;血族复仇仅仅当作一种极端的、很少应用的手段;……一切问题,都由当事人自己解决,在大多数情况下,历来的习俗就把一切调整好了。不会有贫穷困苦的人,因为

共产制的家庭经济和氏族都知道它们对于老年人、病人和战争残废者所负的义务。大家都是平等、自由的,包括妇女在内。……凡与未被腐化的印第安人接触过的白种人,都称赞这种野蛮人的自尊心、公正、刚强和勇敢,这些称赞证明了,这样的社会能够产生怎样的男子、怎样的妇女。(《家庭、私有制和国家的起源》)。《马克思恩格斯选集》第4卷,第92—93页)

在原始共产制的社会中,道德是纯朴的,人与人是平等的,都表现了自尊心,公正、刚强和勇敢。随着阶级的分化,原始的氏族制度崩溃了。但这原始社会给人留下了美妙的回忆。儒家的"大同"学说实质上就是对于原始社会的怀想。《礼记·礼运》说:

大道之行也,天下为公,选贤与能,讲信修睦。故人不独亲其亲,不独子其子;使老有所终,壮有所用,幼有所长,矜寡孤独废疾者,皆有所养。男有分,女有归。货恶其弃于地也,不必藏于己;力恶其不出于身也,不必为己。是故谋闭而不兴,盗窃乱贼而不作,故外户而不闭。是谓大同。今大道既隐,天下为家,各亲其亲,各子其子,货力为己。大人世及以为礼,城郭沟池以为固,礼义以为纪,以正君臣,以笃父子,以睦兄弟,以和夫妇,以设制度,以立田里,以贤勇知,以功为己,故谋用是作,而兵由此起。禹、汤、文、武、成王、周公,由此其选也。此六君子者未有不谨于礼者也;以著其义,以考其信,著有过,刑(型)仁讲让,示民有常。如有不由此者,在势者去,众以为殃。是谓小康。

《礼运》的作者称此为孔子之言,当是出于依托。《礼运》的作者不可能有阶级观点,但在这里把"大同"与"小康"作了明显的对比,实际上是把原始社会与阶级社会作了显明的对比,讲得深刻而具体。"大同"之世,"天下为公",其主要道德是"讲信修睦";"小康"之世,"天下为家",其主要道德是"型仁讲让"。大同之世还没有所谓"礼",小康之世主要是靠礼来维持的。

西方流行的"处世格言"起于何时,我没有研究。中国流行的"处世格言",从春秋时期以来,主要是儒家所传诵的。儒家的思想学说实以上古时代以来的历史传统为根据。孔子"祖述尧舜,宪章文武",他的学说基本上是尧舜、夏、商、周三代的政治教育经验的总结。尧舜时代应是原始社会的末期。疑古派否认尧舜的历史真实性,实际上是没有充足理由的。中国的"处世格言"中所宣扬的"公共生活的规则",其渊源在于原始社会,但经过了阶级社会里统治阶级思想家的加工。

中国的阶级社会大概始于夏代,经过奴隶制,转变到封建制。中国的封建社会延续的时间最长,应如何考察中国封建时代道德观念与阶级斗争的关系呢?

恩格斯论近代西方社会的道德,举出封建主义的道德、资产阶级的道德以及无产阶级的道德,没有提到农民和小资产阶级的道德。中国封建时代,没有资产阶级,更没有近代无产阶级,是否仅仅存在着封建主义的道德呢? 从《庄子》外篇所谓"盗亦有道"以及《史记·游侠列传》所叙述的游侠道德来看,在中国封建时代的社会中,也还有与封建主义的道德对立的道德。历代起义农民,在发起反抗斗争的时候,也往往提出自己的道德观念。这些道德观念是对抗地主阶级统治的道德,可以笼统地称为劳动人民的道德,亦可简称为人民道德。盗跖和游侠未必从事于劳动,但与劳动者有较多的联系。恩格斯论阶级道德时没有提到农民和小资产阶级的道德,这并不是疏忽,而是有一定理由的。这是因为,农民和小资产阶级不代表新的生产关系,因而不可能提出完整的独立的道德体系。实际上,中国古代与封建主义道德对抗的劳动人民道德确实没有完整的独立的道德体系。这是应该注意的,否则就会违离了历史事实。马克思、恩格斯在《德意志意识形态》中说:

> 统治阶级的思想在每一时代都是占统治地位的思想。这就是说,一个阶级是社会上占统治地位的物质力量,同时也是社会上占统治地位的精神力量。支配着物质生产资料的阶级,同时也支配着精神生产的资料,因此,那些没有精神生产资料的人的思想,一般也是受统治阶级支配的。(《马克思恩格斯选集》第1卷,第52页)

这种情况在封建时代尤其显著。在封建时代,农民和手工业者等小生产者的思想一般接受了封建统治阶级思想的严重影响。但是,农民和手工业者等小生产者的思想也有与封建统治阶级的思想相对立之处,即这些小生产者大多信奉平均主义。宋代农民起义提出"均贫富、等贵贱"的政治纲领,在道德观念上宣扬平均主义。但是起义农民一旦取得了政权,就迅速向封建制转化,接受了贵贱等级观念。这也表明,农民等劳动群众不可能长期坚持自己的独立思想。

三、道德的普遍性形式与特殊性内容

道德观念和道德规范有一个显著的特点,即一方面具有普遍性形式,一方面又具有特殊性的内容。道德准则的一般方式是:对于一切人都应如何如何;而在实际上只是对于一定范围的人如何如何。孔子宣扬"仁者爱人",主张"泛爱众",即爱一切人,实际上仅只爱一定范围的人。墨子宣扬"兼爱",主张"爱无差等",实际上也不可能爱一切人。这是道德规范的公例。我认为,从古以来,道德原则都是具有普遍性形式的,这正是道德所以为道德的特点。如果舍弃了普遍性形式,那也就失去了道德原则的严肃意义了。

统治阶级的道德原则采取普遍性形式,也不是完全没有依据。统治阶级的道德,一方面反映了统治阶级的利益,另一方面也在一定程度上反映了社会的共同利益。统治阶级作为掌握国家政权的阶级,以公共利益的维护者自居,一方面反对国家内部对于公共利益的侵犯,另一方面反对外来的侵略以保卫民族的独立。在中国历史上,统治阶级的道德一般要起两方面的作用:一方面维护当时的统治秩序,力图显示阶级统治的合理性,另一方面也要保证被统治的人民的一定程度的生活,使他们安于受统治的地位,能够"安居乐业"。这样,统治阶级的道德既须反对被压迫阶级的"犯上作乱",同时也要反对统治阶级内部的分子"违法乱纪"。统治阶级的道德是维护剥削的,但也要把剥削限制在一定的范围之内。一些特权者对人民"敲骨吸髓",加重压迫与剥削,那是违反道德的。封建统治阶级虽然往往把统治阶级的利益冒充为公共利益,但是确实也重视那些与被压迫阶级利益密切联系的真实的公共利益。这些复杂情况都是考察古代伦理学说时必须注意的。

道德观念、道德范畴,都有形式与内容两个方面。不同阶级的道德,经常是具有共同的形式,而各自蕴含特定的内容。这又有几种情况。有不同阶级共同肯定的道德,其显著的例证是信与廉。孔子说:"人而无信,不知其可。"又说:"民无信不立。"《大学》说:"与国人交,止于信。"儒家是讲信的,而游侠之士更特重守信。信是最基本的公共道德之一。统治阶级提倡廉洁,人民拥护廉洁的官吏。廉也为不同阶级所共同肯定。有一些道德规范,统治阶级和劳动人民都加以宣扬,而统治阶级和劳动人民的实际要求却不相同。例如义和勇。统治阶级所谓义的主要含义是承认私有财产、保护私有财产,而劳动人民所谓义的主要含义是人人均等、有福同享。统治阶级所谓勇是为统治者冒险冲锋,劳动人民所谓勇是敢于反抗统治者的压迫。

随着历史的发展,道德也在演变。道德演变的方式有二:一是随着时代的需要特别是革命的需要,创立新的道德规范,宣扬新的道德原则。二是利用旧形式,赋予以新内容。这两者是并行不悖的。利用旧形式赋予新内容,亦即接受旧概念,注入新涵义。例如忠,其本来意义是尽心帮助别人,后来专用为臣民对君主的道德,指尽心尽力为君主服务。现在我们宣扬忠于人民,忠于民族,忠于国家,废除了忠君之义,这是时代的进步。同时,在必要时,根据实际情况,概括新的道德范畴也是必要的。

四、道德的继承性——如何评价传统美德

历史上不同的阶级有其不同的道德,这是道德的阶级性;而古往今来,任何阶级的分子都必须遵守一定的道德,这可谓道德的普遍性。人类道德是随时代的变化而变化的,这是道德的变革性;而后一时代的道德是从前一时代的道德演变而来的,前后之间也有一定的继承关系,这可谓道德的继承性。1919年"五四"新文化运动批判旧道德,提倡新道德,表现了历史的进步。当时所批判的是封建主义道德,当时所宣扬的主要是资产阶级道德。新中国建立,我们进行社会主义革命与社会主义建设,我们要大力宣扬共产主义道德。共产主义道德是无产阶级领导广大人民进行革命斗争中提出并宣扬的。列宁在《青年团的任务》中论共产主义道德说:

我们的道德完全服从无产阶级阶级斗争的利益。我们的道德是从无产阶级阶级斗争的利益中引申出来的。

　　　　道德是为破坏剥削者的旧社会,把全体劳动者团结到创
　　立共产主义者新社会的无产阶级周围服务的。

　　　　共产主义的道德就是为了把劳动者团结起来反对一切剥
　　削和一切小私有制服务的道德。(《列宁选集》第 4 卷,第
　　352—353 页)

这就是说共产主义道德是从无产阶级的实际斗争中引申出来的。
但是在同一篇文章中,列宁谈论无产阶级文化时又说:

　　　　应当明确地认识到,只有确切地了解人类全部发展过程
　　所创造的文化,只有对这种文化加以改造,才能建设无产阶级
　　的文化,没有这样的认识,我们就不能完成这项任务。……无
　　产阶级文化应当是人类在资本主义社会、地主社会和官僚社
　　会压迫下创造出来的全部知识合乎规律的发展。(《青年团
　　的任务》。《列宁选集》第 4 卷,第 348 页)

道德是文化的组成部分,对于文化的论断应当也适用于道德。列宁
关于道德的提示和关于文化的提示并无矛盾。共产主义道德主要
是从无产阶级的实际革命斗争中引申出来的,同时也要参考人类全
部发展过程中关于道德的理论知识。我们对于以往思想家的错误
观点要加以批判,对于以往思想家的一些有益于社会发展的观点也
要予以正确的评价。一方面要从实际革命斗争中总结经验,确定基
本原则,另一方面也要从历史传统中汲取知识,建立理论体系。

　　在中国封建时代,占统治地位的道德是封建主义的道德,在封
建主义道德之外还有在一定程度上与封建主义道德相对立的劳动
人民的道德。劳动人民的道德表现了反剥削、反特权的倾向,这是
应该继承的。但是,旧时代劳动人民道德又有平均主义的倾向,这
就应该加以分析、扬弃。对于以三纲(君为臣纲、父为子纲、夫为
妻纲)为核心的封建道德,必须加以严肃的批判。但对封建时代

的伦理学说,是否也有值得区别对待的呢? 我们认为,古代思想家肯定道德的精神价值,肯定人格尊严的思想,宣扬"精忠报国"的爱国主义思想,宣扬刚健有为、自强不息的进步思想,在陶铸中华民族的民族精神上曾经起过卓越的作用,还是应该继承的。对于地主阶级中涌现的志士仁人、为国捐躯的民族英雄,更应该加以崇敬赞扬。传统道德中反映公共利益的道德原则,维护民族利益的道德原则,都是应该肯定的。

中国传统道德中,勤、俭、信、廉,是大多数人民所共同肯定的,可以称为传统美德,时至今日,也还有其重要价值,是建设具有中国特色的社会主义精神文明所不可缺少的。中国传统道德中最重要的规范是仁(泛爱),应如何批判继承,因为问题比较复杂,留待下章讨论。

还有一个理论问题必须谈到,即,对于古代思想家关于道德普遍原则的学说,应如何评价呢? 从古以来,以至近代,都有人宣扬人类道德的普遍原则。恩格斯对此曾痛下针砭。恩格斯批评费尔巴哈说:

> 简单扼要地说,费尔巴哈的道德论是和它的一切前驱者一样的。它适用于一切时代、一切民族、一切情况;正因为如此,它在任何时候和任何地方都是不适用的,而在现实世界面前,是和康德的绝对命令一样软弱无力的。(《路德维希·费尔巴哈和德国古典哲学的终结》。《马克思恩格斯选集》第4卷,第236页)

在西方,康德和费尔巴哈宣扬道德的普遍原则(当然不止这两家),在中国,自孔子孟子以至王夫之、戴震,也都宣扬道德的普遍原则。这些道德论,是适用于一切时代、一切民族、一切情况;而在实际上在任何时候、任何地方都是软弱无力的。它不可能作为实际活动的指针。那么,这些道德论就毫无理论价值了么? 我以为,这类道德学说,虽不可能作为实际革命斗争的武器,但是也还有一定的理论意义,可以说是人类在寻求自我认识的道路上必经的环节。这些普遍原则,一方面固然是任何时候任何地方都不能解决实际问题的,另一方面也可以说是任何时候任何地方那些能够解决实际问题的具体方案所不能违背的。这只是一些抽象的基本原则。而且,这些关于道德普遍原则的宣述,如果用来反对一切违反人性、背离人道的罪恶行为,也不是完全不起任何作用的。50 年代后期以来,把肯定人性的言论作为资产阶级人性论来批判,把宣扬人道的言论作为反动的资产阶级人道主义来批判,到了所谓"文化大革命",更走向极端,酿成严重的惨祸,这种历史教训,不应引起深刻的反省吗?

古代思想家和近代资产阶级思想都不承认、不理解道德的阶级性。马克思、恩格斯提出道德阶级性的理论,是伦理学史上的重大变革。但是,道德的阶级性并不排除道德的继承性。人类对于客观世界的认识,经历了曲折的前进道路;人类对于道德准则的认识,也经历了曲折的前进道路。古代思想家在这个道路上所走的每一步都给后人以深切的启迪。恩格斯在论述黑格尔哲学时说:"像对民族的精神发展有过如此巨大影响的黑格尔哲学这样伟大的创作,是不能用干脆置之不理的办法加以消除的。必从它的本来意义上扬弃它,就是说,要批判地消灭它的形式,但是要救出通过这个形式获得的新内容。"(《路德维希·费尔巴哈和德国古典哲学的终结》。《马克思恩格斯选集》第 4 卷,第 219 页)中国古代思想家的道德学说对于中华民族的精神发展确实有过非常巨大的影响,是应该予以分析,从而进行批判继承的。

（选自张岱年《中国伦理思想研究》第
四章,上海人民出版社1989年版）

　　张岱年,1905年生,字季同,原籍河北献县,自1933年起
先后任教于清华大学、私立中国大学、北京大学,1979至1989
年任中国哲学史学会会长,从事哲学理论、中国哲学史及文化
问题研究,著作有《中国哲学大纲》、《求真集》、《中国唯物主
义思想简史》、《中国哲学发微》、《文化与哲学》、《中国伦理
思想研究》等。

　　本文论述了四个问题:一、不同时代、不同社会有不同的
道德,道德具有相对性与特殊性;二、阶级社会中也存在一些
反映社会共同利益的共同的道德;三、不同阶级的道德经常具
有相同的形式而各自蕴含特定的内容,道德的演变一是创立
新的道德规范,二是利用旧形式、赋予新内容;四、道德阶级性
不排除道德继承性,对封建时代伦理学说要区别对待、批判
继承。

如何分析人性学说

张　岱　年

人性问题是中国伦理学史上一个重要问题。自孟荀以来,汉唐宋明的许多思想家都提出了自己关于人性的学说,纷纭错综,争论不休。这些关于人性的学说的实际意义何在?各种不同的人性学说应如何评价?关于人性学说的是非真妄应如何判断?这些都是研究伦理学史必须注意的问题。

一、所谓人性的意义

首先应该正确理解各派思想家所谓"性"的意义。在中国哲学史上,第一个提出"性"的界说的是告子①。据《孟子》书中记载告子的言论说:"生之谓性。"又说:"食色性也。"(《孟子·告子上》)生而具有的叫做性,性的内容就是食色。

与告子"生之谓性"之说意义相近的还有:

荀子:生之所以然者谓之性。(《荀子·正名》)

又:凡性者,天之就也,不可学,不可事,……不可学不可事而在人者,谓之性。(《荀子·性恶》)

① 据《墨子》、《孟子》的记载,告子是墨子的晚辈,而长于孟子。

　　董仲舒:如其生之自然之资谓之性。(《春秋繁露·深察名号》)

　　刘向:"性,生而然者也。"(《论衡·本性》引)

告子"生之谓性"之说,简而未明。荀子所谓"不可学不可事而在人者",意较明确,性即是生而具有,不待学习的活动。这个意义的性,用现代的名词说,即是本能。

　　孟子不同意告子"生之谓性"之说,《孟子·告子》记载孟子与告子的辩论云:

　　孟子曰:生之谓性也,犹白之为白与? 曰:然。白羽之白也,犹白雪之白,白雪之白犹白玉之白与? 曰:然。然则犬之性犹牛之性,牛之性犹人之性与?

孟子强调了"人之性"与"犬之性"、"牛之性"的区别。又强调人与人是同类,他说:

　　故凡同类者举相似也,何独至于人而疑之? 圣人与我同类者。故龙子曰:不知足而为屦,我知其不为蒉也。屦之相似,天下之足同也。口之于味有同耆焉。易牙先得我口之所耆者也。如使口之于味也,其性与人殊,若犬马之与我不同类也,则天下何耆皆从易牙之于味也? ……口之于味也,有同耆焉;耳之于声也,有同听焉;目之于色也,有同美焉。至于心,独无所同然乎? 心之所同然者何也? 谓理也,义也。圣人先得我心之所同然耳。故理义之悦我心,犹刍豢之悦我口。(《孟子·告子上》)

一方面,"圣人与我同类者";另一方面,"若犬马之与我不同类也"。孟子主要是从"类"来论"性"。孟子以圣人为人类的最高典型,认为圣人的思想感情为"心之所同然"。但是,口有同耆,耳有同听,目有同美,为何独以"心之所同然"为性呢? 孟子解释说:

> 口之于味也,目之于色也,耳之于声也,鼻之于臭也,四肢
> 之于安佚也,性也,有命焉,君子不谓性也。仁之于父子也,义
> 之于君臣也,礼之于宾主也,智之于贤者也,圣人之于天道也,
> 命也,有性焉,君子不谓命也。(《孟子·尽心下》)

又说:

> 求则得之,舍则失之,是求有益于得也,求在我者也。求
> 之有道,得之有命,是求无益于得也,求在外者也。(《孟子·
> 尽心上》)

感官欲望的满足,道德修养的提高,都既须主观的努力,又受客观
的限制。但是,感性的满足主要依赖于客观的条件,所以不谓之
性;道德的提高主要依靠主观的努力,这才是性的内涵。可以说,
孟子以人伦道德的自觉能动性为人性。

孟子所谓性主要指"人之所以异于禽兽者"。他说:人之所以
异于禽兽者几希,庶民去之,君子存之。"(《孟子·离娄下》)又说:
"人之有道也,饱食暖衣逸居而无教,则近于禽兽。"(《孟子·滕文
公上》)保持发展"人之所以异于禽兽者",有待于教育。这"人之
所以异于禽兽者"是否生而具有的呢? 孟子说:

> 人之所不学而能者,其良能也;所不虑而知者,其良知也。
> 孩提之童,无不知爱其亲者;及其长也,无不知敬其兄也。
> (《孟子·尽心上》)

不学而能,不虑而知,就是生而具有的了。虽然如此,而孟子论恻
隐之心的主要论证却不是从孩提之童来立论的。他说:

> 人皆有不忍之心。……所以谓人皆有不忍人之心者,今
> 人乍见孺子将入于井,皆有怵惕恻隐之心。非所以内交于孺
> 子之父母也,非所以要誉于乡党朋友也,非恶其声而然也。由
> 是观之,无恻隐之心,非人也;无羞恶之心,非人也;无辞让之

心,非人也;无是非之心,非人也。(《孟子·公孙丑上》)

这"乍见孺子将入于井"的人应不是孩提之童,而是成年人。由此可见,孟子论性,主要是从"人皆有之"立论,主要是指"异于禽兽"的人类共性。

孟子讲"人之所以异于禽兽者",荀子则讲"人之所以为人者",他说:

> 人之所以为人者何已也? 曰:以其有辨也。饥而欲食,寒而欲暖,劳而欲息,好利而恶害,是人之所生而有也,是无待而然者也,是禹桀之所同也。然则人之所以为人者,非特以二足而无毛也,以其不辨也。……夫禽兽有父子而无父子之亲,有牝牡而无男女之别,故人道莫不有辨,辨莫大于分,分莫大于礼。(《荀子·非相》)

荀子虽然肯定"人之所以为人者",但不认为"人之所以为人者"是性。他认为,"饥而欲食,寒而欲暖,劳而欲息,好利而恶害"是"生而有"的,是"无待而然"的,即是性的内容;而"人之所以为人者"在于"有辨",即有"父子之亲"、"男女之别",这都不是"无待而然"的。荀子所谓"人之所以为人者"与孟子所谓"人之所以异于禽兽者",意义相近,但孟子认为这是性,而荀子认为这不是性,则彼此不同了。

韩愈论性云:"性也者,与生俱生也。……其所以为性者五:曰仁,曰礼,曰信,曰义,曰智。"(《韩昌黎集·原性》)以"与生俱生"为性的界说,同于告子;而以仁礼信义智为性的内容,又近于孟子。

王安石反对韩愈"以仁义礼智信五者谓之性",他说:

> 性者有生之大本也。……夫太极者五行之所由生,而五行非太极也。性者五常之太极也,而五常不可以谓之性,此吾

所以异于韩子。(《临川集·原性》)

王安石所谓"有生之大本",意指生活的内在基础,这是王安石关于性的界说。

程颐提出所谓"极本穷源之性",他说:"若乃孟子之言善者,乃极本穷源之性。"(《河南程氏遗书》卷三)他认为这性就是理,他说:"孟子所以独出诸儒者,以能明性也。……性即是理,理则自尧舜至于涂人一也。"(《河南程氏遗书》卷十八)这理的内容就是仁义礼智信,他说:

> 自性而行皆善也。圣人因其善也,则为仁义礼智信以名之,以其施之不同也,故为五者以别之,合而言之皆道,别而言之亦皆道也。舍此而行,是悖其性也,是悖其道也。而世人皆言性也道也与五者异,其亦弗学与?其亦未体其性也与?其亦不知道之所存与?(《河南程氏遗书》卷十八)

程颐以理为天地万物的本原,他认为性即是理,即认为性不但是"有生之大本",而且是天地万物的最高根源。所谓"世人皆言性也道也与五者异",是对于王安石的批评。

孟子所谓性主要是指"人之所以异于禽兽者",而程颐所谓"极本穷源之性"则是天地万物的本原,实与孟子不同。程门后学胡宏说:"性也者,天地之所以立也。……性也者,天地鬼神之奥也。"(《知言》)于是所谓性者不但是一个伦理学的范畴,而且是一个本体论的范畴了。

朱熹继承程颐,提出关于性的比较明确的界说,他说:"性者,人生所禀之天理也。"(《孟子集注·告子上》)又说:"性者,人之所得于天之理也。"(《孟子集注·告子上》)他更较详细地解释说:

> 性即理也,天以阴阳五行化生万物,气以成形,而理亦赋焉,犹命令也。于是人物之生,因各得其所赋之理,以为健顺

五常之德,所谓性也。(《中庸章句》)

在天则为"理",在人则为"五常之德",两者是一而二、二而一的,这也就是程颐所谓"极本穷源之性"的内涵。程、朱把人类本性与作为世界本原的"理"等同起来。

王夫之接受了"性即理"的命题而加以改造,提出"性者生之理也"的命题,他说:

> 盖性者生之理也。均是人也,则此与生俱有之理,未尝或异;故仁义礼智之理,下愚所不能灭,而声色臭味之欲,上智所不能废,俱可谓之为性。(《张子正蒙注》卷三)

又说:

> 天以其阴阳五行之气生人,理即寓焉而凝之为性。故有声色臭味以厚其生,有仁义礼智以正其德,莫非理之所宜。(《张子正蒙注》卷三)

王夫之肯定"仁义礼智"是性,但认为"声色臭味之欲"也是性。所谓"性者生之理也",即认为性是人类生活所必须遵循的基本规律。王夫之承认性是"与生俱有"的,但坚决否认本性不变的观点,强调性是不断改变的,他说:

> 夫性者生理也,日生则日成也。……二气之运,五行之实,始以为胎孕,后以为长养,取精用物,一受于天产地产之精英,无以异也。形日以养,气日以滋,理日以成。……形受以为器,气受以为充,理受以为德。……性也者,岂一受成型,不受损益也哉?(《尚书引义》卷三)

初生即有的属性固然是性,后来养成的属性也是性。这实际上是对于所谓"生之谓性"的否定。

戴震论性,强调人与禽兽的不同,基本上又回到孟子。戴氏说:

> 性者,分于阴阳五行以为血气心知,品物区以别焉,举凡既生以后所有之事,所具之能,所全之德,咸以是为本。……气化生人生物以后,各以类滋生久矣,然类之区别,千古如是也。(《孟子字义疏证》卷中)

又说:

> 人以有礼义,异于禽兽,实人之知觉大远乎物则然,此孟子所谓性善。(《孟子字义疏证》卷中)

戴氏特别强调了"类之区别",强调人"异于禽兽"的特点,基本上发挥了孟子的观点。

如上所述,中国古典哲学中,许多思想家都讲性,但其所谓性者意义实不相同。总起来说,中国古典哲学中所谓性,主要有四项不同的涵义。(1)"生之谓性",以生而具有、不学而能的为性。这是告子、荀子的所谓性。(2)以"人之异于禽兽者"为性,虽也讲"不学而能",但主要注意于人与禽兽不同的特点,这是孟子、戴震的所谓性。(3)以作为世界本原的"理"为性,即所谓"极本穷源之性",这是程朱学派的所谓性。(4)王夫之提出"性者生之理",以人类生活必须遵循的规律为性,这规律既包含道德的准则,也包含物质生活的规律。

"生之谓性"虽然是一个简单的命题,却也包含一些复杂的问题。"食色性也"。但食与色还有区别。婴儿生来即能饮食,但"色"欲却是成年时期才出现的。从何证明"色"也是生而具有的呢? 这主要是从普遍性来断定的。人到成年之时都有"色"的要求,于是认为"色"是生而具有的本能。这"色"的要求,可以说在幼年时期只是一种"潜能"。人类具有哪些"潜能"呢? 孟子说:"人之所不学而能者,其良能也;所不虑而知者,其良知也。孩提之童,无不知爱其亲者;及其长也,无不知敬其兄也。"敬兄是"及其长也"而后知的,孟子认为也属于"不学而能"的良能。他的理由也在于普遍性,"无不知敬其兄也"。这里关涉到"性"与"习"的关系问题。孔子提出性与习的联系与区别,他说:"性相近也,习相远也。"(《论语·阳货》)应该承认,这是简单的真理。但是,性习虽有区别,却又相互密切联系。"孩提之童无不知爱其亲者,及其长也无不知敬其兄也",事实上这些都与习有关,是习惯使然。伪《古文尚书·太甲篇》有"习与性成"之语,王夫之高度加以赞扬(《尚书引义》卷三)。性习关系问题确实是人性学说的一个根本问题。

程颐宣扬所谓"极本穷源之性",其实际意义何在呢?从他所谓性的实际内容来看,他所谓性就是仁义礼智,就是地主阶级的道德。程朱学派实际上是以地主阶级的道德为人类的本性,并且把它提高为天地万物的本原。

程颐明确指出所谓性不是本能,他尝说:

> 万物皆有良能,如每常禽鸟中做得窠子,极有巧妙处,是他良能,不待学也。人初生只有吃乳一事不是学,其他皆是学。(《河南程氏遗书》卷十九)

这也就是说,仁义礼智虽是性,却不是"不待学"的。程颐所谓"极本穷源之性",是从孟子所谓"人之所以异于禽兽者"发展而来的,他所重视的是人的特点而不是与生俱生的本能。

研究中国古典哲学中的人性学说,首先要正确理解各家所谓性者的不同意义。

二、对于人性概念的剖析

我们今天对于古典哲学中的人性学说进行评论,应以现代对于人性的科学理论为依据。现代哲学中关于人性的科学理论就是马克思主义关于人性的理论。马克思在早年著作《1844年经济学哲学手稿》中曾提出"人的类特性就是自由的自觉的活动"的命题,他说:

> 一个种的全部特性,种的类特性就在于生命活动的性质,而人的类特性恰恰就是自由的自觉的活动。……动物不把自己同自己的生命活动区别开来。……人则使自己的生命活动本身变成自己的意志和意识的对象。他的生命活动是有意识的。……有意识的生命活动把人同动物的生命活动直接区别开来。(《马克思恩格斯全集》第42卷,第96页)

这就是说,人类的活动是有意志有意识的,这是人类区别于其他动物的特点。

马克思在《资本论》中亦说:

> 劳动首先是人和自然之间的过程,是人以自身的活动来引起调整和控制人和自然之间的物质变换的过程。……我们要考察的是专属于人的劳动。蜘蛛的活动与织工的活动相似,蜜蜂建筑蜂房的本领使人间的许多建筑师感到惭愧。但是,最蹩脚的建筑师从一开始就比最灵巧的蜜蜂高明的地方,是他在用蜂蜡建筑蜂房以前,已经在自己的头脑中把它建成了。劳动过程结束时得到的结果,在这个过程开始时就已经在劳动者的表象中存在着,即已经观念地存在着。他不仅使自然物发生形式变化,同时他还在自然物中实现自己的目的,这个目的是他所知道的,是作为规律决定着他的活动的方式和方法的,他必须使他的意志服从这个目的。(《马克思恩格斯全集》第23卷,第201—202页)

这也就是说,人的劳动是有意识、有目的的,人在劳动过程中具有自我意识。

恩格斯在《自然辩证法》中亦说：

今天整个自然界也溶解在历史中了,而历史和自然史的不同,仅仅在于前者是有自我意识的机体的发展过程。(《马克思恩格斯全集》第20卷,第580页)

这也是肯定人类的特点是具有自我意识的。

其次,马克思在《1844年经济学哲学手稿》中强调"个人是社会存在物",他说：

个人是社会存在物。因此,他的生命表现,即使不采取共同的,同其他人一起完成的生命表现这种直接形式,也是社会生活的表现和确证。……作为类意识,人确证自己的现实的社会生活,并且只是在思维中复现自己的现实存在;反之,类存在则在类意识中确证自己。(《马克思恩格斯全集》第42卷,第122—123页)

人的生活都是现实的社会生活,这也是一个非常深刻的观点。

在《关于费尔巴哈的提纲》中,马克思强调"人的本质是一切社会关系的总和",他说：

费尔巴哈把宗教的本质归结于人的本质。但是,人的本质并不是单个人所固有的抽象物。在其现实性上,它是一切社会关系的总和。

费尔巴哈不是对这种现实的本质进行批判,所以他不得不：

"(1)撇开历史的进程,孤立地观察宗教感情,并假定出一种抽象的——孤立的——人类个体;

"(2)所以,他只能把人的本质理解为'类',理解为一种内在的、无声的、把许多个人纯粹自然地联系起来的共同性。

（《马克思恩格斯选集》第 1 卷，第 18 页）

又说：

> 所以，费尔巴哈没有看到，"宗教感情"本身是社会的产
> 物，而他所分析的抽象的个人，实际上是属于一定的社会形式
> 的。（《马克思恩格斯选集》第 1 卷，第 18—19 页）

又说：

> 旧唯物主义的立脚点是市民社会；新唯物主义的立脚点
> 则是人类社会或社会化了的人类。（《马克思恩格斯选集》第
> 1 卷，第 18—19 页）

马克思对于费尔巴哈的批评也是对于以往所有的人性论的批评。
马克思《关于费尔巴哈的提纲》中的这些论点在《德意志意识形
态》中又有进一步的发挥。《德意志意识形态》说：

> 人们是自己的观念、思想等等的生产者，但这里所说的人
> 们是现实的、从事活动的人们，他们受着自己的生产力的一定
> 发展以及与这种发展相适应的交往（直到它的最遥远的形
> 式）的制约。意识在任何时候都只能是被意识到了的存在，
> 而人们的存在就是他们的实际生活过程。……我们的出发点
> 是从事实际活动的人。（《马克思恩格斯选集》第 1 卷，第 30
> 页）

这些从事实际活动的人，在阶级社会中，一定从属于一定的阶级。
《德意志意识形态》说：

> 某一阶级的个人所结成的、受他们反对另一阶级的那种
> 共同利益所制约的社会关系，总是构成这样一种集体，而个人
> 只是作为普通的个人隶属于这个集体，只是由于他们还处在
> 本阶级的生存条件下才隶属于这个集体；他们不是作为个人
> 而是作为阶级的成员处于这种社会关系中的。（《马克思恩

格斯选集》第 1 卷,第 82—83 页)

马克思在《〈资本论〉第一卷第一版序言》中说:

> 我决不用玫瑰色描绘资本家和地主的面貌。不过这里涉及到的人,只是经济范畴的人格化,是一定的阶级关系和利益的承担者。我的观点是:社会经济形态的发展是一种自然历史过程,不管个人在主观上怎样超脱各种关系,他在社会意义上总是这些关系的产物。(《马克思恩格斯选集》第 2 卷,第 207—208 页)

在阶级社会中,任何个人都是阶级关系和利益的承担者。

社会经济形态是不断发展演变的,个人受社会经济关系的制约,因而人性也是在变化中的。马克思说:

> 整个历史也无非是人类本性的不断改变而已。(《哲学的贫困》。《马克思恩格斯选集》第 1 卷,138 页)

所谓人类本性不是一成不变的。

以上就是马克思、恩格斯关于人性的主要观点。这些观点可以概括如下:(1)人的特点是有意识有目的的活动;(2)人们的存在就是他们的实际生活过程,人都是从事实际活动的人,人都是属于一定的社会形式的;(3)人的本质,在其现实性上,是一切社会关系的总和;(4)在阶级社会中,人都是一定的阶级关系和利益的承担者;(5)人类历史是人类本性不断改变的过程。这些观点都是关于人性问题的非常重要的科学论断,是我们研究人性问题时必须注意的。

我们现在应讨论四个问题:(1)有没有人类共性? (2)人类共性与阶级性的关系如何? (3)如何理解人性的变化? (4)应如何确定人性概念? 人性概念是一个抽象的普遍性还应是一个具体的普遍性?

　　人类有没有共同本性呢？前些年有些论者认为人性就是阶级性，不承认共同本性的存在。事实上，这在理论上是讲不通的。世界上任何物类都有其共性，何独人类没有共性呢？孟子说："然则犬之性犹牛之性，牛之性犹人之性与？"犬有犬之性，牛有牛之性，如何能说人没有人之性呢？从实际情况来讲，阶级是人类历史上一定阶段才出现的，在阶级出现以前，人类已经历了长期的发展过程。能说在漫长的原始社会时代，人类就没有所谓人性吗？所以，无论从理论或实际来讲，人类有共同本性是必须承认的。

　　问题是人类共性的内容如何？我认为，马克思在早年著作中所谓"人的类特性恰恰就是自由的自觉的活动"，"有意识的生命活动把人同动物的生命活动直接区别开来"（《1844 年经济学哲学手稿》《马克思恩格斯全集》第 42 卷，第 96 页），确实是有深刻意义的。所谓自由的和自觉的，都是在相对意义上讲的。人类的自由和自觉都是有限度的，时至今日，人类对于自身的理解还很不够。但相对于其他动物来说，人类还是有相对的自由和自觉。

　　在阶级社会中，不同阶级的人们的好恶趋舍是不同的，因而具有不同的阶级性，这确实是彰明较著的事实。但古代思想家对此都无所认识，这也是事实。人类共性与阶级性的关系如何？我们认为，这应是一般（普遍）与特殊的关系。一般、特殊、个别，是三个层次。"共同人性"是"一般"，"阶级性"是"特殊"，每个人的"个性"是"个别"。作为"一般"的人类共性与作为"特殊"的阶级性都可以说是人性的内容。至于个人的"个性"虽也是人性的表现，但不属于普通所谓人性了。

　　马克思说："人的本质并不是单个人所固有的抽象物。在其现实性上，它是一切社会关系的总和。"所谓社会关系，在阶级社会，最主要的是阶级关系，然而不仅是阶级关系，还有家庭（父母子女)关系、师友关系、民族关系等等。因而不能把人的本质简单地理解为阶级本质。

马克思批评费尔巴哈"只能把人的本质理解为'类',理解为一种内在的、无声的、把许多个人纯粹自然地联系起来的共同性"。我们认为,这里说他"只能"如此理解,是说如此理解是不够的,并非说如此理解即属错误的。人具有类的共同性,这还是应该承认的。但只承认这个,是很不够的。

应该指出,人类共性的存在乃是阶级性存在的前提,因为同属人类,彼此之间才有阶级矛盾。人与犬马是不可能有阶级矛盾的。阶级矛盾乃是人与人之间的矛盾。

应该承认,一般寓于特殊之中,没有脱离特殊的一般,但确实有存在于特殊之中的一般。在阶级社会,人性寓于阶级性之中,但是决不能否认人类共性的存在。

除了阶级性之外,还有民族性。不同民族有不同的民族性格。民族性常常是一个民族不同阶级共有的性格。一个民族,如其成为一个民族,必具有共同的民族文化、共同的心理。共同文化是一个民族的不同阶级共同创造的文化;共同心理是一个民族的不同阶级共同具有的心理。民族性与阶级性之间更有复杂的关系。

最复杂的问题是关于本能、潜能与习性的问题。动物都有本能,人类必然也有本能,但是人类的本能已经和人为的文明形式结合起来了。告子说:"食色性也。"但是人类满足食色要求的形式已经和其他动物的情况大大不同了。马克思说:"吃喝、性行为等等,固然也是真正的人的机能。但是,如果使这些机能脱离了人的其他活动,并使它们成为最后的唯一的终极目的,那么,在这种抽象中,它们就是动物的机能。"(《马克思恩格斯全集》第42卷,第94页)人的食色行为是与人的其他活动结合起来的,与动物的本能不同了。

本能是"与生俱生"的,但本能与幼年以来养成的习惯又相互结合难以判离。人类共性不一定是"与生俱生"的,其所以为共性在于其普遍性。阶级性更非"与生俱生"的,而是在一定环境、一定条件之下养成的。其所以为阶级性在于其具有一定范围内的类型性。凡"与生俱生"的可称为"生性";凡幼年以来经学习而养成的可称为"习性"。"生性"与"习性"二者有一定区别,在实际上都是相互结合而不可判离的。

婴儿生来即能饮食,这是本能。但男女之欲却不是婴儿生来即有的。老子说:"含德之厚,比于赤子,……骨弱筋柔而握固,未知牝牡之合而朘作。"(《老子》五十五章)正是表示这一事实。到成年之后,人都有男女之欲,这虽然可称为本能,实际上,在幼儿时期只是一种潜能。孟子说:"孩提之童,无不知爱其亲者;及其长也,无不知敬其兄也。"(《孟子·尽心上》)这"及其长也无不知敬其兄也"是否也是潜能呢? 事实上,"孩提之童无不知爱其亲者",也与习惯有关,而"及长敬兄"更是教育的结果。这些都不是"与生俱生"的,而是一定历史时期在正常的情况下正常发展的相对普遍的趋向。在这个意义上,亦可谓之相对的潜能。但是,"及长敬兄"并没有男女之欲那样的普遍性,至少不能列入基本的潜能。

如何理解人性的发展呢? 应当指出,所谓人性本来就是在历史过程中形成的。马克思说:"不管是人们的内在本性,或者是人们的对这种本性的意识即他们的理性,向来都是历史的产物。"(《德意志意识形态》。《马克思恩格斯全集》第3卷,第567页)人类是通过劳动而诞生的,人性是在人的劳动过程中形成的,人性在形成之后也是随时代的改变而改变的。人性随生产方式的改变而改变。

用哲学名词来说,人性是一个共相,也就是一种普遍性。凡共相或者普遍性都是一个抽象,但是科学的抽象不仅是抽象,而且含有具体的内容。这个,黑格尔称之为"具体的共相"或"具体的普遍性"。马克思论科学的抽象说:

> 生产一般是一个抽象,但是只要它真正把共同点提出来,定下来,免得我们重复,它就是一个合理的抽象。不过,这个一般,或者说,经过比较而抽出来的共同点,本身就是有许多组成部分的、分别有不同规定的东西。其中有些属于一切时代,另一些是几个时代共有的,[有些]规定是最新时代和最古时代共有的。没有它们,任何生产都无从设想;如果说最发达语言的有些规律和规定也是最不发达语言所有的,但是构成语言发展的恰恰是有别于这一般和共同点的差别,那末,对生产一般适用的种种规定所以要抽出来,也正是为了不致因见到统一(主体是人,客体是自然,这总是一样的,这里已经出现了统一)就忘记本质的差别。(《〈政治经济学批判〉导言》。《马克思恩格斯选集》第2卷,第88页)

马克思这里是论"生产"的概念,但这里所说也适用于其他科学抽象。经过比较而抽出来的共同性,包括许多规定,其中有些是属于一切时代的,有些是几个时代共有的。包含许多规定,这就是指含有具体的内容。马克思在论证"具体"时说:

> 具体之所以具体,因为它是许多规定的综合,因而是多样性的统一。因此它在思维中表现为综合的过程,表现为结果,而不是表现为起点,虽然它是现实中的起点,因而也是直观和表象的起点。(《〈政治经济学批判〉导言》。《马克思恩格斯选集》第2卷,第103页)

具体即许多规定的综合,这是直观和表象的起点,在思维中却是综合的结果。

　　我认为,人性应是一个具体的共相。以往的哲学家大多把人性看作一个抽象的共相,因而提出了许多片面的见解,实际上人性乃是一个具体的共相。具体的共相包含许多规定,是许多规定的综合。人性概念之中,包含人类共性,不同民族的民族性,不同时代不同阶级的阶级性,要之包含人类的共性以及各种类型的特殊性。

　　依据对于人性的科学理解,就可以对于古代的人性学说进行分析评论了。

三、人性善恶

　　在中国古典哲学中,关于人性,讨论得最多的是人性善恶问题。关于人性善恶,自战国以来,众说纷纭,主要有:

　　(1)性善论——孟子,后来宋明理学以及王夫之、颜元、戴震都主张性善论。

　　(2)性无善无不善论——告子,后来王安石亦主性无善恶。

　　(3)性恶论——荀子①。

　　(4)性有善有恶论——世硕。后来董仲舒、扬雄亦主此说。

　　(5)性三品论——王充、韩愈。

　　(6)性二元论——张载讲天地之性与气质之性,程颢、程颐讲天命之性与气禀之性,朱熹讲本然之性与气质之性,朱门弟子讲义理之性与气质之性。此说受到王夫之、颜元、戴震的批评。

　　人性善恶问题是一个复杂问题,各家学说亦各有其曲折隐奥

---

①　晋代仲长敖著《覈性赋》,亦主性恶。

的含义,今略加剖析。

(1)孟子的性善论

孟子"道性善"(《孟子·滕文公上》),认为人都有恻隐之心、羞恶之心、辞让之心、是非之心,"恻隐之心,仁之端也;羞恶之心,义之端也;辞让之心,礼之端也;是非之心,智之端也。"(《孟子·公孙丑上》)于是断言:"仁义礼智,非由外铄我也,我固有之也,弗思耳矣。"(《孟子·告子上》)事实上,他是认为人都有道德意识的萌芽,这萌芽是有待于培养扩充的。"凡有四端于我者,知皆扩而充之,若火之始然,泉之始达。苟能充之,足以保四海;苟不充之,不足以事父母。"(《孟子·公孙丑上》)如不扩充就不足以事父母,可见只是一点萌芽。实际上,孟子关于性善的论证,只是证明性可以为善。孟子也说过:"乃若其情,则可以为善矣,乃所谓善也。"(《孟子·告子上》)以"性可以为善"论证"性善",在逻辑上是不严密的。

但是孟子的性善论确实含有合理的因素。所谓四端之中最主要的是恻隐之心,也就是"不忍人之心"。"所以谓人皆有不忍人之心者,今人乍见孺子将入于井,皆有怵惕恻隐之心。"(《孟子·公孙丑上》)这所谓不忍人之心,就对于别人的同情心而言,可谓之同类意识。孟子肯定人对于别人有同类意识,这是符合实际的。

孟子以为"仁义礼智非由外铄我也,我固有之心,弗思耳矣",认为理解性善的关键在于"思"。孟子肯定心有思的作用:"心之官则思,思则得之,不思则不得也。"(《孟子·告子上》)又说:"至于心,独无所同然乎?心之所同然者何也?谓理也,义也。"(《孟子·告子上》)能思,则以理义为然。孟子肯定人有思维能力,这在中国哲学史上也有重要意义。孟子关于"思"的命题,用现代的名词来说,即肯定人是有理性的。

孟子宣称"仁义礼智,非由外铄我也,我固有之心",又认为"孩提之童无不爱其亲者;及其长也,无不知敬其兄也",是"不学而能"的良能,"不虑而知"的良知。这些都表现了道德先验论的倾向。道德先验论是错误的。但是孟子肯定人都有同类意识,人都有思维能力,这还是有重要理论意义的,是对于人类认识史的贡献。

孟子提出"民为贵"的政治观点,这和他的性善论有必然的联系。性善论是"民贵"思想的理论基础。孟子宣称:"人人有贵于己者,弗思耳。"(《孟子·告子上》)这人人都有的"贵于己"者,就在于人的善性。在近代西方思想史上,人道主义和人本主义的思想家也都肯定人性本善。这不是偶然的。马克思在《神圣家族》中说:

> 并不需要多大的聪明就可以看出,关于人性本善和人们智力平等,关于经验、习惯、教育的万能,关于外部环境对人的影响,关于工业的重大意义,关于享乐的合理性等等的唯物主义学说,同共产主义和社会主义之间有着必然的联系。(《神圣家族》。《马克思恩格斯全集》第2卷,第166页)

马克思这个判断具有重要的意义。

恩格斯在《路德维希·费尔巴哈和德国古典哲学的终结》中曾引述黑格尔的言论云:

> 人们以为,当他们说人本性是善的这句话时,他们就说出了一种很伟大的思想;但是他们忘记了,当人们说人本性是恶的这句话时,是说出了一种更伟大得多的思想。(《马克思恩格斯选集》第4卷,第233页)

事实上,黑格尔这些话是对于基督教"原罪"说的赞扬,对于18世纪法国唯物论的贬抑。我认为,性善论是比性恶论更伟大的思想,因为性善论在事实上是民主思想的理论基础。

（2）告子的性无善无不善论

告子说："生之谓性。"又说："食色性也。"（《孟子·告子上》）告子所谓性指生而具有的本能。告子认为这性是无善无不善的："性无善无不善也。"（《孟子·告子上》）这就是说，生来的本能是无善无不善的。告子的这种观点基本上是正确的。告子的缺点是不重视人与禽兽的区别。告子论性与仁义的关系说："性犹杞柳也；义犹桮棬也。以人性为仁义，犹以杞柳为桮棬。"（《孟子·告子上》）孟子诘问告子说："子能顺杞柳之性而以为桮棬乎？将戕贼杞柳而后以为桮棬也？如将戕贼杞柳而以为桮棬，则亦将戕贼人以为仁义与？"（《孟子·告子上》）孟子这个诘问是有理由的。以杞柳为桮棬，是戕贼了杞柳的生机而制成的；以人性为仁义却非戕贼人的生机。道德是对于本能的一种改变，却也可以说是本能的一种发展。告子的人性论反对先验道德论是正确的，但没有正确说明人性与道德的关系。

（3）荀子的性恶论

荀子反对孟子的性善论，宣扬性恶。荀子所谓性指"生之所以然者"（《荀子·正名》），所以然即所已然，故说："凡性者天之就也。"（《荀子·性恶》）"不可学不可事而在人者谓之性。"（《荀子·性恶》）性是完全无待于学习的，亦即本能。荀子以为这性是恶的。他说：

> 今人之性，生而有好利焉，顺是，故争夺生而辞让亡焉。生而有疾恶焉，顺是，故残贼生而忠信亡焉。生而有耳目之欲，有好声色焉，顺是，故淫乱生而礼义文理亡焉。（《荀子·性恶》）

这是说，本性的发展必然发生"争夺"、"残贼"、"淫乱"等现象，足证本性是恶的。而"辞让"、"忠信"、"礼义文理"都是本性所无，"古者圣王以人之性恶，以为偏险而不正，悖乱而不治，是以为之起礼义，制法度，以矫饰人之情性而正之，以扰化人之情性而导之也。"(《荀子·性恶》)事实上，"辞让"、"忠信"、"礼义文理"固然不属于自然本能，而所谓"好利"、"疾恶"、"好声色"以及"偏险"、"悖乱"等等，也不是自然本能之所有。"好利"、"疾恶"、"好声色"等等，也都是有待于学、有待于习的。荀子把恶归于性，把善归于习，是不符合实际情况的。

荀子宣扬"性恶"，有时陷于自相矛盾，如说：

> 凡人之欲为善者，为性恶也。夫薄愿厚，恶愿美，狭愿广，贫愿富，贱愿贵，苟无之中者，必求于外。……人之欲为善者，为性恶也。今人之性固无礼义，故强学而求有之也。(《荀子·性恶》)

"欲为善"就是有向善的要求，有向善的要求正是性善的一种证明。荀子却说成性恶的证明，这是没有说服力的。

荀子肯定人有向善的可能性，他说：

> 涂之人可以为禹，曷谓也？曰：凡禹之所以为禹者，以其为仁义法正也。然则仁义法正有可知可能之理，然而涂之人也皆有可以知仁义法正之质，皆有可以能仁义法正之具，然则其可以为禹明矣。……今涂之人者，皆内可以知父子之义，外可以知君臣之正，然则其可以知之质、可以能之具，其在涂之人明矣。(《荀子·性恶》)

人人"皆内可以知父子之义，外可以知君臣之正"，正是性善论的论据，荀子却用来讲性恶，这是因为荀子所谓性指不待学习的现实本能，不包括任何可能性。这正足以表明，荀子的关于性的界说过于狭隘了。从自然的本能来说，善有待于学习，恶也有待于学习；

善固非性,恶也非性。但是性恶论亦非全无理由,习恶与习善有所不同,习善较难,而习恶甚易。荀子指出人们易陷于恶,这是有事实根据的。

在历史上,性恶论往往是专制主义的理论根据之一。荀子也说:"故古者圣人以人之性恶,以为偏险而不正,悖乱而不治,故为之立君上之势以临之,明礼义以化之,起法正以治之,重刑罚以禁之。"(《荀子·性恶》)性恶论正是建立"君上之势"的一个理由。战国时期"法家者流"大多不承认"性善",因而强调权势的必要。这中间的逻辑关系还是比较明显的。

荀子的性恶论不被汉、唐、宋、明多数学者所接受,这也不是偶然的。

荀子人性学说的贡献在于他反对道德先验论。荀子认为道德是积思虑而后创立的。"圣人积思虑、习伪故,以生礼义而起法度"(《荀子·性恶》)。他又说:

> 况夫先王之道,仁义之统,《诗》《书》、礼、乐之分乎?彼固天下之大虑也,将为天下生民之属,长虑顾后而保万世也。(《荀子·荣辱》)

道德仁义是圣人为天下生民的长久利益而创设的。荀子强调圣人之性也与众人一样:"故圣人之所以同于众其不异于众者性也。"(《荀子·性恶》)"尧舜之与桀跖,其性一也。"(《荀子·性恶》)圣人与众不同之处在能"积思虑"、"为天下生民之属长虑顾后",所以制定了道德规范。荀子对于道德先验论的反驳是具有重要意义的。

(4)性有善有恶与性三品论

王充《论衡》说:

> 周人世硕,以为人性有善有恶,举人之善性养而致之则善

长,恶性养而致之则恶长,……宓子贱、漆雕开、公孙尼子之徒,亦论情性,与世子相出入。(《本性》)

世硕的年代应早于荀子,或与孟子同时。董仲舒宣称:"人之诚有贪有仁。仁贪之气两在于身,身之名取诸天,天两有阴阳之施,身亦两有贪仁之性。"(《春秋繁露·深察名号》)这也是性有善有恶之论。董仲舒又区别圣人之性、斗筲之性与中民之性,可以说是后来性三品论的先驱。扬雄提出"人之性也善恶混"的命题(《法言·修身》),实质上也是性有善有恶论。

王充以为"人性有善有恶,犹人才有高有下也"(《论衡·本性》)。人有高下之分,性有善恶之别。"余固以孟轲言人性善者,即中人以上也;孙卿言人性恶者,中人以下者也;扬雄言人性善恶混者,中人也"(《论衡·本性》)。荀悦明确提出"三品"的名称。他说:"或问天命人事,曰有三品焉,上下不移,其中则人事存焉尔。"(《申鉴·杂言》)韩愈也宣传三品之说:"性之品有上中下三:上焉者善焉而已矣,中焉者可导而上下也,下焉者恶焉而已矣。其所以为性者五,曰仁,曰礼,曰信,曰义,曰智。上焉者之于五也,主于一而行于四;中焉者之于五也,一不少有焉,则少反焉,其于四也混;下焉者之于五也,反于一而悖于四。"(《韩昌黎集·原性》)区分上中下三品的标准,在于其符合或违反仁义礼智信五德的情况。

世硕的"有善有恶"论可能是对于孟子"性善"论的修正,汉代的有善有恶论和性三品论,实质上都是性善论与性恶论的综合。"有善有恶"论是说每一个人的本性既包含善端,又包含恶端。"性三品"论是说有些人性善,有些人性恶,而多数人在善恶之间。这些观点都是脱离了社会历史的实际而讨论人性的,因而只能是一些模糊不清的议论。在阶级社会中,不同的阶级有不同的善恶标准,其所谓善恶更是不确定的。

世硕所谓性的意义不甚明确。(《汉书·艺文志》著录《世子》二十一篇已佚,无从考定)他所谓性既包含善性与恶性,可以说包括不同方面的可能性,而是不同的可能性的综合体。韩愈以"与生俱生"为性的界说,而认为上品的性具有仁义礼智信的内涵,即认为上品具有先验的道德意识,下品缺乏先验的道德意识,中品具有一些先验道德意识而不完备,这种观点的疏陋是显然可见的。

(5)性二元论

张载区别了"天地之性"与"气质之性",他说:

> 形而后有气质之性,善反之则天地之性存焉。(《正蒙·诚明》)

气质之性是人既生成形之后才有的,天地之性则是人与天地万物共同的本性。他又说:

> 湛一,气之本;攻取,气之欲。口腹于饮食,鼻舌于臭味,皆攻取之性也,知德者属厌而已。(《正蒙·诚明》)

> 人之刚柔缓急,有才与不才,气之偏也。天本参和不偏。养其气反之本而不偏,则尽性而天矣。(《正蒙·诚明》)

天地之性即是构成天地万物之气的统一的本性,气质之性即是对于饮食臭味的攻取之性,是人人皆有而参差不齐的。

程颢区别了"人生而静以上"之性与"气禀"之性,他说:

> 人生气禀,理有善恶,……有自幼而善,有自幼而恶,是气禀有然也。……盖生之谓性。人生而静以上不容说,才说性时,便已不是性也。(《河南程氏遗书》卷一)

"人生而静",语出《乐记》,《乐记》云:"人生而静,天之性也;感于物而动,性之欲也。"人生而静指初生之时。人生而静以上,指天赋的本性。程颢以为,气禀之性是有善有恶的,天赋的本性则不能说善恶。

程颐区别了"极本穷源之性"与"所禀之性",他说：

> 性相近也,此言所禀之性,不是言性之本;孟子所言,便正言性之本。(《河南程氏遗书》卷十九)

> 若乃孟子之言善者,乃极本穷源之性。(同书卷三)

程颐又提出"性即理也"的命题(《河南程氏遗书》卷二十二上),认为极本穷源之性即是理,亦即仁义礼智信。

朱熹采用了张载所谓"天地之性"与"气质之性"的名称,而以程颐的观点加以解释。朱熹说：

> 论天地之性,则专指理言;论气质之性,则以理与气杂而言之。未有此气,已有此性,气有不存,而性却常在。(《朱子语类》卷四)

又说：

> 天之生此人,无不与之以仁义礼智之理,亦何尝有不善?但欲生此物,必须有气,然后此物有以聚而成质;而气之为物,有清浊昏明之不同。(《朱子语类》卷四)

天地之性即是理,气质之性则是理与气的结合。天地之性纯粹至善;气质之性,有清浊昏明之不同,因而有善有恶。

朱熹亦称天地之性为"本然之性",朱熹弟子陈埴称之为"义理之性"。陈埴说：

> 性者人心所具之天理,以其禀赋之不齐,故先儒分别出来,谓有义理之性,有血气之性。仁义礼智者,义理之性也;知觉运动者,气质之性也。有义理之性而无气质之性,则义理必无附著;有气质之性而无义理之性,则无异于枯槁之物。故有义理以行于血气中,有血气以受义理之体,合理与气而性全。(《宋元学案》卷六十五《木钟学案》引《木钟集》)

陈埴说义理之性是"先儒分别出来",也可能"义理之性"的名词是朱熹晚年提出的。到明代,"义理之性"的名词比较流行。

张载、朱熹都讲天地之性与气质之性,但为说不同。张载所谓天地之性指气的一般本性,还没有讲天地之性即是理。朱熹所谓天地之性则专指理而言。朱熹所谓天地之性可称为义理之性,张载所谓天地之性还不是义理之性。这也是必须注意的区别。

张载讲所谓"天地之性",程颐讲所谓"极本穷源之性",究竟有什么理论意义呢?

张载所谓天地之性,是构成天地万物之气的本性,亦即自然界的普遍本性。孟子以来讲人之性主要是"人之所以异于禽兽者",而张载所谓天地之性乃是人与天地万物共有的普遍性,不是人与其他物类相异的特点。以自然界的普遍性作为人性,这就混淆了普遍性与特殊性的不同层次。

程颐所谓"性即理也"之性,实即今日人们常讲的理性,即人人具有的道德意识。他所谓"极本穷源之性",可谓宇宙理性,他把人的理性夸大为世界本原。

把自然界的普遍本性当作人的本性,把人的理性夸大为宇宙理性,这都是把人性玄想化,都表现了人性的极端的抽象化。

然而,所谓天地之性与极本穷源之性的观念,也非毫无意义。这些观念的提出主要是为了探索人性与世界本原的关系,为人性寻求本体论的根据,亦即探求人类道德在宇宙中的位置。这虽然是一个玄想的问题,但是如果本体论在哲学史上有一定的价值,则也应该承认,人性与自然界的普遍本性的关系问题是人与自然的关系问题的一个方面。

四、人性学说的评价

马克思批评费尔巴哈:"他只能把人的本质理解为'类',理解为一种内在的、无声的、把许多个人纯粹自然地联系起来的共同性。"(《关于费尔巴哈的提纲》。《马克思恩格斯选集》第 1 卷,第 18 页)又说:"费尔巴哈……没有从人们现有的社会关系,从那些使人们成为现在这种样子的周围生活条件来观察人们;因此毋庸讳言,费尔巴哈从来没有看到真实存在着的、活动的人,而是停留在抽象的'人'上。"(《德意志意识形态》。《马克思恩格斯选集》第 1 卷,第 50 页)费尔巴哈的这些缺欠,是费尔巴哈以前的思想家所共同具有的,这在中国古代思想家尤为显著。但是,能否据此认为中国古代的人性学说都是没有理论价值的呢? 显然不能。我们认为,中国古代关于人性的学说是古代思想家力求达到人的自觉的理论尝试,也就是力求达到关于人的自我认识的理论尝试,虽然没有得出科学的结论,这些尝试在人类认识发展史上还是有重要意义的。

中国古代人性学说的中心问题是人性善恶问题,这个问题有无理论价值呢? 我们认为,人性善恶的问题就是道德起源的问题,亦即善恶的起源的问题,也是具有一定理论价值的。由于各家关于性的界说不同,因而人性善恶的学说或是或非。如果所谓性指生而具有无待学习的本能,那么应该说性是无善无恶的。在这个意义上,告子所谓"性无善无不善也"是正确的。如果所谓性包含那些有待学习而后实现的可能性,那么应该承认性有善有恶。在这个意义上,世硕"性有善有恶"或战国时期"性可以为善,可以为不善"的观点是正确的。孟子专讲性善,陷于一偏,但孟子肯定人都有同类意识,肯定人具有思维能力,都有重要意义。荀子专讲性恶,有自相矛盾之处,他所谓性不包括任何可能性,但他所举出的性的部分内容却又仅仅是一些可能性,因而陷于矛盾。但荀子反对道德先验论,肯定道德是人们"积思虑"而后提出的,确实有重要的理论意义。

马克思主义唯物史观的建立为科学的人性学说奠定了基础。但是不能认为地主阶级思想家和其他剥削阶级思想家关于人性的学说都是谬妄的。人类思想史不是谬误的堆积,而是追求真理的过程。应该承认古代思想家力求达到人的自我认识的尝试的理论价值,对于古代思想家的人性学说应予以实事求是的恰如其分的分析。

(选自张岱年《中国伦理思想研究》
第五章,上海人民出版社 1989 年版)

本文认为"人性"主要有四项不同的涵义:"生之谓性";以"人之异于禽兽者为性";"极本穷源之性";"性者生之理"。在人性善恶问题上历来见仁见智,若性指生而具有的本能则无善无恶;若性包含有待学而后实现的可能性则有善有恶。人性学说的评论应该以马克思主义的关于人性的理论为依据。

儒家义利、理欲之辨及其现代意义

钱 逊

义利、理欲之辨是中国传统思想中的重要问题。讨论儒学与中国精神文明建设、儒学与未来社会，就不免要对义利、理欲之辨作一番研究。

一

孔子说："君子喻于义，小人喻于利。"(《论语·里仁》)第一次把义利关系作为一个重要问题提了出来。孔子要求人们"见利思义"、"见得思义"，同时他又说："富与贵，是人之所欲也，不以其道得之，不处也；贫与贱，是人之所恶也，不以其道得之，不去也。"(《论语·里仁》)富贵贫贱，是利的问题。富贵贫贱的去取要依道而行，可见义与不义就在是否合乎道。孔子所说的道，即仁道。符合仁道要求的，即为义。所以义与利的关系，说的也就是道德与物质利益的关系。

义，或道德，归根到底也是利益的反映。孔子说："克己复礼为仁。"要求人们"非礼勿视，非礼勿听，非礼勿言，非礼勿动"(《论语·颜渊》)。仁是受礼制约的。孔子又以孝悌为仁之根本。有子说："其为人也孝弟，而好犯上者，鲜矣。不好犯上而好作乱者，

20世纪儒学研究大系

未之有也。孝弟也者,其为仁之本与?"(《论语·学而》)孝悌之所以是根本,在于可以消除犯上作乱的行为。可见,从具体的实际的内容看,仁反映了巩固宗法等级制度的要求。(从其一般的普遍的涵义来说,仁的基本精神是"爱人"、"忠恕","己欲立而立人,己欲达而达人";"己所不欲,勿施于人"。这些原则具有超越时代的普遍意义。这一点当另作讨论。)对于这一点,荀子说得更清楚。他说:"有天有地而上下有差,明主始立而处国有制。夫两贵之不能相事,两贱之不能相使,是天数也。势位齐而欲恶同,物不能澹则必争,争则必乱,乱则穷矣。先王恶其乱也,故制礼义以分之,使有贫、富、贵、贱之等,足以相兼临者,是养天下之本也。"(《荀子·王制》)制定礼义,就是为了明贵贱,别尊卑,确立和维护尊卑贵贱有别的等级制度。因此,义利关系的实质也就是巩固这一社会制度的社会整体利益(实际上是代表这一制度的统治阶级的利益)与个人利益的关系。他们要求"见利思义",以义节利,也就是要求人们把个人的私利服从于宗法等级制度的整体利益。

因此,儒家把义与公相连,把利与私相连,义利关系也就成了公私关系。荀子就提出:"君子之能以公义胜私欲也。"(《荀子·修身》)至程颐则更直接明确提出:"义与利只是个公与私也。"(《河南程氏遗书》卷十七)张载也说:"义公天下之利。"(《正蒙·大易》)把义利归结为公私,点明了问题的实质,对于我们理解义利之辨是很重要的。

理欲问题,在先秦时期还没有提出。孔子说:"富与贵,是人之所欲也,不以其道得之,不处也。"荀子说:"义与利者,人之所两有也。虽尧舜不能去民之欲利,然而能使其欲利不克其好义也;虽桀纣亦不能去民之好义,而能使其好义不胜其欲利也。"(《荀子·大略》)都提到了欲,但实际上说的是义利关系,欲与利并没有清楚地分开来。欲，还没有被作为一个独立的范畴去研究。孟子提出性善论，说仁义礼智这些道德要求是"心之所同然"，是人固有的善性。在这基础上，除了义利关系之外，又提出了心性与欲的关系问题。孟子认为人的本心之善，常因物欲的影响而丧失，这是人之所以不善的原因。所以他提出"养心莫善于寡欲"（《孟子·尽心下》）。把本心之善与欲作为两个对立的范畴提出。这时欲才具有了独立的意义。在一般情况下，孟子主要讲的是义利关系；在心性修养问题上，孟子则是讲本心之善与欲的关系，或者说心性与欲的关系。这二者既有联系，又有区别，而这时欲的对立面是心性，还不是理。孟子提到过心之所同然是理义，但没有与欲联系起来。荀子提到了理和欲的问题。他说："欲不待可得，而求者从所可。欲不待可得，所受乎天也；求者从所可，所受乎心也。……心之所可中理，则欲虽多，奚伤于治？……心之所可失理，则欲虽寡，奚止于乱？故治乱在于心之所可，亡于情之所欲。"（《荀子·正名》）不过，正如他没有赋予欲以独立的意义一样，他也没有给理赋予独立的意义，这里的理只是礼义的另一说法而已。只有到了宋代，理学家把性归之为天理，以天理为最高之本体，并且引用《乐记》上的一段话加以发挥，提出理欲之辨，这个问题才有了独立的意义。它所讨论的问题，本质上仍然是道德与利益、社会整体利益与个人利益、公与私的问题，但已经有了新的内涵，新的形式。在孔子那里，义利关系是直接从人们社会生活中提出的一个实际问题，而经过不断的抽象之后，理欲之辨已经是一个涉及宇宙本体和人性等重大问题的哲学问题。正因为如此，在宋以后的讨论中，理欲之辨也就愈来愈占有了主要的地位。

二

在对义利、理欲关系问题的回答方面,儒家的基本态度是重义轻利,公利为上,这是贯穿始终的;但对问题的具体回答,又是随着社会的发展和认识的深化而不断发展的。在保持儒家基本精神的同时,对这些问题的认识和回答又经历了深刻的变化。

先秦儒家孔子、孟子、荀子在义利关系上的基本态度是以义节利,或以义节欲、导欲。孔子要求“见利思义”,“不以其道得之不处”,又说:“富而可求也,虽执鞭之士,吾亦为之。”(《论语·述而》)只要合于道,以其道得之,富贵就是可求的。孟子说:“非其道,则一箪食不可受于人;如其道,则舜受尧之天下,不以为泰。”(《孟子·滕文公下》)也是以道为取去的标准。荀子说得更明白,他肯定“义与利者,人之所两有也”。欲不在多寡,而在是否中理。“心之所可中理,则欲虽多,奚伤于治”;他们所要求的,是对欲利的追求,要遵循道义的要求,私利要服从公义。

值得注意的是孟子提出的“养心莫善于寡欲”。这里,他说“其为人也寡欲,虽有不存焉者,寡矣;其为人也多欲,虽有存焉者,寡矣。”(《孟子·尽心下》)没有提出欲之是否合于道义和公私关系的问题,笼统地说多欲即不能存其本心之善,要求寡欲。这样的态度,表现出把本心之善与感于物而生的欲对立起来的倾向,与先秦儒家的基本态度有所不合。可以说,这一点已经预示了儒家思想进一步的发展趋势。但也仅此而已。它并没有改变先秦儒家(包括孟子在内)以义节利的基本态度。

汉代以后,情况有了变化。董仲舒提出:“正其义不谋其利,明其道不计其功。”开始把义与利对立了起来。这一立场受到宋儒的推崇。程颐说:"此董子所以度越诸子。"宋明儒者亦多奉为圭臬(张岱年《哲学大纲》语),义利、理欲对立遂成为宋明儒在义利、理欲问题上的基调。(宋明儒中也有主张理欲统一和反对理欲对立的,这里是就其多数人及思想主流而言。)

宋儒提出理欲之辨,其"天理",即是仁义礼智的善性。朱熹说:"天理只是仁义礼智之总名,仁义礼智便是天理之件数。"(《朱子语类》卷十三)不过宋儒既提出天理一范畴,便把它变成一独立本体,与先秦孟子谈性不同了。对于"人欲",宋儒没有作出清楚的说明。在回答"饮食之间孰为天理孰为人欲?"的问题时,朱熹曾说:"饮食者,天理也;要求美味,人欲也。"(《朱子语类》卷十三)肯定了人的生理欲望亦属天理,只有"要求美味"之类的欲求才属人欲。但是这一界限是非常含糊不清的。而且,他们既把理归于天,称天理;欲归于人,称人欲,也就已经把欲与理放到了对立的地位。他们只强调理欲之辨,而不问欲之是否"中理",不分利之属公属私。他们认为:"人之一心,天理存则人欲亡,人欲胜则天理灭,未有天理人欲杂者。"(《朱子语类》卷十三)人欲与天理是对立而不相容的。而且,欲是万恶之源。因此,最重要的就是要"去人欲,存天理"。朱熹说:"学者须是革尽人欲,复尽天理,方始是学。"(《朱子语类》卷十一)王守仁说:"只要去人欲,存天理,方是功夫。静时念念去欲存理,动时念念去欲存理。"(《传习录》)"必欲此心纯乎天理而无一毫人欲之私"(《答陆原静》)。这样,一方面把善性提升为天理,成为独立的本体;另一方面又把人欲看作是有害于天理、与天理互不相容的万恶之源。以天理为公,人欲为私;天理为善,人欲为恶。于是,就完成了理与欲的对立。孟子"养心莫善于寡欲"中所表现出来的心性与欲对立的倾向,至此取得了完整的理论形态,成为一种系统的思想了。而这种思想,与先秦儒家"以义节利"的思想已经有了明显的不同。

发展至清，又出现反对宋明理学的新思想，在理欲问题上，反对理欲对立，主张理欲统一。其突出代表是戴震。他竭力反对宋儒以欲为蔽的思想，肯定和高扬欲的意义。他认为，欲是人生一切事为及仁义礼智的基础。"天下必无舍生养之道而得存者。凡事为皆有于欲，无欲即无为矣"。"无欲无为，又焉有理"。所以，理并非离欲自存、与欲对立的东西。理"不求于所谓欲之外"，"欲，其物；理，其则"。理是欲所应遵循的规则，是为了节制其欲，不使它因私而害仁。所以，他强调，"谓不出于理则出于欲，不出于欲则出于理，不可也"。"圣贤之道，无私而非无欲"（均见《孟子字义疏证》），"君子之于欲也，使一于道义。……君子一于道义，使人勿悖于道义，如斯而已矣。"（《原善》）

可以说，这是一个否定之否定的发展过程。先秦儒家主张以义节利，以义节欲；宋明儒把义利、理欲对立起来，主张去欲存理，是对先秦节利、节欲说的否定；清代戴震之新说，又否定了宋明儒把理欲对立的思想。回到了以义节欲，一于道义的立场上来。但这不是简单地回到先秦儒家那里去。先秦儒家提出以义节利，着重阐发的是义这一面；戴震论证一于道义，着重阐发的却是欲这一面。他着重论证了欲是理的基础，批判了宋明儒的理欲之辨。他在这样的基础上来重新提出一之于道义，与先秦儒所说的以义节利相比，已经有了重要的不同，其思想内容更丰富，也更深刻了。达到了古代思想在这个问题上的高峰。

义利、理欲之辨的发展，是由多方面的因素所促成的，有其社会根源，亦有其认识发展本身的根源。从社会根源来说，儒学产生发展于存在着阶级对抗的私有制社会。社会经济关系中存在的对抗，决定了社会利益与个人利益的冲突。在那样的社会里，现实社会制度稳定存在、发展的要求,社会整体利益,表现为占统治地位的剥削阶级的利益。以义的形式表现的所谓社会公利实质上只是统治阶级的私利,而这种利益与广大劳动群众的利益是对抗的。儒家要求以义节利,个人私利服从社会公利,从社会稳定发展的要求来看,是必要的、合理的。非如此,任何社会都不能存在、发展;但在中国古代的具体条件下,这又必然表现为公利与私利的对立,这是儒家思想内在的不可克服的矛盾。这也是随着社会矛盾的激化而使儒家思想由重义轻利,以义节利而发展为理欲对立,去欲存理的深刻的根源。而清初新思想的出现,对欲的肯定,则可视为资本主义经济萌芽、市民阶层产生在思想上的反映。

从认识发展的角度看,义利、理欲相对立的思想,又是随着认识上的抽象而发展的。从就人伦日用提出义利关系,到把仁义礼智归于人性,再到把人性归之于天理,这是认识上抽象的过程,理论思维发展的过程。而正是随着这一过程的发展,就愈来愈把义与利、理与欲对立了起来。孟子把仁义礼智归结为人性,开始出现了心性与欲对立的倾向;宋儒进一步把性归结为天理,理欲对立的思想也就最后完成了。在一步步进行抽象的同时,一步步发展了认识的片面性。这是一个值得研究的教训,告诉我们在进行抽象的时候防止片面性的重要。戴震批评宋儒,曾指出"其言理也,如有物焉,得于天而具于心",把理看作脱离人伦日用、一切事物的独立本体,其结果就导致了"以意见为理"全凭一己意见定是非的错误,"此理欲之辨,适成忍而残杀之具"。又曾指出:"私生于欲之失……欲生于血气",而宋儒之失则在于"因私而咎欲,因欲而咎血气"。都是指出宋儒在认识上的失误,很值得我们重视。

儒家义利、理欲思想的发展,又是与其对他种文化思想的吸取分不开的。宋儒天理范畴的提出,是吸取释道思想的结果。戴震曾对此批评说:"宋儒出入于老释,故杂老释之言以为言。"(《孟子字义疏证》)指责其背离了古圣贤之道。他正确地指出了宋儒杂老释以为言的事实,而他的批评指责却是欠妥的。因为正是出入老释,杂老释之言以为言,才使儒学发展到了一个新的阶段。宋儒能如此做,表现出儒家兼容百家的胸怀。他们吸取了老释的某些思想,却不离儒学一贯之道。这是使儒学能不断发展,适应时代需要,并且能回答各种思想挑战的正确态度。戴震因批评宋明道学理欲对立、以理杀人的思想,而连同这一正确态度也一并加以批评、否定,不能不说是有所偏颇的。

三

　　义利、理欲之辨所提出的道德与利益、公利与私利的关系问题,具有普遍意义。任何一个社会都存在着社会与个人的关系问题。这一问题的核心,即是社会整体利益与个人利益的关系问题,由此而派生出反映社会整体利益要求的道德原则与个人利益的关系问题。在中国,反映这种关系的义、利、公、私等范畴已经深入人心,影响着亿万普通人的日常生活。因此,社会与个人关系问题的解决又离不开对传统义利、理欲之辨的总结和批判地继承。在这个意义上说,义利关系问题至今仍有其重要意义。

　　孔子、儒家在处理义利、公私关系时提出的基本原则,即重义轻利,个人私利应服从社会公利,是合理的,符合社会发展要求的。任何一种社会,要保持社会秩序的稳定,以求得发展,都要求社会成员的个人利益服从于社会利益。即使以个人主义为基础的资本主义社会,也不容许破坏社会安定,损害社会公共利益的行为自由存在。因此,"见利思义"、"见得思义"、"义以为上"、"不以其道得之不处"、"不取不义之财"等等,也是有普遍意义的,至今也还需要提倡的道德原则。把这一切都斥之为封建主义的,否定对个人物质欲利的道德约束,取消公私界限,鼓吹"人人为自己,上帝为大家";"主观为自己,客观为他人",或赤裸裸地主张"一切向钱看",其结果只能破坏社会和谐,引起人们之间的争夺、冲突和社会的动荡、混乱,最终阻碍社会的前进。这一点,在这几年的社会实践中已经表现出来了。为人们所普遍憎恶的种种腐败现象的泛滥,其思想根源正在于此。

以义节利的原则有普遍意义,但对不同社会、不同阶级、不同集团的人来说,义的内容又是具体的、不同的。儒家主张的,代表统治阶级要求的义,与普通群众在生活实践中理解和遵循的义,就并不完全一致。蔡京、高俅等人与晁盖、吴用等人之间,对于生辰纲之义与不义,有着根本对立的看法。封建社会里对义的这些不同理解、规定,与社会主义社会义的要求,自然也有根本不同。因此问题是对于现阶段社会整体利益与个人利益的关系的合理的认识,即对现社会义的内容的规定。古代儒家的义不能不反映封建社会的经济关系。先秦儒家虽不否定个人利欲,但他们所主张的义,是等级制度下别尊卑、明贵贱的义。因此他们不能对社会公义与个人私利的关系问题作出真正合理的解决。不可能不对劳动人民的利欲有种种限制、压制。谈到个人利欲的追求,荀子对在上位的统治者和在下的普通百姓,提出了不同的原则。对天子,他说:"欲虽不可尽,可以近尽也。"对百姓,他说:"欲虽不可去,求可节也。""进则近尽,退则节求",对天子求近尽,对百姓则虑节求,清楚地反映了这一点。到后来宋儒的去欲存理,则又把这一点发展到顶点。戴震肯定欲的意义,反对理欲之辨,是想解决这一问题,但限于时代条件,他也未能对儒家的义、理作根本的改变,因而问题没有得到解决。

今天我们处在社会主义社会条件下，从总体上说，已经消灭了阶级利益的对抗，社会的公利与个人的私利在根本上是一致的，因此也就有了条件来彻底摒弃古代儒家别尊卑、明贵贱，压制劳动人民个人欲利的义，合理地处理社会利益与个人利益、公与私的关系。而重要的是正确认识这种关系，提出符合社会主义整体利益与个人利益关系要求的道德原则，阐明现阶段我国社会主义社会义的内涵。这里谨提出一孔之见，以作引玉之砖。

在这方面，可以提出几个不同层次的要求：

第一，不损人利己，在维护自身合法权益的同时，尊重他人的合法权益。这是一切社会都应有的最一般、最起码的道德原则。在我国的传统中：儒家提倡"己所不欲，勿施于人"。墨子以"亏人以自利"为不义。都是体现了这一原则，都应继承、提倡。

第二，保持个人和国家的尊严，不为个人私利而降志辱身，损害自身人格和民族大义。古人提倡"富贵不能淫，贫贱不能移，威武不能屈"，"不食嗟来之食"。近代以来，为了民族独立，人民解放，无数志士仁人发扬这种精神，创下了可歌可泣的业绩。今天，我们更需要发扬这种精神，维护社会主义理想的纯洁性、维护祖国的尊严。

第三，正确处理国家、集体、个人三者利益的关系。社会主义的义，应体现三者利益的统一。国家、集体应关心和保证个人物质利益的合理满足与不断提高。全心全意为人民服务，关心群众利益，是义的要求；以权谋私，漠视以至侵犯群众利益，是不义之举。个人则应以个人利益服从于集体的、国家的利益。

第四，见义勇为。古人云，见义不为非勇也。为了救人于危难，为了社会、国家的利益应不计私利，挺身而出。见义勇为，舍己救人,是道德高尚的表现;明哲保身,见死不救,是不义之举,应受批评;乘人之危,索要钱财,更是丧失了起码的做人道德,应受到普遍谴责。

第五,为祖国富强、人民幸福,为共产主义理想而无私奉献。任何社会都会有,而且需要有少数先进人士,以其超越于常人的高风亮节影响社会,促进人类精神文明的进步。这是人类道德进步的规律性的现象。

义利关系问题是中国传统文化思想中的重要问题,也是当前社会主义精神文明建设中的重要问题。相信对于历史上义利、理欲之辨的深入的、科学的研究分析,正确地继承这份遗产,对于社会主义精神文明建设,必将起很好的促进作用。

（选自复旦大学历史系、复旦大学国际交流中心合编:《儒家思想与未来社会》,上海人民出版社1991年版）

钱逊:1933年生,江苏省无锡人。清华大学思想文化研究所教授、研究员。1952年毕业于清华大学。主要研究先秦儒学、中国古代人生哲学。现任中华孔子学会副会长、中国哲学史学会、中华炎黄文化研究会、中国孔子基金会理事。著有《论语浅解》、《先秦儒学》、《中国古代人生哲学》、《推陈出新——传统文化在现代的发展》等。

此文分析了儒家义利、理欲之辨的历史变化过程,以及义利、理欲之辨发展的社会根源、认识根源及文化融合根源,认为儒家在处理义利、公私关系时提出的基本原则是合理的,符合社会发展要求。文章主张正确地继承这份遗产,并提出了六条符合社会主义整体利益与个人利益关系要求的道德原则。

个人主义和儒家的道德理论

迈克尔·R·马丁

人们常常认为,中国人的思想和社会基本上是整体主义的,而西方人的思想和社会基本上是个人主义。例如,形形色色的更具体的论述往往都与这样的一种见解联系在一起:从社会整体(中国人的家族、村落、家庭等)出发,是理解中国人思想和行为的最好途径;在中国人的社会中,道德和政治的训练和教育应比发展西方类型的法制体系得到更多的重视;在中国人的道德哲学中所缺乏的理性和道德自主性,在西方的道德哲学中却起着特殊的作用;中国人与西方人在对待惩罚、隐私、公民自由权及诸如此类的问题的态度是不同的,因为彼此间对理性、道德自主性及人与人的差别等的观念是不同的;等等。

在本文中,我将对这些问题及有关问题进行考察。更明确地说,要考察这样一个问题,即诸如"整体主义"和"个人主义"之类概念能够在多大程度上有助于我们对道德理论进行多种文化比较。我所说的"道德理论"一词,是就广义而言,它包括政治理论乃至于法制体系。我还打算把关于人的观念的理论也包括进来,例如,一个人是否应被看作在道德上是独立自主的或者一个人只有与某个社会团体融为一体并接受这个团体的习俗准则才能完全成为一个人;以及这两种见解是否是互相排斥的,等等。

文献表明,个人主义的道德与整体主义的道德论之间的差别迄今未引起很大注意,因此,这就需要论证这种差别确实能得到清楚的说明,又需要论证这种差别将在很大程度上有助于我们理解道德论的各个方面,即我已经论到的那些方面。个人主义道德论与整体主义道德论之间的差别不同于目的论的道德与义务论的道德之间的差别。后者可以相当容易地弄清楚,而前者则似乎不容易弄清楚,因而显得扑朔迷离甚或使人误入歧途。例如,查德·汉森(Chad Hansen)曾说:"有一种说法认为,中国人的思想是非个人主义时,倘若我们能够明确地区分个人主义道德论与整体主义道德论……那么就能比较容易地对这种说法作出评价了。"(查德·汉森:《中国的惩罚与尊严》,载唐纳德·孟禄编《个人主义与整体主义:对儒家与道家价值观的研究》,第359页)我认为,这一评论正确地说明了,这种差别几乎是不同寻常的,甚至是难以明确划定的。然而,就在这同一篇论文中,汉森意图大致描述一下"一种似乎有道理的、前后一贯的非个人主义的伦理理论……这个理论对〔中国的〕哲学著作比对所谓中国思想家都是个人主义者这种供选择的假定有更好的说明。"(同上)在安德鲁·内森(Andrew Nathan)的有关中国人对待民主和人权的许多著作中,也引人注目地出现了诸如整体主义、集体主义、个人主义之类的术语①。虽然内森未能对一种"非个人主义的伦理理论",作出概述甚至界说,但他确实试图部分地按照关于集体和个人的不同观念及各自相对的重要性来说明中国和西方在政治观点上的差异。

----

①　例如,见安德鲁·内森:《中国的民主》及其《中国人人权思想的来源》,载R·兰德尔·爱德华兹、路易斯·亨金与安德鲁·J·内森编:《当代中国的人权》。

　　在进一步讨论可能是伦理学名词的整体主义和个人主义之前,回顾一下整体主义理论和个人主义理论在哲学和社会科学领域里已经比较系统地发展起来,这也许是值得的。尤其是所谓"方法论的个人主义理论"受到了广泛的讨论①。这些理论力图以某种方式说明个人与广大的整个社会的关系。有些理论依然局限于整体是由各个部分组成这种平凡的真理。另一些理论则在关于语言哲学和意义理论的可疑的假定上止步不前。例如,有一种看法认为,对诸如通货膨胀、失业趋向、股票市场行情的升跌等等复杂社会现象的说明,在意义上可以归纳为对组成某种社会整体的个人的说明。这种说法预先假定,某种意义理论比我们当前所拥有的任何东西都更有力,而如果奎因和其他一些人是正确的话,也比我们可能拥有的任何东西都更有力。"方法论的个人主义"的其他一些说法认为,只有个人才是真实的,社会现象不过是一些思想上的抽象概念。根据这种观点,一片森林可以被看作是一个独立的个体,而不是组成森林的各别树木的总和或组合,就像一棵树可以被看作是一个个体而不是组成它的无数的树叶、权桠、枝条和其他部分的组合一样。在一系列整体主义的另一极端,历史循环论者和其他一些人则断定社会整体的存在,它们不止是思想上的抽象概念,按照有些说法,甚至不止是各个部分的总和。这就等于是说,社会整体在原则上甚至不能从组成它们的个人方面来理解,而是需要从根本上运用宏观法则。有些整体论者甚至认为,个人的行为本身只有从广大的社会整体和指导这些广大的社会整体的

────────────

　　①　我已在本段和下一段中利用了对这个理论的评论,恰当的全面评论见斯蒂芬·卢克斯:《方法论的个人主义再认识》,载 D·埃米特与 A·麦金泰尔编《社会学理论与哲学分析》及其参考书目。

宏观法则方面来理解;因此,应予优先考虑的是社会整体而不是个人。

在也许已经成为最有权威的系统阐述的理论中,方法论的个人主义被认为主要是社会科学方面的一种说明理论,根据这种理论,任何说明都不能被认为是恰当的或"基本的",除非使用了只涉及个人的术语(通常包括它们的倾向、信仰等等)。这种说法有其优点,它避免了任何尊奉某种意义理论的做法,但它也规定了严格的限制,以致许多社会科学都要被排除在外。例如,莫里斯·曼德尔鲍姆曾经论证说,甚至像兑现支票这种简单的事情也必然涉及到诸如银行体系等社会体制,而社会体制按照仅仅涉及个人的词汇是无法理解的(见莫里斯·曼德尔鲍姆:《社会事实》,载帕特里克·加德纳编《历史理论》,第476—487页)。人们可以作出选择,或者承认社会科学缺乏"基本的"说明,或者对社会科学中需要有基本说明提出疑问。尽管人们通常承认社会科学缺乏物理学和化学的那种严密性,但它们在没有明确解决什么才算得上恰当的说明或个人与集体之间的确切关系的情形下蓬蓬勃勃地发展了起来。

我不想沿着前述关于个人主义——整体的争论的思路来进行讨论,而是打算更集中地探讨一下这些词是如何在伦理和政治问题中出现的。首先我要讨论一下安德鲁·内森对梁启超和中国民主传统的分析。

内森令人信服地将梁启超政治哲学的发展过程分为两个阶段①。第一阶段是比较自由主义的阶段,在这个阶段,梁启超鼓吹

---

① 在本段和下面几段中,我吸收了安德鲁·内森的观点,见他的《中国的民主》第3章。

在中国建立一个民主共和国而不是极权主义的统治。这个阶段大概持续到梁去美国旅行的 1903 年。在这个阶段,梁启超认为中国问题的解决在于民主化:通过分权和让人民自己作决定并主动地参与各种事务来使政治体制走向自由化。梁启超认为,通过这些途径,国家的善就自然地会得到推进。内森清楚地表明,即使在这比较自由主义的第一阶段,梁启超也不是主张把改革看作就是目的本身,而是把改革看作是集体的善,即国家的力量。

在第二阶段,梁启超就变得比较极权主义了。他鼓吹他所谓的一种"开明专制",即一种独裁统治,尽管他认为这是一种早晚要让位于一种更民主的君主立宪制的制度。在这个阶段,梁启超认为与其立即给予民众以权利和自由,不如先对他们进行训练和教育。社会秩序应由政府用强制的手段来维持,而不应让民众自己去管理,1903 年以后,梁启超开始感到民众缺乏这样做的能力。梁启超在一次颇能说明问题的谈话中说:"只要一种政体建立在一种符合国防需要的精神上的,那么即使它剥夺了民众大部分甚至全部的自由,它仍是一个好政体。"(引自内森:《中国的民主》,第 62 页)如此看来,梁启超在他政治思想的这两个阶段中,所极为关注的似乎是集体的善(他往往把集体的善与国家的力量等同起来),而不是某些个人的善(无论这种善被看作是权利、自由、教育或任何其他东西)。

内森探索了梁启超对整体和个人两者间关系认识的变化。基于儒家理想化的和谐的观念,梁启超最初认为整体利益和个人利益是一致的。和霍布斯和卢梭之类的西方作家不同,梁启超并不认为在个人和集体体制之间存在着冲突。后来,他开始认识到了这种冲突,但是他认为,只要人们更认真地考虑自己的利益,他们就会承认这些利益与集体利益是一致的。最后,他认为,中国人民如此愚昧落后,他们无法认识到他们自己的"真正的"利益是与集体利益相一致的。所以他们需要极权主义的统治。至于与集体利益相一致的个人利益(用内森的话说就是"个别利益"),梁启超认为是并不重要的。正如内森概括的那样:

> 他(梁启超)始终认为个别利益不是永恒的、必不可少的和有用的,而是暂时的、使人误入歧途的和有害的。在君主立宪制的政体(1903年以前他一直为之而鼓吹)下,人们会自觉地牺牲个别利益;在开明的专制的统治之下,个别利益则会受到当局的压制。在这两种情形中,个人利益都不具有其自身的合法作用,因为在梁启超看来,只有整体利益才具有决定性的现实意义。(安德鲁·内森:《中国的民主》,第62页)

当梁启超把这种利益规定为涉及民族生存问题的时候,他把个人利益和集体利益一致起来的做法也许似乎是极有道理的,因为只有整个民族得以生存,所有个人才有生存的可能。但这并没有真正回答以下的问题,即:为什么要去促进像民族生存这样的一个集体主义的目标,而不是去促进一个人本身生存的这个更朴实的个人主义的目标呢? 当这个集体目标被规定为就是国家的力量,或如梁的崇拜者毛泽东所说的就是国家的力量和社会主义的生存时,这个问题就变得更为清楚了(安德鲁·内森:《中国的民主》,第65页)。是否有任何令人信服的理由认为个人利益与如此规定的集体利益是一致的甚而是水乳交融的呢? 为什么在任何情况下都应把集体利益看作是具有"决定性的现实意义"呢?

如果我们暂时离开话题来考察一下功利主义的一些主要特征,我认为就能更好地了解这些问题的要害了。

按照功利主义的通常的公式化的表述,功利主义是脱离正当来规定善的,然后又把正当规定最大限度地提高善。善通常被认为就是快乐。因此,如果某项行为最大限度地提高了快乐,那么它就是正当的。关于功利主义的一个最引人注目的情况是:真正最重要的是整个的集团的功利。此集团中各别成员的快乐与否是无足轻重的,除非他们的快乐增加了整个的集团快乐的总量。尤其是对个人快乐的分配是不重要的。个人的权利、梦想、希望、欲望、期望等受到侵犯也是不重要的,只要这种侵犯导致了整个的集团的更大的快乐。一个把所有的或几乎所有的快乐都集中于某个集团而不是另一个集团的社会,等于是一个将同样数量的快乐较为平均地予以分配的社会。这样,功利主义就不是把个人真地看作是个人。用内森的话来说,社会整体才具有"决定性的现实意义"。根据功利主义,所有的道德要求就是最大限度地提高整个社会的快乐。甚至奴隶制也可被证明是正当的,如果奴隶制能带来最大的全面功利。个人之所以还有价值,只是因为他们是整体的一部分,从而可以作为功利的受体。不仅整体先于个人,而且个人也几乎失落了;许多个人很可能合并成一个人。这样,用约翰·罗尔斯的一句引人深思的话来说,"功利主义并不重视个人间的差异。"(约翰·罗尔斯:《正义论》,第27页)

倘若我们对需要特殊道德处理的作为"整体"或"集体"的社会能有一种较明确的概念,那么功利主义可能是比较有意义的。但是,关于奴隶的谬论及其他为人熟知的与功利主义针锋相对的论据,却使我们无法给予社会整体以这种特权地位。也许大多数的西方人在面对梁启超和毛泽东的这些观点时会同样地迟疑不决。正如我们已经看到的那样,梁启超认为,经过适当教化的个人利益是和集体利益一致的。但是所谓"适当教化"是相对于集体而言的,因此,还是把集体放在了首位。

毛泽东对于集体的优先甚至更加直言不讳:

> 大众的利益是第一位的,而个人利益则是其次的。个人
> 是集体的一份子。集体的利益增长了,个人的利益也自然地
> 随之增长。(内森引毛泽东,《中国的民主》,第64页)

为什么毛泽东说公众的利益是第一位的? 怎样才能证明这种说法
是正确的? 也许有一种办法来规定"大众利益",就是使毛的最后
一句话不折不扣地付诸实现。举例来说,设 X 为大众利益,如果 X
是符合集体中每个成员的利益的话。按照这个规定(也许还有其
他更精确的规定),集体的利益增加了,个人的利益当然也增加
了。问题是,从直觉上来判断,梁和毛心目中的"公众利益"或"集
体利益"——民族的生存、国家的力量、社会主义的生存——似乎
并不符合上述规定。如果集体中的许多个人甚至大多数个人的利
益(几乎是从任何直觉来看的利益)受到实际的损害,社会主义当
然仍会存在。

为规定用语,我们且将那些认为整个集体才具有"决定性的
现实意义"的或是随着情况用判断行动、程序、体制等等的最后重
点的道德和政治理论称之为"整体主义的"。功利主义是一个已
为人所熟知的较为浅显的例子。在回到诸如梁和毛的理论这些为
人们较少了解的例子之前,我们来考察一下功利主义一般的理由
或推论,即将适用于一个人的合理选择原则力扩大应用于整个社
会的理由或推论(参见罗尔斯:《正义论》,第26—27页)。在讨论
这个过程时,罗尔斯将其比作一个企业家力图最大限度地提高自
己利润的过程。这个企业家必须估量自己的资产和能力,限制条
件和责任,知识和信仰,然后在此基础上作出合理的努力来最大限
度地提高自己的利润。同样,一个管理良好的功利主义社会以最
大限度地提高功利为目标,来分配权利、义务、职业、财货、财产等
等。这样,社会就被看作是一个奉行合理选择原则的大人。既然

合理选择原则毫无问题是适用于一个人的,那么它就应为整个社会所采用;或者说,这种论据就是这样认为的。谬误在于人的合并问题。社会并不是一个单独的大人,而是无数不同的个人把一个适用于完全不同的对象——人的原则扩大应用于整个社会,这是很荒唐的。

　　道德或政治理论中,把整个集体看作是具有"决定性现实意义"的理由的另一个思路来自历史循环论者和其他一些人的理论。这些人认为,从逻辑上说,集体总是优先于个体,或至少在逻辑上优先于权利承受者的公民。如果是这样,那么公民的权利只有在整个社会得到提高后才能提高;或者说,这种论据是这样认为的。契约理论认为,集体的存在是个人之间就尊重公认的社会组织体系达成协议的结果。与契约理论不同,整体主义处理问题的方法是从社会业已存在这个概念出发,然后强调出生于该社会的人只有在认同该社会既定的规章、程序、体制等的情况下才能指望从该社会中获得利益的概念。这样,这些既定的规章、程序、体制等等,也就是从功能意义上说的既定的集体据说具有对个人发展的某种优先地位。没有整体,个人就无从发展。

　　倘若我们适当地重新改造反对功利主义的论据并予以认真对待,那么,把"集体利益"说成是国家力量和社会主义的生存,也是没有多大用处的(不过,我这里不打算从事这项工作)。因此,那些希望推进集体主义者的纲领的人就碰到了为集体优先于个人提供正当理由的问题。而反对功利主义的康德主义者和其他人则根据个人优先把他们论据推向前进;或者说,除非有一种中间的见解,情况看来可能就是这样。

　　我不是要立即回复到否定集体优先于个人的康德的见解上去,而只是希望来探讨一下我认为是居于两者之间的一种见解,即孔子的见解。虽然我将论证,孔子也有认为集体优先于个人的某种意思,但他这样做的意思与梁启超和毛泽东这样做的意思大不相同,在个人与集体的关系方面,孔子看问题的角度,并且是和包含在康德道德理论中的角度不同的。

至少在某些近代评论家的眼中,孔子哲学的中心问题是"礼"。从一个层面上看,"礼"所重视似乎是关于风俗和礼仪的一些微不足道的问题①。不过,正如人们更经常地说明的那样,"礼"具有一种更广泛、更深刻的含意,已经超出了风俗和礼仪的范围。比如,赫伯特·芬格雷特在他有影响的《孔子——俗夫与圣人》一书中认为,孔子所说的"礼"是对社会的整个道德态度的一种比喻的说法。这种道德态度包括传统、习俗、常规、关系模式等等。当然,所有这些都在文化适应和社会化过程中起着巨大的作用,而这个过程是任何人在长大成人并成为他或她的社会的有助于整体发展的成员时都要经历的。这样,"礼"就是文明进程中的一个必不可少的部分。用芬格雷特的话说:

> 仅仅出生、吃喝、呼吸、排泄、享受感官的满足、避免肉体的痛苦和不适,这就够了么?这与禽兽无异。要成为文明的人,那么所要建立的就不仅仅是肉体的、生物的或本能的关系;而是要建立在本质上具有象征意义的、由传统和习俗规定的、并以尊敬责任为基点的人际关系。(赫伯特·芬格雷特:《孔子——俗夫与圣人》,第76页)

根据这一论证,人们可以有相当的理由将"礼"看作"文明"的进程,也许"文明"还不是这个词的最主要的含意,但至少具有社会化和文化适应的含意。

---

① 例如,见《论语》第3章第2节和第9章第3节。

　　然而,芬格雷特还有更进一步的见解,因为他认为,在孔子看来,"礼"来源于"天道",这两者有其内在的一致,并且是全面充分,……因此唯一的道德和社会需要便是以"礼"来修身养性和规范自己的行为(《孔子——俗夫与圣人》,第 57 页)。如果这一说法是对孔子思想的正确注释,那么孔子就至少面临两个基本问题,这两个问题芬格雷特都未直接提出来讨论。首先,有一个困难的、也许是难以解决的问题,即如何来证明"礼"寓于"天道"这种说法是正确的;如何来证明"内在的一致和全面充分"这个次要说法是正确的。由此引出一个进一步的问题,即如何来证明"因此唯一的道德和社会需要便是以'礼'来修身养性和规范自己的行为"这第二种说法是正确的。

　　从康德的观点来看,这第二个问题尤其尖锐,因为这一说法似乎否定了个人道德自主性的地位。这就是说,芬格雷特并不认为理性和自主性对人性来说是最基本的,因而一个人必须作出自己的选择,创造自己的道德法则并认定自我的责任,相反,芬格雷特似乎把人看作是这样的一种人,这个人对于已在他面前的,由"礼"规定的更大的整体要服从、妥协,与它融为一体,总之要与它"协调一致",尽管在这协调一致的过程中,个人也能发挥某些作用,产生某些影响。对于这一点,芬格雷特的观点是相当明确的。至于孔子,他写道:

　　　　人不是一个具有内在的、决定性的、固有的力量——即作出真正的抉择,从而塑造自己人生的力量的一种终极自主的存在。相反,人生下来只是一种"未经加工的材料",他必须得到教育的"熏陶",从而成为一个真正的人。(赫伯特・芬格雷特:《孔子——俗夫与圣人》,第 34 页)

芬格雷特在另外一处又写道:"可以认为孔子在暗示这样的观点:

个人通过他在仪式、典礼,亦即'礼'中所扮演的角色来体现出终极的神圣尊严。"(《孔子——俗夫与圣人》,第75页)

不过,从康德的观点看,反对意见必然会产生。这个意见认为,对人的这种看法,远远不能保证人的尊严,而由于把人束缚在既定的期望、既定的角色和不是他自己所形成的关系上,实际上是削弱和妨害了人的尊严。一个人的道德选择是有限的,因此,从康德的观点看,到了这种地步一个人也就失去了人性。也许富有讽刺意味的是,芬格雷特认为人是"未经加工的材料",正是强调了这种见解。不过,芬格雷特仍坚持认为,不应把人看作是脱离集体的一个独立的存在:

> 人在与别人一起参与共同的礼仪中得到了改造。在他得到改造之前,他还不能真正算是人,而只是潜在的人。我们获得一种关于人和社会的看法,这种看法阐明并加深了我们对于人的特性和尊严的理解。我们把人看作是共同礼仪的参与者,而不是一个个人主义的自我。(《孔子——俗夫与圣人》,第77页)

芬格雷特的这种观点还谈不上是通常意义上的"整体主义"。很明显,这不是一种关于人或社会的本体性的观点,似乎人只有在参与了"礼"所指导的种种仪式之后才能成为社会的一个原子或基础材料。它也不认为社会的利益先于个人利益。芬格雷特并未使用这样的词语,他所关心的至少在表面上是不同的。不过既然他不把人看作是一个个人主义的自我,而是通过对"礼"治活动的社会参与而成为人的"未经加工的材料",他也就把一种特权地位授予了社会。

R·兰德尔·爱德华兹在论中国的公民和社会的权利的著述中,也表现了完全同样的观点,不过在表述上却不那么令人喜欢。

用爱德华兹的话来说：

> 大多数中国人认为社会是一个有机的整体或一张没有缝隙的网。网线都必须有某种长度、粗细和密度，必须根据一个预制的模式织在一起。不合标准的网线，或胡乱缝缀的线，破坏了网的对称和强度，减少了它发挥作用的能力。同样，无论是传统的儒家伦理观还是当今的共产主义道德观，都认为个人应该和某个标准的行为模式保持一致，而这种行为模式的特点就是对社会利益一种压倒一切的关注和时刻准备去完成党和国家负责机关所交派的任务……中国人的占支配地位的态度是：利益的完全一致是可能的，它可以通过个人的自我克制和党的正确引导来达到。对每一个个人的希望是：他要像齿轮一样在一架更有效率的社会机器中发挥充分的作用。（R·兰德尔·爱德华兹：《公民和社会的权利：当代中国法律的理论与实践》，载 R·兰德尔·爱德华兹、路易斯·亨金与安德鲁·J·内森著：《当代中国的人权》，第 44 页）

这一分析对当代的共产主义道德观可能比对古代的儒家道德观，更符合实际。在我看来，这一分析之所以不符合孔子的思想，倒并不是因为使用了"没有缝隙的网"或"机器中的齿轮"的比喻（虽然这种语言可能是太强烈了），而是因为提到了发挥其职能的社会和"对社会利益的压倒一切的关注"。这一分析使孔子的思想在理论上具有了一种并不明显存在的功利主义的目的论结构。它也引进了更具霍布斯色彩的关于个人和社会的术语，似乎认为个人和社会在性质上是截然不同的，孔子提倡个人为社会作出自我牺牲。恰恰相反，孔子从未在任何地方明确地指出过一个人出于道德责任必须为某些压倒一切的"社会利益"而牺牲自己。也不应将"礼"看作是作为最大限度地提高社会利益或功利的手段而应予以遵循的规范——功利主义类型的"规范"。孔子的方案是显然不同的,因为对孔子来说,"礼"本身具有差不多是一种目的的作用。

芬格雷特力图对孔子的见解作说明,他说,孔子主要关心的是人性,即人是什么,而不是个人与社会的关系(见芬格雷特:《孔子——俗夫与圣人》,第5章)。这个回答会使很多现代西方读者感到不满足,即使这仅仅是因为,在他们看来,这种必要的人性概念似乎会模糊不清,除非部分地用诸如个人与社会这类比较确定的概念来对它加以注释。一个比较合适的解释是,孔子并不认为社会是一个个人可能觉得与之格格不入的一个独特的单独实体。相反,孔子是从人和人的活动的角度来看待社会的。如果发生了冲突,可以把这种冲突理解为个人与个人之间的冲突,而不是个人与社会之间的冲突。照这样,孔子的观点与前面提到的方法论的个人主义者中某些人的观点也就相距不远了,因为方法论的个人主义者希望不要从"社会"这一整体主义的概念来理解世界,而是"个人"和"个人之间的关系"这种大概比较明确的概念来理解世界。

尽管孔子没有用个人与社会之间的极性之类的概念来表现他的观点;甚至用他们的某些观点消除了对现代的方法论的个人主义的顾虑,但是上文曾经论及的给与集体以某种预想的"优先地位"的意思仍然存在。因为按照孔子的描述,人并不是在自然的原始状态中聚合到一起,然后合理地建立起一个他们理想中的那种社会,而是出生在一种业已存在的具有相当悠久历史的文化、现存的社会结构和社会关系的模式之中。即使我们像孔子那样,将社会看作不过是人、人的活动和关系,我们仍然希望知道个人是如何发展起来并成为社会活动一部分的,我们仍然希望知道这一发展的道德价值。孔子对此的回答是以"礼"修身,以"礼"养性,正如我们已经看到的那样,这也就是芬格雷特称之为"唯一的道德和社会需要"的一种过程。也就是在这里,康德主义者的反对意见开始出现了。让我们考察一下其中的几种反对意见,哪怕仅仅是为了弄清孔子的见解也行。

首先,也许有人会认为,遵"礼"而行以及与既定的文化保持和谐,会抹杀人的个性,于是,人的价值就不是由其自主的决定来体现,而是由其在社会中的关系和作用来体现。这样,人的个性就融合于群体中了。正如我们已经看到的那样,兰德尔认为,儒家思想的个人只是机器中的一个齿轮而已。因此,也许可以这样认为:与功利主义一样,儒学也不重视人与人之间差别。

对于这种反对意见,我想儒家至少可以作出部分的回答。首先他可以指出,康德派的反对意见的根据是,功利主义将人看作是手段而不是目的。作为功利承受者的人被千方百计地用来最大程度地提高总体的功利。相反,儒家则能够这样说,他的体系则不将人视作工具。既然遵循"礼"而行本身是唯一的道德和社会需求,那就不是对准任何目的论的目标。芬格雷特也许会更进一步认为,如果要把康德主义的术语适用于孔子,那么孔子当然也是将人当作目的来对待了。因为人在参与"礼"的活动中成了完整的人。"礼"使人能够实现他们作为本质上是社会的人的天然的潜在能力。

这儿,我认为我们抓住了康德主义者与儒家观点的不同之处的要害。康德派虽然承认人是一种社会存在,但也希望把人看作基本上是一种自主的存在,这就意味着,一个人要成为一个完全的人,他就必须作出自己的决定,选择自己的生活方式;这样,人的尊严也就是来自合理地作出自己的选择。这种情形在一个井然有序的良好的社会里是能够发生的。对某些康德主义者——如罗伯特·保罗·沃尔夫——来说,这种理想只是在理论上是可能的(见他的《为无政府主义辩护》);而对另一些人——如约翰·罗尔斯——来说,实现这一理想的最佳途径是他称之为原始地位的假想状态(见他的《正义论》)。不过,在这两种观点中,人的尊严以及关于人的基本概念,都是与合理的、独立自主的自由选择紧密地联系在一起的。

这样,康德主义者可能会反对遵"礼"而行是唯一的道德和社会需要这种主张,因为"礼"似乎并没有道德自主性所必须有的意义,事实上,芬格雷特将"礼"治所指导的程序结构描述为"一条没有岔道的路"①。在他著作的第二章中,他一针见血地说,在孔子的论述中不仅找不到选择之类的词句,并且也找不到诸如道德责任、犯罪和惩罚之类的有关概念。芬格雷特写道:

> 在孔子看来,道德的中心问题不是一个人对他按照自己的自由意志而情愿作出的行为所负的责任,而是一个人是否受到了这样做的适当教育以及他是否愿意勤奋学习的事实问题。(赫伯特·芬格雷特:前引书,第35页)

这样看来,儒家和康德主义者在道德观上是大相径庭的了。

当然,从逻辑上的合理推想来看,儒家的社会观与康德主义的社会观在某些方面是吻合的。如果儒家的礼治活动是在某种全体一致的直接民主中作出的决定的结果,那么儒家的礼治社会与康德的理想社会也就相去不远了,至少如沃尔夫是这样认为的。同样,如果儒家的礼治社会是从正义原理设想出来的原始地位中产

---

① 芬格雷特把这句话用作其著作《孔子——俗夫与圣人》的第 2 章的标题。

生出来的,那么它与罗尔斯所解释的康德的理想社会相吻合了。但是,考虑到在任何情况下都会有的有关于人的基本观念的不同,这种巧合是不可能产生的。

如果康德主义具有孔子的关于利益融合与天然和谐的社会的观点,也许他们就不会将自主性推崇为首要原则了。因为考虑到社会整体中的利益一致,个人主义的自我的需要当然就会得到满足。随着这些需要这样自然地得到满足,提出关于个人主义的自我这个概念的动机也就会大大减弱。这一点反过来又揭示了这样的可能性,即不是把人规定为独立自主的个人主义的自我人,而是像孔子所暗示的那样,更多地从整体主义出发把人规定为对"礼"的社会天然和谐的参与者。如果这样来看问题,那么,按照康德主义的观点,孔子的错误正是在于他认为社会是作为一个统一和谐的整体而运转的乐观主义。

（选自复旦大学历史系、复旦大学国际交流中心编
《儒家思想与未来社会》,上海人民出版社 1991 年版）

迈克尔·R·马丁,香港大学教授。

此文从比较个人主义、整体主义与儒家道德理论之间差异性的角度来探讨儒家道德理论的内蕴与特征。儒家认为社会是天然和谐的,人应通过"礼"来修身养性以达到与既定文化保持和谐,成为社会活动的一部分,人在参与"礼"的活动中便成了完整的人,"礼"使人能够实现他们作为本质上是社会的人的天然的潜在能力,"本身具有差不多是一种目的的作用",而并非是一种功利主义的规范。

儒家道德的辩证与人的形上学

［美］ 成 中 英

儒家道德思想的三个发展阶段

我们可将古典儒家道德哲学的发展,了解为三个阶段。第一个阶段是背景假设(Background supposition)阶段。要了解这个阶段,我们必须考察前儒家时期的概念背景。此概念背景替儒家人性观的发展,和透过主体性("性"与"命"之对立)而形成的自我道德意识的发展,奠定了本体的基础。我们可将自我的主体性解析为自我所体验的生命之实在与潜能;解析为自我与他人,乃至与普遍之"性"相联系的能力;或者解释为一种具有动态意味而凌驾于"命"之上的主体动力与自由。此"命"即客体的必然性与命定性。在这个本体背景的衬托之下,我们可以拥有一个比较有利的地位,以理解儒家的道德思想及其在宗教上的意涵。我们能够看出,儒家道德思想如何预设对于人类处境本体上的理解,如何预设对于完美与超越的理想,以及为实现此一理想而寻求的解救的来源。对于人类处境本体上的理解,对于完美与超越的理想,以及解救的来源——这些都是史密斯(John E. Smith)教授的用语[①]——

---

① 参阅他的《经验与上帝》(Experience and God)一书的第六章。

乃替人的存在与转变提供了一个统一的基础①。因此,前儒家时期的观念,诸如"天帝"、"道德"、"生性"、"令命"和这些观念的动态发展与内在的相互关系,必须被视为儒家道德哲学在人对于自身、对于其在世界中所处地位的道德意识引导之下,所发展形成的本体基础与产生条件,而不只是儒家道德哲学发展的历史基础。

要了解儒家道德哲学发展的第二阶段,我们必须考察道德意识的内容与性质,以及道德意识做为人的主体性实现历程,在道德生命中的具体表现。孔子的著述充分说明了这点。此一发展阶段就是道德的自我理解阶段,我们可以在此阶段中,看到诸如"天"、"地"、"性"等背景的本体观念,转变成道德观念。个人不再被看成世界中的一个客体,而被看成独立于经验世界的偶然与限制之外,能实现其对"完美"之理念的主体。这个从客体到主体的转变,来自体认到主体性(即"性")本质上离客体性(即"命")而独立,亦来自意识到能够实现完全自由的自我内在自由与力量。在第二个发展阶段中,从"天"和"性"的观点所看到的"自我主体化",与在第一个发展阶段中,从"天"和"命"的观点所看到的"个人客体化",两者可以做为对比。从对于儒家道德思想内容的理解观之,此阶段的发展可以说是个人道德意识与道德生命的"普遍自主化"(universal autonomization)。

要了解古典儒家道德发展的第三个阶段,我们必须考察道德意识与道德生命,寻求其明确的本体指谓与终极的证明。自我的道德意识与道德生命的本体指谓与证明,在于明确地展示人类存

①　在此我们可以指出,除了史密斯教授在前面提到的书中所论及的"人类处境"、"理想"与"解放"之外,"本体基础"亦构成另外一个理解道德或宗教结构的要素。

在的本体基础,展示其建设性重整与转变自我和世界的基本能力。自我在此阶段中,不但自主自由,脱离了"天"、"命"的实在所赋加的必然限制与客观命定,同时自我亦具决定的力量,凌驾"天"、"命"的实在,将限制与命定转变成道德的自我内在自由与力量的显现。如此乃构成了道德的本体证明,因为道德的本体意义可由此而益彰显于人类存在的基础之中。儒家道德观的这个发展阶段,可称为"主体性的本体的自我实现阶段",亦即普遍之"性"体现于个人生命的阶段。我们可从《孟子》、《中庸》和《易传》等后期儒家作品中,看出这个发展阶段。

三个发展阶段乃一理论架构
之三个次元(Dimensions)

我们现在可以指出,上述古典儒家道德哲学的发展阶段,可视为儒家道德理论架构的三个次元。第一阶段乃思辨的基础,第二阶段乃思辨的内容,而第三阶段则为思辨的证明。如此,这三个阶段定然形成一个普遍的、无时间性的架构,透过这个架构,我们乃能理解儒家道德及其本体的预设与结果。我们认为,除非把这三个阶段视为一理论的三个次元,否则我们将无法体认出一个如今依然支配人心的道德所具有的逻辑与问题。我们另一方面也知道,除非把这三个阶段视为单一历程所显现的相续阶段,否则我们也将无法体认出一个道德生命所具有的动态与辩证。因此,唯有把儒家道德同时视为动态的发展历程,亦视为一个理论结构,我们才能充分理解儒家道德,认识其对于道德哲学乃至对于道德的形上基础的重要性。

从动态与辩证的角度观之,我们能从对于儒家道德哲学的理解中得知什么？借着儒家道德观发展的三个阶段，我们可以解答这个问题。三个阶段代表一系列与自我相关的发现，即：对于个体独特性的发现，对于个体中的普遍性的发现，以及对于万有中的个体性的发现。第一个发现乃是认知自我为世界中既有的个体。第二个发现乃是认知自我为实现普遍价值亦即完整人性的潜能，因此第二个发现也蕴涵了对于普遍法则的认知。第三个发现则是认知自我在自决与自求转变这方面的自由与能力。从体认自我为一既有的个体到体认自我为一上达万有的历程，其间尚须通过自我超越。所谓自我超越，即自我不再囿限于自身，因为它能通达他人与万物。藉着普遍法则寻求自由，是谓上达万有；循此以进，则更有一自我超越。此自我超越在于回归原先所超越的事物，并且转变、再造既有的自我。前儒家时期的典籍（如卜辞、金文、《诗经》、《书经》等）之中以"天"、"命"为主的道德，转化为孔子以"仁"、"性"为主的道德，再转化为《孟子》、《中庸》和《易传》以"性"、"诚"、"化"为主的道德，此一传承适足以说明上述的道德意识与道德生命的辩证。

　　是以我们可从儒家的观点对于道德加以普遍化，指出道德至少须具有三个层面：其一为既有的"自我"，其二为自我实现普遍之"人性"的潜能，其三则为已实现的"自由"的自我。在这个架构中，所谓合乎道德，就是持守自我，在实现普遍之性、履行普遍法则的历程中律己，以求实现自我，使成为自由的具体显现。在儒家道德的辩证发展之中，这些相续的步骤，因此乃替人类的道德意识与道德生命，提供了一个自我实现的模型。此道德辩证表明了个人如何发现其需要，发现其主体性，以及发现其在现实的客观命定与必然限制之下，实现自我之极致的能力。我们甚至可以说，正因为经验的自我认知了客观命定与必然限制的存在，自我遂能觉知其

精神自由的潜力,并求其生命能依循实现此潜力的自主历程而
发展。

从逻辑与结构的角度观之,我们也会问:儒家道德哲学能够给
予我们什么启示?答案是儒家道德的逻辑与结构,替我们对于人
类基本道德意识与道德生命之逻辑与结构的理解,提供了一个普
遍的模型。我们已经看到,儒家道德发展的第二阶段乃代表道德
洞见以及道德自觉的丰富泉源,我们也看到这个道德意识并非虚
悬或未经证明的。相反地,道德意识预设第一阶段中对于人类的
本体上的理解,同时它也促成第三阶段中对于道德的本体上的体
证。当然,或许有人只承认儒家道德发展的第二阶段,认为它才真
正切合儒家道德,并且替儒家系统中的道德自律而辩护。换句话
说,我们不必认为儒家系统中的道德乃是本体上的表现,也不必认
为此道德有待本体上的证明。更进一步,或许也有人甚至对于儒
家系统中的道德的预设与证明,提出全然不同的解释。这些不同
的见解所以可能产生,乃因儒家道德与任何道德系统都相同,皆表
现于行为规范之中。当然,儒家道德亦同于其他道德系统,必须将
意义建立在道德主体的内在生命之上。这个道德主体从事道德的
决断,形成道德的理念。然而,我们却不必考察道德的本体架构,
或其本体上对于道德理念是否有效,或其本体意义上的道德决断
是否适中。

在这个基础上,我们甚至可以指出,一个特定的道德系统非常
可能与一组后设道德的(metamoral)或本体的解释相容,而这些解
释并不必然彼此相容。借着阐释特定道德的诸多可能途径,我们
确实可以辨别道德的"表层结构"与"深度结构"。道德的"表层结
构"也许具有普遍性,然而其"深度结构"未必有普遍性。也就是
说,不同的道德具有相同的"表层结构",此为逻辑的可能,但是不

同的道德未必具有相同的"深度结构"①。我们于是得到下面的结论:第一,如同对于儒家系统的研究所显示的,研究道德意识会遭遇许多关于证明道德意识的重要逻辑问题;第二,为了完全理解一个道德系统,我们还得通过其本体预设和本体证明,以寻求其后设道德的意义。正如研究儒家系统所显示的,我们必须对于人类和现实有全面的理解,以求了解道德的需要与道德法则的意义。儒家道德哲学提供了一个典范,显示出在道德的形成与转变中,道德性与本体性之间持续的相互作用。

儒家道德乃宗教意识的表露

我们不但要把儒家道德视为一个具有本体证明的自足的道德系统,而且要把儒家道德及其本体证明看成一种具有"宗教意识"的结构。在我的用语中,"宗教意识"一词表示一种对于终极实在的最后关怀。此种关怀显示出人类对于转变与提升的企求。因此,任何"宗教意识"皆必须醒悟人类转变的需要与可能,必须认知此种转变的目的与理想,也必须确定转变的方法与具有目的的转变历程。若再引用史密斯教授的用语,则我们可以说,"宗教意识"的结构中具有一种对于"需要"、"理想"和"拯救者"的认知。对于需要的认知预设了对于人类当前处境的认知。换句话说,它必须对于人类存在处境有所理解,而此处境显示出人类对于转变

---

　　① 有关"表层结构"与"深度结构"的逻辑上与本质上的关系,此书未能深究,但吾要指出两种逻辑可能:相同的"表层结构"可以有不同的"深度结构";不同的"表层结构"也可以有相同的"深度结构",在当代语言学研究中即可见到此两种可能的对立。"语言结构"与"道德结构"的比较研究,显示两者具有同一结构模式的可能。

的需要。如此可推论出,"宗教意识"乃部分源于我们对人类处境中的负面因素的认知,此负面因素乃是我们所经验的一切人类困境的原因。更进一步来说,"宗教意识"必须从它对于人类处境中的负面因素的经验中,认知完美的理想。它必须把这个完美的理想定义为一切存在的终鹄,特别是人类存在的终鹄。此理想的本体基础亦须被认知。对于完美理想的认知,自然而然就会走向对于拯救之路的认知。通过此拯救之路,人类乃能脱离困境,登进完美的理想境界,亦即脱离不完美,登进无不完美的自由境界。

什么构成人类的处境?什么构成人类对于转变的理想?什么又构成转变的有效途径?对此确实有不同的认知形式。由于这些不同的认知形式,因此也有不同的"宗教意识"的形式。我们必须领会的是,"宗教意识"本身具有一种动态的连贯性(unity),此连贯性表现于下面事实中:认知了人类处境中转变的需要,我们继而就会认知转变所朝向的理想,更进一步,我们必然随即认知转变的途径。"宗教意识"的这种动态的连贯性使我们面临一个问题:此连贯性是否预设某种形式的本体上的连贯性?也就是说,是否转变的需要、转变的理想和拯救的途径,皆具有相同的本体基础?

在上面的分析中,我们可以发现,为求确定"宗教意识"的结构与内容,我们面对着四个有关宗教意识的基本问题——即:转变之需要的问题,转变之理想的问题,转变之途径或方法的问题,以及需要、理想和方法的本体基础及其间关系的问题。我们通过这四个问题来理解"宗教意识"。以此理解为背景,我们现在简略讨论一下儒家道德的"宗教意识"所具有的本质与结构,并用基督教传统的宗教意识与之比较。

首先,儒家虽然不在典籍中强调人类处境,但是儒家学说确实展现出一幅人类处境的图像。如同我们已看到的,此图像乃是分析"命"的概念之后形成的。儒家显然认为人在许多方面受到外在条件的限制与决定，这就是人的客体性。做为一个客体，人类面临不可避免的死亡，忍受存在被历史背景决定，忍受存在的短促，承受情绪与非理性的重担。也终生面对焦虑、怀疑、恐惧和冲突的侵逼。这些人类特质与人类存在中的负面因素，可看做是人的客体性的特征。从 12 和 13 世纪程颐、朱熹等新儒家的思想中，我们很清楚地看到这些客体性的特征被揭露出来讨论。但无论如何，孔子、孟子以及《中庸》、《大学》、《易传》的作者，早已认清这些特征了。

儒家在认清人类特质与人类存在中的负面因素之同时，亦肯定了其中正面的因素。他们看到人的积极的主体性，也就是说，他们把人看做是具有自制、自律与修己能力的主体。这种对于人的主体性的洞见，自然是得自人的自我意识以及对其存在之本体基础的理解。然而，若想保有此洞见，并使其变成自由与力量的泉源，则非得透过恒久无间的努力，不断在自我与他人、与万物的交流中自省，并思考本体上的自我。我们甚至可以认为，唯有体验到生命与人类存在的必然限制与客观命定，我们才知道主体性的力量。世界乃实现内在自由与发挥自决力量的一个条件。

通过上面的理解，我们会发现转变人类处境的理想与转变的途径，同时得到意义的确立。转变的理想在于完全实现内在于个人的主体性。此点已在前面说明过。完全实现主体性具有三层意义，此三层意义又界定了转变的理想之本质。第一层意义：完全实现主体性，就是真正实现人类存在在终极实在中的本体基础，因此，只要存有本身是可以蹑及的话，它也就是存有的达成。换句话说，主体性的完全实现，乃是实在的发展与完成，而此实现的可能性，显示出实在本身的动态与创造性。人类隶属于实在，而且是促使其完美的动力之一。第二层意义:完全实现主体性,就是实现内在于人类存在之中的自由。此自由表现在领会人类潜力的实在性与发展性,并使其实现与发展。第三层意义:借着实现主体性的历程,我们超越来自世界的必然限制与客观命定,继而把生命的负面因素转变成正面因素。因为,正是在实现自我的主体性的历程中,负面与有害的因素乃变为促成正面与有利因素的条件。

从上面对于转变的理想之描述中,我们可以看到,转变的方法,唯有自把转变的理想看成本体上与人的存在连续一体。将人从当前的处境拯救出来的力量,在于他的主体性所拥有的自知之明与对于自我的主宰能力。从儒家的眼光看来,即使拯救者不过就是感到转变需要而寻求拯救的个人,拯救也不是单纯的个人之事。因为此时"自我"已被了解成置身于一个广大的实在界之中,而此实在界乃自由与转变力量的泉源。主体性正是来自个人对于此自由与力量泉源的认同。因此,自我摆脱了充满限制的现实自我之后,于是变成具有动力的自我,这个自我,可以视为既有自我的扩大。事实上,自我原已参与自由与力量的泉源——即"天帝"——的化育。而当自我完全实现了主体性,它亦成为实在界创化力量的具体表现。于是,自我与泉源之间的分别,当然就变成异中有同了。二者共同表现出"位"、"育"、"化"等特征,这些特征在《孟子》、《中庸》和《易传》之中即已被认肯。透过自我与实在完全达成合一,人类生命存在中的一切限制皆获得化解。我们于是可以把原先的那些限制,视为构成大我自由表现的可见形式。

做为一种宗教哲学的儒家学说,所以异于基督教,或许是在经验方面,以及在基本上把主体性的自我,认同于做为自由与转变力量之泉源的终极实在。根据基督教的传统观点,人类的救赎者与人类本身并无共同的本体基础。此本体基础的差异,自然说明了人类的堕落与困境。此外,亦说明了做为人类救赎者的上帝,何以可将人类从不完美的境地中拯救出来。把儒家观点和基督教传统观点做个公正的比较,显示出儒家的历程中,个人气质的内在转变,乃先于使其潜能向外实现于社会与个人的生活之中(即道德之中)。另一方面,基督教的历程则适为其反:个人为了寻求人类存在中的意义,必须先在己身之外认定拯救的来源。我认为,二者的差异是本体上认同与证明的差异,亦即:儒家认定转变的需要、转变的理想和拯救者是同一的,然而基督教却否认此一同一。因此,若要化解儒家与基督教宗教意识之间的差异,就须化解"需要"、"理想"与"拯救者"三者同一与不同一的差异。儒家学说与基督教教义未尝不能在一个宗教哲学的架构中彼此融通,而此架构呈现出一个丰富的宗教意识发展的辩证,并且对于前述三者同一的问题,以及人的本体基础的问题,能加诸周详的审察。更进一步说,意义深远的是,尽管儒家与基督教的宗教意识在本体基础问题上,有着基本的歧异,二者在保存道德自律性方面却是相当的。也就是说,儒家与基督教传统的道德哲学,皆可被视为实现个人生命中的普遍价值的方法。这个结论使我们又要再度考察儒家的道德的特性,并将儒家"人的本体论"与近代西方道德哲学的主要建立者康德、休谟两人的"道德哲学"做一个比较,并针对当代存在主义哲学家沙特有关"人性否定"的立场为儒家"人的本体论"作一回护。我以下的评述将尽其简洁而具提示性。

与康德道德哲学的比较

　　首先,我想强调儒家道德与康德道德哲学间的几点差异。从我们对于儒家道德概念及其形上基础的分析中,可以看到儒家道德并非对于理性要求的服从,而康德则认为这是必要的。根据儒家的观点,所谓道德,乃是直接且醒觉地显露与发掘自我的主体性,进而致力使此主体性实现。因此,根植于主体性之中的感情或性向,乃得掺糅于道德之中,并且事实上创造或形成了我们对于善的理解与实现善的意志。我们可以指出,人的主体性乃是一个整体,此整体显现在善的意志中,也显现在对于善的喜好与从善的自然倾向之中。孟子的性善学说所强调的,就显然在于此。整个与生俱来的善性,一方面表现在对于自由与力量之泉源的实在有深刻的知觉,另一方面也表现在对于现世中自我的实现有自然而然的意向。我们或许可以说,对儒家道德而言,在道德实践中理性与天性是不分的。"意"、"情"、"知"三者的融合(就像在对于实在的完整性的知觉中,个人即融合了此三者),很清楚地表现在以"仁"为"义"、"礼"、"知"等德性之基础的学说中。即使有时我们会以为孟子把"义"和儒家的至德"仁"等量齐观,但我们可以把他对于"义"的著重(相对于孔子的"仁"),解释为特别强调一种遵从诸德之中普遍法则(或责任)的意志,而此普遍法则的真正显现,就是儒家的"仁"。用"仁"来强调诸德之殊途同归,乃儒家道德的一个重要立场,此可从后来张载、朱熹、陆象山和戴震等新儒家系统得到明证。如同我们在前面所指陈的,此立场在孔孟的"人性"观或对于主体性的看法中,事实上就已隐约存在了。

　　儒家道德由于强调知、意、情三者本质的合一,因此乃具有一种道德的弹性,此种弹性表现在孔子的"位"的德性之中,并且在孟子对于"权"的看法中被提出来。所谓"权",就是因应实际处境而做的道德决定,此种决定将道德的普遍性与自我的个体性密切地结合在一起。基于此种弹性,道德不但在于谨守道德原则,而且在于透过对自我以及对特定处境中整个实在意义的理解,以创造道德原则。如果康德所考虑的,莫过于谨守来自理性命令的道德原则,那么儒家道德所考虑的,则莫过于做为道德创造者的个人的修养。因此,对于儒家的哲人而言,道德乃奠基于人及其转变的本体理论之中。

我还可以提出三点关于儒家与康德的道德哲学的比较。(一)从儒家的立场观之,康德的"断言命令"(categorical imperative)虽然界定了一个独立的道德意识,并为道德自律提出了合理的证明,但是却不能清楚地说明普遍的道德原则如何适用于特殊的处境,以及个人如何将此原则应用于各别的道德抉择,换句话说,在儒家的眼光中,康德的理论欠缺对于应用性问题认真的考察,因此也就欠缺一种实用原则,以使道德原则不离于整个个人的现实。康德认为他的道德原则是先验综合的原则,这意味着此原则自然会适用于人的道德经验。然而,与科学中理性的纯粹运用不同,理性的实际运用似不能全然保证道德经验的可能性,而其纯粹运用却能经过证明,以保证经验的可能性。我们可以将此类比更推进一步来说。"超验的范畴"(transcendental categories)为科学经验的可能性提供一组条件,而科学理论的实际建构,则有赖对于经验与事实的实际考察。类似地,若假定道德原则设立道德经验的先验条件,则欲实现道德行为与道德自由,就必须实际理解人及其生命处境的真象①。当然,以上是对于康德观点概括性的批评,我们也不必将此批评看成来自儒家的观点。然而,儒家的观点

① 相应"理解的先验范畴",我们可以提出"行为的先验范畴"的问题,康德并未面对此一问题。即使此一问题提出并相应的解答,吾人也可辩证行为并无先验的范畴,甚至辩证理解也无独一的先验范畴,一如 C. I. Lewis 在其所著《心灵与世界秩序》(mind and the World Order)所示者。

确实构作出一种将普遍道德应用于特殊处境的原则,譬如"义"即是一例。此外,儒家的观点也极其强调道德生活中实践的各别意义。

(二)第一点已说明康德理论中的理性要求的普遍性,是人的道德意识之一要素。在儒家的道德中,道德意识的普遍性乃根植于个人的情性与经验之中,而情性与经验不必与严格的理性有关。尽管如此,借着对于人的本体论的理解,人的道德情性与经验亦得获致普遍性。所以,康德和孔子之间有一个基本的差异,即:前者认为道德的普遍性是道德的条件,后者则认为道德的普遍性是道德的结果。换句话说,对康德而言,理性化的普遍性似为道德的基础,但是对儒家而言,道德的基础在于个人对自身主体性的经验。基于这个差异,我们可以说,儒家的道德理论应该比较不致成为沙特等当代存在主义者的非难对象,也比较能承受其反抗的潮流。

(三)我们当然可以面对沙特关于理性道德原则与人类自由二者乃互不相容的批评,为康德辩护,透过发展康德对意志自由的观念,以使沙特的批评丧失说服力。在康德的学说中,意志与自由的本体理论并未被明显地提出,然而儒家以主体性做为转变客观的"命"的力量。在这个儒家的形上学的观念中,我们可以清楚看到这种本体论的发展。或许儒家与康德主义者事实上会同意,道德必须预设一个"人的本体论",此本体论给予人的转变可能性合理的证明。但是,对于道德与"人及其转变"的本体论之间的关系,儒家观点似乎比康德观点具有更多的辩证考察。

与休谟道德哲学的比较

休谟关于道德的理论,乃见于其著作:《人性论》与《道德原则探究》。他的理论可以说在对于道德之经验事实的关切上，与儒家的观点相同。儒家道德哲学的历史与辩证的发展显示，其传统中的道德被认为必然以人的实际道德经验为根据。休谟主张必须先检视道德的经验条件，我们才能思考这些条件在对于人的理解方面，所具有的意义。孔子或其后的儒家，没有理由不赞同休谟的这个主张。不过，休谟显然基于一个对人的经验理论，来主张其道德的理论，因而此理论在展现道德之超验条件的形上基础方面，乃欠缺一种辩证的结构。如同我们所已看到的，儒家观点谨慎地将道德陈列在一个"人的本体论"的架构之中，明确地将它与我们对于实在及其和人之关系的理解相连结，并且在"宗教意识"的高度层面上跻于颠峰。

　　然而我们必须指出，儒家与休谟的观点之间有著一个基本的相似面。做为一个思想敏锐的人道主义者与功利主义者，休谟确与儒家同样具有实用的倾向与道德的实在论思想。对休谟与儒家而言，道德并非崇高原则所构成的系统，而须以人的某些重要特质为构成的中心，而这些特质显现于个人与他人、与世界的对待之中。此外，这些特质与理性的命令无关，而是根植于人性中的性情。休谟对于博爱或"人道情操"（sentiment of humanity）的概念，乃近似《论语》中的"仁"，而且很可能是儒家学说对 18 世纪英国与欧洲影响的结果。

　　基于前面的讨论，我们可以看到，休谟的观点显然并无康德的观点所具有的缺陷，但休谟显然亦无康德的说服力。此乃因为他未能深入陈现道德的形上基础，且未将道德与关于实在的基本问题连贯在一起来看,而这些是康德与儒家的观点所做到的①。

最后,我们比较一下儒家与休谟在对于"善"的观念方面的差异。在儒家道德哲学之中,我们已看到"善"及其在诸多德性(如"仁"、"义"等)之中的具体呈现,满足下列几个条件:(1)"善"涵盖主体性的自我意识;(2)基于德性乃自我与他人相处之道,因此"善"涵盖群体意识;(3)"善"蕴涵应用的普遍性,亦蕴涵个人的特殊性;(4)"善"涵盖一个既为来源亦为终鹄的实在,也就是说,"善"被视为人的实在与终极无限的实在之直接显现。休谟对于"善"的概念显然只满足儒家的前三个条件,却不能满足第四个条件,因为其概念欠缺对人及"人的本体论"的辩证理解。

反驳沙特的批评

在当代存在哲学中,沙特对于传统的人性概念提出质疑。他不遗余力地批评任何对人性的固定概念,因为以他的观点来说,此种固定的概念将使人难以实现人类自我理解之中所既有的存在自由。儒家道德思想奠基于一种对人性的本体观,不知沙特的批评将如何使其受到影响。无论如何,如果我们把人性看成绝对与客观的"普遍之性"(universal),则人类显然无法实现自由,而须透过实现普遍的人性,以肩负起行为的责任。儒家的道德哲学家在这点上会赞同康德,驳斥沙特,坚持认识个人的普遍人性正是实现个

---

① 关于"实践理性"的力量问题,我们可以指出,康德与休谟之间有一个显然差异:康德认为理性能够胜任实践的权威,因为理性即"善的意志";休谟则分开"善的意志"与"智能",因而在道德感的抉择中,发现理性的实际功用。

人自由之道。因为认识个人的普遍人性,就是超越个人特殊性的囿限,借助理性与意志的力量以肩负起行为的责任。

然而上面的说法会错失沙特真正的论点。有人会说,沙特想问的是关于道德的本体证明,亦即:人类应被视为由客观性质来定义的客体,而不应被视为纯粹的主体吗?我们对于儒家道德思想及其形上基础的辩证分析,已经解答了此一问题。从儒家的观点看来,我们当然应承认在人的存在及其自我体验之中,有一种介乎主客与介乎普遍之性、个殊之性间的辩证性的不平衡状态。不过儒家亦在对此不平衡状态的自我意识之中,看到一种介乎主客与介乎普遍之性、个殊之性间的辩证性的平衡与合一。此中的问题在于我们如何将此自我意识,看成客体转变为主体,看成普遍之性转变为个殊之性等历程的起点;以及同时看成透过客体以赋与主体以意义,透过普遍之性以赋与个殊之性以意义等历程的起点。这种转变的历程乃刻划出人类存在的现象,而在个人与他人、与世界的实际对待中,此历程对于个人具有内在的意义。

从儒家的观点看来,人类存在的客体乃是无限定的实在,而人类存在的主体则是实现的力量与自由的动力。我们已在儒家道德辩证中看到,人类存在的主体被称为“性”或“主体性”,而人类存在的客体则被称为“命”或“客体性”。对儒家道德哲学家而言,如何转变“命”为“性”的这个问题,乃内在于人性的动力之中。是以,道德问题不在人性的存在,而在正确理解人性及其内在的动力。如果除了显然矛盾的拥有自由以外,人类不具其他本性的话,那么他将必须以整个疏离的世界为其本性,并且在一场永无尽期的自我解救的战斗中,悲剧性地面对这个“世界性”(world-nature)。对儒家道德而言,由于自我本性根植于世界的实在之中,而且被视为一个实现世界意义的潜在历程,因此,世界即自我本性。人类的自由,来自其自我转变与动态的创造性。

(选自成中英《中国文化的现代化与世
界化》,中国和平出版社1988年版)

　　成中英,1935年出生,台湾大学毕业,美国哈佛大学哲学
博士,美国夏威夷大学教授,国际中国哲学会、国际易经学会
创办人,并创办《中国哲学季刊》,出版哲学专著多种,发表论
文百篇以上。

　　此文认为儒家道德哲学的发展可了解为三个阶段:背景
假设阶段,道德的自我理解阶段,"主体性的自我实现阶段",
这也是儒家道德理论架构的三个次元。由于对终极实在的关
怀,儒家道德乃是宗教意识的表露。此文还将儒家道德与康
德、休谟的"道德哲学"进行比较,并针对当代存在主义哲学
家沙特有关"人性否定"的立场为儒家"人的本体论"作了回
护。

论儒家孝的伦理及其现代化：
责任、权利与德行

［美］ 成 中 英

一、导　言

儒家伦理思想自先秦以后就逐渐根植于民间，不但规范了一般中国人的家庭伦理观念、社会伦理观念以及国家伦理观念，甚至于影响了中国人的人生观与宇宙观。张载的《西铭》与朱子的《仁说》就是儒家人生观与宇宙观的最好说明①。近世学者注意到儒家伦理是与中国传统社会的多项特性相互关联及相互影响的。中国自古为家族社会，秦汉以后为一统政治，经济上则以农立国。这些社会、政治与经济三方面的制度与环境都密切的与儒家伦理结合在一起。从三者之任何一面或全部均可彰显儒家伦理发展的轨迹以及其相关性的作用。另一方面，吾人也可以用儒家伦理来说明传统或现代中国有关社会、政治与经济型态的一些现象。值得吾人注意的是儒家伦理是与儒家政治哲学、心性论、宇宙观及本体

---

① 中国民间自两汉以后讲究忠孝节义，不特别强调仁之德。这与古典儒家讲五德或五常以仁为首是不完全一样的。至于家庭伦理，则以父子、夫妇、兄弟为讲求对象；其内容则不外乎夫妇互敬、父慈子孝、兄爱弟悌。

论形成一个"整体系统"(holistic system)①,其对中国社会各方面的影响也是整体性的,中国社会各方面若具有任何整体性,自然也可以儒家思想的整体性来加以说明。

近20年来东亚四地区——新加坡、南朝鲜、台湾与香港——经济突飞猛进,跃向工业化社会。欧美学者提出儒家伦理加以解释。其实他们所解释的重点还是经济上的生产力方面;而用以解释的则是所谓儒家的"工作伦理"(work ethics)。此一解释只可说是用片面的观念解释片面的现象,对解释整个现代化、工业化现象的发生并不周密。而所谓儒家的"工作伦理"更不能不在整体性的儒家伦理中求得说明。更有进者,现代的东亚诸社会也并非完全的传统社会,故不可不把其他配合的因素考虑在内。若就历史观之,东亚经济的发展实为一环状的展开,其开始国家应推日本。日本明治维新政治的革新运动以及其所带动的经济建设,都与中国儒家思想及其伦理哲学有深厚关联。故吾人不可不自深层的儒家思想的"整体系统"来了解东亚诸地区的经济发展以及其他相应的政治与社会变革。

本文的主题在讨论儒家伦理中有关孝道及其现代化问题。孝道是儒家伦理的中坚,在传统中国的历史中发挥了极大的作用。

---

① 我所谓"整体系统"是指一组个体相互关联而最后统合于一组相互参摄以及相互支持的有机性的关系之下。若就观念系统言之,一个完整的观念或命题用之于不同方面可形成一个"完整系统";但一组相互涵涉的观念,只要具备了一致性,也可说为一个"整体系统"。儒家的孝道哲学或孝的伦理就是这样一个"整体系统"。目前社会科学或工程应用科学所说的"系统分析"(systems analysis)则是基于一个"整体系统"的假设而来。"整体系统"也可称为"整合系统"(integrated system)。"整体系统"或"整合系统"的范例与观念一部分系自对有机体生物组织之研究。

但吾人如果问：孝道在儒家伦理中究竟含义是什么？其扮演的真正角色为何？其立言根据何在？面临现代化社会的要求，孝道有无存在价值？其本身是否也可以现代化？以及如何现代化？一般人对这些问题不一定有明白的认识，更不一定有确切的答案。就是对孝道在传统中国所扮演的角色以及其在政治、社会及经济各方面的影响得失，也需要一一疏解。五四以后，儒家思想体系在西学冲击下，失却传统的权威地位，其所笼罩的伦理规范价值更遭受到严厉的批评，但引起儒家伦理逐渐失去其有效性的还是社会向现代化的变迁与迈进。现代化的压力已促使儒家家庭伦理濒临崩溃。即以台湾地区为例，台湾20年来的离婚率有增无减，层出不穷的家庭社会案件，涉及各项人伦关系，更是司空见惯。儒家伦理似乎不但失去其行为的规范性，也似乎失去其理论的向心力了。造成这种现象的自然是由于"现代化"的压力及冲力。

　　不论"现代化"的最后意义为何，吾人至少可以简明的指出所谓"现代化"就是工业化、商业化、效能化与发展化。工业化与商业化是指制度形式与内涵的建设而言，效能化与发展化则指价值动向的确定与设计而言。尤其有关"近代化"的发展，指的乃是力求科技改良、经济成长和生活素质的提升。在这些"现代化"的要求之下，作为人与人间行为规范的伦理系统自然也就相应的需要调整了。家庭伦理自然并不例外。"现代化"带来的内在个人的以及外在环境的压力更不能不促其形式与内容的改变。有关父母与子女之间伦理价值问题的提出也是极其合理的事。不过吾人要指出：社会伦理价值的改变有两种方式以及两种意义：一是被动的变，因外力而不得不变；一是主动的变，因个人意志的自主以力求变。吾人在谈及"社会现代化"引起伦理价值的变是第一个意义的变；但如果吾人要重新规范伦理价值的应变，使其成为"现代化"整体设计的一部分,这就是第二意义所说的主动的变了。在这个意义下,吾人可以谈儒家伦理的"现代化",自然也可以谈儒家伦理中孝的伦理的"现代化"了。

涉及到"现代化"问题,此处还需要指出:时下学者谈儒家伦理与现代化关系在观察与理论两个层次之间存在着一个矛盾。上文已提及欧美学者解释东亚诸地区的经济开发成功应归功于或导源于儒家伦理。但吾人以上也指出现代化造成儒家家庭伦理以及社会伦理的破坏。两者并言,岂非有矛盾? 如果经济的"现代化"发源于儒家伦理,如何反将其自身破坏? 如果儒家伦理只是被动的受破坏,则又如何用以解释"现代化"? 对于此一有趣的矛盾处境,吾人在此提出"大伦理学"(macro-ethics)与"小伦理学"(micro-ethics)的分别以为解决矛盾的理论基础。"大伦理学"指一个伦理系统中所预设及蕴涵的人生观及宇宙观,在个人可以发挥为意志的选择,在社群则可以实现为价值的信念,在政治上甚至可以形成制定政策的原则。"小伦理学"则指具体行为的规范,表现为行为教条或风俗习惯者。在这种了解下,如果吾人观察"现代化"的确得力于儒家伦理,此处所谓儒家伦理则是指儒家伦理整体系统中的人生观与宇宙观取向,此即儒家的"大伦理学"。由于"现代化"而遭受破坏的乃是有关个人行为的规范与价值,此即属于儒家的"小伦理学"。吾人若作此一分别,则上述矛盾不复存在。同时吾人也可因之指出本文要讨论的孝的伦理同时具备了"大伦理学"的层面和"小伦理学"的层面。

本文将就下列三个主要方面提出讨论:1. 传统儒家孝的伦理的要旨何在? 2. 就西方现代化社会立场观察,有关父母与子女的伦理关系如何确定? 3. 中国现代化社会应采行何种形式的孝的伦理? 亦即孝的伦理如何"现代化"? 当然本一问题的提出假设了孝的伦理并不必因社会的"现代化"而消失或失去存在价值。面对以上三个问题,本文将发展三个孝的伦理模型:一是传统儒家孝的伦理模型,亦即父母权威、子女德行的伦理模型;一是现代西洋父母责任、子女权利的伦理模型;最后乃是折中两者,父母与子女相互建立责任、带动德行的伦理模型。此一最后的模型将用来说明孝的现代意义以及"现代化"内涵,故此一模型亦可名为孝的伦理的现代化模型,可为现代化中国社会所采用。最后要说明的是:本文并非社会学的研究报告,而是就哲学分析孝的伦理所包含的观念及价值问题,故可视为一哲学理念的分析研究与价值判断的研究。

二、传统儒家孝的伦理之分析

儒家孝的伦理有其长远的文化背景,此可见之《尚书》的《虞夏书》①。但作为伦理学的观念提出来讨论却是自孔子《论语》始。《论语》第一章就有有子的一段话:"其为人也孝弟,而好犯上者鲜矣。不好犯上而好作乱者,未之有也。君子务本,本立而道生。孝弟其为仁之本与?"(《论语·学而》二)有子虽然得出一个结论:"孝弟其为仁之本与?"其实他却作了两个观察:一是为人孝悌者不犯上作乱,故容易治理;二是孝悌是仁德的基础。可说整个儒家孝的伦理都是围绕着这两个命题发挥,也可说儒家对孝悌的看重也是基于这两个命题。这两个命题分别说明了孝悌具有政治

---

① 虞夏中有描写舜之"克谐,以孝烝烝,又不格奸"等语。虽然此一文件被断定属于伪古文尚书,出于孔子之后,但有关古代舜之善孝的流传,却可见一斑。孟子并据以讨论,见后文。

的价值与道德的价值,同时也分别标示了两个观点:政治的观点与道德的观点。儒家哲学包含了道德哲学与政治哲学,而且是把"政治"建立在"道德"基础之上。道德是要求每一个人的,无论其为君为臣。政治则仅就君与臣的关系看问题。因此,道德上的孝悌既然能够为仁德之本,为孝悌者不但容易治理,为孝悌者也应该行仁政以治人方是。这一重点有子的话并未明白地说出来。总结言之,孝悌的重要性在于:1. 孝悌是君子行仁政的基础;2. 孝悌是个人仁德修养的基础;3. 为孝悌者易于治理。当然,这些结论是否正确,一方面要看孝悌究竟何指;另一方面则要看事实上孝悌是否在政治上及道德上真有效用。

何为孝?孔子把孝的含义归纳为三:1. 无违;2. 能养;3. 有敬。三者对孝却是必要的,三者缺其一就不能真正称为孝。先说"无违"。

> "子曰:父在观其志,父没观其行。三年无改于父之道,可谓孝矣。"(《论语·学而》十一、《里仁》二十)

"无违"是尊重及遵从父亲的志行,甚至父没仍要守其志行到三年之久,这也就是对父母的"礼"。

> "孟懿子问孝。子曰:无违。樊迟御,子告之曰:孟孙问孝于我,我对曰:无违。樊迟曰:何谓也。子曰:生,事之以礼,死,葬之以礼,祭之以礼。"(《论语·为政》五)

故"无违"不是盲从,也不是一时的服从,而是要长久合于礼的尊重。

> "子游问孝。子曰:今之孝者,是谓能养。至于犬马,皆能有养,不敬,何以别乎?"(《论语·为政》七)

子女对父母奉养是必要的,但却并不充分。能养还要"有敬"。所谓"敬"乃是一种诚笃的心态,可说是礼的内涵与精神,而礼只是敬的形式而已。人不但对父母要敬,对"执事""修己""处世"都要敬。故孔子言"事思敬"(《论语·季氏》十)"执事敬"(《论语·子路》十九)"修己以敬"(《论语·宪问》四十二)。"敬"还要带有一份亲切。故孔子回答子夏问孝:"色难。有事,弟子服其劳,有酒食,先生馔,曾是以为孝乎?"(《论语·为政》八)自孝的心态言,除敬重、亲切外,还要有一份深刻的关切。故"父母唯其疾之忧"(《论语·为政》六),又"父母在,不远游,游必有方"(《论语·里仁》十九)。对父母之年,则不可不知,知则"一则以喜,一则以惧"(《论语·里仁》二十一)。值得指出的是:孔子既以事奉父母并非盲从,而是父母有过也是要去劝止的,是为"几谏",但父母不听,子女的态度仍然要不失于敬,且要无怨(《论语·里仁》十八)。

《论语》有关孝的观念在《大学》、《中庸》更显示出其在儒家伦理整体系统中的地位。在《大学》中修身是齐家的基础,而所谓修身则是就一己所处的地位与关系,力行此一地位与关系所规范的德。《大学》说:"为人君止于仁。为人臣止于敬。为人子止于孝。为人父止于慈。与国人交,止于信。"故人既为人子就要孝,这是人子地位与关系所规范的。《大学》不但从修身立场肯定孝,也从齐家立场肯定孝:"故君子不出家而成教于国。孝者,所以事君也。弟者,所以事长也。慈者,所以使众也。"齐家是为了治国,正如修身是为了齐家。故孝在治国平天下的政治哲学中扮演了一个重要的角色。

《大学》对孝的认识有一个特点,乃是把《论语》中隐隐提及的絜矩之道加以明白的发挥。孔子重正名,而所谓正名则在于"君君、臣臣、父父、子子"(《论语·颜渊》十一)。如果"子子"就是为人子止于孝,则"父父"就是为人父止于慈。就为政而言,"父父、子子"是应同时要求的,故孝、慈也就可以看做两个相应的或相对的德行。但从《论语》对孝的说明来看,孝显然并未被视为一相对或相应的德行,而是被视为做人子者必须应行的德,也就是被视为具有目的性的绝对的德。这里看起来似有矛盾存在,但事实上并无矛盾存在。儒家伦理哲学是以人心、人性为德行的根源,而非以权利与责任为行为的基础。故对于人之所应行或所不应行应以个人所处的地位、关系以及人心的情操来决定。这在孟子说四端时极为清楚。子女爱敬父母乃为人情之自然,故亦为人性之当然,然后扩而充之就是孝德。就为人父者言,为人父者当然应以仁慈对子女。从治国观点看,天下应是父慈子孝同时推行,方足以为政。但这并不表示父母子女间具有相对的权利和责任。儒家伦理讲的是,人与人间关系启发出来的个人德行,此可名之为"对应德行"(relational virtues)。此项"对应德行"并非现代社会基于理性德则与意志同意规范出来的"交互权责"(reciprocal rights/duties)。"对应德行"不等同于"交互权责"。这是中西伦理思想传统中一大相异之处。此一相异亦可视为古今伦理思想之相异。在西方,以亚里士多德哲学为中心的古典伦理学就是讲的"对应德行"。但自 18 世纪康德倡导理性主义的道德哲学以来,西方伦理学遂走向"交互权责"之说了①。

《大学》的"絜矩之道"讲的乃是"对应德行",而非"交互权责"。《大学》说:"所恶于上,毋以使下;所恶于下,毋以事上;所恶于前,毋以先后;所恶于后,毋以从前;所恶于右,毋以交于左;所恶

---

① 亚里斯多德伦理学重视人与人间之德行,与儒家伦理学有绝大相似之处。但康德自理性意志之言,则与儒家的德行主义相差甚大。但康德的责任论是否已完全走入"交互权责"思想则未可定论。有无儒家伦理哲学与亚里斯多德伦理指示以及与康德道儒哲学之比较与分疏,请参考拙著"自目的论与责任论分析与重建儒家伦理哲学"一文。

于左，毋以交于右，此之谓絜矩之道。""絜矩之道"所说的上下、左右、前后都是人际间位的关系，也可称为"人际定位关系"。"絜矩之道"是人在"人际定位关系"中就一己已定之位来测度及了解其他定位中他人的感受。作此测度及了解的乃是人心。一个人的心能够了解他人之心，而且能在此一位上了解他一位上人的心，这就是"絜矩之道"，也就是仁了。故仁乃为"善为人想"，是普遍性而又特殊化的德行原理。这与康德所说的"无上命令"但就人之为人的抽象立场理性的刻划道德行为不一样。就《大学》言，人之为人应为他人想，但他人之为人并非一抽象的理性思考对象，而是具体"人际定位关系"中的感受对象。故"若为人想"，则人子要为父母想，人君要为百姓想。这才是真正的"絜矩之道"的道德。据上面所分析，吾人总结"絜矩之道"可得三重含义：

1. 从个人看，个人当定位落实。从"人际关系定位"中去体现与发挥人心之仁。故因位有远近，爱乃有差等。

2. 从为政目标看，每个人均应在已定之位上行其应行之德。此一要求即是"君君、臣臣、父父、子子"的要求，也就是父慈子孝的要求，但却并非规范父子间的权责关系。吾人只可说父慈子孝为孝悌普遍化提供了一种对应的激励力（incentive）。

3. 从治国者看，治国者要发挥身教与示范作用，因而使孝悌的普遍化获得巩固（reinforcement），而为仁政的基础。

《大学》说："所谓平天下在治国者，上老老而民兴孝，上长长而民兴弟，上恤孤而民不倍，是以君子有絜矩之道也。"就是这个意思。

与《大学》相较，《中庸》也是从儒家仁政的思想来肯定孝的伦理的地位的。所谓为政要自"亲亲"始。"故为政在人，取人以身。修身有道，修道以仁。仁者，人也。亲亲为大。义者，宜也。尊贤为大。亲亲之杀,尊贤之等,礼所生也"。"事亲"是五达道之一,也就是修身的先决条件。但要达到"事亲",更不可不知人、知天。"事亲"不仅为做人之理,且是顺应天地之理了。"故君子不可以不修身。思修身,不可以不事亲。思事亲,不可以不知人。思知人,不可以不知天"。"事亲"就是"顺亲"、"有敬"、"能养",也就是孝了。《中庸》更进一层把孝推向人之"明善""诚身",为孝提出一个人性论的与本体论的基础来:

"顺乎亲有道,反诸身不诚,不顺乎亲矣。诚身有道,不明乎善,不诚乎身矣。"

自此一观点看,孝就更成为一种人之为人的绝对性的德行了。在此一观念下,《中庸》乃把舜、武王、周公作为孝的典型,说明"达孝"与"至孝"者不但修身有成,也能善治天下,以仁政化天下。

《孟子》一书在先秦儒家伦理思想中发挥极重要的作用。相对孝悌的伦理来说,孟子所说的仁义均为人性之显的肯定,自然也包含了对孝悌为人性的流露的肯定。孝悌为人天性之情,见之孩童,因"孩提之童无不知爱其亲者,及其长也,无不知敬其兄也"(《孟子·尽心》上十五)。孟子因而视孝悌为"良知""良能",也就是一切善行德政的基础。孟子继孔子"推己及人"之旨讲扩而充之:孝悌扩充就是仁义。君子之行乃在于如何"老吾老以及人之老,幼吾幼以及人之幼"。故孝悌并非立于诸德之外,也非高于诸德之上,而是诸德的基础与起点。这是与《论语》中的思想一致的。但孟子也有不同于孔子之处。他讨论了个人的孝的实际内涵:他肯定了他所称"世俗"所称的孝与不孝。他举出"世俗"所称的不孝有五:"惰其四支,不顾父母之养,一不孝也;博奕好饮酒,不顾父母之养,二不孝也;好货财,私妻子,不顾父母之养,三不孝也;从耳目之欲,以为父母戮,四不孝也;好勇斗狠,以危父母,五不孝也。"(《孟子·离娄》下三十)孟子又另外提到"不孝有三,无后为大"(《孟子·离娄》上二十六)。所谓三不孝,据赵岐《孟子注》乃为"于礼有不孝者三事,谓阿意曲从,陷亲不义,一不孝也;家贫亲老,不为禄仕,二不孝也;不娶无子,绝先祖祀,三不孝也"。"五不孝"还是就孔子孝当"有养"立言:不孝之极不但无养于父母,且使父母陷入危境,遭受伤害。因为"有养"于父母是必须要顾及父母的安全的。"三不孝"则显然扩大了孝的要求。一不孝还可以自孔子《论语》中找到根据:孔子主张"对父母几谏",当然不可以对父母阿意曲从,陷亲不义;但为孝而仕,为孝而娶,却并未为《论语》所道及。当然为人子者为善养父母必须有立身之道,不讲究立身之道,自然也可以说是不孝。至于娶妻生子是为使祖祀永享,也可以说是为孝的必要条件。因而不娶无子也就可以说为不孝。《论语》并未对孝的细节发挥,更未讨论到孝的细节引起的矛盾如何解决的问题。这在孟子都提出讨论了。

　　孟子对舜的"至孝"问题作了相当重要的反省与解释。舜的至孝问题有三方面值得重视。一是舜对其父克尽孝道,无论其父瞽瞍如何顽固不慈,或屡欲杀己。虽舜父最后还是为舜的孝行所感化,但问题是:孝是否有其极限,是否有其相应的德行条件。二是舜对父至孝,但娶妻却不告乃父,此是否为孝。三是若舜父犯罪,舜已贵为天子,基于孝道,舜将何以处之。这三方面可说都涉及了孝的德行与孝的价值的限度问题,以及孝与其他德行间的相互冲突问题。就孝的德行与孝的价值言,孟子显然是以孝的德行为无限度的,以孝的价值为无条件的。他以舜的孝的事迹说明了这一点。在《万章》上第一节里,他肯定舜为大孝,终其身怨慕父母,并不以父之无德不慈而改变,也不以己之富贵荣华而改变。对于"悌",孟子似乎也持同一看法。这可以从孟子描述舜对其异母弟象的态度看出。但值得吾人注意的是:孟子对"忠"的德行并不持相同的看法,忠是要求忠的对象有一定相应之德才能持续下去的。换言之,孝悌在孟子是绝对的德行,无论其对象有相应的德或无相应的德均需尽己之性、尽己之心以行。但对于忠,孟子却把它仅视为"交互的权责",而不完全属于"对应德行"的范围,此可见于下列引语:

> "孟子告齐宣王曰:君之视臣如手足,则臣之视君如腹心;君之视臣如犬马,则臣之视君如国人;君之视臣如土芥,则臣下视君如寇仇。"(《孟子·离娄》下三)"孟子曰:无罪而杀士,则大夫可以去;无罪而戮民,则士可以徙。"(《孟子·离娄》四)

一个人臣对人君的忠是有相对的条件的。如果人君不仁无义,人臣自然也不必尽忠效命。甚至孔子也说过:"君使臣以礼,臣事君以忠。"(《论语·八佾》十九)这可以说是儒家对家庭伦理的看法和对国家伦理的看法的最大不同之点。一般世俗意见以"忠、孝"并举,然"忠、孝"的本质仍有差异,不可不察。此一了解自然也与以能尽孝者即能尽忠或以孝为忠之本的某些儒家看法有所出入。但吾人若深入分析,当不难发现,从孔孟立场言,家庭伦理与国家伦理是不同的。孝(家庭伦理)之与国家伦理(忠)发生关系在于下面两环节:孝能导至仁,故孝可以为仁政的基础;又一般为孝者不好犯上作乱,故如果移孝作忠来事君,则必为君所喜,故从人君立场也当以孝为忠之范本。由于这两环节所包含的立场不一样,孝为仁之本与孝为忠之本这两类关系也不是一样的。孟子可说借述舜之孝德说明了父子关系与君臣关系本质上的不一样了。

关于孝德所涉及的细目冲突问题,孟子是以"孝的统一性"来解决;亦即用较大的孝来包容较小的不孝。舜之不告而娶是不孝之小者,但为了人之大伦,无后为大不孝的设想,娶乃孝之大者,故孟子不以舜之不告而娶为不孝。他说:"告则不得娶,男女居室,人之大伦也。如告,则废人之大伦,以怼父母。"(《孟子·万章》上二)这显示孝之适用在于能明辨是非,区分轻重。不可盲目的"有养"与"不违",而是要从大体着眼以尽孝之意。

孝的重要性更见于国家伦理与家庭伦理之间的取舍:

"桃应问曰:舜为天子,皋陶为士,瞽瞍杀人,则如之何。孟子曰:执之而已矣。然则舜不禁与?曰:夫舜恶得而禁之,夫有所受之也。然则舜如之何?曰:舜视弃天下犹弃敝屣也。窃负而逃,遵海滨而处,终身欣然,乐而忘天下。"(《孟子·尽心》上三十五)

孟子并不像孔子一样主张"父为子隐,子为父隐"(《论语·子路》十八)。他认为舜在作为人君身份立场不当为父隐,而应该让执法的人按法处理,但他又认为舜在作为人子的身份立场则应辞去人君之职以为父隐。孟子这样的建议固然做到了孝义两全,但在实际实行上无疑产生了两个效果:法令不得推行;国家失一良君。但这里也反映出儒家肯定的一个基本立场:孝的德行是高于其他德行的。人若为了尽孝,则其他德行均可商榷。当然儒家并未肯定不孝必导致其他非德。但从儒家对孝的始终的、无条件的以及彻底的承担与坚持中,也可以看出儒家对孝的意义体认之深了。在这种体认下,是否孝的伦理有时导致社会伦理与国家伦理的破坏则非其所问了。不过吾人应该指出:孟子也提出了一个有用的反省:他认为正因为舜事亲达孝,视天下为草芥,反能使"天下之为父子者定"①。因孝之达而定天下父子,亦是以定天下,故仍有致治天下实行仁政的效果。

在孟子与汉初之间托名曾子写成的《孝经》可说是正面的把孝与国家伦理更密切的结合起来,同时也把孝与其他德行的关系更系统的规划出来。《孝经》首先肯定孝为"至德要道","德之本,教之所由生"(《孝经·开宗明义章》第一)。后来又说:"夫孝,天之经也,地之义也。"(《孝经·三才章》第三)对于一般人,《孝经》作了一个普遍的要求:"孝始于事亲,中于事君,终于立身。"(《孝经·开宗明义章》第一)之后,更明显的说:"君子之事亲孝,故忠可移于君;事兄悌,故顺可移于长。"(《孝经·广扬名》第十四)这显然是把孝悌为仁德之基的意义忽略,而以孝悌为忠顺之始取代之了。这是与孔孟对孝悌原始的了解不一样的。《孝经》又规定:"身体发肤受之父母,不敢毁伤,孝之始也。立身行道,扬名于后世,以显父母,孝之终也。"(《孝经·开宗明义章》第一)因之,《孝经》把一切行为动机与行为目的都扯上对父母的孝,使吾人对孝失却一个明确的了解以及一个正确判断的标准,与孔孟所讲的孝更有出入了。

不容否认的是:《孝经》采取了一个就人所处不同的政治地位来规定不同的孝行为何的方法。这使孝行的范围决定于人所属的政治地位而有其层级性。故上自天子,下至庶人都有其应行的孝行:"天子之孝"是"爱敬尽于事亲,而德教加于百姓,刑于四海"

---

① 见《孟子·离娄》上二十八:"孟子曰:天下大悦而将归己。视天下悦而归己犹草芥也,惟舜为然。不得乎亲,不可以为人;不顺乎亲,不可以为子。舜尽事亲之道而瞽瞍厎豫,瞽瞍厎豫而天下化。瞽瞍厎豫而天下之为父子者定,此之谓大孝。"

(《孝经·天子章》第二);"诸侯之孝"是"在上不骄,高而不危;制节谨度,满而不溢"(《孝经·诸侯章》第三);"卿大夫之孝"则为"非法不言,非道不行"(《孝经·卿大夫章》第四);"士之孝"则是"以孝事君则忠,以敬事长则顺"(《孝经·士章》第五);"庶人之孝"则以"谨身节用以养父母"(《孝经·庶人章》第六);如此则每一个人在其不同的政治地位上均有其所应行的德,而这些德均发之于孝的动机,而为孝的实现了。我们也可以说,《孝经》的孝是说明其他德行实践的理由,而其他德行也就成为实现孝的方式了。这自然与孟子以孝悌为人之"良知、良能",应扩而充之为其他德行的看法有异。

　　我们不能不说《孝经》确有其基于反省孝的力量而来的智慧;它把孝的重要性肯定,又把孝与其他德性的关联肯定,自然也就能因孝而治天下了。《孝经》一般的论证是:为了以孝事亲,人子就不可以就其所位力行适当的德行以免灾祸,以争荣誉等等。"事亲者,居上不骄,为下不乱,在丑不争。居上而骄则亡,为下而乱则刑,在丑而争则兵。三者不除,虽日用三牲之养,犹为不孝也。"(《孝经·纪孝行》第十)这显然不只是把孝看作百善之先,而且把孝当做其他德行实践的动机、目标与理由。在此一意义下,《孝经》也可以说为诸德找到一个统一的基础,《孝经》又以孝悌为普遍性原理,人人均可行,而人人行之则可以安天下。这就自然的把孝看成了国家伦理的一面。然而,《孝经》并未考虑到如果孝道不行于天下,是否国乃灭亡;又是否会因孝道如此受到重视,有人会假借行孝之名或自以为所行为孝从事或导致国家伦理之破坏。

　　总结以上所说,吾人不能不指出,自孟子以至《孝经》,孝已演变成为一项终极价值,而孝的伦理也成为了"孝的宗教"了①。至于此一终极价值的孝,其行为效果是否尽如理想,或实际与理想相左或相反,则是一个值得提出的问题。若就事实言之,儒家孝的伦理走向极端就会发生两个弊病:一是由于孝行,侧重家庭伦理,造成国家伦理的薄弱化;一是移孝作忠,造成专制时代的愚忠主义,为专制君王所利用。吾人也不能否认,此一孝的伦理与孝的宗教已根植于中国社会,其影响是既大且广。面临传统社会的逐渐现代化,提出孝的伦理的现代化问题自是必要。

三、现代欧美父母子女间的权责伦理

现代西方社会的伦理价值观念也有其长远的历史文化背景。希腊古典理性主义的伦理学、基督教神学的伦理学以及18世纪启蒙时代的现代理性主义的道德哲学(以康德为代表)都分别的影响了西方人的伦理价值观念。我们可以说,在西方未工业化以前,西方人的伦理生活是以上帝为中心的,正如传统中国人的伦理生活是以父母为中心的。但西方工业化以后,尼采宣告上帝死亡,西方的伦理思想就走向以个人为中心的权利、责任观念了。权责是以理性对自我作规范,与德行发自自我之性而为人的功能的发挥,在性质上完全不一样。前者可说是由外制内,后者则可说是因内发外。前者具强制性与必然性,后者则具自然性与自由性。现代西方人的权责伦理所根据的原理乃为:除了遵行能被证明为具有

---

① 《孝经·感应章》第十六有言:"昔者明王事父孝,故事天明;事母孝,故事地察。长幼顺,故上下治。天地明察,神明彰矣。"又说:"孝悌之至,通于神明,光于四海,无所不通。"这就是一个"孝的宗教"的描述。

强制性与必然性的道德律则外,已没有自然性的及自由性的德行观念了。此一伦理原理的行为效果为:个人可以采行任何自然性与自由性的行为方式,而不必接受德行观念的节制与要求。

现代西方社会日形复杂,基于理性共识与意志同意的法律与契约观念也日形重要,不但"权责伦理"取代了"德行伦理",而且"权责伦理"也愈来愈细致精密化:每一权、责均有其相对应的责、权与之形成一交互对立的要求关系。此一关系可说明如下:相对一个共识的理性律则,一方个人(责任主体)有责任,另一方个人(责任对象)就有权利。因而,后者成为了一个权利主体,而前者也就成为了一个权利对象了。同时,同一个人因其有责任(或义务),乃就有相关的或不相关的权利,而因其有权利,乃就有相关的或不相关的责任。就此一了解观之,权责不但是相应对立,而且也是交互决定。吾人可以下图示之:

$$
\begin{array}{l}
\text{A}\uparrow 权利 \longrightarrow 责任 \\
\downarrow \\
\text{B} 责任(义务) \longrightarrow 权利
\end{array}
$$

在此一权责对立与教育互生的了解下,父母与子女的关系不再是儒家孝的关系或孝慈的关系,而变为权责交错的关系了。父母有责任(义务)教养子女,子女也就有权利享有此一教养;但父母也有权利要求子女报偿父母对子女教养所作的贡献,因而子女也就有责任(义务)作此报偿。此一权责对应及权责互生的关系也就理性的决定了与规范了父母与子女的伦理关系。吾人可用下图表示此一关系:

　　"孝的伦理"与"权责伦理"相较,两者根本的差异有二:

　　1. 孝道是以德行为中心的思想。相对孝的德行,固然仍可谈子女对父母的责任,但孝的德行却非责任一词所可涵盖。孔孟所谓孝乃为发自人心的情感与意向,并非理性规定的命令。"权责模型"则以父母子女间的理性规范为内容,理论上可以不带有任何人心的感情。

　　2. 孝道只要求人子一方面,与为父者之应止于慈只是对应关系,而非交互要求。权责关系则并非德行的对应,而为交互要求的对立。若用权责的语言解释孝的伦理,则孝的伦理在于子女对父母有责任,而不在于父母对子女有责任。相反的,父母不必对子女有责任,但却对其自身的父母有同样的孝的责任。吾人可用下图表示此一关系:

父母之父母

　　　　父母

责任　　　　　子女

　　　　责任

　　注意,在此一图示中并无"权利"出现,孝的责任的补偿乃在一代又一代的孝的责任的传承中。如果子女对父母无条件奉献,则他可以期望,但却不可要求他们自己的子女对他们作同样孝的奉献。

　　如果把子女对父母的孝视为一种责任,则父母可说对子女有一重隐藏的权利关系。吾人可图示之如下:

　　如果把权利明显化,把责任隐藏化,则吾人也可以得到下列的权责关系:

　　当然,如此用权责关系来解释孝的伦理本质上仍是不当的,因为孝乃是由内而外实现的人性之德,与由外而内理性规定的权责思想有本质上的不同。

　　由于60年代美国妇女解放运动的推行,家庭伦理中的夫妻伦理关系在美国备受注目,与之相应的父母与子女的权责问题也就成为讨论的对象,加上这十数年来美国社会中父母虐待子女(child abuse)的现象日益严重,子女与父母的权责问题也就更受到立法界与学术界的重视了。

　　在美国高度工商化、效能化与省电化的社会中,子女与父母的权责关系究竟应如何了解与规范?此一问题提出的前提就是预设了美国社会已完全走向权责伦理,父母与子女的关系自然也就受到权责观念的支配了。本文将依据哥伦比亚大学芭授学院哲学系教授杰佛利·普鲁斯坦(Jeffrey Blustein)新著《父母及子女——家庭伦理》(*Parents and Children-The Ethics of the Family*)一书①来提出一个对西方父母子女权责模型的了解。普氏之书分为三部分:第一部分首先探索西方哲学传统中的家庭观念,包含了自柏拉图到罗素的家庭伦理观;第二部分重点在建立一个父母与子女关系的权责模型;第三部分则为对家庭政策的探讨。本书的精华乃在第二部分,故本书可视为有关父母与子女伦理关系的主要著作。

　　普氏在论及"现代社会对家庭的挑战"时,指出工业化社会打破了社会阶层及职业角色的固定性。在此一情况下,父母对子女的教育方式就应当与工业化前的社会不同。在工业化前,父母有责任为子女选择职业方向,但在变动性大的工业化社会中,父母却有责任去发展子女的选择能力,也就是使子女具有独立自主的判断力。但此一观念却导致子女的权利(或自由权利)与父母的权利的分野与冲突问题:相对民主社会的要求,父母对子女有多少的自主权(autonomy of parents)? 子女对父母又有多少的自主权(autonomy of children)? 普氏注意到现代一般父母对父母权威抱有某一程度的疑惑,因为害怕对子女过分管束反会影响子女的自主能力。此一态度产生了两种效果:一是父母过分松弛对子女的管教;一是一旦子女行为不符父母期望,父母就施行纪律高压。此两种后果显示"子女自主"与"父母权威"之间的矛盾冲突有待于一个完善的调和之道:两者不可偏废,而必须统一在一个基本观念之下。因而有人指出应强调父母的教养权利,并以父母能及愿为子女的利益着想的能力与愿望为父母权威之根据。父母权威的重要性也由此肯定。但反对者却又指出父母权威并不能保证为子女获

---

　　① 该书出版于 Oxford University Press,1982,共 274 页。此书出版后受到学者重视。

取适合子女自身的生活方式或子女所愿选择的生活方式(包括宗教信仰)。因而父母的权威仅应限于教养子女使其能作自主选择价值,而非为子女选择价值。

主张子女权利最极端的当代学者是约翰·贺特(John Holt),他在其1974年所著的《逃离儿童》(*Escape from Children*)一书中宣称:"与其努力使所有儿童获得吾人认为对他们最好的经验,吾人应尽量使其获得最多之不同经验(除却那些对他们有伤害的经验),而任其自由选择其所认为最佳者。"①贺氏甚至建议法律规定所有儿童,不论其年龄如何,均享有成人享有的一切自由与权利。固无论儿童是否可实际要求或主张这些自由与权利,重要的是他们有权可以如此要求与主张。贺氏并分别所谓"选择权"(option rights)与"福利权"(welfare rights)。贺氏认为儿童应享有这两类权利。"福利权"保障儿童的福利,"选择权"则能促使儿童长成为能负责任的公民。所谓"选择权"包含为"赚钱而工作之权"、"旅行权"、"离家居住权"(不需父母允许与同意)、"学习自我监督权"(即不受父母监督)。儿童最大的权利乃是监护人的选择权:儿童可以选择其父母为监护人,也可以以契约方式选择非其父母人士的监护人或选择无监护人的生活。在此一了解下,父母对子女的教养只能在子女同意及自由选择下才可以进行。这种对子女自主权的观念当然不能为多数人所接受,但反对者却不能不提出有力的反对论证,也不能不提出对父母与子女权责关系更合理的说明。

普氏对上述贺氏立场是反对的,首先他不认为子女有与生俱

① 引自普氏书第8页。贺特的《逃离儿童》一书于1974年出版于纽约Ballentime公司。

来的自主权:子女的自主权乃是在父母与子女持续稳定的关系中逐渐建立起来的。在一般情形下,父母是最能提供此一持续稳定关系的人。基本上普氏还是自代表子女权利的最佳利益来衡量:他认为亲生父母最能满足子女的"福利权利",只有等子女的"福利权利"满足后,子女才能逐渐发展其"选择权利"。另一方面他又指出:在一个家庭中父母有其自然的自主权,而子女应尊重此一自主权。此一父母的自主权乃是父母考虑到其自身利益以教养子女,故有权把他们的理想与价值传授给子女。更有进者,此种自主权的行使也终于是对子女有利的。当然父母同时也要顾及子女合理的要求。于是父母对子女行使教养、传授价值等权利也就成为子女对其"福利权利"的享有:这些对子女的权利也可说是对子女的责任了。此处普氏指出一个重要事实:父母与子女具有共同利益。就其共同利益言,任何一方的权利即为另外一方的责任;任何一方的责任即为另外一方的权利。权利与责任是由两方共同利益的满足来确定的。

西方伦理学论及责任与权利时,即已假设每个个体的人都有其不同的利益,而且假设仅仅因为一个人具有个体,就有其不同于他人的利益。一个人对其自身利益的主张为权利,对其他人利益之必要的满足即构成责任或义务。所谓"必要的满足"则来自理性的普遍认定或来自社会全体利益的共识与国家的立法(包括不成文法)。反观孝的伦理,却并非以权利责任为其基础,而是以子女的尽心、尽性的德行为其基础。子女尽心、尽性的孝的德行固然事实上是符合父母利益的,甚至也是符合子女的利益的,但利益的考虑却并非孝的理论或实行的基础(justification)。这是孝的伦理与父母子女权责伦理最根本的不同:此一不同乃出发点的不同,也是形上学的不同。

　　相关父母子女的权责问题,普氏更提出政府立法及其执行的相关性。普氏认为法律应保护子女的利益以及因之而起的自主权益,但这是要从整体社会对下一代的责任感来肯定的。在一个民主社会中,所有家庭的子女都应享有平等机会之权,但平等机会的获得却依靠很多条件,其中有经济能力的条件、家庭环境的条件(包含父母的关心与不关心)。这些条件不平等,机会的获得就不平等。就以平等进入大学或进入好的大学为例,并非所有家庭的子女都有平等机会进入大学或进入好的大学。在此,政府的立法自然十分重要。譬如有关童工保护、义务教育、医疗服务等的立法均能影响家庭中子女的福利权利,因之也间接地影响其平等争取机会的权利。但在政府无法为家庭中子女提供环境条件平等的保障时,我们必须认定家庭的影响是十分重大的。这也就显示出父母责任的重大了。就实言之,家庭可以是社会正义与公平措施的阻碍,但也可以是其助力及基础。若自其成为阻碍社会正义的可能性观之,家庭应被废除。子女应该由国家或社会"共同教养"。"共同教养制度"(common upbringing)在柏拉图的《理想国》中就已被提出来。但问题仍是:它是符合子女的最佳利益吗? 若就子女的心理健康言之,"共同教养制度"缺乏个别性的特殊关爱,对幼儿的心理健康发展有害,自然有损于幼儿自主能力的发挥了。再者,"共同教养制度"会带来一个只重同一、忽视差异的社会,这不应是吾人理想的社会型态。

　　总结以上的讨论,吾人可以看出普氏分析父母子女的权责问题引出了权责所必需基础的价值问题。对此一问题他并未深入探讨,但他很明显的肯定幼儿需要"深厚的个人关爱"(deeply personal care),他又肯定此一"深厚的个人关爱"只有亲生父母能够给予。如何了解父母能够为其子女提供此一关爱,他也未讨论,但此处吾人可以看出儒家孝的伦理的相关性：孝的伦理可以被假设为子女对其亲生父母之"深厚个人关爱"的一种反射和一种回报。在孝的伦理中，父母对子女的关爱应被肯定，它包含了父母对子女所作的牺牲。故从心理学看，孝的伦理可视为子女对父母付出的一种激励力（incentive）。从社会学看，父母对子女的深厚关爱也是符合社会正义及社会利益的，因为父母基于其对子女的关爱，可以牺牲自我的利益为子女争取平等发展的机会。儒家孝的伦理可说是子女对父母爱的恩惠的一种理想化的回报或回应。吾人也可以说在子女对父母"孝的伦理"中隐藏着父母对子女"爱的伦理"，此即《大学》中所说"为人父止于慈"的伦理。正因为此项父母对子女"爱的伦理"已包含在子女对父母"孝的伦理"的了解中，因而父母对子女爱的伦理并未明显的规范出来。这里也反映出儒家对人性的假设与认定：父母有爱其子女的天性，故在自然情况下是不言而喻、不喻自明的。但相对于社会现代化的环境与要求，父母与子女间的权利与责任都似乎不能不有一番理性的自觉及反省，因之也不能不有一番理性的整体的规范了。此一认识即可引向孝的伦理现代化的考察。

以上吾人已指出现代西方父母子女间之权责伦理与儒家孝的伦理迥异之点。相应于儒家孝的伦理对孝的细目的规定，吾人可以问西方父母子女间之权责伦理如何规范子女对父母的责任。从此一问题的回答中，吾人更可看出儒家德行（孝）的伦理与西方权责的伦理在内涵上的差异。普氏在他的书中有专章（第二部分第三章）讨论子女责任。普氏同时肯定子女相对父母有责任与权利，子女的权利即父母的责任。子女的权利是应以其自身利益为根据的，但此一根据也构成了子女对父母的责任：子女有责任遵从父母以实现其自身的权利，包括福利权与自主选择权。但父母对子女的责任并非全由子女的权利决定。父母生出子女应尽教养与保护之责；这是社会的需要，也是理性的要求。

对应父母责任与子女权利，普氏归纳出三项子女对父母的责任。普氏的看法是动态的：父母与子女关系有不同的阶段，因而子女对父母也有不同的责任。子女的成长是从依靠父母到独立于父母，是从其福利权的满足到其自主权的满足。这些不同阶段的变化带来子女对父母不同的责任。相对子女责任的改变，父母对子女的责任以及基于此一责任的父母权威也因时间阶段的不同而有所改变。在此一动态的父母子女关系的发展下，父母与子女的权责关系也就有动态的相应的发展了。普氏归纳出来的三项子女对父母的责任，就是相应于未成年及已成年的子女而言。

1. 未成年子女对父母服从的责任（the duties of young children：obedience）：子女在其未成年受教养阶段应对父母服从。其理由不仅为父母有责任教养子女，故有权要求子女服从其教养子女的意志，而且在于子女为其最佳利益以及其基本权利着想，也有服从父母的义务。服从表示与父母合作，使父母能为子女的最佳利益着想，以嘉惠子女。这两点考虑就是未成年子女应服从父母的道德基础，也就是父母对子女持有权威的道德基础。服从既自子女的权责考虑而来，而且以子女的利益为中心，则服从应导致子女对父母的信念与尊重。在这种服从的意义下，子女才能逐渐完成其独立的人格，逐渐把服从父母转变与内化为自律自尊，并发展为有用于社会的自主权。当子女成年已有自律自主的能力时，父母即当放弃其对子女服从的要求；子女对父母服从的责任也因之逐渐的消失了。

2. 子女成年后对父母报答的责任（the duties of grown children：gratitude）：父母为子女付出许多心血，作了许多牺牲，教养子女成功,子女自然应对父母有报答的责任,但如何了解及解释此报答责任乃一问题:报答责任是清偿债务的责任(duties to repay debts)? 或是感恩的责任(duties of gratitude)? 或是友爱的责任(duties of affection and friendship)? 如就子女差欠(owing)父母的牺牲言之,此一报答责任乃是清债与感恩,而不可能为友爱的责任。故普氏把成年子女对父母友爱的责任看成第三种责任。

普氏并不把报答责任看做清债责任,因父母所给予子女的非仅为物质及金钱的付出,抑且为情感与精神的付出,因而是无法用实物来衡量的。故子女的报答责任应是报恩责任。报恩责任自然包含了奉养父母、敬重父母和关怀父母的福利。但他并未特别认定此即为父母之权利。事实上,由于社会保险及父母独立生活的能力,父母也毋需主张以为父母的权利。再者,如果子女对父母的责任为感恩,则父母主张受恩报的权利会与施恩的观念冲突。施恩若期望或要求回报则非施恩,而为交换了。总之,子女对父母报恩的责任不仅是物质的,也应是精神的、情感的,而这些是父母能希望的,但却不是父母能要求的。

子女对父母报恩的责任包含了子女对父母特别的优遇(preferential treatment),而此一优遇责任在与其他责任相冲突时,是以父母为优遇的对象的。面对此一优遇责任,当父母利益与自己的子女利益相互冲突时(如在一特殊情况下,拯救父母或拯救自己的子女?),普氏认为应以父母的利益为优先考虑。此点显然与阿奎那(Aquinas)的主张若合符节。阿奎那的理由是:吾人对父母的感恩不但包含对父母的尊重(respect),也包含对父母的崇敬(reverence),而这些是在对子女的责任中不包含的。除上帝外,父母为我生命及其成长之源,故对父母的感恩责任应使吾人选择父母利益而非子女利益。阿奎那此项看法显然与儒家孝的伦理的看法完全一致。在儒家孝的伦理中,父母即是天的代表,故其地位与阿奎那神学中仅次于上帝地位的父母地位一样。

从普氏观点,子女对父母的感恩责任是与父母之尽其父母的责任相应并成正比的。如果父母并未尽父母之责,或尽责者并非父母本人,则子女的感恩责任自然也相应的改变。既从权责观念出发,子女的感恩责任之为责任是以父母实质的付出为理性的考虑的,因之也就有其内在的相对性与限制性。这点是与儒家孝的伦理对孝的要求不一样的,因为舜的至孝不可能只认为是一种感恩责任。但康德肯认感恩责任是永远及神圣的,而且无时或止,这种对子女感恩责任的重视则是与孝的伦理对孝的重视完全一致。

3. 子女成年后对父母友爱的责任(the duties of grown children:friendship):上述报答责任或感恩责任是子女基于父母过去的付出而产生的责任。若撇开父母过去的付出不谈,子女是否也有对父母友善的责任呢? 在今日的西方社会中,子女对父母往往并无亲切的感情,甚至由于个性不合,子女不愿与父母有太多接触。在这种情况下,友爱的要求是否合理呢? 子女可以对父母报恩,但却可以无友爱之情。这在儒家孝的伦理中自然无法构成孝。孝是要关怀父母的,孟子所谓"怨慕"之情就是。站在现代社会观点,普氏分辨感恩责任与友爱责任是对的,但如上所示,感恩责任不足以涵盖孝,友爱责任也不等同于孝的"怨慕"。

就普氏的分析,友爱责任乃是由友爱的双方友爱的交互来往引起:这种友爱的交互来往愈持久,则友爱的责任愈深厚。友爱责任由友爱引起,故与感恩责任由感恩引起不一样。友爱责任趋向友爱双方平等的交流,而感恩责任则基于不平等或不对称的关系。友爱责任的另一要素乃是友爱双方看重友爱本身的价值而无他求。依此之故,若父母永远对子女要求补偿或牺牲,则父母与子女间将无友爱可言。当然，还有其他心理及社会因素可以阻挠父母与子女间友善及其责任的形成：这不仅由于父母与子女之间可以有因年龄与环境所引起的代沟问题，也可以由于父母子女关系的定型化，因社会变迁与职业差异造成隔阂。无疑友爱可以有一种应变的能力，但是否父母与子女能够同时发挥此一能力，还靠许多因素来决定。父母早年教育子女的态度就有重大关系。约翰·洛克在其教育哲学中就特别强调父母子女间相互的关怀、生活的沟通与共同了解是父母与子女间友爱责任与善意的基础。（普氏引 *John Locke on Education*, edited by Peter Gap, New York, 1971, pp。30, 74, 普氏引文见其书页 191）

总言之，友爱责任以友爱为责任是好的，因为友爱本身就是好的。父母子女间的友爱显然是一种特殊的友爱，且要逐渐培养出来的，也是在父母的权威与子女的报恩责任之外开拓的一个新境界。在此一境界中，父母承认了子女独立自主自尊的人格，而子女也了解父母整体的心境而给予父母以精神的依傍。当然，友爱责任并不能代替感恩责任，但友爱责任却能使感恩责任更自然的完成；感恩责任自然也能加深友爱的感情。从事实考察，友爱责任与感恩责任有时是难分的，有时却可以分得很清楚。在今日西方社会中，许多父母为了保护与子女的友爱关系而拒绝子女的回报行为，这就是一种分辨。

相对儒家孝的伦理言，友爱责任仍不同于儒家所谓孝德、孝行或孝思。孝固然可以包含子女对父母关爱的感情，而不只是感恩的责任或感情。如孔子所说："父母唯其疾之忧！"这就是子女对父母的一种关爱的感情。孝之不等同于友爱责任乃在孝仍含有上下等级的差别，而非如友爱之具有平等性。若就感情言，孝是子女对父母的一种特殊的感情，而此种感情固然可以引发子女对父母的责任,但也可以说只有子女对父母的感恩责任才能产生这种特殊的感情。在孝之中责任与感情的两面是交互决定的。

四、结论:一个现代化的孝的伦理模型

以上吾人已对儒家传统的孝的伦理与现代西方父母子女间的权责伦理作了个别的分析与讨论。总结以上的分析与讨论,我们可以说传统儒家孝的伦理具有下列等特点:

1. 孝乃子女自我实现的德行,而不仅为对父母的责任。孝可包含责任,但孝的责任不等于孝。

2. 孝不以"对等的交互权责"为前提了解,"天下无不是的父母",人子不可因父不慈而不孝。

3. 父母的权威是天之所赋,故《孝经》说"终身不可违"。

4. 子女对父母不可言权利。

5. 一切德行均要以孝为基础、为起点:国家伦理的忠与社会伦理的仁都建筑在孝的伦理上。

吾人也可指出现代西方解析性的父母子女间的权责伦理具有下列等特点:

1. 以子女权利与父母责任为出发点。子女权利甚至比父母责任更为重要。

2. 父母权威接受子女权利及国家立法与社会伦理之限制。父母权威来源于父母对子女的责任。

3. 父母与子女权责关系隐含了"交互对换原理"(principle of reciprocity)。故父母不能尽责,则无权教养及管束子女,但子女若对父母不尽责,则无任何社会之制裁(此在美国社会尤然)。

4. 父母责任及子女权利因政府立法及社会舆论所向而逐渐成

为社会伦理之一部分。

5. 国家的福利制度逐渐削减了子女责任的观念。子女对父母只有在友爱责任上与子女本身利益无关,但友爱责任却必须基于平等及对等互惠发生。(未成年子女的服从责任仍是为子女利益着想而确立的)

比较以上两个模型,我们可以说传统儒家孝的伦理是以父母为价值核心的,而现代西方家庭权责伦理则是以子女为价值核心的(传统西方伦理则是以上帝为价值核心)。两者之产生各有其不同的文化背景。吾人若以儒家孝的伦理为农业社会的产物,而以现代西方家庭权责伦理为工业化社会的产物,则吾人可以问:是否在中国逐渐工业化的过程中,孝的伦理必趋淘汰,而权责的家庭伦理则必将应运而生? 这将是一个十分值得研究的问题。这个研究自然应涉及经验的考察,但也不能脱离价值的判断。更重要的是:一个社会有一个社会的特色。一个文化传统和一个价值传统也并不会因现代化的过程而消除其影响。吾人是否应使其影响保留、削减或完全消除,则仍是一个价值的抉择问题,这自然又涉及价值的思考与判断。日本文化的传统并未因明治维新以来日本社会的工业化而消失。相反的,日本的社会努力于调和之道,使传统文化与现代化并行或融合一体,成为一个既是传统又是现代化的文化整体。这是一个值得吾人参考的历史经验。

基于吾人对传统儒家孝的伦理在价值上某些认定——认定孝为德行,而非仅为责任;又认定孝的自我实现有其内在的意义并对社会和谐与安定的促进有正面的影响力,也基于吾人对传统的现代化与现代的传统化能作交互影响的理解,更基于吾人对自由选择与理性设计的有效性予以肯定,吾人可以提示下列一个现代化的孝的伦理模型以为中国文化现代化的参考。此一现代化的孝的伦理模型可看做现代西洋权责伦理对传统儒家德行伦理的一个改进，但也可以看做后者对前者的一个补充，当然更可视为两者创造性的综合了。

1. 同时以子女责任与父母责任为出发点，确定父母与子女间的相对责任以及共同社会责任。

2. 肯定德行可以完成责任，责任可以限制德行；但却以孝的德行扩充子女责任，并以子女责任实现孝的德行，而不把传统的孝等同于子女责任。

3. 以父母子女责任的对等交互要求转换父母子女间的对应德行（relational virtues）为对等交互德行（reciprocal virtues），并以两者为父母子女相互关怀之源泉。

4. 把权利关系完全视为隐含的关系，不必明显规定为父母权利和子女权利。此即孟子言"何必曰利？亦有仁义而已矣"的精神的坚持。

5. 以国家伦理、社会伦理与家庭伦理（孝的伦理）相互规范，而不以孝或子女责任为社会伦理或国家伦理的起点或基础。

在此一现代化的孝的伦理模型下，吾人一方面可以避免现代西洋社会及家庭伦理趋向权责化（尤其是权利化）的极端，另方面也可以避免步入传统儒家孝的伦理侧重家族利益的极端。此一现代化的孝的伦理是把古典人性论的和谐思想与自然要求与现代社会人际间的权责关系与理性要求自然合理的结合起来。

若就逻辑分析，吾人应该有八种父母与子女间的权利与责任的组合，因而吾人可以形成八种父母与子女间权责关系的模型。这八种模型为：

1. 父母责任型	2. 子女责任型
3. 父母权利型	4. 子女权利型

5. 父母子女并行责任型   6. 父母子女并行权利型

7. 父母责任、子女权利型   8. 父母权利、子女责任型

逻辑分析的说,第2型是配合传统儒家孝的伦理的参考系统；贺特氏所主张的乃为第4型；普鲁斯坦氏所主持的则属于第5型与第8型。吾人所提出的现代化的孝的伦理模型则以第5型为参考系统。吾人可用下列图解表示此第5型中的权责关系：

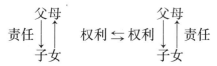

若对此图示加以孝的德行的考虑,则第5型的权责关系可以补充如下图：

此即吾人所提示的现代化的孝的伦理模型了。

(选自成中英《文化、伦理与管理——中国现代
化的哲学思考》,贵州人民出版社1991年版)

此文提出"大伦理学"与"小伦理学"以解释为何东亚地区的经济"现代化"发源于儒家伦理,却又反将其破坏的原因。"现代化"破坏的乃是关于个人行为规范与价值的儒家"小伦理学",而作为人生观与宇宙观之预设的伦理系统的"大伦理学"则促成了"现代化"。文章认为应避免现代西洋社会及家庭伦理趋向权责化(尤其是权利化)的极端和传统儒家孝伦理侧重家族利益的极端,从而建立起结合古典人性

论和谐思想、自然要求与现代社会权责关系、理性要求的现代化孝伦理。

道德理性主义:转变中的儒家人文精神

——从孔子、宋儒到梁漱溟

施 炎 平

对人之生命境界的道德设计和理想追求,是儒家人文传统的真精神所在。这一真精神,从孔子提出"孔颜之乐"、宋儒探讨"孔颜之乐所乐何事"到近代梁漱溟倡导"人生真乐"和"理性至上",有着一以贯之的体现。其主题就在开掘人之道德生命的价值,由哲学上探讨道德理想和现实人生间的双向转化环节,以求构建真、善、美统一的人生价值型态,自觉地贯穿着人文关切和理性精神。为此,本文提出"道德理性主义"的观察角度,扼要剖析儒家传统人文精神的演进轨迹及其价值。

一、主体性原则和儒家的道德理性观念

理性,是西方近代哲学的术语,一般是指人的一种思考能力,即通过对真理的追求而获得知识的程序,其旨是用概念、判断、推理系统来说明世界、预测世界。理性又是基于人类经验而发展起来的多元建构过程,大都由形上理性、工具理性、目的理性、认知理性和价值理性等概念组成。美籍华裔学者成中英曾概括当代西方

哲学的发展趋势，提出形上理性、分析理性、理论理性和技术理性、目标理性和工具理性、社会理性和道德理性的五元区分；他又比较中西，断定西方哲学中的理性是求分的，常常"援理以释性"，而中国哲学则相反，其求合的倾向强烈得多，往往是"举性以见理"（参见成著《世纪之交的决择》，上海知识出版社1991年5月出版）。这至少可以说明，"理性"作为一个复合概念，在中、西方哲学史上不是有无的问题，而是如何判断两者间异同的问题。

尽管中国曾长期缺乏近代西方那样明确、完整的理性概念，哲学与文化上使用的"理性"一词也是转译英文reason的原义而来，但中国人有关于理性的观念却由来已久。早在汉代，就出现了"理"、"性"两字的联用，并确定了这一联用词的基本意义。《后汉书·党锢传序》称："孔子曰：'性相近也，习相远也。'言嗜恶之本同，而迁善之涂异也。夫刻意则行不肆，牵物则其志流，是以圣人导人理性，裁仰宕佚，慎其所与，节其所偏，虽情品万区，质文异数，至于陶物振俗，其道一也。"旨在说明圣人"导人理性"，是针对着孔子所讲人性重在后天培养而言的，强调人们应注意刻削其意，约束行为不得自恣放纵，防止人心为物所累而致使其志流宕忘返。这样，人有理性，就在"慎其所与，节其所偏"，使人的内在主体要求与外在秩序相协调，思想行为应该有合"理"的根据。就此而言，汉代中国人讲的"理性"，更多的是指以追求合"理"性为目标的一种致思倾向和原则，主要体现了对先秦儒家的理性观念的概括，对后来理性观念的演变有很大影响。

事实上，和早期儒家在先秦时期就已确立思维的主体性原则相联系，儒家对人生境界的设计和追求，显然也有着理性观念的支配。儒家的主体性原则，是随着儒家对哲学基本问题认识的深化而展开为三重涵意，即由天人之辩引发的人可合天的"人本"原则,由心物(名实)之辩引发的以心尽物的"心知"原则,由性情(性习)之辩引发的复性制情的"性体"原则(具体论证,参见拙文:《从主体性原则看儒家文化的基本精神》,载《华东师大学报》1989 年第 3 期)。这三重涵意互相联结,有递次深化的发展,并衍生出人格理性观念、认知理性观念、价值理性观念三个层面。从总体上看,早期儒家的理性观念更多地依赖于人之心性的体认、悟解,有片面夸张主体能动性的倾向。它强调要通过内心修养和德性提升,去体验并获得与客体对象的交融合一,侧重于阐发人之主体的伦理内涵,致力于追求主体的道德践履的效用。这种于内之心性和外在效用两方面展开的"道德生命"意识,至宋代正统理学家的"实性"理论中进一步得到阐发,就接近于理性概念的确立了。据明代钦定编纂的《性理大全》性理篇记载,程子曾论述过理、性、命三者的异名而实一,说:"天之付与之谓命,禀之在我之谓性,具于事物之谓理。"其意虽以心言性、由事明理,然强调"理也、性也、命也,三者未尝有异",又顺着"穷理则尽性、尽性则知天命"的思路,视性与理相通而为一。对此,朱熹又作进一步发挥,称:"性即理也,在心唤做性,在事唤作理","生之理谓性","性是实理,仁义礼智皆具",断定:"事物之理固具于性"。后来,他的晚年弟子陈淳概括出"理于心方名之曰性"的论题,就表达了宋代正统理学家承继孔孟"道统"而形成的理性观念,偏重于道德伦理的角度深化和拓展了人之生命价值的内涵。这对于韩愈、李翱在"复性说"基础上使用"理性"一词是种引伸和发挥。韩愈、李翱曾合注《论语笔解》,其中提到:"天命之谓性。《易》者,理性之书也。先儒失其传,惟孟轲得仲尼之蕴。"(《为政》第二)把儒家的理性观念看成是由《周易》经孔子到孟子"一以贯之的一种基本精神。宋儒则对此种精神作了理论上的提升和哲学化表述,从而和西方的理性主义传统有了沟通。所以，17世纪的耶稣会士首次用拉丁文翻译《中庸》时，就以"天赋予人的是理性"来解释"天命之谓性"句，引西方人的"理性"附会儒家传统的"性"。18世纪法国的启蒙思想家伏尔泰亦称孔子的行为准则使"普遍的理性抑制了人们的欲望"，还赋诗赞颂孔子"所言者惟理性，天下不惑，心则明"（《伏尔泰全集》第3卷、第7卷）。日本近代哲学家西周茂树指出："宋儒和理性主义二者在说法上虽有不同，然也有酷似之处。"并据此断定："理性就是理解道理的性能。"（引自［日］山田洸：《近代日本的理性思想》，载《哲学译丛》1986年第2期）而马克斯·韦伯在《中国宗教》一书中更明确肯定："儒教在孔子开始时就具有鲜明的入世理性主义成份"，认为"这种理性主义是以其独特的方式与传统的'礼'相结合"，并将之称为"价值合理性的信念伦理"。这说明，西方的学者也大都在"道德理性"（价值理性）的意义上理解儒家的理性观念的。正是从这样的角度看问题，我认为，儒家是有明确的道德理性观念的，其发展和不断完善，就为儒家道德理性主义体系的确立和演进奠定了理论的前提。

二、儒家道德理性主义之初发
——析先秦儒家"孔颜之乐"的意蕴

　　在主体性原则基础上确立的儒家道德理性观念，发轫于孔子，初成于《中庸》和荀子，主要是围绕着对"孔颜乐处、所乐何事"问题的探讨而发生、发展起来的，形成了儒家道德理性主义的早期形态。

　　"孔颜乐处"一说，起于《论语》中关于孔子"尚志"、颜渊"明德"的记载。孔子曾说："饭疏食饮水，曲肱而枕之，乐亦在其中

矣。不义而富且贵,于我如浮云。"(《述而》)他又赞扬颜渊之德:
"一箪食,一瓢饮,在陋巷,人不堪其忧,回也不改其乐。贤哉!回
也。"(《雍也》)在孔子看来,面临当时礼崩乐坏的政治紧张局面,
颠沛奔波的游学境遇,日食箪瓢、曲肱而枕、身居陋巷、他人"不堪
其忧"的艰苦生活,自己能"乐亦在其中",颜渊亦"不改其乐",当
然有确定的志向追求和理性意念在支配。这是一种"安贫乐道之
乐",即"乐谓志于道,不以贫忧为苦"(《论语正义》卷一)。集中
地反映了"志于道"的理性要求和"乐于道"的心灵体验的结合,相
当强烈地体现着儒家那种"士不可以不弘毅,任重而道远"的社会
责任感,君子"谋道不谋食"、"忧道不忧贫"的道义意识,"朝闻道,
夕死可矣"的人生信念和"知其不可为而为之"的执着精神。

可以说,《论语》提出的"孔颜乐处",不仅仅是一种生活态度
和处世原则,而是以"不义而富且贵,于我如浮云"那样的价值导
向判断为依据,来表达仲尼、颜子对人生的精神价值和道德意义的
肯定及其一贯的、矢志不移的求索。所谓"君子无终日之间违仁,
造次必于是,颠沛必于是"中的"必于是"(《里仁》),是要依恃心
灵境界的道德自觉才能做得到的。孔颜之"求乐",作为意识趋向
和精神境界的表征,又是指人在道德理性支配下的情感的完善。
它植根于自心本性,经修养、提升而发展成精神意志力和道德恒定
性,达到孔子所讲"匹夫不可夺志"的那个"志",或孟子申明的"富
贵不能淫、贫贱不能移、威武不能屈"的大丈夫"浩然之气";又如
孔子所描绘的"闻韶乐,三月不知肉味"的超越心境,在自身的道
德生活中获得了"从心所欲而不逾矩"的精神自由。这不仅出于
致善的理性要求,而且受审美魅力的吸引而成为人的自愿意志,是
在自觉原则和自愿原则统一的基础上,寻求道德生活和思想行为
的合"理"性。

　　所以，联系孔子儒学的一贯思想和基本精神，对"孔颜乐处"应着眼于人生道德价值的开掘来理解，贯穿着人对自身主体地位的确认和主体价值的肯定。不过，孔颜"求乐"并不局限于自我。作为孔子"行仁"的基本要求之一，"求乐"又以"己所勿欲，勿施于人"为原则，旨在探求群己关系协调的契合点，力图为群体的人生追求设定基准。这就奠定了儒家道德理性观念的"真精神"。

　　《礼记》的《中庸》篇，侧重通过"率性"、"修道"、"设教"三者关系的考察，从哲理上疏解孔子关于"中庸之道"的训诫，深化了对"孔颜乐处"之人生境界的挖掘。《中庸》提出："喜怒哀乐之未发，谓之中；发而皆中节，谓之和。"认为"中"是指尚未发为情（感）的（理）性，一种合乎正道的心理意识；"和"则是发而中节，此"节"当是合乎礼而存义（或如朱熹说的"情之正"），即由合乎正道的心理转生出合乎正道的情感。这里，《中庸》以"中和"观念解释"中庸"之道，其旨就在从内外合一、群己相联的角度进一步说明"孔颜乐处"的内涵。《礼记·乐记》也已讲到："乐也者，动于内者也"；又肯定："乐由中出"、"礼自外作"、"乐者敦和"、"礼者别宜"，强调了孔颜之"乐"是与中和（中庸）之道相联系，既出于"天命之性"而有"道之体"，又体现为人们的日常行为而有"道之用"。故《中庸》又断言："君子尊德性而道问学，致广大而尽精微，极高明道中庸"，则指明了君子之道德理性（德性）既"极高明"，又贯彻于日用人伦，是内在性和超越性的统一，喻示着现实人生和道德理想之间的联结。

　　战国末期的大儒荀子曾专列《乐论》篇，提出"君子明乐，乃其德也"以及"美善相乐"的命题，强调孔颜之"乐"乃"道乐"而非"欲乐"，更拓展了"孔颜乐处"的道德属性和境界意义。荀子称："乐者，圣人之所乐也，而可以善民心，其感人深，其移风易俗。"又赞颂先王"修其行,正其乐,而天下顺"。此所谓"修其行",乃指"导之以礼"而有民之"和";所谓"正其乐",关键在"以道制欲,则乐而不乱"。他还批评时人"以欲忘道,则惑而不乐",又引证孔孟重义轻利的价值观念解释"孔颜之乐",断定:"乐者,所以道乐也。"此外,荀子还主张为达到"以道制欲"的"道乐",需要在人际关系上实现"敬"、"亲"、"顺"的伦理原则。他说:"乐在宗庙之中,君臣上下同听之,则莫不和敬;闺门之内,父子兄弟同听之,则莫不和亲;乡里族长之中,长少同听之,则莫不和顺。故乐者,审一以定和者也。"又说:"足以率一道,足以治万变,是先王立乐之术也。"这里,荀子通过对先王"立乐之术"的原因和功用的分析,表明了他自己"立乐明礼"、"以乐辅礼"的思想指导。可见荀子之寻求"孔颜乐处",重在把人生理想追求和礼制仁政的现实政治秩序相联系,发展出一套现实主义和理想主义相互转化的政治伦理的思想体系,以求完成"乐合同,礼别异,礼乐之统,管乎人心"的目标。

这样,由孔子、《中庸》到荀子,围绕着对"孔颜乐处"的境界追求,通过内之心性与外在效用、道德生命与行为规范、自我与群体的协调等多重关系结构,深化和展开了"道德理性"观念的内涵,初步构造了儒家的道德理性主义体系。

三、理学:道德理性主义发展中的内在矛盾

宋明时期,正统理学家在复兴儒学的过程中,承继魏晋名士乐广关于"名教中自有乐地"的思想,重新探讨"孔颜乐处,所乐何事"的问题,并引进《周易》"推天道以明人事"的思维模式和宇宙人生论观念,大大发展和深化了先秦儒家的道德理性主义。但这

种发展和深化却内蕴着矛盾和紧张，后来在明清之际就衍生为公开的分化。

周敦颐是理学开山，亦是宋代集中发挥孔颜之"乐"涵意的先驱人物。其所著《通书》，自称"志伊尹之所志，学颜子之所学"，据"诚者圣人之本"、"易"为"性命之源"立论，多方面申述了理学的道德意识和人生理想。

首先，明辩"古今之异"，以直接追溯"孔颜之乐，所乐何事"的本意为重建理学道德理性主义的出发点。周敦颐曾批评"后世礼法不修"，"故导欲而致于轻生败伦"，指出："乐者，古以平心，今以助欲；古以宣化，今以长怨"，认为"不复古礼，不变今乐，而欲至治者远矣"（《通书·乐上》）。如何"变今乐"？周敦颐根据古圣"立乐之术"，主张本于"政善民安"，"以宣畅其和心为主"（《乐中》）；又认为"乐声淡则听心平，乐辞善则歌者慕，故风移而俗易矣"（《乐下》）。强调"立乐"应配合古圣礼法教化的重整，以节制人们的欲利追逐。这是沿着荀子"以道制欲"的"道乐"思路来诠释"孔颜乐处"的。

其次，提出理与和、阴与阳的关系，论证"礼先而乐后"的基本原则，确立起"持敬为乐"的人生境界追求。周敦颐说："礼，理也；乐，和也。"又说："阴阳理而后和，君君、臣臣、父父、子子、兄兄、弟弟、夫夫、妇妇，万物各得其理，然后和。故礼先而乐后。"（《礼乐》）此据朱熹解释，周子之意在说明"学者不知持敬，而务为知乐，鲜不流于慢者"。故知乐、求乐当以持敬明礼为先。

第三，用道义论的"至富至贵"说来阐发"孔颜乐处"的内涵，充实了理学道德理性主义的基本内容。周敦颐在回答"人皆不堪其忧，何独颜子不改其乐"的设问时，曾声称："天地间有至贵至（可）爱可求，而异乎彼者，见其大而忘其小焉尔。"（《颜子》）以为"令寻仲尼、颜子乐处",就在爱并追求天地间之"至贵至富者"。他指出:"天地间,至尊者道,至贵者德而已矣",所"可爱可求"者就在"道德有于身而已"。主张以明道、有德作为人生精神境界的富足、人格之高贵的根本标准,进而断定:"得贵且尊,其义不亦重乎! 其聚不亦乐乎!"(《师友》)周敦颐以为,达到这样一种"乐"的境界,就可以"见其大而忘其小","心泰"而"无不足"(《颜子》),以至"铢视轩冕,尘视金玉",视一切财富、权势、享受如铢尘,而把精神的、道德的境界看成至高"无加以焉尔"。那就在道义论的基础上来发展儒家的道德理性主义了。

程颢循周敦颐的教诲,特别把挖掘孔颜"所乐何事"的深意作为治学的根本问题。他联系认识论讲人生的道德价值,以"自家体贴出来"的天理观念为指导,依据"天人本无二","理、性、命一而已"的思想(《外书》十一),把"孔颜乐处"看成是一种"仁者与天地为一体"的心灵境界。而程颐则着重发挥周敦颐"先礼而后乐"的思想,提出"敬则自然和乐"的命题;又强调"既得后须放开",以为"寻乐"即是要识得人心此理,得"理"则自然趋乐,心胸亦自然拓展,由此来获得道德境界的提升。(同上)

作为宋代理学之集大成者,朱熹对儒家的道德理性主义补充了许多新的论证,使之趋于精制化而有更完善的型态。他发挥程颐"敬则自然和乐"的命题,强调学者对"孔颜乐处"的体悟要"深思而自得之"。何谓"深思"? 朱熹主张通过学、问、思、辩,去体察"圣人之心,浑然天理,虽处困极,而乐亦无不在"(《论语集注》卷四)。强调:"居敬穷理,二者不可偏废。"何谓"自得之"? 是指既得圣人"此心此理",以达"胸中无事"。在朱熹看来,"所谓乐者,亦不过谓胸中无事而自和乐耳。非是放开一路而欲其和乐也。然欲胸中无事,非敬不能"(《文集》卷四十五《答廖子晦》)。可见,由"深思而自得"其乐,关键在持敬主一,所谓"但得身心收敛,则自然和乐","不是别有一个和乐,才整肃则自和乐"(《朱子语类》三十四)。就肯定了学者如以持敬深思为先,则自然和乐当是题中应有之意。

需要指出的是,朱熹之"持敬求乐",首先是指一种心灵境界,以作理学理想人生设计的本体依据。他称:"敬只是此心自做主宰处。"这"主宰处",当指心有"定止",要使此心排除物欲,"收拾自家,精神专一在此"(《朱子语类》十二),达到统一、至善、完美的状态。

其次,"持敬求乐"又是一种工夫,即修心穷理之术。"修心"是心性修养,朱熹称之"修己以敬",其工夫"只是内无妄思,外无妄动","非但是外面恭敬而已,须是要里面无一毫不直处"(《朱子语类》十二)。"穷理"是就致知而言,与"修心"是相辅相成的。朱熹说:"若不能以敬养在这里,如何会去致得知。若不能致知,又如何成得这敬。"(《朱子语类》四十五)视持敬求乐的心地工夫,是居敬穷理的内外交修过程,是道德修养与认知致思的统一。所以,朱熹指出:"颜子不改其乐,是他工夫到后自有乐处"(《文集》卷六十一),犹如这种工夫用力久了,达到"一旦豁然贯通焉",那就是"名教中自有乐地"的境界。在这种境界中人皆可"即其所居之位,乐其日用之常",能"见夫人欲尽处发天理流行"(《论语集注·先进》)。那又是承接《中庸》所称君子"尊德性而道问学,极高明而道中庸"的意思,发挥"孔颜乐处"的道德理性了。

总之,朱熹从本体与功夫结合、修心与穷理结合的角度来阐发孔颜乐处的理性内涵,包含着求真、致善、审美三者的统一,把儒家的道德理性主义发展成哲学、伦理学、美学的联结点和共同探讨的课题。

　　值得注意的是,程朱的道德理性主义在深化孔颜思想的同时,也对"孔颜乐处"的原意作了偏差性发挥。这和他们片面理解孔子的义利观直接有关。我们知道,《论语》中"孔颜乐处"的原意是和义利之辩相联系的。孔子曾说到:"富与贵,是人之所欲也,不以其道得之,不处也。"(《论语·述而》)强调:"义然后取,人不厌其取。"(《论语·宪问》)他并不绝对地排斥人们的功利考虑,主张以合于义理的手段和行为去获取,包含着对功利价值和道义价值两方面的合理调节。当然,孔子也肯定"君子义以为上",有重义轻利的倾向,但终究没有发展到绝端。程朱虽也意识到"义利之说乃儒者第一义"(朱熹《文集》卷二十四),但由于他们片面强调两者的对立,主张"将义利两字分个界限",引出"不论利害,惟看义当为不当为"的道义论价值判断,忽视了道德对利益的调节、制约功能,而视道德纯是内心的价值,以此理解"孔颜乐处",那就如朱熹所说:"只是私意净尽,天理昭融,自然无一毫系累耳",断言:"私欲克尽,故乐"(《朱子语类》三十一),把持敬求乐的境界追求转化为克己胜私、去利的道德修养过程,并进而引伸出"存天理、灭人欲"的绝端结论,显然将儒家的道德理性主义引向禁欲主义的轨道。这后来在王阳明的心学那里发挥得更彻底了。

　　王阳明提出"良知即是乐之本体"的命题,称此"乐"亦是心之本体,"仁人之心,以天地万物为一体,诉合和畅,原无间隔"(王守仁:《与黄勉之》)。又将"求理于吾心"看成即是"求乐于吾心",而"求乐于吾心"须采用"至简至易"、"省察克治"的"致良知"工夫,通过"必欲此心纯乎天理,而无一毫人欲之私"的"存理灭欲"的途径才实现的。王阳明的后学王艮,更直接肯定"乐者心之本体",强调"此乐多方无寻处,原来还在自家心",申称"须得见自家一个真乐"(参见杨天石:《泰州学派》)。又作《乐学歌》:"人心本是乐，自将私欲缚。私欲一萌时，良知还自觉。一觉便消除，人心依旧乐。"力图阐明一个道义论的"真乐观"，以为人如能去欲返悟，归于自觉，即能达到"真乐"的理想境界。这不仅强化了理学道德理性主义的禁欲主义倾向，而且使"孔颜乐处"的求索染上了禅门净土的色彩。

事实表明，从程朱到王阳明及其后学的道德理性主义，一方面继承了先秦儒家的传统精神，又加以理性化、思辩化的论证发挥，促成了它在多方面的积极发展。另一方面，正统理学家又以其定势化的两分思维模式，侧重在义利对立、理欲相斥来发挥"孔颜乐处"的内涵，给儒家的道德理性渗入了更多的宿命论、禁欲论的内容，是儒家思想后来发展中的消极因素。至此，儒家道德理性主义的演进出现了内部分化和偏差倾向，这种内在矛盾和紧张，决定了理学的道德理性主义本身就有两重价值。对此须要作具体分析，很难用单一模式作绝对的评价。

明清之际至清初，随着中西文化交流的发端和启蒙思潮的萌芽，理学道德理性主义的内在紧张转衍为公开的分化。王夫之和戴震都在理论上敏感到启蒙思潮的潜动，在对宋明理学作总体上批判总结的同时，也对理学的理性观念重加解释，提出了一些新的观点和见解，表现出突破禁欲主义藩篱的倾向。王夫之曾提出"立人之道曰义，生人之用曰利"和"人欲之各得，即天下之大同"的命题，认为人性既具"仁义敬智之理"，又含"声色臭味之欲"，肯定了义和利、理和欲的统一，以人欲、功利性内容充实理性观念，以纠正理学"灭情"、"去欲"的价值偏向。王夫之还认为："顺必然之势者理也，理之自然者天"（《宋论》卷七），强调"只在势之必然处见理"（《读四书大全说·孟子》）。并以秦始皇、汉武帝为例，说明君王虽以"私天下之心"治事，然而"天假其私以行其大公"，肯定了人欲、私利的背后仍有必然之势的支配,进而提出"性者生理也,日生则日成"的命题,主张在应顺必然之势的基础上发挥人的主观能动性,这与理学家道德性观念中的宿命论倾向是对立的。戴震则提出自然与必然的关系范畴来论证理与欲的统一,称:"性之欲,其自然之符也;性之德,其归于必然也。归于必然适全其自然,此之谓自然之极致。"(《原善》)据此尖锐批评理学家"存天理、灭人欲"的说教是"适成忍而残杀之具"(《孟子字义疏证·权》)。又把"条分缕析"的分析观念和"血气心知"的认识论内容引进理性范畴,预示了理学的道德理性主义传统在后来发展中的转向。

四、梁漱溟和儒家道德理性主义的近代化

进入近代,面临社会的急剧变革及中西文化的冲撞振荡,传统儒家的道德理性主义经历了严峻的清洗考验,受到多方面的怀疑、批判以至否定,真有"儒门淡泊,收拾不住"之状。

不过,仍有一批持文化保守主义立场、执着地追循儒家传统"真精神"的学者,继续着儒业的重建工作。梁漱溟是其中的代表。

梁漱溟的儒业重建,主要是通过承继和阐扬儒家的理性精神传统来实现的。从这样的意义上讲,他是现代新儒家"理性重建"事业的开创者。事实上,正是梁漱溟首次提出:儒家假如亦有其主义的话,推想应当就是"理性至上主义",认为"唯中国古人之有见于理性也,以为是'天之所予我者',人生之意义价值在焉",进而将理性主义断定为二千年间,中国人"在儒家领导之下养成的一种社会风尚,或民族精神",是民族生命赖以存在和开拓的基础

(参见《中国文化要义》第七章)。同时,作为一个思想家,"且本着他的思想而行动的人",梁漱溟又对近代中国的古今中西之争有着深切的感受,故重视以西方的价值体系为参照,侧重于儒家人生理想的重建,推进了儒家传统的道德理性主义向近代的转型。

首先,梁漱溟肯定了人类理性的共同性,以此论证中西文化精神的相通有着内在根据。

在梁漱溟看来,"因为中国人、西洋人同是人类,同具理性,所以,彼此之间到底说得通——我们的理他们承认,他们的理我们也承认",这叫"人类的特征在理性"(同上)。而所谓"理"或"理性",相对于人在环境中引发的习惯来说,当指一种普遍人性,类似于孔子"性相近,习相远"中的"性",中西文化精神皆基于"理性"而立,则两者之间的可比和互通就是顺理成章的了。

正是依据这样的理解,梁漱溟对儒家传统的理性观念重加解释和概括。在他的早期文化哲学中,就从王学(尤其是泰州学派)思想和西方柏格森直觉主义的结合上解释理性,后来又吸取罗素为区别人之本能、理智而提出的"灵性"观念,偏重于人心的情意方面,视理性是对伦理情谊的体认和践履,进而断定:"理性者,要亦不外吾人平静通达的心理而已";"道德为理性之事,存在于个人之自觉自律"(同上)。实际上,这是融摄近代西方的价值理性思想,将之充实进儒家传统的道德框子。由此我们来看梁漱溟常讲的周公孔子制礼作乐,即是圣人启发理性;又讲中国文化的根本特征是"人类理性早启",就不难发现都不过是他参照中西双方的价值体系来确认和解释儒家传统的道德理性主义。

需要指出的是,梁漱溟还以"人生真乐"相标帜作为道德理性主义的境界追求,又别出新意。"人生真乐"当然和先秦儒家通过"孔颜乐处"的求索而挖掘道德理性境界是相通的,但他强调"一言以尽之,生命流畅自如则乐",通过揉捏柏格森的"绵延"、"意欲"、"直觉"等概念而成的"生命流畅"观念来解释"人生真乐",进而阐发人之道德生命在自觉基础上达到的境界,那就把"人生真乐"的追求看成是"靠思索、靠推论、靠判断"的一种理性活动。

其次,梁漱溟同时也指出中西理性差别的存在,强调要以中国固有精神为本位,选择吸收西方理性注重认知、包容科学的长处,显然对儒家传统的道德理性主义有所突破,以期建构有近代特征的新道德理性主义。

梁漱溟一般用理性与理智的区分来揭示中西理性的差别,并着重提出知与情、体与用的关系范畴来作论证。在他看来,理性为人类的特征,是指"心思作用"而言。"心思作用"常有二面,"知的一面曰理智,情的一面曰理性"。古代中国和近代西洋学者,都各自发挥了这两方面的人类特长,结果造成:"西洋偏长于理智而短于理性,中国偏长于理性而短于理智。"(《中国文化要义》第七章)他还指出:"理性是生命本身,它是体;理智是维持生命的工具,它是用。"认为中国的固有精神偏重理性,是据于人类生命的本源和本质,由此形成中国人讲伦理情谊和好善改过的向上人生态度。显然,梁漱溟以理性的价值标准来判定西方人理智人生、知识理性的工具型和机械性,正是为了强调新的精神文化建设仍要以中国固有的道德理性为本位。

不过,梁漱溟没有回避西方理智人生在社会发展中的有效性。他同时主张新社会的"理性组织"要"充分发挥了人类的精神(理性),充分容纳了西洋人的长处",并具体描述了西洋人的四点长处:"一是团体组织";"二是团体中的分子对团体生活会有力的参加";"三是尊重个人";"四是财产社会化"。在他看来,把西洋人的四点长处吸纳到我们自己的理性组织里面,就可以从理性传统中"为社会开一新道路"(《乡村建设理论》)。

　　第三,梁漱溟还十分重视"理性重建"在政治实践方面的转化,主张"从理性求组织",以"乡村建设"为入手点,重建现代"新礼俗"。

　　梁漱溟讲的"新礼俗",系"中国固有精神与西方文化的长处,二者为具体事实的沟通调和","就是一个新社会的实现,也就是人类的一个新生活"(《乡村建设理论》)。而所谓"从乡村入手",主要有三层意思:①认为"中国这个国家,仿佛是集家而成乡,集乡而成国",就组织而言,"家"的范围太小,而"国"的范围又太大,"所以乡是一个最适当的范围"。②认为新组织是靠多数人的力量形成的,而"多数人既都在农村,所以你要启发他自动的力量、启发主体力量,只有从乡村作工夫"。③因为"有形的事实是乡村,无形的道理是理性。这两个地方,原来就是中国社会的根";又强调:"现在就是要从这根本来生长新芽。"所以,中国的新社会组织要从乡村去求,"恰好也就适合了那种从理性求组织的意思"。梁漱溟的"理性重建",实际上是在承继儒家"道统"的背景上,对于"中国走自己的路"的一种现代化设计,典型地表现了现代新儒家的思想特征。问题在于,梁漱溟的"设计"并没有抓到五四以来中国现代化进程的历史必然,他偏于主观性和理想化,幻想着有一既拒绝欧美、又不同于苏俄的所谓第三条道路,终究不能产生任何积极的政治成果。但我们不能因此而忽视它在学术理论、历史文化上的价值,也不应否认它有现代启示的意义。

　　(选自《华东师范大学学报》〔哲社版〕1994年第3期)

　　施炎平:1945年生,华东师范大学哲学系硕士生导师、教授,主要从事中国哲学研究、中国文化研究。

　　本文从"道德理性主义"的角度,剖析了儒家传统人文精神的演进轨迹及其价值。由孔子到《中庸》和荀子,形成了儒家道德理性主义的早期形态。宋明理学因侧重义利对立、理欲相斥而渗入了宿命论、禁欲论的消极内容。此种内在矛盾和紧张在明清之际表现出突破禁欲主义的倾向。以梁漱溟为代表的现代新儒家以西方价值体系为参照,通过承继和重加解释,推进了儒家传统的道德理性主义向近代的转型。

儒家伦理学之困境与出路

罗 秉 祥

一、前 言

众所周知,西方哲学家认为道德哲学的一个中心问题,是如何去判别道德上的是非、对错、善恶、好坏。换言之,正确的道德判断及道德知识根据何在? 道德义务的基础何在? 道德与不道德的最终判准是什么?

一般常人对这些问题的答案是:"只要事事跟随良心去行便行了!"中国人很喜欢用"良心"这个词,如没良心、对不住良心、昧着良心做人、埋没良心、问问良心、受良心责备等;这大概是受了儒家中孟子、陆象山、王阳明这一派系的伦理学的影响。

根据一些研究中西比较伦理学的前辈的看法,孟、陆、王学派的伦理学和西方的道德直观主义(moral intuitionism)思想很接近(张君劢:《孟子致良知说与当代英国直觉主义伦理学之比较》,收入张君劢著、程文熙编《中国西印哲学文集》(下册),台北学生书局1981年版;黄建中:《比较伦理学》第12章,台北正中书局1962年版)。这些中西哲人都认为,人天生而有良知或道德直觉,能直接准确分辨是非黑白。所以,道德生活只须遵从良知之声或跟随道德直觉,自然便会离恶向善,成圣成贤;笔者也同意这种比较。

在本文中笔者想要说明指出,正如西方的道德直观主义有重重困难、缺乏说服力一样,孟、陆、王学派的道德直观主义也有不少缺点。因此,我们若要在现代社会重建儒家的伦理学,不能再走陆、王的路线;程、朱的方向,才可能有点希望。

在下文,笔者会首先简略介绍一下孟子和王阳明的道德直观主义,并把他们的观点与 20 世纪的英国直观主义哲学家罗斯(W. D. Ross)的看法作一比较。然后,笔者会指出这种儒家道德直观主义的三大困难。

二、孟子及王阳明的道德直观主义

在儒家思想中,"良心"及"良知"两个词都是孟子所提出的(《孟子·告子上》、《孟子·尽心上》)。在《尽心》上篇中,孟子说:"人之所不学而能者,其良能也;所不虑而知者,其良知也。孩提之童,无不知爱其亲者;及其长也,无不知敬其兄也。亲亲,仁也;敬长,义也。"换言之,第一,孟子认为人的道德知识①,都是良知直接内省而得到②,不需绞尽脑汁推理、分析或研究一番而后得;道德价值都是个人所自觉而来,是心灵直接洞察③的结果。第二,这些道德知识有普遍性,是人皆有之④。

在那著名的"乍见孺子将入于井"一段中(《孟子·公孙丑上》),孟子想要指出恻隐之心、羞恶之心、辞让之心及是非之心这

---

① 爱其亲,敬其兄,即仁与义。
② "不虑而知"。
③ 直觉。
④ "无不知爱其亲","无不知敬其兄"。

四心,是人皆有之①。再者,这四心是仁、义、礼、智这四种美德之发展基础。因此,我们对道德价值②的知识是有普遍性的。

在《告子》上篇中,孟子再一次肯定恻隐、羞恶、恭敬、是非之心的普遍性③,他并且指出我们对仁、义、礼、智的道德知识的先天性④。换言之,根据孟子的直观主义,所有是非、对错、善恶及好坏的道德知识,都是先天内藏于人心中,只要心智成熟便可得知,而非由后天学习累积所获得。

王阳明把孟子这个良知理论发展到高峰。首先,他接受了孟子对良知的定义及其道德直观主义:"是非之心不待虑而知,不待学而能,是故谓之良知。"(《大学问》)其次,对于笔者在本文起首处所提出的问题,王阳明有一个清楚明白的立场:"尔那一点良知,是尔自家底准则。尔意念著处,他是便知是,非便知非,更瞒他一些不得。尔只要不欺他,实实落落依着他做去,善便存,恶便去。……真是个试金石,指南针。"(《传习录》下,陈九川录;陈荣捷:《王阳明传习录详注集评》,第206、208条,台北学生书局1983年版。以下简称"陈版")换言之,良知是是非、对错、善恶、好坏的至高无上道德判准。因此,道德知识是先天固有,而非后天获取的:"知是心之本体。心自然会知;见父自然知孝,见兄自然知悌,见孺子入井,自然知恻隐。此便是良知,不假外求。"(《传习录》上,徐爱录;陈版第8条)再者,这良知是人皆有之,道德知识是有普遍性:"良知在人,随你如何,不能泯灭,虽盗贼亦自知不当为

①　没有这四心之任何一者,"非人也"。
②　仁、义、礼、智。
③　"人皆有之"。
④　"仁、义、礼、智,非由外铄我也,我固有之也,弗思耳矣!"

盗,唤他做贼,他还忸怩。"(《传习录》下,陈九川录;陈版第 207
条。参见陈版第 171,179,221 条)

王阳明的良知说,是相当于陆象山的"心即理"说,而反对程
朱的"格物穷理"说。阳明把象山的"心即理"说推到极致,更言
"心外无理"。天理是不必向外穷,而是会在内心自然浮冒出来,
孝①、忠②、信③、仁④这些理,"都只在此心,心即理也。此心无私
欲之蔽,即是天理,不须外面添一分"。求孝之理,只需求诸心,而
不是向外在的父身上求;求忠、信、仁之理亦如是。(《传习录》上,
徐爱录;陈版第 3 条)

王阳明的道德直观主义立场,透过他所用的比喻,更表露无
遗。正如先前引文所述,他把良知比喻作试金石和指南针;在其他
的方面,他更爱把良知比喻作一面明镜。"其良知之体,皦如明
镜,略无纤翳。妍媸之来,随物见形"(《传习录》中,答陆原静书;
陈版第 167 条。参见陈版第 21、76、171 条),只要父亲出现在我面
前,良知之镜便马上照出孝之理;兄长出现在我面前,马上便照出
悌之理。换言之,道德规范是自明的,不需思虑,不需证明,只要道
德心灵加以洞察,便可马上发现其清楚明了的确实性。

既然良知的道德认知能力如此高,何以世上仍有那么多人作
出不道德行为? 何以人与人之间有某些问题上有严重的道德歧
见? 阳明的答案很简单,这是人欲与天理斗争的问题。人欲横流,
天理自然不现,明镜便变成昏镜。所以道德工夫之根本,是要磨

---

① 事父。
② 事君。
③ 交友。
④ 治民。

镜,使其恢复原来的光泽;这便是"格物"(《传习录》上,陆澄录;陈版第62条)。根据阳明所说,"格物"并非格外在之物①,而是格心中之物②。因此,只要我们能不断磨镜,保持良知之镜的明亮,便能解决一切道德问题,道德生活畅通无阻。

孟子和王阳明的道德直观主义,和20世纪初英国哲学家罗斯(W. D. Ross)的道德直观主义,有不少相似之处:

第一、他们都肯定人皆有一种道德能力,能直接认知道德价值,能直接把握道德真理。这种直观或良知是一切是非、对错、善恶、好坏的至高无上道德判准。因此,道德真理是先天的,是自明的。罗斯认为这些道德真理和数学公理③一样,是不需证明或论证,其真理是不言而喻,具有无可置疑的确实性(W. D. Ross, The Right and the Good〔Oxford:Oxford University Press,1930〕,第29—30页)。孟子和阳明则认为,事父以孝,事君以忠,交友以信,见孺子将入于井而救之等天理,是不虑而知,不学而能;良知之明镜一照,便马上照出来。

第二、所谓"自明的道德真理",是就一般性的道德法则或德目而言,而非就每一个具体独特的道德判断及行动而言。罗斯清楚指出,以下的七种"乍看义务"(Primal face duty)是自明的:忠于承诺、赔偿损失、感恩图报、公平分配、仁爱、修身、不伤害他人(同上书,第21页)。至于在特定具体的场合中决定哪一个行动才是

---

① 程朱之说。

② 物欲。《传习录》上,徐爱录;陈版第7条,及《传习录》中,答罗整菴少宰书;陈版第174条。

③ 如2+2=4。

我的"真正义务"①,这个决定或判断则不是自明的。(Ross,The right and the good,p30—p32)就孟子及阳明而言,所自明的,似乎也只限于孝、悌、忠、信、仁、义、礼、智、絜矩之道等德目。用西方哲学的述语来说,这种道德直观主义是法则直观主义(rule-intuitionism),而非行动直观主义(act-intuitionism)。(行动直观主义的近代代表人物是 H. A. Pric hard,见其"Does Moral Philosophy Rest on a Mistake?"Mind,New series,21(1912))

第三、这些中西哲人都特别强调特定,而非一般性的人际关系。罗斯反对当时流行于英国的功利主义,认为这种道德哲学错误地把所有人际关系化约为促进幸福者与接受幸福者的关系。他指出人的道德义务是多元化的,对不同的人,有不同的义务;夫妻、父母子女、朋友、国人、借方贷方、承诺者与蒙承诺者、伤害者与受害人、恩人与受益人等特定人伦关系,都是"乍看义务"的成立基础。(Ross,The Right and the Good,p8,19,21。罗斯这种见解,在西方伦理学界中是少有的)至于孟子与阳明,显然地,也是强调特定的人伦关系(五伦),而较少谈论一般性的人际关系。

三、孟王道德直观主义的第一重困难

根据孟、陆、王学派的看法,道德生活归根究底只是一个天理人欲相争的问题。因此,用阳明的比喻来说,道德工夫的唯一要务便是不断去磨镜,保持良知之镜的明亮,格除心中物欲,便能解决一切道德问题,道德生活无往而不利。可是,道德生活是否如此简

---

① 因为"乍看义务"之间可能会有冲突,而我也不能分身,同时履行多个义务,而必须权衡轻重,有所抉择。

单,只是一个天理与人欲冲突的问题?

　　笔者看大概不是。除了天理与人欲会有冲突以外,天理与天理之间也会有冲突。人类有不少道德迷惘、歧见和争论,并不是人欲遮盖天理,私欲弄昏良知之镜的问题,而是义务冲突,天理互相抵触的问题。

　　仔细分析一下,我们可以发现人有三大类的义务或天理冲突:特定人伦关系之间的义务冲突,一般人际关系之间的义务冲突,及特定人伦关系与一般人际关系之间的义务冲突。

　　第一,特定人伦关系之间的义务冲突。在中国古代社会中,忠与孝的冲突,便是最明显的例子。宋、明儒都一致认为孝①和忠②都是天理或义务,可是当忠孝不能两全时,良知之镜又照出什么理来呢?

　　在《中国的家与国》一书中,岳庆平提出了一个很有趣的事例(岳庆平:《中国的家与国》,第 103 页,吉林文史出版社 1990 年版),有一次曹丕问其宾客:"君父各有笃疾,有药一丸,可救一人,当救君耶? 父耶?"结果,"众人纷纭,或父或君"。在这种情形中,良知该如何取舍呢? 曹丕宾客的良知何以会言人人殊?

　　在中国历史中,有三种处理忠孝矛盾的方法。(一)从孝。如孔子认为父亲偷人羊后,要"子为父隐"(《论语·子路》);为了向父尽孝,便不可向官府透露父之恶。(二)从忠。于五代十国的后唐时,李嗣源谋反要推翻唐庄宗,其子李从璟不助其父,反捍卫其君③。(三)从死。《吕氏春秋》记载几个故事(《吕氏春秋·当

────────────

　　①　父母子女关系。
　　②　君臣或君民关系。
　　③　舍孝从忠,在明清的专制政治中更为常见。

务》、《吕氏春秋·高义》),都是某人①父亲犯法,为子者又不忍执法诛杀其父②,进退维谷。要忠君便得杀父③,要全孝救父便只能不执王法④。既不能两全其美,便自动请缨代父受死,或自刎以全忠孝⑤。

忠与孝的冲突,是天理与天理,而非天理与人欲的冲突。良知既要我们从忠,也要我们从孝,当很不幸地忠孝不能两全时,上述三种处理方式,哪种才是良知之镜所照出的理? 良知的指南针会指向哪个方向?⑥ 中国人被这个问题困扰了二千多年,为何良知会如此软弱无力?

第二,一般人际关系之间的义务冲突。孟子及阳明认为,因为人有良知,所以乍见孺子将入于井,无暇作任何思索,便自然会起怵惕恻隐之心,要救这小孩脱险。我虽与这小孩无特殊的人伦关系,但仍会这样做,因为这是仁心的表现(《孟子·公孙丑上》;《传习录》上,徐爱录;陈版第 8 条)。此说不错,但让我们想象一下以下一个"现代孺子入于井"的情节。

话说你经过一个石油井旁,听到井中传出三个微弱求救的声音,你俯身向井中一看,骇然发现三个人意外掉进石油井中,不断

---

① 如直躬、石渚。

② 或不忍见父受诛而不救。

③ 但又会不孝。

④ 但又会不忠。

⑤ 上述部分例子取自岳庆平:《中国的家与国》;更多事例可参此书第102—104 页。

⑥ 西方伦理学也注意到忠孝冲突的问题,如 Jean-Paul Sattre, *Existentialism and Humanism*, trans, Philip. Mairet (London: Eyre methuen, 1948), pp35—36.

挣扎,奄奄一息! 你再看清楚,这三个人分别是今年诺贝尔物理奖
得主、诺贝尔和平奖得主以及一位身份不明的陌生人。你满腔恻
隐之情,要抢救他们脱险,但油井旁什么人都没有,而他们又奄奄
一息,不能支持太久。凭你一个人的力量,大概于救出第一个遇溺
者后,其余两个都会淹死了。你的良知告诉你三个人都要救,但你
只有能力救一个,你良知会马上告诉你该救哪一个吗?

　　回到现实世界,在香港及世界各地,很多肾病病人都等待着换
肾,可是可提供移植的肾又远远供不应求。现在医院中刚得到一
个可移植的肾,几个病人都央求要移植给他,否则生命在数天内便
支持不住了。不作任何思虑、分析及调查,你的良知会马上告诉你
该把肾移植给谁吗?

　　上述两个例子,都是仁与仁的冲突;换言之,是天理与天理,而
非天理与人欲的冲突。良知之镜,又照出哪个理来呢?

　　第三,特定人伦关系与一般人际关系之间的义务冲突。在这
一种冲突上,孟子与阳明都有一个很清楚的立场,就是取前者,舍
后者。先说阳明,在《传习录》中有这样一段:"问:'大人与物同
体,如何《大学》又说个厚薄?'先生曰:'惟是道理自有厚薄。'……
至亲与路人同是爱的;如箪食豆羹,得则生,不得则死,不能两全,
宁救至亲,不救路人,心又忍得,这是道理合该如此。……《大学》
所谓厚薄,是良知上自然的条理,不可逾越。"(《传习录》下,黄省
曾录;陈版第 276 条)何以良知会作"宁救至亲,不救路人"之判
断? 阳明没有解释,而只是独断地说"道理合该如此","是良知上
自然的条理"①。

　　至于孟子的处理方式,可见于《孟子》万章上篇,万章向孟子

---

　　①　这大概是因为良知之理是自明的吧!

质疑舜的操守的对话中。万章指出，舜把天下四个不仁的人①都严刑惩罚了，但舜的弟弟象是最不仁，舜不单不惩罚他，反而封他于有庳，"在他人则诛之，在弟则封之！"孟子却为舜辩护："仁人之于弟也，不藏怒焉，不宿怨焉，亲爱之而已矣。亲之，欲其贵也。爱之，欲其富也。封之有庳，富贵之也。身为天子，弟为匹夫，可谓亲爱之乎？"

对于上述阳明处理义务冲突的方式，我们尚可以首肯，因为父母于我有深恩，所以我有责任去供养他们；对路人，我们虽也有责任，但没有如此重。可是对于上述孟子解决义务冲突的方式，我们却难以认同。有罪必罚，小罪轻罚，大罪重罚，这是一个法律的公平原则，也是维持社会安定的重要因素。统治者的弟弟犯了至大罪而不用罚，岂不是说统治者的亲人可以无法无天，视人民如土芥，任意践踏！这样法律的公平何在？人民又何能安居乐业而不谋反？从现代人的眼光来看，孟子的良知判断是错的！

我们虽可认同阳明处理上述个案的方式，但还有其他很多同类型的义务冲突个案，我们又该如何处理呢？阳明并无提及。举例来说，假若父亲是一天没进食，路人却是十天没进食；父亲再饿一顿不会死，路人再挨饿便随时有生命危险。我手上的食物只有一点点，一人吃尚不足全饱，该给父亲，还是该给路人？还有很多其他特定人伦关系②与一般人际关系之间的义务冲突，又该如何处理呢？

总言之，孟子及阳明的道德直观主义，把太多注意力放在人欲与天理的冲突上，而没有正视天理与天理也常会有冲突，没有好好

---

① 共工、驩兜、三苗、鲧。
② 如兄弟、夫妇、朋友。

处理道德两难或义务冲突的问题。天理与天理冲突是道德生活中常发生的事,所谓"白谎"的争论,便是一个明显的例子。是的,做人是要跟从良知,可是在道德两难,义务冲突,天理相抵触时,良知之镜是照出几个不能共全的行动,良知的指南针不断摆动,指向不同的方向,我们又何所适从呢? 英哲罗斯的道德直观论便比中土的优胜,因为他充分正视"乍见义务"常彼此冲突的事实,并提供了一些化解冲突的考虑因素给我们参考(Ross, The Right and the Good, p18—19、21—22、41—42)。笔者虽然认为他所提供的指引尚不足够,但至少聊胜于无。

四、孟王道德直观主义的第二重困难

根据孟子及王阳明的道德直观主义,天理或道德价值是自明的,是不虑而知,不学而能,良知的明镜一照便马上照出来。正如陆象山所说:"人同此心,心同此理",自明的天理是有普遍性,是人皆会认同的。

可是事实上的确如此吗?

假如你在厨房看到一只蟑螂走动,或在睡房看到一只蚊子飞过,你会用迅雷不及掩耳的方式把这些昆虫打死吗? 你的良知会有什么指示?

这个问题大概没有确定的答案。假如你是佛教徒,你的良知会说:"绝不能打!"①假如你是儒家信徒,你的良知大概会赞成速打速决。

怎么会这样? 良知不是人皆有之,人皆同之的吗? 怎么会有

---

①　原始佛教的五戒说首戒便是不杀生。

矛盾的良知声音？

　　笔者认为，道德法则或义务之是否能被我们认同，有时是受世界观所影响。假如你接受佛教的世界观，相信轮回和业，便会主张不杀生。根据上述两个教义，人在解脱进入涅槃之前，都不断在这世间打滚，生死相继，不断投胎至下一生。至于下一生是投胎成人成畜牲成害虫，则视乎人今生所积的好业及坏业多寡而定。因此，今生出现在我们周围的蟑螂及蚊子，可能是我们无数前世中的一世的亲属。狠狠追杀蟑螂及蚊子，可能是追杀我前世的父母或爱人，我们又何忍如此无情？

　　可是，假如你不接受这一套世界观，便不会对害虫有慈悲之心，而会主张对害虫展开"圣战"。换言之，光凭良知，有时是不足以洞悉道德的是非、对错、善恶、好坏。阳明认为良知可以不虑而知天理；唔，视乎哪一个"天"吧！阳明的良知可以直观儒家的天①的天理，但佛教徒对天②另有理解，所以所直观的天理可以是与阳明的天理互为矛盾。良知之镜并非万能；没有世界观之镜，良知之镜有时也照不出什么影像或天理来。

　　再者，我们也不能否认，任何社会的人都会倾向把大部分人接受的见解或当时的风俗视为道德真理③。把道德真理或天理说成是自明的，是不虑而知，不用提供理据的，只会更促进上述现象的产生，使社会上道德的发言人讲话更独断。

---

①　世界观。
②　世界观。
③　如男女授受不亲、三纲、饿死事小失节事大等。

五、孟王道德直观主义的第三重困难

道德生活,并不只是知道有哪些一般性的天理①便足够,还要把这些一般性的天理或道德规范落实到具体的生活来。譬如说光是在良知上知道要事亲以孝并不足够,我们还要知道什么具体行为才是"孝行",什么是"不孝行为"。要得到这种知识②,除了孝这个一般性道德规范以外,还需要两个因素的协助:世界观及经验事实。

先说世界观:儒佛二教对于孝的争论便是一个很好的说明。自从佛教于汉末传入中国后,有一段很长的时间受到儒者的批判及排斥;而儒者斗佛的其中一个论点,是佛教徒违反孝道。佛教徒出家,所以便没有奉养父母;他们独身不嫁娶,所以便无后;他们剃发,所以便毁伤了受诸父母的身体发肤。

佛教徒对这个控诉有两种辩护是很有趣的。第一,他们认为他们的行为比儒者所提倡的更合符孝道。在《弘明集》中的《牟子理惑论》中,牟子讨论到一个对佛教的攻击:"太子须大挐③,以父之财施与远人,国之宝象以赐怨家,妻子自与他人。不敬其亲,而敬他人者,谓之悖礼;不爱其亲,而爱他人者,谓之悖德。须大挐不孝不仁,而佛家尊之,岂不异哉!牟子曰:……苟具其大,不拘于小。……须大挐睹世之无常财货非己宝故,恣意布施以成大道,父国受其祚,怨家不得入。至于成佛,父母兄弟皆得度世,是不为孝,

---

① 忠、孝、信、仁等。

② 也就是说,要作一个正确的具体道德判断。

③ 此人是释迦的前世。

是不为仁,孰为仁孝哉!"(《大正新修大藏经》52.3c－4a)换言之,表面上须大挈的行为是与儒家所提倡的孝行有冲突;可是,从长远眼光及佛教世界观看来,须大挈成佛后使"父母兄弟皆得度世",这才是更大的孝行。

在西晋译成的《佛说孝子经》中也有一段类似的讨论:"世尊又曰:子之养亲,甘露百味以咨其口,天乐众音以娱其耳,名衣上服光耀其身,两肩荷负周流四海,讫子无命以赛养恩。可谓孝乎?诸沙门曰:惟孝之大其尚乎兹。世尊告曰:未为孝矣。……佛告诸沙门:睹世无孝唯斯为孝耳。能令亲去恶为善,奉持五戒,执三自归,朝奉暮终者,恩重于亲乳哺之养无量之惠。若不能以三尊之至化其亲者,虽为孝养犹为不孝。"(《大正新修大藏经》16.780bc)从佛教的世界观看来,人生最重要的价值是脱离苦海进入涅槃;因此,对父母最高的孝行,便是引领他们迈上步向涅槃的道路。儒家所提倡的孝行只是解决了父母今生及眼前的需要,佛教所提倡的孝行却能解决父母来生及终极的需要。因此,在儒家看为是不孝的行为,在佛教看来却是至孝的表现!何以有此分歧?世界观不同所致。

对于"不孝"的控诉,佛教徒有第二种护教的方式,就是作"小孝"及"大孝"之分别。小孝是事今生父母以孝,大孝是事所有前世及来生之父母以孝;这牵涉到不杀生及对众生慈悲的行为。唐法琳的《辩正论》中的十喻篇有这段解说:"外论曰:……释教弃义弃亲不仁不孝。……内喻曰:……故教之以孝,所以敬天下之为人父也。……刑于四海,实圣王之巨孝。佛经言:识体轮回,六趣无非父母;生死变易,三界孰辨怨亲。又言:无明覆慧眼,来往生死中,往来多所作,更互为父子。怨亲数为知识①,知识数为怨亲。是以沙门舍俗趣真,均庶类②于天属③,遗荣即道,等含气④于己亲。"(《大正新修大藏经》52. 529b)正如前述,基于轮回及业这两个教义,一切前世及来生的生物,均可能是我的父母,是故对众生慈悲而不杀生,便是一种大孝的行为。

宋契嵩有《孝论》一文(见于《镡津文集》卷三辅教编下),也提出类似的观点:"夫孝诸教皆尊之,而佛教殊尊也,虽然其说不甚著明于天下。……天下以儒为孝,而不以佛为孝,曰既孝矣,又何以加焉。嘻,是见儒而未见佛也,佛也极焉。以儒守之,以佛广之;以儒人之,以佛神之;孝其至且大矣。……孝出于善,而人皆有善心,不以佛道广之,则为善不大而为孝小也。佛之为道也,视人之亲犹己之亲也,卫物之生犹己之生也;故其为善则昆虫悉怀,为孝则鬼神皆劝。资其孝而处世,则与世和平而亡忿争也;资其善而出世,则与世大慈而劝其世也。"(《大正新修大藏经》52. 660a——661c)

总言之,从上述儒佛有关孝道之辩,(参 Kenneth K. S. Chen, *The Chinese Transformation* of Buddhism (Princeton, New Jersey: Princeton University Press, 1973. Chapter 2.)我们可以发现,要判断一个行为究竟是一个孝行或是一个不孝之行,关键之一是视乎我们采纳哪一个世界观。要决定哪一个世界观才是正确的世界观,已不是不虑而知的良知的功能了。

———————————

① 即朋友。
② 即生物。
③ 即天然亲属。
④ 即生物。

　　除了正确的世界观外,要作一个正确的道德判断,也需要经验知识的协助。关于这一点,王阳明不应有异议。有一次其弟子徐爱也觉得好像只讲存天理去人欲有所不足,于是便问:"如事父一事,其间温凊定省之类,有许多节目,不知亦须讲求否?"阳明便回答:"如何不讲求?只是有个头脑,只是就此心去人欲存天理上讲求。……此心若无人欲,纯是天理,是个诚于孝亲的心,冬时自然思量父母的热,便自要求个凊的道理。"(《传习录》上,徐爱录;陈版第 3 条)在夏热冬寒之时,要判断什么行为才是孝行,便得有充分的经验事实知识不可;譬如说,知道什么布料更保暖①,知道什么办法可使屋中更清凉②。换言之,虽然良知"不虑而知"要事父母以孝,可是,我们若要知道什么具体行动才是孝行,便要用"头脑"去"思量",去求取相关的经验事实知识。光有良知,而没有经验知识,是不足以成孝子的。

　　在现代社会,道德问题特别复杂,若没有相关的经验知识,光凭良知,是会无言以对,或无所适从。譬如说,若要处理生命伦理学的问题③,便一定要具备充分的科学技术知识才行;否则,你的道德判断便只是鲁莽及外行。

　　换言之,在具体道德生活中,良知只是必要条件,而不是充分条件。

---

　　①　"温的道理"。
　　②　"凊的道理"。
　　③　如试管婴儿、代孕母、遗传工程等。

六、结　论

在上述孟王道德直观主义的三重困难中,第一重困难是可以克服而无损其道德直观主义立场;正如上述,英哲罗斯的道德直观主义便大体上没有这个问题。可是上述第二及第三重困难,若要克服,便一定要放弃其道德直观主义立场。正如上述,道德生活牵涉三个重要因素:道德规范①、世界观、经验事实。良知顶多只能洞悉部分道德规范,正确的世界观及经验知识却是非道德性的知识,并非不虑而知的良知所可以知的,而是要加以反省、研究、调查、深思熟虑才可知的。

因此,我们若要在现代社会重建儒家的伦理学,不能再走陆王的路线,只讲尊德性、存天理去人欲、磨良知之镜。程朱一系,因为重视道问学和格物穷理,于是便有动力去处理世界观及经验事实这两个重要因素,若加重整,也许能带来适合现代社会的新儒家伦理学。

（选自中华孔学会编:《儒学与现代化》,人民教育出版社 1994 年版）

罗秉祥,香港浸会大学教授,宗教与哲学系主任,有《自由社会的道德底线》、《黑白分明:基督教伦理纵横谈》、《基督教与近代中西文化》等著作。

选文认为孟子、陆象山、王阳明的道德直觉主义存在三方

---

① 天理。

面的缺陷,只讲尊德性、存天理、磨良知之镜;而程朱一系重视道问学和格物穷理,注重处理客观世界及经验事实,有存在下去的生命力。因此要在现代社会重建儒家伦理学只能走程朱的方向,而不能走陆王的路线。

儒学与 21 世纪家庭伦理

［韩］金吉洛

一、序论

孔孟儒学的理想是追求世界的和平和人类的安定。其具体的实现方法是确立以仁为根本的理念,人人正确管理作为社会原初基本单位的家庭;其最高目标是确立家庭秩序。首要任务是正确实践家庭伦理。

先秦儒学适应当时的现实,建立在农本社会为主的大家庭制的基础之上;现代产业社会的家庭伦理建立在核心家族为中心的基础之上,这就是两者的区别。

19、20 世纪的产业化使核心家族形态发生了变化,随着传统的没落,出现了非人性化和人际关系疏远等非常深刻的社会问题,人们产生社会危机意识。

我们现在已到达国际化的门槛。在今后的社会里,再也不能固守某种特定的文化遗产。因此,未来的 21 世纪将在更高的层次上进行东西文化的交流,去克服现代技术文明带来的问题。这虽然是难以迅速做出判断的问题,但相信 21 世纪将是信息化的社会,适应这种产业结构的家庭形态主要是混合大家族制度。从感情方面或结构方面看,未来的家庭从核心家族转化为大家族社会的可能性很大。

　　下面首先考察有可能克服现代产业社会的矛盾并能适应 21
世纪信息化社会的先秦儒学家庭伦理观,然后阐明现代社会的家
庭伦理,最后提出 21 世纪家庭伦理的处方。

　　二、先秦儒学的家庭伦理观

　　仁是人的本性,这是儒学的根本命题,也是伦理的根本问题。
知天命的人,就是以仁为本质的人,这种人是符合天理的伦理存
在。人虽然是符合天理的理想的伦理存在,但为了建立伦理的道
德社会,还要把修身,即把陶冶人格问题当做首要的基本任务。

　　儒家的理想社会是仁义道德社会,认为正确地实践家庭伦理
比统治社会的政治手段或能力更有价值。家庭是构成社会的原初
的基本单位,也是国家和社会发展的关键,所以,儒家非常重视成
为家庭生活基本条件的现实性生计的发展和提高问题。儒学本来
就不求助于超越一切的任何神,也不追求遥远的理想伦理,而是在
其现实生活中探索建立家庭伦理的合理主义根本方法。

　　五伦是儒学的基本纲领,其中"父子有亲"、"夫妇有别"是家
庭伦理的框架。有人把五伦看作上下,甚至尊卑的人际关系,断定
这是强调身份的封建伦理,指出这是违背个人自由和平等原则的
从属伦理。这一倾向是把孔孟儒学的五伦与汉代儒学的三纲混同
的结果。五伦是孔孟儒学的根本,揭示了人的本质;三纲是汉代把
儒学官方化为政治意识形态时对五伦的歪曲利用。

　　在儒学看来,家庭是从男女结为夫妇开始形成的。但有人把
夫妇的基本关系"夫妇有别"理解为根据差别形成的男尊女卑的
性差别意识。所以出现了许多错误的见解,提出"烈女不更二夫"
等把五伦解释为三纲这样的从属伦理。在性别或家庭环境和个性
的人格形象上,夫妇本来就是相互区别的异质存在,而且以爱情为
媒介,结合为家庭并和睦相处。夫妇之间的道理应该是非常严格

而慎重,才能持续相处。事实上人类最圣洁的新生命就是从夫妇的结合中诞生的,因此夫妇的和睦相处与天地之合德紧密相连。夫妇间的关系是根据"二而一"的妙合原理形成家庭的和谐。虽然有人把"夫和妇顺"的和谐解释为主从的伦理,但也可以理解为圆满地维持夫妇间和谐的纽带关系、谋求家庭秩序的连带关系。因此完全可以说这是以男女平等和个人人格为基本原则的夫妇和谐伦理。

儒家家庭伦理的核心是夫妇之间的爱情,根本原则是父母与子女之间的慈孝。但是与父母对子女的慈爱相比,过份强调了子女对父母的孝顺,结果在传统社会中形成了过份重视家门、家统的意识,出现了束缚人的个性的弊端。父母与子女的关系是以血缘关系结成的最亲密的人际关系。父母与子女的人际关系,不仅适用于农本社会大家族制度,而且也适用于现代产业社会核心家庭制度,这是任何社会都不可回避的以天伦结成的父母与子女的最亲密关系。尽管由于时代的变迁,社会结构有了很大的变化,但人际关系中最密切的父母与子女关系中"亲"的本旨是不会改变的。只有在如何处理人际关系的规范伦理上,才有随时代的变迁适当调整的问题。认为父母与子女有最亲密的关系,并把这种最亲密的关系表述为"父慈子孝",说明父母与子女的关系是双向的互惠伦理关系。但有人却把它曲解为旧的从属伦理,与三纲中的"父为子纲"混淆起来。也有人把作为仁之根本的孝,只理解为做子女的义务,即只强调了一方的孝。因为父母对子女的慈爱也可以看作脱离伦理层次的生物本能,所以在道德方面只是没有更多强调而已。

儒学中的"孝"的概念,不仅不是指子女对父母的服从,而且也不能把这局限在子女对父母的人际关系上。仁是儒学的根本思想,孝是实践仁的根据。儒学扩大了孝的范围,建立了把人与人、人与社会的一切关系看成孝悌关系的理论体系,甚而认为是对宇宙的爱,也就是说把孝扩大到社会的一切领域。

正如上述,家庭生活中子女对父母的孝、兄弟之间的友爱,从幼儿开始的成长过程中,对个人的人性形成起非常重要的作用。尊敬和诚实的孝,在社会就成为对师父和长者的恭敬,在工作场所就成为恭敬而诚实地履行职责做出贡献。因此,孝不仅在体现家庭伦理中,而且在体现社会伦理和国家伦理中起着核心的作用。

三、现代产业社会的家庭伦理

到了19、20世纪的产业社会,形成了人随着工作场所的变化而迁居的生产体系。因此家庭形态变为按产业形成夫妇为中心的核心家族。加上西欧个人主义文化的传入,使以往的传统家庭几乎失去作用。

在传统社会曾是陶冶人格和纯化情绪场所的家庭,逐渐分散,丧失了作用。如今着眼点转为迅速化、自动化、物量化、规范化和大众化。因而忘却了本来的人性,成为外向的服从他人志向的市场型的人。尤其是由于个人主义文化的影响,只懂得把夫妇结合动力的爱情绝对化,出现了轻视性的差别,注重横向平等的倾向。把"二而一"、阴阳调和的妙合原理曲解为性别的差异,进而采取否定的态度。

过份强调个人自由、平等的可视性价值观,使夫妇之间丧失了阴阳调和原理,甚至使家庭伦理丧失了协调两人关系的动力。因而夫妇之间纠葛和反目日益加剧,离婚、家庭不和、分居等现象增多,家庭不断破裂,出现了父母尚在世的不是孤儿的孤儿和许多生活在单亲家庭的儿童。

越先进的国家,家庭破裂的比率越高;而城市比乡村的比率更高。这些统计数字,确使人感到惊讶。由此可见,产业的发达和个人主义,确实给人类文化的发展带来了消极影响。据说未来的社会由于夫妇的离婚和再婚的余波,一个孩子有几个父亲或母亲的家庭将成为主流,形成丈夫为离婚的妻子支付抚养费、妻子接受丈夫生活费的多夫多妻的经济关系。这对生活在儒学传统的我们来说,确实是黯然失色的问题。很难说经济发达就可以形成优良的人格。这是因为把父母的作用只看作经济上的资助,这与饲养动物没有什么区别。现在的工业先进国家,据说有惊人的家庭形态共存,竟达 86 种之多。虽然可能认为多元化现象是正当的,但这种非伦理的奇异家庭,不能称之为理想家庭形态,只能把它看成非正常生活中派生的家庭形态。它不仅会给当事者夫妇及子女们带来不幸,而且也将造成社会的混乱。这种丧失做人道理造成的现象,只不过是对神经末梢刺激的敏感反应的表现。从以仁为根本的儒学伦理看,这是无论如何也不能容纳的非伦理家庭形态。这种现代产业社会所指向的价值观或已污染的个人主义文化病态,是无论如何也无法医治的。

夫妇是构成一个家庭的主要存在。因此缺少任何一方都肯定是有缺陷的不完整的家庭。现代西欧文化不是把人与人、人与社会的关系看成相互包容和谐的关系,而是看成要求与利益相互冲突的矛盾体系。所以有人认定这是对立的、机械的世界观。现实的趋势是,在家庭中的家族成员之间,或在社会生活中的个人与个人、集团与集团之间的矛盾与冲突,比过去任何一个时期都更加尖锐。

据说社会越是非人性化,人们就更强烈地期望实现安乐的家庭。事实上随着社会的非人性化的加剧,家庭不断遭到破坏,克服这种社会和家庭的病理现象就将更为困难。按社会学者的说法,现代人绝对化了物质性价值,其结果丧失了人自身的价值根据。夫妇之间、父母与子女之间的纠葛虽然日益加深,但还没有解决这些问题的系统研究和理论准备。现在急需解决这些问题的对策。由于父母与子女之间世代差异出现的纠葛,家庭生活中情绪的不稳定和人际关系的淡漠产生的不满和挫折感等许多问题,不仅涉及到老人的问题,而且也涉及到青少年的深刻社会问题。

即使是借产业化之力建立了良好的社会福利制度,被父母遗弃的幼儿得到良好的教育;即使建立了年老时得到国家和社会的良好保护的制度,但人不是只满足于衣食住的存在。任何人都绝对需要能起安乐和平的爱情巢穴作用的家庭。

四、21 世纪家庭伦理的处方

21 世纪将是现代产业社会发展为信息化的社会。可以预见,大企业将解体变为小的公司,出现自宅就业现象,形成职住一致的社会。与此同时,产业社会的核心家族将消失,大家族将复活。因此需要对未来社会采取新的对策。

随着 21 世纪新技术体制的建立,将产生新的社会经济体系,为此应创建与此相适应的家庭伦理。在信息化的社会里,人不再是集体化的个人,社会将是以个人为主轴的社会。随着社会的多样化和个性化,没有个性的大众将变为有个性的公众。尤其是价值观的多样化、个性化,所有社会结构也会呈现多样化现象,随之新的非人性化和人类疏远问题将更为突出。为了解决多样化社会中由于个性化造成的各种利害关系上的矛盾和对立现象,协调个别与个别、个别与全体关系的问题将显得更为重要。因此有必要建立能保存个别的多样性,又能维持全体和谐机能的伦理。既然如此,全体既不能无视个别性,又不能以强制统一个别的存在;个别的存在也不能无视全体的协调问题。个体和个体的和谐、个体和全体的和谐问题将是多样化社会中必须解决的问题。

本来儒学理念的最终目的是调和的伦理。它不仅要具体调和人与人之间的关系,而且把调和人与自然(天地人三才)的关系看成极端重要的问题。同时还可以从中找到克服现代产业社会环境污染造成的生态破坏严重问题的处方。

现代文明割裂理念和物质、天和地,视两者如冰炭,不仅造成了人类疏远现象,而且造成了人性的丧失。为了克服现代文明的矛盾,应重新阐明儒学的根本思想——仁的精神。儒学的根本精神,不仅要求调和每个人的关系,而且把调和人与自然的关系当做最高的目的。但它并不无视人的个性,也没有把重点仅仅放在全体的调和上。儒学虽然把仁的精神贯穿在天地人三才之中追求总体的调和,但仍然以人类每个人的天性为根本,同等对待人类尊严的人格与天。考察这一"天人合一"的思想,可以看出它并不想把人束缚在全体的枷锁上,而是以个人的自由、平等为基础,同等尊重人权和天,并追求它们全体的调和。它注重追求人内在的独特良知的人性,而不是超越一切宗教对人的理解。为了消除物质增长过程中出现的物质享乐和颓废风潮,有必要恢复人的本来面貌,把人的地位提高到物质之上,迎接把人上升为中心的人性化的时代。为此应在以仁为本质的儒学伦理精神基础之上,吸收健康的西欧个人主义文化。

如果说 21 世纪信息化社会的家庭是职住一致的扩大家庭的复活,那么未来社会的家庭将是大家族社会的恢复。但它区别于传统社会的以血缘关系为中心的大家族制度。如果只是为管理经济组织而组成大家族的话,那么没有血缘关系的人也就可以成为其家庭成员了。事实上农本社会以温情结成的血缘连带关系,比较容易发挥其和谐的动力作用,并能引导家庭向前发展。可是单纯地作为经济产业手段一环而结成的非血缘的异质构成的家族关系,就不那么容易维护其家族成员的纽带关系。尤其是信息化社会是多样化的社会,不同于传统的农本社会,人的个性化现象更为明显,甚至价值观也会多样化。在这种情况下,以非血缘关系结成的大家族制度,适用于农本社会大家族制度的家庭伦理,但很难适用于现代产业社会大家族制度。

如果不能否定"在创造新的价值观和秩序时,从无开始的追求不如以传统为基础的探索"经验命题,那么在平衡、统一未来信息化社会和维护大家族之间和谐的纽带关系上,儒家的家庭伦理就会占优势。儒学的家庭伦理,以仁为根本,尊重人与人、人与世界的和谐、平衡、统一,其中包含着丰富的智慧,这比适用于现代技术文明社会的对立、矛盾的文化更为优越。如果未来的前景是形成超越血缘关系为中心的家族形态的职住一致的集体家庭,那么就迫切需要建立超越个人的共同体意识。在个体化和多样化的社会里,个人的理想和价值观应该是既能最大限度地尊重每个人的特性,又能为共同体的繁荣和福利增长做贡献。以儒学的五伦为中心,即以仁为根据的孝文化为中心,按照变通论吸收以个人的自由和平等为基本的市民伦理。只有这样,才能消除人类的矛盾,克服人类疏远问题,形成健全的社会。

五、结论

以上三章是为了克服现代产业社会家庭伦理弊端、检讨21世纪信息化社会的新家庭形态以及与此相应的家庭伦理问题。如果认为21世纪信息化社会有形成"职住一致"的非血缘关系的家庭形态征兆,那么社会的个性化将会突出,甚至价值观也会多样化,协调个体与个体、个体与社会的关系问题,将成为社会的基本问题。

在个性化和多样化的社会里,个人的理想和价值观应该是最大限度地尊重个人的特性,同时又为共同体的繁荣和福利增长做贡献。因此以仁为根本的孝文化应当成为中心。这一种儒学家庭伦理应该是能吸收个人自由与平等基本原则的健全的西欧市民伦理。

当然这就可能出现东西文化的折中论。但是为了医治现代产业社会中的非人性化和人类疏远等深刻的病理现象,形成健全的社会风气,无论如何也要坚持以儒学的家庭伦理为主体,不能搞东西文化的折中论。

（选自《国外社会科学》1995 年第 2 期）

金吉洛:韩国人,当代儒学研究专家,韩国阳明学会会长。

本文首先考察了先秦儒学的家庭伦理观,认为其核心是夫妇之间的爱情,其根本原则是父母与子女之间的慈孝,可谓是以仁为根本,以确立和谐的家庭与社会秩序为最高目标的伦理。随着现代产业社会的非人性化的加剧,家庭伦理丧失了协调家庭成员关系的动力。在 21 世纪信息化社会里,应发挥儒学家庭伦理的和谐动力作用,并吸收个人自由与平等原则建立健全的西欧市民伦理,以维护未来社会和家庭的安定与和谐。

20世纪儒学研究大系

对中国传统伦理的现代理解

［韩］赵骏河

一、绪　言

人出生后,在一生活动中,从大的方面看无非有三种关系:人与神(天),人与人,人与物质(地)。人与神的关系属于宗教的领域,人与物质的关系属于科学技术的范围,而人与人的关系则属于伦理道德的范畴。在古代原始社会,人们对能够左右人的生、死、祸、福的神极为敬畏,因此宗教仪式非常重要。但近代科学技术的出现使人们产生了乐观的想法,即人们相信科学技术的发展自然而然地会造就人间乐园,因此出现了科学至上主义或物质万能思想,进而拜金主义思潮风靡全球。然而对科学技术发达寄与厚望的人们却屡屡失望。

进入 20 世纪,高度发达的机械文明使人们征服了自然,同时也使人类处于自我毁灭的危险境地。

另外,在大规模的产业社会中需要分工细致的机械式的社会组织,在这种社会中生活的人们,就像一部庞大的机器上的零件一样,当破旧磨损老化时便被新的零部件取而代之,人被当作具有某种机械功能可被任意替换的附属品对待。那么,人间幸福究竟在何处?

笔者认为,宗教、科学都是为人服务的,即宗教并非是为神而存在而是为人而存在,忽视人的作用,违背伦理道德的宗教,我们称之为邪教或似是而非的宗教。科学也一样,如果它给人们带来不幸的话也不会被人们所接受,当然并不是说科学技术使人们不幸而是指人们没有把它用于正道。所以,人如何才能成为真正的人是非常重要的,如果不首先处理好协调人际关系的伦理道德问题,宗教也好科学也好,对人们来说都没有真正的意义。

三国时代以后,主导韩民族风俗理念、伦理道德的传统思想是儒家思想,它不仅在过去占据统治地位而且直到现在仍然对人们的思考方式和生活习惯以极大的影响,排除儒家思想就无法论述传统思想或传统道德。那么成为我们传统伦理思想主轴的儒家伦理思想到底是怎么一回事呢?让我们来分析一下。

二、传统伦理的基本问题

1. 天

从《诗经》和《书经》中可以考察古人对天的认识。第一,人的生命是天所赋与的,故其寿命取决于天(《诗经·大雅·荡》。《书经·甘誓》。《书经·盘庚》)。第二,天为人类制订了永恒不变的、公正合理的、被称作彝(《诗经·大雅·荡》《烝民》。《书经·洪范》)、极(《书经·洪范》)、则(《诗经·大雅·荡》《烝民》)、叙或秩(《书经·皋陶谟》)的道德法则。第三,这种道德法则是天的命令(《书经·皋陶谟》。《诗经·小雅·节南山》《小宛》),必须顺从。第四,天负责监督检查人类遵守道德法则的情况(《诗经·大雅·文王》《皇矣》。《书经·高宗肜日》)。第五,顺天命则免灾得福(《诗经·鲁颂·閟宫》。《诗经·小雅·鹿鸣·天保》),

违天命则遭难受罚(《书经·康诰》。《书经·皋陶谟》)。第六,帝王替天行道,行使赏罚权力(《书经·皋陶谟》),黎民百姓皆为天之后代,帝王乃天之长子(《书经·召诰》),又称天子,因众人归顺而称其为王。第七,天在立王时,先选一能担当此任者(《书经·多方》),赐与神灵宝物作为护身符(《书经·洪范》)。前王向天荐举后王,天若满意则被承认。第八,帝王违背天道时上天警告之,若不能改正则由新王惩罚之(《书经·汤誓》)。第九,天意来自民意(《书经·皋陶谟》),上天体察民情(《书经·召诰》)。第十,人死升天,圣贤之人位于天帝附近(《书经·召诰》。《诗经·大雅·文王》)。

可以看出《诗经》《书经》中所指的天具有神性,这与耶稣教中把上帝看作是无所不知、无所不能、无所不在的造物主的观点极为相似(梁启超《国史研究》〈三代宗教礼学〉)。但应注意的是,此处所说的天是指始祖自天而来,并非就是造物主。孔子所言的天与《诗经》《书经》中把天描写成具有超人性质的神不一样,一向尊重传统的孔子并不是完全排斥了《诗经》《书经》中的天的观点,不过是加以改造而已。

据《论语》中记载,孔子在经过匡时,匡人误把孔子当作阳虎欲杀之,孔子泰然曰:"文王既没,文不在兹乎?天之将丧斯文也,后死者不得与于斯文也。天之未丧斯文也,匡人其如予何?"(《论语·子罕》)另有记载,宋国司马桓魋欲害孔子,危急时刻孔子泰然处之,曰:"天生德于予,桓魋其如予何。"(《论语·述而》)孔子坚信天命的面貌跃然纸上。孔子在回顾自己的一生时说:"吾十有五而志于学,三十而立,四十而不惑,五十而知天命,六十而耳顺,七十而从心所欲不逾矩。"(《论语·为政》)这里所说的"五十而知天命"是指个人能够自觉地认识理解上天所赋与自己的本性,即孔子已经达到了把体现个人修养的人格与反映内在道德律的天命融为一体的境地。因此说儒家的天观不仅包括了《诗经》《书经》中所说的传统的超自然属性,同时也包括了人固有的内在属性,这是儒家思想的基本问题。

2. 性

何谓性与何谓人的问题密不可分,因为此处所言的性是指人的本性。孔子认为"性相近,习相远"(《论语·阳货》)、"此所谓性,兼气质而言者也"(《论语》同上,朱子注)、"此言气质之性,非言性之本也"(《论语》同上,程子注),即这里强调的是习惯教育的重要性,并不是指人性的本质。

子思在《中庸》中写道:"天命之谓性,率性之谓道,修道之谓教。"(《中庸章句》第一章)这里简明扼要地指出了人的本质属性与天的关系,即人的本性是在出生时由上天赋与的,人性就是天命,性与天合二为一。

《中庸》里所言"天命之谓性"的内涵中虽然有人的本性是纯真无邪的意思,但直到孟子才明确指出了人之初性本善,并且以尧舜为例证明人性善的观点(《孟子·滕文公上》),即由于人的本性善良,所以任何人只要经过努力,都可以成为尧舜式的圣人,但这里所说的善并不是纯粹善的概念(《东塾读书记》卷三),而是如清朝陈澧所指出的那样,人的本性中都具有善的素质,只有把这些素质不断扩充,发扬光大才可以成为尧舜式的圣人。也就是说,应该看到人的本性中具备这种先天性的道德根据,但并不是说不管何人不经过努力也可以自然而然地变成圣人。

孟子认为人的本性就是仁、义、礼、智,人有恻隐之心、羞恶之心、辞让之心和是非之心,这说明人性里包含着仁、义、礼、智。对可怜的人产生恻隐之心,这是仁之端绪;做错事有羞恶之感,这是义之端绪;对长者谦让是礼之端绪;区分是非是智之端绪(《孟子·公孙丑上》)。上述四端,人皆有之,否则便不能称其为人(《孟子·公孙丑上》)。

上天赋与人的本性就是仁、义、礼、智之理,也就是人们行动中所表现出来的恻隐、羞恶、辞让、是非之气。理本身虽然看不见摸不着,但通过气所反映的理之端绪能够被我们所认识。因此可以说,天理是通过恻隐、羞恶、辞让、是非之心转化为气对外作用的。

当我们论述人性善时自然要涉及到恶起源于何处的问题,孟子认为恶来自于性以外的物欲。他说:"牛山之木尝美矣,以其郊于大国也,斧斤伐之,可以为美乎?是其日夜之所息,雨露之所润,非无萌蘖之生焉,牛羊又从而牧之,是以若彼濯濯也。人见其濯濯也,以为未尝有材焉,此岂山之性也哉?虽存乎人者,岂无仁义之心哉?其所以放其良心者,亦犹斧斤之于木也,旦旦而伐之,可以为美乎?……是岂人之情也哉?"(《孟子·告子上》)即恶并非起源于性本身,而是由于人心不正,欲望不当产生的。

与孟子的性善说相对立,同为儒家的荀子则主张性恶说。"人之性恶,其善者伪也。"(《荀子》〈性恶〉)"不可学,不可事而在人者,谓之性,可学而能,可事而成之在人者,谓之伪,是性伪之分也。"(《荀子》〈性恶〉)"若夫目好色,耳好声,口好味,心好利,骨体肤理好愉佚,是皆生于人之情性者也,感而自然,不待事而后生之者也。"(《荀子》〈性恶〉)作为肉体本能的欲望称作性,所以是恶的,而"礼义者,圣人之所生也,人之所学而能也,所事而成也"(《荀子》〈性恶〉)。圣人制作传授的礼义需经过人的努力去遵守,故称其为善。应该注意的是,孟子并未把生理的本能称做性,而是把道德的本能叫做性,而荀子则是把生理的本能称做性,并未言及道德的本能问题,因此说孟子的性善说与荀子的性恶说并不是相互对立的,由于他们所言的性字的意义不同,故善恶的概念也不一样。

朱子把性说分为本然之性和气质之性,规定本然之性为善,气质之性适宜恰当时为善,偏斜不当时为恶。

儒教是以修己、治人为目的,故不能不论及人之本性的问题。除了孟子、荀子的性说之外,还有告子的无善恶说(《孟子·告子》),汉朝扬雄的善恶混合说(《法言·修身》),唐朝韩愈的上中下三品说等皆归结为朱子说。(《朱子语类》)

3. 仁

何谓仁实际上是何谓人的问题,因为"仁者人也"(《中庸章句》22 章)。孔子学说的精髓一言以蔽之:仁。

《论语》中使用"仁"字的地方有 58 段共 105 字,孔子把仁作为实践中的指导原理并使之贯穿于诸道德中。当然仁字在孔子以前就被使用过,殷墟出土的甲骨文中就使用仁字了(商承祚著《殷墟文字类编》),金文中也有仁字(庚容著《金文续编》),在《诗经》《书经》等古经中虽然使用仁字,但只是把它当作亲爱、慈爱来理解,把仁作为一种学说的最高准则是始于孔子。儒家经传十三经中使用仁字的地方多达 445 处[①],其中大部分是在孔子以后使用的。

孔子的仁说是把自尧舜以来相传下来的先王之道归结为仁之道,以《论语》为中心来分析仁的意义大致可分为两个方面:对内克己,对外爱人,即首先是对自己而言,个人要克服自身的欲望、欲

① 《大学》10 字。《中庸》6。《论语》105。《孟子》151。《易经》10。《书经》5。《诗经》2。《周礼》1。《礼记》124。《左传》34。《公羊传》4。《穀梁传》8。《尔雅》1。《仪礼》与《孝经》无字。

心,通过自我反省达到内心神圣,实现自觉的道德要求,进而使天与人、物与我一体化。其次是对他人而言,用爱的准则处理与人的关系,孝顺父母,尊敬长者,爱护晚辈,进而达到治理国家,平定天下的伦理道德要求,实践外王之道。

《论语》中记载,"仲弓问仁,子曰出门如见大宾"(《论语·颜渊》),"颜渊问仁,子曰克己复礼为仁,一日克己复礼,天下归仁焉。"(《论语·颜渊》)当颜渊问及具体内容时,孔子回答非礼勿视,非礼勿听,非礼勿言,非礼勿动。这里指明了在个人修养方面,只有当自己克制了私欲,所有言行符合礼的规范时,才算达到了仁的要求。

孔子以前所言的仁大致是亲爱或爱人的意思,而《论语》中写到:"孝悌也者,其为仁之本与?"(《论语·学而》)从孝顺父母,尊敬长辈的家庭伦理开始,树立尊重他人,互相谦让,宽恕别人的社会伦理道德。"夫仁者,己欲立而立人,己欲达而达人,能近取譬,可谓仁之方也已。"(《论语·雍也》)普施恩惠,普渡众生,达到齐家、治国、平天下的目的。应注意的是,此处的仁虽然是爱人(《论语·颜渊》),或者如韩愈所说是博爱的意思,但与墨子的兼爱思想"视人身若其身,视人家若其家"(《墨子·兼爱》)和基督教的"打你右脸时把左脸也伸出来"(《新约·马太福音》第5章,39节)及"惜邻如惜身"(《新约》)的无条件的博爱并不完全一样。"亲亲而仁民,仁民而爱物"(《孟子·尽心上》),"老吾老以及人之老,幼吾幼以及人之幼"(《孟子·梁惠王》),"亲亲之杀,尊贤之等,礼所生也"(《中庸》10章),即儒家所说的仁是讲究次序和差别的仁爱,故与其他宗教中主张的博爱或兼爱不尽相同,当然这里并不是只热爱自己的家族而怠慢别人家族的意思,而是说要热爱一切,包括生物和非生物,只不过是讲究亲亲尊贤的等级次序而已。

以上通过对自己与对他人的两个侧面分析了仁的意义。人的概念也有个体性与社会性两个方面,人在这两个方面中生存发展,所表现出来的根本原理就是一个字:仁。

4. 礼

礼是人们在生活中所应遵守的仪式。

以上在分析仁的意思时提到克己复礼,天下归仁,儒家所言仁者爱人与其他宗教的博爱或兼爱的区别之处在于讲究亲亲之杀和尊贤之等的所谓礼,仁之所以成为仁就是因为讲究礼仪,礼节。

礼的字意如拙文所言(拙稿《礼的渊源之考察》80 页),礼虽然是从人与神的关系中派生出来的,但在现实生活中若没有礼仪规范,人们一天也不能生存(《论语·季氏》),"道德仁义,非礼不成"(《礼记·曲礼》),即礼是人们的行为规范。

以儒家经典著作十三经为例,使用礼字多达 2036 字①,与仁字相比,礼字的使用率更高,而且在孔子以前就被广为使用。

随着社会规范的逐渐扩大,自然要求制订与之相适应的各种法规,"礼仪三百,威仪三千"(《中庸》),"经礼三百,曲礼三千"(《礼记·礼器》),因而礼仪制度是十分必要的。当然礼的形式随着时代的变迁而变化,废弃旧的礼节制定新的礼法是一种自然的趋势。尽管礼的形式发生了变化,但其根本原理并未改变,即万变不离其宗。在千变万化的世界上,即使礼仪制度也随时代而变化,但作为礼的基本精神是恒定不变的。

---

① 《诗经》9 字。《书经》18。《易经》9。《周礼》200。《仪礼》170。《礼记》823。《左传》521。《公羊传》55。《穀梁传》66。《尔雅》2。《孝经》6。《孟子》68。《论语》75。

　　春秋战国时期,列国权贵大权在握,恣意横行(《论语·八佾》),周礼实际上是徒具虚名,除了一些形式之外,其精神本质早已无影无踪。孔子立志复兴古礼,为寻夏礼,他前往杞国,可作为凭证的文献不足,他又去宋国寻找殷礼,依然是资料不充分(《论语·八佾》注)。孔子虽想寻找周礼,可在幽王、厉王时代就已失传,孔子回到鲁国,尽管还能看到一部分周礼,但实际上只是僭礼而已,周礼的本质的内容也已被抛弃,故孔子叹息:"礼云,礼云,玉帛云乎哉?"(《论语·阳货》)强调礼不应是像玉帛似的礼物仅存其形式,而应作为纯粹的性情表现其诚意和恭敬。

　　孔子时代,人们只注重礼的表面繁文形式,所以当其弟子林放问及礼之本质时,孔子称赞说:"大哉问,礼与其奢也宁俭,丧与其易也宁戚。"(《论语·八佾》)子路引伸了孔子的话,强调在举行丧礼时,悲哀之心重于形式,在举行祭礼时,诚敬之心重于形式(《礼记·檀弓》)。在当时社会形式虚文盛行,精神本质抛弃的情况下,孔子强调注重礼的本质决不意味着不需要礼的形式。礼若无形式只有本质就不能称其为礼。在仁义礼智信五德中,唯有礼是讲究形式的。因此,敬若不符合礼式就称为野,恭若不符合礼式就称为给(《礼记·仲尼燕》),即恭敬为礼之本,若不符合形式规范就不能称为礼。当然礼如过分文饰则本末倒置,因此,既不过分又无不及,达到形式与本质的协调一致是理想的礼,故礼就是合适、适宜的意思(《礼记·仲尼燕居》)。朱子也说:"礼贵得中。"(《论语·八佾》朱子注)"礼时为大,顺次之,体次之,宜次之,称次之。"(《礼记·礼器》)

　　综上所述,所谓礼就是人们纯粹的诚意、恭敬之情通过恰当的修饰和必要的讲究,使形式与本质达到完美、协调、统一。

三、五伦

五伦是人类社会中应该遵守的永恒不变的秩序,或者说是在诸多正确的道理中最重要的五种人际关系,即父子有亲,君臣有义,夫妇有别,长幼有序,朋友有信(《孟子·滕文公上》)。

自尧舜以来,迄今为止,五伦是东方传统伦理的核心,但有时人们对五伦的解释并不完全正确。有人认为五伦是过去以血缘为中心的农耕社会中形成的伦理道德,因此不适应于当今科学技术发达,人员往来频繁的文明社会;也有人主张五伦是封建诸侯国家为维护家长式的权威统治,束缚女性自由的不平等的旧的伦理道德,故与平等民主主义时代相违背;还有人评论说帝国主义时代,统治者为了维持、巩固政权,剥削劳苦大众,打着五伦的幌子迫使人们盲从,从而使当权者的横征暴敛合理化,因此主张要早日抛弃这种封建社会和帝国主义的残渣余孽。

那么五伦究竟是何时、根据谁的意志制订的? 其内容如何? 它为什么能在具有五千年历史的东方社会中成为传统伦理道德的核心呢?

"孔子曰:大哉尧之为君,惟天为大,惟尧则之,荡荡乎民无能名焉。"(《孟子·滕文公上》)在中国历史上最伟大的圣君尧帝时,舜摄政,"慎徽五典,五典克从"(《书经·舜典》)。舜帝成为天子对其臣下契说:"百姓不亲,五品不逊,汝作司徒,敬敷五教,在宽。"(《书经·舜典》)这就是说五伦最初是根据东夷族人舜的要求教育百姓的,孟子说后稷教百姓从事农活,栽种五谷养育自己,"人之有道也,饱食暖衣,逸居而无教,则近于禽兽,圣人有忧之,使契为司徒,教以人伦,父子有亲,君臣有义,夫妇有别,长幼有序,

朋友有信。"(《孟子·滕文公上》)《书经》中也写到:"天叙有典,
敕我五典,五惇哉。"(《书经·皋陶谟》)五伦也称五典或五教,是
人们出生时由上天赋与的伦叙并非人为制造的,最初是从舜帝开
始教授给百姓的。

下面按顺序——分析五伦的真正含义。

1. 父子有亲

父子有亲是指父母与子女之间应该亲近、亲密的意思。

人出生后首先形成的人际关系就是个人与父母的关系,没有
父母就没有自身也就不能成长,故父母与子女的关系被称为天伦,
位于五伦之首。父母与子女血肉一体,气脉相通,是其他任何关系
都无法与之相比的亲情关系。本来就是一种亲密的关系,为什么
要强调父子有亲呢? 即使不说也是一种天然的血亲关系,何必如
此强调而且又把它作为五伦之首来看待呢? 人们在一生中经常因
一些区区小事意见不同产生对立,或者因蝇头小利使本来很亲密
或应该亲密的父母与子女之间的关系出现裂痕甚至反目为仇,冷
眼相对,所以为使父母与子女间在任何情况下都保持亲密感而提
出父子有亲。这里并不是说无中生有,硬要规定某种框框,而是说
要将这种天伦之亲保持下去。

哪怕是世上最坏的人,若他是自己的父母的话,作为子女来说
不能将他抛弃掉,反之亦然,这是父母与子女之间天然的亲密关
系。汉字尽管有五万字之多,但除了亲字之外,还没有其他的字能
够更恰当、准确地描绘父母与子女的关系,因此,在父母与子女的
关系上,亲是至高无上的命题,不管在任何情况下,父母与子女之
间都应该亲密无间,此所谓父子有亲也。

《论语》中写到:"叶公语孔子曰,吾党有直躬者,其父攘羊,而
子证之,孔子曰吾党之直者异于是,父为子隐,子为父隐,直在其中

矣。"(《论语·子路》)在孔子看来,父子互相为对方保密既符合天理又是人之常情,正直也在其中,故在父子关系方面血亲至上。

另据《孟子·尽心》中记载:"桃应问曰:舜为天子,皋陶为士,瞽瞍杀人,则如之何? 孟子曰:执之而已矣。然则舜不禁与? 曰:夫舜恶得而禁之? 夫有所受之也。然则舜如之何? 曰:舜视弃天下,犹弃敝屣也,窃负而逃,遵海滨而处,终身欣然,乐而忘天下。"(《孟子·尽心上》)法官皋陶秉公执法,舜为其父着想,抛弃了天下的荣华富贵,皆因父子有亲使然。

不论时代怎么变迁,制度如何变化,在父子关系上,没有能比亲情更加宝贵的东西了,因此为了维持、保存这种亲密之情,父母要热爱子女,子女要尊敬、孝顺父母。

父母的责任是热爱子女,子女的责任是孝顺父母,即使父母对子女说不爱你或者程度上多少有些差异,但实际上仍然是热爱所有的子女。然而子女尽管想对父母尽心尽孝,实际上也很难完全做到,这是因为爱是对弱者,是自上而下的事情,因而比较容易,而对上尽孝则是件困难之事,故圣人们强调的是孝。

孝是子女尊敬、热爱父母,即子女对父母的热爱、恭敬协调一致为孝。

《孝经》中说:"不爱其亲,而爱他人者,谓之悖德;不敬其亲,而敬他人者,谓之悖礼。"(《孝经·圣治》)这是因为子女从父母处所得到的恩惠是其他任何东西都无法比拟的,此恩不报乃最大的忘恩负义和背信。哪怕父母疏忽了自己的职责,对子女热爱、关心不够,哪怕子女竭尽全力孝敬父母,但实际上仍然难以报答父母的养育之恩,与从父母那里所得的恩惠相比,充其量不过是万分之一而已,因此并没有什么不平等可言。

2. 君臣有义

君臣有义就是指君主与臣下之间要讲义。人们一生当中,最重要的是父母与子女之间的关系,其次就是君臣之间的关系,因此君臣有义是五伦中第二位的重要问题。

君臣二字仅从字面意义上理解的话,是属于过去封建社会、帝国主义时代的产物,不符合当今民主主义时代的要求。可是对今天而言,所谓君是指国家的领导者,臣是指被领导者,因而君臣有义实际上意味着领导者与被领导者之间要讲义,故总统也好,公务员也好,领导者与被领导者要按义行事。如果说父子有亲是家庭关系的最高准则的话,那么君臣有义就是领导者与被领导者之间的最高准则。假如某个领导不义的话,就不能继续被推戴为领导;假如某个部下不义的话,就应当给以适当的处分,这皆因义为最高准则之缘故。对个人而言,即使是与我关系密切、私交很深的部下或公务员,若其不义也要解职;即使是让我享受了很多恩惠的领导,若其不义也要直言相告,如不采纳则可采取革命的手段。在这里,君臣之间决不能徇私情,唯有义才是最高的行为准则,君臣有义就是这个意思。当然此处不仅仅是指国家最高领导人与被领导者之间,而是说社会上所有的领导与被领导者之间都应如此。这是因为在社会生活中只有义才是处理领导与被领导关系的最高准则。

在过去日本殖民地时期,曾把君臣有义唯我所用地加以歪曲,强调绝对忠诚于天皇,以致于时至今日仍有许多受过那种教育的人不能正确认识和理解五伦,当然这不过是狡猾的日本人为了实现自己的野心而玩弄的歪曲五伦的鬼把戏而已。即使把君臣有义的君臣二字理解为过去旧社会的君臣,君与臣之间要按义行使也是一种双边互惠的平等伦理关系。尽管有人主张"君虽不义,臣当尽忠"的不平等观点,但并不能把君臣有义解释为不平等的伦理关系。何况君臣一词当广义地被理解为领导与被领导者时，所谓君臣有义则是说指导者与被指导者都要按义行事。这种伦理关系不仅现在需要，将来也仍然需要。为使君臣有义，则应"君使臣以礼，臣事君以忠"（《论语·八佾》）。

当今社会，不义之人不能当领导已成为全球改革的共同趋势。

3. 夫妇有别

所谓夫妇有别是指丈夫与夫人之间应该有所区别的意思。人们在一生当中遇到的第三个重要问题就是男女关系问题，因此也称男女有别。

丈夫与妻子在一起共同生活中应有所区别的意思是指丈夫与妻子要分别遵守各自所应遵守的伦理道德，从而承担各自不同的义务，这就是所谓有别的意思。有人把夫妇有别或男女有别理解为男女之间的差别，也有人认为这是过去封建社会男尊女卑思想中反映出来的男性为束缚压制女性而制订的封建社会的残渣陋习，应该予以纠正。如果知道此处男女有别是指男女应分别按照自己的本分行事的话，那么就不会认为这是男女不平等的伦理道德了。

男性不管是生理上还是精神上都是刚强有力、朝气蓬勃，而女性则是温顺谨慎、细腻美丽。所谓男女按自己的本分行事就是说男人要像个男人样，发挥男性的特点，意气风发，斗志昂扬；女人要像个女人样，发挥女性的特征，温文尔雅，细致谦和。因此自古以来就对儿童实行符合男女特点的分类教育。（《礼记·内则》）男性若违背了男性的特点，生活必然是痛苦，反之，女性亦然。故男女都要按照各自的特点，遵守各自的本分，组成和睦的家庭，有严父慈母的教育，子女就能形成良好健全的人格。

《中庸》中写道："君子之道，造端乎夫妇。"（《中庸》12章）朱子解释为："夫妇，人伦之至亲至密者也。人之所为，皆有不可以告其父兄，而实以告其妻者，人事之至近，而道行乎其间。"(《中庸》12 章，朱子注)另《礼记》中说："亲亲，尊尊，长长，男女有别，人道之大者也。"(《礼记·丧服小记》)即夫妇问题是重大的社会问题，君子之道产生于此。

现在世人都在为家庭问题而苦闷，大家庭逐渐趋于缩小化，离婚现象蔓延全球，中南美离婚率已高达 80%，美国也已达 70%，在此情况下，我们应该保持男女有别的伦理传统，维护爱情的纯洁性，遵守各自的本分和道德秩序，组成令世人羡慕的幸福家庭，即使夫妇相爱，也应该互相尊重对方的人格，相敬如宾，遵守各自所应遵守的道德规范，只有这样，才能爱情长存，青春常在。所以说夫妇有别是至高无上的命题和准则。

4. 长幼有序

所谓长幼有序是指年长者与年幼者之间应该有规范，讲秩序。人们一生中面临的第四个重要问题就是不同年龄阶层的关系问题，这种关系起始于兄弟间的关系规范，推而广之，则意味着在全社会不同年龄阶层中重视秩序，讲究规范。

今天，有人批判长幼有序，说这是不合理的规范，主张应按能力和业绩的大小享受不同的待遇，不能依年龄大小给予不同待遇，认为即使对方年龄大，而我仅仅是由于年龄小就非要特别尊敬对方的必要性是不存在的。笔者认为这是仅适用于自然界的适者生存的理论，若照搬到人类社会，则会出现许多问题。若兄欺负弟弱小，长者藐视幼者无力，青年蔑视老年衰老，这与动物界的强者生存观点并无两样。

兄爱护弟，弟尊敬兄，以敬己兄之心敬人之兄，以爱己弟之心爱人之弟，以敬己长辈之情敬人之长辈，这样讲究秩序，遵守规范，长幼间便可和睦相处,友好往来。

近来有人认为传统的东西已没有价值,唯有新的东西才有价值,所以"代沟"日益扩大,科学技术属于物质文明范畴,伦理道德属于精神文明领域,因科学技术发达而抛弃传统精神和文化的做法是不可取的。当今社会,物质万能主义盛行,价值观颠倒,世风每况愈下。孟子曾曰:"天下有达尊者三。爵一德一齿一,朝廷莫如爵,乡党莫如齿,辅世长民莫如德。"(《孟子·公孙丑下》)强调要尊敬长者。

为实现代际沟通、融和,把传统精神文化传给下一代,长幼有序在今天仍具有重要的现实意义。

5.朋友有信

所谓朋友有信是指朋友之间要讲究信义。人们在一生当中面临的第一个重要问题就是同仁、同僚间的关系问题。年龄相仿、地位相当的朋友间的伦理道德是信义和信赖。要想建立相互信任的平等的朋友关系,首先要讲究善和仁,与人为善才可信赖,否则便无信任感。所以朋友之道是责善,也就是要克服不善的方面向善的方面转化,曾子曰:"以友辅仁。"(《论语·颜渊》)主张朋友通过相互切磋琢磨,使自己达到仁的境界。正如荀子所言:"蓬生麻中,不扶自直。"(《荀子·劝学》)如果朋友都讲仁义、行善的话,既使有个别不善之人,在这种环境中也会慢慢变好的。曾子有言:"吾日三省吾身。"(《论语·学而》)其中之一就是与朋友交往中是否有不讲信义之处。所以说在年龄、资历相似的同仁之间要建立相互理解和支持的朋友关系,信义是最高的准则。

四、结束语

现代科学技术日益发达,科学至上主义,物质万能主义四处泛滥,人役于物的现象比比皆是,因此我们不能不认真思考:什么是人生的真正价值? 人间幸福究竟在何处? 笔者认为,当务之急是搞清传统伦理道德的真谛并使之发扬光大,同时向青年一代揭示人生价值的标准。

东方传统伦理道德的基本问题是有关天的问题,天的概念在《诗经》《书经》中带有古代宗教色彩。到了孔子时代揭示了天的内在性,认为人性乃天命,把天与人连为一体,所谓堂堂正正,光明正大地生活就是要遵天命,实现人的本性。人之所以成为人,重要的一条就是讲究仁。所谓仁是指自身人格完善并热爱他人。仁实现之日就是世界和平到来之时,此所谓人间天堂也。要实现仁就是讲究礼,而礼是要把诚敬之意与谦让的形式协调一致起来。建立在上述指导思想之上的五伦,是处理人际关系的最高行为准则。

人们出生后首先面临的是父母与子女的关系,其后依次为领导与被领导的关系、男女关系、长幼关系和同辈人之间的关系,人在一生中所遇到的各种关系无非就是以上五种关系。衡量这五种关系的最高标准是亲、义、别、序、信,这是传统伦理的核心问题。在今天争取自由、崇尚平等、尊重人格、解放人性的民主社会中,如何继承传统伦理道德是我们面临的重要课题。笔者认为,为了解除现代人的苦闷,避免道德沦丧的唯一可行的办法是重振传统伦理道德。

（选自《国际儒学研究》第二辑,国际儒学

联合会编,社会科学出版社1996年版)

赵骏河:韩国孟子学会会长、韩国同德女子大学教授,韩国程朱学会会长

此文首先分析了儒家传统伦理的基本问题天、性、仁、礼和五伦,进而指出,现代科学技术日益发达,科学至上主义,物质万能主义四处泛滥,人役于物的现象比比皆是,当务之急是要搞清传统伦理道德的真谛并使之发扬光大,作者认为,"为了解除现代人的苦闷,避免道德沦丧的唯一可行的办法是重振传统伦理道德"。

儒家伦理:道德理性还是血亲情理?

刘 清 平

目前,把儒家伦理视为"道德理性"的看法在学术界相当流行。本文旨在说明:儒家伦理在本质上是一种血亲情理观念,与道德理性精神根本有别。

一

儒家伦理观念在整体上主要由以下因素构成:

首先,它特别注重宗法家族关系的伦理道德意义。孟子在界定"人之大伦"时指出:"父子有亲,君臣有义,夫妇有别,长幼有序,朋友有信。"(《孟子·滕文公上》)因此,一般认为属于"私德"范畴的宗法家族关系,构成了儒家所说"五伦"的基本内容。

其次,它以血缘亲情作为确立宗法伦理规范的内在依据。孔子在批评宰我有关三年之丧的质疑时指出:"夫君子之居丧,食旨不甘,闻乐不乐,居处不安,故不为也。……予之不仁也!子生三年,然后免于父母之怀,……予也有三年之爱于其父母乎?"(《论语·阳货》)因此,短丧之所以不仁而君子不为,就是因为它违背了亲子之爱,不能使内心亲情保持安适和悦的状态。父慈子孝、兄友弟悌等儒家基本伦理规范,正是这种血缘亲情原则的具体表现。

再次,它认为这些血亲伦理规范是一切道德行为的本根基础。孔子要求:"弟子入则孝,出则弟,谨而信,泛爱众,而亲仁。"(《论语·学而》)有若认为:"孝弟也者,其为仁之本与!"(《论语·学而》)孟子指出:"仁之实,事亲是也;义之实,从兄是也。"(《孟子·离娄上》)《易传》主张:"父父子子、兄兄弟弟、夫夫妇妇,而家道正。正家而天下定矣。"

最后,它赋予血缘亲情原则以天经地义的至上意蕴。《易传》说:"有天地然后有万物,有万物然后有男女,有男女然后有夫妇,有夫妇然后有父子,有父子然后有君臣,有君臣然后有上下,有上下然后礼义有所错。"程颢说:"父子君臣,天下之定理,无所逃于天地之间。"(《河南程氏遗书》卷五)朱熹说:"亲亲之杀,尊贤之等,皆天理也。"(《中庸章句》)

以血缘亲情原则作为伦理规范体系的至上本根基础,构成了儒家伦理区别于墨家伦理、道家伦理、佛教伦理的独特本质。正因为如此,它才会在保留了许多原始氏族制度血缘习俗的中国古代社会长期占据主导地位,积淀在人们文化心理结构的潜意识层面,以致今天还能对现实的道德生活发挥深层影响。

本文将围绕上述因素论证儒家伦理并非道德理性。

二

在目前学术界,"理性"是一个被人们广泛运用、却很少得到严格界定的概念。为说明本文的问题,有必要对它的哲理内涵作一些初步的厘清。

首先,"理性"(reason)是从西方哲学引入的一个概念,主要意指人在思维中凭借逻辑推理认知事物本质、获得真理的能力和活动,并因而与意指感知、情感和欲望的"感性"概念彼此有别甚至对立(《简明不列颠百科全书》第 5 卷,239 页,中国大百科全书出版社,1986)。这种"认知理性"(又叫"纯粹理性")具有逻辑性、普遍性、必然性等基本特征。正是在这个意义上,西方哲学主张人是"理性"的动物,把"理性"视为人的普遍本质。

其次,在西方哲学中,所谓"道德理性"或"实践理性",主要意指人的理性本质在实践——道德领域的具体体现,因而与"认知理性"或"纯粹理性"内在相关。所以,苏格拉底曾明确主张"德性即知识"(色诺芬:《回忆苏格拉底》,吴永泉译,116—117 页,北京,商务印书馆,1984);康德虽然反对把认知与道德混为一谈,但依然指出:"真正的最高道德原则无不独立于一切经验,只以纯粹理性为根据。"(康德:《道德形而上学基础》,L·W·贝克英译本,25 页,纽约,麦克米兰公司,1985)

最后,在西方哲学中,道德理性精神因此呈现出两个重要特征:

第一,正如认知理性外存于情感欲望、不允许后者干预那样,道德理性在本质上同样也外存于感性的情感欲望,并与后者保持着严峻的张力。

第二,正如认知理性的原则具有普遍性那样,道德理性的原则也具有普遍性的特征,可以适用于一切具有理性本质的人之间的一切伦理关系。

不妨举出几个例证,说明西方哲学道德理性精神的上述两大特征:

苏格拉底、柏拉图、亚里士多德反复指出:在人的心灵中,由理智认知构成的"理性"与由情感欲望构成的"无理性"是两个截然有别的部分;人们在道德生活中应该以理性认知规范制约情感欲望,才有可能达到善的目的。(色诺芬:《回忆苏格拉底》,23—31、158—159 页;柏拉图:《理想国》,郭斌和、张竹明译,367—377、402—414 页,北京,商务印书馆,1995;亚里士多德:《尼各马科伦理学》,苗力田译,22—24、64、115—117、141 页,北京,中国社会科学出版社,1990)

休谟不仅怀疑认知理性,而且也试图否认道德理性。他针对以往西方哲学强调理性超越情感的优越性的倾向指出:既然旨在发现真伪的理性对于情感和行为没有影响,道德准则就不可能由理性得来。因此,道德生活的根据不是理性,而是情感,即那种可以在人与人之间广泛传达的"同情"。(休谟:《人性论》,关文运译,郑之骧校,451、497—498、628、661—662 页,北京,商务印书馆,1994)

康德不仅在道德理性的"绝对命令"中要求:"如是为,只依据你立志使其成为普遍规律的准则行事",而且指出:"从人类的某些特殊自然境遇和情感爱好,甚至从人类理性的某种并非对一切理性存在者的意志都必然适用的特殊倾向中得出的任何东西",都只能提供主观的特殊性道德原则,不可能提供客观的普遍性道德原则。(康德:《道德形而上学基础》,第 39、43 页)

本文将在上述意义上论证儒家伦理并非道德理性。

三

首先,儒家伦理在本质上是情理精神,并非理性精神。

儒家哲学几乎没有对真理认识是否可能、怎样进行理性思维和逻辑推理等问题展开深入研究,因而欠缺认知理性的哲理精神。一些把儒家伦理视为道德理性的学者也曾指出这一点。梁漱溟认为："孔家很排斥理智"（梁漱溟：《东西文化及其哲学》，128 页，上海，商务印书馆，1936）；冯友兰认为："中国最缺乏理性主义的训练"（冯友兰：《三松堂学术文集》，296 页，北京，北京大学出版社，1984）；牟宗三认为：传统儒家虽然注重"理性的运用表现"以及"德性主体"，却忽略了西方哲学注重的"理性的架构表现"以及"认知主体"（牟宗三：《政道与治道》，台北广文书局 1960，46—55 页）。

由于欠缺认知理性精神，儒家哲学认同的"理"并不具有对于情感的外存性。事实上，如果说西方哲学是在"知"的真理性和逻辑性基础上肯定"理"的必然性的话，那么，儒家哲学主要就是在"情"的真诚性和安适性基础上肯定"理"的必然性，强调"合情"即"合理"，"大理"与"人情"不可分离。如前所述，孔子肯定三年之丧的根本理由，就是它合乎亲子之爱，能使血缘亲情保持安适和悦的状态。此外，孔子以"仁"作为伦理思想的最高范畴。朱熹说"仁义礼智之理具焉，动处便是情"（《朱子语类》卷 98），王阳明说"七情顺其自然之流行，皆是良知之用"（《传习录》），都体现出以"情"为"理"的共同倾向。因此，与西方哲学认同的"理"外存于情感不同，儒家哲学认同的"理"在本质上是内存于情感之中的。

正是在肯定"理"寓于"情"的基础上，儒家哲学进一步主张以"理"为"性"，认为"君子所性，仁义礼智根于心"（《孟子·尽心上》）、"禽兽有知而无义，人有气有生有知亦且有义"（《荀子·王制》）、"性即理也"（《河南程氏遗书》卷 22），并由此着力凸显了西方哲学很少涉及的"情"与"性"的内在关联。这与西方哲学在肯定"理"寓于"知"的基础上认同人的理性本质是很为不同的。在某种意义上可以说，西方哲学认为人是"理性"的动物，儒家哲学认为人是"情性"的动物。既然如此，很难想象儒家哲学怎么会在伦理领域体现出以认同人的理性本质作为本根基础的道德理性精神。

正是在这种情理精神的主导作用下,儒家伦理极大地凸显了各种道德规范(诸如仁、义、忠、孝、友、悌等等)的情感意蕴。孟子明确指出:"乃若其情,则可以为善矣。"(《孟子·告子上》)"智"在儒家伦理中虽占有一席之地,但它不仅欠缺认知理性的精神内涵,而且也不具有根本性的意义。相比之下,苏格拉底、柏拉图和亚里士多德却十分强调"智慧"在道德生活中的指导作用,甚至以它作为四主德之首。二者间的对照反差是显而易见的。

结果,依据西方哲学外存于情感的理性精神,很难对儒家伦理内存于情感的道德规范做出解释说明。牟宗三指出:"人为什么当该'孝'?这是经不起理智的疑问与分析的。……在守孝时,要吃素,穿素衣,不可穿华彩的衣服,精致的绸缎。假若是近视眼,也不可带金框镜。我们的理智主义者可问:既可以带银框,为什么不可以带金框?不都是金属吗?……没有理由。既没有理由,要这些封建的限制干什么?但是我们很容易看出:关于这类的事可以这样去追问去分析吗?当他这样一问时,他的心已经死了,可谓全无心肝。"(牟宗三:《道德理想主义的重建》,79页,中国广播电视出版社,1992)

其实,儒家伦理以孝作为元德,并非没有理由;合乎亲子之爱、使内心血缘亲情保持安适和悦的状态,正是它在血亲情理方面的至上本根理由。只不过牟宗三认为,一方面,这种理由"经不起理智的疑问与分析";另一方面,倘若以理智主义的态度对这种理由展开追问分析,又"可谓全无心肝"。

因此,在内存于还是外存于情感的问题上,儒家伦理与道德理性显然有着本质区别,而与休谟主张的否定道德理性精神、以"同情"为基础的伦理观念倒有某些相似之处。

四

其次,儒家伦理在本质上是特殊主义的血亲情理精神,并非普遍主义的道德理性精神。

儒家伦理强调的血缘亲情,只是人类的一种特殊情感;儒家伦理关注的"五伦",也无法包容人与人之间的一切伦理关系。诚然,每个人都会产生血缘亲情,也都会在不同程度上处于五伦关系之中,但关键在于,作为一种私德,"父子有亲"只能发生在父与子这样两个具有特殊血亲属性的人之间,不可能发生在任何两个具有普遍理性本质的人之间。因此,虽然每个人都必然要面对父子大伦,但倘若与道德理性的普遍性比较起来,甚至与休谟主张的那种"广泛同情"的普遍性比较起来,它还是只能属于特殊性的范畴。

诚然,道德理性也曾涉及血缘亲情等特殊性伦理关系,但区别在于,它总是从普遍性的道德规范中逻辑性地推演出特殊性的道德规范,而儒家伦理则是以特殊性的血缘亲情自身作为整个道德规范体系的至上本根基础。

苏格拉底曾这样论证:既然无论对朋友还是对敌人,忘恩负义都是不折不扣的绝对不义,既然子女从父母所受的恩惠要远远大于从别人所受的恩惠,那么,子女就应该尊重孝敬自己的父母(见色诺芬:《回忆苏格拉底》,51—57页)。相比之下,孔子不仅直接依据"子生三年,然后免于父母之怀"的亲子之爱说明"孝"的必要性,而且进一步以特殊性的"入则孝,出则弟"作为普遍性的"谨而信,泛爱众,而亲仁"的本根基础。这一点从根本上决定了儒家伦理必然是一种特殊主义的道德精神。

墨家伦理曾主张以普遍性的"兼爱"为本，进一步从中推演出特殊性的"孝亲"："若使天下兼相爱，爱人若爱其身，犹有不孝者乎？"(《墨子·兼爱上》)孟子认为，这是把兼爱之本置于孝悌之本之上，取消了血缘亲情的本根性，因此是所谓的"二本"(《孟子·滕文公上》)。就此而言，在儒家伦理看来，苏格拉底、康德甚至休谟的伦理观念，显然也只能属于应该否定的"二本"之列。

诚然，儒家伦理也曾涉及人与人之间的普遍性伦理关系。如孟子虽反对从兼爱推演出孝亲，却试图对特殊性的父慈子孝实施普遍性的"推恩"："老吾老以及人之老，幼吾幼以及人之幼。"(《孟子·梁惠王上》)但问题在于，第一，这种推恩不可能真正实现。五伦规范的每一个都具有严格的特殊性道德意蕴，仅仅适用于某种特殊性人际关系，无法推恩到人与人的普遍性关系之中。因此，甚至孟子本人也曾否认"幼吾幼以及人之幼"的可行性，因为他在批判墨家伦理的二本观念时明确指出，他不相信"人之亲其兄之子为若亲其邻之赤子"(《孟子·滕文公上》)。第二，即便这种从特殊性到普遍性的推恩可以真正实现，它在本质上依然是一种特殊主义的伦理原则。

儒家伦理曾提出"泛爱众"、"仁者爱人"等普遍性伦理原则。不过，由于这些伦理原则是从特殊性血亲道德规范中推恩出来的，它们的普遍性内涵必然会受到一系列严格的限定，从而落入"爱有差等"的境地。因此，明确肯定"仁者爱人"的孟子特别强调："尧舜之仁，不遍爱人，急亲贤也。"(《孟子·尽心上》)其实，一旦消解了"爱莫大于爱亲"的血亲本根基础，具有普遍性意蕴的"泛爱众"、"仁者爱人"，就很难与墨家提倡的"兼爱"、"爱无差等"区别开来。

程朱理学曾将先秦儒家提出的伦理原则和道德规范提升到"天理"层面,但这并不足以证明它们就是道德理性或接近于康德先验理性的"绝对命令"。关键在于,道德理性的"绝对命令"之所以是"道德理性"的绝对命令,不是因为它仅仅被宣布为具有无条件的绝对性,而是因为它是依据人的理性本质和意志自律被宣布为具有无条件的绝对性。如康德认为:表现在"绝对命令"中的义务"不能从人性的特殊素质中得出",而只能来自理性自身并因此适用于一切理性存在者(见康德:《道德形而上学基础》,43 页)。相比之下,朱熹在诠释《中庸》的"天命之谓性"时说的"命犹令也,性即理也"(《中庸章句》),与其说是"道德理性"的绝对命令,不如说是"血亲情理"的绝对命令,因为他认同的那种至高无上的"天理",依然是父子有亲、君臣有义之类。康德或许会把依据这种"天理"提出的绝对命令视为从人类的某些特殊情感中得出的主观性道德原则。

因此,在具有特殊性还是具有普遍性的问题上,儒家伦理不仅与道德理性存在着本质区别,而且与墨子和休谟的伦理观念也存在着本质区别。

五

由于存在上述本质区别,儒家伦理与道德理性在某些方面处于直接对立之中,集中表现在:它往往依据血缘亲情的本根至上性,将特殊性血亲关系凌架于普遍性人际关系之上,允许人们在特殊性的血缘亲情伦常中拒斥那些普遍性的道德理性原则,奉行"内外有别"的多重性道德标准。

一方面,孔子曾批评微生高在旁人向其借醋时隐瞒真相为

"不直"（见《论语·公冶长》）。对此宋代理学家明确表示赞同，认为"微生高所枉虽小，害直为大"、"曲意殉物，掠美市恩，不得为直也"（见朱熹：《论语集注·公冶长注》）。应该承认，在这个问题上，儒家伦理的确具有道德理性要素，既接近于亚里士多德有关爱真理的人唾弃虚假不仅是因为其可耻，而且是因为其本身的主张（见亚里士多德：《尼各马科伦理学》，84页），也接近于康德有关任何说谎无论目的效果如何，就其动机本身而言都是不道德的主张。（见康德：《道德形而上学基础》，18—19页）

另一方面，孔子曾对叶公说的"吾党有直躬者，其父攘羊，而子证之"提出异议，指出："吾党之直者异于是。父为子隐，子为父隐，直在其中矣。"（《论语·子路》）对此宋代理学家明确表示赞同，认为"父子相隐，天理人情之至也。故不求为直，而直在其中"，"顺理为直。父不为子隐。子不为父隐，于理顺邪？"（见朱熹：《论语集注·子路注》）无论从哪个角度看，攘羊都是远比借醋严重得多的事件。但儒家伦理依据血缘亲情的本根至上性，却主张在这个问题上以"父子相隐"的特殊性血亲道德规范否定"说谎不直"的普遍性道德理性原则，结果使"血亲情理"的绝对命令（"天理人情之至也"）压倒了"道德理性"的绝对命令。

孟子一方面肯定"责善，朋友之道也"，另一方面又认为"父子责善，贼恩之大者"（《孟子·离娄下》），因而强调"父子之间不责善"（《孟子·离娄上》），显然也是主张：只要涉及本根至上的特殊性血缘亲情，就可以放弃普遍性的责善原则。

或许正是依据"父子之间不责善"的原则，孟子曾赞许地指出：以"大孝"著称的舜虽身为天子，在其父杀人后却能出于血缘亲情，"窃负而逃，遵海滨而处，终身欣然，乐而忘天下"（《孟子·尽心上》）。朱熹也称赞舜的这种举动是"天理之极，人伦之至"

(《孟子集注·尽心上注》)。

孟子的弟子万章问："舜流共工于幽州，放驩兜于崇山，杀三苗于三危，殛鲧于羽山，四罪而天下咸服，诛不仁也。象至不仁，封之有庳。……仁人固如是乎？在他人则诛之，在弟则封之。"孟子答："仁人之于弟也，不藏怒焉，不宿怨焉，亲爱之而已矣。亲之欲其贵也，爱之欲其富也。封之有庳，富贵之也。身为天子，弟为匹夫，可谓亲爱之乎？"(《孟子·万章上》)

第一，虽然都属"不仁"之列，对于没有血亲关系的外人可以诛杀，对于拥有血亲关系的弟弟可以封官，显然是出于一种依据内外亲疏、奉行双重标准的血亲情理态度。

第二，鲧之"不仁"主要在于治水无功，并未杀人，但舜依然将其殛杀，并未因为他是禹的父亲就窃负而逃或予以宽恕，至少从个案角度表明："老吾老以及人之老"的"推恩"原则并不真正具有普遍的可行性。

孟子有关"人皆可以为尧舜"的命题历来受到人们的积极肯定。不过，我们不能因此就忽视了舜的圣贤品格同时还含有以血亲情理压倒道德理性，甚至有可能导致任人唯亲和徇情枉法的消极内涵。

六

一方面，由于与道德理性精神存在上述区别对立，儒家伦理的血亲情理观念在现代社会的道德生活中会造成某些负面效应。

首先，它有可能导致忽视普遍性社会公德的现象。

某些基本的社会生活公德，是以每个人在道德理性方面拥有的平等人格为基础的。儒家伦理虽然明确号召"天下为公"，但由于欠缺道德理性精神，并出于血缘亲情的本根至上性特别强调属于私德范畴的宗法血亲关系，这些普遍性的社会公德常常不在它的关注视界之内①。

例如，在应该保持安静的公共场合遇见亲友熟人便高声呼喊、热情寒暄，作为道德行为看，就是赋予特殊性的亲情关系以至上伦理意义，而把与自己没有这种关系的其他人视为在伦理上不存在，所谓"旁若无人"。

其次，它有可能诱发奉行多重性道德标准的现象。

真正意义上的"一视同人"，是以每个人在道德理性方面拥有的平等人格为基础的。儒家伦理虽然明确号召"一视同仁"，但由于欠缺道德理性精神，并出于血缘亲情的本根至上性特别强调"爱有差等"、"不遍爱人，急亲贤也"，结果往往导致依据特殊性人伦区别、采取多重性道德标准的局面。

另一方面，由于与道德理性精神存在上述区别对立，儒家伦理的血亲情理观念在现代社会的道德生活中又会具有某些正面功能。

道德理性精神由于以人人普遍具有的共同理性本质作为本根基础，往往倾向于把各种特殊性的伦理关系直接还原到每个人在道德理性方面拥有的平等人格那里，因而忽视了某些特殊性人际关系所包含的特殊性情感内容及其伦理意义，尤其忽视了血缘亲情在家庭伦理中的重要作用，结果在西方社会逐步暴露出诸如血

---

① 费孝通认为：在中国人以自我为中心、以亲属关系为网络的传统"差序格局"中，只有"私德"而缺乏西方意义上的"公德"。见鲍霁主编：《费孝通学术精华录》，357—365页，北京，北京师范学院出版社，1988。此外，梁启超、梁漱溟等人也从不同角度指出了这一点。

缘亲情淡漠、家庭观念薄弱、人伦关系松弛、社区结构解体等弊端。一些西方学者也曾意识到这一点。例如,阿拉斯代尔·麦金太尔(Alasdair Maclntyre)认为,摆脱了等级制度束缚、却缺乏具体社会规定性的抽象自我,是西方现代道德危机的根源之一。(见阿拉斯代尔·麦金太尔:《德性之后》,龚群、戴扬毅等译,中文版序言,第3、4、15、16章,北京,中国社会科学出版社,1995)

　　鉴于导致上述弊端的一个重要原因,就在于道德理性精神对于情感因素,尤其是对于内存于情感之"理"的相对漠视,它们恰恰可以从一个角度凸显主张以"情"为"理",力图从血缘亲情中寻找某些特殊性道德规范的理由根据的儒家伦理的独特意义和积极作用,以致于我们应该认真考虑:"情理"精神在什么前提下和什么程度上拥有不可抹煞的存在理由? 在不仅本质有别,而且相互对立的道德理性与血亲情理之间,是否具有以及如何具有相辅相成、互补互动、共存共济、同步同归的可能性和可行性?

　　上面有关儒家伦理正面功能和负面效应的论述,不仅限于本文讨论的儒家伦理与道德理性的比较范围,而且限于现代社会的道德生活。但从中可以看出,在现代社会的道德生活中,无论是发挥儒家伦理的积极意义,还是克服儒家伦理的消极弊端,一个先决条件,就是澄清儒家伦理与道德理性之间的本质区别和相互对立。这也是本文从理论上说明儒家伦理并非道德理性的现实意义之所在。

(选自《中国哲学史》1999 年第 3 期)

刘清平:1956 年生,广东省和平县人,武汉大学哲学系副教授,哲学博士,1993—1994 年度美国哈佛—燕京学社访问学者。主要从事中西哲学比较方面的研究。

　　本文从"理性"的哲理内涵出发,围绕儒家伦理观念构成因素,论证了儒家伦理在本质上是一种血亲情理观念,与道德理性精神根本有别,彻底批驳了学术界流行的把儒家伦理视为"道德理性"的看法。儒家伦理在现代社会的道德生活中既有正面功能,又有负面效应;只有澄清儒家伦理与道德理性之间的本质区别和相互对立,才能发挥儒家伦理的积极意义并克服儒家伦理的消极弊端。

弘扬儒家伦理思想的精蕴

——迈向 21 世纪的道德观念

胡 楚 生

一 前 言

长久以来,儒家思想是安定传统社会的内在基石,而儒家思想的精华,则尤其是落实在伦理道德方面。

在先秦时代,儒家思想只是众多的学说之一,在当时,诸子并兴,百家争鸣,除了儒家学说之外,还有道家、墨家、名家、法家、阴阳家、纵横家等不同的学派,每个学派,也都以其不同的思想,相互角力。等到西汉武帝时代,听从董仲舒的建议,罢黜百家,独尊儒术,从此,其他学派的学说,遂逐渐地消沉,只有儒家学说,受到帝王的提倡,在社会上,产生了广大的作用,同时,由于儒家学说,最能符合人性,切合人情,因此,在汉代以后,两千年来,儒家学说,已经成为安定传统社会的主要力量。

晚清以下,西学东渐,新潮拥至,一般社会群众,起而排斥传统思想,视为陈旧腐朽,儒家伦理道德,也多数为众人所抵拒,驯至后来,社会上旧有的伦理思想,已渐遭抛弃,而新的道德观念,又未能完整地确立,因此,在人群的内心深处,往往空虚而难于落实,在人生的价值观念上,尤其欠缺确定的目标。

个人觉得,在即将迈入 21 世纪的当前,传统的儒家学说,其伦理思想中所蕴涵的精华部分,似乎仍然是值得我们去重新评估,去加以弘扬而应用的。

二　儒家伦理思想的精蕴

儒家道德中最重要的观念是"仁",《论语·里仁》记孔子之言说:

> 君子无终食之间违仁,造次必于是,颠沛必于是。(《论语》,据中华书局四部备要本《四书集注》,下引《论语》同。)

又说:

> 惟仁者,能好人,能恶人。

又说:

> 苟志于仁,无恶矣。

孔子以为,"仁"是儒者行为中最为重要的德目,任何时候,人的行为,都不能离开"仁"的原则,只有心怀仁德的人,才能在面对是非好恶的行事之时,作出正确的抉择,因此,在《论语》的记载中,孔子将"仁"的观念推崇得很高,他自己不敢以"仁"自许,他也从来不轻易地以"仁"去赞许别人,《论语·述而》记载:

> 子曰:"若圣与仁,则吾岂敢,抑为之不厌,诲人不倦,则可谓云尔已矣。"

在上述的记载中,很明显地,是孔子不敢自许已经实践到"仁"的标准,《论语·公冶长》记:

> 孟武伯问:"子路仁乎?"子曰:"不知也。"又问,子曰:"由也,千乘之国,可使治其赋也,不知其仁也。""求也何如?"子曰:"求也,十室之邑,百乘之家,可使为之宰也,不知其仁

也。""赤也何如?"子曰:"赤也,束带立于朝,可使与宾客语也,不知其仁也。"

孔子对于弟子子路、冉求、公西华,虽然也都称许他们各自有其治国的才能,却并不认为他们的行为已经达到了"仁"的标准,《论语·雍也》记:

> 子曰:"回也,其心三月不违仁,其余,则日月至焉而已矣。"

只有对于弟子颜回,孔子才稍为称许他能够较为长久地不违仁德,其余的弟子,就不能像颜回一样地长怀仁心了。另外,对于历史人物,孔子也只有对于管仲,才从历史文化民族大义的立场,去称许他的"仁"德①。对于微子、箕子、比干,才从眷念故国的角度,去称许他们的"仁德"②。因此,"仁"是儒家思想中最为重要的观念,甚至是孔子思想中"统摄诸德完成人格之名"。(蔡元培:《中国伦理学史》,14 页,台湾商务印书馆 1981 年第 9 版)

《说文解字》曰:"仁,亲也,以人二。"(段玉裁:《说文解字注》,艺文印书馆 1965 年版)《论语·颜渊》记樊迟问仁,子曰:"爱人。"因此,"仁"是一种慈爱的天性,是一种人类天赋的本能,同时,"仁"的精神,"仁"的实质意义,却需要经由人们亲身的实践,需要经由人与人之间相互往还的关系,才能够显现出来,才能够成为真正的道德。《论语·里仁》记:

> 子曰:"参乎! 吾道一以贯之。"曾子曰:"惟。"子出,门人

---

① 《论语·宪问》记:子贡曰:"管仲非仁者与? 桓公杀公子纠,不能死,又相之。"子曰:"管仲相桓公,霸诸侯,一匡天下,民到于今受其赐,微管仲,吾其被发左衽矣,岂若匹夫匹妇之为谅也,自经于沟渎而莫之知也。"

② 《论语·微子》:"微子去之,箕子为之奴,比干谏而死。孔子曰:殷有三仁焉。"

问曰:"何谓也?"曾子曰:"夫子之道,忠恕而已矣。"

孔子叙述自己的思想,是"一以贯之"的,是有重心贯串其中的,孔子的思想,以"仁"为中心,而贯串其"仁"道思想的要目,实践其"仁"道思想的条件,则是"忠恕"。其实,不仅是"忠恕"二者,其他如"孝悌"、"信义"、"礼让"等等,也都是贯穿孔子"仁"道思想,实践孔子"仁"道思想的重要德目。

以孔子为代表的儒家学说中,有许多经得起时间的考验,不受时代的影响,而仍然具备实践价值的伦理思想,像前述提到的"忠恕"、"孝悌"、"信义"、"礼让"等等,便都是儒家道德观念中的精华,其在今日,仍然值得我们去重视、去发扬,以下,便将上述观念,分别加以说明。

1. 忠恕

"忠"与"恕",是实践"仁"道最直接的两条途径,《论语·子路》记:

樊迟问仁,子曰:"居处恭,执事敬,与人忠,虽之夷狄,不可弃也。"

《论语·卫灵公》记:

子张问行,子曰:"言忠信,行笃敬,虽蛮貊之邦行矣。言不忠信,行不笃敬,虽州里行乎哉?立则见其参于前也,在舆则见其倚于衡也,夫然后行。"子张书诸绅。

《论语·颜渊》记:

子张问政,子曰:"居之无倦,行之以忠。"

在以上《论语》的几章之中,孔子都提到了"忠"的重要性,朱子在《四书集注》中说:"尽己之谓忠。"又说:"中心为忠。"因此,"忠"是一种"责任心"的表现,是一种诚恳笃实、负责任、尽心力的态度,是一种有始有终、恪尽职守、表现如一的精神,因此,人们不论从事任何行业,如果能够充分地尽到自己的力量,不自欺、不自私、不苟且、不取巧,能够恪守职业道德、专业伦理,能够贡献自己的心智,将眼前的事情做得令人满意,那就是"忠"的表现。

在古代,人们往往只是将"忠"视为是对君王的效忠。其实,在现代,"忠"的对象,应该是忠于自己,对自己的身心行为负责;应该是忠于职务,对自己的工作尽心负责,达成任务;应该是忠于朋友,恪遵约定的诺言。像这些,都是"忠"的精神的表现,都是"忠"的精神的运用。

至于在"恕"的方面,《论语·卫灵公》记:

子贡问曰:"有一言而可以终身行之者乎?"子曰:"其恕乎! 己所不欲,勿施于人。"

《论语·颜渊》记:

仲弓问仁,子曰:"出门如见大宾,使民如承大祭,己所不欲,勿施于人,在邦无怨,在家无怨。"仲弓曰:"雍虽不敏,请事斯语矣。"

在《论语》中,孔子两次提到"己所不欲,勿施于人",认为那就是"恕"的精神,也认为那就是行"仁"之方。朱子在《四书集注》中说:"推己之谓恕。"又说:"如心为恕。"因此,"己所不欲,勿施于人",只是"恕"道在推己及人方面一种比较消极的态度。另外,孔子提到"恕"时,还有一种更为积极的态度,《论语·雍也》记:

子贡曰:"如有博施于民,而能济众,何如? 可谓仁乎?"子曰:"何事于仁,必也圣乎! 尧舜其犹病诸,夫仁者,己欲立而立人,己欲达而达人,能近取譬,可谓仁之方也已。"

孔子指出,"己欲立而立人,己欲达而达人",则是一种能近取譬,推己及人的推行"恕"道的方式,也更是一种较为积极的求仁践仁的方法。因此,"恕"是一种"宽容心"和"同理心"的表现,是一种在人与人相处时,能够心中有爱,以爱为出发点,主动地体贴对方,将心比心的态度;也是一种胸怀宽厚,设身处地为对方设想的积极精神;其实,"恕"道的实践,就是希望人们在相互交往时,不要只是顾到自己,也要顾到对方,要设身处地,为对方作出思考,将自身的角色,与对方的角色,互换互调,自己站在对方的立场去看问题,希望对方也站在自己的立场来看问题,相互去体验对方的心情。能够如此,相互为对方设想,相信人与人交往时,彼此之间,许多问题,都将迎刃而解,许多观点的矛盾,也许都能化解,不再构成纷争。这种情形,个人与个人之间是如此,扩而大之,人群与人群之间,社会与社会之间,也都是如此。要之,如果人们都能够以"恕"存心,推行"恕"道,则社会上的纷争,必能相对地减少,而带来更多的祥和的气氛。

2. 孝悌

在儒家的伦理思想中,"孝道"是最具特色的道德之一。由于"孝"道是以敬爱父母为目的,由于"孝"道是源本于人们天赋所具本能的爱心,因此,很自然的,儒家便又提出了友爱兄弟姐妹的"悌"字,作为重要的德目之一。关于"孝"的意义与作用,《论语·学而》记:

> 有子曰:"其为人也孝弟,而好犯上者,鲜矣;不好犯上,而好作乱者,未之有也;君子务本,本立而道生。孝弟也者,其为仁之本与!

"仁"是儒家思想中最为重要的基本德目,而"孝悌之道",却是实践"仁"道最为直接的方法,因此,人们对于道德的实践,应该由自身最切近的家庭作起,由敬爱父母、友爱兄弟姐妹作起,能够切实笃行,然后才能推己及人,扩大爱心,以至于"老吾老以及人之老,幼吾幼以及人之幼",将爱心广布于社会之上,所以《孝经》

便曾提到"夫孝,德之本也,教之以由生也"。认为"孝"道是一切道德的根本,是一切教化推行的根源,同时,"孝悌"之道,也是由于人们天赋的本能所产生,最能符合人性,切合人情,因此,在实践的时侯,也最容易推行,《孟子·尽心上》记:

> 孟子曰:"人之所不学而能者,其良能也。所不虑而知者,其良知也。孩提之童,无不知爱其亲者,及其长也,无不知敬其兄也。亲亲,仁也;敬长,义也。无他,达之天下也。"(据中华书局四部备要本《四书集注》,下同)

《孟子·离娄上》记:

> 孟子曰:"仁之实,事亲是也,义之实,从兄是也。"

孟子以为,人们敬爱父母,友爱兄弟,是人们与生俱来的良知良能,是人性深处自然流露的禀赋,是不需要去学习思虑安排而后才能获得的知识,因此,"孝悌"之道的推行,最能符合人性,切合人情。至于实践"孝道"的方法,《论语·里仁》记:

> 子曰:"事父母几谏,见志不从,又敬不违,劳而不怨。"

又记:

> 子曰:"父母在,不远游,游必有方。"

《论语·为政》记:

> 子夏问孝,子曰:"色难,有事,弟子服其劳,有酒食,先生馔,曾是以为孝乎?"

又记:

> 子游问孝,子曰:"今之孝者,是谓能养,至于犬马,皆能有养,不敬,何以别乎?"

因此,在实践孝道方面,孔子主要是希望为人子女者,在侍奉父母时,能够发自内在,诚心诚意,颜色和婉,态度温顺,尤其是要秉持尊敬的原则,善事父母。

另外，在实践孝道方面，孟子也提出了一些意见，《孟子·离娄上》记：

孟子曰：“不孝有三，无后为大。舜不告而娶，为无后也，君子以为犹告也。”

朱子在《四书集注》中提到：“于礼为不孝者三事，谓曲意阿从，陷亲不义，一也；家贫亲老，不为禄仕，二也；不娶无子，绝先祖祀，三也。三者之中，无后为大。”孟子所说的“不孝有三”，今人多议论其“无后为大”，其实，“无后为大”，前提为“不娶”而“无子”，孟子才以为是“不孝”之行，至于其他两种不孝，“不谏父母之非”、“不养父母之身”，似乎也是在情理上可以被视为是不孝的事情，《孟子·离娄下》记：

孟子曰：“世俗所谓不孝者五，惰其四肢，不顾父母之养，一不孝也；博奕好饮酒，不顾父母之养，二不孝也；好货财，私妻子，不顾父母之养，三不孝也；从耳目之欲，以为父母戮，四不孝也；好勇斗狠，以危父母，五不孝也。”

孟子又提到的五种不孝的行为，前三者是“不养父母”，后两者是使父母危惧担心受辱，自然也是人情上子女不孝的行为。

“孝悌”的行为本来都是发自于人性的深处，符合人情的事项，是在任何种族国家中，都会存在的事实，但是在儒家的学说中，却特别将之理论化，同时，在人群伦理的关系上，也特别以此为教化的目标，强调其教化的功能，这不能不说是儒家伦理思想的特色。

当然，儒家的伦理思想，经过两千多年的流行，也会产生不少的弊病，像父母利用孝道去拘束子女的自由，社会上利用孝道去评论其人措施的是非，甚至君王利用孝道去奖励民众“移孝作忠”，献身朝廷，牺牲人伦的亲情，这些都是不可否认的事实。但是，那些情形,也都是人们利用了孝道,误解了孝道,这与孝道的伦理精神,本质立场,是无关的。我们在今天所要发扬的,自然也是孝道思想的本质与精华,而不是它的流弊和糟粕。

3. 信义

传统上,谈到人与人之间的关系,我国有所谓的"五伦"之说,五伦是指"父子有亲、君臣有义、夫妇有别、长幼有序、朋友有信"(《孟子·滕文公上》)这五种人与人之间的关系,其中"父子"、"夫妇"、"长幼"多有亲戚血统的关系,只有"君臣"和"朋友",纯粹只是后天的结识关系。儒家的伦理学说,特别针对"君臣"以及"朋友"相互之间的关系,而提出了"义"和"信"的德目,去加以规范,《论语·学而》记:

> 子曰:"弟子入则孝,出则弟,谨而信,泛爱众,而亲仁。"

又记:

> 曾子曰:"吾日三省吾身,为人谋而不忠乎? 与朋友交而不信乎? 传不习乎?"

又记:

> 子夏曰:"贤贤易色,事父母能竭其力,事君能致其身,与朋友交,言而有信。"

《论语·为政》记:

> 子曰:"人而无信,不知其可也,大车无輗,小车无軏,其何以行之哉?"

《论语·卫灵公》记:

> 子张问行,子曰:"言忠信,行笃敬,虽蛮貊之邦,行矣。言不忠信,行不笃敬,虽州里,行乎哉?"

"信"是诚实恳切之义,是指为人之道,敦品立德,应该是有言不虚妄、说必有据的表现。在孔子的言论中,以上所见的,都只是

对于个人修养品德方面的提示,在孔子的言论中,对于"信"字的应用,还有在于治国治民方面的意见,《论语·颜渊》记:

> 子贡问政,子曰:"足食足兵,民信之矣。"子贡曰:"必不得已而去,于斯三者,何先?"曰:"去兵。"子贡曰:"必不得已而去,于斯二者,何先?"曰:"去食。自古皆有死,民无信不立。"

孔子以为,立国之道,首在有信于民,粮饷食物,国防武力,对于国家民众,虽然重要,但是,一个政府,如果失信于民,言不副实,对于国家民众造成的损害,将更为巨大。所以,孔子平日教导弟子,"子以四教,文、行、忠、信"(《论语·述而》)。便是将"信实"和"信用"的美德,作为是教育弟子的重点之一。

以上是孔子对于"信"的意见,以下再谈到儒家伦理思想中对于"义"的解释,"义"在孔子思想中,也居于重要的地位,"义"字在儒家思想中,常常与"仁"字并举,"仁义"二字,也几乎就是儒家学说的代表,《论语·里仁》记:

> 子曰:"君子之于天下也,无适也,无莫也,义之与比。"

《论语·述而》记:

> 子曰:"饭疏食,饮水,曲肱而枕之,乐亦在其中矣。不义而富且贵,于我如浮云。"

"义"是适宜的意思,是人们在处理事情时良知上的一种判断,判断自己是否能够符合"道义"和"正义";是在各种错综复杂的情况中,使自己能够选择最为切合正轨的途径,最为适合事理的行为。《中庸》说:"义者宜也。"因此,孔子提出"义"字,作为人们行事的准则,作为人们共同遵守的一种道德。孔子也往往以"义"和"利"的对立,去分辨他心目中所厘定的"君子"和"小人"的标准,《论语·里仁》记:

子曰:"君子喻于义,小人喻于利。"

努力寻求行为的正当性,才能合乎孔子所谓的"君子"的标准,反之,如果一味追求个人的私利,在孔子的心目中,便只能算是"小人"的行径了。所以,孔子勉励弟子,要"见利思义"(《论语·宪问》),要弟子警惕,"见义不为,无勇也"(《论语·为政》),"放于利而行,多怨"(《论语·里仁》)。因此,从孔子以后,"义利之辨",便成为儒家思想中道德取舍的重要论题之一。

"义利之辨"不仅属于个人的道德修养,也逐渐影响到人群相处,行政措施的价值取向,因此,孟子提出了"何必曰利,亦有仁义而已矣"(《孟子·梁惠王上》)的意见,董仲舒提出了"仁人者,正其谊不谋其利,明其道不计其功"(《汉书·董仲舒传》)的看法,到了宋儒,程颐、邵雍、陆象山,都有对于分辨义利的观点。"义"在传统伦理思想中,已经根深蒂固地成为价值判断的理想标准。

4. 礼让

"礼节"和"谦让",都是中国人的美德,"礼"与"让"也是相辅相成的两种行为,在儒家思想中,"礼"本来涵摄相当多的意义,但是,在人与人相处的关系上,"礼"尤其是重要的仪节,《论语·学而》记:

有子曰:"礼之用,和为贵。先王之道,斯为美,小大由之。有所不行,知和而和,不以礼节之,亦不可行也。"

《论语·泰伯》记:

子曰:"恭而无礼则劳,慎而无礼则葸,勇而无礼则乱,直而无礼则绞。"

"礼"的精神,贵在调节人的外在行为,使之能够中规中矩,不致作出违反常情的怪异行径,所以,"礼"是使人实践道德伦理的基本条件,再优秀的道德伦理,如果不以守"礼"的态度实施,则一切道德伦理,也只能流于空谈而已。

另外,儒家思想中,对于能够"谦让"的行为,也往往视为是值得称许的美德,《尚书·尧典》记帝尧的德行说:

> 饮明文思安安,允恭克让,光被四表,格于上下。(据艺文印书馆《十三经注疏》本)

《礼记·曲礼》记:

> 是以君子恭敬撙节退让以明礼。(据艺文印书馆《十三经注疏》本)

也是以谦让谦卑为人生能够明礼而行的美德,在《易经》的《谦卦》中,儒家更是发挥了"谦谦君子,卑以自牧"的谦让要义,因此,"礼"和"让"的精神,在传统儒家的伦理思想中,是非常重要的道德观念。

要之,在孔子的思想中,在传统儒家的伦理中,"忠"、"恕"、"孝"、"悌"、"信"、"义"、"礼"、"让",都是最为重要的伦理观念、道德德目。这些伦理观念,有其原始性的基本意义,也可以与时俱进,有其与时代相辅而行的现代化的内涵,不受时间因素的影响,不但可以实践于古代,也可以推行于当代。周虽旧邦,其命唯新。因此,瞻望未来,儒家伦理思想的精华,仍然有其重要的意义存在。

三　当前社会伦理道德衰颓的情形

当前的社会,由于科技进步,经济快速发展,传统价值观念遭受冲击,西方流行文化普遍侵袭各个层面,社会风气逐渐败坏,人们多陷溺于物欲之中,社会道德日益衰颓,社会问题日益严重,其中较为明显的现象,约有下列几种:

1. 自我本位

近世以来,个人主义兴起,传统社会的群体关系逐渐解组,青年人的自我意识强烈,行事往往以自我为本位,而罔顾及他人,一切的是非对错,往往是以自己的喜怒为取舍。这种情形,导致了当前社会上是非观念不明,价值取向失衡,社会上充斥着的,是巧辩饰非、黑白颠倒的激进言论,社会上所见到的,是损人利己、伤害他人的行径。这种情形,往往导致了朋友隔绝、夫妻反目、家庭破碎,对于社会的安宁、祥和,影响确实很大。

2. 贪图享受

由于经济发达,财富集中,社会上贫富之间的差距,越来越大,社会上一般的人们,往往希望能够不劳而获,享受物质生活,却不愿意多付出,而冀望获得高额的报酬,从而也衍生了人们希求速利、贪得浮名、一步登天的侥幸心理,尤其是血气方刚的年轻人,初步入社会,很容易被五光十色的繁华景象所迷惑,只顾追求眼前的享受,情欲泛滥,贪求无厌,而丝毫不顾及未来的发展,也更不容易掌握道德的方向,甚至走上作奸犯科的途径,自毁大好的前程。

3. 自私自利

经济快速发展,社会日趋浮华,人与人之间的竞争越来越趋尖锐,人与人之间能够相互关切的情形,也越来越加稀少,人们自私自利的心态,也越来越加严重。人们心中,社会团体、国家民族的观念,也越来越加淡薄,甚至于连自己的家人亲属,也冷漠对待,不但不讲求伦理道德,社会公义,更毫无责任之感,遇事推诿,有利争先,为了取得自身的利益,不惜泯灭人性,六亲不认,朋友隔绝,这更是当前社会上人情冷漠,人际关系愈益疏离的可忧现象。

4. 人性暴戾

当前的社会上,弥漫着一股暴戾之气,人与人之间的竞争,无论是在财富上、名位上,早已失去了公平合理的方式,优雅高贵的态度,表现在各方面的,往往是野蛮的作风,粗暴的态度,动辄横眉竖眼,恶言相向,机关算尽,诡计百出,人性恶毒,人们所表现出来的,不再是文明人应有的态度,反倒是一些令人痛心的原始兽行。任何事情,不论是非对错,人们多是率性而为,从不顾虑旁人立场,也不考虑道德和法律,眼前只有自己的利益存在,因此,尽管是现代化的社会,却充盈着一般野蛮互噬的暴戾行为。

总之,今日人们无论身在何处,社会风气的败坏,道德伦常的丧失,社会正义的失落,已经是极为普遍的现象,有心人士,早已忧心忡忡,也希望能够设法挽救,也希望能以传统文化中固有的优良道德,配合着现代社会中许多其他的条件,去加以整治和弥补。因此,传统儒家伦理中所蕴含的精华成分,在过去,曾经是安定社会的主要基石,瞻望未来,也可能还是使得社会人群更加和谐的主导力量,值得我们去重视,去珍惜,去藉之而重建社会上人与人之间的伦理道德。

四 儒家伦理思想实践的道路

儒家伦理思想,在以往的实践过程中,曾经产生了不少的流弊,像所谓的"三纲"之说:"君为臣纲、父为子纲、夫为妻纲。"(见班固:《白虎通义·三纲六纪》)从而导致了君王独尊、父权至上、男尊女卑等不合理的现象。但是,儒家伦理思想中也有不少的精华,值得我们去发扬,去推广,去实行,像前文中所提到的"忠恕"、"孝悌"、"信义"、"礼让"等观念,这些德目的本质和精神,仍然是具有超越时空的价值存在。

至于如何去实践儒家伦理思想中的精华部分,一方面要从教育的立场,在各级学校中,在广大的社会中,去教导每个民众都能了解，处在现代化的社会中，就需要去自我调适，认清人生正面的价值，肯定人生道德作用；另一方面，也要参酌西方的伦理学说与伦理实践的作法，再配合法律制度、社会礼俗的力量，相信能够将儒家伦理思想，推行得更加理想，从而成为迈向 21 世纪国民道德观念中的主要成分。以下略为举例，加以说明。

1. 忠恕精神的实践

在当前的社会中，由于人们的自我意识过强，自私自利的行径也越来越多，在各行各业之中，能够遵循职业道德，恪守专业伦理的人们，也愈来愈少。其实，各行各业，行有行规，各种专门行业之中，有些已经订有职业守则，甚至于有些学校中，也已厘订了教师伦理守则，虽然，守则的厘订，只是实践的第一步，但是各行各业，能够踏出这第一步，往后才能够推动守则的确实践行，再配合合理的考绩和奖励制度，自然更是使人们恪守职业道德的有效方法，这也是发扬"忠"的精神的有效方法。

恕道的精神，推己及人，本来是传统文化中最具有特色的美德，在人与人相处的社会中，能够彼此宽容、彼此谅解、和谐相处。但是，这种恕道的表现，在当前功利挂帅、竞争激烈的社会中，已经很难见到，多年前，有一位留华的外国学生狄仁华，写过一篇《人情味与公德心》，指出中国人的人情味虽然浓厚，往往只是将人情味应用在自己熟悉的朋友身上，人情味对于一般的陌生人，却并不适用，而中国人最缺乏的，则是"公德心"。近些年来，李国鼎先生于传统的"五伦"之外，提倡"第六伦"（见李国鼎先生：《经济发展与伦理建设——第六伦的倡立与国家现代化》，载《伦理道德的理论与实践》，中央文物供应社，1981 年初版），主张"第六伦就是个人与社会大众的关系"。他以为，"五伦属于私德的关系，第六伦属于公德的范围，前者的特点是亲切关系，后者的特点是公正秩序"。他主张,"新伦理的建立,不仅要靠教育的鼓吹和奖励,还要靠有效的制裁和惩罚"。但是,他也说,"群己关系之规范,不外先贤所谆谆告诫的忠与恕,尽己之谓忠,推己及人之谓恕"。因此,李国鼎先生所提倡的"第六伦",仍然也是"恕道精神"的一种扩大,也是一种"公德心"的表现。

2. 孝悌精神的实践

孝悌的精神根于人性,实践起来,本来是最自然不过的事情,但是,由于社会的变革,人性的改变,小家庭制度的普遍,尊老敬长风气的淡薄,而老人问题也越来越成为社会关注的焦点。像大陆近些年推行的"一胎化"的结果,将来一对年轻夫妻,可能要照顾四位长辈,这种情形往后也可能造成老人安养问题的加速出现。因此,如何使老有所养,如何实践孝道的精神,确实是需要仔细思考的问题。

老人安养院的普遍设立,由政府或民间广泛兴建,配合各种育乐、交谊、医疗的设施,自然是解决老人问题的基本办法。只是,老人安养院的设立,并不能取代老人与子女之间的亲情关系,也不就是发挥"孝道"精神的最佳方式。

新加坡政府曾经通过立法,保障青年男女与父母亲长同居者,可以优先购买政府的住宅,可以减免适当的税捐,藉著法律的订定,去鼓励"孝道"的推行,不失为是一种可行的办法。其实,当今社会变革,都市之中,大厦连云,"三代同堂",或许彼此不便,"三代同楼"而不同堂,也许是可以鼓励的办法之一。

3. 信义精神的实践

"信"与"义"的精神,在当前的社会中,对一般民众而言,固然是基本的道德修养,理性的自律守则,可是,对于居于上位掌握经济权力或政治权力的人士而言,我们更加希望他们能够遵守信用,言而有"信",行事作为,能够把握"义"的原则,多为社会群众的大利而奋斗,少为一己的私利而努力。因此,在实践"信"和"义"的精神方面,我们希望立法者能够订定出更为明确的法律,去规范权力执行者的恪遵信义,也厘订出更加严格的法律罚则,去警惕权力执行者的必须恪守规范,谨慎从事。此外,社会上各种媒体舆论的严格监督、公正批评,也是促使社会知名人士确守"信""义"精神的重要力量。要之,君子之德风,小人之德草,草上之风必偃,在位者如果能够身体力行,作为表率,自然能够影响社会群众,形成一种良好的风气。

4. 礼让精神的实践

我国自古以来,便被称为礼义之邦。但是,时至今日,在竞争激烈的社会上,"礼貌"已经成为一种虚伪的装饰,"谦让"也已成为一种达到竞争目的的手段,礼让的精神,早已荡然无存,令人叹息。

礼失而求诸野,今天在西方先进国家的社会上,礼貌和谦让已经成为一种基本的国民道德,庙堂之上,在位者问政时的恪守仪节,温文有礼,民间人士的轻声细语,相互尊重,礼让妇女老弱的行为,对照着我们自己朝野人士的粗鲁横暴,口出秽言,也真不免令我们感到汗颜不已。

当然,礼让精神的实践,需要各级学校教育的教导和纠正,需要社会媒体舆论的倡导和监督,也需要在位人士的良好示范,才能逐渐地加以恢复。

五 结论

在未来的岁月中,在21世纪即将到来的时光中,我们究竟需要哪些伦理道德,去指导人们建立自己立身处世的行为标准? 去调和人与人之间的相互关系? 应该是我们大家亟需思考的问题。

我们觉得,以孔子为代表的儒家思想,是从人类的善性作出发点,发展出一套最能符合人性、切合人情的伦理观念,这一套伦理观念,其中蕴涵着不少精华成分,它可以不受时间的影响,而与时俱进,因时变化,适应时代需要,即使在未来的社会中,仍然有其指导人生道德取向的价值,同时,针对当前社会的弊病,也仍然有其从根本上加以挽救的功能,因此,非常值得我们去重视,去加以弘扬和应用。

在经纬万端的未来社会中,儒家的伦理思想,当然不应成为人们唯一的道德观念,其他各家传统学说的优良成分,西方伦理思想中的重要学理,以及其他许多与伦理思想可以相辅相成的各种学科,都可以加以简择淬取,而共同成为未来国人足以适应新世纪的新道德新伦理,只是,个人仍然认为,儒家伦理思想中所蕴涵的精华成分,仍然将是我们迈入 21 世纪的伦理道德思想中的主导力量。

（选自《中国文化研究》1999 年秋之卷）

胡楚生:台湾中兴大学教授,曾任中文系主任、文学院院长,南洋大学文学博士,主要研究领域有老庄思想、清代学术思想等。

本文认为儒家伦理思想的中心“仁”及“忠恕”、“孝悌”、“信义”、“礼让”等要目都是儒家道德观念中的精华,具有超越时空的价值存在。对社会上诸如自我本位、贪图享受、自私自利、人性暴戾等弊病,儒家伦理思想的精蕴有从根本上加以挽救的功能。文章还探讨了实践儒家伦理思想的道路，并相信儒家伦理精蕴仍将是 21 世纪伦理思想道德的主导力量。

家庭、国家与世界：
全球伦理的现代儒学探索

〔美〕杜维明

在儒家文化的影响下，工业化东亚已经发展了一种不那么逆乎潮流，不那么强调个体主义，也不那么强调自我利益的现代文明。就此而论，群体取向和个人主动性之间的协同已然将这一地区造就为第二次世界大战之后世界上最具经济和政治活力的地区。本文依照自我、家庭、社群、社会、国家与宇宙等一系列同心圆，通过对建立在个人尊严基础之上的有关人类繁荣的儒家观念进行探索，来研究工业化东亚的发展。本着天人合一的精神，我们看到了自我同社群的沟通，人类与自然界的和谐，人与天的相互关系。这一对学而为人的整体性综合认识可以作为新的探索全球伦理的出发点。

17 世纪利玛窦将天主教传到中国及耶稣会士在中国的传教活动的一个意外后果，是中国人对欧洲的启蒙运动作出了思想贡献。通过传教士的报告，法国、英国、意大利和德国的知识分子开始意识到中华文明的人文主义光辉。孟德斯鸠、伏尔泰、魁奈、狄德罗、启蒙思想家、重农主义者以及理神论者，都对中国人的世界观、宇宙论思想、仁善专制和世俗伦理着了迷。虽然 18 世纪中国货风靡欧洲主要是因为欧洲人对中国艺术风格的狂热迷恋，而不是他们对中国哲学内涵的探求,但儒教中国对某些最辉煌的西方思想的自我反思却是一种理智的挑战。不幸的是,启蒙精神,特别是体现为 19 世纪欧洲中心论的启蒙精神,对中国及其作为一个发展中的现代国家的自我觉悟的影响一直受到破坏。

现代西方人的二分的思维方式(精神/物质,心灵/肉体,体力/脑力,神圣/世俗,创造者/创造物,上帝/人,主体/客体)同中国人的思维方式是针锋相对的。培根的知识即力量及达尔文的以竞争求生存的论断告诉我们,启蒙精神同中国人头脑中所熟悉的任何一种思维类型都大相径庭,以致对华夏世界的诸方面均构成挑战。受浮士德式的探索、认识、开拓和控制的驱动,启蒙运动对工具理性的信念已在科学、技术、工业资本主义、国家建设、民主政治、法律制度、教育体制、多国合作以及军事装备方面取得了令人瞩目的进步。由于依据财富与强权而定义的国际游戏规则是通过炮舰外交强加给中国的,新的中国知识分子看到了西化的不可避免性,从而投身到西化的运动中。

激励"五四"(1919)时期一代中国思想家把全盘西化鼓吹为文化生存的前提的那种紧迫感,是不辨方向和自我毁灭性的。有意识地选择侵蚀中国丰富的文化资源并追循唯物主义救国道路的做法,把中国导向了革命的浪漫主义和民粹派信奉的唯科学主义。他们如此迫切地谋求采取行之有效的行为和取得立竿见影的后果,以致将精神生活置于边缘地位。其后果是几乎没有留下反复思考的余地,更不用说进行深刻的反思了。对哲学来说,这种结果是灾难性的。在这一点上,近代中国知识分子的命运远远比不上他们的印度伙伴。几个世纪的殖民地状态并没有摧垮印度人的精神支柱,而半殖民地的地位却促使中国知识界完全地或有选择地丢弃了所有代表中国灵魂的精神传统。我们只是刚刚开始看到一些表明中国思想家们正在从这种因内挤外压所导致的病态中逐渐康复的征象。

启蒙思想虽然精力无限且充满着创造欲，但因其漠视与人类相关的"神圣礼教"，忽略作为一种生活艺术的自我修养，所以未能在眼前的事物中得到反映。前苏联的解体可能已经使中国人不再相信革命先驱们依照以阶级斗争求得普遍平等的战略而草率推进的那个不可避免的历史进程。然而，关于人是拥有不可异化的权利的理性动物并由其自身利益所驱动而在市场上获取最大利润的假定，在中华人民共和国即使不是一种激励性的思想，也可算是一种有说服力的思想。T. 帕森斯所理解的现代性之不可分割的三方面——即市场经济、民主政治和个人主义——在中国知识界的讨论中也很可能会赫然显现出来。启蒙精神在中国文化界内存在着，并且在起作用。

V. 施瓦茨和李泽厚等学者在论述"五四"运动时认为，在中国致力实现现代化的悲剧性历史中，首要的思想问题是救亡的民族感情掩盖了对启蒙运动进行深刻探索的需求，这是可以理解的。这种可悲的后果使中国在向现代性迈进的征途上出现了令人痛心的曲折。可以作如下假设，即中国向西方学习的协同努力受挫于谋求民族生存的炽烈愿望。结果，在中国的知识土壤上，自由、平等、理性及正当法律程序等启蒙思想生长和繁荣的时间太短，空间也太狭窄。科学与民主的思想在西欧和北美历经了几个世纪才得以确立，但是鼓吹西化的人们和实施现代化的人们试图依照科学与民主的精神来改造中国却只经历了几十年的时间。不过，有些困难是因启蒙精神自身的含混不清造成的。在中国，鼓吹西化和现代化的人们，受到启蒙精神的陶冶，均以一种要把中国从她自己过去的封建、黑暗和落后中拯救出来的激情而投身于政治运动。

以权威主义的三纲（父为子纲，君为臣纲，夫为妻纲）为特色的中国家庭的痼疾受到现代中国一些笔触犀利、颇具影响的作家的彻底批判。巴金的小说《家》是"五四"时期反对传统习俗精神的代表作，它使人痛切地回想起儒家关于"家"的概念。从受西方自由民主思想影响而形成的现代意识的视角来观察，"家"实际上就是一个"牢笼"。它否认个人的基本权利，禁锢年轻人的创造精神。的确，儒家的家庭伦理，正如鲁迅以他充满义愤的战斗之笔所描绘的那样，无异于一种"陈腐说教"。这样一种陈旧的教育，非但不能使世界变得文明，还依稀带有噬食同类的味道，或借用鲁迅生动的语汇来说就是"吃人"。"打倒孔家店"的口号总体上是把矛头指向封建的过去，尤其是针对儒家的家庭制度。由此不难理解，即便是那些鼓吹复活儒家人文主义的人也承认儒家的家庭伦理是阻碍中国社会走向现代化的一个重要文化因素。康有为和谭嗣同都提出把打破对家庭的绝对效忠作为复兴无所不包的儒家人文主义的前提。儒学思想家熊十力则直截了当地把家庭谴责为万恶之源。

作为中国现代化指导思想的毛泽东主义在50年代的兴起，进一步强化了对儒家家庭伦理观念的批判。几种看起来并不相容而皆以启蒙思想为名的思潮，如实证主义的唯科学主义、浪漫主义的革命理论、平均地权论、反偶像崇拜论、工业化现代主义，以及保护本土精神文化的理论，汇合而成为毛泽东的思想。它总体上同儒家人文主义，特别是同儒家的家庭伦理观念是格格不入的。认为以历史发展的普遍规律为基础可以进行极权主义的社会变革，认为随着觉悟提高与物质财富的丰富，继续革命将最终消除中国的落后面貌，认为农民是推动中国走向现代社会的动力，认为摧毁中国的封建遗产才能迎来壮丽的新世界。按照对启蒙的这一独特理解，儒家关于社群的概念——不仅家庭，而且所有人际交往的形式——都被抛进了历史的垃圾堆。

按当代人的观点，当我们承认西欧和北美所作出的示范性现代化事业已成为人类共同遗产的同时，我们不应无视这种启蒙工程中固有的严重矛盾和体现在现代西方国家进程中的破坏性因素。启蒙运动的遗产带有一种让人无所适从的模棱两可的倾向。它所拥有的价值观不能联结成一种提供协调伦理行为整合性的价值体系。例如，自由与平等之间的冲突就常常是无法解决的。对于那些同样对环境恶化、社会解体和分配不合理等问题深表关注的人士来说，一项紧迫的任务就是对启蒙运动的遗产进行反思。矛盾的是，鉴于这一遗产无意中对全球社会造成的负面后果，我们不可能不经批判就接受其内在逻辑；但我们又不能否认这一遗产目前和今后同我们理智的"自我"定义之间的联系，虽然它一直带有那么多的模糊性。捷径是没有的，我们找不到一种非此即彼的选择。

希望建立一种截然不同的伦理观念或是一种不受启蒙精神支配的全新的价值体系的希望是不现实的。这种期望甚至会表现为或是愤世嫉俗，或是过于苛求。我们需要探寻的精神资源应能帮助我们拓宽启蒙工程的范围，加深其对道德的感受力，如有必要，能创造性地改变其固有局限，以便充分实现其作为全人类世界观的潜能。

一种新型的全球社会伦理

认识到在启蒙工程中明显缺少一种社群理念，特别是全球社群的理念，是上述理智综合事业走向成功的关键。博爱，这一在法国大革命提倡的三种基本品德中与社群功能等价的品德,在现代西方国家的经济、政治和社会思想中没有受到足够的重视。对不平等予以欣然默许,对个人利益的救世力量的信赖,以及对不加约束地损人利己的认可,都严重地玷污了进步、理性和个体主义的善良性。越来越多的知识分子深切感到有必要表达一种组建"全球村"的普遍愿望,应该在我们日常生活中所体验到的四分五裂的世界和理想中的全人类社会之间建立一种可能的联系。可以理解,在过去与现在的任何社会中作为社会基本单位的家庭,在当代政治话语中已突显其重要地位。在这种思路中蕴含的全球化运转的思想要求建立一种新的伦理,其意义与启蒙精神已大相径庭。

按照儒家观点,这种新型的伦理观念要求起码要用以"不要如何如何"的形式表达的"己所不欲勿施于人"这一黄金规则,来取代自私自利原则——不管对这一原则作了多么明确的界定。我们所珍爱的最佳生活方式未必就适合于我们的邻居的具体情况。承认这一点是我们迈向能深入鉴赏他人之完美的第一步。鉴于这一黄金规则是以否定形式表述的,所以,应该用一种以肯定形式来表述的原则予以扩充,就是"己欲立而立人,己欲达而达人"。要培育起一种内涵宽广,以互利和互惠交往为基础而不是以经济学计算中的零和游戏为基础的社群观念。

在儒家文化影响下,工业化东亚已经发展了一种不那么逆乎潮流,不那么强调个体主义,不那么强调自私自利的现代文明。如今得到广泛承队的是,市场经济和政府指导的共存,为日本、韩国、台湾和香港地区、新加坡以及新近为中华人民共和国提供了一种促进经济高速发展的巨大动力。研究比较政治的学者们也已注意到东亚地区民主政治的发展与英才教育并非水火不容。的确,通过竞争考试,教育精英主义已经在发展一种能够让公共部门不断从高校毕业生中吸引最优秀人才的领导风格方面起了作用。简言之，由个体能动性和群体取向产生的协同力，已经使这一地区变成第二次世界大战以来世界上最具经济和政治生机的地区。

包括日本、朝鲜和韩国、中国大陆、香港和台湾地区，新加坡及越南在内的儒家亚洲的西化可能已永久改变了这一地区的精神面貌，但是其本土的精神资源（包括大乘佛教、道教、神道教、萨满教以及其他民间宗教）具有精神恢复的力量，使它们自身改头换面，以一种新的综合形式表现出来。

依照儒家的观点，资本主义和社会主义的学说（二者都是启蒙精神的范例）都没有提到原生联系问题：如对人的状况的嵌入性；特别是在识别处于独特的人际关系网络中的具体人时，种族、性别、语言、地域及宗教等因素的至关重要性。无论资本主义还是社会主义的经济人概念中抽象的普遍原则，都不能说明从物质上构成全球社会的人类社群的复杂性和多样性。原生联系作为文化上特定的、历史上背景化的人类社群的形成方式，同认为现代化自然会导致同质化的启蒙假设是相对立的。同启蒙假设相反，儒家广义的人文主义可以为我们发展一种赞同文化多样性、尊重差异和鼓励精神取向多元性的伦理思想提供丰富的资源。

当然，需要告诫的是，在经历了被帝国主义和现代西方国家一百多年的殖民统治所强加的屈辱和失败之后，工业化东亚的崛起也强烈地表现了启蒙传统的工具理性。的确，日本及四小龙精神是以重商主义、商业精神和国际竞争为特征的。当然，对于它们发展一种更人道、可持续的社会的可能性，不应夸大。然而，这并不意味着要去破坏儒家思想的说服力，人类社会应该是广泛包容的，尽管存在着种族、语言、宗教、社会、政治及经济方面的多样性。

按照现代的自由民主的观点，儒家的人文主义显然存在着诸多缺陷。就其整体精神取向而言,儒家传统明显缺少一种对个人主义的强有力的承诺。作为现代社会风气的一种反映,个人主义问题是很复杂的。但是,不可否认,人的尊严、自由和独立在所有现代社会中都受到高度珍视。如果一个儒家社会,既以它所信奉的"为己而学"的价值观和不断"自我实现"的道德律令为基础,又能形成基本自由和权利的观念并发展保障公民隐私的法制,那么,这种社会视个人为一切关系之中心而非孤立个体的信念,将会有助于建立稳定的民主。

在其基本信念中,儒家传统明显缺少彻底超越、积极的恶和超验合理性等观念。结果,儒家社会就可能没有许多制约独裁政权或家长式政权滥用权力的办法。然而,儒家的天命论以精英责任伦理为基础,更适合于民主政治,也就是说,并不那么适合于神授君权。儒家的关于仁政、精英责任意识以及人民具有要变革权利的思想,同文明、公平、公共透明性等民主化要求是完全吻合的。实际上,儒家以致力于在普遍的人际日常交往中陶冶人们的理性价值观而著称于世,因为他们相信,真正的社会和谐只能通过交往与协商才能实现。

在其政治哲学中,儒家传统显然缺乏自由、人权、隐私和正当法律程序等概念。儒家对正当性、责任、公共精神及礼制的偏爱,可能已经损害了东亚国家把个人言论自由,享有不可剥夺的政治权利和民事权利的自由,尊重私人领域的自由和独立司法的自由进行充分整合的能力。然而,在一个复杂的现代社会中,我们不能够为了强调自由的价值观而忘却对处于经济劣势的地区和人民提供各类政治性保护措施。尽管低效的福利制度存在诸多弊端,但是,政府还必须确保因市场的力量而加剧的残酷竞争不会导致无法承受的不平等。这就要求商界和政界的精英人物有一种对全社会的幸福与安宁的强烈责任感。儒家对责任的关注与对权利的要求是一致的。事实上，为使对个人利益和隐私的论述得到应有的承认，发展尊重公正无私精神的公共领域既合人心，又有必要。自相矛盾的是，由法律专家们制定的文明行为模式（一种对公益的可信承诺）可能依然是削弱对个人利益的关注的最有效的途径。

在其制度结构中，儒家传统显然缺少一种对专制制度的制约平衡机制，即一种在宪法框架之内的逆向性分工，尽管大多数工业化东亚社会都在依其法律架构精心设计政治程序，但创造一种文明精神气质和党内交往的公开性尚需时日。政府要民有、民享、民治的主张在日本及亚洲四小龙已然不再仅是一厢情愿，可是，还远未成为完全与普通生活方式合而为一的制度化机制的民主政治依然会引发争论，引起分裂，甚至具有爆炸性。

在人际交往的实践中，儒家传统显然没有社会契约、市民社会及公共领域等先例。然而，事实上已成功扩展至世界每一角落的"网络资本主义"体现出富有成效的人际交互影响，它向我们表明，复杂的商业交易所提出的诸如诚信、可靠、责任、义务等植根于儒家文化的道德要求，是它的明显特征。虽然在法制尚不健全的情况下，这种产生财富的方式几乎不可能普遍化，但它已经形成了一种经济发展和社会发展的独特风格，这种风格对世界其他地区有着深远影响。公共机构在商贸、传媒、学术、宗教及其他独立于政治中心却又影响其长期决策的行业领域中的出现，使工业化东亚得以逐步发展为成熟、完善的市民社会。虽然这些正在出现的，已然把市民社会的思想传输给东亚知识分子的公共机构的行为趋向很难预测，但是，日益发展的多元主义不可避免地会导致思想、宗教、伦理、美学及世界观诸领域中出现新的闪光思想和杰出人物。不论一个以交往理性为判别依据的真正起作用的公共领域是否会在这些新兴的工业化国家出现,稠密的人际网络和复杂的文化结构已然使这些国家成为令人瞩目的"有机团结"的现代范例。按照迪尔凯姆的分工概念,这种"有机团结"是现代性的一个必要条件。

以上从自由民主的角度对儒家传统的局限性及儒家对启蒙精神的可能反响所进行的讨论,开辟了一个崭新的伦理视野。用伦理学的术语来表述,即儒家东亚所示范的是现代性的另一种完全不同的形式。的确,市场经济、民主政治和个人主义都汇聚在东亚的现代性之中,但是,政府领导、精英统治和社群主义作为一只"无形的手"对市场的调整是根本性的,而与此相对的民主制度,以及作为界定西欧和北美现代性基本尺度的个人主义精神并不一定很适用。理想化的个体观念把人视为享有权利并在个人利益驱动下,力图在由法律架构裁定的市场领域中通过理性的精心运作而获取最大利益的个体,这种个体观念,同儒家把个人视为各种关系的中心的观念,同儒家强调责任意识、整体幸福、正义、怜悯及对礼仪的道德改革,当然是不相容的。近年来,在欧美地区的政治讨论中对社会难题的论述是 20 世纪后期两种显然相反的努力汇合的表征:一方面,在我们所处的信息时代,地球村既是一种真正的现实,又是一种虚拟的社会;另一方面是在从家庭到国家的所有层面上人类群集关系的解体和重构。

如果说儒家传统能够为我们提供一种精神资源,以便从启蒙工程本身的内核中发展一种新的社群观,这种说法可能算不上是狂傲。在不破坏或摒弃对合理性、自由、平等、人权及合理分配的承诺的情况下,超越启蒙精神的需要要求我们透彻地重新审视这种人类生存和繁荣所必需的全球伦理。

结　　论

如果我们假定,如东亚的例子所表明的,传统形成了现代化的过程,并大体上界定了"现代"的含义,那么,关于现代性必须依照市场经济、民主政治和个人主义这三个不可分离的方面来表述的主张,又将处于何种地位呢?的确,眼前的实例使人们愈加相信作为实现现代化的强大引擎的市场经济是现代性的一个组成部分。

然而,值得注意的是,市场经济如其在东亚的实践结果所表明的,并非不能同政府强有力的和综合性的参与相适应。实际情形往往是政治领导为市场运行提供必要的指导。在对内协调和对外竞争中,在经济方面成熟老练的政府官员往往有助于促进体制的顺利运行,并为经济的健康增长创造环境。官员同商界进行合作在东亚社会中是一种规范,政治和经济之间深入的富有成效的相互作用是东亚地区政治经济学的明显特色。在裁定经济事务方面当局所拥有的权威可以表现为不同形式——直接管理(如新加坡)、积极领导(如韩国)、知情引导(如日本)、被动干预(如台湾地区),或主动不干预(如香港地区)——但是,当局对所有重大经济决策的参与不仅被期待,而且为商界和公众所渴求。

虽然民主政治带有普遍适用性,但是民主思想在东亚国家的体现强烈地表明了民主化作为一个过程,同官僚统治、教育精英主义和自成一体的社会网络,未必不能和谐共存。西方的民主经验绝非偶然的形成:在英国成形于实用主义、经验主义、怀疑主义和渐进主义的传统;在法国则成形于反教权主义、理性主义、文化主义和革命精神的传统;在德国成形于浪漫主义、民族主义和种族自豪感的传统;在美国则是由于一个强大的市民社会的持续存在。

儒家信奉通过努力而改善自身境遇的观念；信奉家庭为社会基本单位、家庭伦理为社会安定之基础的观念；信奉道德教育的内在价值；信奉自力更生、相互帮助；信奉无止境扩张的关系网络结为有机整体的观念。这些信念为东亚民主体制发展自己的特色提供了丰富的文化资源。

的确，儒家的论辩术，就像在讨论亚洲价值观问题时一样，可以作为一种战略武器，对不加区别地把西方的思想意识强加给世界其他地区的做法进行批判。把人权范围从以往只强调政治权、公民权，拓宽到包含经济权、社会权和文化权的新的议事日程。当儒家文化影响下的亚洲社会把它们自己从裙带关系、权威主义和大男子主义的桎梏中解脱出来的需求突显之时，带有儒家特色的民主便不仅可欲，而且可求。

东亚国家的知识分子对作为促进经济发展、国家建设、社会稳定和文化认同的精神源泉的儒家传统，进行了积极的探索。但是，在日本和四小龙中，针对孔子及其继承者的反偶像崇拜运动的回声，依然在学术殿堂及政府大厅中荡漾。荒谬之处在于，偶像的人格概念（实在人，有价值的人，圣人）在一个自由民主的社会中，比在一个传统型的帝王专政或现代独裁主义的政体中，能够更为彻底地得以实现。东亚国家的儒学精英们必须先创造性地依照启蒙运动的价值观改造自己，然后才能对现代西方国家的极端个人主义、恶性竞争和不道德诉讼行为进行有效的批判。

儒家世界中的知识分子致力于向西方国家（荷兰、英国、法国、德国和瑞典）学习的历史已逾百年。由于他们已经适应了现代西方启蒙精神的排他性"一般"说教，他们开始通过汲取自身固有精神传统中的精华来提出挑战性的问题。把重新评价儒家的价值观作为一种对西欧及北美的霸权性说教的具有创造力的回答，这似乎是跨文化交往的自然结果。一部分推动力来自中国知识分子中产生的批判的觉醒意识,即认为文化中国已经不再属于多数人仅靠土地为生的农业社会,因为这个国家也是世界上最具生气的移民社会之一。

世界有 3600 万华侨,主要分布在东南亚地区,在将这一最经久不衰、最具支配力量的道德体系与它的背景联系起来时,不可能简单地将它归入或是"封建的过去",或是"农业的现在"。在华人中不仅有最庞大的农业人口,而且也有正在形成的全球社会中最具事业心的商人阶层。如果我们"假设文化很重要,假设人们用极为珍视的或下意识地信奉的价值观指导他们的行为,假设人们的动机结构不仅同其经济伦理相关而且至关重要,假设社会的生活取向造成其人民经济行为或政治行为方面的差异",那么,我们现时的伦理思想能否为一种对于世界和平而言是不可或缺的全球性管理提供强大的伦理基础,就显得至关重要了。中华人民共和国的政治领导人借助改革开放政策,决定也要朝着只从财富和权力方面狭隘界定的现代性不停迈进,这就使问题极大地复杂化了。一亿多农业人口流向城市所形成的国内移民潮已经在中国,特别是在经济蓬勃发展的东南沿海地区出现。由于商业化的浪潮开始席卷中国大地,移民的压力还会大大增强。

按照文化中国的观点,与 19 世纪数百万中国人从广东、福建向东南亚国家的第一次移民运动相对照,第二次移民运动正在出现。过去 20 年中,东南亚地区有经济势力的华人,出于政治安全、经济机遇、文化表现及子女教育等诸多考虑,已开始了向澳大利亚、加拿大和美国的迁移。由于有香港和台湾地区居民加入这一过程,移民的数量将会大大增加。在美国,全国的唐人街和留学生社群的面貌,由于近年来越南南部华裔人口和中国大陆学生人口的流入而得到实实在在的改变。另一方面,也应该注意到,近几十年中科学和工程学方面的高级人才正在从北美向工业化东亚进行稳定的回流。

如果我们把范围扩大,把工业化的和社会主义的东亚国家都包括进来,便会看出日本人、韩国人和越南人社群在全世界的出现,进一步提高了理解儒家伦理的必要性。此处,我愿援引埃德温·赖肖尔1973年所作,后以《纵览华人世界》为题在《外交事务》杂志上发表的一篇预言性讲话中的一段:

> 东亚人民……具有某些共同的重要特质,诸如讲求群体团结、强调政治一致、组织基础稳固、工作伦理观念强及肯于为教育付出巨大努力。由于具有这些特质,日本以其出人意料之速度从一个19世纪中期尚不发达的小国一跃而为20世纪初的重要帝国——进而成为今日的超级经济强国。……今天,她的纪录正在被其他所有未受到战争或经济上妨碍的东亚国家或地区——即韩国、台湾、香港、新加坡——所重视。新加坡像中国香港一样基本上是一个华人城邦。在东南亚地区所有的非东亚国家中,作为少数民族的华人在经济和教育方面占有很大优势,甚而造成了严重的政治和社会问题。如果在越南不再发生战争,如果中国和北朝鲜能充分调整政策,为其人民的无可置疑的经济能力提供空间,它们的经济增长速度一定会令人惊异。

如果我们要维护儒家伦理的亚洲第一价值观的地位,就要满足两个条件。首先,在伦理—宗教的意义上,用“儒家”来暗指东亚,就像用“基督教”、“伊斯兰教”、“印度教”、“道教”来指欧洲、中东、印度或东南亚等地理政治区域一样,具有相同的效力和局限。“儒家”东亚在宗教方面的多元性已把事情搞乱了。然而,把信奉神道教或佛教的日本，信奉萨满教、佛教或基督教的韩国，信奉道教或佛教的中国，均视为东亚精神景观的组成部分，也并非难事。其次，如此表述儒家伦理并不是在对传统儒家学说作简单描绘。确切地说，这是使多少世纪以来一直在儒家教育影响之下的那些国家的人们的生活方式、思维方式或社会实践得以概念化的一种途径。

由于我们所面对的是一个世界新秩序的问题，而不是由超级大国所强加的把世界一分为二（资本主义和社会主义）的问题，所以我们容易因受诱惑而去迎合轻易形成的概念："历史终结论"、"文明冲突论"，或"太平洋世纪说"。更困难的，从长远看又可望是更重要的探究方式，是强调全球社会正面临的真正的根本性难题。我们是作为独立的个人而存在，或是每个人都作为各种关系的中心而存在吗？道德上的自知之明对个人成长是必不可缺的吗？一个不能在其成员中发展一种基本责任感的社会能够繁荣和长久吗？我们的多元化社会能够在深思熟虑的基础上培养出共享的价值观，并为人类的相互理解奠立共同基础吗？当我们敏锐地察觉到我们所在的地球的脆弱性并日益为社会解体而担忧时，在精神方面应该提出的至关重要的问题是什么呢？

鸦片战争以来，中国经历了许多劫难。1949 年之前，帝国主义是罪魁祸首。但中华人民共和国成立之后，领导和政策上的多变和失误也应负一定责任。虽然有千百万人失去了生命，但周边国家并未因此而受到严重影响。总体而言，外部世界对中国实际发生的事情都很明了。1979 年以来，中国正迅速成为全球经济体系中的一个组成部分。中国 30% 以上的经济活动都同国际贸易紧密相关。自然形成的经济区域已经在香港与泉州，福建与台湾，山东与南韩之间的地带出现，日本、欧洲、美国、香港及台湾人的投资实际上已经遍及中国所有省份。香港回归,台湾海峡两岸双方之间的冲突,海外华人社会之间以及他们同中国大陆之间的经济与文化交流,东亚地区的域内交往,东盟的政治与经济整合,亚太地区的崛起等因素,都将对我们正在收缩的全球社会产生实质性影响。

儒家学说的新生会有助于在东亚知识分子中间形成一种迫切需要的集体的、批判的自我意识。我们不是在目睹历史的终结,而是正在亲历全球历史的开篇。从比较文化的角度来看,这一新的开篇须以对话而不是以文明的冲突作为出发点。我们对植根于种族、语言、国土与宗教中的文明冲突危险的意识,使得进行对话的需求尤为迫切。必须找到一种可取的注重人类繁荣的伦理和精神尺度的可持续发展模式。

超越一种由工具理性和个人私利而形成的思维倾向已经为时过晚了。由于起支配作用的政治关系消失了,我们亲眼看到了一个交往、网络、商定、互动与协调的时代的曙光。东亚国家的知识分子在修身、齐家、社会团结、仁政、普遍和平等儒家精神的激励下,能否像移居世界其他地区的华人、日本人、韩国人和越南人中的知识分子一样表现出一种责任道德,这对实现全球化管理具有深刻的意义。

我们可以在人的尊严的基础上,依照一系列的同心圆,即个人、家庭、社群、社会、国家、世界以及宇宙,对儒家的人类繁荣的观念予以展望。我们首先提出人的真实同一性问题。一种公开的创造性转化的自我品性必须以我们克服自私自利和唯我主义的能力来予以论断。我们珍视家庭的凝聚力,为此,我们必须超越裙带关系。我们重视社会团结,但我们必须克服地方观念以彻底实现社会团结的真正价值。我们可以通过社会整合而得到充实,但要以克服种族优越感和文化沙文主义为前提。我们致力于民族团结，但我们应该摆脱侵略性的民族主义，以便能够实现真正的爱国主义。我们为人类的繁荣前景所激励，但我们必须为摆脱人类中心说的约束而努力，因为人性的全部含义在于天人合一而不是人类中心说。在马来西亚大学举办的"伊斯兰—儒家对话国际学术研讨会"（1995 年 3 月）上，马来西亚副总理安瓦尔·伊贝拉西梅引用了休斯敦·史密斯所著《世界宗教》一书中的一段话。这段话深深领悟了自我超越的儒家精神：

> 当一个人的深入关注中心从自身转向家庭的时候，他便超越了自私自利的心理。当关注中心从家庭移向社会时，便超越了裙带关系。当从社会移向国家时，便超越了狭隘的地方主义。当移向全人类时，则同民族沙文主义针锋相对。

我们甚至可以作如下补充：当关注中心移向天人合一的时候，便超越了世俗的人本主义这一启蒙精神的带有明显的人类中心说特色的形式。的确，按照天人合一的精神，我们看到了个人与社群之间的交往，看到人类与自然界的和谐，还看到了人与天之间的相互依存关系。这一整合的对于学而为人的综合性见识，可能很适合作为一种新的全球伦理学说的起点。

（选自〔美〕《社会符号论》1998 年第 8 卷第 2—3 期）

　　本文认为儒家的人文主义虽存在诸多缺陷，但却能够为发展一种赞同文化多样性和鼓励精神取向多元性的伦理思想提供丰富的资源。全球化的运转需要建立一种新型的全球社会伦理，因此必须培育新的社群观念。只有超越人类中心说转向天人合一，即找到一种注重人类繁荣的伦理和精神尺度

的可持续发展模式,才有可能为一种新的全球伦理学说找到
合适的起点。

寻求全球伦理的构想

汤 一 介

即将过去的 20 世纪是人类社会飞速发展的世纪,取得辉煌成就的世纪,但同时又是充满矛盾的世纪。在这百年中间,发生了两次世界大战,死亡几千万人,大量破坏了人类多少世纪辛勤建造的文化遗产。而我们的国家,经历了种种苦难,同时也取得了巨大的进步。今日的中国社会正在从传统走向现代,这是历史发展的要求。但在这个过程中也许不可避免地发生种种问题,例如我国社会目前存在的"信仰危机"、"道德真空"、"贪污腐化"、"环境污染"等等,已经到了比较严重的地步,是不得不引起注意的时候了。从全世界看,科学技术高度发展,虽然给人类社会带来巨大的进步,但是作为自然界一部分的人,在他们征服自然的过程中,不仅掌握了大量破坏自然的工具,而且也掌握了毁灭人类自身的武器。正如 1992 年世界 1575 名科学家发表的一份《世界科学家对人类的警告》开头提到的,人类和自然正走上一条相互抵触的道路。由于片面的物质利益的追求,对自然资源的争夺、占有和权力欲望的膨胀,造成了国与国、民族与民族、地域与地域之间的对立和战争。过分注重金钱和物质享受,造成了人与人之间关系的紧张,社会的冷漠,心灵的孤寂,使人们失落感日甚。所有这些问题无疑都和本世纪以来无限制地追求物质利益,而精神文明却日渐陷入危机有关。因此,近年来各国的哲学家、宗教学家、文化人类学家在世界各地召开过多次"全球伦理"的讨论会,提出寻求伦理观念上的"最低限度的共识"问题,并希望以此为解救人类社会走出精神危机的途径。

(一)寻求伦理观念上的"最低限度的共识"

我们可以把在伦理观念中已经为不同文化传统的民族所共同接受的伦理观念作为"全球伦理"的最低的需求。我想,要求在伦理观念上取得某种"共识"需要克服两种思想上的不好的倾向。一是文化上的霸权主义。"全球伦理"应该是以承认和接受多元文化为前提,必须充分了解和尊重人类各种文明、各民族、各群体、甚至每个人的多样性和差异性,因此要反对强加于人的文化上的霸权主义。一是文化上的相对主义。在各种文明和不同民族文化传统中本来就存在着某些伦理观念(如"不可杀人"、"不可盗窃"等等)上的一致性,同样存在着对这些观念解释上的一致性,为此我们要反对"公说公有理,婆说婆有理"的文化相对主义。

(二)寻求"全球伦理"要从不同民族文化传统中吸取资源

不同传统的文化,特别是有很长历史传统的文化,在长期发展过程中已经形成了非常坚固的基本伦理观念。所谓伦理观念中的"最低限度的共识"都是和某个民族的基本伦理观念相联系。如果我们把"尊重他人"(或"己所不欲,勿施于人")作为当前社会可以共同接受的最低限度伦理观念上的"共识",那么这个伦理观念上的"最低限度的共识"对中国传统文化中的儒家来说正是和它的"仁学"相联系的;对西方基督教来说则是和它的"博爱"相联系的;对印度佛教来说则是和它的"慈悲"观念相联系的。在这三种不同文化传统的伦理体系的理念中,显然有着深刻的差异,例如儒家的"爱人"包含着"亲亲"观念;基督教的"博爱"包含着"在上帝面前人人平等"的观念;佛教的"慈悲"中包含着"涅槃"的观念。这三种不同文化传统的伦理观念虽然不同,但并不是互相排斥的,甚至在"爱人"(仁)、"博爱"和"慈悲"中又存在着某种深刻的互相"认同"的方面,这就是都以不同方式表达人的"爱心"。所以寻求"全球伦理"不是要排斥或否认不同民族文化传统的伦理价值,而是应在尊重各民族文化传统的伦理价值的基础上,发掘和利用不同民族文化传统中的伦理思想的内在资源。因此,越是深入发掘和利用不同民族文化传统中的伦理思想的深层资源,对建立"全球伦理"越有意义。中国的儒家学说应能给人类社会提供极为宝贵的伦理资源。如果我们对儒家的伦理学说作出适应当今人类社会要求的解释,我认为对建立"全球伦理"会有很大意义。

(三)寻求"全球伦理"必须关注当今人类社会存在的重大问题

寻求"全球伦理",就必须讨论到当前的民族与民族、国家与国家关系问题,其伦理问题就不仅仅是个人伦理问题了,而是政治伦理、社会伦理、经济伦理和环境伦理等等问题。我认为,在这方面各个民族都可以从其伦理观念中找到有益于解决当今社会存在和发展的资源。

就政治伦理方面看,大国的霸权地位已处在江河日下的境地,完全支配世界政治格局的日子已是力不从心了。在世界政治的运作中是否合乎道义正在成为处理国家与国家、民族与民族之间关系的准则,"得道多助,失道寡助"这一中国儒家的政治伦理观念作为一种有价值的资源,应受到我们的重视。人们会问,在当今什么是合乎"道义"的;什么是不合乎"道义"的? 我想也许可以这样来回答:第一、合乎国家与国家平等的原则,也就是说国家无论大小、贫富、强弱都应在平等的原则下参与国际事务,共同讨论国际事务;第二、有利于维护和平共处,这是由于 20 世纪的战争给人类社会带来巨大的灾难,维护和平,避免战争,对 21 世纪人类社会是至关重要的。

经济伦理方面,中国的墨家思想或者能提供有意义的资源。墨子提出了一重要的思想观念:"兼相爱,交相利。"从本世纪世界经济发展的趋向看,如果仍然沿着富国更加富,穷国更加穷的路子发展下去,人类社会是得不到安宁的,最终富国的利益也无法继续保持。许多有远见卓识的政治家和思想家已经看到,富裕的国家必须改弦易辙,以求经济上的"共同发展",而"共同发展"就必须把经济关系建立在"交相利"的基础上。然而"交相利"如果没有"兼相爱"作为条件,那么在经济上的互利也是不可能做到的。把人与人、国与国之间相互损害的情况改变为"兼相爱,交相利",这才是 21 世纪人类社会之福,世界经济才能得到"共同发展"。

人类对自然的过量和无序的开发,不仅破坏了自然界的和谐,而且危及人类自身的生存条件,这已是当前人们有目共睹的事。早在二千多年前,中国伟大的思想家老子从对宇宙自身和谐的认识出发,提出了"人法地,地法天,天法道,道法自然"的理论,道的特性是自然而然的(不是人为的),也就是说归根结底人应效法道的自然而然。老子认为,"人为"和"自然"是相对立的,违背了"自然",人就会受到惩罚。比老子晚一些的道家思想家庄子,提出了"太和万物"的命题,意思是说在天地万物中本来存在着最大的和谐关系,因此人们应"顺之以天道,行之以五德,应之以自然"。在自然界遭到严重破坏的情况下,在自然资源被过量开发的情况下,在环境污染严重地威胁着人类社会生活的情况下,道家"崇尚自然"的思想无疑对 21 世纪人类社会有着重要的意义。"崇尚自然"应该成为我们建立环境伦理的重要思想资源。

（四）"和而不同"应是寻求"全球伦理"的一条原则

今日世界的纷争虽然不能说主要是由文化之冲突引起的，但也决非与文化冲突无关。是增强不同文化间相互理解和宽容而引向和平，还是因文化隔离和霸权而导致政治冲突，将影响着 21 世纪人类的命运。目前，在世界文化发展中，出现了两股不同方向的文化潮流：某些西方国家的理论家仍然坚持"西方中心论"，以树立西方文化的霸权地位。与此同时，某些取得独立或复兴的民族，抱着珍视自身文化的情怀，形成一种返本归根、固守本土文化的民族主义和回归传统的保守主义。甚至某些东方学者鉴于两个世纪以来西方文化对世界造成的灾难和自身所曾受到的欺压，而提出文化上的"东方中心论"。如何使这两股相悖的潮流不致发展成大规模的对抗，并得以消解，是当前一大问题。还有，在西方国家与民族、东方国家与民族之间由于文化传统的不同也会引起纷争和冲突。这在历史和现实中所在多有，不能不引起我们关注。

因此，如何处理不同民族在伦理观念上的差异和矛盾可能引起的冲突，这也是寻求"全球伦理"必须研究的问题。

中国古已有之的"和而不同"的观点可以作为处理不同民族文化之间关系的重要原则。"和而不同"既可以保持和发挥自身文化的特性，又可以在互相交流与对话中得到发展，而促使不同文化的相互"认同"。因此，在不同传统文化之间应该通过对话与交往，在讨论中取得某种"共识"，这是一种由"不同"到某种意义上的互相"认同"的过程。这种"认同"不是一方消灭另一方，也不是一方"同化"另一方，而是在两种不同传统文化中寻找交汇点，并在此基础上推动双方文化的发展，这正是"和"的作用。在今日我们寻求"全球伦理"之时，"和而不同"应作为一条处理不同民族的伦理观念的原则被肯定下来，这无疑会对我们寻求"全球伦理"极有意义。

我想,从以上所说(当然还有很多问题可以讨论)讨论"全球伦理"问题,总可以找到解决"经济全球一体化"和"文化民族多元化"所形成的紧张关系的路径,对此我们是否可以对今后相当长的一段时间里的文化走向的趋势概括为"在全球意识观照下的文化多元化发展"。如果每个民族(国家)都能针对当前人类社会存在的共同问题,从自身文化中寻找有益于解决这些共同问题在伦理思想中的资源,那么经过大家的努力,建立一套寻求"全球伦理"的理论总会获得成功。

(选自 2000 年 9 月 29 日《中国艺术报》)

汤一介:1927 年生,湖北黄梅人。1951 年毕业于北京大学哲学系,加拿大麦克玛斯特大学荣誉博士,现任北京大学哲学系教授、中国哲学与文化研究所所长,中国文化书院院长,中国哲学史学会副会长,中华孔子学会副会长,国际价值与哲学研究会理事。著有《郭象与魏晋玄学》、《中国传统文化中的儒道释》、《儒道释与内在超越问题》、《儒教、佛教、道教、基督教与中国文化》等。

此文对寻求全球伦理问题提出了四点构想。一、反对文化上的霸权主义和相对主义;二、在尊重各民族文化传统的伦理价值基础上,发掘利用其内在的资源。三、建立有利于国家平等与和平共处的政治伦理,"兼相爱,交相利"的经济伦理以及"崇尚自然"的环境伦理。四、以"和而不同"作为处理不同民族文化间关系的重要原则。

论著目录索引

一 著作索引部分

唐凯麟主编 成人与成圣——儒家伦理道德精粹 湖南大学出版社 2000 年版

陈子典主编 传统道德与现代精神文明 华南理工大学出版社 2000 年版

林存阳、刘中建 中国之伦理精神 四川人民出版社 2000 年版

黄钊等 中国道德文化 湖北人民出版社 2000 年版

李明编 百孝图 三秦出版社 2000 年版

董小川 儒家文化与美国基督新教文化 商务印书馆 1999 年版

章海山 当代道德的转型与建构 中山大学出版社 1999 年版

陈宁 中国古代命运观的现代诠释 辽宁教育出版社 1999 年版

商国君 先秦儒家仁学文化研究 陕西师范大学出版社 1998 年版

谭嗣同著、印永清评注 仁学:走不出仁的中世纪 中州古籍出版社 1998 年版

刘献君主编 中国传统道德 华中理工大学出版社 1998 年版

张立文、李苏平主编　中外儒学比较研究　东方出版社1998年版

林　剑　道德与人性　湖北人民出版社1998年版

杨敬年　人性论　南开大学出版社1998年版

（韩）崔根德　韩国儒学思想研究　学苑出版社1998年版

王泽应　现代新儒家伦理思想研究　湖南师范大学出版社1997
　　年版

洛承烈等　儒家思想与社会管理　黄河出版社1997年版

葛晨虹　德化的视野:儒家德性思想研究　同心出版社1997年版

陈少峰　中国伦理学史　北京大学出版社1997年版

焦国成　中国伦理学通论(上)　山西教育出版社1997年版

郭洪纪　儒家伦理与中国文化转型　青海人民出版社1997年版

姜国柱　中国传统道德举要　国防大学出版社1997年版

柴文华　再铸民族魂——中国伦理文化的诠释和重建　黑龙江教
　　育出版社1997年版

陈谷嘉　儒家伦理哲学　人民出版社1996年版

陈　来　古代宗教与伦理　三联书店1996年版

（德）马克思·韦伯　儒教与道教　江苏人民出版社1995年版

陈明主编　中国传统文化中的人道主义　华夏出版社1995年版

王海明、孙英　寻求新道德——科学的伦理学之重建　华夏出版
　　社1994年版

万俊人　伦理学新论:走向现代伦理　中国青年出版社1994年版

张怀承　中国的家庭与伦理　中国人民大学出版社1993年版

徐顺教、季甄馥主编　中国近代伦理思想研究　华东师范大学出
　　版社1993年版

张锡勤等主编　中国伦理思想通史　黑龙江教育出版社1993年
　　版

伊敏钝、李翰编 新版三十六孝 北京邮电学院出版社 1993 年版

杜恂诚 中国传统伦理与近代资本主义:兼评韦伯《中国的宗教》
上海社会科学院出版社 1993 年版

梁宗常等主编 市场经济与伦理道德 广西人民出版社 1993 年
版

李春秋主编 中国传统伦理精华 同心出版社 1993 年版

陈丽菲、苏智良 传统修养处世学 上海书店出版社 1993 年版

张岂之、陈国庆 近代伦理思想的变迁 中华书局 1993 年版

丁 捷 中国文化与人生 辽宁教育出版社 1993 年版

张岱年 思想、文化、道德 巴蜀书社 1992 年版

曾 凡 中国人的人生之道 河南人民出版社 1992 年版

贾崇吉、杨致武主编 中华伦理道德辞典 陕西人民出版社 1992
年版

(日)河野真、王永昌等 人与恶:东西方善恶论面面观 中国人
民大学出版社 1992 年版

牟宗三 道德理性主义的重建 广播电视大学出版社 1992 年版

樊 浩 中国伦理精神的历史建构 江苏人民出版社 1992 年版

王育济 天理与人欲 齐鲁书社 1992 年版

紫竹编 中国人性哲学纵横谈 齐鲁书社 1992 年版

李书有主编 中国儒家伦理思想发展史 江苏古籍出版社 1992
年版

姜法曾 中国伦理学史略 中华书局 1991 年版

焦国成 中国古代人我关系论 中国人民大学出版社 1991 年版

(美)成中英 文化、伦理与管理 贵州人民出版社 1991 年版

张敏哲主编 民族伦理研究 云南民族出版社 1990 年版

张岂之主编 中国儒学思想史 陕西人民出版社 1990 年版

吴熙钊　中国近代道德启蒙　吉林文史出版社 1990 年版

魏英敏　伦理道德问题再认识　北京大学出版社 1990 年版

陈　瑛、许启贤主编　中国伦理大辞典　辽宁人民出版社 1989 年
　　版

（美）杜维明　新加坡的挑战:新儒家伦理与企业精神　三联书店
　　1989 年版

许启贤主编　新时代的伦理沉思:伦理现代化探微　中国矿业大
　　学出版社 1989 年版

姜国柱、朱葵菊　中国历史上的人性论　社会科学出版社 1989 年
　　版

朱贻庭主编　中国传统伦理思想史　华东师范大学出版社 1989
　　年版

张岱年　中国伦理思想研究　上海人民出版社 1989 年版

沈善洪、王凤贤　中国伦理学说史（下）　浙江人民出版社 1988
　　年版

肖雪慧、韩东屏等　主体的沉沦与觉醒:伦理学的一个新构想　贵
　　州人民出版社 1988 年版

韦政通　伦理思想的突破　四川人民出版社 1988 年版

廖　奔、刘　彦　爱的困惑:现代性爱观与东方伦理传统的冲突
　　国际文化出版公司 1988 年版

刘述先　儒家伦理研讨会论文集　新加坡东亚哲学研究所 1987
　　年版

陈　瑛、温克勤、唐凯麟　中国伦理思想史　贵州人民出版社
　　1987 年版

（美）余英时　中国近世宗教伦理与商人精神　台北联经出版事
　　业公司 1987 年版

（美）余英时 中国思想传统的现代诠释 台北联经出版事业公司 1987 年版

（德）马克思·韦伯 新教伦理与资本主义精神 四川人民出版社 1986 年版

王润生、王磊 中国伦理生活的大趋向 贵州人民出版社 1986 年版

沈善洪、王凤贤 中国伦理学说史（上） 浙江人民出版社 1985 年版

（美）杜维明 今日儒家伦理——新加坡的挑战 新加坡课程发展总署 1984 年版

朱伯昆 先秦伦理学概论 北京大学出版社 1984 年版

蔡元培 中国伦理学史 上海书店出版社 1984 年版

章海山等 家庭伦理 广东人民出版社 1984 年版

张锡勤等编 中国近代伦理思想史 黑龙江人民出版社 1984 年版

高思谦 中外伦理学比较研究 （台湾）中央文物供应社 1983 年版

蔡尚思 中国传统思想总批判 湖南人民出版社 1981 年版

（日）佐藤嘉佑 儒教伦理溯源的研究 明德社 1979 年版

（日）加地绅行 中国人的伦理学——从诸子百家到毛泽东 中央公论社 1977 年版

安徽人民出版社编辑出版 《三字经》批注 1976 年版

湖北省妇联编 批判宣扬孔孟之道的《女儿经》 湖北人民出版社 1975 年版

广东人民出版社编辑出版 《女儿经》批判 1975 年版

河北人民出版社编辑出版 《女儿经》批判 1975 年版

人民卫生出版社编辑出版　狠批"男尊女卑"　1975 年版

湖南人民出版社编辑出版　肃清孔孟之道的流毒和影响　1975
年版

上海第 31 棉纺厂工人理论小组　女儿经批判　上海人民出版社
1975 年版

5420 工程指挥部工人理论组、河北师范大学中文系工农兵学员
《孝经》选批　河北人民出版社 1975 年版

邵庆文编　破除宗族观念　广东人民出版社 1975 年版

北京第一机床厂工人理论组、北京大学中文系新闻专业批判组
《白虎通》选批　北京人民出版社 1975 年版

湖北人民出版社编辑出版　《改良女儿经》、《闺训千字文》选批
1975 年版

黑龙江人民出版社编辑出版　孔丘的仁义道德与林彪的修正主义
路线（批林批孔文选）　1974 年版

湖南人民出版社编辑出版　孔丘的仁义道德与林彪的修正主义路
线（批林批孔文集之五）　1974 年版

内蒙古人民出版社编辑出版　彻底批判林彪和孔孟之道　1974
年版

山西人民出版社编辑出版　"克己复礼"就是复辟（批林批孔文
选）　1974 年版

甘肃人民出版社编辑出版　用马克思主义观点批判孔孟之道
1974 年版

北京人民出版社编辑出版　批判宣扬孔孟之道的几本坏书　1974
年版

云南人民出版社编辑出版　深入批判宣扬孔孟之道的坏书　1974
年版

（日）山本命　明代儒学的伦理学研究　理想社 1974 年版

（日）山本命　宋代儒学的伦理学研究　理想社 1973 年版

牟宗三　心体与性体（第 3 册）　台北正中书局 1969 年版

牟宗三　心体与性体（第 2 册）　台北正中书局 1968 年版

牟宗三　心体与性体（第 1 册）　台北正中书局 1968 年版

（日）市川本太郎　原始儒教的道德思想　敬文社 1967 年版

（日）后藤俊瑞　朱子的伦理思想　后藤博士遗稿刊行会 1964 年版

（日）铃木由次郎　中国伦理思想史　学艺书房 1963 年版

（日）铃木由次郎　世界伦理思想丛书——中国编　学艺书房 1959 年版

牟宗三　道德的理想主义　（台湾）东海大学出版社 1959 年版

贺　麟　文化与人生　商务印书馆 1947 年版

牟宗三　从《周易》方面研究中国之玄学与道德哲学　1935 年自印本

蔡元培　中学修身教科书　商务印书馆 1912 年版

蔡元培　中国伦理学史　商务印书馆 1912 年版

二　论文索引部分

彭恒利　儒家伦理的现代转型　中国文化研究 2000 年 4 期

姜国柱　儒家的自强不息论　中国文化研究 2000 年 4 期

崔亨植　关于宋代新儒家伦理论中"诚"的概念　东岳论丛 2000 年 6 期

罗能生　伦理道德的经济分析　吉首大学学报（社科版）2000 年 3 期

20 世纪儒学研究大系

杨俊广　儒家伦理与中国现代化关系初探　济南大学学报2000年4期

李锦全　儒家文化与商业文明关系的探索　东方论坛2000年4期

陈云良　儒家伦理与法治精神　中国法学2000年5期

唐凯麟　论儒家的忠恕之道——兼对普遍伦理的历史反思　求索2000年1期

肖群忠　论现代新儒家对孝道的弘扬发展　齐鲁学刊2000年4期

何怀宏　儒家生态伦理思想述略　中国人民大学学报2000年2期

崔永东　儒家道德法思想及其现代价值　中国人民大学学报2000年1期

罗江文　儒家道德观在汉字中的反映　云南师范大学学报(哲社版)2000年2期

鄯爱红、王志捷　简论儒家的环境伦理思想及其现实意义　理论学刊2000年3期

曾振宇　儒家孝文化及其影响　理论学刊2000年1期

周道华　儒家的和谐思想与现代精神文明建设　理论学刊2000年1期

王存河、熊威　儒家伦理与当代法治观念　华夏文化2000年4期

顾士敏　论"儒家精神"　中国哲学史2000年4期

汤一介　孔子思想与"全球伦理"问题　中国哲学史2000年4期

杭　宁　浅论传统伦理对现代社会主体法律意识的影响　攀登2000年3期

杨喜洲　论《吕刑》"德主刑辅"的司法伦理思想　河南社会科学

2000 年 3 期

梅良勇、张方玉　孟子的家庭伦理思想初探　徐州师范大学学报
　　（哲社版）2000 年 1 期

刘奉光　孔孟伦理思想比较　南昌大学学报（社科版）2000 年 3
　　期

王志萍　普遍伦理研究综述　哲学动态 2000 年 1 期

张　践　儒家孝道观的形成与演变　中国哲学史 2000 年 3 期

章建刚　普遍伦理和亚洲价值国际会议综述　哲学动态 2000 年
　　1 期

王国良　从忠君到天下为公——儒家君臣关系论的演变　孔子研
　　究 2000 年 5 期

王　馨　伦理的政治化和政治的伦理化——孔子与苏格拉底的比
　　较研究　湘潭大学社会科学学报 2000 年 4 期

龙静云　仁政:先秦儒家政治伦理的核心及其借鉴价值　道德与
　　文明 2000 年 3 期

贺汉魂　儒家人性根源浅论　船山学刊 2000 年 2 期

李培超　论中国传统文化与现代生态伦理思维之间的冲突　船山
　　学刊 2000 年 2 期

吕耀怀　"让"的伦理分析　孔子研究 2000 年 5 期

刘增合　儒教经济伦理观念"差序格局"界论　孔子研究 2000 年
　　2 期

唐凯麟、罗能生　冲突、契合、互补优化——论儒家伦理与现代市
　　场经济　孔子研究 2000 年 2 期

梅良勇、张方玉　荀子的家庭伦理思想研究　道德与文明 2000 年
　　4 期

黄开国　儒家性品级说的开端　哲学研究 2000 年 9 期

20世纪儒学研究大系

林乐昌　张载对儒家人性论的重构　哲学研究 2000 年 5 期

陈宝良　明末儒家伦理的困境及其新动向　史学月刊 2000 年 5
期

王南方　儒家修身方法论及其现实价值　管子学刊 2000 年 1 期

杨丙乾　儒家义利观与企业群体意识　河南商业高等专科学校学
报 2000 年 5 期

夏振坤、张艳国　儒家经济伦理与中国的现代化　经济评论 2000
年 3 期

杨雪英　儒家人性智慧在现代管理中的运用　经济问题探索
2000 年 2 期

黎卫金　儒家道德思想与新时期思想道德教育　思想教育研究
2000 年 4 期

萧　成　从一而终:活在封建伦理道德阴影里的中国女性　宁德
师专学报(哲社版)2000 年 1 期

张雪荣、黄永明　伦理情结与先秦政治文化述略　江汉论坛 2000
年 7 期

李会钦、郭长华　先秦儒家生态伦理思想浅探　洛阳工学院学报
(社科版)2000 年 2 期

张开城　儒家思想与现代中国　川北教育学院学报 2000 年 1 期

董　群　略论禅宗对儒家伦理的会通——以礼、孝、忠为个案的考
察　东南大学学报(哲社版)2000 年 3 期

郭长华　试论孔子的"生态伦理智慧"及现代意义　周口师范高
等专科学校学报 2000 年 4 期

王爱敏　传统伦理与家庭美德建设　烟台师范学院学报(哲社
版)2000 年 2 期

启　良　从公羊学看儒家政治伦理的尴尬　湘潭大学社会科学学

报 2000 年 5 期

汤晓黎 儒家伦理与中日早期现代化 西南民族学院学报(哲社版)2000 年 11 期

李蜀人 中国儒家道德的本体的走向和意义 西南民族学院学报(哲社版)2000 年 11 期

邵龙宝 中西方伦理价值观之比较 西南民族学院学报(哲社版)2000 年 9 期

王巧玲 崇本息末拯救儒家伦理理想——王弼"以无为本"的伦理学说 西南民族学院学报(哲社版)2000 年 8 期

包兰英 论中国优秀道德传统的"文化土壤" 管子学刊 2000 年 1 期

杨权利、李建森 简析中国传统道德的宽恕思想及其现实意义 华夏文化 2000 年 2 期

闫 安 儒家文化与东亚现代化——对东亚发展研究中文化理论的考察 社科纵横 2000 年 3 期

张 昱 儒家文化仍有发展空间 21 世纪 2000 年 2 期

马福云 东亚现代化中的儒家文化及其发展前景 国外社会科学 2000 年 4 期

张怀承 试论中国传统文化三教互补的伦理精神 湖南社会科学 2000 年 4 期

葛荣晋 儒家柔性管理与东亚经济发展 中国文化研究 2000 年 3 期

杨建明、于培森 儒家学说对干部道德修养的启迪 唯实 2000 年 2 期

周晓勇、宋青平 荀子经济伦理的现代意义 探索与争鸣 2000 年 8 期

孔润年　论中国伦理的"德性论"与"义务论"之分野　宝鸡文理
　　　　学院学报(社科版)2000年1期

唐文明　弘道崇德:孔孟儒家的两个终极伦理观念　北京大学学
　　　　报(哲社版)2000年2期

白　奚、蔡清生　忠恕之道:普遍伦理及全球价值的发展动向　探
　　　　索与争鸣2000年5期

高　梧　试论中国古代经济伦理对政治文化的影响　天府新论
　　　　2000年4期

樊　婧　先秦儒家义利观的基本精神及其得失　山西师大学报
　　　　(社科版)2000年1期

李英姿　中国传统伦理与现代伦理的转换　中共山西省委党校学
　　　　报2000年5期

韩雪风　论儒家伦理与市场经济的文化整合　探索2000年3期

时殷弘　中西伦理传统与当代国际干涉　学术界2000年4期

张　震　日本、东亚企业家族化的伦理动因　松辽学刊(社科版)
　　　　2000年5期

丁原明　儒家"孝"文化的现代诠释　山东大学学报(社科版)
　　　　2000年3期

孟建伟　以人文涵盖科学——现代新儒家文化观及其偏颇　自然
　　　　辩证法研究2000年7期

黄明同　华夏文化与人类未来生态伦理　西安电子科技大学学报
　　　　(社科版)2000年4期

邓美英　儒家人格理想与青少年思想道德素质的培养　江西社会
　　　　科学2000年7期

沈广斌　传统文化与伦理道德教育传统　扬州大学学报(高教研
　　　　究版)2000年3期

易连云　儒家文化与世纪之交的学校道德教育改革定位　西南师范大学学报(哲社版)2000年1期

郭齐家　中国传统教育哲学与全球伦理　教育研究2000年11期

钱焕琦　试论我国家庭教育伦理思想的发展与继承　中国文化研究2000年2期

刘文明　论早期基督教与先秦儒家伦理中的性与婚姻　求索2000年1期

陈科华　"道德的自由"与"自由的道德"——儒家"至德"观与道家"上德"观之比较　南昌大学学报(社科版)2000年3期

韩国莉、孙树志　中国传统宗法伦理下的法律意识　兰州大学学报(社科版)2000年5期

王晓霞　儒家文化中的人际关系理论　道德与文明2000年5期

刘炳范　终身教育理念的拥有与人文关怀的吁需——孔子及儒家教育思想的现代价值论　孔子研究2000年6期

田桂民　论中国传统伦理道德观对现代文明建设的积极影响　天津大学学报(社科版)2000年3期

毛勤勇　在精神文明建设中弘扬传统伦理道德　江南论坛2000年12期

王　娆　儒家人性论与中国传统法律文化的发展　甘肃政法成人教育学院学报2000年4期

王文友　中国式现代化的伦理基础　湖北社会科学2000年1期

俞荣根、李　剑　儒家人本主义与现代企业文化建设　重庆邮电学院学报(社科版)2000年4期

赖井洋、张　斌　李觏经济伦理思想初探　山东科技大学学报(社科版)2000年4期

何俊萍　中国封建伦理、法律对妇女的规范及作用探析　妇女研
　　　究论丛 2000 年 5 期

崔月琴、李文焕　儒家文化对东亚经济发展的双重影响　东北亚
　　　论坛 2000 年 4 期

陈启智　儒家经济思想及其特点　孔子研究 2000 年 6 期

蔡丹红　论儒家道德价值观在我国现代企业文化中的构建　学术
　　　交流 2000 年 5 期

张　震　论儒家管理思想及其对企业管理的现代价值　经济经纬
　　　2000 年 6 期

路　腾　试论儒家伦理道德观念对现代文明建设的影响　天津成
　　　人高等学校联合学报 2000 年 1 期

魏义霞、李　彤　论孔子伦理思想的逻辑结构及核心地位　哈尔
　　　滨学院学报 2000 年 5 期

张晓飞　孔墨伦理思想发展的逻辑比较　重庆师院学报(哲社
　　　版)2000 年 3 期

林安梧　儒家道德哲学的两个向度——以《论语》中"曾子"与"有
　　　子"为对比的展开　学术研究 2000 年 6 期

张德强　继承发扬儒家修身治平的思想促进个人修养和家庭美德
　　　建设　兰州学刊 2000 年 4 期

刘照蓉、邓华新　东亚伦理精神与社会现代化研究　兰州学刊
　　　2000 年 4 期

漆　玲、赵　欣　建立全球伦理的可能性　道德与文明 2000 年 6
　　　期

刘喜珍　中国古代负面伦理文化探微　北方工业大学学报 2000
　　　年 4 期

李承宗　简析章太炎对孔学和儒家道德的批判　船山学刊 2000

年 4 期

胡发贵　追求德性的升华——儒家"成人"论　学海 2000 年 4 期

王　成、王　怡　论传统礼敬思想与当代伦理建设　山东医科大学学报(社科版)2000 年 3 期

刘　刚、李卫东　试论儒家义利观的历史发展和理论得失　山东农业大学学报(社科版)2000 年 3 期

曹素青　东西方经济伦理的异同及其功效　生产力研究 2000 年 3 期

杨春梅　先秦儒家仁爱学说略论　齐鲁学刊 2000 年 5 期

孙理兴　曾国藩治家伦理思想探析　齐鲁学刊 2000 年 2 期

高云梯　传统文化与 21 世纪伦理建构　宁夏大学学报(社科版)2000 年 3 期

兰宗荣　朱熹家庭伦理思想探微　南平师专学报 2000 年 3 期

张志雄　和谐主义的伦理观——从《朱子家训》看朱熹的伦理观　南平师专学报 2000 年 3 期

康永超　儒家道德治化的基本经验　南都学坛 2000 年 5 期

高建立　明清之际士商观念的转变与商人伦理精神的塑造　江汉论坛 2000 年 1 期

杨怀祥　中华传统道德的伦理性特征　建材高教理论与实践 2000 年 1 期

朱孔武　论中国传统伦理法的终结　华中理工大学学报(社科版)2000 年 3 期

尹长青　传统伦理哲学与网络社会建设　湖湘论坛 2000 年 3 期

梁绍辉、任俊华　研究传统伦理道德精粹的"精粹之作"——评《中国传统伦理道德文化丛书》　湖湘论坛 2000 年 2 期

周　静　儒家义利观与现代管理　河南社会科学 2000 年 2 期

段淳林　和谐伦理思想与企业文化创新　广西大学学报（哲社版）2000 年 4 期

栗志刚　儒家义利观与市场经济伦理　广西大学学报（哲社版）2000 年 3 期

邓克金、由剑锋　论中国传统伦理文化中的利己主义思想　长春大学学报 2000 年 2 期

李世芬　论儒家义利观与社会主义义利观　长春大学学报 2000 年 2 期

邵汉明　儒家道德观与市场经济的冲突与契合　长春市委党校学报 2000 年 2 期

陈筱芳　先秦儒家对春秋义利观的继承发展　西南民族学院学报（哲社版）2000 年 6 期

陈世放　儒家"重义轻利"观辨析　咸宁师专学报 2000 年 1 期

蒙培元　从孔、孟的德性说看儒家的生态观　新视野 2000 年 1 期

张晓飞　孔墨伦理思想发展的逻辑比较　西南师范大学学报（哲社版）2000 年 2 期

刘宝村　忧患意识与儒家道德性特征的形成　广西师院学报（哲社版）2000 年 2 期

袁丽娴　浅论先秦儒家的人性观　山东大学学报（社科版）2000 年 5 期

宋开之　儒家伦理本体思想的基本肯认——评傅伟勋的哲学　南京化工大学学报（哲社版）2000 年 1 期

樊广义　论儒家精神与现代文明　理论导刊 2000 年 9 期

温冠英、朱　林　孔子的经济伦理思想初探　江西社会科学 2000 年 3 期

邓文平、李丕洋　"孔颜真乐"与"曾点之志"——谈谈儒家人生修

养的思想和境界　江西社会科学 2000 年 2 期

王　易　论先秦儒家的国家关系伦理思想　河北学刊 2000 年 1 期

周松柏　王阳明"知行合一"说与中华民族伦理精神　贵州师范大学学报(社科版)2000 年 2 期

黄启良　浅析"存天理、灭人欲"的伦理观　广西教育学院学报 2000 年 1 期

龙雪津　论孔子对儒家理想人格的建构　广西广播电视大学学报 2000 年 2 期

赵连章　孔子伦理政治学说的历史内涵及价值　长白学刊 2000 年 5 期

王慧娟、刘晓阳　论儒家修养传统及其当代价值　安阳师范学院学报 2000 年 3 期

余洁平　儒家道德形而上学的建立——论贺麟的道德观　安徽师范大学学报(社科版)2000 年 2 期

王　剑　天学精神与儒学伦理——明末中西文化冲突探因　吉林大学社会科学学报 2000 年 2 期

寇占民　汉字与儒家的伦理观　克山师专学报 2000 年 2 期

韩焕忠　佛性论与儒家人性论比较　宗教学研究 2000 年 1 期

章建刚　儒家伦理、市场伦理和普遍伦理　哲学研究 2000 年 2 期

孙理兴　中国古代妇女伦理模式述论　道德与文明 2000 年 3 期

梁占先　儒家"仁"的核心——处理好"二人"(人际)关系　贵州文史丛刊 2000 年 1 期

傅　谨　传统伦理的当代转换　中国戏剧 2000 年 10 期

朱利平　儒家理想人格的现代选择　齐齐哈尔大学学报(哲社版)2000 年 6 期

陈伟宏、温珍奎　儒家义利观对法治现代化的价值　江西社会科
　　学 2000 年 12 期

葛　浩、张　华　孔子与柏拉图伦理思想之比较　安徽农业大学
　　学报(社科版)2000 年 4 期

于桂芝　儒家德刑观述评　宁波高等专科学校学报 2000 年 3 期

安　燕　传统伦理乌托邦的虚妄与退守——试论李安电影的隐性
　　叙事　贵州民族学院学报(社科版)2000 年 4 期

梅良勇、张方玉　《孝经》的家庭伦理思想研究　学海 2000 年 5
　　期

江作军　中国传统伦理精神与现代经济的关系　苏州铁道师范学
　　院学报 2000 年 4 期

姜朝晖　儒家修身理论的函数矩阵分析　思想战线 2000 年 6 期

李少波　孟子经济伦理观浅析　青海师范大学学报(哲社版)
　　2000 年 4 期

李树人、阎志平、侯桂英　中国古代的生态伦理观　河南农业大学
　　学报 2000 年 4 期

韩　超　简评韩非对先秦儒家"德治"学说的批驳　郑州轻工业
　　学院学报(社科版)2000 年 3 期

刘红叶　汉代儒学伦理政治一体化特征的形成　西北民族学院学
　　报(哲社版)2000 年 4 期

麻晓晶　儒道思想与中国传统医学伦理　山东工业大学学报(社
　　科版)2000 年 6 期

吴培德　《易经》中的伦理道德思想　曲靖师专学报 2000 年 1 期

姚炎祥、徐国梁　中国传统文化中的环境伦理思想　苏州城市建
　　设环境保护学院学报(社科版)2000 年 4 期

王国绶　论"五四"时期鲁迅对中国伦理道德的重建　天津师大

学报(社科版)1999 年 2 期

贺天舒　信仰·伦理·文化——《诗经》解读　山东大学学报(社科版)1999 年 2 期

蔡兰荣　孔子道德修养论与道德教育　山东教育科研 1999 年 2 期

朱　岚　论孝为仁之本　中国哲学史 1999 年 2 期

马宜章　传统"忠孝"伦理思想的现代扬弃　河南师范大学学报(哲社版)1999 年 4 期

郭祖仪　试论孔子思想及道德论的阶级属性　理论导刊 1999 年 8 期

谢基昌　论孝的涵义及现实意义——对传统孝道的反思　广东教育学院学报 1999 年 5 期

蔡兰荣　孔子道德修养论与道德教育　山东教育科研 1999 年 2 期

周致元　儒家伦理与明代徽州籍进士　安徽大学学报(哲社版)1999 年 4 期

楼宇烈　中国现代社会与儒家伦理　文史哲 1999 年 5 期

朴钟锦　儒家"孝"道观念的时代价值——中、韩传统"孝"观念及其与西方"孝"观念的比较研究　北京第二外国语学院学报 1999 年 2 期

朱晓红、李文良　儒家义利观的现代化转变　华北电力大学学报(社科版)1999 年 4 期

鄢爱红、彭永捷　先秦儒家的人欲观及其当代价值　中国人民大学学报 1999 年 5 期

孙向军、王发棠　儒家义利观的现代思考　江苏社会科学 1999 年 1 期

20 世 纪 儒 学 研 究 大 系

史明轩　新加坡儒学伦理的复兴与发展　九江师专学报1999年
　　　　2期

王南方　儒家修身方法论及其现实价值　吉首大学学报(社科
　　　　版)1999年1期

罗军飞　从儒家的孝慈观看现代社会父子之伦的模式改塑　吉首
　　　　大学学报(社科版)1999年4期

郑家栋　"全球化"大潮中的孔子儒家　孔子研究1999年3期

何植靖　孔子伦理思想与21世纪社会伦理　南昌航空工业学院
　　　　学报(社科版)1999年1期

贾玉明　简析儒家义利之辨及其现代价值　辽宁教育学院学报
　　　　1999年4期

郭齐勇　郭店儒家简与孟子心性论　武汉大学学报(社科版)
　　　　1999年5期

李　隼　东西方"中庸"之比较研究——儒家与亚里士多德"中
　　　　庸"伦理思想比较　现代哲学1999年3期

任剑涛　伦理与政治的双向涵摄——董仲舒思想的再诠释　哲学
　　　　研究1999年3期

孙熙国、许青春　《易传》义利观研究——兼论《易传》之伦理思想
　　　　周易研究1999年4期

武才娃　儒家"安身立命"的现代价值　北京建筑工程学院学报
　　　　1999年1期

李景林　儒家的理性直观及其形上学的道德进路　长春市委党校
　　　　学报1999年3期

龚天平　儒家伦理精华及其现代价值简论　荆门职业技术学院学
　　　　报1999年2期

叶富春　先秦儒家义利观的基本精神特点　齐齐哈尔大学学报

（哲社版）1999 年 3 期

沙君俊、李　鸿　"亲亲相隐"在现代社会的活化——兼论伦理道
　　德是法律的根源和归宿　江西社会科学 1999 年 2 期

高玉林　从政治伦理到经济伦理——论传统伦理道德的现代化
　　中州学刊 1999 年 1 期

张培强、杜建国　论"同仁堂"经营思想与儒家道德观的融合　道
　　德与文明 1999 年 2 期

吴灿新　略论中国传统伦理文化的制欲主义精神　道德与文明
　　1999 年 2 期

侯典峰　儒家的"官德"思想　发展论坛 1999 年 4 期

张　军　儒家道德实践界说　湖湘论坛 1999 年 1 期

郭广银、杨　明　传统伦理精华对建构公民道德的启示　江海学
　　刊 1999 年 1 期

江荣海、佟福玲　中国古代行政伦理思想与现代行政伦理学　北
　　京大学学报（哲社版）1999 年 3 期

孔润年　实现人与道德的统一——孟子伦理学说新探　宝鸡文理
　　学院学报（社科版）1999 年 1 期

蔡世锋、王国顺　儒家思想与企业职业道德　道德与文明 1999 年
　　3 期

许启贤　中国古人的生态环境伦理意识　中国人民大学学报
　　1999 年 4 期

郭广银、王亦清　儒家伦理与现代经济发展　南京社会科学 1999
　　年 8 期

陈世放　重谈儒家德性思想的现代价值　咸宁师专学报 1999 年
　　5 期

吴　宁　论"天人合一"的生态伦理意蕴及其得失　自然辩证法

研究 1999 年 12 期

朱　健　"忠"在中、日传统伦理中的地位　贵州师范大学学报
　　　　（社科版）1999 年 3 期

邝先慧　儒家伦理的现代意义　西南民族学院学报（哲社版）
　　　　1999 年 6 期

罗新慧　郭店楚简与儒家的仁义之辨　齐鲁学刊 1999 年 5 期

孙理兴　孔墨"爱人"伦理思想之异同——兼谈现代伦理建设
　　　　道德与文明 1999 年 4 期

张怀承　略论中国传统伦理道德近代转型的实质　湖南师范大学
　　　　学报（社科版）1999 年 5 期

姚才刚　传统儒家慎独学说浅议　求索 1999 年 5 期

马永庆　传统伦理道德教育透析　山东社会科学 1999 年 5 期

王海传、高玉峰、王一川　儒家伦理与市场经济　山东社会科学
　　　　1999 年 5 期

黄岭峻、王前进　论儒家伦理的非宗教性及其后果　华中理工大
　　　　学学报（社科版）1999 年 4 期

李江凌　从知识经济看中国传统伦理的合理性　广东教育学院学
　　　　报 1999 年 6 期

马宜章　传统"忠孝"伦理思想的现代扬弃　河南师范大学学报
　　　　（哲社版）1999 年 4 期

萧焜焘　传统伦理规范的扬弃与当代人文精神的建立　江苏社会
　　　　科学 1999 年 1 期

杨志明　对市场经济条件下儒家道德文化复兴说的疑议　经济问
　　　　题探索 1999 年 3 期

王国聘　中国传统文化中的生态伦理智慧　科学技术与辩证法
　　　　1999 年 1 期

康　华、汪继林　儒家修身观阐释　南都学坛 1999 年 4 期

胡　凯　全球伦理——世纪之交的呼唤　理论学刊 1999 年 6 期

张亚群　儒家人文传统与当代两岸大学伦理教育　社会科学战线
1999 年 4 期

牟钟鉴　传统家庭伦理的当代价值　山东科技大学学报（社科
版）1999 年 2 期

陈兴锐　中国传统伦理思想的构架与社会主义伦理体系的建立
探索 1999 年 4 期

段　超　明清商业文化中的儒家伦理精神　史学月刊 1999 年 2
期

万俊人　普世伦理的正义及其对功利价值的优先性　湘潭师范学
院学报（社科版）1999 年 4 期

宁新昌　论儒家的道德自律及其意义　现代哲学 1999 年 2 期

栗玉仕　文化失调与儒者复出的呼唤——梁漱溟东西伦理文化观
研究　中南工业大学学报（社科版）1999 年 1 期

唐文明　孔孟儒家的"性"的理念及其话语权力膨胀的后果　哲
学研究 1999 年 2 期

廖加林　论孔子的经济伦理思想及现代价值　船山学刊 1999 年
1 期

张怀承　论中国近代伦理道德转型的理论意义和历史局限　船山
学刊 1999 年 1 期

马以庄　论中华传统道德的伦理性特征　邢台师范高专学报
1999 年 3 期

郭金玲、白小军　两代五四学人对传统家庭伦理观念的反叛　延
安教育学院学报 1999 年 2 期

马振铎　儒家的普遍道德准则及其人性论基础　中国哲学史

20世纪儒学研究大系

1999 年 1 期

韩焕忠　《华严原人论》对儒家人性论的批判　理论学刊 1999 年 5 期

栗玉仕　论董仲舒政治与伦理一体化模式的理论设计　清华大学学报(哲社版)1999 年 4 期

刘述先　从当代新儒家观点看世界伦理　中国哲学史 1999 年 4 期

时殷弘　关于战争与和平的伦理传统:西方与中国　世界经济与政治 1999 年 10 期

朱淑芳、王京安　建立"天人合一"的生态伦理观　生态经济 1999 年 5 期

安云凤　中国传统经济伦理思想论析　首都师范大学学报(社科版)1999 年 4 期

蔡　建、蔡　宏　儒家伦理与新加坡经济——兼及人本主义和个人主义的经济价值观念的比较　常熟高专学报 1999 年 1 期

王成荣　企业家精神与儒家伦理　北京社会科学 1999 年 3 期

蔡丹红　儒家道德价值观在我国现代企业文化中的运用　杭州师范学院学报 1999 年 4 期

郭广银、王成斌　透过金融危机看东亚模式和儒家伦理　道德与文明 1999 年 5 期

张竞生　伦理与法律融合的重要时期——从魏晋南北朝看封建法律的伦理法特点　重庆教育学院学报 1999 年 2 期

张德强　继承发扬儒家"孝道"的优秀思想　促进"四有"新人的培养　兰州学刊 1999 年 6 期

于桂芝　儒家的德刑观及其现代价值　南京政治学院学报 1999

年 5 期

张德胜、金耀基　儒商研究：儒家伦理与现代社会探微　社会学研究 1999 年 3 期

俞吾金　关于人性问题的新探索——儒家人性理论与基督教人性理论的比较研究　复旦大学学报（社科版）1999 年 1 期

林嘉声　中国传统伦理道德观与师范生理想人格的培养　福建师范大学学报（哲社版）1999 年 3 期

温克勤　大学生伦理道德教育的有益探索——读《儒家伦理与当代大学生道德教育》　道德与文明 1999 年 4 期

邵龙宝、盖晓红　儒家伦理在当代大学生道德教育中的地位与作用　大连大学学报 1999 年 5 期

谢树放　儒家仁爱精神与高校德育工作者道德建设　江苏教育学院学报（社科版）1999 年 4 期

杨志明　对市场经济条件下儒家道德文化复兴说的疑议　经济问题探索 1999 年 3 期

章继光　杜甫的儒家理想人格与对杜诗的伦理评价　求索 1998 年 4 期

朱松美　论孔子及其后儒家庭伦理道德思想的分疏与转换　山东师大学报（社科版）1998 年 2 期

崔　梅　从汉语文化词看儒家伦理观念　云南师范大学学报（哲社版）1998 年 1 期

范海玲　儒家伦理本位观念的现代意义　中国人民大学学报 1998 年 6 期

朱松美　先秦儒家生态伦理思想发微　山东社会科学 1998 年 6 期

白　青、吕本修　关于儒家伦理文化与社会主义市场经济关系问

题的思考　聊城师范学院学报(哲社版)1998年4期

谢树放　试论儒家伦理价值观　镇江师专学报(社科版)1998年
3期

李存山　先秦儒家的政治伦理教科书——读楚简《忠信之道》及
其他　中国文化研究1998年4期

王泽应　认识儒家伦理与东亚经济发展的应有视角　道德与文明
1998年1期

李昱姣　论曹操的儒学伦理实践　河南教育学院学报(哲社版)
1998年1期

邢学亮、方　征、颜晓初　东西方礼仪的伦理基础比较　宁波大学
学报(人文科学版)1998年1期

许梦瀛　孔子伦理道德思想新探　河南师范大学学报(哲社版)
1998年2期

马云志、子　先　荀况经济伦理思想刍议　理论学刊1998年1期

符　浩　论先秦儒家的道德观　社会科学家1998年1期

林吉玲　儒家女子价值观在近代的嬗变　社会科学家1998年2
期

张惠芝　关羽之忠义与儒家诚学　山西大学学报(哲社版)1998
年1期

杨诚虎　儒学伦理与现代化　铁道师院学报1998年2期

刘立德　儒家修身理论与近代修身课本　北京大学学报(哲社
版)1998年6期

周而凤　略论孔子伦理思想的特征及其现实意义　福州大学学报
(社科版)1998年3期

汤焕磊　论儒家伦理思想的当代价值　济宁师专学报1998年5
期

乐爱国、高令印　朱熹的科技伦理思想　孔子研究 1998 年 3 期

田永胜　中庸伦理思想新探　齐鲁学刊 1998 年 6 期

叶富春　先秦儒家义利观产生根源刍议　求是学刊 1998 年 6 期

陈国庆　儒家义利观论纲　西北大学学报(哲社版)1998 年 1 期

范海玲　儒家伦理本位理念的现代意义　中国人民大学学报
　　　1998 年 6 期

姚新中、王　易　儒家思想与 21 世纪——对儒家道德遗产及其现
　　　代相关性的思考　高校理论战线 1998 年 9 期

王兴国　刘少奇的修养观对儒家思想的继承与批判——纪念刘少
　　　奇同志诞辰 100 周年　益阳师专学报 1998 年 4 期

彭炳金　先秦儒家义利观及其积极意义　锦州师范学院学报(哲
　　　社版)1998 年 1 期

王　凤　浅谈儒家修身重义的现代意义　锦州师范学院学报(哲
　　　社版)1998 年 3 期

谢树放　试论儒家伦理价值观　镇江师专学报(社科版)1998 年
　　　3 期

廖加林　论儒家义利观的实质及困境　船山学刊 1998 年 1 期

陈建斌　周恩来对儒家修身思想的继承与超越　煤炭高等教育
　　　1998 年 3 期

陈延斌　"东方传统伦理与 21 世纪"讨论会综述　哲学动态 1998
　　　年 1 期

王泽应　认识儒家伦理与东亚经济发展的应有视角　道德与文明
　　　1998 年 1 期

曾小五　现代新儒家伦理思想研究的一部力作　道德与文明
　　　1998 年 1 期

马云志　儒家经济伦理的基本原则　科学·经济·社会 1998 年

1 期

余　博　试论儒家伦理在社会主义道德教育中的应用　辽宁教育
学院学报 1998 年 2 期

赵树勋　儒家资本主义与新教伦理　学术交流 1998 年 2 期

万俊人　儒家人文精神的传统本色与现代意义——试以先秦儒家
伦理为例：一种比较阐释　浙江社会科学 1998 年 1 期

吴　光　论儒家道德伦理的内涵、特色及其现代价值　浙江社会
科学 1998 年 1 期

（美）成中英　整体性与共生性：儒家伦理与东亚经济发展　浙江
社会科学 1998 年 2 期

许启贤　儒家伦理与道德管理　中国人民大学学报 1998 年 1 期

任剑涛　伦理的政治化定位——荀子思想主旨阐释　中山大学学
报（社科版）1998 年 1 期

张锡勤　尚公·重礼·贵和：中国传统伦理道德的基本精神　道
德与文明 1998 年 4 期

高扬先　关于建立普遍伦理的思考　求索 1998 年 5 期

沈怀灵、王卫东　儒家道德教育及其现代启示　思想战线 1998 年
6 期

姚轩鸽　韩愈伦理思想新探　唐都学刊 1998 年 3 期

罗祖基　儒墨的伦理分歧　天津师大学报（社科版）1998 年 3 期

邵龙宝　儒家伦理在社会主义道德建设中的地位与作用　西南民
族学院学报（哲社版）1998 年 3 期

和向朝　儒家的政治伦理思想和政治伦理美学　云南师范大学学
报（哲社版）1998 年 4 期

章海山　中国儒家伦理精神与现代化　中山大学学报（社科版）
1998 年 4 期

夏　何　　"普遍伦理:中国伦理传统的视角"研讨会在北京举行
　　　　　道德与文明 1998 年 4 期

陈　来　　儒家伦理与"人权"价值　北京大学学报(哲社版)1998
　　　　　年 5 期

吴捍列　　谱牒与中国传统伦理道德　承德民族师专学报 1998 年
　　　　　4 期

周巩固　　儒家宗法伦理与斯多亚传统——也说中西方人道主义
　　　　　东北师大学报(哲社版)1998 年 6 期

陈　瑛　　三纲五常的历史命运——寻求"普遍伦理"的一次中国
　　　　　古代尝试　道德与文明 1998 年 5 期

高岩岘　　试论儒家义利价值观及其现代转换　理论探讨 1998 年
　　　　　6 期

贺益民　　儒家管理伦理之负面特征初探　社会科学家 1998 年 2
　　　　　期

戴联荣　　浅议儒家文化对构建新世纪道德教育的意义　江西教育
　　　　　科研 1998 年 6 期

康永超　　儒家伦理与基础道德建设　中州学刊 1998 年 5 期

温克勤　　儒家伦理的现代价值——第一届两岸伦理学术研讨会观
　　　　　点综述　道德与文明 1998 年 2 期

陈　来　　谁之责任? 何种伦理? 从儒家伦理看世界伦理宣言　读
　　　　　书 1998 年 10 期

唐凯麟、王泽应　　二十世纪中国三大伦理思潮　江海学刊 1998 年
　　　　　6 期

张萃萍　　文化建设中应正确看待儒家伦理道德　高校理论战线
　　　　　1998 年 1 期

赵新居　　先秦儒家的修身理论及现代启示　新疆社科论坛 1998

年 1 期

赫英强　儒家伦理道德与新经济伦理建设　学术论坛 1998 年 2 期

吴来苏　中国传统伦理与现代市场经济　中华文化论坛 1998 年 1 期

唐永进　一部颇具新意之作——读《再铸民族魂——中国伦理文化的诠释和重建》　中华文化论坛 1998 年 4 期

赵发荣　中国伦理文化的优良传统评议　镇江师专学报(社科版)1998 年 4 期

吴锡标　儒家人格修养观与市场经济下的人格培养　浙江师大学报(社科版)1998 年 2 期

(韩)赵骏河　传统伦理的核心范畴　中国文化研究 1998 年 4 期

周林霞　儒家义利观的合理内核及其现代意义　河南社会科学 1998 年 4 期

陈　钧　传统经济伦理在近代的回归与转型——论民族资产阶级的经济伦理观　江汉论坛 1998 年 12 期

傅　静　试论现代科技发展对传统伦理观念的冲击　科学技术与辩证法 1998 年 3 期

叶剑兰　试析儒家的"孝"及现实意义　南京理工大学学报(社科版)1998 年 5 期

高建立　《周易》与孔子伦理道德思想的生成和发展　齐齐哈尔大学学报(哲社版)1998 年 1 期

郑晓江　传统伦理道德境界论探析　学术季刊 1998 年 1 期

耿　敬　儒道佛伦理关系述论　社会科学 1998 年 8 期

梁向明　略论儒家道德伦理观对回族道德的影响　西北第二民族学院学报(哲社版)1998 年 4 期

李建华　儒家道德理想设计与社会道德实践的悖离　湘潭大学学报(社科版)1998 年 2 期

肖群忠　论"道德功利主义":中国主导性传统伦理的内在运行机制　哲学研究 1998 年 1 期

"从中国伦理传统看普遍伦理"专家研讨会在京召开哲学研究 1998 年 7 期

陆建华　先秦道家和儒家的道德发生学说初探　中国哲学史 1998 年 3 期

杨玉昌　后现代主义与儒家道德的基础问题　天津社会科学 1998 年 1 期

姜　生　从道教看三教伦理的互补　西南师范大学学报(哲社版)1998 年 2 期

姚　维、马岳勇　儒家、伊斯兰教伦理道德浅谈　道德与文明 1998 年 4 期

黄小石　佛教、儒教伦理道德简论　四川大学学报(哲社版)1998 年 2 期

杨　静　孔子与基督伦理思想之比较　江苏社会科学 1998 年 6 期

毛　勇、吴光远　儒家伦理思想对传统武术道德的影响　山东体育学院学报 1998 年 2 期

汪伟信、马　震　论儒家伦理道德在竞技体育中的现代价值　沈阳体育学院学报 1998 年 3 期

权佳果　蔡元培《中学修身教科书》中的伦理及德育思想　常德师范学院学报(社科版)1998 年 5 期

纪晓岩　儒家文化的"修身之道"与大学生的思想道德教育　山东工业大学学报(社科版)1998 年 2 期

赵　玲　　荀子的消费伦理思想及其现代价值　煤炭高等教育
　　　　　1998 年 4 期

黄振灵　试论儒家修身思想对当前廉政建设的启示　韶关大学学
　　　　　报 1998 年 5 期

任剑涛　给政治以伦理化解释——孟子道德政治哲学主题分析
　　　　　中国哲学史 1998 年 3 期

秦大铧　儒家道德思想与社会主义道德　涪陵师专学报 1998 年
　　　　　1 期

吴灿新　中华民族若干传统伦理精神论略(之二)　探求 1998 年
　　　　　5 期

孙实明　论儒家道德精神基本价值观的性质及其发扬　学术交流
　　　　　1998 年 4 期

马云志　儒家经济伦理的基本规范　西北民族学院学报(哲社
　　　　　版)1998 年 1 期

蔡　宏　儒家伦理与日本经济的发展　中华文化论坛 1998 年 2
　　　　　期

许亚非　传统伦理文化和现代企业管理　重庆工学院学报 1998
　　　　　年 1 期

吴　琼　市场经济和企业伦理道德建设　开发研究 1998 年 5 期

王志勇　试论儒家伦理在企业文化建设中的时代性依附　娄底师
　　　　　专学报 1998 年 3 期

沈　毅　传统伦理糟粕与古代商业道德　商业文化 1998 年 4 期

杨仁忠、阎成喜　儒家的内修方法对企业家成长的借鉴意义　领
　　　　　导科学 1998 年 4 期

孔　繁　有关儒教伦理与社会公德建设之思考　载《儒学与中国
　　　　　现代化》 中国人民大学出版社 1998 年版

陈谷嘉、邓文初　荀子"积善成德"的修养论　湖湘论坛1997年5期

高成鸢　中国尊老文化的伦理学与哲学　中国哲学史1997年2期

刘学林　简论中国伦理人格的第一次现实构造　河南社会科学1997年3期

邹效维、解保军　孝观念的历史演进及其现代意义　学术交流1997年4期

韩占良　论儒家道德自觉性与约束性的统一　殷都学刊1997年4期

叶剑兰　儒家理想人格对构建现代理想人格的意义　苏州大学学报(哲社版)1997年3期

苏宝梅　对儒家德育传统的时代思考　聊城师范学院学报(哲社版)1997年3期

田文军　儒家伦理与社会主义道德　学习与实践1997年6期

杜振吉　孔子伦理思想的内容及其特点　江汉论坛1997年8期

李　班　论孔子的道德教育思想　浙江社会科学1997年5期

(日)山本康雄　《大学》与《礼运》:政治伦理中的五常和谐　中国哲学史1997年1期

牛正兰、李朝东　道德理想还能救渡中国吗?　科学·经济·社会1997年3期

陈爱华　当代家庭伦理价值取向的变革及伦理价值　人文杂志1997年4期

冉铁星　试论新时期伦理精神的转换及对构建德育新格局的影响　教育理论与实践1997年5期

王宇飞　新加坡思想道德建设拾零　理论学习与研究1997年1

期

成华青　也谈传统家庭伦理的现代意义　韶关大学学报(社科版)1997年3期

柴文华　儒家道德自觉论　江淮论坛1997年4期

方旭东　中国古代孝观念的内在转换　江淮论坛1997年4期

张淑琴　儒商的道德风貌及其精神文明价值　河北师院学报(社科版)1997年3期

柴文华　中国非儒和反儒伦理文化中的意志自由论　齐齐哈尔师范学院学报(哲社版)1997年3期

郭洪纪　儒家的身份伦理与中国社会的准身份化　学术月刊1997年7期

高明祥、阎学志、吴　刚　传统道德与新型企业伦理　深圳特区报1997年/1/15

徐西胜　传统伦理道德与社会风气建设　齐齐哈尔社会科学1997年4期

刘彦生　论中西哲学伦理方向的分异:孔子"仁"与苏格拉底"善"的比较分析　晋阳学刊1997年5期

杨才年　孔子"仁"的三境界:《论语》伦理思想探微　甘肃理论学刊1997年4期

王志捷　早期儒家人格理论及其现代价值　新视野1997年5期

王泽应　论东亚地区经济发展的伦理动因　孔子研究1997年3期

丁　弘　"荀孟之争"的启示:谈社会道德建设的出发点　江海纵横1997年5期

郭长兴　孔子为政说与干部思想道德建设　学习论坛1997年10期

葛荣晋　栗谷论"孝"及其现代意义　中国文化研究 1997 年 3 期

黄　钊　论优秀传统道德对塑造历代英杰高尚品格的贡献　学习
　　　　与实践 1997 年 10 期

徐少锦　中国古代优秀的商业伦理精神　审计与经济研究 1997
　　　　年 5 期

俞润生　关于孝文化的若干思考　盐城师专学报(社科版)1997
　　　　年 3 期

耿　敬　《理惑论》与汉末儒佛伦理的矛盾冲突　历史教学问题
　　　　1997 年 5 期

史继忠　传统伦理与现代道德　贵州社会科学 1997 年 5 期

潘富思　儒家的孝道与现代家庭道德　文汇报 1997/10/29

薛国中　传统道德与商品经济　武汉大学学报(哲社版)1997 年
　　　　5 期

倪　东　孔子"仁"的人学意义　社会科学 1997 年 9 期

储小平　儒家伦理与海外华人经济的发展　汕头大学学报(社科
　　　　版)1997 年 5 期

李　湖　道德理想主义与功利主义之我见　黄海学坛 1997 年 3
　　　　期

程世平　关于重建伦理精神的价值体系的设想　成都大学学报
　　　　(社科版)1997 年 4 期

张佩国　传承与创新:当代中国青年道德人格的转型　中国青年
　　　　研究 1997 年 5 期

蒋年云、周祯祥　道德奇迹、道德迷惘与道德重建:中国伦理道德
　　　　的历史走向和新世纪中国伦理　道德重建 1997 年 5 期

肖　滨　评徐复观对儒家道德政治理想的现代转进　学术研究
　　　　1997 年 9 期

姜　生　四论道教伦理对儒家纲常伦理的弥补功能　宗教学研究
　　　1997 年 3 期

邵龙宝　儒家伦理在社会主义道德价值观建设中的价值　辽宁师
　　　范大学学报(社科版)1997 年 4 期

郝翠荣　试论儒家人性论中的伦理思想　管子学刊 1997 年 2 期

黄晓众、刘明华　王阳明道德教育思想的积极定义　贵州文史丛
　　　刊 1997 年 3 期

杨国才　儒家伦理道德对少数民族的影响　中央民族大学学报
　　　(哲社版)1997 年 4 期

叶　蓬　传统儒家道德义务思想研究　孔子研究 1997 年 2 期

刘笃诚　传统道德与社会主义市场经济:兼论怎样正确对待传统
　　　道德　社会科学研究 1997 年 4 期

郑晓红　中国传统主流伦理道德的建构及其现代启迪　开放时代
　　　1997 年 4 期

柴文华　论中国伦理文化中竞争与和谐的统一　理论探讨 1997
　　　年 4 期

徐远和　儒家文化与东亚社会发展　中国社会科学院研究生院学
　　　报 1997 年 4 期

刘彦生、梁晋华　从儒学伦理到儒学哲学:孔子儒学与朱熹儒学的
　　　比较　思想战线 1997 年 4 期

(日)山本康雄　《大学》与《礼运》:政治伦理中的正常和谐　中
　　　国哲学史 1997 年 1 期

齐宏亮　检讨儒家伦理现代性的新视角:《儒家伦理与中国文化
　　　转型》评介　甘肃社会科学 1997 年 3 期

张绪刚　论先秦儒家为政以德学说的历史发展　辽宁教育学院学
　　　报 1997 年 2 期

张芳洲　现代生物技术与传统伦理道德　中国科学报 1997/7/28

石　磊　儒教伦理精神与日本现代化　理论导刊 1997 年 1 期

曹自立　孔子德育思想辨析　洛阳师专学报 1997 年 1 期

苏　放　儒家"义利"观与市场经济　江苏教育学院学报（社科版）1997 年 2 期

黄淑琴　简论儒家义利观的演变和发展　学习导报 1997 年 5 期

温克勤　试论儒家传统理欲观及其当代价值　天津师大学报 1997 年 2 期

时　中　孟子的"良知"说对当代道德建设的启示　长白论丛 1997 年 3 期

任满丽　对"孝"的观念继承的思考　贵州社会科学 1997 年 3 期

肖群忠　论"百善孝为先"：孝在传统伦理文化中的地位及其与诸德之关系　甘肃社会科学 1997 年 3 期

姜志信、杨贺敏　孝观念的产生及其内涵　河北大学学报（哲社版）1997 年 2 期

张立文　儒家伦理与思想道德文化建设　中国文化报 1997/6/14

龙义懋　略论儒家伦理的超功利特征　首都师范大学学报（社科版）1997 年 1 期

陈爱华　传统文化对现代科学伦理精神生成的影响　江海学刊 1997 年 2 期

罗国杰　关于对传统道德批判继承的理论认识和方法原则　长白论丛 1997 年 3 期

柴文华　论中国伦理文化重建的必要性　河南师范大学学报（哲社版）1997 年 3 期

柴文华　论中国非儒和反儒伦理文化中的感性主义　天府新论 1997 年 4 期

郭渐强　儒家道德教化与政治社会化　船山学刊 1997 年 1 期

叶　蓬　传统儒家道德义务思想研究　孔子研究 1997 年 2 期

唐凯麟　坚持批判继承和超越创新的统一：学习邓小平理论，正确
　　　　对待传统伦理道德文化　中国特色社会主义研究 1997
　　　　年 3 期

姜　生　三论道教伦理对儒家纲常伦理的弥补功能　宗教学研究
　　　　1997 年 1 期

刘晶军　浅说孔子的伦理道德观　学术交流 1997 年 3 期

李凤兰　儒家义利观与市场经济中的物质利益·汉中师范学院学
　　　　报（社科版）1997 年 2 期

肖瑞玲　儒学伦理道德与市场经济道德　内蒙古师大学报（哲社
　　　　版）1997 年 1 期

张　华　对中国传统道德主流精神的反思　学海 1997 年 2 期

安云凤　中国传统伦理政治思想论析　西南师范大学学报（哲社
　　　　版）1997 年 3 期

许俊达　理想、传统与当代道德实践　特区理论与实践 1997 年 4
　　　　期

李兰芬、张晓东　道德转型论　江海学刊 1997 年 2 期

郭渐强　儒家道德教化与政治社会化　船山学刊 1997 年 1 期

郑明忠　儒家思想与今日道德教育　学校党建与思想教育 1997
　　　　年 1 期

孟凡驰　儒家伦理的现代经济价值　企业文化 1997 年 3 期

徐佩武　儒家伦理思想的历史借鉴　安徽史学 1997 年 2 期

王小锡　略论先秦儒家经济伦理思想及其现代经济意义　学海
　　　　1997 年 3 期

夏伟东　中国古代道德修养思想刍议　大众日报 1997/7/21

吴显庆　中国古代伦理学说与社会主义道德建设　行政论坛
1997 年 3 期

李　霞　优秀传统道德与高校德育教育　江汉论坛 1997 年 6 期

李洪奎　毛泽东伦理思想溯源　毛泽东思想论坛 1997 年 1 期

张岱年　对儒家伦理的分析　光明日报 1997/1/11

李亚宁　儒学道德哲学的特质及其意义　四川大学学报(哲社
版)1997 年 1 期

孙理兴　孔子伦理思想的现代意义　温州师范学院学报(哲社
版)1997 年 5 期

何　沛　仁论、人道:浅谈孔子德育思想　东疆学刊 1997 年 2 期

李冰封　论汲取儒家伦理学说精华　求索 1997 年 1 期

许抗生　儒家伦理与市场经济的关系　人民政协报 1997/4/21

张锦魁、程学军　中国古代伦理道德思想的基本特征　齐齐哈尔
社会科学 1997 年 1 期

丁守和　关于传统道德的分解与继承问题　社会科学战线 1997
年 2 期

李　楠　中国优秀传统道德与现代化的关系　江汉论坛 1997 年
3 期

苏瑞海　中国传统道德观与民族传统美德　实事求是 1997 年 2
期

瞿林东　传统伦理道德与社会风气建设　大众日报 1997/2/3

王正平　试论中国传统道德哲学的基本特点　上海师范大学学报
(哲社版)1997 年 1 期

潘文岚　角色定位及其社会控制机制:对中国传统伦理的反思
上海师范大学学报(哲社版)1997 年 1 期

尚七敏、李默涵　古代传统伦理道德的精华应成为学校德育的重

要内容　石油教育1997年1期

葛新斌　传统伦理的特征与当今道德教育问题　华东师范大学学报(教育科学版)1997年1期

杜振吉、万昌华　孔子政治道德规范学说述论　西南师范大学学报(哲社版)1997年1期

赵　林　论儒家伦理对三大外来宗教的同化与拒斥　中州学刊1997年1期

陈　泓　论孔子的伦理道德教育思想　南都学坛(哲社版)1997年1期

李文炳　从《易经》与《论语》中看中国的传统道德观念及其现实意义　周易研究1997年1期

安贵臣、蒋维忠　金代的忠孝意识评析　中央民族大学学报(哲社版)1997年2期

钟克钊　儒家伦理与市场经济　唯实1997年2期

齐万良　人能群,贵义理:中国传统道德的社会定位　新疆社会经济1997年1期

丁大同　儒家道德中的交往理论　天津社会科学1997年1期

杨浩文　儒家伦理的公利主义及其现实意义　道德与文明1997年1期

李翔海　儒家伦理与东亚现代化　中州学刊1997年1期

刘社欣　试论孔子关于德育主体形象塑造的思想　探求1997年1期

龚喜春　孔子的德治思想与企业管理　昆明社科1996年6期

王　易　荀子的生态伦理思想　森林与人类1996年3期

张洪武　儒教伦理与中国现代化的文化精神　理论学习月刊1996年4期

乌云其其格　关孝和及其方程论　科学技术与辩证法 1996 年 2 期

钱国旗　和睦亲情的道德规范:儒学家庭伦理论要　青岛大学师范学院学报 1996 年 4 期

李愈合、陈金聚、吴良昭　孝道伦理与近代政治　广州体育学院学报 1996 增刊

刘光彩、张汉芳　儒家家庭伦理与日本人的家庭及教育　教育科学 1996 年 4 期

程　潮　四位旅美新儒家论"儒家伦理与现代化"　嘉应大学学报 1996 年 5 期

龚喜春　孔子的德治思想与企业管理　昆明社科 1996 年 6 期

孙玉刚　孔子的义利观及其评价　云南学术探索 1996 年 6 期

窦炎国　中国传统伦理文化及其当代转型　铁道师院学报 1996 年 2 期

丁祖豪　略论孔子的经济伦理思想　聊城师范学院学报(哲社版)1996 年 1 期

王应常　儒家"修齐治平"学说的古今意义　广西民族学院学报(哲社版)1996 年 4 期

陈延军　论先秦儒家的孝悌观及其社会功能　辽宁师范大学学报(社科版)1996 年 6 期

何国瑞　取儒家精萃,学杜甫高格:简论当前的道德建设　唐都学刊 1996 年 4 期

徐　坤　易大传的伦理精神　北京经济瞭望 1996 年 6 期

梅焕庭　儒家道德学说的当今价值　齐鲁学刊 1996 年 6 期

鄀爱红　论先秦儒家的乐教与理想人格培养:兼谈儒家伦理美学思想　学术论丛 1996 年 3 期

朱有志　孔子德育思想浅测　长沙水电师院学报（社科版）1996
增刊

姜国柱　中国儒家的伦理道德观　中国文化研究 1996 年 4 期

陈　勇　儒家义利观辨析：兼论新义利观基本框架　长白论丛
1996 年 6 期

陈宪猷　孟子的“义利”观　船山学刊 1996 年 2 期

陈伯强　弘扬中华传统美德　加强新伦理新道德建设　福建师范
大学学报（哲社版）1996 年 4 期

李淑贞　市场经济条件下儒家伦理文化褒贬境遇谈　福建师范大
学学报（哲社版）1996 年 4 期

任剑涛　简论中国传统伦理的特质　现代哲学 1996 年 4 期

任剑涛　儒家伦理理论的类型学分析　广东社会科学 1996 年 6
期

何溥滢　儒学对满族伦理道德的影响　中央民族大学学报 1996
年 6 期

王晓丹　面对 21 世纪谈中华伦理　教育艺术 1996 年 4 期

龚思明　关于“中华伦理”的几点思考　教育艺术 1996 年 6 期

潘显一　论儒教伦理观对道教美学的影响　世界宗教研究 1996
年 4 期

丁祖豪　略论孔子的经济伦理思想　聊城师范学院学报（哲社
版）1996 年 1 期

杜振吉　孔子伦理思想的人道主义精神　孔子研究 1996 年 4 期

阮　青　论孔子人生价值观　孔子研究 1996 年 4 期

赵春福　儒家伦理与现代化的冲突、契合　新视野 1997 年 1 期

桑茂兰　儒家伦理在现代社会中的价值　齐齐哈尔师范学院学报
（哲社版）1997 年 1 期

钱 逊　论传统的自觉道德精神　中国文化研究 1997 年 4 期

孙占民　挖掘古代传统道德资源　丰富社会主义道德内涵　探求 1997 年 1 期

梁韦弦　中国传统的道德推行机制初探　长白论丛 1997 年 1 期

杨建原　试论传统道德的现代功用　贵州师范大学学报(社科版)1997 年 1 期

严 农　继承中华传统道德应注意"五性"　湖湘论坛 1997 年 1 期

张锡勤　谈对传统道德遗产的批判与继承　学理论 1997 年 2 期

宋希仁　传统道德治化经验值得研究　中国人民大学学报 1997 年 1 期

高聚德　弘扬儒家道德精神　河北大学学报(哲社版)1996 年 4 期

谢遐龄　中国社会是伦理社会　社会学研究 1996 年 6 期

苏振芳　新加坡推行儒家伦理道德教育的社会思考　福建论坛(经济社会版)1996 年 3 期

夏建中　"孝"的文化与"忠"的文化　百科知识 1996 年 3 期

刘光彩、张汉芳　儒家家庭伦理对新加坡的影响　教育评论 1996 年 2 期

夏建中　"孝"的文化与"忠"的文化:中日传统家族伦理之比较　中国人民大学学报 1996 年 2 期

周国黎　道德脆弱的根源何在:儒家宗法伦理与犹太宗教伦理比较　探索与争鸣 1996 年 3 期

北京日报记者　儒家伦理与公民道德国际学术研讨会召开　北京日报 1996/5/27

伍玲玲　首届中韩"儒家伦理与当代社会"研讨会综述　哲学动

20世纪儒学研究大系

态 1996 年 2 期

任　重　曾参"孝"论　烟台大学学报(哲社版)1996 年 4 期

胡金展、刘军宁　试论儒家伦理道德对当前道德建设的作用　运城高专学报(社科版)1996 年 2 期

董玉整　儒家伦理在现代道德建设中的价值　现代哲学 1996 年 3 期

邓卫卫、张力争　中华民族传统道德的辩证思考　辽宁大学学报(哲社版)1996 年 5 期

鄯爱红　孔子品德结构探析　中国人民大学学报 1996 年 5 期

栗玉仕　伦理本位与以德治国:梁漱溟社会伦理思想研究　齐鲁学刊 1996 年 6 期

刘小华　试论儒家伦理思想与企业经营管理　经济与管理研究 1996 年 2 期

杨　青　孔子的伦理思想与孙思邈的医学道德观　道德与文明 1996 年 6 期

罗秉祥　儒家内圣之学与应用伦理学　道德与文明 1996 年 6 期

李承宗　冯友兰人生境界的伦理思想摭谈　船山学刊 1996 年 2 期

秦彦士　贵族道德的缺失与平民道德的价值:儒墨伦理观剖析　枣庄师专学报 1996 增刊

马　涛　论儒家的义利之辨与经济发展　河北师院学报(社科版)1996 年 4 期

罗新慧　曾子与《孝经》:儒家孝道理论的历史变迁　史学月刊 1996 年 5 期

马亚平　"孝"的二重性及其社会价值　西南民族学院学报(哲社版)1996 年汉语言文学

林心雨　浅析传统"孝"的德育功能及其当代价值　宁德师专学报(哲社版)1996 年 2 期

杜振吉　孔子"孝"的思想及其现代意义　管子学刊 1996 年 3 期

张艳红　略论孔孟的管理道德思想　中州学刊 1996 年 5 期

罗家坤　孔子伦理思想散论　河南社会科学 1996 年 4 期

王　萍、张卫东　论儒家伦理思想的现实意义　石油大学学报(社科版)1996 年 4 期

(新加坡)龚道运　儒家道德形上学解决圆善问题的现代意义　社会科学战线 1996 年 5 期

张俊领　儒家义利观及其现代价值　经济经纬(河南财经学院学报)1996 年 5 期

王　双　仁中取利:传统商业道德的核心　商业经济研究 1996 年 10 期

周文柏、罗国杰、钱逊　弘扬优良传统道德服务精神文明建设:《中国传统道德五人谈》　北京日报 1996/10/10

郭齐家　略论中华民族传统道德伦理的特质　深圳特区报 1996/10/21

王　磊　传统道德在社会制衡中的作用　陕西日报 1996/10/9

钱念文　朱熹、王阳明的道德修养　宁波师院学报(社科版)1996 年 4 期

甘藻文　论孔子"立人"、"达人"的师德观　广东教育学院学报 1996 年 1 期

高兆明　中国传统道德扬弃方法论　现代教育论丛 1996 年 1 期

颜以亨　"仁"对现代道德建设的作用　探索(哲社版)1996 年 4 期

唐　迅　试论先秦儒家伦理美育的审美理想　广州师范学院学报

　　　　　（社科版）1996 年 2 期

张声大　浅论儒家伦理思想的现代价值　社会科学动态 1996 年
　　　　9 期

东方朔、新　元　仁性：价值之根与人的自觉（儒家仁性伦理与 21
　　　　世纪的文明格局）　社会科学战线 1996 年 4 期

王玉德　传统孝道新论：兼论重建传统道德　华中师范大学学报
　　　　（哲社版）1996 年 4 期

徐少锦　中国古代生态伦理思想的特点　哲学动态 1996 年 7 期

龚抗云　论张载的道德教育思想　河北学刊 1996 年 4 期

张应凯　由孔子和朱熹论儒家的人格价值观　湖北教育学院学报
　　　　（哲社版）1996 年 3 期

于述胜　说"孝"与"教"：中国传统伦理与传统教育　山东师大学
　　　　报（社科版）1996 年 4 期

钟克钊　儒家孝文化的现代审视　学海 1996 年 3 期

田秀云　儒家义利观与社会主义商业道德　河北学刊 1996 年 4
　　　　期

高伟浓　试论儒家道德修养理论精华的继承与发展　东南亚研究
　　　　1996 年 1 期

刘宏斌　略论儒家心学对道德主体的论证　武陵学刊（社科版）
　　　　1996 年 2 期

杨三敏　略论牟宗三的儒家道德观　学术研究 1996 年 6 期

柴文华　中国传统伦理文化的"原型"　学习与探索 1996 年 4 期

李　微　试论中国古代道德修养方法　赣南师范学院学报（社科
　　　　版）1996 年 2 期

杨　蔚　略论中国传统道德与社会主义市场经济道德要求的契合
　　　　理论学习与探索 1996 年 3 期

栗玉仕　诠释与创造:儒家的人生伦理　梁漱溟新儒学人生伦理
　　　　思想研究　中国青年政治学院学报1996年2期

焦国成　儒家爱物观念与当代生态伦理　中国青年政治学院学报
　　　　1996年2期

王问靖　先秦孝文化漫谈　孝感师专学报(社科版)1996年2期

李　峰　浅析孔子道德学说的局限及历史影响　攀枝花大学学报
　　　　(综合版)1996年2期

应　华　儒家伦理不具普遍性　华商时报1996/6/14

杨浩文　传统道德的批判继承　道德与文明1996年3期

赵　敏、赵静芝　中华民族的优良传统道德述要　淮海文汇
　　　　1996/4/5

马文瑞　弘扬古代优良道德传统与革命道德传统　高校理论战线
　　　　1996年6期

樊　浩　人伦传统与伦理实体的建构　中国人民大学学报1996
　　　　年3期

焦国成　中国传统伦理道德规范体系的构建方法　中国人民大学
　　　　学报1996年3期

罗新慧　试论曾子关于孝的理论及其社会意义　齐鲁学刊1996
　　　　年3期

张云飞　孔子思想中的生态伦理因素　中国人民大学学报1996
　　　　年3期

杨浩文　试论道德遗产的批判继承　山东社会科学1996年3期

郁有学　近代中国知识分子对传统孝道的批判与重建　东岳论丛
　　　　1996年2期

李　峰　试论春秋战国时期的君臣伦理观　唐都学刊1996年2
　　　　期

20世纪儒学研究大系

叶　涛　二十四孝初探　山东大学学报(哲社版)1996 年 1 期

刘学智　心性论:三教合一的义理趋向:兼谈心性论与当代伦理实
　　　　践　人文杂志 1996 年 2 期

黄　钊　论儒家道德在当代的现实价值　江西社会科学 1996 年
　　　　5 期

董玉整　儒家伦理的价值究竟该如何定位?　广州日报 1996/5/
　　　　17

彭正穗　儒家经济伦理与中国古代商人精神　江汉论坛 1996 年
　　　　4 期

任　放　中国传统经济伦理的现代转型　江汉论坛 1996 年 2 期

郭洪纪　儒家的工具伦理与传统制度的超稳态性　哲学研究
　　　　1996 年 5 期

马永庆　儒家传统修身观与现代人格完善　山东师大学报(社科
　　　　版)1996 年 3 期

王汝霞、盛国军　孟子人生论的现代启迪　理论与现代化 1996 年
　　　　4 期

马景伦、赵英黎　略论孔子及儒家"孝"的思想:《论语》《孟子》
　　　　《孝经》阅读札记　孔子研究 1996 年 1 期

姜　生　儒道伦理的互补性及其现代价值　道德与文明 1996 年
　　　　2 期

梁宗常　儒家义利观与社会主义市场经济　桂海论丛 1996 年 1
　　　　期

韩雪风　儒学内省与人的道德意志建构　探索(哲社版)1996 年
　　　　2 期

彭　磊　浅论商业道德建设借鉴儒家文化问题　理论与现代化
　　　　1996 年 2 期

赵春福 儒家经济伦理的特征及其在中国古代社会的功能 道德与文明 1996 年 2 期

刘跃进 伦理主义在近代的衰落及"儒学兴国"的误区 华中理工大学学报(社科版)1996 年 1 期

黄南珊 从伦理化到本体化:略论秦汉至隋唐时期理性观念的演变 社会科学辑刊 1996 年 2 期

李世英 古代传统行政道德思想的现代转换 新视野 1996 年 2 期

金天辅 简论中国古代的生态伦理思想 道德与文明 1996 年 2 期

窦炎国 传统伦理文化的当代转型 道德与文明 1996 年 2 期

唐凯麟 论正确对待中国传统道德文化 道德与文明 1996 年 2 期

任剑涛 在伦理与政治之间:儒家忠诚伦理的分析 齐鲁学刊 1996 年 2 期

钟 长 孔子与中华民族的传统美德:中国德育思想研究系列之一 学校思想教育 1996 年 1 期

黎淮西 谈孝道 贵州文史丛刊 1996 年 1 期

刘兴邦 市场经济与中国传统伦理道德 长沙水电师院学报(社科版)1996 年 1 期

张国春、牛京辉 五六十年代关于道德继承问题的大讨论 炎黄春秋 1996 年 1 期

杨达荣 程朱的道德修养与当前道德建设 江西社会科学 1996 年 1 期

杜振吉 试论孔子的道德教育思想 河北学刊 1996 年 2 期

魏英敏 传统伦理与家庭道德建设 浙江学刊 1996 年 2 期

王海明　儒、墨及我国现行伦理观之比较　光明日报 1996/3/16

陈　敏　论孔子的伦理美学思想　衡阳师专学报（社科版）1996 年 1 期

阮纪正　儒学文化传统与当代道德建设　学术研究 1996 年 2 期

郭广银、杨　明　儒家伦理与当代理想人格　学术研究 1996 年 2 期

孙秀玉、邵龙宝　儒家伦理在社会主义道德教育中的应用　教育科学 1996 年 1 期

赵崇田　浅谈中国传统家庭道德教育观　道德与文明 1996 年 1 期

新长征记者　批判地继承传统道德文化　著名历史学家苏双碧访谈录　新长征 1996/2/7~8

萧　瑜　清理传统道德遗产的重要成果:《中国传统道德》读后　求是 1996 年 4 期

宋希仁　中国传统道德建设　明镜 1996 年 1 期

李彦敏　中国传统道德的情感特征　河北日报 1996/2/25

梁韦弦　传统道德的时代性与其中具有普遍性的内容　长白论丛 1996 年 1 期

张岱年　《中国传统道德》的价值　高校理论战线 1996 年 2 期

刘明华　儒家义利观与发展社会主义市场经济　贵州大学学报（社科版）1996 年 1 期

刘作翔　儒家义利观与现代法的价值取向　长白论丛 1996 年 1 期

刘宏章、唐　镜　儒家伦理精神与现代企业文化　经济纵横 1996 年 1 期

傅　林　儒家德育目标探微　天津商学院学报 1996 年 1 期

张和增　儒家伦理思想的现代价值　学术研究 1996 年 1 期

张一夫　孝与现代家庭伦理　内蒙古民族师院学报(哲社版)
1996 年 3 期

王　丽　传统伦理道德同市场经济条件下人际关系的冲突与契合
天津师大学报(社科版)1996 年 4 期

孙国珍、王　慧　儒家伦理与市场经济　内蒙古师大学报(哲社
版)1996 年 1 期

鄐爱红　论先秦儒家的乐教与理想人格培养:兼谈儒家伦理美学
思想　学术论丛 1996 年 3 期

陈　敏　论孔子的伦理美学思想　衡阳师专学报(社科版)1996
年 1 期

孙云英　《道德经》的美学意蕴　云南师范大学学报(哲社版)
1996 年 2 期

刘光彩、张汉芳　儒家家庭伦理对韩国家庭的影响　教育评论
1996 年 4 期

陶一桃　儒学与企业伦理　特区企业文化 1996 年 2 期

王向靖　先秦孝文化漫谈　孝感师专学报(社科版)1996 年 2 期

李义凡、唐明勇　延安整风运动与儒家思想　信阳师范学院学报
(哲社版)1996 年 3 期

梅焕庭　论儒家的修身思想及其现代意义　现代哲学 1996 年 1
期

刘小华　试论儒家伦理思想与企业经营管理　经济与管理研究
1996 年 2 期

龚抗云　论张载的道德教育思想　河北学刊 1996 年 4 期

叶舒宪　孝与中国文化的精神分析　文艺研究 1996 年 1 期

罗新慧　试论曾子对于儒家伦理思想的发展及其意义　陕西师范

大学学报(哲社版)1996 年 3 期

唐凯麟、王泽应　梁漱溟伦理思想论评　吉首大学学报(社科版)
　　1995 年 4 期

裘　实　论传统"慎独"道德观　盐城师专学报(哲社版)1995 年
　　4 期

高晨阳　儒学的道德理性与市场经济　齐鲁学刊 1995 年 6 期

李玉梅　从诠释学的理论重估朱熹的道德史观　学术研究 1995
　　年 6 期

陈　勇、胡正强　孔子道德教育思想论析　淮北煤师院学报(社
　　科版)1995 年 4 期

王　琪　孔子道德修养论意义新探　齐齐哈尔师范学院学报(哲
　　社版)1995 年 6 期

张　玲　评孟子与荀子的人性观　贵州大学学报(社科版)1995
　　年 4 期

张应凯　由孔子和朱熹论儒家的人格价值观　湖北教育学院学报
　　(哲社版)1995 年 3 期

郭剑雄、郭新年　道德背后的经济计算:孔子道德哲学的经济学分
　　析　人文杂志 1995 年增刊

齐万良　传统儒家"礼"的社会整合功能与个体道德的悖礼行为
　　陕西师大学报(哲社版)1995 年 4 期

陈　勇　论"孝"　徐州师范学院学报 1995 年 3 期

方尔加　论儒学作为道德载体之局限性:兼论宗教与道德的关系
　　求是学刊 1995 年 2 期

陈德安　荀子论道德教育和道德修养的意义　桂林市教育学院学
　　报 1995 年 1 期

陈朝晖　正确对待传统道德　大众日报 1995/1/11

黄　钊　先秦儒家学者德育思想述评　江西社会科学 1995 年 3 期

姜克俭　先秦儒家的道德自觉精神　大众日报 1995/6/14

刘　毅　先秦儒家道德内化思想初探　湖北大学学报(哲社版) 1995 年 2 期

陈家鼎　王船山道德价值观论略　益阳师专学报 1995 年 2 期

冯天瑜　孙中山对中国传统伦理的现代诠释　光明日报 1995/6/12

毕玉增　试述《周易》道德准则及其对精神文明建设的启迪　管子学刊 1995 年 2 期

黄开国、明开华　试论孔、孟、荀的道德主体自觉论　天府新论 1995 年 4 期

(韩)金吉洛　儒学与 21 世纪家庭伦理　国外社会科学 1995 年 2 期

陈剩勇　儒教伦理与中国传统史学　学术研究 1995 年 2 期

常欣欣　儒家政治伦理批判　开放时代 1995 年 7 期

邵龙宝　儒家伦理在社会主义道德教育中的应用　社会科学 1995 年 7 期

张岱年　儒家伦理与企业道德　探索与争鸣 1995 年 8 期

许抗生　儒家伦理思想的现代命运与未来的展望　中国文化研究 1995 年 2 期

张慧彬、张　磊　儒家伦理观念与市场经济　齐齐哈尔师范学院学报 1995 年 4 期

李培初　儒家的道德规范与市场经济的发展　桂林教育学院学报 1995 年 3 期

崔大华　儒家道德精神与我国现代化进程　齐鲁学刊 1995 年 2

20 世纪儒学研究大系

期

陈德述　儒家"忠恕之道"是调节人际关系的基本道德准则　厂
　　　　长经理日报 1995/6/12

徐长山　儒家"义利观"的积极价值　社会科学报 1995/6/1

葛荣晋　儒家"天人合德"观念与现代生态伦理学　甘肃社会科
　　　　学 1995 年 5 期

朱怡华　谱牒与中华民族传统伦理道德观　上海教育科研 1995
　　　　年 8 期

符　浩　论先秦儒家道德学说的特点　桂林市教育学院学报
　　　　1995 年 1 期

杨书澜　论儒家伦理对商品经济的阻碍作用　求是学刊 1995 年
　　　　2 期

梁韦弦　论儒道两学派道德观的分歧　吉林大学学报(社科版)
　　　　1995 年 5 期

王训贤　论孔子的道德自由观　江海学刊 1995 年 5 期

来可泓　论《左传》中的传统道德　上海大学学报 1995 年 3 期

覃遵君　论传统伦理道德的批判继承　教育探索 1995 年 2 期

李颖科、符　均　孔子与忠孝节义的史学思潮　陕西师范大学学
　　　　报(哲社版)1995 年 2 期

时　中　孔子的仁义礼在今天道德建设中的作用:访著名史学家
　　　　金景芳先生　长白论丛 1995 年 1 期

王克奇　孔孟的道德人格及其影响　大众日报 1995/2/1

吕伯凌　开拓孝文化资源的意义和对策　孝感师专学报 1995 年
　　　　1 期

王之汉、马秀芝、杨立华　弘扬中华民族优秀传统道德　河北师范
　　　　大学学报(社科版)1995 年 1 期

（日）今枝二郎　儒学与 21 世纪公共道德　国外社会科学 1995
　　年 1 期

郭洪纪　儒家军事伦理对传统兵学的渗透与整合　甘肃社会科学
　　1995 年 4 期

洪　璞　儒家经济伦理与徽商　南京大学学报 1995 年 1 期

张一夫　简析孔子的义利观及当代义利之辨　内蒙古民族师院学
　　报 1995 年 3 期

李培超　简论儒家传统道德本体论的建构　金融学刊 1995 年 2
　　期

高亚华　加强社会的公德教育漫谈：从孔子的"孝悌"思想想到的
　　辽宁教育学院学报 1995 年 2 期

戴洪才　继承中国传统道德思想的精华　党政论坛 1995 年 8 期

袁舍利　从《福乐智慧》看东方传统的伦理思想　新疆大学学报
　　（哲社版）1995 年 1 期

张玉石　从"贵义贱利"到及功近利：对传统道德中义利观的反思
　　东疆学刊（哲社版）1995 年 4 期

任剑涛　传统伦理与现代社会：论中国传统伦理文化的当代处境
　　中州学刊 1995 年 2 期

肖群忠　《礼记》的孝道思想及其泛化　西北师大学报（社科版）
　　1995 年 2 期

刘坤生　"尊孔读经"与道德的自觉：和大学生谈《论语》　汕头大
　　学学报 1995 年 2 期

罗国杰　"孝"和未来社会：关于"孝"的国际学术会议简论　道德
　　与文明 1995 年 5 期

曹占梅　"二十四孝"简论　山西师大学报（社科版）1995 年 4 期

朱　元　朱熹思想与经济新伦理　广西社会科学 1995 年 4 期

周渊旨 "终极关怀"与"超越之路"上的从歧异到趋同:记宋明新
儒学的伦理本体化思想倾向的形成及其影响(下) 孔
子研究 1995 年 1 期

鲁金华 孔子修辞观的经世风格与伦理精神 中南民族学院学报
(哲社版)1995 年 4 期

刘厚琴 论先秦儒家的忠君思想 山东师大学报(社科版)1995
增刊

符 浩 论先秦儒家道德学说的特点 桂林市教育学院学报
1995 年 1 期

张德强 "儒家义利观与市场经济"讨论会综述 法学 1995 年 10
期

羊 凡 儒家伦理与"文化中国":杜维明教授答问录 学习与思
考 1995 年 1 期

郭广银、杨 明 儒家伦理与当代理想人格 大众日报 1995/12/
13

郑家栋 儒家伦理能成为经济发展的助力吗?(上):东亚工业文
明形成与儒家思想重构探源 科技日报 1995/6/22

李翔海 儒家道德人文精神的现代贯注:现代新儒家"社会控制"
思想探微 理论与现代化 1995 年 6 期

李培超 简论儒家传统道德本体论的建构 船山学刊 1995 年 2
期

陈祥耀 略论儒家思想的精华 福建师范大学学报(哲社版)
1995 年 3 期

戢斗勇 论儒家经济道德的两重性 河北学刊 1995 年 6 期

刘向东 浅谈儒家义利观 河南教育学院学报(哲社版)1995 年
2 期

邓星盈　吴虞对儒家孝学说的批判　天府新论 1995 年 2 期

谢　晖　中华民族精神:从伦理到法制的转型　法制与社会发展 1995 年 3 期

郑　晨　传统"孝文化"的创造性转化　社会(沪)1994 年 6 期

互惠河　人生自由和道德的自律——康德人论诠旨:兼与儒家道德的特点和"乐感精神"比　南昌大学学报(社科版)1994 年 3 期

廖小平　人性论、伦理学、认识论的三位一体:中国传统哲学道德认识论的基本特征刍论(Ⅰ)　长沙水电师院学报(社科版)1994 年 2 期

朱宝信　综论传统道德人格的多重规定　宁夏社会科学 1994 年 2 期

李太平　朱熹关于品德心理结构的思想　湖北大学学报(哲社版)1994 年 1 期

叶　蓬、江雪莲　中庸之伦理　中国青年政治学院学报 1994 年 3 期

孙建中　中国儒商伦理精神发微　社会科学报 1994 年 8 期

王维加　中国古代伦理思想与艺术空间观念　美术 1994 年 3 期

张岱年、熊坤新　中国古代伦理思想家关于天人关系问题之探析　贵州大学学报(社科版)1994 年 2 期

周辅成　中国道德传统的特征　光明日报 1994/9/18

钱　逊　中国传统道德精神　齐鲁学刊 1994 年 2 期

许启贤　正确地对待中国传统道德　光明日报 1994/10/2

许启贤　怎样看待以孔子为代表的儒家道德　教学与研究 1994 年 3 期

王　垒、李江流　孝道伦理的历史功能与现代价值　哲学动态

1994 年 1 期

孙加福　孝:传统文化的精华　青年思想家 1994 年 5 期

武东生　现代新儒家伦理道德思想述评　南开学报(哲社版)
1994 年 1 期

张志火　现代化与中国优秀伦理道德传统的继承　教育研究
1994 年 6 期

江　华　先秦儒家伦理的建构　石油大学学报(社科版)1994 年
2 期

张绪刚　先秦儒家德政三题　沈阳师范学院学报 1994 年 3 期

张书印　先秦人性论、义利观及现代中国的道德建设　理论探讨
1994 年 2 期

祝菊贤　先秦两汉文论中审美情感与道德关系之评述　西北大学
学报(哲社版)1994 年 2 期

王泽应　唐君毅的"伦理开新说"论评　求索 1994 年 1 期

高建立　试论明清之际商人的伦理道德精神　殷都学刊 1994 年
2 期

刘振华　试论六朝家庭伦理观念的演变　学术界 1994 年 1 期

窦炎国　儒学道德教育观借鉴　铁道师院学报(社科版)1994 年
3 期

傅　岩　儒家优秀伦理道德与现代教育　班主任 1994 年 3 期

崔永东　儒家伦理与市场经济　学习 1994 年 3 期

柳光敏　儒家伦理与社会主义精神文明:访山东社会科学院儒学
所所长赵宗正教授　大众日报 1994/7/15

庄　穆　儒家伦理是社会主义道德伦理体系的必要补充　岭南学
刊 1994 年 5 期

何　隽　儒家伦理教化的一个考察与分析　浙江学刊 1994 年 5

期

孙　红　　儒家伦理道德文化的沉思　　桂林市教育学院学报 1994
　　　　　年 3 期

高令印　　儒家的道德伦理与其实践程序和工夫　　福建论坛(文史
　　　　　哲版)1994 年 5 期

何　筠　　明清时期儒商的经营活动与商业伦理　　求实 1994 年 5
　　　　　期

刘永义　　民族文化传统与孝道　　中华老年报 1994/9/1

梁韦弦　　孟子义利观的再认识　　人文杂志 1994 年 3 期

王文哲　　孟子伦理思想辨析　　河南师范大学学报(哲社版)1994
　　　　　年 6 期

曹　刚、李志成　　孟子"心"论:兼论孟子道德心理思想及其现代
　　　　　意义　　长沙水电师院学报(社科版)1994 年 3 期

康学伟、王志刚　　论三代传统孝道向封建伦理的转化　　辽宁教育
　　　　　学院学报 1994 年 4 期

孙实明　　论墨子的伦理观:兼论儒墨伦理思想的异同　　求是学刊
　　　　　1994 年 5 期

康学伟、王志刚　　论孔子对西周传统孝道的继承和发展　　东北师
　　　　　大学报(哲社版)1994 年 6 期

徐　敏　　论孔子的孝道　　中国社会科学院研究生院学报 1994 年
　　　　　3 期

王凤贤　　论孔、孟和管、荀在道德修养上两条不同的思路　　管子学
　　　　　刊 1994 年 1 期

杨德华　　孔子政治伦理思想与教育古代历史进程　　云南师范大学
　　　　　学报(哲社版)1994 年 5 期

孔冠臣　　孔子经济伦理的现代管理价值　　山东师大学报(社科

版)1994 年 4 期

柴文华、姜 华 贺麟的道德观片论 贵州社会科学 1994 年 3 期

唐凯麟 关于明清伦理思潮社会性质的两个问题 湘潭大学学报
1994 年 4 期

吴 远 顾炎武的伦理哲学思想 南京理工大学学报 1994 年 3
期

章启辉 二程伦理哲学述略 湖湘论坛 1994 年 3 期

夏维中 从商业书看明清商人伦理及其评价 文史研究 1994 年
1 期

杨昌勇 《周易》的道德教育思想探微 周易研究 1994 年 2 期

刘宗贤 儒家伦理精神及其现代意义 载《儒学与现代化》 人
民教育出版社 1994 年版

罗秉祥 儒家伦理学之困境与出路 载《儒学与现代化》 人民
教育出版社 1994 年版

杨千朴 《中庸》以"诚"为核心的道德修养论 扬州师院学报
1994 年 4 期

(日)田中·隆昭 《源氏物语》里的孝与不孝:从与《史记》的关
系谈起 天津师大学报 1994 年 6 期

陈 勇 "义利之辨"的伦理思考 广西民族学院学报(哲社版)
1994 年 4 期

武树臣 "父与夫孰亲":先秦宗法伦理观的一次裂变 文史知识
1994 年 1 期

龚建平、宁新昌 "诚明"之境与"澄明"之境:儒家与存在主义者
两种人生境界之比较 渭南师专学报 1994 年 1 期

狄家河 儒家思想与社会主义精神文明 学术论丛 1994 年 4 期

张 忠 市场经济与儒家经济伦理 湖北民族学院学报(社科

版)1994 年 1 期

余谋昌　东方传统思想中有关生态伦理的论述　哲学动态 1994
　　　　年 2 期

肖雪慧　中西伦理文化:一种比较研究　学术月刊 1994 年 10 期

李鸿斌　中西伦理价值观比较　信阳师范学院学报 1994 年 4 期

卢志红　论中华民族的传统文化与伦理道德传统的关系　广西社
　　　　会科学 1994 年 4 期

庞世烨　成中英论伦理与管理　道德与文明 1994 年 4 期

杜振吉　毛泽东伦理思想来源初探　云南师范大学学报(哲社
　　　　版)1994 年 3 期

何　平　孟子的仁学、性修与伦理　天津师大学报 1994 年 5 期

王佃利、刘宗贤　孔子仁学的社会伦理导向　东岳论丛 1994 年 6
　　　　期

傅允生　论孔子道德政治的逻辑体系　浙江学刊 1994 年 5 期

方光华　中国儒家的道德之学　华夏文化 1994 年 5 期

郭洪纪　儒家经济伦理的演变与理想政治的架构　青海社会科学
　　　　1994 年 2 期

范　鹏　传统孝道与现代亲子关系　天府新论 1994 年 5 期

楼宇烈　传统礼教与现代伦理　大众日报 1994/2/4

包　雷　当前中国家庭道德观的变迁　社会(沪)1993 年 10 期

陈奉林　儒教伦理与日本现代化　日本研究 1993 年 1 期

章海山　中西伦理思想比较研究初探　学术研究 1993 年 2 期

温克勤　一个举世关注的研讨课题:记"东方传统伦理道德与当
　　　　代青少年教育"国际研讨会　道德与文明 1993 年 4 期

刘岳兵　方东美论儒道墨"三位一体"的道德精神　道德与文明
　　　　1993 年 2 期

薛麒麟　曾国藩的经济伦理思想及其实践　益阳师专学报1993
　　　　年1期

牟国胜　"东方传统伦理道德与当代青少年教育国际研讨会"综
　　　　述　光明日报1993/6/23

王　凯　张载伦理思想体系探析　学术交流1993年3期

刘羡冰　中国传统伦理道德观对澳门新一代的影响　道德与文明
　　　　1993年5期

樊　浩　中国伦理的概念、系统及其文化原理　复旦大学学报
　　　　(社科版)1993年3期

张松山　中国古代商人伦理精神刍议　北京商学院学报1993年
　　　　3期

王殿卿　中华民族传统道德现代化探析　阵地1993年4期

夏伟东　"东方传统伦理道德与当代青少年教育"国际研讨会述
　　　　要　高校理论战线1993年3期

朱宝信　由"理"及"礼",从"仁"到"公":中国古代道德观念形成
　　　　溯源　社会科学家1993年1期

余敦康　易学与中国伦理思想　孔子研究1993年1期

罗国杰　研究宋代伦理思想　发扬中华民族优秀伦理道德传统
　　　　学习论坛1993年5期

骆承烈　孝道新解　齐鲁学刊1993年1期

徐亦亭　先秦汉族传统伦理的形成　云南社会科学1993年1期

肖起来　王船山道德思想探析　求索1993年1期

牛志平　唐代孝道研究　学术界1993年1期

朱汉民　儒家主体性伦理和安身立命　求索1993年2期

宋景良　儒家义利观与明清商人伦理　广州师院学报1993年1
　　　　期

杨通进、江 娅 儒家道德在近现代中国演变的轨迹 中国青年政治学院学报 1993 年 4 期

龚世俊 屈原伦理观与儒家伦理异同论 固原师专学报 1993 年 2 期

张佩国 浅论中国道德传统的超越 社会科学报 1993/4/1

周建英 孟子道德思想简论 河北师院学报(社科版)1993 年 1 期

瞿永玲 论儒家伦理思想的现实意义 思想战线 1993 年 1 期

潘自勉 论儒家伦理精神及其现代遭遇 齐鲁学刊 1993 年 2 期

张留芳 略论儒家的文学伦理思想 南京师大学报 1993 年 1 期

牛京辉、冯 禹 孔子与康德伦理学思路之比较 孔子研究 1993 年 1 期

周东晖 孔子孝道初探:兼论儒学和现代化 新疆师范大学学报(哲社版)1993 年 1 期

孙仁宏 孔子家政伦理说 盐城师专学报 1993 年 2 期

徐新平 简论周公伦理思想及其对孔子的影响 孔子研究 1993 年 2 期

赵海传 关于儒家伦理思想的一得之见 合肥教育学院学报 1993 年 2 期

张岂之 关于传统道德与封建礼教:纪念外庐师 90 岁诞辰 史学史研究 1993 年 3 期

闻 新、华 川 对儒家伦理凝聚力效应的历史考察 广州体育学院学报 1993 增刊

邓红蕾 从蒙学看中国传统伦理的特色 中南民族学院学报(哲社版)1993 年 5 期

严 峰 从泛家族主义到泛道德主义:简论传统伦理的若干特点

石油大学学报（社科版）1993 年 1 期

刘　新　从《论语》看孔子的道德观与法哲学　法学家 1993 年 5期

杨　磊　传统的孝与子女的主体人格　社科纵横 1993 年 2 期

刘学林、王　楠　《孝经》思想论评　陕西师大学报（哲社版）1993年 1 期

孙实明　《礼运》和《大学》的社会伦理观　学术交流 1993 年 6 期

樊　浩　"中国四德"与"希腊四德"：中西方道德价值体系的比较学术研究 1993 年 4 期

何勤华　"孝"能不能倡导　文汇报 1993/5/1

李衡眉　"男女授受不亲"的深层内涵：为早期儒家辨诬之一　烟台大学学报 1993 年 2 期

宋希仁　儒家传统义利观与青少年道德教育　江苏社会科学1993 年 6 期

李　育、沈壮海　毛泽东伦理思想与儒家传统　河南教育学院学报（哲社版）1993 年 3 期

王荣发　毛泽东廉政思想与儒家"德治主义"　道德与文明 1993年 1 期

王克奇　孔子政治伦理学刍议　孔子研究 1993 年 1 期

新加坡的现代儒家伦理运动　东方各国的儒学现代化之二　文教资料 1993 年 2 期

（美）杜维明　儒学·世界·未来：儒家伦理与全球社群　孔子研究 1993 年 4 期

李耕夫　中国传统哲学的伦理化倾向对古代科技发展的影响：关于中国近代科技滞进的文化　求是学刊 1993 年 2 期

韩　强　从传统儒学的心性论到现代新儒学的道德形上学　东岳

论丛 1992 年 5 期

谢洪恩、刘　康　简论孔子"为政以德"的政治伦理思想　探索 1992 年 5 期

陈家鼎　关于王船山伦理思想的几个问题：与蔡尚思先生商榷 益阳师专学报 1992 年 4 期

张　践　论"孝道"实现的社会条件　辽宁教育学院学报 1992 年 3 期

王海明、孙　英　儒墨康德基督教伦理观之比较（上）　海南大学 学报（社科版）1992 年 3 期

王海明、孙　英　儒墨康德基督教伦理观之比较（中）　海南大学 学报（社科版）1992 年 4 期

王显春　儒、道、佛文化合流与元杂剧的道德观　社会科学研究 1992 年 3 期

刘玉明　荀子道德修养论　东岳论丛 1992 年 1 期

吴灿新　中西伦理文化基本精神之比较　现代哲学 1992 年 1 期

陈　瑛　中国古代伦理学说的历史命运　东岳论丛 1992 年 4 期

闻　明　中国传统伦理文化中"恩"的观念　道德与文明 1992 年 5 期

朱贻庭　中国传统伦理的"人和"精神　江汉论坛 1992 年 4 期

黄开国　战国儒家人性论渊源　哲学研究 1992 年 7 期

张鸿科、谢桂山　一笔珍贵的道德遗产：孙中山伦理思想初探　甘 肃社会科学 1992 年 5 期

陈崇仁　尧舜之道孝为本　浙江学刊 1992 年 3 期

高瑞泉　熊十力伦理思想三题　学术月刊 1992 年 3 期

李　毅　新儒家道德哲学辑要　道德与文明 1992 年 6 期

韩　强　先秦儒家心性论的伦理特征　道德与文明 1992 年 4 期

宁新昌　试析张载伦理思想　渭南师专学报 1992 年 2 期

陈　炎　试论中国伦理世俗精神的形成:兼与西方宗教神秘主义的形成相比较　学习与探索 1992 年 4 期

李栋柱　试论孔子道德思想的价值悖谬　山东大学学报(哲社版)1992 年 3 期

王家骅　儒家思想与古代日本人的"孝"道　日本学刊 1992 年 2 期

王　琢　儒家伦理与日本劳动道德观　海南大学学报(社科版)1992 年 2 期

尚志英　儒家伦理精神的价值注释　学术月刊 1992 年 11 期

韩东育　儒家"尊老"思想中的自然情感原则　东北师大学报(哲社版)1992 年 6 期

陆玉林　评现代新儒家道德本位论　社会科学 1992 年 7 期

沈顺福　墨家伦理思想及其与儒家伦理观之比较　安庆师院学报 1992 年 2 期

马　毅　论中国传统道德哲学的特点与价值　黑龙江教育学院学报 1992 年 2 期

颜世安　论儒家道德思想的特定取向　江苏社会科学 1992 年 2 期

吴仲炎　论儒家传统道德的两重性　江汉大学学报 1992 年 1 期

略德彬、赵　杰　论墨家伦理观的真髓及其价值:从儒、墨比较谈起　齐鲁学刊 1992 年 1 期

肖　巍　论孟子伦理思想中的道德自主性　中国青年政治学院学报 1992 年 6 期

崔连仲、武　文　论佛陀与孔子的道德观　南亚研究 1992 年 1 期

刘　毅　略论蔡元培的伦理思想　湖北大学学报(哲社版)1992

年 6 期

王克奇　孔子政治伦理学刍议　东岳论丛 1992 年 2 期

吴洁生　孔子伦理道德思想初探　探索(哲社版)1992 年 2 期

朱　芳　孔子的自我道德修养理论及其借鉴意义　盐城师专学报 1992 年 3 期

梅良勇　孔子的家庭伦理思想研究　徐州师范学院学报 1992 年 1 期

姜国柱　傅山的伦理道德观　社会科学辑刊 1992 年 5 期

刘太祥　东汉的伦理道德教育　南都学坛 1992 年 1 期

张奇伟　道德价值是"可欲"的:孟子"可欲之谓善"命题发微　人文杂志 1992 年 6 期

张艳红　道德的追求　科学的桎梏:略论理学家的认识论导向　河南财经学院学报 1992 年 1 期

肖君华　从明清伦理思想发展的新趋向到戴震　湖南师范大学学报(社科版)1992 年 1 期

孙实明　春秋时期的伦理观　求是学刊 1992 年 2 期

王　珏　"礼"——中国传统伦理的操作机制　社科信息 1992 年 5 期

周继旨　"大同"之道与"大学"之道:论先秦儒家对人生的"终极关怀"与"具体设定"　孔子研究 1992 年 2 期

梁华森　孟荀伦理观比较　湛江师范学院学报 1992 年 1 期

宁新昌　张载康德伦理思想比较　西藏民族学院学报(社科版) 1992 年 3 期

张　灏　略论儒家思想的特征　社会科学报 1992 年 1 期

许清章　东西方文化对菲律宾伦理道德的影响　东南亚纵横 1991 年 3 期

董道前　从日本的成功看儒家伦理文化的时代价值　连云港教育
　　　　学院学报 1991 年 4 期

熊坤新　一部关于中国伦理思想史研究方法论的专著:略评张岱
　　　　年先生的《中国伦理思想研究》　贵州大学学报(社科
　　　　版)1991 年 4 期

杨通进　中国伦理道德观念的近代转型及其局限　贵州大学学报
　　　　(社科版)1991 年 4 期

黄　倩　中国古代孝忠与家国观念的演变　学海 1991 年 5 期

周炽成、彭　梅　唐君毅、牟宗三的道德伦理观　社会科学家
　　　　1991 年 6 期

万贤忠　试论儒家道义论的价值观意义　赣南师范学院学报(社
　　　　科版)1991 年 1 期

宁新昌　孟子伦理思想新探　渭南师专学报 1991 年 3 期

方国义　略论儒家伦理本体论的内在矛盾和王阳明良知说的本质
　　　　特征　浙江师大学报(社科版)1991 年 2 期

孟古托力　辽代契丹族儒家伦理观撮要　黑河学刊 1991 年 4 期

王联斌　孔子的军事伦理思想　道德与文明 1991 年 6 期

刘文静　孔子的德治主义和柏拉图的伦理政治　孔子研究 1991
　　　　年 4 期

王克奇　孔孟荀伦理思想散论　山东师大学报(社科版)1991 年
　　　　5 期

李宗桂　董仲舒道德论的文化剖析　孔子研究 1991 年 3 期

魏晓东　陈独秀的道德观浅论:兼论传统道德的批判继承问题
　　　　兰州学刊 1991 年 4 期

赵本家　《与山巨源绝交书》的伦理意识　乐山师专学报 1991 年
　　　　3 期

陈 华 "尚中"道德观与历史实践:传统道德与历史实践研究
盐城师专学报 1991 年 4 期

陈 瑛 中国传统的义利观与职业道德 中州学刊 1991 年 2 期

鄙爱红 先秦儒家伦理美学思想初探 学术论丛 1991 年 3 期

柴文华 王弼伦理观的主要内容和理论实质 吉林大学学报(社
科版)1991 年 3 期

唐斌成 王船山政治道德观探析 湖湘论坛 1991 年 3 期

宋崇凤 陶渊明的道德理想简析 九江师专学报 1991 年 1 期

李 芹 谈谈现时期"孝"的合理因素 山东大学学报(哲社版)
1991 年 1 期

陈朝晖 试论荀子的伦理思想 管子学刊 1991 年 1 期

牛志平 试论唐代的孝道 晋阳学刊 1991 年 1 期

惠吉兴 试论孟子道德论的唯物主义倾向 东岳论丛 1991 年 1
期

萧 放 儒家伦理与中国古代童蒙美育 史学月刊 1991 年 3 期

陈延斌 孟子政治伦理观初探 江苏社会科学 1991 年 5 期

樊 浩 论中国传统伦理精神的结构 人文杂志 1991 年 3 期

马振铎 孔子的尚义思想和义务论伦理学说 哲学研究 1991 年
6 期

唐凯麟 孔子的人口伦理思想 道德与文明 1991 年 4 期

黄开国 汉唐伦理思想简论 天府新论 1991 年 3 期

程国政 从个体人格到社会人格:儒家思想成为统治理论的一个
探源研究 湖北大学学报(哲社版)1991 年 1 期

唐永进 中国传统伦理文化与社会主义道德建设 探索 1991 年
4 期

降大佐 再论儒学道德论的批判继承 理论探索 1991 年 1 期

李春秋　中国传统道德文化与现代化的思考　北京师范大学学报
　　　　1991 年 2 期

卞桂兰　试述家礼中的传统伦理内容　云南民族学院学报 1991
　　　　年 1 期

樊　浩　中国伦理的国情与道德现代化的思路　江苏社会科学
　　　　1991 年 1 期

鄙爱红　先秦儒家伦理美学思想初探　学术论丛 1991 年 3 期

陈延斌　孟子政治伦理观初探　江苏社会科学 1991 年 5 期

孙实明　略论孔子的道德范畴体系　求是学刊 1991 年 1 期

刘文静　孔子的德治主义和柏拉图的伦理政治　孔子研究 1991
　　　　年 4 期

张鸿翼　儒家文化与经济发展:我对儒家经济伦理的研究　北京
　　　　日报 1991/6/2

王慎行　论西周孝道观的本质　人文杂志 1991 年 2 期

葛荣晋　"孝"的二重性及其社会价值　孔子研究 1991 年 2 期

王兴洲、李鹏忠　荀子的伦理思想及其在儒学中的地位　东北师
　　　　大学学报(哲社版)1990 年 6 期

樊　浩　儒家人伦关系设计的特点与内在矛盾　社会科学家
　　　　1990 年 3 期

路德彬、赵　杰　走出道德困境:孔孟之道给予的启示　东岳论丛
　　　　1990 年 4 期

黎　昕　朱熹的道德修养方法论探微　教育评论 1990 年 6 期

黎　昕　朱熹道德起源说探微　理论学习月刊 1990 年 4 期

王泽应　中国伦理思想史上的义利之辨及其理论分析　道德与文
　　　　明 1990 年 3 期

张国钧　中国传统伦理文化反思四题　兰州大学学报(社科版)

1990 年 1 期

黄　勇　中国传统伦理文化的深层探究:读《中国传统伦理思想史》　社会科学报 1990/5/31

郑万耕　扬雄伦理思想发微　北京师范大学学报(哲社版)1990 年 6 期

周炽成　现代新儒家对五四道德革命的批评与回应　华南师范大学学报(社科版)1990 年 4 期

方尔加　试论荀子的非道德倾向　光明日报 1990/9/17

朱　宏　试论孔子倡导的几种道德修养方法及其借鉴意义　自贡师专学报 1990 年 3 期

(美)孟旦著/安延明译　事实与价值的混淆:儒家伦理学的一个缺点　哲学研究 1990 年 3 期

李伏明　儒家经济伦理与现代化　复旦大学学报(社科版)1990 年 5 期

韩　忠　浅议孟子的道德修养论　学术交流 1990 年 4 期

贾　琛　浅谈孔子的伦理道德观　学术交流 1990 年 6 期

林德安　评二程"灭私欲、明天理"的伦理价值　河南大学学报(哲社版)1990 年 3 期

杨千朴　孟子的道德修养论述评　扬州师范学院学报(社科版)1990 年 1 期

王守和　孟子道德思想中的唯物主义因素　道德与文明 1990 年 1 期

杨九铨　孟子道德精神新论　山东大学学报(哲社版)1990 年 4 期

李　奇　论孝与忠的社会基础　孔子研究 1990 年 4 期

肖君华　论戴震伦理思想的启蒙性质　道德与文明 1990 年 2 期

余光贵　论程朱的伦理思想　四川大学学报(哲社版)1990 年 1 期

齐小东　略论孔子道德思想　清华大学研究生学报 1990 年 4 期

王齐彦　孔子道德认识简论　学术界 1990 年 3 期

苏庆恭、徐洪岐、汤国梁　简议孔孟伦理学说之精华　山东教育学院学报 1990 年 3 期

张国钧　家族主义:中国传统伦理文化的基本精神　中国人民大学学报 1990 年 3 期

宁德禹　关于"孝"的思考　道德与文明 1990 年 5 期

周树盛、纪克勤　古典儒家的实践伦理及其现代意义　党政干部学刊 1990 年 9 期

柴文华　反差与契合:生态伦理与儒道伦理　齐齐哈尔师范学院学报 1990 年 3 期

刘宝才　《大学》《中庸》的道德政治论　人文杂志 1990 年 5 期

李宗桂　理想的道德与道德的理想:从牟宗三《道德的理想主义》说开去　天府新论 1990 年 5 期

王爱冬　对封建道德力量的反思　探索与求是 1990 年 7 期

苏桂宁　宗教、伦理与家族精神:中西方古代文化比较　暨南大学研究生学报 1990 年 1 期

樊　浩　中国伦理精神的现代化与世界化　社科信息 1990 年 3 期

黄伟合　中西伦理文化关于道德功能的不同认识　思想战线(云南大学学报)1990 年 1 期

柴文华　中国伦理思想溯源　理论思维 1990 年 2 期

张品兴、傅允生　从仁、德、礼看孔子道德政治模式　浙江学刊 1990 年 6 期

沈荣森　先秦儒家忠君思想浅探:兼论"三纲"之源　孔子研究
　　1990 年 1 期

苏庆恭、徐洪政、汤国梁　简议孔孟伦理学识的精华　山东教育学
　　院学报 1990 年 3 期

唐惠华(音)著、秦轩编译　儒家学说与新加坡的国家建设　国外
　　社会科学快报 1990 年 3 期

(美)加勒特著/肖扬译　《中国宗教》一书中的儒教之谜:重估韦
　　伯对中国社会生活中儒教伦理和道教的解释　北京大学
　　研究生学刊 1989 年 2 期

张　践　论儒家经济伦理:韦伯引议　孔子研究 1989 年 2 期

王　磊、王世荣　中国传统道德的分析与评价学术研讨会综述
　　道德与文明 1989 年 1 期

王齐彦　荀子道德认识论探析　安徽大学学报(哲社版)1989 年
　　4 期

(美)成中英　自目的论与责任论分析与重建儒家道德哲学　孔
　　子研究 1989 年 1 期

王　杰　中国 18 世纪伦理观念的新突破:戴震自然、必然伦理观
　　新探　社会科学辑刊 1989 年 2 期

陈望衡　中国传统伦理审美谐和论　中国社会科学 1989 年 5 期

东方朔　中国传统经济思想的伦理特质　江西社会科学 1989 年
　　4 期

顾志兴　研究中国伦理学史的一部力作:读《中国伦理学说史》
　　浙江日报 1989/2/21

孙　筱　孝的观念与汉代家庭　中国史研究 1988 年 3 期

辛　立　先秦儒家伦理思想的发展与变化　西北大学学报(哲社
　　版)1988 年 2 期

凤懋伦、瞿永玲　先秦儒家道德修养方法论简析　牡丹江师院学报(哲社版)1989 年 2 期

王齐彦　试论先秦儒家道德观的内向性　孔子研究 1989 年 3 期

刘锟龄　儒家伦理与梁山英雄的悲剧　理论学刊 1989 年 3 期

江万秀　儒家伦理文化的历史命运　中国青年论坛 1989 年 4 期

罗国杰　儒家伦理思想新探　文史知识 1988 年 6 期

李书有　儒家伦理思想的基本特点　学术月刊 1988 年 3 期

张稔穰、牛学恕　儒家伦理道德与古典小说艺术形象　东岳论丛 1989 年 5 期

闻　明　儒家"齐家"伦理思想简评　道德与文明 1989 年 6 期

苗润田　浅论孔子的义利观及其现代意义　齐鲁学刊 1989 年 1 期

肖君华　乾嘉汉学及戴派汉学伦理思想的启蒙意义　湖湘论坛 1989 年 6 期

王　磊　论孝　宝鸡师院学报(哲社版)1989 年 4 期

张绪刚　孔子政治道德学说中的活性因素　东北师大学报(哲社版)1989 年 5 期

李树军　从"二十四孝"看传统中国社会的人伦关系　山东社会科学 1989 年 1 期

樊　浩　传统伦理精神的形态与内在矛盾　学术界 1989 年 5 期

蔡国相　《左传》伦理思想管窥　锦州师院学报(哲社版)1988 年 2 期

叶玉殿　"诚":二程的道德理想　天府新论 1989 年 5 期

黄伟合　试论当代中国的现实人性与道德建设:兼评传统儒家的人性学说与道德建设理论　社会科学 1989 年 1 期

雷　颐　从传统社会走向现代社会:五四时期对传统伦理批判的

再认识　中国青年报 1989/4/5

冒君刚　封建道德与主体意识　人文杂志 1989 年 2 期

张岱年　中国伦理思想的基本倾向　社会科学战线 1989 年 1 期

罗国杰　中国传统伦理教育的分析　教育研究 1987 年 3 期

江　娅　儒家与毛泽东道德思想的比较　毛泽东思想研究 1989 年 1 期

李戏鱼　礼乐之伦理性与政治性　郑州大学学报(哲社版)1989 年 2 期

覃筱曼　柏拉图的"四德说"和孟子的"四德说"之比较　广西师范大学学报(哲社版)1989 年 1 期

黄开国　伦理型孔子偶像的形成及意义——扬雄的孔子至圣论　天府新论 1989 年 4 期

谭风雷　先秦儒家义利观辨析　学术月刊 1989 年 11 期

王其俊　试论先秦儒家的道德理想　广西社会科学 1988 年 2 期

王齐彦　试论先秦儒家道德观的内向性　孔子研究 1989 年 3 期

查中林　试论儒家伦理思想的"型范"问题　四川师范学院学报(哲社版)1989 年 4 期

何　隽　论孔子礼乐观及儒家伦理与艺术的互为影响　杭州大学学报(哲社版)1988 年 2 期

张锡麟　论孔子的仁学和瓦鲁瓦尔的道德哲学:《论语》与《古拉尔箴言》比较研究之一　南亚研究 1989 年 4 期

朱贻庭　孔子的"仁学"伦理思想　孔子研究 1989 年 4 期

黄开国　天人感应论本质上是社会伦理政治哲学　社会科学研究 1988 年 1 期

张岱年　中国哲学的道德价值论　社会科学辑刊 1989 年 2 期

赵士林　从伦理到心理:阳明心学的逻辑归宿　中国社会科学院

20世纪儒学研究大系

研究生院学报 1989 年 2 期

方立天　佛教与中国伦理　五台山研究 1987 年 1 期

方立天　佛教与中国伦理(续)　五台山研究 1987 年 2 期

吕振亚　儒家伦理与资本主义精神:对韦伯《中国的宗教》及其影响的述评　社会科学评论(西安)1988 年 3 期

关　湑　儒家伦理与日本经济的发展　南京大学学报(哲社版)1987 年 1 期

樊　韵　中国伦理与西方哲学的各自特征　社会科学报 1987/12/24

黄伟合、盛宗范、王佳贵　当代人怎样看待中华民族的传统道德　社会(沪)1987 年 1 期

艾　菲　颜元伦理思想述评　南京大学研究生学报(哲社版)1987 年 2 期

王泽应　亚里士多德与荀子的伦理思想之比较　衡阳师专学报(社科版)1987 年 2 期

许凌云　先秦诸子伦理观的历史考察　孔子研究 1988 年 2 期

孙家洲　先秦儒家与法家"忠孝"伦理思想述评　贵州社会科学(文史哲版)1987 年 2 期

东方朔　孟子道德修养论探析　学术月刊 1988 年 5 期

朱义禄　论黄宗羲的伦理思想　百家论坛 1987 年 3 期

戴胜蓝、汤国梁　论《水浒传》中的儒家伦理思想　齐鲁学刊 1988 年 3 期

王毓椿　略论孔子的道德规范　廊坊师专学报(社科版)1987 年 4 期

陈　平　陆王"心学"的道德修养论　道德与文明 1988 年 1 期

罗国杰　陆九渊伦理思想新探　中国人民大学学报 1987 年 2 期

孺　岩	陆九渊伦理思想探微　南京大学学报（哲社版）1987 年 1 期	
温克勤	孔子人道主义伦理思想述评　天津师大学报 1987 年 2 期	
吕世忠	孔子伦理思想体系简论　东岳论丛 1988 年 4 期	
李　奇	孔子的"仁"与"礼"及其对伦理学的贡献　孔子研究 1988 年 4 期	
闻　明	孔孟伦理思想中的主体性观念　道德与文明 1988 年 3 期	
龚道运	孔孟的道德和幸福观　文汇报 1987/10/6	
孙　筱	汉代"孝"的观念的变化　孔子研究 1988 年 3 期	
高兆明	古代儒家道德价值观初探　黄海学刊 1988 年 2 期	
刘宝才	春秋时代伦理思想简论　西北大学学报（哲社版）1988 年 1 期	
张　琳	漫谈"孝"的道德　孔子研究 1988 年 4 期	
冯立鳌	"孝"——封建主义意识的深层劣根　理论导刊 1988 年 3 期	
李书友	荀子伦理思想述评　浙江学刊 1988 年 1 期	
李书有	新儒学思潮与我们的儒家伦理研究　南京大学学报（哲社版）1987 年 1 期	
陈俊民	儒家伦理与新加坡精神　文史知识 1988 年 6 期	
包遵信	儒家伦理与"亚洲四龙"："儒学复兴说"驳议　改革 1988 年 1 期	
张鸿冀	儒家经济伦理与社会经济发展　上海社会科学院学术季刊 1987 年 2 期	
雷广臻	儒家道德理想与社会道德实践的背离　广州研究 1987	

20世纪儒学研究大系

年 7 期

东方朔　孟子道德修养论探析　学术月刊 1988 年 5 期

萧萐父　传统·儒家·伦理异化　江汉论坛 1988 年 4 期

桂兴沅　中庸伦理思想和儒家搞思想信仰的历史经验　固原师专
　　　　学报(社科版)1988 年 4 期

瑜力涛　王廷相的道德修养学说　道德与文明 1987 年 4 期

王步贵　王符的伦理道德思想管窥　中国哲学史研究 1986 年 3
　　　　期

艾　菲　儒家伦理与新加坡社会　南京大学学报(哲社版)1987
　　　　年 1 期

高桥进　儒家道德论与现代工业社会　文汇报 1987/10/6

雷广臻　儒家道德理想与社会道德实践的背离　广州研究 1987
　　　　年 7 期

郑晓江　儒家"义利观"的历史演变与思考　江西日报 1986/10/
　　　　10

李万生　孔子伦理原则的政治骨髓及历史地位简论:与陈世陔同
　　　　志商榷　开拓(哲社版)1987

艾　菲　颜元伦理思想述评　南京大学研究生学报(哲社版)
　　　　1987 年 2 期

高桥进　儒家道德论与现代工业社会　文汇报 1987/10/6

孟广林　儒家"孝"的观点　中国青年报 1986/10/12

温克勤　孔子人道主义伦理思想述评　天津师大学报 1987 年 2
　　　　期

凌　初　孔子的道德史观及成因初探　华中师范大学学报(哲社
　　　　版)1987 年 5 期

龚道远　孔孟的道德和幸福观　文汇报 1987/10/6

祝宝满　"仁"是孔子伦理思想的核心　上饶师专学报(哲社版)
　　　　1987 年 1 期

王凤贤　中国近代史上伦理观念的变革　孔子研究 1987 年 4 期

唐凯麟　章太炎的伦理思想论略　湖南师大学报(哲社版)1985
　　　　年 3 期

升　华　先秦伦理思维方法初探　道德与文明 1986 年 6 期

陈战国　魏晋人的道德观　社会科学战线 1985 年 4 期

沈善洪、王凤贤　章太炎伦理思想述评　学术研究 1985 年 6 期

姜春隆　谈司马迁伦理观的几个问题　长春师院学报(哲社版)
　　　　1985 年 2 期

张国钧　孟子的家庭伦理思想简介　道德与文明 1985 年 3 期

陈谷嘉　论中国古代伦理思想的三大特征　求索 1986 年 5 期

尹协理、魏　明　论王通的伦理思想　浙江学刊 1986 年 3 期

俞荣根　孔子伦理法律思想再议　法学杂志 1985 年 1 期

陈世陔　孔子的伦理思想与资产阶级人道主义之比较研究　湖北
　　　　大学学报(哲社版)1986 年 2 期

邹君孟　孔子"仁"学探析:论"仁"学是社会伦理哲学　华南师范
　　　　大学学报(社科版)1986 年 1 期

耿泽荣　杜甫的伦理观　道德与文明 1986 年 1 期

杨秀香　董仲舒伦理思想初探　辽宁大学学报(哲社版)1985 年
　　　　4 期

刘志斌　《易经》对孔子伦理思想的影响　宜春师专学报(哲社
　　　　版)1986 年 1 期

黄中业、张本政　忠孝道德评述　中国哲学史研究 1985 年 2 期

鲍宗豪　道德继承的层次性　文汇报 1985/4/8

潘　悠　说孝　历史教学问题(华东师院)1986 年 2 期

黄中业　评封建忠孝道德学说的唯心主义体系　吉林大学学报（社科版）1986 年 4 期

戴启予、周中仁　论"孝"的源流及在社会主义时期的特征　广西社会科学 1986 年 3 期

陈　平　陈独秀在"五四"新文化运动前期对封建道德的批判江淮论坛 1986 年 3 期

学迅文　"中国封建传统道德优于西方近代道德论"驳议　青年论坛 1985 年 5 期

张互助　我国传统道德规范在民间的口语化　道德与文明 1985年 5 期

朱永龄　陆九渊伦理思想管见　赣南师范学院学报（哲社版）1986 年 3 期

张永路　略论儒家思想对唐律的影响　辽宁大学学报（哲社版）1986 年 2 期

赵忠文　孔子所谈人的道德修养准则述评　辽宁师范大学学报（社科版）1985 年 1 期

王　磊　孔子在道德发展史上的地位　宝鸡师院学报（社科版）1985 年 2 期

邹君孟　孔子"仁"学探析:论"仁"学是社会伦理哲学　华南师范大学学报（社科版）1986 年 1 期

黄中业　评封建忠孝道德学说的唯心主义体系　吉林大学学报（社科版）1986 年 4 期

冯天瑜　中国文化——一个以伦理意识为中心的系统（提要）湖北大学学报（哲社版）1986 年 1 期

肖雪慧　试析儒家伦理思想的消极影响　道德与文明 1985 年 2期

徐少锦　试论张载的伦理思想　人文杂志1984年2期

江万秀　试论严复的伦理思想　中国哲学史研究1984年3期

尹湘豪　氏姓制度与孔子的伦理思想　江西社会科学1985年4
　　　　期

陈　瑛　孟轲的伦理学说　中国哲学(第12辑)　人民出版社
　　　　1984年版

任　真　我国古代道德家(一、二、三、四)　伦理学与精神文明
　　　　1984年3、4、5、6期

唐凯麟　谭嗣同的伦理思想述评　湖南师院学报(哲社版)1984
　　　　年3期

郭齐家　宋明理学道德教育思想散论　北京师范大学学报(社科
　　　　版)1984年3期

郑晓江、郑迈青　孟子义利观新探　上饶师专学报(社科版)1984
　　　　年4期

刘宗贤　孟子的先天道德论　齐鲁学刊1984年2期

丁原明　孟子道德说三论　山东大学文科论集刊1984年1期

丁大同　周公伦理思想初探　伦理学与精神文明1984年1期

陈鹏生、陈汉生　孔子的"孝义"及其对封建法制"不孝入罪"的影
　　　　响　江海学刊(经社版)1985年3期

艾力农　孔子的"孝"不应该继承　中国老年1984年6期

何克让　论孔子伦理思想的形成　佳木斯师专学报(社科版)
　　　　1984年3期

赵吉惠　论孔子天命观的伦理性质　齐鲁学刊1984年3期

朱贻庭　先秦儒家伦理思想述略　历史教学问题(华东师大)
　　　　1984年3期

魏　辛　儒学道德仁义礼的多义性和同一性　淮阴师专学报(社

科版)1984 年 2 期

刘宗贤　孟子的先天道德论　齐鲁学刊 1984 年 2 期

张国钧　孟子的家庭伦理思想简介　道德与文明 1985 年 3 期

徐少锦　试论张载的伦理思想　人文杂志 1984 年 2 期

赵吉惠　论孔子天命观的伦理性质　齐鲁学刊 1984 年 3 期

何克让　论孔子伦理思想的形成　佳木斯师专学报(社科版)
1984 年 3 期

黎永泰　新文化运动中毛泽东对封建伦理的批判　青海社会科学
1985 年 6 期

陈谷嘉　董仲舒伦理思想研究　中国哲学(第 12 辑)　人民出版
社 1984 年版

刘金万　《周易》的伦理意义　西北师院学报(社科版)1984 年 2
期

王兴洲　道德遗产批判继承的几个问题　东北师大学报 1983 年
3 期

唐凯麟　谭嗣同的伦理思想述评　湖南师院学报(哲社版)1984
年 3 期

唐凯麟　试论魏源的伦理思想　求索 1983 年 3 期

刘金万　《周易》的伦理意义　西北师院学报(社科版)1984 年 2
期

张善城　朱熹的道德修养论　厦门大学学报 1983 年 2 期

黄万盛　中国古典伦理遗产的世界意义　学习与探索 1983 年 3
期

吴　远　张载与中国古代伦理思想　辽宁大学学报 1983 年 6 期

肖　黎　司马迁道德思想简论　东岳论丛 1983 年 3 期

孙国华　论章太炎的道德观　齐鲁学刊 1982 年 6 期

张静贤　论王阳明的伦理思想　学习与探索1982年5期

钱耕森　论孔子伦理思想(兼论孔子政治思想)　贵阳师院学报
　　　　1983年1期

时运生　论"孝"　东岳论丛1983年3期

徐长安　孔子伦理思想的历史地位(兼论剥削阶级道德也可以批
　　　　判继承)　南京大学学报1983年1期

徐顺教　关于孟子伦理思想的几个问题　哲学文集　上海市哲学
　　　　学会1983编印

刘坚承　论孟子对孔子伦理思想的继承和发展　徐州师范学院学
　　　　报1982年2期

洪石荆　孔子伦理道德思想探析　安徽师大学报1982年1期

黄万盛　孔子"仁"学伦理思想探索　学术月刊1982年3期

张静贤　论王阳明的伦理思想　学习与探索1982年5期

钱　逊　再论孔子的伦理和政治思想　芜湖师专学报1983年2
　　　　期

李启谦　略论孔子"孝"的道德思想　东岳论丛1983年6期

杜任之、高树帜　孔子伦理道德思想精华探索　运城师专学报
　　　　1983年1期

张润民　孔子的政治伦理思想　昆明师专学报1982年2期

罗世烈　孔孟伦理思想初探　四川大学学报1983年4期

于首奎　《白虎通》封建伦理观批判　中国哲学史研究集刊(2)
　　　　上海人民出版社1982年版

黄万盛　中国古典伦理遗产的世界意义　学习与探索1983年3
　　　　期

傅宗良　先秦儒家义利论述评　学习与思考1982年4期

姜法曾　朱熹伦理思想述评　中国哲学(第5辑)　人民出版社

1981 年版

费孝通 中国传统伦理观念与人口问题 民主与法制 1981 年 1 期

知 意 60 年代一场道德批判继承问题的争论 中国哲学(第 3 辑) 人民出版社 1980 年版

〔美〕景珠丽 中国的伦理学和康德 哲学译丛 1979 年 6 期

周克勤 浅释儒家伦理与天主教伦理的形上基础——宋明儒家伦理的心性与天 哲学与文化 1979 年 6 卷第 5 期

(日)渡道信一郎 仁孝:二至七世纪中国的一种意识形态与国家特征 史林 1978 年第 61 卷第 2 期

魏常海 李大钊同志对封建旧道德的批判 北京大学学报(哲社版)1979 年 2 期

吴 铎 五四时期新旧道德的斗争 上海师范大学学报(哲社版)1979 年 2 期

许凌云 论先秦诸子的伦理观 广西师范学院学报 1979 年 2 期

汪国栋 孔子仁学新探 广西师范学院学报 1979 年 3 期

陈大络 儒家、政治、伦理、教育思想的管窥 中华文化复兴月刊 1975 年 8 卷 9 期

陶希圣 孔子学说之中——中国社会组织的伦理纲领 中华学报 1975 年 2 卷 1 期

牟宗三 儒家的道德的形上学 鹅湖 1975 年 3 期

史京品 儒家道德规范的活标本——宋江 河南文艺 1975 年 6 期

陈 吴 "孝"里藏刀 辽宁文艺 1975 年 1 期

郴州通用机械厂工人理论组 从《二十四孝图》看孝道的反动本质 湖南日报 1975/2/9

陕西机床厂工人理论组　《女儿经》是宣扬反动伦理观的黑标本
　　陕西日报 1975/7/17

梁赞鲁　揭穿孝道的虚伪性和残酷性——读鲁迅《二十四孝图》
　　文汇报 1975/3/4

王安之　《二十四孝图》是儒家"以孝治天下"的黑样板　长沙日
　　报 1975/1/5

刘大义　"亲亲为仁"是欺人之谈——狠批孔子鼓吹的宗族思想
　　大众日报 1974/1/18

　　批判儒家在妇女、婚姻问题上的反动思想（四篇）　长江
　　日报 1975/2/8

纪　生　批判儒家的婚姻生育观　天津日报 1975/6/16

天津艺术学院美术理论组　批判五毒俱全的《二十四孝图》　天
　　津师院学报 1975 年 2 期

电业局大批判组　深批《女孝经》,顶起"半边天"　天津师院学报
　　1975 年 2 期

魏云峰　封建统治阶级的卫道士——剖析宋江的"忠、孝、仁、义"
　　浙江日报 1975/9/18

孙乐英　论历史上儒家对妇女的迫害　学习与批判 1975 年 1 期

中共甘肃省委第一期工农理论学习班部分学员　《孝经》选批
　　甘肃师大学报（哲社版）1975 年 1 期

施钟文　为奴隶主政治服务的奴隶主道德——批孔老二的"仁"
　　甘肃师大学报（哲社版）1975 年 1 期

严思图　虚伪的道德,复辟的工具——读鲁迅评《二十四孝图》
　　安徽文艺 1975 年 4 期

"二十四孝"座谈纪要　"孝道"是反动之道——社旗县城郊公社
　　理论学习班部分同志批判　河南日报 1974/12/27

伟　智　孔子的"爱人"与杀人　解放日报 1973/10/6

共青团嘉定县城西公社委员会　"仁义道德"是杀人不见血的软
　　刀子　解放日报 1974/2/7

李裕民　殷周金文中的"孝"和孔丘"孝道"的反动本质　考古学
　　报 1974 年 2 期

解放军驻宁夏某部三连批判会座谈纪要　彻底批判《二十四孝
　　图》宣扬的"孝道"　宁夏日报 1974/10/25

雷石波　狠批孔孟"仁义道德",坚持无产阶级专政　宁夏日报
　　1974/6/30

北京市北新桥东内西街居委会学习小组　批判《三字经》宣扬的
　　反动"人性论"　人民日报 1974/7/7

北京部队某部八连理论小组　认清"孝悌"的阶级本质和政治目
　　的　人民日报 1975/2/24

河津县清涧大队部分干部、群众批判孔子的发言纪要　批判人性
　　论,坚持阶级论　山西日报 1973/11/29

梁振东　批判人性论,坚持阶级论　陕西日报 1974/7/20

秦　芬　批判毒汁四溅的《二十四孝》　四川日报 1974/7/28

松　鹰　从孔子的"泛爱众"到林彪的"仁爱之心"　四川文艺
　　1974 年 2 期

塘沽二中理论学习小组　《孝经》——没落阶级的复辟经　天津
　　日报 1974/12/2

周毅民　"孝"里尽是刀,图中全是毒　天津日报 1974/12/7

董　皎　《二十四孝图》批判　天津日报 1974/12/7

蔡　佚　儒家仁义道德观的反动实质　文汇报 1974/10/9

胡维华　孔丘"孝道"的反动性　文史哲 1974 年 1 期

王　石　从孔子鼓吹"己欲立而立人"说起　安徽日报 1974/1/10

孔孟　"不孝有三,无后为大"的反动婚姻观座谈纪要
　　安徽日报 1974/1/19

安徽省妇联大批判组　妇女是一支伟大的生力军——彻底批判孔
　　子鼓吹的"男尊女卑"的反动谬论　安徽日报 1974/1/27

合肥机床配件厂青年工人理论学习小组　砸碎反动的精神枷锁
　　——批判《三字经》宣扬的"三纲五常"封建道德　安徽
　　日报 1974/7/18

黄君达　"仁"与"吃人"——揭露和批判孔子"仁"的虚伪性和反
　　动性　西藏日报 1973/12/14

洛桑曲珍　批判林彪、孔子对妇女的诬蔑　西藏日报 1973/12/14

陈　萍　肃清孔孟的"不孝有三,无后为大"的流毒　新华日报
　　1974/1/21

孙王澜　从《二十四孝图》看孔学的虚伪性　学习与批判 1974 年
　　7 期

江川县部分妇女批判孔子反动思想座谈会纪要　批判孔子,砸烂
　　压迫劳动妇女的精神枷锁　云南日报 1973/11/10

赵会来　反动"孝悌"的黑样板——批判《三字经》中"融四岁,能
　　让梨"的反动谬论　浙江日报 1974/8/21

王喜顺　胸怀革命,扎根农村——批判孔子"父母在,不远游"的
　　反动谬论　安徽日报 1973/11/20

左其煌　孔子伦理思想的反动实质　安徽日报 1973/11/21

北京市南郊木材厂"五·七"车间全体女工　妇女的伟大作用不
　　容抹杀——驳斥孔子污蔑妇女的谬论　北京日报 1973/
　　10/30

北京市妇女联合会大批判组　彻底批判儒家"男尊女卑"的反动
　　思想　北京日报 1973/12/27

岳　升　"孝悌"——维护奴隶制的反动思想武器　北京日报
　　　　1974/1/28

北京大学哲学系72级工农兵学员编写　法家对儒家的批判：五常
　　　　不可以谓之性　北京日报1974/10/26

刘凤鸣　"人性善"里藏屠刀　北京日报1974/7/4

众　言　儒家"仁"的反动性和欺骗性　北京医学院学报1974年
　　　　1期

王正光　孔子的"仁爱"说和林彪的"协作"论　长江日报1973/
　　　　10/13

中共长乐县古槐公社委员会　狠批孝悌思想，破除宗族观念　福
　　　　建日报1973/11/27

闽侯县妇联会　狠批孔子、林彪轻视和污蔑妇女的谬论　福建日
　　　　报1973/11/30

戴轩芳　狠批孔子的"孝""悌"思想　福建日报1973/12/24

莆田县黄石公社革委会大批判组　批判孔孟的"孝"道，实行晚婚
　　　　节育　福建日报1973/12/7

高　明　孔子伦理学说的基本精神　（港台）孔孟学报1970年19
　　　　期

钱　穆　孔子之心学　（港台）孔孟学报1970年20期

钱志钝　孔子伦理哲学的限度与可能之进度　新境界1968年3
　　　　期

芮逸夫　五伦的宗教控制观兼论儒家的礼　台湾大学社会学刊
　　　　1967年3期

钟天择　儒家的道德思想　（香港）景风1967年15期

吴　晗　是革命，还是继承？——关于道德讨论的自我批评　北
　　　　京日报1966/1/12

严　问　评吴晗同志关于道德问题的“自我批评”　北京日报 1966/1/14
金海燕　无产阶级有最高尚的品德——斥吴晗的“道德继承论” 安徽日报 1966/4/23
荒　时　关于道德继承问题的几个疑问　北京日报 1966/2/26
刘永昌　批判吴晗同志“道德继承论”的谬论(二篇)　工人日报 1966/4/15
屈文瑜　工人阶级绝不继承剥削阶级道德(四篇)　工人日报 1966/4/16
长辛店“二七”老工人痛斥吴晗同志的“道德继承论” 工人日报 1966/4/17
容肇祖　关于道德继承和语言问题　光明日报 1966/1/14
陆　波　剥削阶级的道德我们不能继承　广州日报 1966/4/26
曹聪孙　驳吴晗同志的“封建道德批判继承论”　天津日报 1966/4/9
史思梅　封建道德不能继承　天津日报 1966/4/9
杨汶本　必须彻底批判封建道德继承论　文史哲 1966 年 2 期
尚逵斋　历代儒家人性善恶论述评　(台湾)建设 1966 年 2 月 14 卷 9 期
柳岳生　孔孟的伦理思想　(台湾)学萃 1966 年 9 月 8 卷 6 期
向阳生　从《海瑞罢官》谈到“道德继承论”——与吴晗同志商榷 北京日报 1965/12/12
北京师院文史两系师生　封建道德可以继承吗?　北京日报 1965/12/13
人大哲学系五年级学生热烈展开讨论　封建统治阶级个别人物的道德能不能继承　北京日报 1965/12/16

韦政通　儒家道德思想的根本缺陷　（台湾）文星 1965 年 4 月 15
卷 6 期

谢幻伟　孔子伦理中的个人地位　（香港）民主评论 1965 年 1 月
16 卷 1 期

黄公韦　儒家伦理道德观念释义(上)　（台湾）学宗 1965 年 6 月
6 卷 2 期

黄公韦　儒家伦理道德观念释义(下)　（台湾）学宗 1965 年 9 月
6 卷 3 期

张君劢　孔子与柏拉图伦理思想的比较　（台湾）思想与时代
1965 年 7 月 132 期

　　　关于道德的阶级性和继承性问题的争论情况（资料）
光明日报 1965/12/24

　　　在封建道德继承问题上赞成吴晗同志观点的言论（资
料）光明日报 1965/12/31

王熙华　统治阶级道德的批判继承问题——与李之畦同志商榷
光明日报 1964/4/6

岳　华　关于道德的阶级性和继承性问题的讨论介绍（资料）
北京日报 1965/12/18

王思治　地主阶级道德和农民阶级道德是决不可能"互相包含"
的　光明日报 1965/3/24

宗　敏　关于道德的阶级性和继承性问题的讨论　学术月刊
1964 年 3 期

庚　田　论"孝"　安徽文学 1963 年 11 期

石梁人　试论道德的阶级性和继承性　哲学研究 1963 年 6 期

阎长贵　必须坚决摒弃封建道德——从忠孝谈起　哲学研究
1963 年 6 期

徐宏慧　先秦儒家人性论批判　文史哲 1963 年 3 期

吴　晗　关于道德的阶级性与继承性问题的讨论　新建设 1963
　　　　年 9 期

智　源　关于道德的阶级性与继承性问题讨论综述　学术研究
　　　　（广州）1963 年 6 期

石　羊　关于道德的阶级性和继承性问题的讨论　教学与研究
　　　　（北京）1963 年 6 期

李光耀　关于道德的阶级性和继承性问题的讨论　人民日报
　　　　1963/12/24

江　峰　也谈道德的继承问题　光明日报 1963/10/6－7

高仲田　关于道德的批判继承问题——与吴晗同志商榷　光明日
　　　　报 1963/10/7

刘蔚华　道德阶级性与继承性问题的探讨与争论　光明日报
　　　　1963/11/1

步近智、唐宇元　对目前道德继承问题讨论的几点商榷　光明日
　　　　报 1963/11/16

石梁人　提几个有关道德阶级性和继承性的问题　光明日报
　　　　1963/12/1

许启贤　关于道德的阶级性与继承性的一些问题——与吴晗同志
　　　　商榷　光明日报 1963/8/15

吴　晗　三说道德——敬答许启贤同志　光明日报 1963/8/19

李之畦　《三说道德》一文提出了什么问题　光明日报 1963/9/21

冯友兰　关于孔子"仁"的思想的一些补充论证　学术月刊 1963
　　　　年 8 期

任继愈　孔子讲的"仁"能不能是人类普遍的爱　学术月刊 1963
　　　　年 8 期

车　载　　孔子论仁　文史哲 1961 年 3 期

张君劢　儒家伦理学之复兴　（台湾）民主中国 1961 年第 4 卷第
　　　　　3 期

罗国杰　有关温心园:宋儒的人性论概观　（香港）人生 1962 年
　　　　　第 25 卷第 1 期

冯友兰　论孔子关于"仁"的思想　哲学研究 1961 年 5 期

李林昆　评"中庸的人性论"——兼论"中庸"哲学思想和对待文
　　　　　化遗产的态度问题　人文杂志 1960 年 4 期

吴　怡　儒家孝道思想及其批判　（台湾）大学 1960 年 15 期

张岂之　"中庸的人性论"一书的错误观点和方法　人文杂志
　　　　　1960 年 4 期

戴晴轩　批判孟子的"仁政"与"性善说"　合肥师范学院学报
　　　　　1960 年 6 期

西语系学术批判小组:　驳巴人不同阶级有共同的道德观念的谬
　　　　　论　北京大学学报(人文科学版)1960 年 3 期

杨志源　荀子的伦理判断　（台湾）中央日报 1959/3/24

陈孟麟　关于道德的阶级性和继承性　文史哲 1958 年 1 期

陈伯尹　孔子的伦理思想　（台湾）国魂 1958 年 160 期

刘金德、李　明　一本宣扬封建伦理道德的反动作品——批判右
　　　　　派分子李长之的《孔子的故事》　新建设 1958 年 11 期

窦重光　从儒家的伦理学说中看道德的继承问题　光明日报
　　　　　1957/4/10

严清於　关于道德的继承问题　光明日报 1957/6/2

刘泽如　中庸的人性论　人文杂志 1957 年 2 期

姚远方　从"孝"谈到怎样对待父母　中国青年 1956 年 5 期

崔载阳　先秦的善恶观　（台湾）中国学术史论集 1956 年第 1 集

黄建中　孔子及早期儒家之伦理学说(上)　(台湾)建设 1952 年
　　　　10 月 1 卷 5 期

黄建中　孔子及早期儒家之伦理学说(中)　(台湾)建设 1953 年
　　　　1 月 1 卷 8 期

黄建中　孔子及早期儒家之伦理学说(下)　(台湾)建设 1953 年
　　　　2 月 1 卷 9 期

陈代锷　孔子的伦理观念　(台湾)民主中国 1952 年 10 月 5 卷 8
　　　　期

熊德基　纲常的理论与实际之史的检讨　新中华(复刊)1948 年
　　　　6 月 6 卷 11 期

蔡尚思　孔子伦理思想研究纲要　中国建设 1947 年 3 月 3 卷 6
　　　　期

李源澄　从儒学史上谈孝悌义　文教丛刊 1945 年 5 月 1 卷 2 期
　　　　中西伦理学上"中道"之讨论　文教丛刊 1945 年 5 月 1
　　　　卷 2 期

左自箴　中国主要道德系统表解　建国学术 1944 年 1 月 5 期
谢扶雅　中国伦理的理论　建设研究月刊 1943 年 1 月 8 卷 5 期
欣　如　中国历代伦理思想一瞥　东方文化 1943 年 2 月 2 卷 2
　　　　期

沈友谷　论诚　群众周刊 1943 年 12 月 8 卷 20 期
陈安仁　中西方哲人对于人生道德价值的批判　现哲史学 1943
　　　　年 6 月 5 卷 2 期

刘　真　中国儒家的伦理思想　学海 1942 年 7 月 25、26 期
杨复礼　儒家仁学之精义　河南教育季刊 1942 年 10 月 1 卷 5 期
邓初民　中古代政治与伦理　中原 1942 年 8 月 6 卷 2 号
石荫槐　东亚伦理三大体系之一元化　师大学刊 1942 年 6 月第

1 集

嘘　云　先秦人性学说略论　中日文化 1942 年 2 卷 9 期

王梦鸥　先儒崇拜天鬼之伦理观　时代精神 1941 年 11 月、1942
年 1 月 5 卷 2、4 期

闻　眉　孟子伦理思想之探讨　中日文化 1941 年 3 月 1 卷 2 期

葛　明　中国人性学说史略　新东方 1941 年 5 月 2 卷 3 期

张其均　忠之理论与实践　国立浙江大学文学院集刊 1941 年 6
月第 1 集

谢扶雅　儒家政治思想中政治伦理与教育之一贯性　新中国
1941 年 9 月第 5 期

邵雅清　中国伦理思想的史的发展　国风半月刊 1940 年 2 月 2
卷 1—6 期

张弘伯　我国先民伦理的评价　新民族 1939 年 6 月 4 卷 4 期

林　秋　仁的演变　民治月刊 1938 年 3 月 18 期

姚宝贤　儒教伦理思想引端　中国学生 1937 年 3 月 4 卷 1 期

牛磊若　儒家的伦理观念　进德月刊 1937 年 1 月 2 卷 5 期

许梦因　孟子伦理学　陕西教育月刊 1937 年 7 月 3 卷 3、4 期

王昌祉司　王阳明的伦理哲学　工商学志 1937 年 5 月 9 卷 1 期

张绍曾　孔孟之孝道　仁爱月刊 1935 年 8 月 1 卷 4 期

陈石遗　孔子之伦理学说　新民月刊 1935 年 9 月 1 卷 4、5 期

张君劢　自孟荀至阎戴之人性论评述　新民月刊 1935 年 9 月 1
卷 4、5 期

黄　巩　伦理出于天秩义　船山学报 1935 年 12 月 10 期

丁鹤年　仪礼研究发端　朝华月刊 1931 年 2 卷 7 期

朱若溪　先秦诸子人生观　大夏期刊 1930 年 1 期

何兆清　近代中国伦理学发展之概论　中央大学半月刊 1929 年

　　　　1 卷 1 期

冯友兰　中国之社会伦理　社会学界 1927 年 1 期

王　庸　旧伦理学与新道德　清华周刊 1926 年 24 卷 18 期

鲁　迅　二十四孝图　莽原 1926 年 5 月 1 卷 10 期

吴　虞　说孝　星期日 1920 年 1 月

鲁　迅　我们现在怎样做父亲　新青年 1919 年 11 月 6 卷 6 号

吴　虞　吃人与礼教　新青年 1919 年 11 月 6 卷 6 号

伍克家　道德说　东吴学报 1919 年 1 卷 1 期

鲁　迅　我之节烈观　新青年 1918 年 8 月 5 卷 2 号

鲁　迅　狂人日记　新青年 1918 年 5 月 4 卷 5 号

李迪俊　孟子道德善说　清华周刊 1917 年 121 期

李大钊　自然的伦理观与孔子　甲寅日刊 1917/2/4

陈独秀　道德之概念及其学说派别　新青年 1917 年 3 月 3 卷 3
　　　　号

吴　虞　家族制度为专制主义之根据论　新青年 1917 年 2 月 2
　　　　卷 6 号

陈独秀　孔子之道与现代生活　新青年 1916 年 12 月 2 卷 4 号

陈独秀　吾人最后之觉悟　新青年 1916 年 2 月 1 卷 6 号

赵紫宸　原德　东吴 1913 年 1 卷 1 期

20 世纪儒学研究大系